JUST{PUB

大学之路

陪女儿在美国选大学

第二版　上册

吴军　著

人民邮电出版社

北　京

图书在版编目（ＣＩＰ）数据

大学之路：陪女儿在美国选大学：全2册／吴军著
. -- 2版. -- 北京：人民邮电出版社，2018.1
ISBN 978-7-115-47029-4

Ⅰ. ①大… Ⅱ. ①吴… Ⅲ. ①留学教育－概况－美国
②高等学校－介绍－美国 Ⅳ. ①G649.712.8

中国版本图书馆CIP数据核字(2017)第270502号

内 容 提 要

作者吴军曾在清华大学就读和任教，之后在美国约翰·霍普金斯大学获得博士学位，又因事业有成而成为该校工学院的董事，得以多年来参与美国名牌大学的管理，并且将女儿培养进入麻省理工学院。作者以他和女儿走访过的英美十所顶级大学为样本，结合他多年来对美国高等教育的系统研究，以及访问这些大学教师和校友的第一手资料，加上自己的深入思考与独到感悟，精心写就《大学之路》。

在书中，作者阐述了英美著名教育家的教育理念，系统地介绍了英美大学的教育方法、办学理念和招生特点，比较了中美两国在教育上的差异，并且结合自己的亲身体会，对年轻人给出了自我发展的建议。作为一名事业有成者，作者详细阐述了教育在人生中的重要性，并特别强调人生是一场马拉松，教育乃终身学习，而并非以获得一个名牌大学学位为终结。

本书第二版增加了公立大学的内容，包括公立教育的意义和美国的公立教育，以及公立教育的典范伯克利，此外还有大学排名和大学申请的相关内容。

◆ 著　　　　　吴　军
　　责任编辑　　俞　彬
　　审稿编辑　　李琳骁
　　版式编辑　　胡文佳
　　策划编辑　　周　筠
　　责任印制　　焦志炜

◆ 人民邮电出版社出版发行　　北京市丰台区成寿寺路 11 号
　　邮编　100164　　电子邮件　315@ptpress.com.cn
　　网址　http://www.ptpress.com.cn
　　临西县阅读时光印刷有限公司印刷

◆ 开本：880×1230　1/32
　　印张：21.25
　　字数：560 千字　　　　　　　　2018 年 1 月第 2 版
　　印数：412 001 – 418 000 册　　2024 年 11 月河北第 32 次印刷

定价：99.00 元（上、下册）
读者服务热线：(010)81055410　印装质量热线：(010)81055316
反盗版热线：(010)81055315
广告经营许可证：京东市监广登字 20170147 号

谨献给我的老师们

目 录

第一章 大学的概念

什么是大学？为什么要上大学？每个人都知道大学这个词，但是并非每个人都会去深究它的含义。在我看来，大学不仅是培养人才的地方和研究的中心，而且它也应该是一个新思想、新文化的发源地，同时它还是年轻人的家，是他们度过人生最好时光的地方。

第二章 两种高等教育理念

英国人和美国人在办大学和管理大学上喜欢认死理，他们一般坚持一种理念，而且一坚持就是上百年。因此英美名牌大学都是非常具有个性的，而不是按照某一些指标和公式排出来的。那些总想面面俱到、全面赶超的大学，反而会因为长期找不到一个清晰的办学理念，而难以成为世界一流大学。

第二节　洪堡体系

第三节　美国近代大学的兴起

69　　第三章　我的大学之路

我的大学历程特别长，所读的专业换来换去，而且求学的过程并不顺利，中间不断地被打断不说，还经常遇到坏运气。但所幸的是，虽然我没有很多人跑得快，但是我能还坚持走得比较长远，当大部分人不再花主要精力读书时，我还在不断地充实自己。或许真是因为有着这么复杂而漫长的读书经历，才使我终于受到了纽曼所推崇的通才教育和素质教育，也得到了洪堡式精深的专才教育。

第一节　昨夜西风凋碧树，独上高楼，望尽天涯路

第二节　衣带渐宽终不悔，为伊消得人憔悴

第三节　众里寻他千百度，蓦然回首，那人却在灯火阑珊处

大学之路　第二版　上册　—　ii

宾夕法尼亚大学和哥伦比亚大学都地处大城市：费城和纽约。这使得学生的生活和大学所在的城市紧密相连。它们的教育理念和耶鲁、普林斯顿大不相同，这两所大学不仅务实，而且很接地气。

序一
我们需要什么样的大学

我很喜欢读吴军的书，还买了他的《浪潮之巅》和《文明之光》送给新东方的管理者们，与他们一起分享阅读的快乐。吴军的书，文字简练优美，语言平实亲切，视角独特深刻，令人不忍释卷。这本《大学之路》亦是如此，但也有与读他以往作品不一样的感受 —— 从这本书中，字里行间我清晰地感受到了一位有着强烈责任感的知识分子对中国教育，尤其是对大学教育问题的深刻思考，而这，也正是促使吴军写这本书的主要原因。

吴军早年求学于中国最高学府清华大学，后在美国一流名校约翰·霍普金斯大学深造。从进入大学的第一天算起，到他通过博士论文答辩离开学校，前后居然长达 18 年之久（1984—2002）。自 2005 年起，吴军一直参与约翰·霍普金斯大学的管理工作，先后担任了该校计算机系顾问委员会的顾问和工学院董事会董事。为了能胜任学校的管理工作，他一直在研究世界著名大学的教育经验，并与霍普金斯大学的校长、院长、系主任们和教授们定期或不定期地探讨办学思路；他抓住工作中及应邀在美国各大学作报告的一切机会，与学校的毕业生、教授和在校生们交流，了解这些学校的一手资料，得到很多各大学不对外公布的信息，尤其是招生和提升教授的一些不为人知的规则。

最近几年，为了帮助自己的孩子找到一所喜欢的大学，他开始系统地研究美国的大学，并从女儿进入高中开始，带着她走访了英国和美国的很多名牌大学。吴军观察一所大学，常常喜欢进到学校大楼里看看学生们和教授们在做什么、怎么做，注意观察那些看似不起眼的细节，这样就增加了对大学的感性认识。除此之外，要想真正揭开一所大学的神秘面纱，吴军认为还需要从多个渠道、多个角度来了解它。他的信息渠道包括这样几个方面：首先是在这所大学当过教授、做过访问学者或者从那里毕业后在其他大学当过教授的人；第二是这所大学的毕业生和在校学生，包括吴军在 Google 的很多同事；第三是学生家长。

中美两所顶级高校的学习经历，十几年的美国名校管理经验，多年的系统研究与实地走访，以及建立在这些第一手资料上的独立思考与独到感悟，终于成就了今天我们手中的这本书。在书中，吴军与女儿梦华如同博学而耐心的向导，带着读者边走边聊，通过一些美国大学的实例，介绍它们的教育理念和办学特色，以及与中国大学的不同；把他们所了解到的十几所美国一流名校的特点和差异，招生的细节与择校建议，以及自己的看法和感悟，娓娓道来，让读者如身临其境；当然其中少不了各大学的逸闻趣事和历史掌故，相信大家读来会和我一样大呼过瘾。

在吴军看来，一所好的大学应该扮演四个角色。首先，它是培养人才的地方，将那些有潜力有志向的年轻人培养成对未来社会有所贡献的人；第二，它是一个研究的中心，引领世界科技的发展，并且会对一个国家、一个地区产生积极正面的影响；第三，它是一个新思想、新文化的发源地，能推动社会的进步；第四，它是年轻人的家，是他们度过人生最好时光的地方。

我非常认同这四个好大学的评判标准。可我们遗憾地发现，在中国的大学，能够符合这些标准的可以说是凤毛麟角。问题出在什么地方？答案有很多，但我认为最主要的原因，是一些教育者在"大道"上迷失了。

易中天在一次讲座中说："我的口号就是今天的主题，不是'望子成龙'，而是'望子成人'。什么人呢？真正的人，就是八个字，第一真实，第二善良，第三健康，第四快乐。"我觉得我们教育的目标，就是培养和造就拥有现代知识技能和独立思考能力，同时对国家和社会有所担当的人才。从本书中，我们会读到很多值得思考的例子，尤其是在介绍常青藤大学的几章里。

当然，要想培养年轻人对国家和社会的责任感和独立思考能力，重点是我们的大学和教育者要有这样的眼光，而不是仅仅盯着对学生技能的传授和成绩的提高。作为参与过美国大学管理的人，吴军介绍了美国大学的管理经验，对中国的大学具有很高的参考价值。比如，吴军在书中介绍了美国大学中教授治校、大学的招生和教学，以及大学里的科研和教授队伍建设等，这些都与中国的大学差别较大。

那么，我们的教育"大道"究竟应该怎么走？

我个人认为，我们的教育"大道"应该以良知、理性、仁爱为经，以知识、科技、创新为纬，造就面向未来的人才。因此，我一向认为，一个只懂得向学生灌输课程的大学充其量算得上三流，而那些能够点燃青年学生内心火焰的大学才真正称得上一流。我们所需要的大学不仅能够提供给学生各种知识，培养全面的能力，更重要的是能够培养他们的科学精神和独立思考的能力，能够鼓励他们不盲从权威，对任何事情都能够理性地做出自己的判断。

我们很多家长一味地想要孩子们考高分、上名校、出国留学，却很少关注孩子其他方面的教育。长此以往，我真不敢想象孩子最后到底会成为什么样的一代。即使他们最终从名牌大学毕业，也很难想象会有多大成就，也许就会成为钱理群先生所说的"精致的利己主义者"。

吴军显然也注意到了这些问题。他在书中指出，现在，在尖子生云集的哈佛和耶鲁，都不再强调考试成绩的重要性，因为学校认为培养孩子的各种优秀品质，比如拼搏精神、团队精神、领导能力、社交能力、表达能力、全球视野和社会责任感比成绩更加重要。比如，在过去的3个世纪里，耶鲁所培养的就是有社会责任感、有所担当的人，是具有刚毅而勇敢的耶鲁精神的未来领袖。吴军认为，如果中国的留学生在哈佛和耶鲁没有学到这些内容，就失去了在这些名校读书的意义。

对于美国的这些名校，如果不理解它们的精神，不仅难被录取，即使进了大学，也未必能学到它们的精髓。吴军通过研究发现，从上个世纪90年代至今，亚裔学生占了哈佛本科生人数的15%—22%，但是这些年来从哈佛走出去的有影响力的校友中，亚裔的比例远远达不到15%。这说明，光有一块哈佛的金字招牌是远远不够的，成功是长期努力的结果。很多成功人士因为各种原因，就读的大学未必很好，但是他们经过长期努力，远远地超越了那些所谓的名校毕业生。为了进哈佛而进哈佛和因为对知识的渴望而进哈佛是两回事，前者的人生高峰在离开哈佛的一瞬间就结束了，而后者的人生在离开哈佛时才刚刚开始。

在《大学之路》中，吴军多次强调通识教育的重要性，这也是我一直在呼吁的。美国不少综合性的私立大学，本科生不分专业，在这些学校里没有工学院的学生或历史系的学生这一说，所有的本科毕业生拿的都是同样的学位，每个人的差异只是体现在他们最后关注的领域上。本科生们在三年级时开始确定自己的关注领域，当然还可以随时改变自己的选择。这在中国的大学里是难以想象的。实践证明，没有好的通识教育，一个人的事业发展就不会有后劲。那些以通识教育见长的美国名校，其毕业生往往能够获得更高的收入，有更好的发展。

我一直非常推崇梅贻琦的说法："所谓大学者，非谓有大楼之谓也，有大师之谓也。"因为一所好的学校，首先就要有著名的老师。我接手耿丹学院后，首要的任务就是要让耿丹学院的老师变成一流的老师，一开始全校只要能有十个八个带头人就够了。让最好的老师给老师上课，先让老师的眼界得到开阔，老师眼界开阔后自然就能让学生的眼界更开阔。而研究了众多美国一流名校的吴军则反复强调，大学不仅要有大师，还要有"大楼"（好的硬件条件），否则大师的教育理念就无法落地生根。因为只有硬件有了保障，才能给学生请到最好的教师，提供足够的课程、图书和研究室，开展学习和研究。

读者在读《大学之路》时会发现，吴军只介绍了英美的一流私立大学，这是因为这些学校最能代表英美高等教育的精髓和特色。经常有家长和学员问我选择学校的标准是什么，我的答案和吴军的高度一致 —— 应该选择那些经得住时间检验的著名学校，不是因为那儿有名气，而是因为那里聚集了很多优秀的老师和学生。英国教育家、牛津主教约翰·纽曼（John Newman）在一次讲演中讲到："如果让我必须在那种由老师管着、选够学分就能毕业的大学，和那种没有教授、考试，让年轻人在一起共同生活、互相学习三四年的大学中选择一种，我将毫不犹豫地选择后者……为什么呢？我是这样想的：当许多聪明、求知欲强、富有同情心而又目光敏锐的年轻人聚到一起，即使没有人教，他们也能互相学习。他们互相交流，了解到新的思想和看法，看到新鲜事物并且学会独到的行为判断力。"纽曼的这段话，很好地说明了上大学的真正意义所在。

为什么我们不仅要上大学，还要努力上名校不可？原因很简单，要与优秀的人同行。当然，如果没有机会上名校，也没关系，正如吴军老师说的，教育是一辈子的事情，我们不必担心输在起跑线上，因为世界上大部分人跑到一半就不会再跑了，只要你在自我教育的道路上坚持得足够久，就一定能够成为那个笑到最后的人。

俞敏洪

新东方教育集团董事长
2017 年 11 月于北京

序二
培养终身学习的能力

It is a pleasure and privilege for me to offer a forward to Roads towards Universities. I have known Jun Wu for more than 10 years through his leadership as a member of the Johns Hopkins Whiting School of Engineering National Advisory Council and have been impressed by his commitment to the University. In my conversations with Jun, I know the mission of Johns Hopkins University – *"To educate its students and cultivate their capacity for lifelong learning, to foster independent and original research, and to bring the benefits of discovery to the world."* – is a motivating factor behind his interest in this subject and for me captures what makes a great university, especially in the complex and global world in which we live. Jun and I have spoken, too, about the importance to him of the fact that graduate education was formally established in the United States in 1876 with the founding of The Johns Hopkins University, and based on the model of a German research university. He has also addressed the same importance of broad education in liberal arts, which may prepare young people to move on to a graduate school and provide personal satisfaction and fulfillment lifetime.

I know Roads towards Universities will offer an important and valuable perspective.

Robert J. Spiller

Associate Vice-President for Development and Alumni Relations

Johns Hopkins University

我很荣幸能够为《大学之路》写一篇短序。在我和吴军认识的十多年里，他作为约翰·霍普金斯大学怀特工学院董事会成员的领导才能，以及他对学校的贡献，给我留下了深刻的印象。在我们的交谈中，我们都认同这样一种教育理念，即"教育学生，培养他们终身学习的能力，激发他们从事独立而原创性的研究，并通过他们的发现使世界受益"。这也是约翰·霍普金斯大学的办学宗旨。对吴军来说，这种理念是他研究教育问题的动机；而对我来讲，这是了解在当前复杂的全球化时代如何创办一所伟大的大学的关键。吴军和我还讨论过研究生教育对个人发展的重要性。在美国，这种专业教育源于 1876 年约翰·霍普金斯大学在建校时所采用的德国式研究型大学的模式。吴军还强调通才的博雅教育的重要性，它不仅可以帮助年轻人今后到研究生院继续深造，而且会让他们受益终生。

《大学之路》向读者展示了作者重要而有价值的远见卓识。

罗伯特·史皮勒

校长助理（规划和校友关系）
2015 年 7 月于约翰·霍普金斯大学

前言
教育是一辈子的事

这既不是一本升学指南或子女教育指南，也不是一本介绍美国大学的大全。

本书讲述的是关于高等教育的理念——既包括我本人（同时站在一个受教育者和教育者的角度）对这个问题的认识，也包括美国很多大学里的教育工作者对教育的看法。我把这本书取名为《大学之路》，其实包含了三层含义。首先是指我自己（和我的兄弟）以及我的孩子前后两代人选择的大学之路；其次是指根据个人的体会和了解的众多过来人的经验，认识到学生们在大学里的路应该怎么走，即我所理解的大学的理念——那些在我（和我的兄弟）身上实践过的，或者在我的孩子身上会实践的理念；第三层含义是指美国的一些大学（主要是名牌私立大学）在过去几百年里走过的历程——透过它们，不仅可以看到美国的教育精英们对大学教育的认识，也可以看到今天这些大学培养学生的目标和方法。

关于教育的书并不好写，在过去很多年里，尽管很多朋友一再敦促我写一本这方面的书，但都被我推辞了。后来促使我下了很大的决心来写这本书的原因来自于多方面，其中最重要的是这样两点。首先，我觉得我们的高等教育出现了某种偏差，以致很多年轻人到了大学毕业时会很茫然，而许多从所谓名校毕业的学生在一生事业进展到一半（一般指工作到第 15 年）时，并没有达到自己的预期，转而将自己的期望寄托在孩子身上，给孩子带来无谓的压力。其次，在美国的亚裔高中生以及中国（和其他亚洲国家）申请美国大学的高中生，发现申请美国最好的大学越来越困难（这是事实），但又不知所措。面对这些问题，很多人都能找到比较直接的原因，但我认为最根本的或许是亚裔对教育理念的理解出现了偏差，以致在求学时有些舍本逐末，或者说背离了教育本身的意义。因此，我觉得有必要把我对高等教育的认识，把美国一流大学对高等教育的理念都写出来。

在介绍高等教育的理念时，我们先要谈一谈一个根本性的问题：接受（高等）教育的意义何在？或者说得更通俗一点，为什么要上大学？每一个学生、家长甚至是老师都未必会深究这个问题，因为大家都觉得上大学是理所当然的事情。不上大学就没有好工作，成功的概率就低，就会处在社会的底层，这是很现实也是很容易让人理解的想法。我的父母由于家境问题并没有受到太多、太好的教育，以致他们不得不在工作时一点点弥补学识上的不足，一辈子工作得非常辛苦（虽然他们也乐在其中），因此他们觉得我和弟弟应该获得尽可能多、尽可能好的教育，以便能过上比他们更好的生活。在我和弟弟很小的时候，父母就向我们灌输读书的重要性，时间长了，我们自然而然地接受了"读书很重要"和"必须上大学"的观点。

我想，我父母当年的想法和做法代表着如今中国大部分家长的想法和做法。但是年轻人容易有逆反心理，听长辈们说多了，即便觉得有道理，也会烦的。如果在这种情况下继续给孩子施加压力，孩子就会觉得学习是为了父母，久而久之就变成了被动的学习。我在约翰·霍普金斯大学做助教时，辅导的课程常常有近百人（这在美国私立大学中算是很大的班级），班上大约 1/3 的学生是亚裔（第一代移民的子女），他们进入大学时的成绩平均应该比其他族裔高不少（这个原因我们在后面会介绍），但是这些学生中表现突出的并不多，很多都学得被动。反观白人孩子，虽然有不少人的成绩实在令人看不过去（我还遇到过期末考试得零分的白人学生），但是另一方面却有相当多出类拔萃的学生，他们学习非常主动，这不仅体现在对所学的学科非常有兴趣，愿意花更多的时间，而且成绩优异。这是我在亚裔子女或清华本科生的身上很难看到的。我弟弟在斯坦福大学读书时，也注意到了类似现象。这其实反映出美国人和亚洲人有着不尽相同的教育理念，一种是出于兴趣而学习，另一种则是为了很现实的利益而学习。目的不同，结果常常也不同。

亚裔家长无形中给了孩子太多的压力。1998 年，著名花样滑冰选手关颖珊和美国另一名新秀、高一学生李宾斯基（Tera Lipinski，当时只有 15 岁）争夺奥运会女子单人滑冠军。在决赛中，经验丰富的关颖珊因为紧张而造成失误，最后屈居亚军，而李宾斯基在毫无压力的情况下正常发挥，获得了冠军。赛后，两人在接受采访时所讲的话其实折射出两种教育的差异。李宾斯基讲，我当时就想着转呀转呀，结果完全发挥了水平。而关颖珊想到的则是父母、奶奶……为了报答他们，要好好发挥。正是来自上一辈太重的压力以及对冠军过度的渴望，使得关颖珊在那次奥运会上错过了她一生中最有可能获得奥运冠军的机会。

重压之下的中国学生，踏上大学之路就成了家长实现自己梦想的延伸，很多年轻人在拿到大学录取通知书的那一刻，自认为总算完成了家长交给他们的使命。在这样的想法下，他们所走的大学之路也是目标非常明确——冲着文凭而去。当他们拿到毕业证书的那一刻，又会觉得自己总算结束了不很情愿的考试生涯，接下来一辈子再也不想学习了。遗憾的是，人生是场马拉松，拿到一所名牌大学的烫金毕业证书，不过是在马拉松赛跑中取得了一个还不错的站位而已，人生——这所真正的大学——路途才刚刚开始。看过马拉松比赛的人都知道，在起跑的那一瞬间道路是很拥挤的，但是当1/4赛程过去之后，选手们彼此的距离就拉开了，在起跑时占得的那一点便宜到这时早就荡然无存了。很多中国的家长都在说不能让孩子输在起跑线上，想方设法让孩子在起跑线上尽可能地抢位子。但其实，成功的道路并不像想象的那么拥挤，在人生的马拉松长路上，绝大部分人跑不到一半就主动退下来了。到后来，剩下的少数人不是嫌竞争对手太多，而是发愁怎样找一个同伴陪自己一同跑下去。因此，教育是一辈子的事情，笑到最后的是一辈子接受教育的人。

每当别人问起我父母培养我和弟弟的经验时，他们给出的答案其实让求教者们颇为失望，因为那些都是所有中国父母都知道而且已经做了的事情，比如"要教育孩子知道读书的重要性"等，并不是什么别人不知道的秘诀。我的父母教育子女应该算是成功的，但是他们自己却一直没有意识到他们教育子女的真正秘诀。我和弟弟很多年后回过头来看，才明白秘诀其实在父母自己身上。我的父亲没有机会上一个全日制正式的大学，不过他学习了一辈子。他利用在大学工作之便，去补习了一门又一门大学课程，做科研也非常努力，得了很多国家发明奖和科技进步奖，最后居然能在一个极为看重文凭的大学里被提升为教授级研究员，这不能不说是一个奇迹。在我的印象中，父母晚上从不参加应酬，甚至不看什么电视剧，总是非常有规律地学习。我的母亲现在已经到了耄耋之年，依然每天坚持学习。父母们并不知道，他们在对我们兄弟的教育上的最成功之处，是以他们的行为潜移默化地影响了我们，让我们渐渐养成了终身学习的习惯。

我自己的大学之路十分漫长，一辈子上了24年学（中小学11年，国内大学本科5年加两年研究生，在美国读博士6年），比我工作的时间还要长。如果从进大学的第一天算起，到我通过博士论文答辩离开学校，前后居然长达18年之久（1984年到2002年），这中间，我两次参加工作，又两次回到学校读书。我弟弟看上去比我幸运一些，从进清华到获得斯坦福大学的博士，只用了10年时间。不过在这之后，他虽然在工业界工作，但依然要不断地学习各种新知识，不断地写论文，参加各种学术会议和申请专利。在他十几年的职业生涯里，获得了140多项美国发明专利，并最终成为世界上一家很大的半导体公司的首席技术官（CTO）。从他进大学算起，他也持续学习了几十年。对我们兄弟俩这样没有家庭背景，又缺乏冒险精神的人来说，大学教育使我们有了一个较高的起点，但是最终的成功更多地受益于不断的学习。在我们读中学、读大学时，都有不少一起竞争的同学，但是越到后来，和我们在一起接受教育的人就越少。到了博士毕业后，还能像我们一样坚持学习新知识的人并不多。回过头来看，一些过去比我们读书更优秀、在起跑线上抢到了更好位置的人，早已放弃了人生的马拉松；我们能够跑得更远，仅仅是因为我们还在跑，如此而已。

可能有人会问，这么多年你都学了些什么？有什么好学的？学的那些东西对生活和工作真的有用吗？这就涉及另一个根本问题，即年轻人在大学里的路该怎么走。事实上，如果从功用的角度来看，我的高等教育效率非常低，我在本科学习的课程大部分不仅对工作没有用，而且对后来学习专业课也没有用。根据我和很多大学生交流的经验来看，今天这个问题似乎还没有解决。这一方面说明高等教育本身有非常大的改进空间，或许我们可以接受到更好、更有效的教育，以至于我不需要花费长达24年的时间在学校里做学生，另一方面也说明高等教育的意义可能并不在于课程本身。大学的生活经历和高等教育本身是一件重要的事情，而课程的内容是第二位的。在大学里不论学什么课，只要学的东西足够多，时间足够长，人就会受到教育。从这个角度出发，我们似乎应该能得出这样一个结论，那就是在大学里要走的路远不止读书、拿学位这么窄，我们后面要介绍的通才素质教育，其实就是为了拓宽每一位年轻人的大学之路。

当我的孩子梦华和梦馨开始接受教育后，我和很多家长一样，当然希望她们的大学之路能够比我走得更精彩，也更轻松。我也知道最重要的是要让她们懂得教育是一辈子的事情，这样她们的路才能走得更长。而要做到这一点，首先不能让她们害怕教育。梦华和梦馨视力都非常不好（基因的问题），她们的眼睛只能让她们每天晚上花一般孩子一半左右的时间看书。梦华在最后申请大学时，她的大部分同学都在熬夜，不断优化申请材料，她却不得不在晚上 10 点钟就休息了 —— 并非她不想熬夜把自己的申请材料写得更好一点，而是眼睛不允许。而梦馨虽然还很小，也需要每周花大量时间在户外以保护眼睛。或许是因为这一点导致了学习强度不大，她们迄今为止没有厌倦学习。我一直给她们灌输这样一个思想：当你们大学毕业后，你们的同伴大部分不会再坚持学习了，只要那时候你们还在不断地完善自己，你们就能赶上并超过别人。在教育子女上，我能想到的培养孩子学习兴趣的第二个方法，就是由着她们的兴趣，学习和从事自己喜欢做的事情。我这一代人在接受教育、选择专业时，不得不考虑未来的生计问题。但是，我希望我们的下一代能够更多地考虑如何成为更好的人、更有用的人，把教育看成是实现自己梦想的过程，而不只是为了未来的生计而学习。梦华申请大学时我对她讲："最重要的是成为一个好人，即使你上了 De Anza College（我们家附近的一所两年制学院，相当于中国的大专），我和你妈妈也会喜欢你。"所幸的是，在压力相对小的环境里，到目前为止她们在读书上似乎比我小时候更有自觉性，并且她们都有足够的时间做自己喜欢的事情。

随着梦华不知不觉地步入了即将上大学的年龄，我必须和她交流应该接受什么样的大学教育，因为今后的教育要完全交给大学和她自己了。于是，帮助她找到一所适合她的大学就变得非常重要。对高中生来讲，寻找最适合自己的大学并非简单地看《美国新闻与世界报道》上的排名，而是要让自己的特长、兴趣和志向与大学的特色做最佳匹配。从我和我弟弟的经验来看，我们的博士教育其实是对我们自身特长和兴趣的最佳匹配，如果让我们去上对方的学校（都是一流大学），得到的结果就会差很多。因此，为了帮助梦华了解美国诸多优秀大学的本质特点，我从几年前就开始系统地研究美国大学的本科教育，尤其是研究美国著名私立大学的特色。当然，我研究大学教育还有第二个原因，就是出于对培养年轻人这件事本身的兴趣。我在清华大学做本科生班主任时，曾把那个班级（清华电子工程系无 931 班）训练成了全校最好的班，看到很多学生事业有成，是最让我高兴的事情。在美国，虽然我没有担任正式的教职，但是约翰·霍普金斯大学给我提供了一个参与大学管理的机会，并在约翰·霍普金斯大学的发展过程中或多或少地发挥了一些作用。为了能胜任我的工作，我一直在研究世界著名大学（主要是英美大学）的教育经验，包括它们几百年来所走过的路，这样才能提出有益的建议，才有可能让这所一流大学更上一层楼。同时，约翰·霍普金斯大学这个平台也让我有机会与校长、院长、系主任们和教授们定期或不定期地一同探讨办学的想法。由此，我对美国大学的方方面面有了较深的了解。除此之外，我了解美国大学的另一个方法就是在和它们的毕业生一同工作时，通过他们来了解他们的母校，并且通过和他们的交流，掌握他们母校的一手资料。当然，每当我受邀到各个大学做学术报告时，我也会很珍惜和学校的教授及学生交流的机会，这样可以了解到很多大学不对外公布的信息，尤其是他们在招生和提升教授上的潜规则。

虽然我是如此关注梦华对大学的选择，但是把我对美国名牌私立大学的了解和看法传递给孩子，却并非易事。通常，当孩子们进入青春期以后，他们和父母之间是有代沟的，这是无法否认的事实。因此，对家长的话，他们其实是将信将疑的，而能让她们愿意参考家长意见的最好办法，就是让她们通过亲身经历，体会到家长的建议还是有价值的。为了帮助梦华找到自己喜欢的学校（而不是我认为好的学校），最好的办法就是带她去实地看一看。为此，从梦华进入高中阶段开始，我们就带着她去走访英国和美国的很多名牌大学，让她自己对那些学校产生感觉，这样我们才有交流的基础。对于那些她很有可能会选择的大学，她自己也花了更多的时间去体验。比如，她去了麻省理工学院三次，在斯坦福和约翰·霍普金斯分别过了一个暑期，这让她对自己感兴趣的大学有了比较深刻的认识。不出我所料，我们俩对大学的看法差异很大，她很快就放弃了很多我认为非常值得考虑的大学，比如剑桥、牛津和芝加哥大学，但是经过交流我们还是能达成某些一致。在书中介绍各所大学时，我会把我的看法和她的看法都写出来，供不同年龄的读者参考。

接下来，我想谈谈我对大学（包括高中）教育的看法，这综合了我和我弟弟教育的经历，以及我对大学教育研究的结果。

首先，大学的教育应该分为两个阶段：以通才教育为主的本科阶段，以专才教育为主的研究生阶段。在本科生阶段，学生们接受的应该是"大行之道"（Universal Knowledge），而不仅仅是"雕虫小技"（Skills）。这个观点是约翰·纽曼根据牛津大学的教育经验总结出来的，他在《大学的理念》一书中讲到："先生们，如果让我必须在那种由老师管着、学够学分就能毕业的大学，和那种没有教授和考试，让年轻人在一起共同生活、互相学习三四年的大学中选择一种，我将毫不犹豫地选择后者……为什么呢？我是这样想的：当许多聪明、求知欲强、具有同情心而又目光敏锐的年轻人聚到一起时，即使没有人教，他们也能互相学习。他们互相交流，了解到新的思想和看法，看到新鲜事物并且学会独到的行为判断力。"这实际上是通才教育的精髓。为了保证通才教育，大学不应该限制学生的专业，至少要允许学生换专业。

可以说，没有好的通才教育，一个人的事业发展就不会有后劲。美国统计了各个大学的毕业生入职年薪，在前 10 名大学中，除了工科较强的斯坦福大学和以商学专业见长的宾夕法尼亚大学是综合性大学外，其余的几乎是清一色的理工科大学（诸如麻省理工、加州理工、卡内基 – 梅隆和佐治亚理工等）。人们常常谈论的所谓"大藤"，即常青藤大学中最著名的三所大学——哈佛、耶鲁和普林斯顿，都不在其列[1]。但是，比较学生毕业 15 年后的情况时，那些以通才教育见长的大学，比如哈佛和普林斯顿，都进入了前 10 名，甚至超过了以工科和商科为主的大学。虽然收入并非衡量毕业生贡献的唯一指标，也不能完全反映一个大学的好坏，但是至少从收入的变化可以看出通才教育对一个人一生发展的帮助。

今天，中国的学生一进入高中就开始专攻那些高考必考的课程，而一进入大学，他们就被限制在不允许修改的专业中，这不仅失去了得到通才教育的机会，甚至被剥夺了培养自己学习兴趣的可能。我真的为他们感到悲哀。很庆幸的是，我自己在读高中时受到了很好的通才教育，以致今天我所具备的人文和社会科学方面的素养，足以让我成为一个受人尊敬的人。等我到了大学时，最大的收获并不是学到了多少书本上的知识，而是从老师和同学身上学到了很多东西。这正如纽曼所说的"当许多聪明、求知欲强、具有同情心而又目光敏锐的年轻人聚到一起时，即使没有人教，他们也能互相学习"。我要感谢我就读的清华大学将很多

1　耶鲁因为文科专业学生较多，收入相对低一些。

优秀的年轻人聚集起来，让我们能够互相影响、互相学习。这些，才是让我受益终生的。

今天的世界和纽曼生活的年代已经大不相同。在那个年代，人类知识的积累并不多，一个人完成了通才教育后就能够胜任很多工作。但是现在，许多工作（比如生物制药）都需要有专业技能才能胜任。因此，在完成通才教育之后，需要在此基础上根据自己的兴趣爱好进行1—5年时间不等的专业训练[2]；这个训练可以在学校里完成，也可以在工作中完成，还可以（像我一样）在工作后再回到学校完成[3]。

最早倡导专业训练的教育家是普鲁士的外交家和教育家洪堡，他是普鲁士教育体系的奠基人。近代大学的专业教育，尤其是研究生院制度，都是仿照德国大学体制建立的。洪堡强调教育的目的在于给予学生们真正有用的知识，以便他们马上就可以应用这些知识服务于社会。

有了好的通才教育基础和专业知识技能，一个人能走多远，取决于两点，即他服务于社会的意愿以及对所从事事业的喜爱程度。服务于社会是美国精英教育的精髓。无论是在美国建国初期办学的国父富兰克林和杰弗逊[4]，还是19世纪中期美国工业革命时期的教育家吉尔曼[5]和艾略特[6]，都强调教育的目的是服务于社会。今天，哈佛和耶鲁都不强调考试成绩的重要性，因为学校给大部分学生A[7]，也就是说，只是在成绩单

2　美国很多大学提供所谓4+1的计划，即在四年级下学期开始学习研究生的课程，然后到第五年结束，同时获得本科和硕士学位。

3　在美国，三十多岁获得硕士学位、四五十岁获得博士学位的大有人在。

4　他们分别创办了宾夕法尼亚大学和弗吉尼亚大学。

5　约翰·霍普金斯大学的第一任校长。

6　哈佛大学历史上任期最长的校长（40年）。

7　耶鲁大约给60%的学生A，哈佛的比例则高达70%，因此很多人认为这两所大学的成绩被严重兑水了。

上混一个全 A 并不是一件难事。为什么这两所大学在成绩的把控上如此宽松？并非它们不知道成绩的重要性，而是要向学生们透露一个信息——你们的学业足够优秀了，你们应该关注课程以外的东西。事实上，在耶鲁大学，学生一半的时间都花在了课外活动中，因为这些看似和考试无关的活动，培养了学生的各种优秀品质，比如拼搏精神、团队精神、领导能力、社交能力、表达能力、全球视野和社会责任感。事实上，如果在哈佛和耶鲁没有学到这些内容，就失去了在那里读书的意义。我也走访了很多中国的一流工科大学，发现学生把 90% 的时间都用在了学习和准备考试上。这样固然可以得到很好的专业训练，却让年轻人在一生中最宝贵的时间里失去了培养优秀品质和综合能力的机会。回到我一开始提到的第二个问题，即为什么中国学生申请美国一流名校那么难，原因有很多，我会在书中一一分析，但是有一条重要的原因就是中国学生读书的目的和那些大学办学的理念有很大的差异，以致在申请材料中有意无意地会流露出这种差异，进而得不到那些私立名牌大学的认可。

在这本书中，我会通过美国私立大学的一些实例，介绍学校的教育理念和办学特色，尤其会对比和中国大学的不同之处。近十几年来，很多中国名牌大学的管理者，比如在中国被称为 C9 大学[8]的校长、副校长、党委书记等，经常和我探讨如何创办世界一流大学。他们希望了解美国一流大学成功背后的每一个细节。希望这部分内容可以为他们提供参考。

书中的另一部分内容，会针对中国学生到美国读书（选择大学和申请大学），谈谈我的看法和建议。近 20 多年来，中国学生到美国读书的人数在不断增加，如何进入美国名牌大学成了很多学生和家长关心的问题。

8　包括清华、北大、复旦、上海交大、中科大、南京大学、浙江大学、西安交大和哈工大这 9 所中国知名高校。

希望这些内容对他们有所帮助。与此同时，很多学生的家长，包括中国一些名牌大学的教授甚至校长，都在问我一个问题，即"是否应该送小孩到美国读本科（或者高中）"。我希望能够通过介绍美国的大学，尤其是美国名牌私立大学的教育方法和教育内容，讲清楚这些世界名校的长处所在，供家长和学生们参考。

和我以前出版的所有著作一样，本书的每一章都相对独立，读者可以根据自己的兴趣挑着阅读。本书的内容，大致可以分成两部分：前6章介绍大学的发展、（英美）名牌大学教育的理念和特色，我的求学经历以及美国名牌（私立）大学录取学生的大致过程和筛选学生的方法；之后的10章介绍英美一些名牌大学的特点。关于后一部分内容，我试图营造一个虚拟的场景，让读者跟随我和梦华一同走进这些学校，这样，读者朋友可以获得比较真实的感觉。通过介绍这些不同的学校，大家既可以看到美国大学的特点和差异，也可以感受到它们在办学上共同的长处。了解了这些大学的特点，有助于学生更好地申请学校。虽然这本书的目的不是作为升学指南，但是在介绍每一所大学时，我还是会把我和梦华了解到的关于大学招生的一些细节分享给大家。当然，每所大学具体的录取要求以及历年来招生的数据在学校的网站上都有，也在不断更新，我就不做详细介绍了。我在书中会引用一些数据，但只是为了说明我的观点，并非为大家给学校做排名使用。

虽然很多的大学评估机构对大学做了这样或那样的量化评估和排名，但是人们对于一所大学的看法常常带有很强的主观性，而寻找适合自己的大学更是一件主观的事情。书中对各个大学的很多看法只是我的一家之言，而我的原则恰恰是：表达自己的观点，供大家参考。读者朋友可能会发现我的一些说法和学校网站上的官方说法不一样，比如很多学校声称它们的招生过程对各个族裔是公平的，而我则认为很多学校其实并不公平。这并不奇怪，毕竟没有学校会公开说出对自身不利的话。很多时候，一个问题的答案不止一个[9]，我的观点未必就一定正确，而另外的观点未必就错误；当然，反过来也是一样。至于大学在招生上的细节，每年都在不断变化，请大家直接到学校的网站上查找，那里的信息最为准确。

两年前，我在写本书的第一版时，只介绍了英美的一流大学，而且几乎是清一色的私立大学，这对那些没有条件就读这些学校的读者似乎不大公平，不过在当时我只能做到那么多。这里的主要原因有两个：首先，我当时只重点研究了这些私立名校，因为它们最能代表英国和美国高等教育的精髓和特色，这也是我一开始就强调这本书不是留学指南的原因之一；另一个原因是，透过这些私立名校培养学生的方法，想申请大学的年轻人都可以思考如何借鉴它们的经验，通过教育来使自己变得更好。今年，当我再次修订这本书时，想法稍微有所改变，主要是在过去的两年里我接触到了国内很多强烈希望通过教育改变命运的读者朋友，特别是中低阶层家庭的朋友。对他们来讲，素质教育其实还是一种奢望，过分追求素质教育反而事倍功半。对处于较低的社会阶层而想要迈进中产阶层的家庭来讲，让孩子真正掌握一门技能至关重要。因此，我在书中专门增加了一章，介绍大众高等教育的理念，特别强调对于这部分家庭的子女而言技能教育的重要性。在这一章中，我以美国最好的公立大学——加州大学伯克利分校为例，说明普通家庭的孩子如果教育得法，依然有希望迈入精英阶层。

在本书出版之际，我首先要感谢 Google 的许多同事，以及很多大学的教授和学生，他们为我提供了各自学校的信息和他们对学校的看法，让

---

9 这其实也是中美教育上的一个差异，在中国，常常会认为每个问题都有标准答案，而在美国的教育中会鼓励学生寻找不同的答案。

我对那些大学的认识能够比较全面。同时也要感谢中国很多大学的教授和各级管理者，他们为我提供了（他们所希望的）考察美国教育的视角。在本书的写作过程中，特别要感谢约翰·霍普金斯大学计算机系前系主任黑格（Greg Hager）教授、工学院院长施乐辛格博士（Ed Schlesinger）、校长助理史皮勒先生（Rob Spiller）、大学的校董（同时也是工学院董事会主席）雷蒙德先生（Joe Raymond）、约翰·霍普金斯大学埃斯勒教授（Jason Eisner）、宾夕法尼亚州立大学教务长琼斯博士（Nick Jones，也是约翰·霍普金斯大学工学院前任院长）和哈克学校（Harker School）的前校长尼克诺夫博士（Chris Nicknoff），我是在和他们的不断交流中深刻了解到美国高等教育的特点以及大学的管理方法的。尤其感谢史皮勒先生为本书写了序言。此外，一直致力于教育事业并被誉为年轻人导师的新东方董事长俞敏洪先生在本书的创作过程中给予了我极大的鼓励，并为本书写了长篇序言，在此深表感谢。我还读到了多篇来自中国大学的在校大学生写的阅读心得，他们的鼓励和支持更让我看到了写作这本书的意义和价值。

这本书的出版与很多人的努力是分不开的，在此我要感谢出版团队的全体人员。JUSTPUB的周筠老师不仅帮助我完成和出版了《浪潮之巅》《数学之美》和《文明之光》，而且也是我和读者联系的桥梁。这次出版《大学之路》，她再次总揽全局。人民邮电出版社从社长、总编到编辑、发行人员在合作中一直给予了我莫大的支持，尤其是信息技术分社的刘涛和俞彬两位领导，以及陈冀康、蔡思雨等朋友。JUSTPUB的特约编辑李琳骁先生极其认真负责，他细心查找和确认书中的资料、数据，还和周筠老师一道帮我反复润色文字，付出了大量的心血。胡文佳女士为我编辑和排版了多本图书，每一次她都不厌其烦地调整版式，尽最大可能把全书排得美观。著名书法家、瀚海智业投资管理集团董事长王汉光先生一直热心地在 IT 行业宣传和推广我的作品，并且为本书题写了书名，谢谢他。本书新版的封面由陈航峰先生率领的设计团队设计，感谢他们的支持。由 JUSTPUB 和人民邮电出版社长期运营的读者微信群的朋友们，一直以他们的真诚和热情支持着我的写作。写作常常是孤独的，但有了朋友们的热情回应，写作又是幸福的。

最后，我要感谢我的家人，包括我的母亲朱秀珍女士、夫人张彦女士、弟弟吴子宁博士、我的女儿吴梦华和吴梦馨，他们不断地就本书的内容和关于教育的话题与我交流，实际上本书的内容在很大程度上是和他们交流的结果。

由于本人水平有限，加上见识和看问题视角的局限性，本书难免会有不足，还请广大读者朋友指正并谅解。此外，关于教育的理念和方法，也是一个开放和不断发展的研究课题，《大学之路》只是在这个课题上抛砖引玉，希冀有更多的专家能够就这个课题发表见解，这样会更有利于教育事业的进步。

吴军

2017 年 9 月于硅谷

第一章　大学的概念

什么是大学？为什么要上大学？

每个人都知道"大学"这个词，但是并非每个人都会去深究它的含义。一般人会简单地答道，中学毕业后要上的学就是大学，或者说教育的最高阶段就是大学。至于为什么要上大学？不同的人更是答案各异。不过我注意到很多年轻人读完四年大学，毕业回首大学时光时，发现收获远比当初所期望的要少。这里面的原因很多，比如一些人一开始的期望值定得太高。我在清华时，班上一大半同学是原来中学的第一名，而从清华毕业时很多人必须接受自己排在班上后一半的结果。在美国的顶级大学里情况也是如此。还有很多人在选择大学时过分看重大学的排名，而进去以后发现名不副实。更有很多人把大学阶段的学习简单理解成知识的学习，而忽视了在这之外的很多东西，以至于毕业时发现自己依然缺乏在社会上生存的手段。因此，对于每个即将或已经进入大学的人而言，非常有必要搞清楚这两个问题，什么是大学，为什么要上大学。

先说说为什么要上大学？在很多人，尤其是亚洲人的头脑中，只要在经济上负担得起，上大学根本就不是一个问题。虽然一个年轻人到了高中毕业时，在身体和知识上其实已经可以胜任很多工作了，但是今天大部分亚洲人（不论是中国人、印度人、日本人、韩国人还是越南人、马来西亚人）都绝不会止步于此。他们不仅要选择读大学，而且要千方百计地读最好的大学。为什么一定要这样做？因为在亚洲人看来，有大学的学位是进入或者维持在较高社会阶层的唯一途径，同时也是获得体面工作和收入必不可少的手段。

但是，如果拿这个问题去问德国人、法国人和意大利人，问问他们是否一定要上大学，那么很多人会给你否定的答案，因为在他们看来，上大学是他们进入某些职业（比如律师、医生和工程师）必不可少的途径，但是并非从事所有的职业都需要上大学。很多特殊的工作技能，比如做工匠、园艺师、厨师、酿酒师和品酒师等所需掌握的知识和技能，是在职业学校而非大学里学到的，大学所教授的内容，与他们感兴趣的知识和技能完全是两回事。这些人不必上大学，一辈子也能过得很好，社会地位也不低。

在美国，情形也类似。虽然美国有世界上最好的大学，并且在人们印象中美国的高等教育是相当普及的，但实际上美国人上大学的比例并没有很多人想象得那么高。根据美国教育部的数据，2015 年美国只有 44% 的高中毕业生进入四年制大学学习[1]。入读二年制的大专在美国不需要考试，可以就近入学，但是即使算上进入大专的人，升学率也不过 69%，也就是说，有超过三成的高中毕业生根本不想读大学，或者认为没有必要读大学，这还不包括有 17% 的高中生根本无法从高中毕业（2015 年）。如果考虑这个因素，美国进入大学（包括两年制大专）学习的年轻人不到六成。在过去的十多年里，这个比例没有太大的变化。

---

1 https://nces.ed.gov/fastfacts/display.asp?id=51

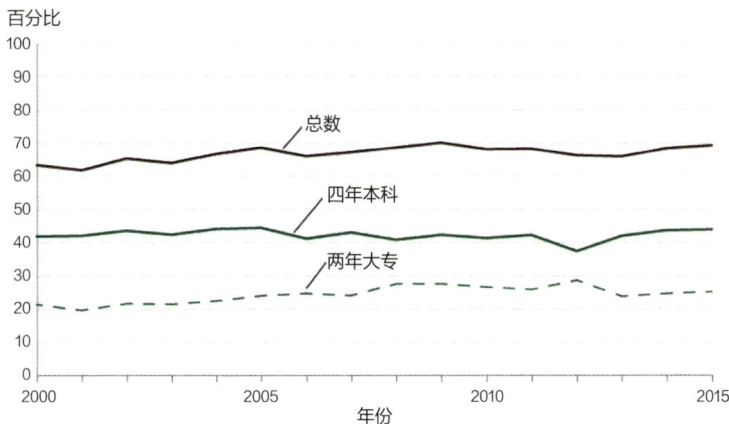

图 1.1　2000—2015 年美国高中毕业生进入大学学习的比例（数据来源：美国教育部）

在美国，很多人即使进了大学，也有可能陆陆续续中途退学，当然办公司创业的是凤毛麟角，大部分退学的人就是不想读了。和中国大学几乎每一个人都能毕业不同，美国大学的毕业率出奇的低。各大学四年的毕业率大约在 80% 左右。比如斯坦福大学平均四年毕业率不到 80%（其中 2011 级的本科生四年毕业率仅为 76%）。在名牌大学中，四年毕业率最高的是普林斯顿大学，也不过 90%。根据《美国新闻与世界报道》周刊（*US News and World Report*）2017 年汇总的美国各所大学提供的毕业率数据，美国各著名大学的四年毕业率如下表所示。

表 1.1　美国一些著名大学的四年毕业率 [2]

大学	毕业率
普林斯顿大学	90%
哥伦比亚大学	89%

2　数据源自《美国新闻与世界报道》的大学排名网站：https://www.usnews.com/best-colleges/rankings/national-universities

大学	毕业率
耶鲁大学	88%
约翰·霍普金斯大学	88%
宾夕法尼亚大学	87%
芝加哥大学	86%
杜克大学	86%
哈佛大学	86%
加州理工学院	84%
麻省理工学院	82%
西点军校	80%
南加州大学	77%
斯坦福大学	76%
加州大学洛杉矶分校	74%
加州大学伯克利分校	72%
……	
明尼苏达大学	59%

当然，到了第五、第六年还有一些学生陆续毕业，但事实上还是有很多人最终没有拿到大学文凭。美国的大学一般没有因为成绩不好而主动开除学生的，大部分拿不到文凭的人是自己主动退学的。我在约翰·霍普金斯大学了解了一下学生们退学的原因，一些人觉得在大学学习吃力，对学习兴趣索然；另一部分人则觉得为一张文凭和几门课付出那么多学费不值（乔布斯就是这样的人）；一些人边读书，边上班，后来觉得上班挣钱更实在，就中途退学了。不过，亚裔和外国学生很少有人从大学退学。

这些事实说明，在对大学教育的看法上，东西方人的差异很大。如果不理解这个差异，一方面按照东方人传统的思维方式去学习，去做好学生，另一方面希望接受西方式的教育，并由此获得上升的空间，那么结果可能是事与愿违。我们经常看到这样的报道，很多家庭节衣缩食供孩子到海外读书，发现毕业后不仅在国外找不到工作，回到国内也找不到好工作。在美国也有很多人，把自己工作几年后的全部积蓄拿出来读了一个博士或者 MBA，指望毕业后能够得到一份比以前更好的工作，后来发现不仅新的工作不好找，即使回到原公司，原本不错的职位也被人抢走了。这里面关键的问题就是人们对大学教育理解上的偏差，或者说人们简单地认为多学知识、上好的大学就能帮助自己未来在人生和事业上获得双丰收。

如果单纯从接受知识和技能上讲，美国一流的大学，未必每一门课讲得都比另一所二流大学要好，而且也未必开设的实用课程数量就多。很多人身处在一流大学，却把它当作二流大学来使用，到毕业时难免会失望。而身在二三流大学的人，则可能发现所学的课程和工作关系不大，干脆退学了。但是，在大学里，除了课程之外，一定能接受到大学之外得不到的教育。而在一流大学里一定能学到很多在二流大学学不到的东西。这些东西又是什么呢？这就是我要谈的大学的概念，或者说是高等教育的理念。要想最大程度地受益于美国名牌大学的教育，并且有助于一生的上升和发展，就需要了解这些大学的办学理念。这些理念，不是我们常常看到的那些数字——学生的平均成绩、科研经费的数量、院士的人数或者发表的论文数。要讲清楚大学的概念，我们不妨从大学的发展历史看起。

第一节　大学的历史

1　古代大学的雏形

大学，在很多古老的文明中都存在过。不管过去那些"大学"在今天的人们眼里看上去水平多么低，但在当时的"大学"中，从老师到学生都是那个文明、那个时代的精英。中东地区出土了很多四千多年前的泥板，据考证是当时学校用的课本，虽然在今天看来课本内容颇为简单，不过在那个年代已经是高等教育的内容了。这说明在美索不达米亚文明中，很早就有了大学的雏形。在古埃及，法老神庙的一个功能就是教授知识和研究学术，古希腊著名的学者毕达哥拉斯就在那里学习过。这些神庙有点像后来中国的国子监[3]，是全国最高等的学府。

毕达哥拉斯回到希腊后，潜心办学，并且招收了大量门徒，他们不仅在一起读书，而且生活在一起，这有点像今天剑桥和牛津的直属学院（Constituent College），或者普林斯顿和耶鲁的寄宿学院（Residental College）。与毕达哥拉斯同时代的东方先哲和大学问家孔子，也是广招门徒，据说有弟子三千，贤人七十二。孔子不但传授他们学问，而且还是他们的人生导师。这两位东西方的大学问家虽然没有把自己和学生们组成的团体称为大学，不过都具有了大学的雏形，因为中世纪后期的大学就是按照孔子和毕达哥拉斯的方式传道授业的。与今天大多数老师只单纯教授学生书本上的知识不同，孔子和毕达哥拉斯很多时候教授的是所谓"大行之道"，这一点从《论语》以及关于毕达哥拉斯学派的各种经集记载中就能看到。在几千年来的教育史中，一所大学能否传授这些大行之道，一个学生能否学到它们，是衡量高等教育水平最重要的因

3　　国子监是中国古代隋朝以后的中央官学，为中国古代教育体系中的最高学府，又称国子学或国子寺。

素。在孔子和毕达哥拉斯时期，东西方在高等教育上的理念并没有大的区别，传道的重要性要高于授业和解惑。作为学生，他追随老师不只是为了学习谋生的手段，比如孔子的门徒子贡谋生靠做生意，但是他从孔子那里学到的是如何成为"士"的修养。孔子有个弟子叫樊迟，欲向孔子学习种庄稼，孔子说："吾不如老农。"他又提出学习园艺，孔子说："吾不如老圃。"樊迟就离开了。孔子说："小人哉，樊须也！"这个故事在批林批孔时期被当作孔子看不起劳动人民的铁证。但是，单纯从高等教育的角度看，两千多年前无论是东方还是西方，高等教育都不是为了传授职业技能，今天很多英美的大学依然坚持这个观点。

古希腊到了柏拉图时期，建立了雅典学院（有的地方也称作柏拉图学院），学院里有很多学者开始教授各种课程，在这一点上，它和后来中世纪的大学已经非常相像了。在雅典学院里，老师和学生们之间的关系可以用"亦师亦友"来形容。老师除了教授学生知识外，还和学生一起做研究探讨问题。文艺复兴时期著名画家拉斐尔的名作《雅典学院》，很好地描绘了这所学院里平时大家一起学习知识、研究问题的情景。这幅画中间站着的是柏拉图和亚里士多德，后者是前者的学生，而且年龄相差 40 多岁，但是拉斐尔把他们并列画在一起，表明两人之间亦师亦友的关系。在古希腊和中国的先秦，学生求学主要是获取知识，没有现在这么强的功利心，那时没有文凭，也没有学位。从这些"大学"出来，并不能保证有铁饭碗。因此，求学和谋生是分开的。

公元前 4 世纪时崛起的马其顿（位于希腊北方）占领了埃及，并且在亚历山大建立了亚历山大图书馆[4]，这不仅仅是一个藏书之所，而且是一所真正意义上的大学。与雅典学院所不同的是，在亚历山大图书馆里，不

---

4 亚历山大图书馆创建的时间和创建者有争议，时间从公元前 367 年到公元前 246 年都有可能，创立者有可能是亚里士多德的学生，也可能是托勒密王朝的统治者。

仅有了学术大师，而且有了便于学习和研究的良好的硬件条件，同时有了充足的经费，在我看来这是一流大学必备的三个关键要素。在这里，欧几里得完成了人类历史上最有影响力的科学巨著《几何原本》，托勒密完成了影响深远的《地理学》，著名科学家阿基米德也在这里学习过。从此，在长达几个世纪的时间里，亚历山大都是整个西方世界的学术中心。

图 1.2　拉斐尔的名画《雅典学院》，中间站立的是柏拉图和亚里士多德（收藏于梵蒂冈博物馆）

就在亚历山大图书馆（和学校）方兴未艾之际，远在东方的汉帝国进入了中华文明的第一个全盛期 —— 汉武帝时期。当时著名的思想家董仲舒向汉武帝建议"愿陛下兴太学，置明师，以养天下之士"，汉武帝采纳了他的建议，并在长安兴办了太学[5]。最初，太学里只有少量的五经博士（相当于教授）和 50 名博士弟子（相当于大学生）。到了王莽时代，为了笼络天下之士，太学生人数增加到万余人。及至东汉，太学的规模进一步增加，东汉顺帝时，曾经用工 11.2 万人，建成 240 栋大楼，

5　夏商周也有皇家兴办的学校，但是都没有太学来得正式。

1850 个房间，其后太学生人数多达 3 万。我不知道这些数字是不是有夸大，因为当时东汉人口不过 5000 万，太学生占的比例高达 0.06%，高于新中国刚成立时 [6]。不过从此之后，中国太学的规模就在不断减小。

无论是进入中国太学，还是进入西方亚历山大图书馆学习的，大多是贵族和富家子弟，因此在经济不够发达的年代，高等教育实际上是为有钱人服务，并且成为他们的子弟进一步维持现有社会地位的手段。

到了公元 2 世纪末，东汉帝国瓦解了，而西方的罗马帝国也进入了风雨飘摇的时代。三个多世纪后，中国重新走向统一，并且从隋代开始了科举制度，太学也改成了国子监，但是规模没有东汉大。由于科举选士是国家选拔人才的主要手段，也是和平时期下层人士进入上层社会的唯一通道，因此，中国的教育和考试开始紧密结合，然后又和社会地位、做官以及铁饭碗联系起来了。以至于到了唐代中后期，著名文学家韩愈感叹社会上"求道"的人越来越少，像当年孔子和他的弟子们一起切磋学问的风尚不复存在了，韩愈为此写下了著名的《劝学篇》和《师说》，希望当时的学子们能"行古道"。但是韩愈不知道，在科举已经成为公卿阶层维持现有地位，下层进入上层唯一的手段时，他的这种主张实际上是逆潮流的幻想。自隋唐之后求道的高等教育其实在中国就不再有了。今天，亚洲国家依然将考试、升学、获得社会地位强耦合地联系起来。如果一个成绩好的人不能升学，或者名牌大学毕业的人不能有好工作（比如去当小贩卖猪肉），整个社会都会哗然。教育越来越倾向于求术，而不是求道。

6　据 2009 年 8 月 26 日《北京考试报》刊登的报道"高招 60 年盘点：大学毕业生从 2.1 万到 600 万"（记者郝娜），1952 年中国进行第一次大学统一招生，招收大学生 6.6 万，因此当时中国在校大学生应该不超过 25 万，占人口的 0.05%。

罗马帝国就没有中国那么好的国运了，它在分崩离析后就再也没有统一过，欧洲从此进入了封建时期，并且延续为长达近千年的中世纪。在这一千年里，欧洲的经济文化不进反退，因此，中世纪也被称为蒙昧时代或黑暗时代。不过有意思的是，现代的大学恰恰是在政治黑暗的中世纪诞生的。

2　近代大学的诞生

我们今天所说的大学 University 一词，起源于过去的拉丁语 Universities，意思是有一种包括老师和学生在内的团体，它受到由领主认可的契约的保护，这个团体的管理（比如招收学生的条件、聘用老师的条件、学生完成学业的认可）是独立于所在地治辖权的。大学并非简简单单是一个传授知识和技能的学校。我们今天所说的学术自由，从根子上讲来源于此。如果不理解大学的这一层含义，就无法理解耶鲁大学最根本的价值观，也就无法理解为什么很多学生高中成绩很好却不能被耶鲁大学录取，即使进了这所世界名牌大学，也未必学得到其最精髓的"大道"。

为什么自由（包括管理上和学术上的）对于现代大学如此重要呢？因为在中世纪时期，教会统治着人们的精神世界，封建领主统治着世俗世界，凡是有悖于基督教教义的思想都是被禁止的。如果让教会和当地领主干预学校的管理，那么学校就不用办了。

1158 年（也有人认为是 1155 年）神圣罗马帝国的皇帝腓特烈一世（Frederick Barbarossa, 1122—1190）签署了被称为学术特权（英语：Privilegium Scholasticum；拉丁语：Authentica habita）的法律文件。这个法律文件后来也被教皇亚历山大三世（Pope Alexander III, 1100—

1181）认可。在这个文件中，最重要的有这样四项内容。

- 大学人员有类似于神职人员才有的自由和豁免权。
- 大学人员有为了学习的目的自由旅行和迁徙的权利。
- 大学人员有免于因学术观点和政见不同而受报复的权利。
- 大学人员有权要求由学校和教会而不是地方法庭进行裁决。

说得再具体一点，其中的第一项权利将当时的学者和大学生的社会地位一下子提高到了神职人员的水平。要知道在欧洲资产阶级革命之前，神职人员是社会的第一阶层，贵族才是第二阶层。其他人，包括富有的商人，都是第三阶层。第二项权利是今天很多国家学生签证的历史由来。第三项非常重要，用中国的俗话讲就是"言者无罪"，这一条也是今天学术自由的重要保障，没有这一条，大学就无法做研究。第四条使得大学可以独立于地方行政管理（当时是贵族管辖），今天这一条的意义在中国不是很大，但是在抗战时期，燕京大学校长司徒雷登利用这一条保护了很多教授和学生，包括很多抗日人士。在越南战争时期，美国的一些大学就是利用这一条内容，拒绝执行美国政府的一些命令。如今，当一所大学想努力成为世界一流大学时，是否有充分的管理自由和学术自由至关重要。

世界上最早的现代意义下的大学是意大利的博洛尼亚大学（University of Bologna），因为它在 1158 年成为第一所接受学术特权法令的大学。其实它成立的时间更早一些，是 1088 年。在这所大学的校徽上，自豪地写着 A. D. 1088。1988 年，在其建校 900 周年之际，该校发起了一项宣言，倡导学术独立和自由，至今已经有 80 多个国家的近千所大学签署了这项宣言。

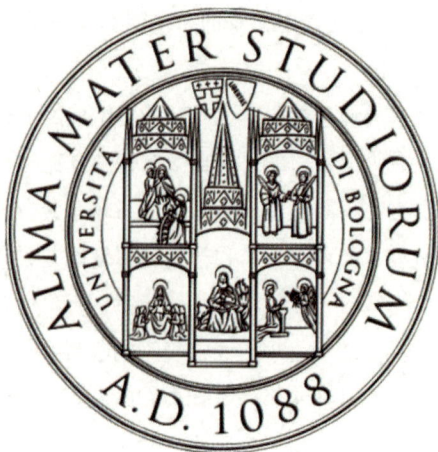

图 1.3　博洛尼亚大学校徽

继博洛尼亚大学之后，中欧和西欧相继出现了很多类似的大学，它们的规模都不大，一般只有几个教授和几十个学生，这有点像中国古代的书院。不过和中国的书院不同的是，这些大学传授的大多是神学知识、拉丁文写作技巧和少量的自然科学知识，师生关系很像当年的雅典学院。由于在中世纪，除了修道院和王室，整个欧洲就没有几本《圣经》之外的书，因此这些大学大多是教会和王室资助创办的。教会办学的目的，主要是为了让教士们掌握知识，以便布道，同时证明上帝的伟大。哈佛早期办学的目的也是如此。不过，教会没想到的是，一旦让人们自由地研究学问，就会产生出动摇基督教教义的新知识。

1170 年，一所重要的大学在巴黎成立，这就是巴黎大学。这所大学不仅成为了欧洲最著名的大学之一，还成为了欧洲两所最著名的有"大学之母"美称的大学。

图 1.4　博洛尼亚大学的教授在传授学位

第二节　精英教育

1　高等教育的目的

12 世纪时，巴黎已经有了一些教会资助的学校，据当时著名的修士"巴黎的马修"（Matthew of Paris）记载，这些学校最早可以追踪到 1150 年。大约在 1170 年，在这些早期教会学校的基础上，巴黎大学正式成立。早期的巴黎大学和教会有着非常密切的关系，甚至是巴黎圣母院的一部分，教皇英诺森三世（Pope Innocent Ⅲ）曾经在这里学习过。当时的巴黎大学有点像一个由教授和学生组成的行会，独立管理，教授向学生传授艺术、医学、法律和神学等领域的知识和技能。有意思的是，近代很多大学（包括哈佛和耶鲁）在诞生之初，设置的学科专业次序也常常是神学、医学和法学。

图 1.5　巴黎大学的博士在开会（法国巴黎国家档案馆的手卷《御咏》Chants royaux）

公元 12 世纪时，巴黎大学可能是西方最好的大学，很多英国人穿过英吉利海峡到那里去读书。但是，到了 1167 年，英法关系开始恶化，巴黎开始驱赶英国人，巴黎大学也把很多英国学者和学生赶回了英国。当时的英国国王是亨利二世，他针锋相对地下令禁止英国学生到巴黎上学，于是这些学者和学生都跑到了伦敦郊外的一个小城牛津继续办学。牛津地区早就有学校[7]，但那算不上是真正意义上的大学。正是这批从巴黎大学返回的教授和学生的到来，才建立起真正意义上的牛津大学。牛津大学的第一栋校舍（兼作为教学楼）是在这些人来到牛津之后租的，这些校舍慢慢演变成后来大学里的各个直属学院（Constituent College）。需要指出的是，这些直属学院不同于我们理解的工学院、理学院、医学院等专业学院，它们其实是由学生和部分教授组成的学习与生活的大社区。后面在介绍牛津大学、剑桥大学、普林斯顿大学和耶鲁大学时，会详细介绍这些学院。

今天的牛津虽然被认为是大学城，但是这里原先是个小城镇，大学是后来才有的，前面提到大学是不受当地人管辖的，因此大学里的人和当地人的矛盾就在所难免。不知是什么原因，牛津大学的年轻学生们爱打架，结果和当地人产生了冲突，1209 年，大学被解散了。一些教授和学生还想继续教书和求学，只好再找地方继续办学。于是，他们就在伦敦郊区的另一头找到一块当时还很荒凉的土地，居住下来继续办学，这就是今天的剑桥大学。剑桥大学得名于旁边的剑河，但是并没有一座桥叫做剑桥。美丽的剑河（River Cam）是剑桥的象征，在过去很长一段时期里剑河被当地人称作 River Granta 和 River Cam，指的其实是同一条河流，前者特指剑桥市至格兰切斯特庄园（Grantchester）一段，即河的上游，这段河流曲折，岸边风景自然淳朴；后者为河的下游，河面

---

7   有证据显示早在 1096 年那里就有人教学了。

较为宽阔，水流平缓，岸边尽是剑桥大学校园的华丽建筑，即后园景观（the College Backs）。

图 1.6　剑桥大学的剑河（国王桥一带）

几年后的 1214 年，经过教皇代表的调停，一部分学校又搬回到牛津，从此世界上有了两所超级学府：牛津与剑桥。由于牛津和剑桥同根同源，它们有着非常相似的传统和办学精神，可以说是亲兄弟，因此英国著名作家、《名利场》的作者萨克雷又把它们一起称为牛桥（Oxbridge）[8]。

无论是早期的博洛尼亚大学，还是后来居上的巴黎大学，或者是英吉利海峡对岸的牛津大学和剑桥大学，除了拥有前面所介绍的"学术特权"外，它们还都有一些共同的特点，比如与教会有着紧密的联系。直到 1871 年牛津大学还要求所有的学生必须信奉英国国教（Anglican）[9]。而

8　萨克雷还发明了剑津（Camford）一词，但是没什么人用。

9　乃新教的一支，当年亨利八世为了离婚另娶王后，和罗马教廷反目，进行了宗教改革，自封为英国教会的最高领袖。

美国最早的几所大学，比如哈佛、耶鲁和普林斯顿（当时称为王子学院 Prince College），都有着教会学校的性质。这些大学还有一个特点，就是学生和教授都住在一起。当然，它们还具备另一个重要的特点，那就是在长达几个世纪的时间里，坚持精英教育，而且学生除了教士之外，就是那些真正想学习的人。而中国的大学在起步的时候，官办的味道就已经很浓，并不具备上述特点。

中世纪大学教育的内容包括神学以及今天所说的各种人文学科和自然科学（当时统称为哲学或者文理），但是不管学的是什么，都不可能马上把所学变成谋生的手段，也不可能立刻提高社会地位，因此那时的学生，没有太强的功利心。那些学习神学的人，大多是自愿献身准备担任神职的，他们学习的内容除了基督教的教义和仪式，还包括宗教音乐、诗歌修辞。哈佛大学就是一个很好的例子，它在纠正大家对它关于"哈佛早期是神学院"的描述时说，"哈佛不是为了培养教士，而是为了让未来的教士们有知识而创办的。"这样的描述并没有否认哈佛早期的办学目的就是为了培养教士，其说法与外界的印象之间的差别仅仅在于它不仅教圣经，还给学生传授自然和人文的知识。事实上，很多神父和主教当时都是饱学之士，比如达尔文所学的专业就是神学，只是他没有去当神父而已。不过，即使是在中世纪，大部分人也不愿意一辈子都献身给基督，因此他们学习的更多的是和神学无关的科目，包括拉丁文修辞学、数学、逻辑学、天文学、物理学、法学和医学，等等。如此，则大学教育的目的只是培养有识之士，而不是教授谋生手段。按照牛津大主教约翰·纽曼的话讲，大学教育应该远离今后的职业和谋生的技能，而传授神和自然的大道。

作为社会的精英，当时的大学生们不仅需要有学问，有教养，而且需要了解社会，了解历史，并且具有社会责任感和献身精神，同时他们需要具备管理社会和应付各种复杂情况的本领，因此，过去的大学大多实行通才教育，尤其对文科（Liberal Arts）极为看重，这个传统延续至今。比如，著名的哥伦比亚大学就要求所有的学生，不论今后选什么专业，都要上一系列的核心课程（Core Curriculum）。不仅如此，大学还强调所谓的德育，即让学生养成遵守必要的行为规范的习惯。在中世纪时德育教育体现为对上帝的虔诚，如今则体现为个人内在的修养，这有点像中国儒家宣扬的修身养性。过去欧洲的教育家们认为，如果将科学的教育与道德的教育分家，会导致"邪恶"的发生。第二次世界大战后很多物理学家反对搞核武器，与这种传统不无关系。

因此，大学对学生们的要求就远不止是考试的成绩，因为这些分数并不能直接帮助社会精英们解决上述问题。更进一步地讲，学生们要学的不仅仅是知识，更重要的是如何应用知识来改变社会。用纽曼的话讲就是"我所关心的问题，不仅是永恒的真理，而且是实践和实用。"[10]欧美大学的这种传统和价值观，一直延续至今。在这样的办学原则指导下，它们就不会只按照分数来招生，自然也就将很多成绩好的学生（尤其是亚裔学生）拒之门外了。当然，美国（私立）大学的招生确实有很大的随机性，而且也不是很公平，不过这是另外一个问题。

早期高等教育的另一个目的就是服务于社会，而不是为了获取名誉或者赚大钱，关于这一点，如今在一些大学里还留有当时的痕迹。如果仔细考察一下一些为人父母者所写的出版物——介绍升学经验和子女教育的书，便会发现讲述孩子们如何考上哈佛的书，远比讲述孩子们在哈佛学到了什么或者毕业以后做了什么的书多得多。不仅在中国如此，在美国也不例外。在中外父母们眼中，孩子能够考上哈佛是一件了不起的事

10　纽曼的原文是：I am concerned with questions, not simply of immutable truth, but of practice and expedience。

情，毕竟全世界一年不过一千多人能上哈佛，这样的书当然值得写，也值得看，因此很有市场。但是，等到这些孩子从哈佛毕业时，无论是他们自己还是他们的父母都很少介绍毕业后做了什么，尽管当初读了他们升学经验的读者们非常关心（或者说好奇）这件事。这倒并非哈佛没有把这些好学生教育好，而是接受哈佛教育的结果和一般为了功利而上大学的人的想象完全不同。一位哈佛家长在参加完孩子的毕业典礼后和我讲，哈佛毕业生去的地方真是五花八门，而且大部分都不是什么挣大钱的地方。很多人会到非常落后的地方去帮助穷人，或者参军，或者去考古研究历史，或者通过其他方式服务于社会，这些在宣扬成功学的家长看来也确实没有什么可写的。在所有这些介绍升学经验的哈佛家长中，最著名的恐怕要算是畅销书《虎妈战歌》的作者、美国的虎妈蔡美儿了，她成功地将女儿索菲亚送进了哈佛，但是当女儿毕业后决定参军，她一开始的反应是惊愕了。虽然后来蔡美儿表示支持女儿服务社会的想法，但是女儿的决定可能有悖她的初衷，或许她在想"早知如此，不如让女儿小时候快乐些"。不过我倒是觉得索菲亚得到了哈佛的真传，这四年没有白读。哈佛早期实际上是一个半教会性质的学校（耶鲁也是），大部分学生毕业后是要传教的，这在当时是服务于社会的一种重要方式，每个毕业生都必须能读懂拉丁文的《圣经》。今天，在哈佛的毕业典礼上，还要读一段谁也听不懂的拉丁文，其实是保留了这个传统。虽然今天不再需要传教了，但是大学毕业生服务社会的精髓仍保留至今。下图是过去几年里哈佛大学本科毕业生的去向（不包括继续读研究生的），可以说进入各行各业的人都有。

大学教育的另一个目的是获得良知。从中世纪末开始，直到今天，西方的知识分子成为了社会变革过程中一支最重要的力量。"良知"这个词从此与社会精英和知识分子关联在一起。社会责任感让他们不断地为建造一个公平、文明和进步的社会而奋斗，在这个过程中，他们

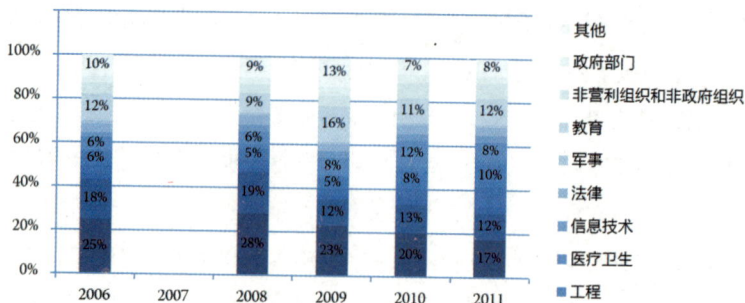

图 1.7　2006—2011 年哈佛本科生工作去向（缺 2007，数据来源：纽约时报）[11]

很多人牺牲了自己的利益，以换取一个更加平等和谐的社会。欧美的一些科技精英，他们在帮助政府做决策时，是凭借自己的知识和良知做出判断的，而并非根据政客们和民众的意愿，这要感谢他们所接受的大学教育。获得良知，并且在关键时刻表达出自己的观点，是大学教育的精髓所在。2014 年，斯坦福大学让每一个申请者回到一个特定的历史事件中表述自己的看法，这实际上是在间接考察一个申请者的良知和历史责任感。在这些名校看来，如果一个十七八岁的年轻人，在社会责任感方面能够体现出比他人更强的地方，那么可以相信当他走出大学后，会比那些单纯成绩好的人更容易成为社会精英（当然也更有可能回馈母校）。这便是今天美国各个名牌大学精英教育的本质。在很长的时间里，办大学的目的就是为了培养精英，这是欧洲各著名大学都有的共识，当然，这些精英不同于现在一般人所理解的成功人士或政要们，而是带动这个社会前进的各种人。

2　大学里研究的兴起

大学经过中世纪的发展，开始走向成熟。到了中世纪末期，即 15 世纪

11　http://economix.blogs.nytimes.com/2011/12/21/out-of-harvard-and-into-finance/?_r=0

末，欧洲已经有 29 所大学了。到了 16 世纪末，欧洲大学的数量超过了一百所 [12]。由于地理位置的不同，各地政治制度的不同，经济发展的不同，欧洲的大学开始呈现出不同的特点。比如各地大学授予的学位就有所不同，欧洲西北部的大学早先授予的学位称为学士，只有神学家才被授予博士。欧洲南部的意大利则把本科毕业生称为博士。关于学位的说法长期以来都相当混乱，直到近代各国的学位称呼才开始统一。更大的不同是在大学的管理上，一些国家的大学管理相对集中，专业相对清晰，具有代表性的是巴黎大学，这和法国相对强大的王权以及宗教势力有关。而有些大学的管理则比较松散，不仅没有什么专业之说，而且学校甚至都没有集中的管理，其代表为牛津大学，这可能和英国相对较弱的王权有关。在学校师生关系上，欧洲北部（包括法国和英国）的大学以教授为主体，而南部意大利的大学则以学生为主体，学生在学校的管理上拥有更大的发言权。不过到后来，后一种模式在竞争中逐渐被前一种淘汰，但是学生在学校管理上拥有发言权这件事，到了上个世纪 70年代以后，又被美国很多大学确立了下来，具体体现在美国很多大学在学校的管理机构中，甚至是董事会里，会为学生安排少数的职位，学生还参与招收新生的工作。（不过，需要指出的是，学生参与大学管理这件事，对于亚裔学生的录取未必是好事，正如同抵制中国制造最厉害的是美国工会一样，试图限制成绩优秀的亚裔学生入学的常常不是教授，而是职级较低的人，包括学生。当然，这是题外话了。）今天，世界各地的大学差异更大，但是对于大多数地区的大学来讲，学术独立的传统都得到了保留。

早期，大学以传道授业为主，研究是第二位的。但是到了近代，世界进入了科学和技术爆炸式进步的时期，大学在这个过程中起到了最重要的

12　Grendler, P. F. (2004). The universities of the Renaissance and Reformation. Renaissance Quarterly, 57, pp. 1-3.

作用。自然科学（早期叫做自然哲学）在大学中的地位不断提升，研究在大学里变得日益重要起来。于是，大学里出现了牛顿、哈雷、惠更斯和伏特等大批的科学家，在此之前，科学家大多是靠贵族供养（比如伽利略）或者本身就是贵族和教士（比如笛卡尔、莱布尼茨等），他们大部分并不是大学教授。而且，研究之风不仅仅存在于自然科学领域，在人文学科和社会科学领域，研究的风气也变得越来越浓厚，甚至在研究方法上各学科领域也是类似的。前者是通过对自然现象的发现、实验和推理，完善前人的理论，后者则是通过发现、注释和考据古代经典的著作，发展与人文学科和社会科学有关的知识，本质上都是做学问。当时，各个大学实行的都是通才教育，因此，在那个年代出现了许多跨学科的巨匠，比如笛卡尔、牛顿和莱布尼茨等。直到今天，西方的大学依然习惯于把文科和理科放在一个学院中，而不是如我们想象的那样，将理科和工科放在一起，因为工科作为独立学科，很晚才出现。

在 19 世纪工业革命开始以后，大学在财政上逐步自给自足，从此进入了快速发展期，学科也开始细分，其中一些学科（和专业），比如医学和法学，发展速度非常快，并在大学里形成了专业学院。这时，大学的教育开始发生了变化。在继续进行精英教育和通才教育的同时，开始出现了专才教育。这一时期大学发展的另一件大事就是工科的出现，它和工业革命是息息相关的。在那个时期成立的学校，比如德国的一些大学和美国第二波私立大学，甚至会选择优先发展工科，而早期的大学工科发展反而缓慢。比如，美国 8 所常青藤大学中，除了 19 世纪中叶成立的康奈尔大学的工学院比较大也比较强以外，其余大学的工学院都比较小。后来成立的大学做事会更加务实，甚至一个工科大学发展的好坏，常常取决于它们有多么务实。直到今天，这两类大学在办学方法上依然有着明显的差别。

不过，尽管不同大学的差异很大，但是优秀的大学都有一些共性。那么这些共性又是什么呢？我在这本书里集中讨论的是一流大学，那么什么样的大学才能算一流大学呢？

第三节　最好的大学

每一个大学校长都希望把自己的大学办成最好的大学，每一个学生都希望自己能进入最好的大学。不过，从一个大学管理者眼里看到的好大学，和让一个学生最受益的大学，可能完全是两回事。

中国自从上个世纪 90 年代起就铆足了劲要建成几个世界一流大学，并且搞出了 211 和 985 两个工程。今天，按照很多量化的指标衡量，比如科研经费的额度、在一流杂志上发表的论文数量、毕业生的成就（任职于欧美著名大学或者世界 500 强企业的人数）等来衡量，中国的大学不仅比上个世纪 80 年代有了长足的进步，而且在很多排名榜上也进步很快。可是，这些大学是否算得上世界一流大学，就连中国高等教育界本身都看法不一。比如，很多中国的大学校长认为清华大学和北京大学大致相当于美国中上的州立大学水平，美国的大学教授们也基本认可这个说法。但是，如果看中国自己搞出来的大学世界排名[13]，这两所大学则还不如荷兰的阿姆斯特丹自由大学或者比利时的两所鲁汶大学。当然，荷兰和比利时的这两所大学的毕业生向美国的大学教授们介绍自己毕业的学校时，要多说两句话，否则美国的大学教授们区分不出这两所在欧洲还算是体面的大学与三流大学的差别，而清华和北大的毕业生则大可不必费这个周章。

13　上海交大 2014 年发布的世界大学学术排名。

我并不是想批评那些大学排名的权威性，因为到底怎样才算是世界一流大学，并没有一个统一的标准，各个排名也很难取得一致性的意见。如果在全世界随机地找 100 个足球迷，让他们选出世界一流的足球强队，那么他们很容易就能选出意大利、巴西、德国或者阿根廷等一些球队，因为这件事很容易用以往的成绩来量化地衡量。但是，如果随便找 100 个大学教授，让他们选出 20 所世界一流大学，他们给出的答案则可能是五花八门。对于一些非常知名、学术成就非常高的大学，比如哈佛大学、斯坦福大学或者麻省理工学院，大家可能没有多少争议。当然，对那些肯定不是一流的大学，大家也没有多少争议。然而，对那些在某些方面还不错，但是又有所欠缺的大学，比如中国的清华大学和北京大学，比如美国的加州大学欧文分校，甚至是常青藤 8 所学校中的布朗大学，它们是否能算是世界一流，这就难说了。这足以说明评价大学好坏的主观性。很多学生和家长靠大学知名度和认可程度（比如《美国新闻与世界报道》的排名）来判断学校的优劣，等学生入学之后，才发现这些学校与他们原来预想的完全不同。这是学生和家长们选择大学的一个通病，而大学有时为了吸引更多学生，也不得不在排名上玩一点猫腻[14]。

判断大学办学水平的另一个难点在于，即使过滤掉全部的主观因素，单纯看客观数据，但出于不同的目的，所使用的量化数据和加权平均的公式不同，其结果也完全不同。往往在某一个方面看起来很好的大学，换个角度看就可能显得很一般。人们通常喜欢用科研水平、教学水平、毕业生的成就或者学生对学校的满意程度等等来衡量学校的好坏。但是，似乎还没有一所大学在所有方面都明显比其他大学高出一筹的。比如，教学好的可能科研水平一般，或者反之。教学科研水平都高的，可能学生就很辛苦，并且有大量的学生毕不了业（比如麻省理工六年毕业率也

大学之路　第二版　上册　一

24

14　比如很多大学在录取率和录取通知书接受率上做一些优化，就能让排名进一两名。

只有 93%）。美国最权威的大学评估机构《美国新闻与世界报道》给出的全美最佳大学排行榜上的前十名 [15] 和它排出的全球最佳大学排行榜中的美国十大顶级大学 [16]，除了哈佛、斯坦福、哥伦比亚和约翰·霍普金斯名次变化不大外，剩下来的差异很大 [17]。其中的原因是，两个排名的标准少有差别。比如在世界大学排名中，无法用一个量化的值来衡量不同国家学生的水平，因此干脆就没有考虑生源的质量这一项指标（关于这两个排名方法的细节，本书的第 16 章有专门的介绍）。因此，我的观点是，家长和学生选择大学，与其看排名，不如根据自己的需要从几个角度去综合地"感受"那些大学。而大家普遍关心的一般都是如下几个主要的方面。

今天，很多大学都强调自己是研究型大学，因此大学的研究水平高低，自然就被看成是衡量大学好坏的最重要标准，而这也成为了大学毕业生在选择攻读博士的学校时最重要的因素。但即便是单独看研究水平，有时两所大学也难分高下。

首先，客观评估一项科研成果的水平本身就是一个难题。当然，那些影响世界甚至改变历史的科研成果，比如青霉素的发明、计算机的发明，等等，会得到所有人毫无争议的认可，但是对一些二流科研成果的水平，或者今天看来并不重要但未来被证明推进了人类文明进步的科研成果，却很难评估。因此，为了方便评估起见，各种排名机构只好搞出很多量化的标准，比如科研经费多少、院士占教授的比例、被引用的论文数量，等等。但是，任何量化的排名方法一旦出现，那些追求排名的学

15　2017 年的排名是：普林斯顿、哈佛、[耶鲁、芝加哥]、[斯坦福、哥伦比亚]、麻省理工、杜克、宾夕法尼亚和约翰·霍普金斯。[] 中的学校排名并列。

16　2017 年的排名是：哈佛、麻省理工、斯坦福、伯克利分校、加州理工、普林斯顿、哥伦比亚、加州大学洛杉矶分校、约翰·霍普金斯和华盛顿大学（西雅图）。

17　关于这两项排名的差异，请见附录一《你所不知道的美国大学排名的秘密》。

校就会在那些方面刻意优化，而不是花大量精力改进办学质量。

其次，在衡量一所大学的整体科研水平方面，有时甚至很难说量和质哪个更重要。总的来讲在谈及学术声誉时，大家普遍更看重质而不是量。我们都知道两个火鸡加起来变不成雄鹰，再多三流的学科堆在一起，也形成不了一流的大学，一项真正有水平的发明创造要超过几十项甚至上百项二流的成果。但是，一所大学如果只有个别学科的质而没有数量，也难以成为世界一流大学。在第二次世界大战之前，丹麦的哥本哈根大学一度是全世界理论物理学的中心，并且形成了著名的哥本哈根学派，他们的理论影响了理论物理学近百年，可以说为哥本哈根大学乃至整个丹麦赢得了巨大的学术声誉。但是，恐怕没有人因此就认为哥本哈根大学在整体上是世界一流大学。如果一个学生不学习理论物理，他在那里就可能不会因为学校有了波尔、海森堡和波恩等理论物理大师而额外受益。又比如哈佛大学的工学院，是一个质量很高的小型工学院，但是因为规模太小，设置的学科甚至课程都不全。在这样的大学或学院里，对工科感兴趣的学生常常会觉得没有多少课程可选，无论是读本科，还是当研究生，选课和做研究都需要有一定的宽度。所幸的是，哈佛的学生可以随意选择临校麻省理工学院的课程，哈佛工学院的这些不足才得到弥补。但是，大多数只有质而没有量的大学，可没有哈佛工学院这样的补救方法。

只有质而不强调量的另一个问题是，如今，在研究上跨学科的合作非常多。如果一个大学只有一两块"长板"，剩下的都是短板，从长远来讲，不仅学术研究的后劲不足，而且综合性的研究项目甚至开展不起来。像耶鲁、普林斯顿这样小而精的大学，很多研究生的专业就面临着这样的困境。因此，在任何研究生院的排名体系中，如果某一个研究生院有10 个排名前 50 的学科，而另一个研究生院有一个学科排名前十（甚至是第一名），但其他学科要么欠缺，要么排名非常靠后，那么前者的排名一定在后者之前。应该讲，这种排名方法也有一定的合理性。

对于人文学科以及经济学这样的学科来讲，其研究水平不像数学和应用科学那样容易衡量，不过在欧美大学，大家都认可大学是新思想的来源这个观点。因此，一所大学在人文学科和经济学等学科上的研究水平，是以能否提出新思想，是否对人类文明有贡献来衡量的，而不是以作为政府的喉舌，获得的政府经费多寡为标准的。解放前的北大和清华之所以至今仍受到人们的尊敬和怀念，就在于它们是当时中国先进思想的发源地。

教学一直在大学里处于核心位置。大学早期的目的是传道授业，虽然在过去的两百年里，大学发展的主流是重视研究，但是在欧美很多大学，特别是在那些被称为文理学院的学校里，教学依然占有重要的位置。而评估教学质量的优劣比评估科研水平的高低更难，后者至少还有一些硬性指标可以对比，但对前者的评估就很主观了。在各种大学排名中，唯一能够量化衡量的教学指标就是小班（小于 20 人的班）教学的比例。通常小型私立大学在这项指标上比大型公立大学要占很多便宜。小班授课的效果固然比大班好，但前提是教授的水平、认真态度，以及其他教学条件相差不太多，而事实上这些因素往往相差很大。因此，一所大学教学质量的好坏更不能只看排名。从管理者和学生的角度看，我认为高质量的教学需要具备这样几个因素：教授（和助教）的水平以及他们对教学的投入程度、学校的教学条件以及学生可选择的课程数量。

先谈谈教授和助教的因素。教授的专业水平高，未必就能保证其教学质量好，因为他不一定善于表达或把控课堂节奏，或者心思根本不在教学上。但是，若教授的专业水平不高，则一定教不好课，用中国的老话讲就是"以其昏昏，使人昭昭"。好的教授首先要花精力在教学上，而不是把时间都放在科研甚至办公司上，常常让助教去对付课程。好的教授还善于把控课堂的节奏，并根据学生的反馈调整讲课的内容。在约翰·霍普金斯大学获得教学奖的山德曼教授在讲课时，虽然每年使用的教材差别不大，但是他每一堂课都会根据学生的反馈调整内容和措辞，这已经将教学上升为一种艺术。并非每个教师都有能力像山德曼教授这样把控课堂。对于大部分大学来讲，学生不可能有什么问题都跑去问教授，因此给学生答疑、带实验和讲习题课的助教水平的高低，也将直接影响教学效果。

其次是教学条件。好的大学，整体教室环境，包括实验条件、教学辅助设施都很好。虽然老清华的校长梅贻琦先生在强调教授的重要性时讲过"大学者，非谓有大楼之谓也，有大师之谓也"这样的话，但事实上，如果没有很好的硬件条件，教学质量也很难保障。美国的一些公立大学就是因为条件的限制，导致很多学生选不上课，不得不晚毕业半年到一年。今天，美国的哈佛和斯坦福等大学能够在很多地方超过老牌的牛津和剑桥，一个重要的原因是前者的财务状况要比后者好很多。

最后，教学质量好的大学一定要有足够丰富和新颖的课程供学生选择。既然我们强调学生在大学里要获得广博的知识，同时自由地发展，那么课程的数量就不能少，总不能让所有的学生只学习很窄的几门专业课。本书后面会讲到，学生人数并不是很多的哈佛大学开出了 6000 门课，这是它保证高质量教学水平的基本条件。美国一些大学名气很大，但是因为规模很小，一个系每学期开不出几门专业课，学生就只好有什么学什么了。另外，规模比较小的大学还有一个问题，就是教授更新得不够快，因此很多新的课程开不出来。文理科的课程变化还不大，工科和医学的课程变化则很快，比如计算机科学的课程，即使是非常基础的程序语言设计课程也是几年更新一次。一般来讲，老教授不喜欢更新课程的内容，而新的课程常常要指望新的教授来开。

综上，我们不妨从这些角度来看看几所具有代表性的大学的特点。首先值得一提的是普林斯顿大学和麻省理工学院，它们一直以本科教学见长，教授不仅水平高，而且在教学上尽职尽力。教学设施和各种条件也不错，同时两所学校开设的课程也比较全面，对本科生来讲足够多了。当然，如果再拿这两所大学比较，则麻省理工的条件更好些，但是麻省理工在人文课程上不如普林斯顿全面（因此它允许学生去哈佛选课）。没有法学院、医学院和商学院的普林斯顿大学，能在本科教育上长期排在美国前三名，固然是因为有很多别的长处，但是高水平的教学质量当属第一条。相比之下，很多研究型大学（包括斯坦福）的教授要花很大功夫找经费（不得不做的事情），甚至办公司，在教学上能糊弄就糊弄（虽然那些大学不会公开承认这种现象，也要求教授们避免这种做法，但这是事实），甚至会花钱请讲师来替他们讲课。因此，教学水平的高低就能够看出来了。

讲到教学，美国一些学生（包括家长）认为那些完全以本科教育为主的小学院（比如威廉学院、卫斯理学院等文理学院）在教学上甚至可以媲美顶级的私立大学。的确，在这些学校里教授不做科研，只专注于教学和培养学生，而且因为没有研究生做助教，助教的工作也是他们自己做。但是有一点常常被人们忽视，那就是因为教授们不做科研，便难以将课程的内容和实际应用结合起来，这对学生理解课程的内容不是很有利。根据我的经验，一些实践经验非常丰富的大师在讲课时，无意间就能够借着内容发挥，给人以启发，而这些文理学院的教授则常常做不到。因此，从上述文理学院毕业的学生，基础还是不如哈佛或者普林斯顿的毕业生。而且与斯坦福这种虽不是很看重教学却常有大师上讲台的学校相比，这些小学院的教学水平并不见得更高。

当然，在科研和教学之外，还要看对学生的培养效果，甚至有教育家认为，在教学和科研上的水平，最终都可以从学生毕业后的表现上看出来。我们今天所谈的世界名校，无不是出了一大批各行各业的精英。但这需要比较长的时间，而且会滞后很久。也就是说，今天我们看到的毕业生在社会上的表现，实际上反映的是大学二十年前的教育成果。而今天大学在学生教育上的水平，需要 20 年后来考察。我们常讲十年树木，百年树人，而一个学校通过树人来获得名声，则需要更长的时间。这也导致很多大学校长无心为学校的长远发展考虑而只顾一时的排名。几年前我和李开复谈论中美两国的高等教育，他认为今天在全世界范围内像吉尔曼（Daniel Gilman，1831—1905）和艾略特（Charles William Eliot，1834—1926，第 21 任哈佛大学校长，1869—1909）这样的教育家都不多了。

如果我们用毕业生的表现来衡量一所大学的好坏，就会发现很多在《美国新闻与世界报道》上排名靠前的大学似乎徒有虚名，而一些好的公立大学则被严重低估了。有很多统计数据表明，非名校毕业生成功的人数并不少，虽然比例不如名校高，但是考虑到名校对入学学生筛选严格，普遍家境更好，名校的教育是否是其毕业生日后成功的原因，一直是一个有争议的话题。更有意思的是，在美国被称为 HYPMS 的超级五强（哈佛 Harvard、耶鲁 Yale、普林斯顿 Princeton、麻省理工 MIT 和斯坦福 Stanford）中，2015 年在任的校长有三位本科读的都不是什么名牌大学，其中两位甚至从没上过名牌大学。

这里还需要指出的是，衡量毕业生成功与否的标准也很难量化，一些看似客观的标准其实未必如想象的那么客观。例如，很多媒体用一些人均的统计数字，比如每一万个校友中杰出校友的人数（获得诺贝尔奖等奖项或者担任什么要职，或者在文化艺术领域有世界公认的成就等），看似颇为公平，而哈佛大学、剑桥大学和哥伦比亚大学在这些方面的数据确实非常亮丽，但是这些统计数字通常只能说明个别成功者的比例而不是普遍的水平。如果一个大学每一万人出一个诺贝尔奖获得者，但是同时又有两千个找不到工作的校友，虽然他们杰出校友的比例并不低，却未必会有人觉得这是一所值得上的大学。当然，也有人试图通过中位数工资、毕业后进入研究生院深造的比例，或者雇主对各学校毕业生的评估来说明各个学校在人才培养上的成绩。但是，这些数据很难统计全面（比如很多人不愿意参与调查），并且各个行业之间存在巨大的收入差距，因此统计结果的参考意义不大。例如，将以工程和医科为主的大学毕业生的收入和以文科为主的大学毕业生的收入进行对比，显然不很公平。直到现在，如何衡量大学的教育是否成功，都是一个社会各界还在不断探讨的问题。

除了上述这些大家经常谈论的对大学的评估角度，我必须要讲的观点是，一所大学能否让学生生活得开心，并且因此而激发出学生一辈子学习的热情，是衡量一所大学好坏的重要标准。从十七八岁到二十四五岁是人生最美好的阶段，大学教育不仅要传授知识和技能，而且要让一个年轻人过好这四五年或更长一段时间，让他们在今后的人生里都能受益于这一段生活。相反，如果一个学生在大学里"学伤了"（这种人非常多），或者对人生产生了负面的看法，则是大学教育的失败。可以说，学生们对大学生活是否满意，经历了这一段大学生活后，他们是否能成为更好的人，是衡量一个大学水平的重要标志。约翰·霍普金斯大学工学院董事会每次会议都有一项议程，就是找一些本科生来座谈，让他们谈谈自己在学校里感受到的不如意的地方，以便学校改进。研究生们常常会对教学和科研提出一些意见和建议，而本科生们则完全不同，他们最常见的困惑便是对未来的茫然，他们希望能有人引导自己成长，从而顺利地走向社会。正是因为在课程之外的生活对年轻人非常重要，所以很多一流大学才在课外活动、住宿和学生日常生活上做了大量努力，以力求让学生们满意，同时发展他们的潜能。每个学生的要求和口味是不同的，无论学校怎么努力，也只能让一部分学生满意，很难对得上所有人的胃口。在这方面做的好坏，差别极大，但是在各种大学排名中很难将这个数据排进去，倒是在各个社交网站上，很多学生会从这个角度评论一所大学的好坏。

任何一所优秀的大学都应该达到上述几个基本要求，而并非只是优化自身的排名。最重要的是，优秀的大学应该是新思想和新技术的来源，很难想象没有思想的大学是什么样子。大学培养的是未来的人才，而不是传统的卫道士。对学者来讲，大学是他们做学问的象牙塔，而不是被包养起来为利益集团说话的地方。

站在学生的角度，衡量和评估一所大学是不是世界一流，必要性并不大，因为对他们来说更有意义的是根据自己的需要找到一所适合自己的好大学。学生们自然希望能够进入一所实至名归的名牌大学，但是通常大家不得不在名和实之间做出一个选择或者平衡。比如一个对工程感兴趣的学生，是选择耶鲁这样名气很大但工程领域其实非常弱的学校，还是选择佐治亚工学院和普渡大学这种名气二流但是在工程领域水平一流的大学，大家就见仁见智了。但是，不论学生看重的是大学的名还是实，大学都应该是其度过人生最美好时光的大家庭，而不是三点一线的旅店。成功的大学经历应该是这样的：当一个学生从某一所知名大学毕业后，他不需要再把母校的名字天天挂在嘴边；当一个学生从一所二三流大学毕业后，那所学校今后会因为曾经出了这样一个学生而自豪。这样的大学经历就堪称完美了。

第四节　办学的理念

1　理念的力量

任何一个大学的管理者都希望能把一所大学办成世界一流大学。当然，对于那些已经是世界一流大学的校长来说，其实任务更艰巨，他不仅要维持大学的现有地位，而且还希望能让大学更上一层楼，力争为这所大学留下自己的遗产——按照自己的理念改进这所大学，并在后世得到认可。比如，美国著名教育家吉尔曼的办学理念就是要将大学办成研究型的、服务于社会的，他通过自己在约翰·霍普金斯大学和卡内基学院（卡内基－梅隆大学的前身）的实践做到了这一点，并且用这个理念影响了康奈尔大学、斯坦福大学等一大批大学[18]。另一位著名的教育家艾略特则是希望将以单纯的素质教育为主的哈佛大学改造成适应国家经济和社会发展，让每个学生终生受益的综合性大学。艾略特经过 40 年的努力将哈佛大学从近代书院办成现代化的世界一流大学。这些成绩都是那些教育家们留给后世的遗产，也成为了今天有雄心的大学校长毕生追求的目标。一所没有独特理念的大学一定是办不好的，就如同一个没有灵魂的人走不远一样。因此，每一位好的大学校长在他的任内所关心的远不止是大学的经费和排名，而会提出自己的办学理念，并且在董事会的支持下去实现这个理念。而董事会也会配合校长贯彻这些理念，并将其作为学校的传统传承下去。

我们不妨看一个具体的例子，来说明欧美一流大学所追求的办学理念是什么。从 2011 年起，我所在的约翰·霍普金斯大学工学院的董事会（正式名称是怀特工学院全国顾问委员会），花了一年半时间和工学院院长

18　康奈尔大学首任校长怀特是吉尔曼的弟子，斯坦福大学的首任校长乔丹是怀特的弟子。

以及约翰·霍普金斯大学的校长一起，起草制定了该学院今后 20 年的愿景和战略，它反映了我们办学的理念。结合约翰·霍普金斯大学的特点（有非常强的医学院，最好的教育学院、护理学院和医院，非常好的研究传统以及最多的研究经费），我们经过三次全体大会的讨论和底下多次小范围的讨论及邮件交流，制定了这样三条办学理念。

- 进行创新性研究和开发新技术，以产生工程学上全新的方法，改善人类的生活质量，让我们的后代生活得更加安全和有保障。（Conduct innovative research and generate technologies that lead to fundamental new approaches in the engineering disciplines, that translate to improved quality of life, and that enhance the safety and security of future generations.）

- 提供一种基于科学原理的教育，让学生们能够解决 21 世纪所面临的复杂的技术问题。（Provide an education, grounded in fundamental scientific principles, that prepares students to solve the complex, technology-based problems of the 21st century.）

- 通过创造性的课程传授道德价值观和社会意识，对多元文化重要性的认可，企业家精神，求知的欲望，以培养未来一代的领袖。（Educate the next generation of leaders through creative curricula and programs that instill ethical values and social awareness, an appreciation for the importance of diversity, an entrepreneurial spirit, and a love of learning.）

这当然是针对工学院而不是整个大学的，但是从这里也可以看出一所一流大学的办学理念。具体到其内容，我们可以看出它契合约翰·霍普金斯大学的特点。首先，它将科研放在了第一位，而且在工学院的愿景中强调对生命科学的研究。使命中的第二条是教学，第三才是领导力。如果是耶鲁的校长和董事会来定它的办学理念，或许要把这三项完全反过来。其次，在这简单易懂的三句话中，没有空洞的概念和不切实际的幻想，而是道出了一些不难操作的方向，比如在关于领导力的第三条中，强调对多元文化的认可（这是我支持加进去的），强调企业家精神，这明确说明在领导力的培养上是注重培养工业界的领袖，而不是政治家，这也和哈佛、哥伦比亚等大学明显不同。目标明确，操作起来就容易。因此，从这简单的三句话，便可以看出约翰·霍普金斯大学工学院的办学理念。

当然，光有愿景是不够的，还需要有可以落地、容易实施的战略和战术。这些也是董事会和院长要坐在一起讨论并且成文的。在我们完成最后的版本后不久，正赶上工学院院长到其他学校高就了，需要为工学院选择新的院长。在面试新院长的过程中，其中一项重要的准则就是看他的办学理念和大家是否一致，是否认可董事会和前任院长制定的方略。当然，每一任院长都有自己的办学思想和管理方式，但是他的想法和学校的特点、先前的理念需要兼容，这样学校才能稳定发展，并且办出特色，而学校也希望新的院长能带来新的、更好的办学理念，这样学校才能与时俱进。约翰·霍普金斯在 2010 年聘请了大卫·安德鲁斯担任该校历史并不长的教育学院院长，安德鲁斯将自己的办学理念[19]融入大学和当地的社区，并且通过收购当地一所贫困生比例很高的公立中学为学院的师生做教育学的实验，在短短的三年里他将约翰·霍普金斯教育学院变成全美最好的教育学院。2012 年，斯坦福大学聘请了约翰·霍普金斯医学院的教授罗德·米纳（Lloyd Minor）担任医学院院长，米纳通

---

19 安德鲁斯认为贫困社区也能够办出好的中小学，而教育学的目的是让中小学教育的水准普遍提高，而不只是侧重精英学校。

过采取一系列有效吸引优秀学生措施加强基础研究，在不到三年的时间里，帮助斯坦福大学将医学院的声誉提高到与哈佛和约翰·霍普金斯齐名的地步。这些都是一个好的管理者为大学带来先进理念并付诸实践的结果。

办一所世界一流大学耗时很长，不可能光靠加大资金投入，或者吸引几个知名学者这种所谓的捷径一蹴而就。因此，几十年坚持一种办学理念，持之以恒做下去，才是最终跻身世界一流的正道。艾略特有幸在哈佛担任了四十年的校长，这对他贯彻自己的教育理念，并将其确立为哈佛的传统帮助极大。斯坦福大学在上个世纪 40 年代末到 60 年代末，一直由华莱士·斯特林（Wallace Sterling）担任校长，他在任内将斯坦福办成今天这样与企业界紧密合作的大学。不过，大部分校长的任期不可能这么长。通常学校的管理者每过几年，至多十几年就会换一批，但是学校依然会坚持它的办学理念，不断地传承并发扬光大，董事会在其中起到承上启下的作用。也只有这样，一所大学的水平和学术地位才能稳步地提升。

2　学生眼里的理想大学

到此为止，我一直是站在一个学校管理者的角度来看待办学的理念。如果是作为一个学生，或者学生家长，我对学校办学理念的诉求可能会不同。

首先，我会希望大学给每一个学生一个自由发展的空间，这也是英美名校一直倡导的。一所好的大学，不应该限制一年级学生选课的自由，不应该限制学生的专业。被称为美国超级五强的哈佛、耶鲁、普林斯顿、麻省理工和斯坦福一直都是这么做的，而一些注重教学的大学，比如布朗大学、达特茅斯学院、威廉学院、卫斯理学院也都是这么做的。不过，"给每一个学生一个自由发展的空间"说起来容易，做起来难。一些大型大学，比如加州大学的伯克利分校，因为资源有限，僧多粥少，学生在选课上颇受限制，要让学生完全自由发展就很难了。另一些大学，比如宾夕法尼亚大学、约翰·霍普金斯大学和杜克大学，专业发展不太平衡，虽然在选课上是完全放开的，但是毕竟很多专业的课程数量有限，因此学生容易偏科。这些名牌大学要保障学生自由发展尚且有困难，二流大学则更是对此难以落实了。

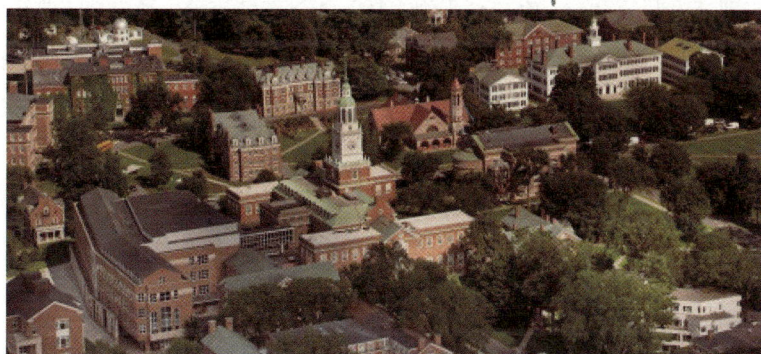

图 1.8　以教学见长的达特茅斯学院被誉为现代私塾

当然，学生个人的发展远不止是在学业上，还包括他们如何能从学生成长为"社会的人"。说得更绝对一点，在大学期间，学习课程知识和了解社会同等重要。为了保证学生在学业之外的成长，大学课程学习的负担不应该太重，比如不应该占到学生时间的 2/3 以上，最好像耶鲁那样，只有一半左右，这样学生才有足够的时间自由发展。在这一点上，耶鲁大学堪称典范。上面这两点，今天中国的大学都没有做到。

其次，一所好的大学需要为学生提供必要的生活、学习和做研究的环境。这一点各所大学的管理者们都认同，中国的优秀大学这些年做得相当好，甚至超过了美国一流的大学。过去，在这些环境条件中，图书馆的规模和开放程度被认为是衡量一所大学学习条件的重要指标，今天，一些老牌大学，比如哈佛、耶鲁和普林斯顿，依然为它们海量的藏书而自豪。在学校设施方面，只要有了钱，剩下的事情都好办，但是学校的校园要改进起来就没有那么容易了。一些大学因为地处城市中心，比如纽约大学，环境嘈杂，让人不容易静下心来读书；另一些大学则因为位置太偏僻，比如康奈尔大学，虽然安静，但是学生的生活颇为乏味。这些大学受限于地理位置，使得很多优秀学生不愿意去。相比之下，像斯坦福大学和普林斯顿大学，距离工商业发达地区较近，校园又相对独立，读书的氛围就好很多。

一所大学的地点常常无法选择，因为那是历史造成的，但是在校园内如何安排学生的大学生活，各所大学就可以发挥自己的能动性了，而办学的理念也体现在其中。像剑桥大学和牛津大学，一直实行学院制（关于学院制我们后面会细讲），它们不仅为学生们营造了一个一起学习和生活的大家庭，而且为他们准备了一个校园里的社会。这种做法后来被美国的一些大学，比如普林斯顿大学和耶鲁大学部分接受。斯坦福大学作为世界名校中的后起之秀，并且置身于世界科技之都硅谷的中心，在提供学生的学习环境上和传统名校又有不同，它的每一堂课都在校园的闭路电视网上有直播，同时向硅谷转播，每堂课都有录像。学生可以不去教室上课，在宿舍里边吃早饭边听课。即使偶尔落下了几堂课，也可以到图书馆借录像看，把课补上。总之，不论采用哪一种方式，方便的学习生活环境都是必要的。

接下来，任何一所一流的大学都需要为学生提供良好的课程教育，毕竟学生们进入大学是要上课的。这里面最关键的是课程的设置要合理，教学的质量要足够高。对比一所教学质量一流的大学和其他大学的课程设置，就能看出差距。大部分大学都有一套差不太多的基础课课程体系，这一般是根据多年来的办学经验，并结合其他院校的经验制定而成，之后根据技术和社会发展的情况做一些调整，这方面差异不是很大。但是，专业课一般就只能根据教授的专长而设定。一流的大学在专业课设定上则有着明显的优势，它们不仅课程数量多，而且非常"新"。优秀的大学能做到这一点，主要靠两条。首先，一流大学的教授水平比较高，接受新知识比较快，而二流大学很多教授一旦获得了终身教职，都不再像先前那么努力，加上平均水平也要差一点，以至于知识容易老化，很多教授一门课一讲就是十几年，没什么变化。第二，注重教学的一流大学会不断引进新的人才，并且由他们带来新的知识，而二流大学里常常是一个萝卜一个坑，现有的教授不走，新人进不来，学科更新慢。

从办学的理念来看，上述情景关乎到一所大学应该"以教为主"，还是"以学为主"。虽然大部分大学不好意思直接说自己是"以教为主"，但其实它们就是这么做的，因为这些大学都是有什么教授开什么课程。北京的某两所顶级学府里，充斥着完全过时、毫无用途的课程，仅仅因为这些课程某些教授已经开设了多年。某高校在上个世纪 90 年代中期，居然还在计算机的程序语言设计课程上教授起源于 50 年代、已经没有什么人使用的 Fortran，因为讲课的教授既不懂 C/C++，也不懂 Pascal，更别提 Java 了。这样的大学，在办学的理念上就有了问题。艾略特在哈佛大学做的最重要的一件事情，就是将"以教为主"改成了"以学为主"，学生要学什么，学校就教什么，因此连本科生加研究生一共 1 万人左右的哈佛大学，今天开出了 6000 门课。哈佛的邻居麻省理工学院也是坚持这样的办学理念，用曾在麻省理工学院做过客座教授的邓力博士（曾任微软应用与服务业务的人工智能首席科学家）的话讲，在 MIT 可以学到任何（工科）课程。即便如此，哈佛大学和麻省理工学院还都同意双方的学生自由到对方学校选课，以满足学生学习课程的要求。当然，一些大学的管理者可能会说，那么多开不了新课程的老教授怎么办？这听上去是一个不错的借口，但是如果大学坚持以学为主，就会想办法解决这个问题。约翰·霍普金斯大学的前任工学院院长尼古拉·琼斯博士曾经想尽办法，动员一些早已提了终身教职的老教授提前退休，他甚至动用作为院长在薪酬上的灵活性，以解决这些老教授的退休金和医疗保险为交换条件，让这些老人没有后顾之忧地退休，以便为能够带来新知识的年轻教师腾出位子。因此，一所好的大学，应该是以学为主。

最后，一所理想的大学应该给（本科）学生提供必要的科研条件。虽然一些大学强调本科生（尤其是低年级的）以课程学习为主，但是他们毕竟不同于高中生，他们需要在本科阶段锻炼实际工作的能力，同时选择自己未来喜欢并打算从事的专业，并且也有机会排除他们可能不愿意学的专业。在美国，优秀的高中生已经可以在一流的学术会议甚至一流的期刊上发表论文了，对优秀的本科生来讲，其知识储备和经验已经可以胜任教授指导下的科学研究了。更重要的是，本科生需要在这个阶段排除那些他们想象得很美好，但其实并不喜欢的专业。比如我的女儿梦华在高中时有幸在美国国家医学院的实验室做了一个暑假的实习生，之后她改变了对某个专业的看法，决定这辈子不学习这个专业了。这远比到了研究生阶段才发现问题要好得多。当然，指导本科生做研究，教授们并不容易出论文，因此很多教授不愿意在本科生身上花很多时间。这又涉及到一个大学的办学理念了，即把对本科生的科研能力的培养放在有多重要的位置。这里面也有个平衡，不重视培养本科生的科研能力固然不好，把大部分科研的精力都放在本科生身上，也会影响教授的科研水平，因为毕竟博士生的科研能力要强得多。在培养低年级学生（甚至高中生）的科研能力上，我非常赞赏斯坦福大学医学院和约翰·霍普金斯大学工学院的做法，它们的教授在重点关注博士生科研的同时，也选择让那些有能力的学生及早进入实验室并且给予充分的辅导，这对培养学生的实践能力并且发现优秀人才非常有益。

概括来讲，一所世界一流的大学一定有自己独特的办学理念，而不是照抄别人，学校管理者会坚持并完善自己的办学理念，把学校办成颇具特色的大学。这些大学不会自吹自擂成某某地的哈佛，或者某某国的剑桥。它们就是它们自己，大家可以从它们毕业生的身上看到一些共同的优秀品质，这些品质就是它们办学理念的反映。

结束语

一所好的大学应该扮演好四个角色。首先，它是培养人才的地方，要将那些有潜力、有志向的年轻人培养成对未来社会有所贡献的人。第二，它是一个研究的中心，引领世界科技的发展，并且会对一个国家、一个地区产生积极正面的影响。第三，它是一个新思想、新文化的发源地，以此推动社会的进步。第四，它是年轻人的家，是他们度过人生最好时光的地方。

参考文献

1. Juan R Velez. 21 世纪的大学教育（*A University Education for the 21st Century: The Opening of the American Mind*）. CreateSpace Independent Publishing Platform，2015.

2. 约翰·亨利·纽曼. 大学的理念. 郭英剑，译. 中国人民大学出版社，2012.

3. Peter Sager. 牛津和剑桥（*Oxford & Cambridge : an uncommon history*）. Thames & Hudson，2006.

第二章　两种高等教育理念

大学有很多种分类的方法，而优秀的大学实际上不外乎两类（包括这两类的结合）。第一类我把它称作是实践纽曼教育理念的大学，第二类大学则是实践洪堡教育理念的。当然，中国人一般喜欢"既……，又……"的逻辑，认为两者可以兼得，这并非做不到，但是事实上只有很少的名校做到了。英国人和美国人在办大学和管理大学上喜欢认死理，他们一般坚持一种理念，而且一坚持就是上百年。等到很多年过去后回过头来看，英美每所名校的风格都非常明显。而那些总想什么都能得到的大学，反而长期找不到一个清晰的办学理念。当然，讲到这里，我们首先需要介绍纽曼和洪堡的办学理念。

第一节　纽曼式的大学

1　约翰·纽曼与《大学的概念》

约翰·纽曼（John Newman，1801—1890）是英国牛津的大主教和教育家。虽然他一生很大一部分精力花在了宗教事务（牛津运动）上，但是他系统地总结了以牛津大学为代表的英国高等教育的成功之处，并且通过著书立说和演讲阐述了他那卓有远见的教育理念，为英美很多教育家称道，故而被西方很多学者供奉为现代高等教育的先驱。纽曼不仅是教育理论家，而且将自己的理论付诸实践，创立了爱尔兰天主教大学，即爱尔兰都柏林大学的前身。

图 2.1　英国教育家、牛津主教约翰·纽曼（英国伦敦国立肖像馆）

纽曼的教育思想，集中体现在他的《大学的理念》（*The Idea of a University*）一书中。1852 年，纽曼开始了他关于高等教育理念的一系列演讲，同时也是为教育筹款。1854 年，纽曼创建了爱尔兰天主教大学，并且担任了第一届的教务长（大学实际的负责人）。1858 年，他从任上退休，并将自己关于大学的讲演稿整理成书。如今，这本书依然是美国很多大学生和教授的必读之书。书中最重要的内容有这样两个方面。首先，是对当时（今天依然）代表英国高等教育最高水平的牛津大学几百年来办学精髓的总结。具体来讲，就是强调在大学里，除了学习知识，学生们相互交流，相互学习，彼此成为朋友，是他们必不可少的人生经历，缺乏了这些，大学生活便不完整了，教育的终极目的是为了培养出有能力服务于社会的人，而不只是发文凭。其次，纽曼针对当时大学教育开始出现的功利现象，提出了大学是传播大行之道（Universal Knowledge）而非雕虫小技的地方，并且把这一点作为对大学的基本要求。

纽曼在一次讲演中讲到——

> "先生们，如果让我必须在那种由老师管着、选够学分就能毕业的大学和那种没有教授、考试，让年轻人在一起共同生活、互相学习三四年的大学（比如在过去的几十年里牛津大学就是这么做的）中选择一种，我将毫不犹豫地选择后者……为什么呢？我是这样想的：当许多聪明、求知欲强、富有同情心而又目光敏锐的年轻人聚到一起，即使没有人教，他们也能互相学习。他们互相交流，了解到新的思想和看法，看到新鲜事物并且掌握独到的行为判断力。"

当然，纽曼（或者说牛津大学）培养人的出发点是训练和塑造一个年轻人，开阔他的视野，让他能够承担起世俗[1]的责任，成为更好的社会上的人，对全人类有益的人，能够名垂青史的人。应该讲，纽曼有点像围棋里讲的求道派，他追求的是教育的终极理想。在当时，英国高等教育的大背景是，随着工业革命的到来，社会对技术、管理和商业的专才需求很大，年轻人学习一技之长也能得到很好的职位，有较好的收入，因此当时英国的社会比较浮躁，这和今天快速发展的中国有点相似。纽曼反对这种知识面窄、缺乏广度的高等教育理念，支持牛津大学长期坚持

---

[1]　在当时指日常生活，相对于神职而言。今天年轻人所有的责任都是所谓世俗的责任。

的以素质教育为根本的大学教育。他多次提到将一大群好学的年轻人聚集在一起生活的重要性，在学业上要少管他们，但是必须教他们对自然美德[2]的追求，让他们了解生活的知识，懂得商业的信用，具备对是非的判断能力，拥有生活品位，以及对英国的贡献，等等。

后来，美国很多一流大学在强调职业培训的同时，也接受了纽曼的办学理念，甚至比牛津和剑桥做得还要好。以职业教育闻名的哈佛商学院（Harvard Business School，简称 HBS）其实把纽曼的这一理念发展到了极致。在这所全球最难进的商学院里，从来没有考试。同学们互相学习获得的知识不比从教授那里得到的少。大家生活在一起，平时同吃同住，假期由学校组织到世界各地一起玩，那里的学生年轻、事业上已有小成而又雄心勃勃。在宽松的环境下，他们可以自由地获取专业技能和社会知识，尤其是和人打交道的经验。可以毫不夸张地讲，在哈佛商学院里不能和同学们玩到一起的人是白交学费了。在美国，类似的大学还有耶鲁大学等一大批。

纽曼的教育方法要求学生有很高的自觉性。俗话说，近朱者赤，近墨者黑。如果一所大学里大部分学生都是问题学生，而学校又不加管束，这所大学一定会办得一团糟。美国很多州立大学，由于学生来源参差不齐，因此很难实施纽曼的教育理念。而在美国排名靠前的私立大学里，入学门槛很高，进来的学生大多数希望自己今后事业上有所成就，他们对知识的渴望和学习的主动性是不用担心的。加上这些精挑细选出来的学生，普遍学习能力很强，能迅速掌握专业知识，这样就有时间和精力去学习立足于社会的基本知识和本领，也就是纽曼所说的大行之道了。

2　对科学的追求是其中一部分。

2　大行之道

大行之道是纽曼教育理念的第二个关键因素。纽曼认为，一个大学生的知识面一定要广，不能局限于一个专业里少量的课程。要做到这一点，大学应该兼容并蓄，教授各种课程。虽然纽曼讲这番话的一个重要目的是希望大学能够把神学加进到课程中去，但是他所提倡的通才教育，为学生提供各种课程的选择，以及强调素质训练的思想，普遍适用于高等教育。纽曼在创立爱尔兰天主教大学后，在学校开设了这样五个方向的课程，包括数学、艺术（包括人文学科）、修辞学、自然科学和神学，他希望每个学生对这五个领域的知识都有所了解。

到了19世纪中期，著名教育家艾略特在美国实践并发展了这种通才教育，他将哈佛大学过去的以教为主改为以学为主。也就是说，并非教授们懂什么就教什么，学生被动地学。而是应该学生想学什么，教授就教什么。如果教授不能胜任，就找能够胜任的教授来教。在艾略特之后，哈佛大学一直坚持以这种方式办学。而今只有6000名本科生（另有4000名研究生）的哈佛大学，居然开出了6000门课，再加上能够到麻省理工学院选课，一个本科生能想到的课程在那里都可以学到。

实现通才教育除了在思想上认可办学理念，还必须具备两个要素。首先，要给学生足够的选课和换专业的自由。如果在大学一年级就给学生指定一个专业并且不允许改变，通才教育就无从谈起。通才教育常常无法保证大学生在完成本科学业时，对某个领域有精深的知识，而是为了保证他有良好的素质，有足够多的科学和人文素养，今后可以在工作中或者在研究生院继续学习。这样的条件，中国当今的大学基本上都不具备。在美国的一流大学中，大部分大学，比如哈佛大学、斯坦福大学、麻省理工学院、普林斯顿大学、芝加哥大学和耶鲁大学，都给予学生在专业选择和选课上的绝对自由，学生入校后不分院系和专业，而是在学习的过程中慢慢选择某个专业。如果选择的不合适，在校期间可以更改。即使到了毕业时对自己选择的专业不满意，但由于本科阶段所学的知识非常全面，到了研究生阶段还可以换专业。而另外一些名校，如哥伦比亚大学、宾夕法尼亚大学和约翰·霍普金斯大学，虽然学生们在入学时分了学院，但并非不能改变（哥伦比亚大学有些难度），而且选课是完全自由的，因此这些大学的学生常常喜欢拿双学位甚至三学位，这样就给他们今后找工作和申请研究生院时带来更大的灵活性。

美国的一些以教学（而不是科研）为主的大学和学院，比如常青藤里的达特茅斯学院和布朗大学，文理学院中著名的威廉学院和卫斯理学院，都是以通才教育和选课的灵活性作为学校的特色。其中做到极致的是布朗大学，这所大学在科研上并不出色，而且研究生院里既没有商学院，也没有法学院，甚至没有专门的文理学院，居然能每年都在美国大学排名中排进前 20 名，靠的就是特殊的本科教育。在一般性的通才教育基础上，布朗大学做到了完全因材施教，它为每一个本科生设计独特的课程体系。可以想象，要做到这一点，学校和教授需要投入大量资源和精力。让学生自行设计专业的还有杜克大学，当然杜克首先是一所研究型大学。

实行通才教育的另一个必要条件，是有足够丰富和宽泛的课程供大家选择，否则即使学校允许学生自由选课选专业，可选的专业却很少，通才教育也就无从谈起。前面我们提到哈佛大学开设了 6000 门课，即便如此，有些课哈佛还是开不出来，比如工程方面的课程。为了弥补这个不足，哈佛允许学生到邻近的麻省理工学院选课。当然，麻省理工学院的学生也可以自由地选哈佛的课程。理论上，一个哈佛的学生可以在课程上和一个麻省理工学院的学生一模一样，但是拿哈佛的学位，反过来麻省理工学院的学生也是一样。当然，如果一门课两所大学都开设了，学生就必须在所在大学修课。反观我在清华读书时，很大的困惑之一就是即使想学一点人文方面的课程，也无课可选。不仅国内的大学如此，即便是英国的牛津和剑桥，今天也很难像美国名牌私立大学那样有足够的资源保障学生的选课自由。

对于规模较小的文理学院，要开出几千门课并不容易，通常会与邻近的一流大学合作，让自己的学生去那里上课，比如著名女校卫斯理学院（它在中国的名气一半是靠宋美龄打造的），允许学生到麻省理工学院选课，以弥补它在工程方面的不足。包括卫斯理学院在内的美国七姐妹女校（下册第十四章会讲到），各自和一两所综合性大学结成联盟，以方便学生选课。比如网络红人章泽天就读的巴纳德学院就和哥伦比亚大学有这种自由选课的协议，以至于很多网友也搞不清楚她到底是在哪所大学上课。

除了选专业、选课的自由以及提供足够多的选择外，一所大学要想让它的学生掌握大行之道，也必须让他们互相之间有取长补短的可能性。大家可能有这样的体会，学习电脑的同学聚在一起常常谈论一些和计算机或科技有关的话题，学习金融的在一起常常谈论对经济的看法。如果一所大学都是由同一类年轻人构成，他们取长补短的结果不过是在一个特定的领域里获得了更多的知识而已，而不是获得通才教育所说的关于世界的普遍知识。在这个方面，综合性大学比以文理或者工科为主的大学有优势。因此，大学学科的平衡很重要。斯坦福大学、哥伦比亚大学和美国南部的杜克大学，都为自己有着发展平衡的学科而自豪。相比之下，耶鲁大学的工程则显得太弱，麻省理工、加州理工和卡内基－梅隆则太偏向理工科（卡内基－梅隆这个问题尤其严重，它甚至没有很强的理科）。哈佛大学其实是一所很平衡的大学，它的工科并不像人们想象得那么弱，只是位于麻省理工之侧，以至于招不到最好的工科学生。

当一所大学有了学科方向和兴趣爱好各异的学生后，如何引导他们取长补短就变得非常重要了。在这些方面做得最有成效的可能要算是源于牛津和剑桥的学院制了。这里所说的学院并非我们一般理解的学科上的学院，比如工学院、法学院等，而是指住宿学院。在这些学院制的大学里，学生们（甚至包括一些教授）生活在一个对外相对独立、对内联系非常紧密的小社区里，这个小社区有生活必备的设施和条件，大家在这里其实是一个大家庭中的一员。其目的是增进学生与学生、学生与教授之间的关系，并且在今后的人生中将这种关系一直保留下去。它的另一个好处是，有利于教授帮助学生成长为社会的人。本书后面介绍剑桥大学和牛津大学时，会专门介绍住宿学院制。美国的普林斯顿大学、耶鲁大学和（圣路易斯）华盛顿大学等名校，都先后学习英国，采用了学院制。哈佛大学虽然没有强调住宿学院这个名称，但其宿舍的性质介于住宿学院和一般的宿舍之间。

如果约翰·纽曼活到今天，他应该会感到非常的欣慰。虽然世界上大部分大学都是选够课程发文凭的，但是依然有许多大学坚持了他所追求的求道的传统，倡导通才教育、素质教育，在教授大行之道的同时，努力将学生培养成社会的人。而他会更感欣慰的是，在世界一流大学中，大多数是这种求道派。当然，有道就要有术，道只有通过术才能大行。而德国的洪堡则是通过术实现道的人。

第二节 洪堡体系

1 普鲁士高等教育的奇迹

图 2.2 普鲁士教育家洪堡

和纽曼一样，威廉·冯·洪堡（Wilhelm von Humboldt，1767—1835）的第一职业也不是教育，他是普鲁士德国的外交家，却建立了完善的、服务于工业社会的普鲁士教育体系。德国的柏林洪堡大学便是以他的名字命名的。德国和奥地利都设立有以他的名字命名的政府奖学金，中国不少大学的校长和教育部的官员，都曾靠着这一奖学金在德国和奥地利留学进修。

洪堡生活的年代正是德意志地区四分五裂的时代，原本在法统上统治这一地区的神圣罗马帝国在拿破仑战争后也解体了。普鲁士当时一方面财力枯竭，并且一度成为拿破仑帝国的一个附庸国，但是另一方面法国大革命为全欧洲释放出自由，使得精英阶层能够积极地参与到国家政策的制定中来。在这样的背景下，洪堡被授予了管理普鲁士"文化和公共教育"的任务。

在洪堡之前，欧洲的大学还是在沿袭工业革命之前的修道院教育的传统，以培养教师、神职人员或者训练上流社会人士为主，不仅不重视研究，而且教授和研究的课题与当时业已开始的工业革命相脱节。洪堡提出了"研究教学合一"的办学精神，并且在由他所创立的柏林洪堡大学（最初叫做腓特烈·威廉大学）[3] 实践这一办学思想。在这所大学里，教学和研究同步进行。虽然洪堡也强调"知识的总和"（Universitas litterarum），并且在柏林洪堡大学同时设立了法学、医学、神学和哲学（自然科学和社会科学的总称）四个专业，但是在最后学生实际上会集中到一个专业，因为在洪堡的体制中，学生毕业时必须对一个专业有比较精深的了解，这和纽曼的理念完全不同。为了让学生们做到这一点，很多专业的学生需要五年（而不是英美通常的四年）才能毕业，而最后的两年则是完全学习非常精深的专业知识。在 2000 年以前上过清华大学、浙江大学和中国科学技术大学的读者可能已经发现，这和当时中国这几所学校的风格非常像。其实这并不奇怪，因为这些学校间接地采用了洪堡的体制。洪堡在世时努力把柏林洪堡大学办成一个样板，然后向整个普鲁士推广。事实上，不仅普鲁士，整个欧洲甚至在欧洲以外的一些地区，很快都开始学习洪堡的做法。在洪堡的教育体制下，普鲁士培养出了各行各业的精英，从昔日的弱国一跃成为欧洲最强国，并且统一

3　在第二次世界大战之前，德国只有一个柏林大学，即柏林洪堡大学，历史上出过非常多杰出人才的那所柏林大学即指这一所。但是第二次世界大战后，柏林大学归属于东德。1948 年，在西柏林成立了"自由的柏林大学"，于是有了两个柏林大学。今天，东西德国统一后，原隶属东德的大学采用了柏林洪堡大学的名称，而隶属于西德的则采用了"自由柏林大学"的名称。不过，两所柏林大学有合并的迹象，它们的部分院系专业已经开始合并。

了德意志地区。

说起柏林洪堡大学，大家首先想到的是它在科学和工程上的成就，比如历史上它曾经出了 29 个诺贝尔奖获得者，不过它最早培养和成就的杰出人士，大多是哲学家和人文学科领域的精英，比如马克思、恩格斯和诗人海涅等。这要感谢洪堡在办学时坚持学术自由、坚持学者保持和政府的距离、做纯粹的学问等理念。到了 19 世纪中期，普鲁士开始崛起，这时威廉·洪堡已经去世，他的弟弟亚历山大·洪堡接手了这所大学。在当时的背景下，为了适应普鲁士工业化的要求，亚历山大·洪堡在大学里大力扩展自然科学和各类工程学科，大批的科技和工程精英是在这之后培养出来的。

图 2.3　柏林大学的大门，前方的塑像为洪堡

在洪堡兄弟创立的普鲁士高等教育体系中，职业教育、技能教育成为大学的中心任务。这样，大学生在学校学到的就是马上能够用于国家工业化发展和社会进步的知识，一走出校园就能为社会服务。在强权的普鲁士，很容易自上而下地推广一种体制。得益于洪堡的高等教育体系，普鲁士很快由欧洲的一个农业国迈向并实现了工业化，并且一跃成为 19 世纪欧洲最强国。而欧洲各国看到普鲁士和后来德国的崛起后，都纷纷

效仿德国的高等教育体制，并且一直沿用至今。

2 洪堡体制对高等教育的深远影响

当欧洲的大学在洪堡教育体制的指导下快速发展时，同时期美国的大学里却还在以教授拉丁文为主。1863 年，到欧洲学习教育管理的美国教育家艾略特看到的是这样一番景象：在欧洲各国（尤其是德国和法国）的大学里，大学教师给年轻学生教授的是自然科学及其实际应用，学校在为工业界培养有品位的设计师、有管理艺术的负责人和有专业技能的工程师和技师。这些情形对艾略特触动很深。在 19 世纪下半叶，美国工业革命的推进，催生了对科学家和工程师的大量需求，这迫使美国的教育界开始重新定位美国的高等教育，并且适时引入了洪堡的教育思想，美国的理工科教育便源于那个时期。如今的麻省理工学院，尤其是加州理工学院，在很大程度上依然深受洪堡教育理念的影响，我们在后面介绍这两所大学时还会详细讲述。

前苏联在十月革命之后，为了快速实现工业化，不仅采用了洪堡 100 年前制定的体制，而且片面强调专才培养，使得每个大学毕业生都只专注于自己的专业。新中国成立后，受苏联片面理解洪堡体制的影响，马上搞了将理工专业分离的院校调整，将清华大学、北京大学等原来的综合性大学拆成文理型大学、工科大学、政法学院和医学院等。遗憾的是，当时既没有学到洪堡倡导的学术自由的精髓，也没有像德国那样在大学里建立研究生院，以至于大学生知识面窄，而研究生教育长期落后。

更糟糕的是，这种僵化的教育体制使得全社会对高等教育产生了误解，以为一个人学了什么专业就一定懂什么专业，没有学什么专业就肯定不懂那个专业。而在美国名牌大学里，一个人拿了一个专业的学位，却有可能擅长很多领域，因为他接受的是通才教育，只不过为了达到拿学位的要求，在特定时间内在某个领域稍微多做了一点事情而已。著名科学家朱棣文，本科学的是数学，因为喜欢做实验，后来改读物理，他获得诺贝尔奖的工作，其实是他四十岁以前就完成了的，而后来他的兴趣完全转移到了分子生物学上。按照很多国人的逻辑，不是生物学的博士，怎么可能是生物方面的专家呢。事实上，朱棣文就在斯坦福大学领导并直接从事非常基础的生物学研究。像朱棣文这样横跨多学科的科学家在我身边有很多。因为在基因测序上的贡献获得 2013 年富兰克林（生物）奖 [4] 的约翰·霍普金斯大学计算机系教授萨尔兹伯格（Steven Salzberg）是另一个很好的例子。他本科时学的是英语文学专业（耶鲁毕业），并擅长写作。我和他成为朋友并非是因为计算机科学，而是因为我们都为《福布斯》杂志撰稿。他后来在读博士时改学计算机科学，并成为约翰霍·普金斯大学计算机科学系的教授，然后他又到一个医学院研究所工作了很长时间，在那里他发明了基因测序的算法，几年前才又回到计算机系当教授。我身边另一位通才教育的成功典范是曾经在 Google 负责语音识别项目的科恩博士（Michael Cohen）。他本科时学习音乐，博士时改学电机工程，在 SRI 做了多年研究员后，又跟同事一起创办了著名的语音识别公司 Nuance，将公司卖掉后才来到 Google。从 Google 退休后，他又跑到乐队去演奏了（他平时的演奏练习一直没有中断）。这类例子在美国非常多，但在中国并不多见。

今天，我们很难简单地评价纽曼的通才教育和洪堡的专才教育哪种更好，也不能以"各有千秋"这样的话含糊其辞，而需要考察具体的历史环境，即要看一个国家处于什么样的发展阶段，一个受教育者处在什么样的社会阶层。从找工作难易、见效快慢来讲，无疑是后者更优。因此，对于一个需要迅速走向工业化的国家而言，对于一个刚从社会底层

4 美国历史最悠久的科学奖。

走出来的学生来说，技能教育均是当务之急。在这样的阶段，倘若片面追求素质教育，就如同在灾荒之年对羸瘦的灾民提供山珍海味而不是能够果腹的粥饭一样，既是资源的浪费，也不能很好地解决当务之急。不过，洪堡教育体制的问题是，虽然专才教育能够培养出很好的执行层面的人才（无论是科学家、工程师，还是律师和医生），但是却很难培养出拥有广阔视野的领袖以及实业家。当一个国家已经处于稳步发展阶段，当一个学生来自中上产之家，正在朝着精英目标努力，这个时候，倘若缺少博雅的素质教育，路就很难走得远。另外，但凡一个大学，若是学科划分过细并且把学生限制在各自的专业之中，则不仅对学生的培养不利，而且从长远来讲，这么做还会影响到它们的生源，最终这些大学在名气和影响力上都将比不过那些强调通才教育的大学。

当然，很多读者可能会问，能否将这两种教育理念合二为一，建一所既有很好的通才教育，又能让不同的学生学到一技之长的大学呢？仅就本科教育而言，这件事说起来容易做起来难。首先，不是每一个学生都需要（或者说都能够做到）同时兼顾全面发展和培养自己的专业特长。一般大学本科教育统共只有四年时间，让一个 18 岁的年轻人在四年里既要在身心上得到全面发展，又能学到各种知识，还要精通一两种专业技能，这个要求显然不切实际。我们在 Google 面试过一个哈佛大学的本科毕业生，稍微复杂一点的工程问题就解决不了；同样我们也和很多麻省理工学院的本科毕业生交流过，他们中的很多人讲东西实在是枯燥无味。并非这些人不优秀，他们身上都有着很好的品质和闪光点，但是，要在四年的时间里同时完成通才教育和专才教育几乎不可能。上述这些世界一流名校的学子尚且很难两全，对其他大学的学生来说，想要兼顾两种教育，难度就更大了。在德国、法国和前苏联，即使要完成对大学生的专才教育，通常都需要五年时间，这也是过去中国那些采用洪堡体制的大学（比如清华、浙大和中科大）一律是五年学制的原因。

第二个难度是办学的成本问题。一所大学既要学科齐全，并且每个学科都保持很强的科研水平，同时还要兼顾本科生教学，办学成本将是非常高的。一所大学要是拥有无限的资源，它当然可以在每一个专业上都聘用最好的教师，给足研究经费，同时提供最好的教学条件，那么或许能够完全兼顾到通才教育和专长教育。但我们知道，任何大学的资源都是有限的，在这个前提下，任何大学和研究机构就必须做出一个选择，是集中人力物力办出一到数个高水平的学科，还是要拥有一大批规模小但是覆盖面全的学科，甚至牺牲掉成本很高的科研，专心搞好教学。不同的办学理念，决定了不同的选择，一段时间后，会形成具有不同特点的大学。比如一些大学有着非常强的特色专业，并且会通过资源上的倾斜以维持其领先，但是这样一来其他专业就相对比较弱了。比如宾夕法尼亚大学、约翰·霍普金斯大学和杜克大学的生物医学工程专业都很强，而工学院规模都有限，无法把所有的专业都办成生物医学工程专业那样的规模和水平。另外一些大学则相反，专业齐全，每一个专业的水平都不太差，但是缺乏很突出的专业。前者适合专才教育，博士生的水平会比较高，后者适合通才教育，本科生的选择余地会比较大。而科研经费不足的大学，则干脆放弃了专才教育所必需的专业研究水平，将办学的重心集中在教学上，或许有可能把通才教育办好。目前，世界上仅有两所大学基本上做到了各学科完全平衡发展，专才教育和通才教育兼顾得近乎完美，同时在科研和教学上全面开花，它们就是哈佛大学和斯坦福大学——这两所大学是靠巨额的慈善捐款和巨大的学术声誉来维持的。事实上，即使是德国的大学，由于存在资金问题（它们获得的捐赠很少），已经不再有 19 世纪末大师辈出的景象了。每当德国人为柏林的洪堡大学出了 29 位诺贝尔奖获得者而自豪时，其实他们常常都在掩盖一个事实，那就是这些大师都是 20 世纪上半叶培养的。如今，德国的大学都比较偏科，力图办好几个专业，毕竟它们财力有限[5]。而过去一向以

5　当然，他们的大学选拔制度也很有问题，过分照顾弱势群体和特殊利益群体。

通才教育见长的牛津和剑桥，也因为经费的原因，远不能像哈佛、斯坦福或者伯克利那样开设大量课程供学生选择，因此不少学生也开始出现偏科现象。可见，一所大学若是把近期发展的目标定在兼顾各个方面，显然是不切实际的。

兼顾两种教育理念的第三个难点在于，社会上很多人不觉得有这个必要性。事实上，美国大学里主动退学和鼓励退学的做法在本质上就是对试图结合通才和专才教育的否定。我们这里谈论的退学学生，不包括那些一开始就不想上大学，或者因为经济原因退学的，而是像盖茨、乔布斯或者扎克伯格那样在大学阶段就找到自己挣钱方式的人。首先这些人是专才，这一点毫无疑问，他们都是各自领域的专家。其次，他们都认为继续在学校里接受教育不如做事情，因为在社会这所大学里他们学到的大行之道要远比在大学里学得多。2007 年，盖茨在哈佛大学毕业典礼上介绍了他的大学生活（虽然只有两年），在那里他完全是一个任由自己兴趣发展的专科生，对那种所谓的素质教育毫无兴趣。可以想象，如果他上的是达特茅斯学院或者威廉学院，需要等到毕业后再选择自己的专业，那么大学生活对他来讲就完全是浪费时间和煎熬。

另外一些人虽然读完了大学，却用行动对这种全面教育做了否定，其中非常有代表性的就是原子弹之父奥本海默博士。他在剑桥读书时，完全是一个问题青年，差点被开除，可以讲，他的表现是对纽曼教育理念的蔑视，或者说是对英国那种培养社会人的方式的不认可。最后，他跑到了洪堡的故乡德国拿到了物理学博士学位。但是最终，他成了一个改变世界的人。更有意思的是，在他的下属们看来，他不仅是一个优秀的物理学家，而且是一个好的领导，是一个全才。因此，一所大学未必需要兼顾两种教育理念，也很难两全其美，不如干脆坚持其中一种。

最后，通才教育（素质教育）和专才教育在很多时候是矛盾的。按照纽曼的理念，学生上课、考试都不重要，重要的是学习时不给自己设限，这就要求学校给予学生大量自由时间，并且允许学生在课程没有完全学懂的情况下给予他们好成绩（否则他们只好把时间都花在学习上）。今天，耶鲁大学和哈佛大学的本科教育基本就是如此，在耶鲁甚至有很多本科生讲只有一小半时间花在了读书做功课上，剩下的时间都在搞课外活动，与同学们"玩"。如果像国内一些名牌大学，学生们不得不过着三点一线的生活，通才教育和素质教育就无从谈起。而反过来，如果要让学生学得精深，就得要求他们必须在某些学业上花大部分的时间和精力。我一直强调《异类》的作者格拉德威尔提出的一万小时原则，即什么事情做到世界一流，都需要花上一万小时的时间。如果把它摊到四年的大学生涯中，每年要花 2500 小时，每天要花多达七八个小时，这样一来，本科生们其实就没有多少时间做其他事情了。在麻省理工学院，每一门课都很重。教授们要求非常严格，也很认真地教每一堂课，和助教一起非常仔细地设计每一个实验和项目。留给学生的作业常常需要花很多时间讨论或者向教授、助教们反复请教，才能做得完美。在这样的环境下，虽然大学给了学生充分的选择自由，但是教育的结果就是专才教育，因为学生只能集中精力学好自己感兴趣的课，把相应的研究做好。事实上，今天的牛津大学和剑桥大学，以及美国的普林斯顿大学，因为课程和考试都比较难，虽然给予了本科生大量自由时间，很多本科生也只好用来做功课和复习考试了，真正用来发展自己兴趣的时间远比哈佛和耶鲁的少。

直到今天，要想兼顾通才教育和专才教育，唯一可行的办法就是延长教育时间，把教育分成本科的通才和素质教育，以及研究生院的专才教育，别无他法。而提出和实践这样的教育理念的，是美国著名的教育家吉尔曼和艾略特等人。他们借鉴了洪堡体系的长处，将美国的很多大学从近代的私塾转变成高等职业教育和研究的机构。

第三节　美国近代大学的兴起

1　吉尔曼缔造美国研究型大学

图 2.4　美国著名教育家吉尔曼

吉尔曼生长在美国东部，却在美国西海岸担任了加州大学 [6] 短时间的校长。在欧洲游学考察教育的经历，让吉尔曼看到了在大学开展职业教育的重要性。由于当时的加州以农业为主，除了淘金和采矿，几乎没有工业，因此加州政府试图把伯克利办成一所农业大学，使得吉尔曼的理想

6　当时的加州大学只有伯克利一个校区，等同于我们今天所说的加州大学伯克利分校。不过伯克利的人否认"分校"这种翻译，他们甚至不会强调自己是伯克利，而依然沿用加州大学 Cal 这种称谓，因为在他们看来，他们是加州大学的正溯，而后来在其他校区办起的大学都是旁支。

难以实现。

这时正好约翰·霍普金斯大学刚成立，并聘请了他来担任第一任校长，吉尔曼实现自己理想的舞台便顺顺当当地出现了。白纸上好作画，吉尔曼就结合德国职业教育的模式，在约翰·霍普金斯大学建立起美国第一所研究生院，并把该校办成了美国第一所研究型大学。当然，吉尔曼并没有舍弃美国大学过去那种重视精英教育和素质教育的特点，而是将高等教育一分为二，把本科的素质教育和研究生阶段的专业教育相结合。针对这两个不同的阶段，约翰·霍普金斯大学当时授予两种学位，本科学位和博士学位（早期没有硕士）。在早期的博士生中，包括后来担任了美国总统的伍德·威尔逊，他也在普林斯顿大学担任了很长时间的校长，改革了普林斯顿大学的教育。

在长达 25 年的约翰·霍普金斯大学校长生涯中，吉尔曼不仅把该校办成了一流的大学，而且和他的学生们一起在美国普及了研究型大学的概念。几年后，吉尔曼的学生安德鲁·怀特（Andrew White）担任了康奈尔大学的校长，他把康奈尔大学从一所小的乡村学院变成了一所世界一流的研究型大学。吉尔曼自己后来又创建了卡内基学院，并担任校长，这所学院是卡内基 – 梅隆大学的前身。今天，在美国的许多地方都有以吉尔曼的名字命名的街道（在伯克利和加州大学圣地亚哥分校）、大楼（在约翰·霍普金斯、伯克利和缅因）以及中小学（马里兰和缅因），可见美国社会对他的认可。

1887 年，（老）利兰德·斯坦福访问了美国东部的四所名牌大学（哈佛、麻省理工、约翰·霍普金斯和康奈尔），在康奈尔大学见到了怀特，两人相谈甚欢。1891 年斯坦福大学成立时，斯坦福邀请怀特来加州做校长，可是怀特并不愿意去，因为那时的加州在大部分美国人眼里还是西部荒蛮之地。不过，怀特向斯坦福推荐了自己年轻的学生、印第安纳大学的校长戴维·乔丹（David Jordan），即后来斯坦福大学的第一任校长。在乔丹领导下，斯坦福从一开始就避开了哈佛大学和耶鲁大学 200 年来走过的弯路，乔丹把斯坦福直接办成了研究型大学。

图 2.5　斯坦福大学的乔丹大楼

2　艾略特改造哈佛

在美国大学转型的过程中，另一个值得大书特书的教育家，就是前面多次提到的艾略特了。艾略特早先是哈佛大学的教授，后来在 1857 年的经济危机中他们家族的生意受到重创，他便从哈佛大学辞了职。大家一开始还以为他去做生意挣钱了，其实他是把家里最后的一点钱用来去欧洲考察教育。艾略特对欧洲教育的考察是全方位的。在长达两年的考察中，艾略特体会最深的是欧洲的高等教育和经济发展的关系，而在当时美国并没有这么做。当时，美国要向欧洲出口农产品，以换回工业品，

图 2.6　哈佛大学历史上担任校长时间最长的
教育家艾略特

艾略特觉得这是可耻的事情，作为美国经济最发达的马萨诸塞州，应该自己制造工业品。为了做到这一点，艾略特希望能够像德国那样，直接将大学的发明应用到工业上，当然，这么做的前提就是要办现代的、研究型的大学。

从欧洲回到美国后不久，一个特殊的机缘把他推到了哈佛大学校长的位置，当时他还只有 35 岁[7]。在董事会的支持下，艾略特对哈佛大学进行了大刀阔斧的改革，除了将大学由"以教为主"变成了"以学为主"外，还试图将素质教育和专业教育相结合。在艾略特担任哈佛校长之前，哈佛所教授的主要是希腊文、拉丁文和浅显的专业知识，除了神学水平较高，其余专业在艾略特看来都惨不忍睹。当时艾略特的做法是在时间

7　这个细节我们在介绍哈佛大学时会再讲。

和空间上对哈佛的教育进行划分。在时间上，他先要求所有的学生要在几个规定的领域选一部分课程，然后每个学生可以在自己关注的学业方向上选其余课程。日后，这成了美国大学普遍采用的方式，我们在后面还会介绍其细节。当然，在今天，四年的本科学习已经很难让学生达到"既通又专"的水平，因此专才教育也同样留给了研究生院。艾略特规定，凡是要获得医学学位，先要本科毕业，这样就保证了哈佛医学院毕业生的水平。在此之前，一个哈佛学生只要经过 16 周的医学课程学习和临床实践就能获得哈佛的医学证书，这个证书水分之大，让美国医学界都不愿意承认。在空间上，艾略特把哈佛的各个专业学院都相对地独立出去，让它们围绕着老校园各自建起了相对独立的园区，这才有了如今哈佛大学在地理上相对独立的不同学院，而今哈佛的医学院和商学院都远离老校区 [8]，跑到了查尔斯河的对岸。

吉尔曼是在白纸上作画，因此塑造约翰·霍普金斯大学和卡内基学院的特色相对容易，而艾略特则是要改变一所已有两百多年历史的大学，难度很大。他的改革得罪了很多既得利益者，自己甚至一度陷入到要被董事会罢免的境地，仅仅是因为董事会没有找到更好的校长才由他继续担任下去。好在最终他担任哈佛校长达 40 年之久，有足够多的时间慢慢地贯彻自己的办学理念，并且最终形成哈佛的特色。在约翰·霍普金斯和哈佛之后，美国的一些老牌大学，如普林斯顿和哥伦比亚，也开始创办研究生院，将原来教授拉丁文的近代私塾转变成现代研究型大学。而当时一些刚刚成立不久的私立大学如杜克大学、西北大学等，则没有太多的阵痛，直接往研究型大学的方向发展了。但是，美国其他一些最古老的大学（包括大名鼎鼎的耶鲁、历史第二悠久的威廉－玛丽学院以及

---

8 医学院是哈佛最老的学院，原本在老校区，1906 年为了进一步扩展并且和波士顿当地社会更好地融合，搬到了今天的新校区。艾略特在这一年主持了医学院新校区的奠基礼。商学院校区的建立则更晚，是 1924 年的事情了。

其他一些常青藤大学），或许是因为没有一个像艾略特那样一干就是 40 年而且非常执着的校长，或许是远离大城市的原因，今天这些大学的研究生院的水准与其本科教育的水准相比仍有不小差距。哈佛今天能够在研究和教学上都堪称世界上最好的大学，很大程度上要感谢艾略特 40 年的贡献。

3 美国兼顾通才和专长教育

吉尔曼和艾略特等人为现代高等教育确立了一个样板，也就是说，通过本科的通才教育（另外加上对学生某些学科兴趣的培养），以及本科之后的研究生教育，为每个学生打造一个量身定制的、完整的教育过程。由于美国的本科教育偏向于通才教育，因此在中国很多大学里最后一年上的专业课，在美国大部分大学里是放到了研究生阶段进行。如果单纯地比较美国名校本科毕业生和中国优秀大学本科毕业生，就会发现美国本科生所学的专业知识更少，但是他们的知识面要广得多，而且社会经验丰富，综合能力（包括写作能力、讲话水平和科学素养）要强一些。这是通才教育带来的好处。

当然，由于美国的本科生缺乏专才教育，本科毕业后，尤其是从二三流大学本科毕业后，很多工作还是从事不了的，需要继续接受专业训练。很多从中国来的小留学生，靠着家里有点钱，为了出国而出国，在美国找个三流大学读完了本科，毕业后不仅在美国找不到工作，而且回到中国也找不到理想的职位，其中一个重要的原因就是在美国读本科时受的专业训练非常少。大部分美国本科毕业生，要么在工作中学习（当然，这样前几年薪酬是非常低的），要么进入研究生院深造。在美国研究型的私立大学里，研究生的数量甚至超出本科生许多。

美国早期的研究生院以培养博士为主，但是很快各个大学就发现大部分工作并不需要接受博士教育，而培养学制短、专业技能要求较低的硕士既有利于学生，也有利于学校（成本低很多），因此，很快美国各个大学（尤其是州立大学）的硕士生人数便迅速增加，并且超过了博士生人数。

在美国，取得硕士和博士学位的难度有天壤之别，不到美国大学里走一遭是无法理解这一点的。这里面有两个原因。首先，在要求上有本质的差别，用一句话来说就是"硕士要会使用知识，博士要能创造知识"。具体来讲，硕士培养的目的是让学生掌握一种服务于社会且能安身立命的手段，以学到一些知识为目的，大部分美国大学的硕士学位是不需要做论文的，而博士（至少从它的定义上讲）则是要求为世界贡献新的知识，也就是说，博士论文一定要做出（哪怕是一点点）前人没有做出的成就。当然，不同大学的博士含金量也是千差万别，比如从一流实验室毕业的一些博士，博士论文就是一本学术专著，精简后甚至可以发表在《自然》或者《科学》杂志上，而三流大学毕业的博士，可能一辈子都找不到一个正式的工作。其次，录取的难度不一样。美国的大学都把招收硕士生作为挣钱的手段。美国像样一点的大学（除了收高学费变相卖文凭的大学之外），本科教育都是要赔钱的，因为学费在减免后根本收不上来多少钱。而博士生因为一部分时间要给学校和教授工作，大部分人也是要由学校或者教授付学费甚至是生活费的，这相当于学校在出钱让他们读书做研究，以换取科研成果。只有硕士是实实在在向学校支付高昂学费的。美国大学对硕士申请者的态度是，只要你达到录取的基本要求，就一定录取，而对大部分专业的博士申请者来讲，则是要看科研经费能养得起多少人，大部分时候是合格的人数太多，而招收的人数少，因此博士录取的难度就比较大了。

博士生在读完第二年或者第三年[9]时，要参加资格考试，通过资格考试后才成为博士候选人，称呼也就从 Ph.D Student 变成了 Ph.D. Candidate，而资格考试通常要刷掉 20% 的博士生（视学校而定），这一点也和中国大有不同。中国也有博士资格考试，但是刷掉的博士恐怕连 2% 也没有。

对于中美大学之间从本科到博士定位的差异，可以这样粗略地给予量化说明：假如在中国和美国获得博士学位时，获得的教育水平和拿到学位的难度都是 10，那么中国本科的教育完成了 5—6，硕士完成了 7—8；而在美国，完成本科教育可能只走完了 4—6 的路，而完成硕士教育只增加 1，即达到 5—7 的阶段。事实上美国大部分大学都对优秀的本科学生提供 4+1 的选择，即在本科的最后一年同时进入硕士生的培养计划，之后再加上一年时间获得硕士。

美国的高等教育今天能领先于世界，除了比较好地兼顾了通才教育和专才教育，另一个原因就是大学和政府合作，建立起高水平的大型研究所。过去，美国的大学和政府没有什么关系，政府也没有什么研究经费。即使在吉尔曼和艾略特的年代，虽然美国的大学开始向研究型转型，但是政府对研究的支持力度并不大。到了两次世界大战尤其是第二次世界大战之后，这个状况被彻底改变了。由于战争的需要，美国政府向科研投入了大量的资金，而其中一部分经费投给了大学的独立研究所[10]，比如 1930 年成立的普林斯顿高等研究中心（Institute of Advanced Study）就是这样一类既是私营性质又有政府经费支持的研究所。爱因

9　个别天才读完一年就参加资格考试并且获得通过，这也是有的。

10　这些研究所在名义上隶属于大学，但是其管理比较独立，很多需要大量人力并且和教学关系不大的研究工作，就放在这里进行了。

斯坦和冯·诺伊曼都曾经在那里工作过[11]。在这之后，美国类似的大型研究所非常多。不过，美国政府把更多的钱投给了由政府和大学合办的一些实验室，比如1942年因战争需要而成立的约翰·霍普金斯大学应用物理实验室（APL），在冷战期间美国航空航天局（NASA）和加州理工学院合办的（早前成立的）喷气推进实验室（JPL）[12]，1952年美国原子能委员会[13]和加州大学伯克利分校合办的劳伦斯–利物莫国家实验室[14]，国防部参与的麻省理工学院的林肯实验室[15]，有能源部支持的芝加哥大学的费米实验室以及斯坦福大学的线性加速器实验室[16]，等等。美国政府的很多大型科研项目是放在这些实验室里，而不是像欧洲和中国那样放在政府所属的独立科研机构（比如欧洲核子研究中心CERN，中国的科学院）中，这使得美国的大学成了政府的科研中心。今天美国很多大学都有能力独立完成大型的国防和科学探索项目，比如喷气推进实验室主持研制和发射了很多著名的航天器，包括2012年登陆火星的"好奇号"探测器。这在世界其他大学里是做不到的。

结束语

今天，无论从名气来讲，还是从科研教学水平来讲，世界上大部分的一流大学都在美国（其次在英国），以至于每年世界各国的年轻人都不断地涌入美国的大学。当然，并非每一所美国大学都比同类的中国大学

11　在那里，冯诺伊曼是老板，爱因斯坦则是他的下属。
12　JPL的前身是加州理工的航天实验室，1943年正式命名为JPL，早期由美国陆军支持，在NASA成立后改由NASA支持。
13　美国的原子能计划现在由能源部负责。
14　劳伦斯–利物莫国家实验室是由伯克利的放射性实验室分离出来的，后者的另一半是今天的劳伦斯伯克利实验室。
15　其前身是美国军方、英国军方和麻省理工合办的雷达实验室（MIT Rad Lab）。
16　在冷战时期，斯坦福大学还有一个非常庞大的斯坦福研究所（SRI），今天它成为了一个独立的研究机构。

好，甚至并非每一所一流大学都适合某个学生个体。对于学校的管理者来讲，要办好一流大学，就需要拥有一个好的办学理念并且数十年持之以恒地予以贯彻。对于学生来讲，重要的不是想方设法挤进一所排名靠前的大学，而是找到一所最适合自己的大学。

本书后面的章节会介绍美国一流大学的特点、管理方法，并详细介绍一些大学的具体做法，供大家参考。在此之前，我会先来讲讲自己的大学经历，与大家分享我在大学里相对成功的经验和得到的教训，以免年轻人重复我走过的弯路。

参考文献

1. 约翰·亨利·纽曼. 大学的理念. 郭英剑，译. 中国人民大学出版社，2012.

2. Daniel Gilman. 约翰·霍普金斯大学历史 1874—1889（*History of the Johns Hopkins University*, 1874—1889）. 1960.

3. Crimson Key Society. 哈佛内幕（*Inside Harvard*）. Let's Go Publish，2012.

4. 丹尼尔·金. 大学潜规则：谁能优先进入美国顶尖大学. 张丽华，张驰，译. 商务印书馆，2013.

5. John Roberts. 洪堡和德国自由主义（*Wilhelm von Humboldt and German Liberalism: A Reassessment*），Mosaic Press，2015.

第三章　我的大学之路

迄今为止，我生命的三分之一时间是在大学里度过的，除了 3 年是在大学里教书，其余的 13 年都在读书。虽然这 13 年有成功也有失败，但是总体来讲，我对自己的求学生涯感到满意。如果让我再活一次，或许我能对这个过程进行细小的优化，但要做根本性的改进，也不容易。回顾这 13 年，我觉得还是有几点心得值得和大家分享的，并且对大学也有不少建议。

第一节　昨夜西风凋碧树，独上高楼，望尽天涯路

1　初入大学的困惑

我 17 岁那年进入清华大学。由于之前已经在清华园里生活了很长一段时间，我也没有觉得它有什么特别好的地方，我周围的人都认为这是中国最好的大学了[1]，因此也就没有别的选择。再接下来就是根据当时各个系的热门程度，选择了最热门的计算机系。当然，除了清华以外，当时

---

[1]　当然，北大和北大人可能不会同意我这个说法。不过当时或许是因为我的偏见，认为它大部分专业已经过时，因此产生不了兴趣，其实回过头来看，它还是有很多比清华强的地方。

还有一个选择是今天被称为协和医科大学的那所小型医学院，这是我母亲的希望，不是我的选择，因为我怕见死人。今天，不少父母还希望自己的孩子学医，其实多半是为自己而非为子女考虑。因此，当我的女儿表示不想学医时，我从未试图向她灌输做医生有多么好。总之，上清华是我的选择，而选择计算机系，是因为当时热门，仅此而已。

清华当时的教育还是彻头彻尾洪堡体制的教育。不仅人文课程少得可怜，而且作为计算机专业的学生，即使想学点生物[2]或者天文这样的课程也是不可能的。当时的课程，第一年就是数学、物理、化学和所有工科学生必上的工程制图，没有选择余地。课程的难度中上，而成绩则完全是看期末考试这一锤子买卖。不知道现在的清华是否还是这样给学生成绩，总之我认为这么做很不好，只会给学生带来很大压力，从而不敢花时间来深入思考问题，因为在这种体制下，大家能做的就是多刷题，保证期末考一个好成绩。一年下来，我自觉已经很用功了，至少比高中时用功多了，但成绩不过是中上而已。当然，这或许是因为和其他同学相比，我用来玩的时间比较多，从羽毛球到网球再到桥牌，都占用了很多时间，而且玩得不错。在清华我最喜欢去的地方是图书馆的那个开架藏书馆，我会在那里泡上几个小时寻找我喜欢读的书。在清华我的一大收获是阅读了很多欧洲古典文学作品，以及一些美国和日本作家的作品。我当时只是出于兴趣读这些书，后来发现这其实弥补了我在清华可能会欠缺的通才教育。

那时的大学暑假不用实习，也不需要做任何事情，唯一能做的就是和同龄人一起玩，然后借书、买书和读书。从那时起，我开始对一些非小说类的人文社科图书产生了浓厚的兴趣，虽然它们很多并不好读，但是考虑到它们凝聚了人类的智慧，我觉得还是值得投入时间和精力的。此

2 清华的生物系是在我入学后成立的，而且早期的规模极小，只有一个班的学生。

外，我还开始对古典音乐产生了兴趣。当时既没有网上的免费音乐，也没有激光唱片，要得到一盘音质较好的磁带，难度都很大。清华的音乐室当时可以给学生们翻录磁带，几毛钱一盘（大概相当于一两顿午饭的钱）。那时同学们为了学英语，基本上都买了单放机，虽然音响效果远没法和今天的高保真音响或耳机相比，不过大家还是听得津津有味。我在清华一共只得了两个满分，其中之一是音乐课。清华一直强调身体健康的重要性，因此我每天都坚持锻炼。在大一的暑假，我打了一个暑假的羽毛球。暑假过后，我的羽毛球已经是计算机系全年级第一名了。等到了研究生时期，我获得了清华全校羽毛球的团体冠军和个人的第三名。

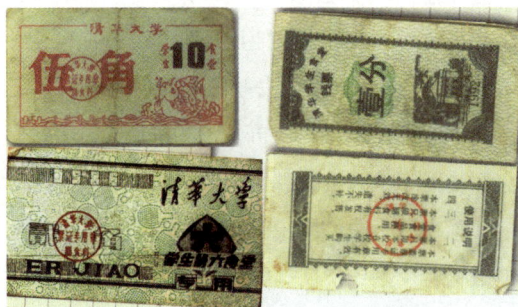

图 3.1 我读书时，清华学生食堂的饭票

到了二年级，我觉得应该把学习成绩提上去，否则将来推荐研究生会有问题，当时我还没有想到出国留学的可能性。我观察了班上几个成绩比较好的同学的做法，发现他们比我用功得多，于是我开始抓紧时间，主要是抓住一般人不太在意的五分钟、十分钟时间。这样，一天下来，可以挤出半小时左右的时间，一周下来，学习的时间就多了不少。这一点点变化使得我的成绩有了显著提高，我的名次也上升了不少。后来看到纽曼讲年轻人相互学习的能力很强，这话确实不假，应该说我当时最受益的，就是周围聚集了一批非常优秀的年轻人，促使我从对比中发现自

己的不足，然后加以改进。在英语中有一个词叫做 Peer Pressure，意思是来自同伴的压力，它不仅敦促人进步，而且可以改变人的态度、价值观和行为。

直到大二下半年，我们才开始学习程序设计，这和今天连高中生都普遍接触过编程完全不同。当时计算机资源非常缺乏，一台 Honeywell 的中型机总是五六十人同时在使用。学校给每一个学生配了几十个小时的机时，但并不是任何时候去都有终端可用，我们常常要到机房排队。那时的计算机速度非常慢，那台中型机连今天智能手机速度的千分之一都不到，编译一段几百行的小程序都要等上好几分钟，因此，我们唯一能做的，只是在写好并输入程序后做仔细的检查，尽可能减少错误，避免来来回回编译。后来我们发现在夜里使用计算机的人比较少，计算机速度比较快，就等到晚上 10 点钟以后去教师专用的通宵机房上机。很多年后，我听高德纳[3]和比尔·乔伊（Bill Joy）[4]讲他们过去在学校里编程的经历，他们也都受困于计算机资源的稀缺。高德纳因此练成了编程一次成功的绝技，并且在后来图灵奖获得者之间的非正式编程比赛中获得第一名。乔伊则是每天夜里到学校机房编程到天明，后来在伯克利读博士时，他独自完成了 BSD Unix 的大部分工作。今天的年轻人不再需要像我们当时那样为缺少计算机资源而发愁了，因此在掌握计算机专业技能上，他们理应远远超过我们。

缺少计算机资源使得一些同学总想尽早到实验室里为老师做点事情，这样就有机会使用计算机。班上成绩最好的两三个同学被系里重点培养，早早地送进了实验室，而有些成绩一般但很有编程天分的同学也说服了老师，开始为他们工作了。我既不属于前一种人，也不属于后一种人，

3　　著名的计算机科学家，图灵奖获得者，《计算机编程艺术》系列丛书的作者。

4　　著名的计算机科学家和投资人，太阳公司的创始人之一，完成了 BSD Unix 操作系统。

不过也希望能有机会做一点事情，顺便在计算机上实践一下所学的一些专业基础课内容。我找班主任说了自己的想法，过了半年，他帮我找了一个机会，这样我总算有机会得到更多机时，但是直到读完大学四年，并没有人指导我如何做科研。

读完大二，上个世纪 80 年代清华的生活让我感到着实颇为无趣（或许当时整个国家都是如此），不仅我这么想，身边的同学都这么想。在这个背景下，我毛遂自荐要竞选班长，然后带着大家玩。当然这并不像把同学们约好出去郊游那么简单，而是希望通过一些活动让大家发挥各自的特长和潜能。或许是因为大家觉得我能够做到这件事，所以经过两轮选举，我如愿以偿地被选上了。我在班上做的第一件事就是教大家打桥牌并组织桥牌比赛。一般人可能会觉得桥牌这东西在学习压力蛮大的清华计算机系（现在女生甚至懒得读这个系）不会有什么市场，其实刚好相反。事实上班上有一大半同学，包括个别女生都加入到打桥牌的行列，因为大家总要找一项舒缓压力的活动，而打桥牌可以利用碎片时间进行。比赛也不可能占用晚上或周末这种整块时间，而要在晚饭前，午饭后，或者熄灯前十来分钟的时间里开展，这样大家才不觉得是个负担。当然，这会带来一个技术难度，就是需要把每一副个别选手打完的牌封好存，让其他尚未打的人有时间时继续打。我找了几个热心的同学帮忙做这件事，这样我们就用了好几个星期断断续续地进行了一次班级的桥牌赛。

除了桥牌，对于学习之余还能做点什么，我和同学们也是挖空心思，找事情做。不过由于当时的视野就这么一点点，也想不出太多有意义的事情。很多年后回想起来，许多同学都感慨：要是当时能有人在学业和生活上给予更多指导，我们的大学生活会有意义得多，这是我对我的大学教育非常不满意的地方。当然学校对学生的培养有自己的安排，如果说学校不关心学生们的成长，那是昧着良心说瞎话，但是要说学校对我们的培养，或者更具体地说对我本人的培养有多么好，那也是夸张。并非学校不想做好，它一直在按照预先设定的方向培养我们，但这和学生们自己的想法其实有很大的差距。这或许是代沟造成的，或许是自上而下的计划体制造成的，或许是改革开放刚刚开始不久，大学还缺乏经验，总之，结果就是我觉得自己在大学过得不够精彩。尽管在其他同学看来，我的大学生活已经相当丰富多彩了。

我履行了半年的班长职责，就因为一场大病不得不辞去了这个职务。有一段时间，我得了一种顽疾，虽不致影响我的健康，我的生活却大受其苦，我每天都得去医院看病做治疗。这是我人生第一次遇到重大挫折，原本无忧无虑、自认为将来无所不能的我，变得忧心忡忡，甚至对生活失去了信心。很多课都必须请假，功课自然就落下了，读书之外的事情更是无暇顾及。因此，有一个学期我的成绩就不是很好。在此期间，并没有什么人真正关心过我，即使我的父母也无能为力。而真正让我走出阴影并且从此内心变得强大的，反而是两个 19 世纪的德国人 —— 贝多芬和尼采。贝多芬的音乐给了我力量，而尼采的超人思想（尽管未必正确）则让我体会到人需要超越世俗的自己，甚至要超越生命。半年过后，我成熟了很多，从此我很少为生活上的琐事烦恼，而且能够静下心来持之以恒地做好一件事。

2　清华的课程教育

上个世纪末清华大部分专业的课程以三年级做一个分界线，之前是基础课和专业基础课，最后有一年半的专业课和半年不上课的毕业设计。这种安排是参照过去原苏联的高等教育体系搞出来的，尤其是最后半年的毕业设计。因此，我在清华真正全面接受计算机专业的教育是从大三的第二学期开始的，在此之前接受的基本上是基础课的教育。

清华过去基础课教学的平均水平在当时远比邻校北大要差，原因很简单，自从 1952 年理工分校后，清华在很长的时间里没有像样的理科专业，而余下规模不大的理科院系（其实像数学系、物理系和化学系还是改革开放后恢复的），要承担的基础课教学规模却不小，任务之繁重可想而知。那些承担基础课教学的教授，每周要讲很多课，不可能有时间（和经费）做研究，这样是无法吸引最优秀的年轻学者进入这些院系的，这一点和北大等一直保留了理科院系的大学完全不同。80 年代的清华，正处在走出文革的影响，迈向现代化的大学转变期。教师的骨干队伍是文革之前培养的，十多年没有跟踪西方的科技发展，这些老师自身也处在更新知识结构的阶段。课程的设置很多还是按照文革前传统工科大学教育体系设计的，今天的学生要是看了当时的课表，就会惊讶于为什么课程体系的设置如此不合理。当然，这不是清华本身的问题，而是那个时代遗留的问题。事实上我在本科期间所学的这些课程的内容，四分之三一辈子都没有用上，余下后来需要用到的四分之一，在我大学毕业时也忘得差不多了，后来全都要重新补习一遍。另一方面，我后来继续深造以及工作中需要用到的很多基础知识（比如对计算机科学专业的学生最重要的计算机算法课程），大学时又没有教，好在到了研究生阶段有机会补救。今天，清华的基础课教育相比我读书时已经有了长足的进步，这和清华加强了国际合作有很大的关系，也得益于清华恢复了文理科各专业。应该讲，我在清华肯定比在其他大学的同龄人要幸运，这些年来和各个学校毕业的人交流，发现他们对大学的教育有着和我当时一样的困惑。

今天，我们通常认为学习基础课程（在一些大学本称为核心课程）的目的除了为一些专业课程打基础外，最重要的目的是培养基本素质，包括科学和人文素养。但是，当时的基础课教育完全是以灌输内容的方式讲授的，恐怕没有多少同学能够感受到学习了那些课程，自己的素养有提高。因此，大部分课程我们学得索然无味，而成绩基本上取决于一两次考试，迫使几乎所有人不是看书就是做题。如果真有同学对课程的内容进行了认真的思考，或者就某一个题目做了（课程以外的）深入的探讨，他在成绩上可能讨不到半点便宜，甚至会被认为是不务正业。这样一来，就不能激发他对某些内容的兴趣，也无法通过课程学习培养科学素养。

上个世纪 80 年代的清华，相比基础课，专业课的教学水平和今天的差距更大。基础课的内容好歹变化不会太大，教育的总体质量还是有保障的。但是专业课（包括专业基础课）就不同了，每门课的教学质量参差不齐，有的老师课讲得很好（这些老师的特点后面再说），大家也愿意去听课，但是有些老师的课讲得实在不敢恭维，很多人同学逃课，因为他们觉得上那些课纯粹是浪费时间。造成这个现象首先是历史的原因，当时中国计算机行业刚刚起步，不过 10 年左右的时间，各个大学都没有完整的计算机课程体系，很多大学在开设计算机课程时还没有教科书，甚至没有高质量的中文参考书，学生往往需要使用授课老师根据一些英文教材和讲课提纲编写的讲义，而这些讲义的质量就难以有保障了。当时很多老师是现学现教，即便讲过一两次，因为相应的科研没有跟上，对内容的理解也不是很深刻，讲得不太清晰也情有可原。另外，当时的专业课还沿袭了一些基础课的考量方法，比如在课程的成绩中，考试成绩的分数占比特别高，甚至占到了全部的比重，加上老师安排实验和课程设计的经验不足，大学里也没有多少计算机可供大家自由使用，很多人学完一门专业课之后，除了说得出一堆名词术语，并不具备实际动手能力，这和今天大学生们有条件在本科阶段做很多实际的项目完全不同。最后我想指出的一点是，清华过去培养的学生，虽然思维严谨，但是口头和书面表达能力普遍较弱，一些教授是"茶壶煮饺子"——甚至连自己懂的东西都讲不出来。因此，很多老师上课只是照本宣科，讲得索然无味。后来我有机会听了北大的一些老师授课，才发现他们的表达能力普遍比清华的好，讲课也比较风趣，学生听课的效果要好很多。再后来对比约翰·霍普金斯大学里老师的授课，以及我在线听的麻省理工学院等美国大学老师的授课，才明白即便是理工科的课程，也可以讲得很有趣。今天回想起来，80年代清华老师的讲课水平，可能和文革前缺乏读、写、说等博雅教育有关。因此，我多次建议，像清华这样中国最好的学校，把课讲好，把自己的学问用通俗易懂的话表达出来，应该作为教授的基本要求。

不过，清华还是有一些老师的专业课讲得不错，根据我的观察，这些老师可以分为两类，第一类是既在这个领域做过科研有很高的造诣，又善于深入浅出把复杂的问题讲得简单直白，比如讲授《计算机系统结构》的郑纬民教授，但这类人当时在清华并不多；第二类老师是某一门课讲了很多年，他们不断思考如何改进上课的效果，并且善于营造一个轻松的课堂环境，比如讲授《数字逻辑》的王尔乾教授，这一类老师是当时在清华的一批老教授，在清华传统的系里多一些，在新的科系和专业就较少遇到这样的老师。如今，在中国的大学里，第二类老师的数量依然非常有限，因为愿意给本科生上课的资深教授并不多。事实上，大学里有科研经验同时还能讲好课的老师的数量，决定了专业课教学质量的好坏。

在我读清华的时候，有大约四分之一的课程（包括少数专业课，很多人文学科和社会科学的课程）让人走神甚至犯困。到了高年级大家要考 TOEFL 和 GRE 时，不少同学甚至逃课。有时候我看到讲台上老师在辛辛苦苦地讲课，下面的学生是一双双木呆无光的眼睛，甚至很多人在开小差和睡觉，便为双方都感到悲哀。很多时候老师不得不通过点名写条子来强制学生听课，而学生却在想方设法逃课，对此我心中很不是滋味。在中国像清华这样的教育资源极为稀缺而宝贵，可就这样被双方浪费了。这种无趣的课听多了之后，我就在想，将来要是自己有机会上讲台，一定要把课讲得跟单口相声似的，让学生们每天来上课是一种享受，而不是负担。如果做不到这一点，或许这门课根本就没必要开设，或许应该换一个人来讲课。

3　课程之外的收获

到了高年级，和系里做科研的老师接触的机会就多了，这首先是通过上专业课开始的。好的专业课老师课后都会留下来和同学们交流。学习主动性强的学生，很容易和这些老师建立起良好的个人关系。王尔乾教授当时是计算机系的系主任，非常忙，但是他从不拒绝来找他的本科生，因此半年后我和他就成了很好的朋友，对于课程之外的很多事情，我都会找他咨询，他也不吝惜时间指导我，虽然我并没有跟着他做过研究，甚至不是他那个专业里的学生。通过与这些教授的交流，我觉得自己真的长大了，不再是一个学生，而是一个能够立足于社会的人。坦率地讲，在清华基础课上学的东西大部分已经忘记了，专业课上学的很多内容如今已过时，很多知识本身并没有什么用途，但是收获比较大的是有几位老师亦师亦友，愿意用心帮助我，让我对未来拥有足够的信心，并真正成长为一个能融入社会的人。这些老师，除了王尔乾教授，还包括郑纬民教授、张蓓楠博士和濮群老师。

清华虽然间接地承袭了洪堡的教育理念，但是当时本科生参与科研和做实际工作得到的训练还是相当有限的。我们用所学的知识第一次为社会真正做一点实际工作，是在大四的暑期实习阶段。那个年代的大环境与今天不同，现在社会上有大量公司招募各个层次的实习生，并已成为一种风气。而当时还是计划经济体制，大学生的实习只有一个暑期，而且一般是在和学校有合作关系的工厂里，学生并没有多少选择的余地。在我们之前，高年级的学长们都是去北京计算机二厂这样的工厂实习，而这些工厂其实没有能力组织大学生们做项目，因此实习就变成了体验工厂的生活，以便缩短工作后的适应期。不过，到了我大四那一年，学校引入了一些市场机制（虽然中国要在几年后才正式步入市场经济），就业和实习可以在一定范围内双向选择了。系里允诺，只要我们自己能找到合适的实习地点，并且费用不算太贵（那时的实习不仅不挣钱，而且还要自己出交通食宿费），那么是允许的，当然如果找不到合适的，就只好留在北京了。当时，能到外地旅游一次还是非常难得的，很多同学都希望能到外地去实习。不过，那时的大学生与人打交道的能力比较有限，因此大部分同学空有愿望而难以实现。我从上次大病一场后，明白了凡事求人不如求己的道理，于是开始想办法联系一些外地的工厂。系里还有两位老师帮助我们班联系外地实习，就是当时教研组的主任郑纬民老师，以及毕业没多久、担任我们班主任的张蓓楠老师。后来，所有实习的事情都是张蓓楠老师和我一起安排妥当的，这样我们班有一半同学得到了去宁波实习的机会。

在实习期间，我们第一次真正做了些有用的软件，用数据库为工厂开发了一套财务管理软件。当厂里的会计用它处理了一个月的财务数据后，厂方和我们这些学生都很高兴。通过这次实习，我们也很惊讶地发现，当时中国的计算机应用水平还很低，我们在学校里学的那一肚皮理论其实对工厂用处不大。对他们来讲，能用计算机管管账，最多做一点工业控制就够了，从事这种工作，一个从较弱的大学毕业、能写几行程序的学生，和一个在清华接受过五年严格训练的学生，其实差别不大。暑假实习之后我就在想，自己辛辛苦苦读了五年书，到底有什么用途？当时，我为自己找到的出路有两个，第一个出路是读研究生，将来在大学里当老师；再一个就是顺着当时刚刚开始的出国热潮留学国外。至于为什么要出国，我也不是很清楚。

在 20 世纪 80 年代以后，清华的第五年教育早已不像文革前那样，是大学教育的重要一环了。在文革前，中国基本上没有研究生教育，因此完成专才教育的那个"专"字，很重要的就是大学里的第五年。但是，在 80 年代和 90 年代，读研热和出国热开始了，而推荐研究生时学习成绩只看前四年的。在第五年，已被推荐读研究生的同学一般不会花太多时间读书；而未被推荐的，还可以在第五年的寒假考研，因此他们更不会认真上课了，而是想方设法地逃课去准备考研的功课。对于要出国的，这第五年正好是准备英语考试和申请材料的时间。工科大学的第五年原本是德国和原苏联为了培养专才而设立的特殊阶段，但是文革后在清华和其他工科院校，这一年就成了鸡肋，最后，中国各个工科大学把学制都改为四年，便也在情理之中。

介绍了清华当时五年级的情况，读者可能已经能想象出我们的第五年是如何度过的了。首先大家不管是否打算出国，都要申请一下推荐研究生，毕竟没有人希望在一棵树上吊死。一般像清华或北大毕业生选择读研究生的优先级是这样的：第一是选本校；第二是去对面的学校，即清华的去北大，或者反过来；第三才是去科学院；第四是去各部委的研究所。当然，如果本校推荐不上，就要做一个选择，即是在上述的优先级队列中顺延，还是考本校的研究生，后者当然有一定的风险。我毕业的那一年，中国个别大学搞了一次短暂的改革，就是让一半推荐到本校上研究生的同学先保留学籍离校工作两年，等有了些实际工作经验后再回来读书。这么做的初衷应该是好的，就如同今天各个商学院招收 MBA 的学员都需要有一定的工作经验一样。不过，在当时具体到工科的专业，这样做的结果谁也无法预测，只有很少人愿意保留学籍。由于这种改革实则是将能立即在本校读研究生的人数减少了一半，因此竞争反而更激烈了。在中国的大学里，解决僧多粥少的矛盾，基本上只能靠学习成绩排队。这时，任何的通才教育、素质的培养在学习成绩面前都变得一文不值。

我们那个年级有 150 人，推荐本校研究生的名额有 40 个左右，减去一半必须先工作两年的，以及少量必须留给政治辅导员的，还剩不到 20 个。如果真在全年级按成绩排，我倒也能排上，不过全年级成绩排前两名的同学都在我这个专业，占掉了我所在的那个教研组当年全部的名额，于是我只好先去工作两年了。当时一赌气，心想反正要先工作两年，保留学籍到哪个系读书都一样，干脆不在计算机系读了，于是自己联系了无线电系（就是后来的电子工程系）。经过一次面试，无线电系就接收我。不过，塞翁失马焉知非福，事后证明我很随意地跳到了无线电系的决定非常正确。当然，我这一辈子后来遇到的这样的"狗屎运"将会越来越多。

推荐研究生的结果在五年级一开始就知道了，接下来就不必为此操心了，于是我开始盘算着出国，之前从来没有这种思想准备，因此要从准备英语考试开始。我从来都不具备语言的天赋，考 TOEFL 和 GRE 对大部分清华学生来讲是小菜一碟，对我却非常困难，好在我还算是有耐心，做事情还能持之以恒，今天做不成的事情明天做，对此并不着急，一点点准备。反正我接下来有两年的时间联系出国。或许是因为不像很多同学那样有马上必须出国的压力，我学习英语进展缓慢，而且那一年每到周末都要去旁边的北大玩耍。多年后回想起来，年轻人在读书之余，似乎也应该尽情地玩耍。事实上我一直认为和朋友们适当地玩，也是上大学的目的之一。

时间过得很快，转眼到了五年级最后一学期，我们进入到实验室做毕业设计，我接受的任务是写编译器。经过暑期实习，我体会到实际工作能力的重要性。本来倒是真想在毕业之前进一步提升做大项目的能力，但是刚做了两个月，大家就忙别的去了。虽然毕业设计还在断断续续地进行，可是谁也不再把它当回事了。很快到了七月，我们就纷纷毕业了。这样一来，我在学校参加科研的时间加起来其实也不多。

回想起来，在整个五年的大学生活中，学习的内容有时感觉和没有学差不多，基础课忘得差不多了，专业课一半不知道怎么用，另一半则根本没有用。做科研的机会也不多。五年下来我甚至根本不清楚自己对计算机科学中的哪一部分感兴趣。如此说来，算是很失败，但即便如此，我比大部分同学肯定还是好些。所以，我想说的是，如果一个年轻人读完大学本科，有我这样的困惑和遗憾，这不是你的问题，这或许就是一个成长的过程。王国维在《人间词话》中引用宋人的三句词描绘治学的三个境界。第一句来自晏殊的《蝶恋花》："昨夜西风凋碧树，独上高楼，望尽天涯路。"在成长的过程中，也有这样一个迷茫的阶段，而年轻人真正能做的，不是碰运气找到一条光明大道，而是尽可能地尝试各种可能性。

如果说在大学阶段有什么收获，在我看来，首先是有机会和很多非常优秀的老师同学在一起。一个好大学，具体到某一门课，未必能比其他的大学讲得更好，它的硬件条件也未必比得上那些用钱堆起来的学校，但是它的学生和老师则是其他大学找不到的。其次，我按照自己的方式在成长，这种方式和学校对我们的期望相差甚远，因此在大学阶段我很少获得什么荣誉，但是，这是我喜欢的方式。后来的经历证明，我这个人胸无大志，反而对周围的事情，比如一条街的路是否铺得平整，搭我车的朋友有没有系安全带，远比对什么伟大的理想更为关注。我会热心组织一个个活动，但是懒于在一个组织严谨的机构里管理自己的上级和下级。

值得庆幸的是，经过五年的大学生活，我逐步了解了我自己。又因为经历了一场大病，这逼着我学会了用比别人少很多的时间捡重要的内容学习，也使得我后来能够有较广的知识面。到了大四，我把清华仅有的一些艺术课程（给建筑系开的）都给学了，这让我一生受益匪浅。在当时，我还不知道有纽曼式的教育理念，而在清华这种按照洪堡体制办起来的大学里，出了我这样一个人，可谓是另类。这只能说明，年轻人有一种模仿和学习他人的本能，若能善加引导，那么他们就能很好地成长。

第二节　衣带渐宽终不悔，为伊消得人憔悴

1　走出象牙塔

接下来，工作的两年在我的经历中是个异数。1989 年秋天，我被分配到前机械电子工业部（后来又分出来成立了前电子工业部）下属的一家国有企业工作。虽然这个单位挂着公司的名，管理则完全像一个机关。公司的性质是搞计算机的研发，但是我做的工作比在宁波实习还没有技术含量，说得好听点是汉化软件，说得不好听就是盗版。这样一来，我在大学五年里学得的知识根本派不上用场。于是，半年后我就调到销售部门去跑业务了，这是我一生唯一的一段销售经历。几个月下来，我的生意就做得有声有色了。等到两年工作期满的时候，我就变得比较富有了（按照当时的收入标准），而且手头有一大把客户。如果我继续做下去，现在也许是个颇为成功的商人。这条路或许真的不错，不过这样一来，就更说明我在清华学的是什么专业一点也不重要，重要的只是在那里待过五年。

在工作的两年里，有一件事我一直在坚持，就是准备 TOEFL 和 GRE 的考试，这时我的 TOEFL 已经能够考得比较好了，但是在当时的政策下，我并不具备出国留学的资格，因为我们家没有侨眷。工作两年后，我需要决定是否回清华读研究生了。这时不知道是哪件事触动了我的神经，让我下决心回到清华读书，当时我生意场上的朋友还为我惋惜。

2 艰难的"改行"

接下来的两年研究生学习，才是我搞研究真正的起点，不过在做科研之前，我自己先要克服一个困难。

当时在清华，像我这样从一个系转到另一个系的人非常少。虽然在很多人看来计算机科学和电子工程之间的差异不是很大，而且在美国很多的大学里这两个专业被放在一个系（被称为 EECS），但是在 20 世纪 80 年代的清华，哪怕是跨过这两个看似颇为接近的专业，难度还是不小的。主要原因是当时清华的学生跨系选课的情况比较少，因此我需要在半年左右的时间内补上电子工程系本科的课程内容，其中的辛苦可想而知。不过，如果有衣带渐宽终不悔的思想准备，也并非做不到。从此，我发现跨专业并非什么不得了的难事。这也是我后来不断鼓励年轻人读两个或更多个学位的原因。

到了研究生阶段的第二学期，我自觉可以做课题了，于是就去找我的导师王作英教授，希望读一点文献，开始接触课题内容。这时，好的教授和平庸的教授的水平就体现出来了。王老师一下子给了我几十篇论文，从 70 年代一直到 90 年代的都有，全都是语音识别研究的背景介绍，他也不急于要我做什么，就让我读读这些文献。我先读简单的，再读难的，花了一个月时间读完了，然后又回去找他，这一次王老师又把他和同事们发表的文章拿给我读，让我对课题组之前的工作有所了解。一个月后我又读完了，再去找他，这时他才让我考虑自己想做什么。在整个研究生阶段，王老师没有限制我做什么，因此我得以开动脑筋思考关于课题的问题。相比电子工程系的学生，我对计算机比较熟悉，于是选择了做自然语言处理和机器学习方面的课题。这与过去学电子工程的人偏重于信号处理不同，采用的也完全是和过去互补的方法，效果很好。大约做到第三学期我就达到了课题的要求，第四学期除了写论文外，还拿出了大部分时间协助课题组与外面的公司合作。

应该说我在研究生阶段非常顺利，甚至顺利得超乎自己的想象，而且我还得到了几乎所有能够得到的荣誉，与本科阶段完全是天壤之别。至于为什么会有这么大的差别，可能有三个原因。首先是两年的工作经验让我变得"圆滑"了，或者用纽曼的话讲，就是有了足够多的"关于世界的知识"，这些从来没有写在书本上，但是每一个年轻人都必须要学习[5]。其次，王作英教授真的是一个难得的好老师，他自己是在原苏联接受的非常严格的教育，在清华数学基础比他更好的老师还不多，他对我的指导起了很关键的作用。再有一点就是我跨两个专业的学习经验，或者说相对具备通才教育的背景，使得我的视野比当时同年龄的研究生要开阔一些。从我在清华和后来在约翰·霍普金斯大学两次当研究生的经历来看，我认为在做研究的阶段，好的导师比好的学校更重要。

我在清华读研究生的阶段，最大的幸运就是找到了我一生在技术研究上的立足点，然后我就进入了王国维所说的第二个阶段，即柳永《凤栖梧》里的"衣带渐宽终不悔，为伊消得人憔悴。"

5　我在《金融时报》的专稿"人生没有无用的经历"一文中讲述了这两年的工作的经历和感悟：http://www.ftchinese.com/story/001070931?dailypop

第三节　众里寻他千百度，蓦然回首，那人却在灯火阑珊处

自此，我接下来的道路就很顺利了。90 年代中期，中国的大学正面临教师青黄不接的问题，文革前毕业的教师快退休了，文革后入学的大学生还没有太多人进入学术界，当时在大学里寻找一个教职很容易，我也就顺势留在清华当老师了，一干就是三年。那时候我白天做研究，晚上读论文，写论文，在清华的三年里发表了不少高质量的论文，并且作为负责人拿到了一个经费不少的项目，同时还和同事一起拿到了 863 计划中关于语音识别的课题里最大的项目。按照当时清华对年轻人提拔副教授的要求（经费数量，论文数量等），如果我不出国，最后一年就应该当副教授了。有一段时间，我甚至一度动摇了出国的想法。不过，在一次参加国际学术会议后，我发现与麻省理工或剑桥大学的学者相比，自己还是有不少差距，国外对我们的研究成果感兴趣的同行并不多。继续在清华做下去，或许这一辈子都成不了世界一流研究人才，于是我又重拾出国深造的想法。

1　追求新的人生目标

我和约翰·霍普金斯大学的缘分纯属偶然。1995 年，当我再次决定到美国留学深造时，我的目的和几年前已经完全不同了，和当时大部分想出国的学生为了出国而出国也完全不同。我这时的目标非常明确，就是要在语音识别和自然语言处理领域读一个高水平的博士，然后成为这个领域的世界级专家。在这个前提下，我挑选学校的标准也不再是能给我全额奖学金的美国大学，而是要进入一个名气和整体学术水平，尤其是导师的名气和影响力都很高的实验室。在我跨入语音识别这个大门时，读的最多的是 IBM、卡内基－梅隆大学和贝尔试验室的论文，很

自然地我希望到那些实验室去。在我"耳熟"的几个科学家中，有拉宾纳（Larry Rabinar）、贾里尼克（Fred Jelinek）和李开复等人，他们都在工业界，只有李开复的导师瑞迪（Raj Reddy）在卡耐基–梅隆大学里，最初卡内基–梅隆大学是我几乎唯一的最佳选择。但就在这时，麻省理工学院的教授舒维都（Victor Zue）给我提供了另一个选择的可能性。

舒维都教授也是语音识别领域的大师，但是他的研究方法另辟蹊径，与主流完全不同。他在国际上负有盛名，而且是华裔，因此中国政府请他来讲学和考察，他参观和交流的一站就是清华大学，而我刚好参加了他的接待工作。在和舒维都教授交谈时，我得知贾里尼克在离开 IBM 之后，到约翰·霍普金斯大学做教授了，并且成立了一个研究中心——语言和语音处理中心（Center for Language and Speech Processing，简称 CLSP），于是约翰·霍普金斯大学变成了我的另一个最佳选择。

我当时给贾里尼克和瑞迪同时写了电子邮件（我是中国第一批互联网用户），贾里尼克回了邮件，并且让组里另一位年轻的教授布莱尔（Eric Brill）和我保持联系，而瑞迪始终没有搭理我（后来我才知道他在担任计算机学院院长后，其实在学术上已经不很活跃了，而这些信息当时在中国根本无法得知）。后来结果也和预想的一样，我被约翰·霍普金斯大学录取，并且拿到了丰厚的奖学金（在当时看来），而卡内基–梅隆大学除了给我一封客气而冰冷的拒绝信后，便和我一生没有交集了。我至今还记得当时收到约翰·霍普金斯大学录取通知书的情景。那是在1996 年春节过后，一天早上，我照例通过调制解调器登录到高能物理所的互联网服务器上，用 ppp 软件下载这天收到的全部电子邮件，其中有一封是来自约翰·霍普金斯大学的，该校计算机系负责教学的副系主任史密斯教授通知我已被该系录取，并且给了我全额奖学金。我欣喜了几分钟后就平静了下来，我把这个消息告诉了还没有去上班的父母，他们的心情颇为复杂，一方面为我高兴，另一方面也有些伤感。然后我到妻子的教研组告诉她这个消息，她则是满心的欢喜，虽然她自己对未来要在一个完全陌生的国度生活毫无思想准备。不久之后，布莱尔教授也发了邮件祝贺我并且希望我接受录取和奖学金包（通常叫做 Offer），而我此后的几个 Offer 并没有比这个更合适的了，因此便做了一个并不艰难的选择。

在约翰·霍普金斯大学，我又回到了计算机专业，在清华学的那些计算机课程也忘得差不多了，加上当时霍普金斯并不承认我在清华读硕士学位时上的课程，我不得不再重新学一些课程。霍普金斯的选课非常自由，除了学习一些新的计算机课程，我还修了不少数学课，这使我后来做研究有了更好的数学基础。

图 3.2　1996 年秋天，我刚到约翰·霍普金斯大学

在美国比较好的大学，研究生的课程负担远比中国同类大学的课程重得

多。为了让学生能掌握课程的内容并且学会应用这些知识，大部分专业课都有很重的课程项目和实验，而且经过精心设计，与课程结合得非常好。有些课程，比如计算机操作系统，所有项目加起来的工作量足足顶得上清华的一个本科毕业设计，这门课学下来，基本上就完成了一个简单的计算机操作系统。在约翰·霍普金斯（以及很多美国的大学），考试只占到课程最后成绩的一部分，甚至只是一小部分，一些课程连考试也没有，很多课程的成绩很大程度上取决于作业和项目。而学生要想获得好成绩，就必须努力把作业和项目做好，这样也更能学到真本领。这样的考核方式对我来说非常好，因为我从来都不善于在考试时临场发挥，平时把作业和项目做好则不成问题。我在霍普金斯的成绩是全 A（包括一个 A-，一半的 A 和一半的 A+），同时也是系里那两年成绩最好的博士生。如果在清华也是这么考核，我年级排名一定会更好些。

当然，到约翰·霍普金斯的主要目的不是为了学习课程，而是做科研。所以到了第二学期，我就忙着找布莱尔教授做科研了。第一个题目进展非常顺利，半年后我们就做出了当时世界上最好的词性标注系统并且发表了论文。和清华不同，在约翰·霍普金斯做研究、做实验要细致得多，另外在美国很容易获得其他实验室的数据甚至是程序，对我们重现并比较同行们的结果，帮助很大。

接下来我也要开始考虑暑假实习的事情了，对于 CLSP 每个博士生的实习一事，贾里尼克教授都出力很多。当时美国各大公司与语音识别有关的研究中心的负责人，要么是他过去的部下，要么是他的朋友，因此他的推荐非常管用，我很快就拿了几个 Offer（CLSP 的其他学生也都找到了暑期实习的机会），最后选定了 AT&T 的实验室（当时它和贝尔实验室已经分家了）。

第三章　我的大学之路

89

在约翰·霍普金斯大学计算机系，要获得博士生资格，需要跟两个教授各做一个项目，并且写出论文。到了第二年的第一学期，我就跟着贾里尼克教授和库旦普博士开始做第二个项目——最大熵语言模型。这个项目比较难，我花了半个学期才搞清楚其中的原理，并且模拟出同行们之前做出的结果。到了学期末，才勉强做出点新东西，而结果并不是很理想，这一方面是这个方向确实比较难，另一方面在于我发现自己的数学基础还不够好，于是又补了一些数学课，这也奠定了我后来工作中的数学底子。

贾里尼克教授一直很忙，一学期难得指导我几次，他能做的就是把握大方向，具体指导我的是库旦普博士，他当时还不是正式的教授，因此我名义上还得挂在其他教授下面。库旦普博士在我入门期间花了大量心血。除了频繁的讨论，他还训练了我的演讲和写作能力。当时我们这个项目组有四个博士生，以及四个指导教授，博士生们在每周的例会上要轮流报告自己的工作，这样每四周我要讲一次。虽然我在中国人里面演讲能力还算好，但是跟会做报告的美国人相比，简直一个是地下，一个是天上，再加上我当时还有语言障碍，如果按照自己的方式准备报告，效果肯定不会太好。库旦普博士不厌其烦地帮我一遍又一遍地修改演讲稿，有时改得面目全非，让人觉得他太苛刻了，但是和他做的胶片一对比，就会发现我依然有很大的差距。那时大家用的是真正的胶片，而不是今天的 PPT，需要用 Latex 编辑打印出来，然后再复印到胶片上，每一次光是折腾胶片就要花很多时间。而库旦普常常还要花七八个小时甚至更多的时间听我预讲，在这个过程中，他告诉我每一个细节需要注意的地方，甚至关注每一张 PPT 的语速、音量。就这样，在接下来的两年多时间里，我每个月做一次报告，终于练就了比较过硬的演讲能力。今天，我能成为一个还算是有趣的演讲者，库旦普博士功不可没。

跟贾里尼克和库旦普做的项目，前前后后一直做了八九个月才完成，这时我才算是获得了博士生资格，不过我依然是计算机系这个年级第一个获得博士生资格的学生。这个项目的部分工作，成为我在美国发表的第二篇论文的内容，那篇论文在 1999 年的 ICASSP 会议上引起了轰动，我也一下子步入了世界一流研究人员的行列。从那之后，我和库旦普每发表一篇论文，都会在语音识别界引起关注。

2　世界一流是怎样炼成的

约翰·霍普金斯大学开始语音识别和自然语言处理研究的历史其实并不长，是从 20 世纪 90 年代初贾里尼克来到这里之后才开始的，远不如卡耐基 – 梅隆大学、剑桥大学和麻省理工学院在这方面的历史悠久，却在不到 10 年的时间里成为该领域全球最有影响力的大学。这一方面是靠贾里尼克的名气，他在申请经费以及网罗人才方面能力超群，另一方面则是采用了一种非常开放的方式 —— 与全世界该领域的英才合作（而不是竞争）。这里我只讲两件事，通过这两件事，大家就可以看到一个世界一流的学科（专业）是怎样建成的。

CLSP 几乎每星期都会请一个世界一流的科学家或者这几年涌现出的新星来做学术报告，这首先给了教授和学生们学习的机会，同时 CLSP 和全世界这个领域的学者们建立起良好的关系。其次，这么做也有助于 CLSP 从政府和军方获得研究经费。约翰·霍普金斯所在的巴尔的摩距离华盛顿特区很近，每次都有一些主管科技的政府和军方官员来大学听报告，一来二去，不仅关系熟了，而且这些官员对 CLSP 的研究工作有了非常清晰的了解。CLSP 成立至今已经 20 多年了，从未为经费发愁过，这在美国大学中算是一个奇迹。

CLSP 做的第二件事就是举办夏季研讨会（Summer Workshop），这个研讨会并不是像一般学术会议那样大家坐在一起交流交流，而是大家在一起工作的半封闭开发活动[6]，时间持续六周。CLSP 夏季研讨会面向全世界的学者开放，任何人都可以提出建议，表明自己希望做什么课题，CLSP 收集到议题后便开始预审，对于通过预审的课题，课题建议者会被邀请参加终审答辩会。为了方便政府官员参加，会议一般选在华盛顿特区附近进行，因此 CLSP 要为每一个从外地来的参会者出差旅费。每年一般会有三个课题获得经费支持，相近的课题可能会被合并到那些入选的课题中。提出课题的专家自然就成了未来研究小组的负责人，他需要组织一个 8—10 人的团队，包括两三名教授或者研究所的资深研究员，两三名资历较浅的研究人员（比如博士后）以及三四名学生。这样，每年夏天都会有来自全球的一流科学家到 CLSP 工作，这对约翰·霍普金斯的教授和学生来讲，都是一个很好的学习和交流的机会。CLSP 要求夏季研讨会的参与者所带来的技术都必须和所有参与者共享，当然他们在夏季研讨会上做出来的成果也可以免费地拿回去使用。由于工作的目标非常明确，参与者都是严格挑选的，再加上是半封闭开发，因此每次夏季研讨会结束，都会有不少成果，并会发表相应的论文。

夏季研讨会不仅给参与者带来非常大的收获，也给我们这样的博士生带来巨大的非物质利益。在约翰·霍普金斯学习几年后，我认识了全世界语音识别和自然语言处理领域绝大多数著名的专家学者，这对我后来发表论文、做学术交流和找工作都带来了莫大的帮助。后来每次参加学术会议，就成了和老朋友的聚会。攻读博士期间，我受大公司和研究所邀请，做了六七次学术报告，平均每学期都有一两次，很多公司和研究所都在跟踪我的论文工作进展，看看我什么时候可以毕业，并希望我毕业后去那里工作，这些收获是一个一流大学的二流实验室所无法提供的。

大学之路　第二版　上册　——

6　学生需要提前两周开始额外的专业训练。

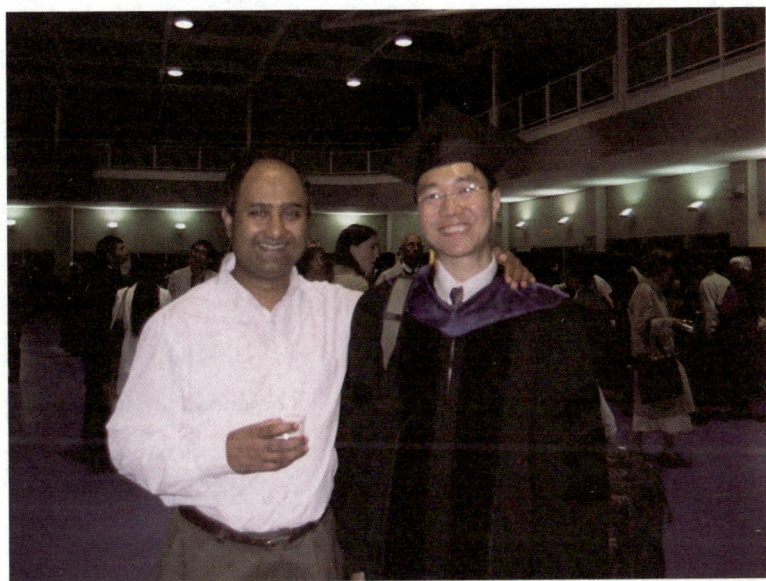

图 3.3　我和库旦普教授

在美国，读博士最重要的是选对导师和实验室，而不是徒有虚名的大学。导师和实验室对一个博士毕业生的帮助甚至是一辈子的，即使我后来工作了，遇到的同事和合作伙伴，很多都多多少少和 CLSP 有一点关系，比如听过一个那里的讲座，或者曾经在那里工作过一个暑假，大家彼此默认为是一个圈子里的人。在 Google，CLSP 以前的教授、学生和合作者的圈子影响力非常大，他们主导着 Google 在语音技术以及自然语言处理技术方面的多项研究和产品，并且左右着 Google 的一些技术方向。类似地，在微软，卡耐基－梅隆大学的势力就非常大。在学术界，这种小圈子的影响力更大，比如在理论物理领域，一大批诺贝尔奖获得者都是波尔、波恩、卢瑟福和费米等人的学生或者出自以他们为核心的小圈子。在数学领域，微分几何的很多大师都出自陈省身先生门下。这也是我一直强调读博士必须找自己所在领域最好的教授的原因。

3　从巅峰到谷底

得益于约翰·霍普金斯优越的软硬件条件，以及库旦普博士非常细致的指导，从 1998 年到 2000 年，我不断发表论文，研究成果显著，并且获得了欧洲语音大会（Eurospeech）的最佳论文奖。贾里尼克高兴得到处和人讲这件事，还拿我的例子去吸引那些已被录取但是还在犹豫是否来霍普金斯的学生们，作为在 CLSP 能学有所成的标志，学校的校报和行业杂志也开始报道我的成就。坦率地讲，我那时真有点飘飘然。2000年夏天，也是美国经济最好的时期，找工作非常容易，各大公司都争先恐后出钱请我去做讲座，带我参观他们的实验室，并且希望我尽快毕业去他们那里工作。从研究成果来讲，我当时已经完全达到了博士毕业的要求。如果是在硅谷地区，我甚至可能就会和教授打一个招呼，然后先去一家公司或研究所工作，回头再来答辩，并把论文定稿后上交给学校。不过在当时的约翰·霍普金斯，我要想顺利毕业，得迈过两个坎儿。首先我的一些师兄师姐们还没有离开实验室，因此教授们并不情愿放我走。（等我毕业后和一些教授聊起美国大学的一些黑幕也才了解到，大部分教授并不愿意让那些能够出论文的博士生较早地离开。）第二个障碍是我还没有通过霍普金斯所谓的 GBO 考试。

GBO 的全称是 Graduate Board Oral Exam，即毕业委员会口试。每一个博士候选人都会有一个自己挑选的由至少五名教授组成的委员会，审核自己博士工作最后阶段的成果，确定是否够资格拿学位。这个委员会最大的特点是一半以上的成员必须从外系找。在 GBO 口试中，博士候选人会介绍自己已完成或准备做的论文工作，委员会的教授们会就论文工作，或者毫不相干的问题提问。这个考试的目的是为了检验学生的知识面。通常，外系的教授很难了解博士候选人的工作，因此会问他们自己研究领域的内容。为了了解这些教授的工作，一般学生们不得不去听他们所开设的专业课，这实际上是在强制博士生要有广博的知识。约翰·霍普金斯的博士生们常常到入学三年之后还在上课，就是这个原因，这也是我上了一堆数学课的原因之一。

我的毕业委员会成员有这样几位教授：在计算机系方面包括 CLSP 里的雅让斯基教授和系主任梅森（G Masson）教授，数学系主任山纳曼（Ed Scheinerman）教授和高德曼（Alan Goldman）教授，以及电机和计算机工程系的贾里尼克教授（他虽然是计算机系的兼职教授，但工资是从电机和计算机工程系出，因此可以算外系教授），遗憾的是直接指导我论文工作的库旦普博士当时并非担任霍普金斯终身教职的教授，还没有资格进入这个委员会。按照惯例，委员会的主席由最资深的教授担任，虽然贾里尼克教授名气很大，但是解决过图论中的中国邮包问题并且在运筹学中以其名字命名过一个定理的高德曼教授的资历更深，因此他担任了我的毕业委员会的主席。我做了大约半年的准备就去参加考试了，也许我在获奖后实在有点飘飘然，也许是我的运气不好，总之这次考试我没有通过，委员会让我过一阵再来。虽然我知道在霍普金斯有三分之一的人第一次通过不了 GBO 考试，可在当时我还是觉得非常委屈，因为很多通过的人做的工作不如我好，水平更不如我高。我找到库旦普和雅让斯基，看看能怎么办，他们除了安慰我接受这个现实，给我一些在场教授们的反馈意见，也并不能改变这个结果。这样一来，我在2000 年底前毕业并且打破 CLSP 最快毕业速度的希望就破灭了。

接下来的几天里我基本上没有做事情。回想起我一辈子求学遇到的三次大的挫折，第一次是 1989 年本科毕业时推荐研究生；第二次是接下来的出国，一直拖了很多年；现在是第三次。或许因为这些不顺利，使得我读书的时间特别长，但或许也是因为读书的时间已经很长了，我才能静下心来追求做学问的质量。几天后我找到库旦普教授，商量怎样才能把研究工作做得更上一层楼，以便通过下一次 GBO 考试。商量之后，我决定尝试解决掉当时困扰整个自然语言处理和机器学习领域的最大熵模型算法速度问题。于是，我开始了我这一生中唯一一次只靠纸和笔工作的经历。那段时间里，我一天到晚都在推导公式，直到有一天我发现自己似乎找到了两种最大熵模型的快速训练算法，可以比当时的经典算法快上千倍。我在反复确认没有错误后，兴奋地把这个消息告诉库旦普博士。那天我在他办公室的白板上一步一步地推导自己的算法，先推出两个引理，然后推出两个定理，最后利用这两个定理推导出快速算法，整个数学过程非常完美。当时数码相机并不普及，库旦普不断地用白板上的扫描仪记录着我的推导步骤，足足扫描出七八页纸。等我推导完，他说，"我没有看出破绽，但是这太好了，以至于难以置信（Too good to be true）。"他说："让我回去核对一下"。几天后，他告诉我，整个推导的过程是完美的，我成功了！在那一刻，我才感受到王国维所说的治学的第三个境界，也就是辛弃疾在《青玉案》里写的："众里寻他千百度，蓦然回首，那人却在灯火阑珊处。"

库旦普马上把这个消息告诉了贾里尼克教授，后者对我说，看来我们把你留下来还是有成果的。我的第二次 GBO 考试非常顺利地通过了，而在此前不久库旦普也终于成为霍普金斯正式的教授，并且在我答辩前几个月成为我正式的论文导师。

虽然我也为自己的研究成果而高兴，但是这样就耽搁了半年毕业时间。转眼到了 2001 年，美国就业市场因为互联网泡沫的崩溃而冻结了。原本希望聘用我的各大公司的研究所，不仅不再招人，有些甚至还在裁员。在短期内，大部分研究所只能提供两年左右的博士后工作。提到博士后，中国很多读者可能存在误解，以为它是博士之后的又一个学历，甚至像腾讯这样的公司在招聘申请表的学历一栏还有博士后这个选项。

事实上，美国（和世界各国）的博士后并非一种学历，而是为了让还没有找到正式工作的博士，有一个地方继续做研究的临时性职位。在一些领域，尤其是基础学科（比如数理化和生物）领域，因为工作机会少，大部分博士在毕业后需要再做几年研究，发表足够多的论文，才能找到教职或者进入研究机构任职。应用学科的博士毕业后一般不做博士后，但是在就业形势不好时，一些公司既想招人做事情，又被人事部门冻结了人事指标，也会以博士后的方式将一些博士先招进来，等就业形势好了再转正。对于这些公司，博士后是一个人才池子。尽管各家公司都向我表示他们那里博士后的待遇和正式员工没有太大差别，而且等一两年经济形势好了就可以转正，因为美国经济的涨跌总是呈周期性的，但是我总觉得这个职位既不好听，也不正式，当然不愿意接受。于是我就和库旦普商量不如在学校里再多呆一年，他当然非常高兴，而我正好利用这一年时间不紧不慢地实现了自己的快速算法，这样一来，我的论文就变得非常漂亮了。

4　塞翁失马，焉知非福

很快到了 2002 年年初，我还有半年就要毕业了，于是我又重新开始找工作。这一次我在行业里建立的人脉起了作用，我的朋友、AT&T 香农实验室的总监戈登（Alen Gordon）博士在 AT&T 人员招聘刚刚有了一个小缺口时，就马上找到香农实验室的主任（也是 AT&T 主管研究的副总裁）拉宾纳博士，开始帮我安排一个职务。拉宾纳博士是我见过的最博闻强记的人，虽然我只是在几年前在 AT&T 做实习生时和他有过点头之交，但是他居然记得我。不过，虽然有拉宾纳博士的帮助，当时 AT&T 在招人上还是非常谨慎，因此流程非常慢。在等待 AT&T 的 Offer 时，我闲着无事可做，到网上查点东西，无意间发现 Google 居然还在招人，虽然我做的事情和他们的业务不太相关，但是我毕竟在读博士以及在 AT&T 实习时做过一些搜索，于是我主动联系他们并且通过一个并不很熟的朋友在里面推荐了一下，Google 居然马上联系了我，并在两周内完成了整个招聘过程，给了我一个还算满意的薪酬包。因为当时 IBM 和 AT&T 已经拖了我很长时间，我怕夜长梦多，何况二鸟在林不如一鸟在手，当即就答应了 Google。一个星期后，AT&T 的 Offer 也下来了。

图 3.4　2003 年毕业典礼前和梅森教授（左二），工学院院长威士尼亚克教授（右二）和雅让斯基教授（右一）

Google 当时规模还很小，我的老师和同学们都很惊讶我会接受 Google 的 Offer，因为 CLSP 在我之前的博士毕业生全部去了著名的研究所做研究或者到大学做教授去了，而我原本是他们看好的这个领域做研究的新星，现在却要去一个小公司做产品了。库旦普博士甚至和我讲，反正你现在也有了其他的 Offer，或许 IBM 很快也要给你 Offer 了，在你去

Google 之前，是否也考虑一下各大研究所的 Offer，毕竟 Google 方面还是可以反悔的。不过我一来觉得既然答应了就不要反悔了，二来对这家小公司也非常好奇，觉得年轻时还是可以赌一次，便义无反顾地加入了 Google。后面的事情，了解我的读者就都知道了。

结束语

回顾我的教育历程，首先大家会发现这个时间特别长，而且中间多次被打断。从 1984 年进入清华，到 2002 年进入 Google，前后经历了 18 年，这比那些一口气就把书读完，二十五六岁甚至更年轻就读博士毕业的人不知慢了多少。第二，我读的专业其实也很杂，先是学计算机，然后花了很大的精力转到电子工程，之后不仅再转回到计算机，而且所做的工作一半是数学（库旦普本人是学数学的）。第三，我读书的经历非常不顺利。因为在清华考试成绩略微差了点，不得不先工作两年才能回校读研究生；因为 1989 年后的一段时间里出国要有侨眷证明，不得不等到 1994 年后才考虑出国；读博士时，因为我的第一次 GBO 考试没有通过，不得不多读了一年半时间，以至于错过了找工作的最佳时机。

但是另一方面，如果从积极的角度看待上面这些经历，或许可以得到不同的结论。首先，大部分人在离开学校后就不再花主要精力读书了，而我前前后后拖了 18 年，养成了一辈子学习的习惯，并且得以在技术发展非常快的今天一直保持不落伍。第二，正是这么复杂的读书经历，才使得我最终受到了纽曼所推崇的通才教育和素质教育，也得到了洪堡式的、非常精深的专才教育。在漫长的学习过程中，我所学到的关于社会的知识，所谓的大行之道，比许多较我年轻的人要多得多。同时，在成长为社会人方面，在读书的同时建立各种人脉上，我都比大多数同等学历的人要做得好得多。第三，我的每一次坏运气后来似乎都变成了好运气。正是因为我没有能在清华计算机系直接读研究生，赌气之下去了无线电系，也就是电子工程系，我才找到了喜欢的研究领域；正是因为 1989 年后我没有资格出国，才没有像清华前后一两届的很多校友那样在美国找一个二流大学、二流专业读书，而是在我积累了足够多的研究经验后才能进入约翰·霍普金斯的 CLSP；正是因为第一次 GBO 考试的失利，我才有机会发明了一种机器学习的算法，这个算法被使用至今；正是因为互联网泡沫的破碎，经济危机的到来，我才没有去那些老牌实验室，而有机会到了 Google。事实上，在进入 Google 后不久，我很多在 IBM、AT&T、施乐和微软工作的朋友及过去的同学也陆陆续续转到 Google，这个趋势一直持续至今。

世界上接受高等教育比我好，后来比我成功的人多如牛毛，数不胜数。不过我的这个漫长而不简单的教育经历还是能给年轻人和教育工作者一些启发。首先，教育是一辈子的事情，我们不必担心输在起跑线上，因为世界上大部分人跑到一半就不会再跑了，这就给了我这样的长跑者以机会。和我一同进入约翰·霍普金斯计算机系的博士生有 15 人，最后坚持到博士毕业的只有 4 个人。和我前后进 Google 的有 20 多人，今天三分之一已经退休，三分之一在公司里养老，只有三分之一还在技术和商业上尝试新的东西。对于教育的目的，一个人在十八九岁时未必能够想得很清楚，我在大学毕业时并不知道会对什么产生兴趣。但是，一个善于学习的人，随着年龄的增长，他会找到自己的兴趣点，而那时如果他还能够学习，就有目的性和针对性了。我在 1996 年出国前遇到郑纬民教授，他当时打赌我会不读完博士就工作，因为他的几个最好的学生，包括两个清华全年级的第一名，到了美国后拿了一个硕士就匆匆找工作了。我说我会读完的，因为我很清楚到美国后我要什么。相比之下那些比我幸运，比我成绩好的校友们或许出国时太年轻了，还没有找到自己留学的目的。再其次，能够客观地对待成功和挫折的人，在外人看来就能不断地有好运气。人在成功（比如获得一个荣誉）时，并不会因为这件事的发生而一夜之间变成了一个更好的人，在遇到挫折时，也不会因此而一夜之间就变得一无是处。事后想起我自己遭遇的挫折，每次遇到它们，虽然短期内不开心，但是我的能力、我的优点并没有因此而减少，这些能力和优点在后来总能发挥作用。比如说我在清华推研时，因为考试成绩比前两名略低而失败，但是我的能力并不因考试少两分而减少，这些能力让我后来在读研究生时能够如鱼得水。再比如暂时不能出国，我的科研水平也不因为这个规定而降低，因此在国门再次开放时，我就成了少有的有所准备的人。至于在美国找工作的挫折，也并不因为就业情况不好我的竞争力就下降，因此当 Google 开放出一个很小的缺口时，我能从 1000 人中挤进去（2002 年 Google 每个职位平均收到超过一千份简历）。

最后我们回到高等教育上来，如果有人问我选择学校的标准是什么，我总是告诉他们，本科生应该去那些经得住时间检验的著名学校，并不是因为它们的课上得好，或者是有更多的科研计划（事实上我在清华的求学经历让我发现，连清华都未必能做到这两点），而是因为它们聚集了很多优秀的老师和学生。本科教育应该是通才教育，本科生所学的具体内容大多数对后面的工作帮助有限。而对于硕士生来讲，则要找一个好的城市，因为那里的机会要比偏远落后地区多得多。李开复统计发现，从美国三流的圣荷西州立大学毕业后到 Google 工作的人比哈佛还多，并非因为哈佛不好，而是因为圣荷西州立大学就守在 Google 边上，这一点我们后面还会展开讲。对于博士生，最重要的则是教授和实验室，因为专长教育是在这个阶段完成的。一个好的教授不仅能在学业上把博士生培养好，而且能够让博士生有一个极其开阔的视野，并且为他们今后一生的发展铺平道路。

在我看来，当我们毕业后不需要利用学校的名气提升自己的地位，而是通过我们的成就让学校的名气得以提升时，就说明我们受到了最好的教育。

第四章　剑桥和牛津

在介绍美国大学之前，我们先介绍两所英国的大学，因为美国早期的大学或多或少继承了英国大学的传统，今天在普林斯顿和耶鲁等大学身上依然可以看到英国大学的影子。

2011 年，梦华进入了高中，她和同学们开始考虑升学问题。对于大学的选择，梦华和我们大人的想法差别很大，她坚决反对我们过问升学的细节，但是她和我们都同意要找一所她喜欢的好大学，而不只是排名好的大学。

鉴于亚裔学生在申请美国一流大学时（在某些方面）常会受到一些歧视（这一点在后面我还会讲到），以及绝大多数美国孩子只热衷于美国大学（他们很少主动联系国外的大学）的现象，我们发现进入剑桥大学和牛津大学，远比进入美国"超级五强"要容易得多，也相对公正得多。梦华所在的中学过去一直有学生进入这两所大学，而且从他们在高中的表现来看，这些学生的实力要略逊于那些进入"超级五强"的学生。因此，我们一度考虑过是否送她去剑桥或者牛津读书，当然，前提是她会喜欢剑桥或者牛津。

对于剑桥大学，我并不陌生，虽然我此前还没有去过。剑桥大学的语音

识别实验室 [1] 和我过去所在的约翰·霍普金斯大学 CLSP 一直有着非常紧密的合作关系。除了一般的学术交流，他们经常会派博士生到约翰·霍普金斯大学做一年甚至更长时间的课题，我和这些学生的交往蛮多的。彼此闲谈时，他们也会提及剑桥的生活。当然，仅仅靠这些信息还远不能全面了解剑桥（和牛津）。我们又找了一些剑桥和牛津学生的家长，以及 Google 里来自这两所大学的同事，了解更多的细节。此外，我还找到了我以前的老师，后来在剑桥大学做教授的拜恩（Bill Byrne），很巧的是，他的太太是牛津的教授。我在约翰·霍普金斯时同组的教授埃斯勒（Jason Eisner）在剑桥读过书，他也给我提供了很多非常有用的信息。与这些人交流之后，我大致了解了剑桥和牛津的基本情况，了解了它们培养学生的特色以及录取的要求。有了这些信息，我逐步对这两所大学形成了一个大致完整的印象。

本书并非大学升学指南，关于如何申请剑桥和牛津，这里只做简单介绍，并与美国大学的申请进行对比，而本章的重点则是介绍剑桥和牛津的特色，尤其是它们办学的理念。同时，我会讲到我对这两所学校的观感，以及梦华对它们的观感，毕竟孩子看问题的角度可能和我们大人不一样。

言归正传，在做好了基本的功课后，我们决定去这两所世界超一流大学看看。2011 年，我们一家人来到英国。当时正值仲夏，是英国一年四季里最好的季节。即使如此，从伦敦一直到苏格兰高地还经常是斜风细雨的天气。在那里，我们才体会到为什么英国巴宝莉（Burberry）的风衣和防雨夹克衫那么有名，因为英国各地都是时而晴时而雨的天气，在英国读书，一定要习惯它的阴雨天气。我们在英国旅行了一大圈，感受着英国各地的文化和生活习惯，最后才去了剑桥大学和牛津大学。

1　今天改名为机器智能实验室。

第一节　剑桥大学

剑桥大学位于伦敦东北郊区的剑桥镇上，距伦敦市区只有一小时车程。剑桥又坐落于剑河之上，因此得名。我们向剑桥的学生们打听是否有一座桥叫做剑桥，答案是否定的；剑桥镇上最古老的大桥是一座被称为数学桥的铁桥，距今不过 250 年，比剑桥大学的历史要短得多。

剑桥镇是个名副其实的大学城，除了少数餐饮店和一家酒店外，剑桥镇和剑桥大学是完全重合的。街上除了一些游客，都是忙忙碌碌的大学生和少量的教授，因此，学校虽没有院墙，却是一个与世间隔绝的象牙塔。

剑桥大学成立于 1209 年，是英语世界里第二古老的大学。前面提到它其实是从牛津大学分出来的，和牛津可谓同根同源。不过。经过几百年的独立发展，今天两者既有相似之处，也有很大的差别。为了避免文字上的重复，我会通过剑桥介绍这两所姊妹大学的学院制、教学和招生的特点，然后通过牛津介绍两者的历史及差异。

先说说剑桥和牛津的相似之处，它们最大的特点就是学院制（Constituent College），国内有些文章和书籍又译作"书院"，从字面上讲好像是读书的小圈子，其实翻译得很不准确。糟糕的是，中国的一些大学把学生跨系组织起来读课外书，再与特定的指导老师定期讨论一下，就说成是学习英国大学办书院了，这更是错上加错、凭空想象出来的牛津和剑桥的学院制。那么牛津和剑桥的学院制是怎么回事呢，大家不妨随着我和梦华一起游览一下剑桥大学具有代表性的圣约翰学院，就明白这个词的含义了。

1 学院制

从外观上看，圣约翰学院像是一个城堡，它成立于 1511 年，是剑桥 16
所老学院之一。说到这里，大家可能会问为什么非要强调"老学院"三
个字，因为剑桥大学今天的 31 所学院，大约一半（16 所）建于 16 世纪
之前（最后一所老学院西德尼·苏塞克斯学院 Sidney Sussex College 建
立于 1596 年）。之后的 200 年里都不再有学院出现，直到 1800 年唐宁
学院成立 [2]。在这之后剑桥又接连修建了 14 所学院，以满足人数不断增
长的学生的需求。由于前 16 所和后 15 所学院之间相隔 200 多年，因此，
200 年前的被统称为老学院，之后的则被称为新学院。老学院和新学院
从外表上一眼就能看出来，老学院一个个都像是城堡，新学院则像是美
国大学的宿舍群。当然，更主要的是，老学院和新学院的传统及治学风
格完全不同。

图 4.1 中世纪古堡式的圣约翰学院

2   根据乔治·唐宁三世（修建唐宁街 10 号的老乔治·唐宁的孙子）的遗嘱，所有的财
　　产捐给剑桥大学修建一所以他名字命名的新学院。

图 4.2　圣约翰学院的大饭堂，有点像电影《哈利·波特》中展现的那样

圣约翰学院被古堡式的红砖建筑和院墙围住，只有几个大门供人们进出。学院的正门（Great Gate）看似中世纪的城门，上面还有一个具有象征性的徽章——英国历史上著名的兰开斯特家族的红玫瑰标志[3]。穿过正门是一个绿草如茵的方庭，其中最古老的建筑原先是个医院，后来改成了学院的一部分，其他的建筑则是后来陆陆续续建造的。了解圣约翰学院的人告诉我们，今天看到的这些建筑，前前后后修建了 5 个世纪，除了其中的主教堂是 19 世纪 60 年代在推倒了原有建筑的基础上新建的，其他建筑都有着好几个世纪的历史。虽然这些建筑因为年代不同，在风格上略有差异，但看上去都是古色古香，放在一起依然和谐。从整

---

[3]　熟悉英国历史的人都知道，在圣约翰学院建立前的几十年，英国打了 30 年红白玫瑰战争。

个学院的建设过程，可以体会出剑桥大学乃至整个英国社会发展的一个秘诀——不断地通过缓慢的改良而进步，很少搞跳跃式或颠覆式变革。在剑桥读书，尊重传统常常比火烧火燎地急着抓住机会更重要。

圣约翰学院教堂的两旁是活动大厅和音乐室，对面是研究生会所在地（乃研究生的活动中心，不接待本科生）和部分宿舍，斜对面则是大饭堂，很像电影《哈利·波特》中的那个大饭堂，天花板几乎得有 20 米高，全院 800 多名学生和部分教授都在里面吃饭。

从第一个方庭穿过去，进入第二方庭，这个四周由红砖建筑围起来的庭院是都铎王朝时期最经典的庭院，其中最具代表性的是那些外凸的窗户。四周的建筑有学生会（本科生和研究生都能去的活动中心）、宿舍、校务处办公室。第二次世界大战时，这个方庭是盟军谋划诺曼底登陆的指挥所。再往里是第三方庭，坐落有 400 年历史的老图书馆，图书馆里依然保持着伊丽莎白一世时代的风格。第三方庭的尽头是剑河，圣约翰

图 4.3　圣约翰学院外剑河上的太息桥，是剑桥大学的标志性建筑

学院的建筑跨在河两岸，有两座桥分别将学院两岸的建筑连接起来。一座是较为古老的石桥，被称为厨房或鹪鹩桥（Kitchen or Wren Bridge）。另一座桥是剑桥大学的标志性建筑——太息桥（不是牛津的太息桥），它的外观颇似威尼斯大运河上的廊桥。有人认为这就是徐志摩在《再别康桥》一诗中所说的康桥，但是无法确认。

圣约翰学院大约有 11 个大大小小的方庭，建筑大多数围方庭而建。从功能上看，除了前面介绍的教室、学生宿舍、教堂、图书馆、饭厅、活动中心和办公室外，还有院长和教职工的宿舍、影院（也作为报告厅或者多功能厅使用）、计算机房和一些实验室，甚至还有金库、修缮处和保洁员的宿舍，师生的宿舍楼里还有健身房、游戏室和乐器室。除此之外，圣约翰学院还有着大片的草地和森林，有花园和运动场，并且经营有自己的小型酒店（它称之为客房），提供给来访者居住。学院还有一个规模不算太小的酒吧，可容纳五六十人，不仅有酒和咖啡，还供应下午茶。整个学院的有形资产价值 6 亿多英镑，在剑桥大学的 31 个学院中排名第二，仅次于著名的三一学院。圣约翰学院如果作为一个独立的大学来衡量，在全英国可以排第四[4]。讲到这里，大家可能会觉得这个学院其实就是一所小型却完整的大学。

事实上，剑桥和牛津的学院确实具备了大学的某些功能。

首先，学院有比较独立的财务权和管理权，学生的学费是交给学院的，每个学院的管理非常独立，学院自己管理自己，教授和学生都参与学院的管理。剑桥大学不能随便干预学院的管理。每个学院的管理方式也各不相同。大部分学院是由院长（President）负责管理，其身份相当于大学的校长，个别学院比如国王学院则由教务长（Provost）管理，甚至

---

4 仅次于剑桥本身、牛津大学和伦敦帝国工学院。

有的学院是由女管家（Mistress）管理。此外，每个学院各有各的规矩，比如圣约翰学院的人（包括学生和教授）在学校饭厅里进餐前后都要背诵一段感谢上帝的话。同时，每个学院对外界开放的程度也有很大差别，有些是对外开放的，比如圣约翰学院，大部分时间里学院外面的人是可以自由进出学院的；有些则是限制开放的，比如国王学院，每周只有几个时间段访客可以由学院里的人带着参观。还有一些学院（主要是神学院）则根本不对外开放（外面的人也未必有兴趣参观），这和美国大学开放校园的理念完全不同。因此，剑桥和牛津今天依然是名副其实的封闭的象牙塔。

其次，在剑桥大学，除了学校一级的活动，更多的是学院一级的活动。比如，学院会作为一个单位去参加大学的各种比赛和表演，而对内它会组织完整的活动。比如圣约翰学院的合唱团特别有名，合唱团每年都要到世界各国去演出，一些唱片公司还为合唱团发行了不少唱片，其中最畅销的一张唱片卖出了 20 万份。学生们会把学院而不是大学看成自己的家，不仅是读书的时候如此，而且终其一生，学生们都会对学院保有一种特殊的感情。对外他们会讲自己是剑桥毕业的，但在同学之间会讲自己是某一个学院的校友。每个学院还会有一些特别的传统、文化甚至是特权，比如吃哑鹅就是圣约翰学院的特权，并且是全英国除了王室外唯一享有这种特权的地方。另外，圣约翰学院有几个著名的鬼怪传说，一些传说听起来还言之凿凿，比如詹姆斯·伍德的鬼魂的故事。

世界上有很多相邻的、水平比较接近的大学喜欢在各方面较劲，比如清华和北大、剑桥和牛津、斯坦福和伯克利、哈佛和麻省理工、哈佛和耶鲁、芝加哥大学和西北大学，等等。剑桥的这些学院之间也在较劲。比如圣约翰学院的对头就是它的邻居，著名的三一学院。此外，在英国有时也会以剑桥和牛津的学院为单位做一些统计，比如圣约翰学院有 9 名毕业生获得过诺贝尔奖，包括大名鼎鼎的物理学家狄拉克。如果把圣约翰学院作为一个国家，则其获得诺贝尔奖的数量在欧洲的国家中排第15位。不过，它在剑桥内的对头三一学院在这方面的成就更为突出，到2016年，它出了32个诺贝尔奖获得者，这个数量超过了全球排第五的瑞典（31名）。在剑桥（和牛津），学院往往在很大程度上以及在很多方面都把自己看成是独立的学校了。

再其次，也是非常重要的，是这些学院在剑桥大学和牛津大学的招生中起的作用很大。世界上的大部分大学，只要一个学生被这个大学录取，或者被大学的某个专业录取，就可以进入大学学习。但是在剑桥和牛津，学校的录取却只占到录取工作的一小部分，关键是要有一个学院接收这个学生。当然，像著名的三一学院、圣约翰学院都是非常难进的，因此，被剑桥录取的学生们常常会申请第二、第三所学院，希望能有一个学院录取自己，这样到了秋季才能正式入学。学院录取学生的工作，是由教授和由在校学生组成的委员会决定的，每个申请者需要说明自己为什么要申请这个学院。我和 Google 的一些剑桥毕业生聊他们选择新同学的原则，他们说，这和大学录取完全不同。剑桥大学的录取是看成绩、品德和特长是否达到了学校的要求，因此所谓的优秀生就被录取进来了。而学院则是一个大家庭，它关键是看申请者有无可能融入他们的大家庭，并且为这个大家庭做出特别的贡献。"要是录取了一个和大家玩不到一起的同学，会非常糟糕。"这些剑桥的毕业生普遍流露出这种看法，"因为大家四年在一起都会觉得别扭。"除了在录取学生上有发言权外，学院还有自己的奖学金。比如圣约翰学院有著名的鲁普敦（Dr Roger Lupton）奖学金，这是1540年由当时亨利八世的顾问鲁普敦博士捐赠的。这项奖学金是剑桥大学里最难申请的，因为它是面向全世界而非仅仅是面向圣约翰学院的学生的。

最后，非常值得一提的是，不仅学生们生活并住在学院里，院长和很多教授（尤其是没有结婚的教授）也住在学院里面。我的老师拜恩教授刚到剑桥时是单身，他一直住在学院里。用他的话讲，在学院里可谓过着贵族般的生活，每天都有人给他打扫房间和洗衣裳，什么时候想吃饭就可以随时吃，简直就是衣来伸手，饭来张口。当然，剑桥这样照顾教授们不是为了养懒汉的，而是为了给教授们腾出时间教育学生和做研究。而教授们教育学生不仅体现在关注学生的学业上，还体现在对学生全方位的帮助上，尤其体现在帮助学生成长为"社会的人"方面。事实上，在剑桥，教授和学生的关系远比美国的大学要亲近，他们和学生之间是亦师亦友的关系。

图 4.4　剑桥大学的应用数学和理论物理系，已经远离老校区了，教学区的建筑风格和剑桥老校区也完全不同

学院制可以说是剑桥和牛津的第一大特点。用一个字来概括，那就是"家"，用两个字来形容，那就是"社会"。在这两所大学，学院就是一个熔炉，将青涩的大学生变成能够立足于社会的人。在这一方面，剑桥和牛津的学院还有三点需要说明。其一，尽管很多学院今天已经向女生开放了，但并非所有的学院都是如此；其二，这些学院中有一些是神学院，不过它并非完全是为了培养神职人员而设立，也可供世俗的人研究

宗教和哲学；最后，虽然各个学院都声称在选择新同学时对种族和宗教信仰等一视同仁，不过有些学院实际上有着自己较久远较深厚的宗教传统。用三个字来概括这些学院，那就是"校中校"——学生在报考剑桥和牛津时，如何选择学院是需要考虑的重要因素。

2　独特的教育和录取方式

剑桥和牛津的学院制实际上贯彻了纽曼所总结的教育理念。这些大学之所以为学生建立起一个大家庭，之所以让教授们和学生们生活在一起，就是为了让年轻人相互学习，并且从教授身上学到课本之外的知识。对剑桥和牛津，如果学生只是慕它们的盛名而来，即使通过两级录取进入了某个学院，却不能和其他同学很好地生活在一起（比如别人都去唱诗班，你却在宿舍里睡觉），那就失去了到这里来读书的意义。因此，选择剑桥和牛津，首先要认同学院制。

在剑桥大学，学生的生活和部分课程的学习是在学院里进行的，而教授虽然名义上隶属于某个学院，但是他们日常的教学和科研活动是在系里的。剑桥大学的系和美国大学的系没有什么差别，它们完全是按照学科来划分的，比如应用数学和理论物理系、计算机实验室（相当于计算机系），等等。不同的系开设不同的课程供大家挑选，并且做不同方向的研究，这一点也和世界上的大部分大学没有区别。不过很多系，尤其是新的系，都远离老校区，教授们在系里办公，但是可能要到学院去讲课。

剑桥大学的管理是由直属学院和系这两个维度构成的，它的本科生培养机制非常复杂。要讲清楚这一点，就必须先介绍剑桥大学的导师制。虽然很多美国大学（以及一些中国的大学）也为每一个本科生指定一个选课指导教师（只负责在选课单上签字），但与剑桥牛津的导师制完全是两码事。剑桥的教授既隶属于某个系，也隶属于某个学院，并且指导这个学院里的若干学生。导师对学生的指导有点像美国大学里研究生院的导师对研究生的指导，除了指导学生选课外，导师要定期和学生交流并讨论一些问题，主要是根据学生个人的特点，指导他们读一些参考书、做一些实验和引导培养他们成为社会的人。导师还会要求学生写一些读书报告和研究报告，并予以点评。一个新生在选定学院的同时，也就选定了导师。一个学生如果对某个领域感兴趣，通常会选择一位该领域的教授做导师，但是学生的想法常常变得很快，他们可能在读书时把大部分时间用在跟着导师之外的教授学习和做实验上。著名科学家牛顿在剑桥时就是这样，他的导师是希腊语教授普莱恩，但是他大部分时间是在跟着数学教授巴罗学习。剑桥的导师对这类事情并不介意，因为如今这是常态，他们所担心的是自己辅导的学生最后成不了才，这对导师和学生双方来讲都非常难受。拜恩告诉我，不仅是学生选导师有压力，导师也怕看走眼，生怕招进来一个学生让自己受四年罪。导师制，可能是剑桥和牛津在学院制之外的第二大特色。

讲清楚导师制，就可以介绍剑桥的第三个特色了，那就是一套非常复杂的选课和科研制度。首先，剑桥一学年分为三学期。这种学制在中国不常见，在美国并不少见，比如斯坦福大学就是这样的学制，而梦华所在的中学也是这样的学制。不过，不同的是，美国的三学期制在第二和第三学期之间并没有很长的假期，但是剑桥的三个学期则由圣诞节长假和复活节长假分隔得非常开，也就是说十二月底和四月中要分别放一个多月的假。这样一来，每一个学期就特别短，只有 8 周时间，一年下来也不过 24 周。在这三个 8 周的学期里，即十月初到十二月初的秋季学期（又称为米迦勒学期，Michaelmas Term），一月中到三月中的春季学期（又称为四旬节学期，Lent Term）和四月中到六月中的复活节学期

（Easter Term）[5]，学生们是集中上课的。剩下的时间除了放假休息和在校内外实习工作，学生们要经历一个叫做 Triposes 的学习阶段。在这个阶段，学生们需要听一些各个系开的讲座，另外就是要回到所属学院，在指导教师的指导下做实验，做研究，做大作业，并且准备考试，等等。理工科的课程，大部分时间是做实验；而人文社科的课程，则要在指导教师的指导下，编写很长的研究报告，每一篇报告都不比中国的本科生毕业设计论文短，大约有三四十页。这些事情，有时是学生一个人独自完成，有时则是学生组成两三个人的小组来做，但是都不轻松。当然，指导他们的老师不可能总是教授，毕竟教授的时间也有限，有时就由教授的博士生负责指导本科生，这有点像美国的助教。为了培养本科生的科研能力，剑桥大学甚至通过和远在美国的麻省理工学院合作来达成这一目的。

剑桥和牛津的学制和学位非常复杂。首先，两所大学的每个学期很短，而且学制也比中美的大学短。另外，它们虽然使用的学位名称与中、美大学相同，含义却不同，大部分人很难从它们学位的名称上知道其含金量，或者受教育的期限。为了帮助大家搞清楚这两所大学的学制和学位，我们先将它们的教育分成两个阶段，本科阶段和研究生阶段。从本科阶段进入到研究生阶段，需要有一个新的申请和录取过程。

在本科阶段，剑桥和牛津提供一个最低的本科学位——学士学位（BA），只需要三年时间就可以拿到。但是，本科生也可以把自己的教育延长一年，在外国做交换学生，四年后毕业。或者留在剑桥和牛津再多读一年本科，这样可以获得选定专业的硕士学位（比如选择工程就获得 Master Engineering，选择理科就获得 Master Science）。注意，这种

---

5 牛津大学的三个全学期（Full Term）在时间上和剑桥差不多，但是称呼上分别是米迦勒（Michaelmas）、希拉里（Hilary）和圣三一（Trinity）。

硕士是本科学位，并非研究生学位。因此不要认为英国人有所谓的硕士就是研究生毕业。从严格意义上讲，剑桥、牛津和参照牛津建立的都柏林大学没有等同于中国或者美国的硕士。

在研究生阶段，这三所大学有哲学硕士（Master of Philosophy，简称Mphil）学位和博士学位两种。这个硕士和前面讲的在本科获得的硕士不是一个概念（在苏格兰本科毕业都称为硕士，没有学士），为了区分两者，有人干脆把叫哲学硕士称为副博士。我在 Google 招聘在英国读书的应聘者时，一定要看清楚他们简历上的 Master 这个词到底是指本科的，还是研究生的。从学位的含金量上看，副博士相当于中国和美国的硕士。副博士一般需要一年选课，一年做研究。如果在副博士期间考试成绩合格，研究生可以获得博士生资格，再有一两年即可获得博士。如果从工程硕士或者科学硕士直接读博士，一般三年时间就够了。也就是说，从本科进大学，到获得博士，在剑桥和牛津一般只要七年时间。为便于理解，我把这些学位的关系画成了下面这张图。

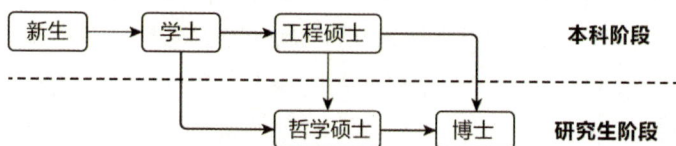

图 4.5　剑桥和牛津的学位关系

再来看教学与科研。剑桥大学有 100 多个系，对于一些跨系的学科，它还成立有几十个研究所，系和研究所的关系与美国的大学相似，我们在谈及美国大学管理时还会详细介绍。当然，学校本身无法直接管理这么多分支机构，于是在系和研究所之上，剑桥大学又建立了六个学术学院（School），分别是艺术和人文、生物科学（生命科学）、临床医学、人文和社会科学、自然科学和技术（工程）。这些学术学院相当于中国大学里不同的学院。在英国的大学里，校长只是一个虚职，没有实权，大学的日常管理由副校长负责。英国是一个保留了很多传统的国家，因此其大学管理机构非常繁琐。剑桥大学有一个上议院，里面包括了学校里所有拥有本科以上学位的人，从理论上讲他们将选举出校长和学校的其他高级官员，这样可以落实教授治校的原则，但这其实只是走形式而已。在 1950 年之前，剑桥大学甚至选举剑桥选区的两个英国下议院议员，牛顿就是以这种方式当上议员的，不过现在它已不再具备这个功能了。今天，剑桥大学实际的最高权力机构是下议院，学校的高层管理者都在其内，但是要让他们坐在一起讨论学校的大政方针，显然不现实，因此实际制定政策的权力落到了董事会（或者叫顾问委员会）手里，董事会帮助副校长管理学校的教学和科研。但是，为了制约董事会的权力，董事会名义上又要向下议院汇报。当我们听完剑桥大学的教授介绍他们学校的管理现状后，不禁感叹：剑桥大学未免背负了太多历史的包袱。

虽然剑桥的管理和教学显得过分复杂，但是它的本科生录取过程并不比美国名牌私立大学更复杂。首先，剑桥要求学生在中学阶段学习相应一些内容比较深的课程（Advanced Level，在中国常常被称为 A-Level，或者 AL），这有点像美国的 AP 课（即 Advanced Placement，大学先修课程），但是比 AP 课程容易，这些课程必须考够分数才算数。此外，它还需要一个所谓的 IB 成绩。在中国的国际学校，大都会讲授所谓的 IB 课程（全称为：International Baccalaureate Diploma Program），它是全世界几千所学校共同参与的课程体系。由于大家都使用相同的教材，因此学生毕业时参加全球统一的考试，成绩具有可比性。AL 和 IB 的成绩，不仅剑桥需要，申请英国其他一些大学常常也需要。对于美国的高中生，由于所学课程和英国讲授的差不多，上述要求并不是额外负担；但是对于中国学生则不同，中国学生必须在高中之前决定是学中国的课程，还是完全接受英国的这一套课程教育。

接下来，申请剑桥大学（和牛津大学）还要参加学校的一些特殊的入学考试，这有点像中国一些大学的自主招生考试。1980 年以前这种考试类似于中国高考式的全科考试，后来入学考试就被一些号称能考察学生能力的专科考试——比如 TSA（Thinking Skills Assessment）考试、ELAT（English Literature Admissions Test）等取代了。在剑桥大学，不同的专业要求不同的专科考试，具体信息可以访问学校招生网站查找。

如果上述课程和考试成绩都达到要求了，接下来的关键环节就是面试了。大部分学生是在面试阶段被拒的。面试有很大的主观性，因此对学生来讲颇有压力，而对教授来讲也一样，招到的学生不合适，他们将会有 4 年的麻烦。过去，学生们常常要到剑桥去面试，这让很多中国申请者深感头疼。如今感谢互联网，剑桥可以接受视频面试。有些人担心这样是否效果不如当面面试好，对此剑桥的教授们评价，唯一的差别不过是开门迎接你，还是打开电脑迎接你。面试打分难免带一些主观因素，不像笔试的选择题有标准的对和错，也不像一门课的考试那样容易准备。我和几个剑桥和牛津的毕业生聊过面试的情况，他们给出的建议大致有这样几个方面：

1. 所学过的知识点必须清楚，这个大家应该没有什么疑问。
2. 剑桥和牛津都不是一般的大学，学生仅仅满足于掌握了知识点是远远不够的。面试时教授会通过交流了解你的知识延伸和应用能力。
3. 剑桥和牛津是分专业的，通过面试教授要确信你对所选择的专业有热情。

4. 没有什么人一开始就知道所有的答案，学习的目的是提高解决问题的技能和寻找答案的能力，因此教授要确定这个学生是否可以被教育（Teachable）。一道题卡壳了，并不意味着放弃和进入下一个问题，而是需要在获得提示（Hint）后，争取能继续做下去。在解题的过程中，学生要清晰完整地表达自己的思考过程（Thinking Process）。

面试通过后，还有最后一关，就是选择学院。前面讲了，学生们想去的学院未必会录取他们，比如名额的限制、相互匹配出了问题。当然，学生也可以尝试申请多个学院。大部分被剑桥录取的候选人，最终会有一个学院要他们，但是也确实存在一些学生，虽被剑桥录取了，可最后找不到要他们的学院。这时，剑桥会把这些学生放在一个"池子（Pool）"里，过半年再看看是否有学院愿意接收这些人。

相比后面介绍的美国私立大学，剑桥和牛津更看重学习成绩，因此对于全世界的亚裔来讲还是比较公平的，再加上它每年招生的人数较多（超过哈佛和 MIT 的总和），被剑桥牛津录取也就比被美国的"超级五强"录取要容易许多。在过去的几年里，剑桥每年都能招收近百名中国学生去读本科，相比之下，哈佛和 MIT 每年各自招收的中国本科生常常是个位数。不过，即便如此，大部分中国大陆学生想被剑桥和牛津这两所英国最好的大学录取，难度还是相当大。

剑桥在英国和全世界都享有极高的声誉，在过去的几十年里，无论是用各种数据客观衡量，还是让学术界主观评价，剑桥大学整体上均优于其老对头牛津大学。在很多人看来，甚至在世界范围内剑桥的学术成就和影响力都仅次于哈佛大学。剑桥还是英国非常少有的（甚至是唯一的）学科发展十分平衡的大学。但是，如果只因名气而选择去剑桥，对年轻人来讲未必是最明智的，因为剑桥太有特色了，只有认可它的特色并且能够和自己的发展相匹配，才能在剑桥最大限度地受益。总之，在剑桥大学读书，必须喜欢它的导师制和学院制，必须能够从教授和同学身上最大程度地学习关于世界的知识，同时必须接受它的传统。与斯坦福大学这样快速发展并且不断尝试新的教育方法的美国名校不同，剑桥大学有一套相对固定的，但是被很多校友证明了行之有效的教育方式，这对帮助一个年轻人打好基础非常重要。相比牛津大学，剑桥大学更能接受一些新的教育理念，甚至成立了类似于硅谷的高科技创业中心。可以说，一方面剑桥大学具有英国社会保守和传统的一面，另一方面它又是带动英国社会不断改良的动力。

第二节　牛津大学

参观完剑桥大学后，我们一家人又去了牛津大学。牛津位于剑桥西南方，距离大约 90 公里，这两所大学和伦敦市在地图上形成了一个倒三角，从伦敦或者剑桥到牛津都是大约一个半小时的车程。

如果说剑桥是一个充满诗情画意的小镇，牛津则是一个让人仿佛回到了中世纪的古城。牛津大学并不像剑桥那样有一个中心的校园，而是各个学院分别散落在整个牛津城里。因此有人描述剑桥乃"整个大学就是一座城"，而牛津则"整个城就是一所大学"。牛津小城，古朴宁静，总让我想到佛洛伦萨，只不过牛津到处充满的是学术气息而不是艺术氛围。

牛津大学和剑桥大学有很多相似之处，比如学院制和导师制，在此不再赘述。这里我主要从两个方面谈谈牛津，一个是它的历史，因为英国大学的传统来自于牛津，另一个是牛津因其历史而产生的特色，以及在办学理念上与剑桥细微的差别。

1 牛津大学的历史

牛津大学是英语世界里最古老的大学，但是它具体的创办日期却不详。我们知道，自 1096 年起这里就有教授讲课带学生了，但是当时这里是否算得上是一所真正意义上的大学，人们对此一直有争议。一般认为转折点出现在 1167 年，当时大批英国学生被巴黎大学赶回来并在牛津城住下，人们从那时起开始把牛津看作是英国的学术中心。至于为什么选择牛津这个小镇，今天的人会感到困惑。不过如果对英国的历史有所了解，知道在人类第二个千年开始的时候，那里是英国的纺织业中心，并且从人口和城市规模来看，在英国排名第六[6]，也就不难理解了。

牛津大学的第一任校长在 1201 年才被正式任命，1214 年它获得了一张来自教会的许可状。不过牛津大学作为一个法人实体被认可则是在 1231 年，而真正得到国王的许可是在 1248 年。这距离英国学生从巴黎回到牛津已经过去了 80 多年。在这漫长的岁月里，1209 年还发生了大学学生和当地居民起了冲突的事件，对此我们在后面会讲到。

牛津和剑桥学院制的来历，与牛津的发展过程息息相关。当这些学生和学者从欧洲大陆及英国各地来到牛津时，他们住在所谓的大厦（Hall）里。说是大厦，其实就是民房。当时的做法是教授们租下房子，除了自住，也提供给自己的学生住，大家住在一起，然后教授们在所谓的大厦里上课。因此，如果一个学生来到牛津上学，一定要找一个教授接纳他，并且在大厦里给他提供一个住处。这就是后来牛津大学和剑桥大学后来各学院的雏形。牛津大学一度拥有 120 座这样的大厦，但是当住宿学院相继成立后，它们就被并入各个学院。今天，牛津大学依然保留了一个独立的大厦，即历史非常悠久的圣爱德蒙大厦（St Edmund Hall），

---

[6]　根据英国当时全国统计的文献《末日审判书》（Domesday Book）里面的记载。

图 4.6　19 世纪时的牛津镇（美国国会图书馆里的照片重印）

其地位与各个学院并列。

在牛津大学的早期，散居在城里的各个大厦很难得到保护，而且大学人员和当地居民混居在一起也难免生出矛盾，最终引发了 1209 年大学师生和当地居民的暴力冲突。事件的直接原因是大学里的一个教士误杀了当地的一名妇女，在他逃走之后，与他同租一栋住宅的三位教士被逮捕，并被国王下令处死。这一悲剧导致了大学教授、学生和教士与当地居民长达 5 年的冲突。大量的学生和教授跑到了剑桥，办起了后来的剑桥大学。当然，这个事件反映出国王世俗的权力和（代表大学的）教会权力之间的矛盾。1214 年，教皇做出了有利于大学的判决，才算是平息了这次冲突。在很多人的印象中，教会是科学发展的敌人，但是在早期大学兴起的时候，对大学起到保护作用的恰恰是教会。

早期牛津的教授很多都是教士或神学家，他们探索科学和真理的目的，一方面是为了培养有知识的教士，同时让社会上的一些精英能够读写，另一方面则还想证明"伟大的造物主"设计的世界是多么的美妙，以便向他人宣扬上帝的万能。这是最初基督教教徒研究科学的主要动力，包括莱布尼茨在发明二进制后，还试图用二进制说明上帝的完美，以劝说康熙皇帝皈依基督教（关于这个细节，请看拙作《文明之光》）。在这样的背景下，教会在牛津大学早期发展过程中起到了至关重要的作用。

牛津大学第一位有名有姓的校长是罗伯特·格罗斯泰斯特（Robert Grosseteste，1175—1253），有人认为他是 1224 年担任牛津的校长的[7]，而有的历史学家则认为是在 1225 年。格罗斯泰斯特是一名教士，后来还担任了林肯郡的主教，他同时也被认为是英国经典大学教育的开山鼻祖。澳大利亚著名的科学史家克龙比（Alistair Cameron Crombie）称他是"牛津科学思考传统的真正创始人，并且在某种程度上，更是英国理性传统的创始人"。

图 4.7　牛津大学第一位有名有姓的校长格罗斯泰斯特主教（莫顿的圣保罗教堂）

7　Peter Sager，Oxford & Cambridge，Thames & Hudson

格罗斯泰斯特从 1225 年起在牛津大学教授神学，不过，与大部分教士只是简单复述《圣经》不同的是，他将古希腊（亚里士多德）等人的科学逻辑和天主教正统的教义统一了起来，这对后来教士们演习科学产生了巨大的影响。在办学理念上，格罗斯泰斯特要求每个学生都能阅读希腊文（牛津大学要求学生掌握希腊文的传统，直到 20 世纪 20 年代才被废止），拥有广博的知识和系统学习的能力。一些人认为强调系统学习能力和终身学习是格罗斯泰斯特对大学教育的贡献，虽然他所说的"系统"在今天看来还是非常随意的。格罗斯泰斯特虽然（因为健康的原因）担任牛津大学校长的时间并不长，但是他一生都在探索自然科学的真理，同时他让牛津大学开设了算术、几何、天文学、音乐等课程。由于有格罗斯泰斯特这样的校长，牛津当时的格言是"终身学习，向死而生"（Study as if you were to live forever, live as if you were to die tomorrow）[8]。

牛津大学第一位世界级的学者是教士罗杰·培根（Roger Bacon，1214—1293）。他出生于英国的一个贵族家庭，大约 16 岁时进入牛津大学学习数学、几何、音乐和天文学。在牛津，他得以阅读到亚里士多德的著作，而当时在欧洲大部分国家和地区，很难找到《圣经》之外的图书。毕业后培根留在牛津教授自然哲学和数学，但很快他又到了巴黎大学学习文学，并且获得学位，在那里他成为方济各会的教士。回到牛津后，他自己出资建立了英国第一个科学实验室，并且开始系统地研究数学、光学，尤其是炼金术。培根是世界上第一个试图纠正儒略历不精确之处的科学家，教皇克莱门特八世在位时几乎已经接受了培根的建议，但是随着这位教皇的突然离世，培根的希望落空了。直到三个世纪后，才由教皇格里高利四世完成了这项工作。培根是早期欧洲学者的典型代表，

8　这句话是阿伯丁的圣埃德蒙所讲。

他们做研究的目的不为名利，纯粹是探求真理。直到今天，牛津大学对这一理念依然相当坚持。培根被认为是英国实验科学的开山鼻祖，因为在他之前，大家做学问全靠查资料（其实也没有什么资料可查）和主观的演绎推理。培根认为，经院哲学只是对已有知识的诠释，而只有实验科学才能获得新知识。他的这些思想在当时被认为是异端，1257 年他被赶出大学，并且在修道院里被软禁了 10 年。培根利用自己对炼金术的研究体会，从教皇那里换回了自由，但是 1277 年教皇约翰 21 世在按照培根书中的方法做炼金术实验时，因实验室倒塌而被砸死，培根由此再度入狱[9]达 14 年之久，直到 1292 年才被释放，不久[10]便在牛津去世。

图 4.8　牛津大学图书馆里的罗杰·培根像

想了解牛津（包括剑桥）的学术传统，就必须了解罗杰·培根。他一度被人们认为是鬼神不可测的人物，甚至有人认为他是假死，以为他已经获得了长生不老之术。当时人们传播关于他的神话，其实是因为他的工

9　培根这次入狱的时间在 1277 年和 1279 年之间。

10　培根去世的时间不详，他最后的笔记记到了 1292 年，因此一些人认为自那以他后就去世了。

作太超前了，以至于人们无法理解他的思想。从罗杰·培根开始，牛津大学就一直都是超前的独立思想甚至是异端思想的发源地。

在近千年的历史中，牛津经常处在政治旋涡中。到了宗教改革时期，牛津就成了宗教人士争夺的阵地。当来自欧洲大陆的新教教徒开始在欧洲驱逐传统的罗马天主教教徒时，在英国，这些新教教徒想要分掉天主教在牛津的财产。好在同为新教（英国国教）教徒的英王亨利八世（伊丽莎白一世的父亲）出面保护了牛津，他说："我告诉你们，先生们，我认为在英国没有一块分封出去的土地，比给牛津大学的更有意义，因为在我们死后，尸体腐烂之后，我们的王权是靠他们而维系的。"因此，经过宗教改革之后，牛津不过是将原来具有天主教色彩的一些名称改为具有新教色彩的名称。

虽然牛津大学的政治倾向常常受到各个教派在英国政坛上起起伏伏的影响，并且在伊丽莎白一世时代正式将英国国教定为大学里唯一的宗教，但是牛津大学在历史上是一个具有相当独立的思想和政治倾向的大学。在文艺复兴前期，牛津大学率先在英国恢复了希腊语的学习和研究，以便掌握古希腊的科学和艺术（关于希腊语对文艺复兴的作用，请看拙作《文明之光》第一册），这时的牛津已经是整个英国的科学中心了。到了英国资产阶级革命时期，牛津大学支持保皇党，而当地的居民（和它的姊妹大学剑桥）则支持另一边的立宪派。到了19世纪，牛津再次成为英国宗教运动的中心，这一次，运动的名称干脆以牛津命名，史称"牛津运动"。约翰·纽曼等人领导了牛津运动，在英国国教的辖地里恢复了罗马天主教的影响力，他后来也被罗马教廷册封为红衣主教。不过，纽曼利用自己关于现代大学的概念，帮助牛津在坚持自身传统的同时，从欧洲引进了很多自然科学领域的英才，使得牛津大学在自然科学方面有了长足的进步。

2 牛津的特色

我行我素的风格和独特的政治见解使得牛津大学成为英国政治家的摇篮 —— 它甚至可能是全世界培养政治家最成功的大学。牛津是英国出首相最多的大学，先后出了 26 任首相，尤其是在第二次世界大战之后，所有的首相中除了没读过大学的梅杰和军校出身的丘吉尔，其余 13 位都是从牛津毕业的。在 2010 年英国的大选中，有 100 名牛津毕业生入选下议院，占整个下议院人数的 15.4%。在世界范围内，牛津则培养出了曼德拉、克林顿、昂山素季和英·甘地等各国政治领袖。

外界对比牛津和剑桥时通常会说"牛津出首相，剑桥出科学家"。单看研究成果和发明的论文数量，牛津确实稍逊于剑桥。不过放在全世界范围比较，牛津在培养自然科学方面的人才上并不逊色。历史上牛津的毕业生有 58 人次获得过诺贝尔奖，其中 33 人次是科学奖（物理、化学和医学生物）。牛津大学在第二次世界大战后的科学界地位很高，一定程度上受益于它的第三次大规模人才引进，即第二次世界大战期间牛津庇护了大量纳粹德国驱逐和迫害的科学家。之前的两次大规模人才引进，指的是早期大量学生从巴黎大学来到牛津，以及"牛津运动"后大量欧洲学者来到这里。

除了在出政治家方面强于剑桥，出科学家方面略弱于剑桥的特点外，牛津在人文和社科领域也一直和剑桥不相上下，王尔德、雪莱等一大批文豪皆出自牛津。

相比剑桥大学，牛津大学更为传统。它直到 1920 年才废除拿学位必须通过古希腊学科教育的规定，而直到 1960 年，才废除拉丁语作为必修课的规定。牛津大学至今还要求考试、答辩和见校领导的场合必须穿着

图 4.9　牛津大学基督教堂学院的大门（该学院出了 13 任英国首相）

学校规定的正装。2006 年，牛津的学生会做了一项调查，调查是否把考试时着正装改成自愿，81% 的学生反对这项建议。一些学院还要求学生一周有六天穿晚礼服在饭厅吃饭。每学年上课结束的那一周，各个学院都有正式的舞会，男生必须着礼服系白领结，而不是通常的着西装系黑领结。

与剑桥类似，牛津大学名义上是公立大学，它每年从英国政府那里拿到上亿英镑的经费，学费大约只有美国顶级私立大学的一半。不过，英国政府并不干预牛津的管理，因此它在运作上更像是一所私立大学，在这一点上牛津和剑桥是相同的。和美国私立名校在招生上要照顾各种利益群体不同，牛津大学在招生时基本上就是看成绩和面试的结果，并不会特别注重学生各种七七八八的特长。牛津大学甚至对体育特长生没有任何入学上的优待。剑桥大学虽然有体育奖学金，但那都是给已经确定录取的学生，在录取前是不会因为学生体育优秀而特招的。总的来讲，中国（非官二代）的学霸们，如果心智发展也不错（能通过面试），被牛津录取的可能性要比被哈佛、耶鲁录取的可能性大得多。

牛津大学的教学分为授课（Lecture）和课后辅导（Tutorial）两部分，课程由各个系开，而课后辅导则是在直属学院里进行，这与剑桥比较相似。辅导课通常是以小组讨论的方式进行，之后文科课程要写报告，理科课程要交一份作业（问题解答）。和剑桥一样，牛津大学也采用三学期制，每学期八周，假期看似很多，不过除了暑假要出去做事外，圣诞节的长假和复活节的长假一般是要用来做作业的。我曾问过几个从牛津和剑桥本科毕业的学生，他们讲学习负担显然不会因为上课时间短就轻松。牛津的赫特福德学院有一座著名的太息桥，它实际上是连接学院宿舍和办公区的天桥。牛津的学生告诉我们，过去该学院的学生考试时都要从这个桥下走过，等考毕回来时，因为考题太难都不免到这里叹息。

图 4.10　牛津的太息桥

不过他们觉得相比美国的麻省理工或者普林斯顿，牛津还是要轻松点。牛津缩短上课时间带来的最大好处，或者说对每个学生的不确定性，就是有更多自由支配的时间，那么学习效果的好坏，成绩高低在很大程度上则是看自己了。

授课时间短带来的另一个好处是学生有机会参加比较多的课外活动。在牛津一定要参加俱乐部，否则就失去了很多和大家交流、学习和培养感情的机会。牛津的学生俱乐部有学校一级和学院一级的，牛津是学院制，因此学院一级的活动比较活跃，俱乐部的经费也比较充足，学校一级的反而比较冷清。这也体现出学院制大学的特点。在牛津，最著名的体育俱乐部是划船俱乐部，各个学院都有，相互之间经常比赛。当然，作为牛津大学的大事是每年一度与剑桥的校际划船比赛，每年在泰晤士河上举行一次，赛程大约 7 公里，每次大约有 25 万人在河的两岸观战。到 2017 年为止，这项比赛已经举行了 162 届，其中牛津获胜 80 届，稍占下风。

图 4.11　2007 年牛津和剑桥的划船比赛

牛津大学另一个不同于剑桥之处在于它的人文气息更浓。虽然剑桥的校园给人以诗情画意的感觉，但是其实也只有少数的老学院坐落在剑河两岸，大部分学院远离剑河。在剑桥读书并没有想象中那么浪漫，毕竟那里的大部分学子不像徐志摩那样心里有个林徽因。剑桥出了大诗人拜伦，但大部分剑桥人并不是拜伦。这就如同清华大学有水木清华和荷塘月色，有王国维和朱自清，但清华并不以人文气息见长一样。牛津则不同，在那里要深深地体会它的人文气息。

在《牛津与剑桥》（*Oxford and Cambridge*）一书的作者彼得·赛格看来，牛津是一个用书籍、单词、字典、诗歌、音乐、绘画和雕塑组成的城市，这个说法很形象。无论是到牛津的图书馆、饭厅还是教堂，都会发现，从绘画、雕塑、浮雕到塑像和纪念碑，艺术品无处不在。一些艺术作品的历史可以追溯到中世纪，在我们今天看来都已是古董，而它们就随处散落在校园里。可以说，只要仔细观察，整个牛津就是一个大的历史博物馆。

牛津的建筑很值得一提，虽然给人的第一感觉似乎有点凌乱，缺乏风格，不像美国一些大学（斯坦福、普林斯顿或者康奈尔）有一种风格统一的美感，但却荟萃了各个时期具有代表性的建筑，从威廉征服时期、哥特式时期、文艺复兴时期、新古典时期、维多利亚时期，一直到20世纪后的各个时期，这些建筑全都集中在一平方公里多一点的范围内。走在牛津的街道上，可以慢慢品味每一个历史时期的建筑文化。

音乐也是学校生活的一部分。和剑桥很多学院的教堂类似，牛津的很多教堂也会在傍晚表演教堂音乐或者室内乐，有些免费，有些收费，不过票价低廉。大约在傍晚六点前后，牛津各个学院的教堂里会陆续传来唱诗班的歌声。但是，牛津的音乐远不止这些，只要不下雨，校园里就遍布着演奏各种音乐的人，从清晨到夜晚，到处弥漫着歌声和音乐声。

牛津的学习生活在英国的大学里算是很紧张的，而且英国的大学不像美国那样选课自由（后面会具体说），多少有点枯燥。但是因为牛津有着浓厚的人文气息，在里面生活四年，接受种种熏陶，对年轻人一生的成长还是非常有益的。

第三节　英美大学的差异

美国早期的大学很多是完全仿照英国大学的样本建设的，因此，两个国家的大学有着很强的相似性。但是，由于美国的社会发展和英国差异很大，经过几百年的演变，如今两个国家的顶级大学，风格已经大不相同。在学生生活上，美国的大学和中国的大学更接近些，而很多中国人未必能适应剑桥和牛津的学院制，融入其中并非易事。在教学上，虽然英国采用短学期和自学（实验）假期相结合的学制，看似和中国差别很大，但是它们考查学生的方式却与中国的大学颇为相似，即成绩基本上由期末考试决定。而在美国的大学，学生成绩则基本上要靠平时努力，期末考试成绩占总成绩的比例并不高。

约翰·霍普金斯大学 CLSP 的埃斯勒（Jason Eisner）教授先后在哈佛（1986—1990）和剑桥（1991—1993）两所大学都读过本科，他后来在宾夕法尼亚大学获得博士学位并在约翰·霍普金斯当教授，对英美教育体制颇有发言权。我请他对比牛津剑桥和哈佛的细微差别，他总结出这样四条。

首先，剑桥和哈佛都是很好的研究型大学，但是它们与麻省理工或者斯坦福不同，本科生参与科研活动的深度都不足。牛津在这方面比哈佛更欠缺些。

接下来的三点就是两者之间的差别。

从课程设计和学生的培养来看，哈佛培养的是全才，强调跨学科选课，整个大学里只有一半课程和学生的专业有关。埃斯勒在哈佛学的是认知科学，能够"改行"到计算机科学，和哈佛的通才教育是分不开的。剑桥的学生很少有跨专业的，他们一旦选定一个专业，就需要在这个专业里学习既多又难的课程。从深度来讲，剑桥的课比哈佛难（当然哈佛的课程是名校中有名的容易）。

从学生之间以及学生和教授的交流来看，哈佛更随意、更广泛。剑桥和牛津的学生只学习一个专业，所处的圈子常常来自于同一个专业的学生，即使在学院里有各个专业的学生。正因为他们的朋友圈背景相似，所以他们在小圈子内彼此熟络，会开些玩笑，甚至说话有点损，而不熟悉他们交流环境的圈外人则很难插入进去。对圈子外的一般人，他们不过是做些泛泛的交流。而美国学生，尤其是哈佛学生，涉猎广泛，学的东西杂而浅，不同的人之间容易有比较真诚的交流。雅让斯基的太太是英国人，在英国接受本科教育，然后在美国接受博士教育并在乔治城大学当教授，她认为虽然英国采用了学院制，但是美国的师生关系更融洽，这可能和美国人喜欢交朋友有关，与学校的体制无关。

从衡量学生成绩的方法来看，剑桥和牛津主要看考试成绩，成绩好就能读研究生、读博士，这和中国大学相似。学生们平时要花很多时间做作业，但是这些都不算成绩。即使平时没有学好，到考试前懂得临时抱佛脚，也有可能考出一个好成绩。当然反过来也是可能的，平时学得很好，考试考砸锅，最后拿一个烂成绩单，也不罕见。而哈佛（和美国大

部分大学）都是期末考试只占一部分比例，平时成绩和实验则占较大比例，因此，好学生不容易得坏成绩，反过来也一样。

为什么坚持通才教育的剑桥和牛津反而会在通才教育上落后于美国最好的大学呢？埃斯勒教授认为主要是英国大学的资源不足。虽然剑桥和牛津在教育理念上非常强调全才教育，但是资源有限，开设的课程也比较少，并且限制学生跨专业选课。同时缺少实验条件（相比哈佛），因此在给学生成绩方面，若过多考虑实验成绩和做项目的成绩并不现实。讲到这里，我们回过头来谈一下创办世界一流大学的话题，大学不仅要有大师，也还要有大楼（物质条件），否则大师的教育理念就无法落地生根。

从学校的名气来讲，在全球范围内，剑桥和牛津基本上与哈佛、耶鲁是齐名的，而且是可以对应起来的。而在美国，这两所英国大学给人的印象则是名过其实的"老祖母"大学（这当然是偏见了）。而在欧洲，则没有多少人说得全美国常青藤 8 所大学是哪些，欧洲人经常误以为斯坦福、约翰·霍普金斯或者杜克也是常青藤大学（因为这几所大学的科研水平较高）。单从名气上比较这些大学，意义不大。

结束语

美国早期的大学制度源于英国，但是如今英美大学之间的差别已经非常大了。在我看来，英国大学的主要好处是学制短，从本科进校到拿博士通常也就七年时间，而在美国，一篇博士论文做七年一点儿都不奇怪。

搞清楚了英国大学的特点后，梦华对剑桥和牛津兴趣顿时全无。她给出了不喜欢英国大学的三个理由。首先，她觉得这些大学太古老，背负了太多的传统和规矩。第二，进入剑桥或者牛津是一个很大的赌博，毕竟入校后选择尤其是更改专业并不像想象的那么自由。第三，学院制听起来是一个不错的选择，但是里面的实验条件和助教的水平远不及美国顶级大学。不过，尽管她没有选择英国的学校，但是搞清楚了英国大学的发展历史和现状，也有助于她和妹妹更好地了解美国的大学。

参考文献

1.　Peter Sager. 牛津和剑桥（*Oxford & Cambridge : an uncommon history*）. Thames & Hudson，2006.

2.　Peter Pagnamenta. 剑桥大学（*The University of Cambridge: An 800th Anniversary Portrait*）. The Third Millennium Pub Ltd., 2009.

3.　Brian Clegg. 罗杰·培根（*Roger Bacon: The First Scientist*）. Constable, 2013.

第五章　美国大学的管理

高等教育是美国最具竞争力的产业，世界一流大学大部分都在美国。美国的大学办得好，很大程度上离不开其独特的管理模式。

说到美国的大学管理，很多人的脑海里马上浮现出一些名词，比如董事会监管、终身教职制度和教授治校，等等。不过，不能简单地从字面上来理解这些理念的真正含义。今天美国大学的组织结构，比中国大学那种自上而下的树状结构要复杂得多，远不是没有多少管理经验和精力的教授应付得来的，因此，教授治校并非单纯意味着让专家学者当行政领导。再比如说提到"终身教职"这个词，很多人就联想到铁饭碗。而实际上，终身教职和铁饭碗并不完全等同，给予教授们终身雇佣机会的背后还有更深层的原因，那就是学术自由。至于大学的董事会，国内一些学校也有类似的机构，但是两者差别很大。美国大学（以及院、系两级）的董事会在大学的管理中起着很重要的实际作用，远不是像中国大学那样，设立董事会往往只是给社会名流一个荣誉而已。

了解了美国大学（尤其是著名的私立大学）管理的全貌，就会理解美国大学和教授与中国同行们不一样的做事方法，进一步则能理解他们一些看似古怪的行为。如此，也就能看懂美国（名牌私立）大学在录取学生时所依据的一些奇特的原则。

美国的大学有公立大学（其实是州立，并非联邦）和私立大学之分，它们在管理上有不少类似之处，比如教授治校，但差异也不小。这一章我重点介绍美国私立大学的管理，首先因为美国最好的大学（尤其是本科教育）几乎都是私立大学——这是美国独有的现象，二来我关于美国大学的大部分体验都来自于私立大学。如前所述，公立大学和私立大学在管理上有很多共性，我们先从这些共性谈起。

第一节　教授治校的传统

1　美国大学的教职制度

在美国（乃至全世界）早期的大学里，教授们是大学的主体。今天，在英语里用来形容教授这个群体的 Faculty 一词，原意是"天赋的能力"。这个词用来形容大学的教授们时，其含义是"一个具有天赋能力的群体"。一位新科教授，不论资历深浅，一旦来到一所大学任职，便成为了 Faculty 中的一员，被称为 Faculty Member。Faculty 是大学学校的半个主人，既然是半个主人，就会在一定程度上参与大学的管理了。

大家会注意到我上面用了"半个主人"这一说法，因为大学并非仅为教授所拥有，它还是社会的财富（或者属于州、城市，甚至是教会的资产）。当然，大学是一个实体，它不能抽象地属于全社会，而要由一些受托人代表社会来管理，这些人被称为 Trustee（有时也被称为 Regent[1]、Advisor 或者 Governor，等等），中文常常将其译成"校董"。

1　Regent 是行政长官的代理人的意思，有时也翻译成摄政，很多州立大学的董事用 Regent 一词，表示他们是代表州来管理学校的。

这些受托人在一起要组成一个类似于公司董事会的机构，来监督大学的管理并为大学提供建议，这个机构被称作 Board of Trustees（或 Board of Advisors、Board of Regents 或 Advisory Counsel，等等），也可以简称 Board，中文常常将其译作"校董事会"。大学的另外半个主人就是他们。关于学校各级董事会的作用，后面再详述，先来看看教授这一群体。

在讨论教授治校之前，先要简单介绍一下美国大学的教授制度。美国大学里的教授分为终身教职通道（Tenure Tracked）和非终身教职通道两种，这种区分其实是 20 世纪以后才有的。在 20 世纪之前，美国大学里并无终身教职一说，但这并不意味着教授们在大学的地位不稳定。事实上，在那些年代，美国的大学很少会因为教授不称职而将其解雇（倒是在欧洲的大学，解聘教授的事情时有发生）。不过，有时候政治和宗教团体以及捐过巨资的赞助人（比如洛克菲勒）会给学校施加压力，迫使学校解聘那些他们不喜欢的教授。比如，某个教授公开发表反教会的观点，或者公开批评某一个资本家，就有可能会给学校招来麻烦。但学校受到这样的干扰后，就不利于教授静下心来从事教学和科研，也不利于教授产生独立思想（比如反对教会和政府的思想），因此在哈佛大学、哥伦比亚大学和芝加哥大学的几位校长倡导下，特别是在美国教授协会（American Association of University Professors）的努力下，美国各大学开始实行不得随意解聘教授的制度（即所谓的 Tenure），Tenure 这个词被介绍到中国时，国人将其译作"终身教职"。然而，Tenure 的本意并非强调铁饭碗，而是强调应给予教授最大程度的学术自由。有了终身教职制度后，教授才真正成为大学的半个主人，他们的社会地位大大提升，以至于很多人都愿意放弃更高的薪水到大学任教。

进入终身教职通道的教授，根据级别分为正教授（Full Professor）、副教授（Associate Professor）和助理教授（Assistant Professor）[2]，基本上相当于中国大学里的正教授、副教授和讲师（中国有些大学现在也称呼他们为助理教授）。美国大学通常将进入终身教职通道的新人定为助理教授，并且给他们若干年（比如 6 到 7 年）时间升到副教授，美国大部分大学里副教授即终身教职。助理教授在规定的时间里若不能升到副教授，就得离开大学另谋出路。美国只有个别大学才把正教授设为终身教职，要想在这些大学里得到终身教职就比较难。这些大学一般会给助理教授 10 年左右的时间，让他们升为正教授。当然，在 5 到 6 年时要考核一次，看看他们能不能升为副教授，如果不行，就得立马走人。如果成功晋升，则这些副教授们在第 9 到 10 年还有一次考核，才确定能否获得终身教职。美国早期的很多大学，如耶鲁、约翰·霍普金斯都采用这种制度，但是近十几年来，各个学校之间相互竞争激烈，都希望聘到好的教授，而工业界也经常从大学里挖人，因此各个大学基本上都改为助理教授干了 6 到 7 年后，获得副教授即为终身教职。一个教授一旦获得终身教职，即使他工作表现不好，但只要不违法，学校基本上就没有办法解雇他们，因此学校在挑选教授时也是格外慎重。在美国没有博士生导师这一说，只要拥有博士学位，马上就能带博士生。事实上，在美国各个大学，常常是资历最浅的助理教授带博士生最多，也最上心，因为他们需要通过指导博士生们的工作，出论文，拿项目，从而获得终身教职。在那些获得终身教职的教授中，有些人一辈子都很勤奋，比如前面提到的贾里尼克教授，他工作到了生命的最后一刻。但也有一些教授拿到终身教职后，慢慢就变得不再活跃，教一两门课，偶尔带一两个学生就完事了。还有一些教授则开始从事教学科研以外的工作，比如办公司或给公司做顾问。有位我很熟悉的教授，在获得终身教职前，他每天夜里一两点才回家，周末也来办公室工作。当他获得终身教职以后，一

2　海外一些大学的 Assistant Professor 在回国时把自己的职位写成副教授，其实是不对的，因为在美国的大学里另有在它上面一级的 Associate Professor 才是真正的副教授。

周只来学校三次，而且下午五点准时下班。很多从中国来的学生一心想给大教授做博士，但是后来大失所望，因为发现这些大教授科研上既不活跃，也没有多少经费。

在美国的大学里，一般会把进入终身教职通道的人统称为教授，即使对助理教授也是如此。事实上，正教授、副教授和助理教授虽然资历和级别不同，在系里则是完全平等的。在美国很少有助理教授给正教授打工的现象，这与中国一些大学颇为不同。一个助理教授见到一个比自己大30岁的老教授，也不会点头哈腰，毕恭毕敬，而是直呼其名。当然，和老教授们关系好的助理教授在提终身教职时可能会有老教授给他撑腰。

在美国的大学里，一些大教授是所谓的教席教授（Titled Professor），比如斯坦福大学的著名物理学家张首晟教授，他是 J. G. Jackson and C. J. Wood 教席教授，类似于当年英国的牛顿是剑桥大学卢卡斯教席的教授。这些职位通常是某个慈善家或者公司捐助的，既是一种荣誉，也可以补贴教授的收入，并为教授提供录用一位博士生的费用。一些大学为了从外面挖那些水平高有影响力的教授，通常会以这种职位吸引他们。

在研究型大学里，除了有终身教职通道上的教授，还有另一类所谓研究型教授（Research Professor），这类教授有时也有自己的经费，还可以开课并带博士生，但是他们基本上是靠课题组的经费养活自己，一旦没有了经费，他们就要离开大学，因此在很多人看来这并非一个正式的职位。从非终身教职通道转到终身教职通道非常难，百分之九十以上的人都转不了，因此他们常常会在发表了很多论文或者拿到一大笔经费之后，到另一所大学找一个终身教职通道的职位。不过，凡事都有特例，比如我的论文指导教师库旦普教授就是从研究型教授转到终身教职通道上的，当然，这与研究中心主任贾里尼克教授不断为此事奔波努力有关。另外，麻省理工学院大名鼎鼎的舒维都（Victor Zue）教授也是这样转过来的。最近，另一个成功转换通道的，是证明了孪生素数定理的张益唐教授，他甚至被直接从（非终身教职通道的）研究型助理教授提升为终身教职通道的正教授。当然，这样的例子非常少，我在美国与大学打了十几年交道，也只听说过这三例。

在一些研究型大学里，有的大教授科研经费多了或者从公司里挣了大钱，常常会连课都懒得讲了，于是便和学校建议，由他们自掏腰包请一个讲师代为讲课。在斯坦福大学这种例子有很多，但是在美国东部的老牌学校里并不多见。这样一来，大学里就又有了一些专门给学生上课而不做科研的讲师，但又和中国或英国大学里的讲师完全不同，前者只是按照课时拿工资，而后者则是正式的职位。在美国，各个大学或多或少都会有一些这样的讲师，这倒不是因为大教授都懒得讲课，有些时候在某个领域找不到合适的终身教职通道的教授，而课程还必须得开，于是就先找讲师讲一两个学期。我在约翰·霍普金斯大学时就遇到过这种情况，我最早的指导教授布莱尔去微软任职了，而工学院花了一年多时间才找到接替他的埃斯勒教授，在此期间工学院就请来一位访问教授[3]，开了两年的课。

在中国一些大学教授的履历里，常常会看到他们同时还是国外某个大学的客座教授，很多人于是对此肃然起敬。其实，在国外，一个教授只要在某个大学访问过，甚至在那个大学短期讲过课，都可以称为客座教授（Visiting Professor），因此这不是什么了不起的荣誉，这一点和中国的

教授不同。此外，大学里的很多教授因为与其他系合作，常常也会被那些系任命为兼职教授（Adjunct Professor），很多系为了提升学术影响力，会把大学里其他系的教授请来做兼职教授，而后者为了便于合作，尤其是便于从其他系招收博士生，也会接受这种邀请，比如曾经是我论文导师的贾里尼克教授就是计算机系的兼职教授，也正因为如此，我才能跟着他做课题。

2　教授治校的含义

介绍完教授制度，我们再回过头来看看美国大学的教授治校。在美国的大学里，只有终身教职通道上的教授才有资格管理学校，而且管理的范围也只到系这一级。教授治校，主要体现在系一级制度的制订和执行。首先是制度的制订。在美国大部分大学里，每次系里制订或者修改规章制度，比如规定学生获得学位的要求，一般都要由系里全体教授（不论级别高低）通过。其次，在制度执行的过程中，除了在教授晋升问题上资深的教授更有发言权外，其他事务，则不分新老或资历深浅，各个级别的教授拥有的决策权完全平等。系里的教授要组成各种委员会，分别管理学校招生、教授晋级等日常事务。为了保证执行的公平性，各个委员会要各司其职，互不干涉，同时要严格按照流程办事。比如对助理教授晋升的评估，先要由助理教授提出申请并作答辩，然后由系里已有终身教职的教授组成评议委员会，并进行不记名投票。这个委员会的教授们会针对申请人的科研、教学和学术服务等成绩写出书面报告。在研究型大学中，关于科研方面的评估分量最重，只有在该委员会中得到过半数（甚至是三分之二）票数支持的助理教授，才能上报给学院批准。而研究生的录取则会由另一个委员会操作，具体做法也是按照事先商量好的流程来。

教授治校是美国大学的传统，但也并非完美。首先，早期大学规模比较小，教授治校比较容易，而今大学规模大了很多，教授的权限很难超出系里。这倒不是要限制教授的权力，而是因为到了学院一级再进行这样完全的民主管理，效率未免太低。英国剑桥大学曾经有过由全体教授组成的上议院，但是这个上议院除了选举校长和选出当地的下议院议员外，对学校的管理做不了什么事情。其次，随着学校规模越来越大，要求权力相对集中，因此，现在美国大学里各个学院院长的权力相比过去大了很多。当科研在大学里变得越来越重要之后，各种大型实验室和中心在大学里的地位也越来越高，主管这些实验室的大教授们与院长们常常会走得很近，因而在学院的发展方向上这些教授有着巨大的发言权，不是其他教授能比的。这一点我们会在后面展开论述。

总的来讲，教授治校，行政成本比较低，学校管理民主公正透明。更重要的是，教授们具有尊严和权威，不会成为政府官员们的附庸，不会跟着政府官员的指挥棒乱转，这样才能保证学术自由。教授治校是美国大学的普遍传统，而研究型私立大学又有着自己的管理特点。为了说清楚这些特点及其来龙去脉，我们先来看看美国私立大学的发展以及在不同时期的管理特点。

第二节　私立大学管理的变迁

私立大学并非都是好大学。实际上，在美国开办一所能发本科文凭并能给国际学生发 I–20 表[4] 的私立大学非常容易，只要有三所大学承认它的学分且允许学生转学即可。很多美国私立大学其实就是通过提供质量很低的职业教育，变相在挣外国人的钱。当然，这些都不是我想讨论的私

4　I–20 表是美国学校向每一位去美国读书的国际同学发放的用于签证和入学的必备文件，该文件证明其在美国读书的学生身份，及这个身份的有效期。

立大学，在这套书里，我要谈的私立大学是在美国排名前 25（即《美国新闻和世界报道》排名第一页里）的那些学校，或者说一流大学。之所以主要谈美国私立大学的管理，是因为它们更有独立性，它们的管理更能代表美国大学管理的特色。当然，无论是公立大学还是私立大学，在管理上都有一些共同之处。后面我在介绍伯克利的时候，也会谈到公立大学管理的一些不同之处。

美国在建国之前创办的大学都是私立大学，按照建校时间先后排序，分别是：

哈佛大学，1636 年

威廉 – 玛丽学院，1693 年

耶鲁大学，1701 年

宾夕法尼亚大学，1740 年

普林斯顿大学，1746 年

哥伦比亚大学，1754 年

布朗大学，1764 年

达特茅斯学院，1769 年

罗格斯大学，1766 年

这 9 所大学都集中在美国东北部（只有威廉 – 玛丽学院稍微靠南），在早期它们都非常相似，它们中除了威廉 – 玛丽学院和罗格斯大学后来因财务危机不得不转成公立大学外，其余 7 所大学构成了今天所说的 8 所常青藤大学[5]的主体，并且依然保持着很高的学术声誉和水准。在独立战争之后，1785 年建成的佐治亚大学，成为了美国的第一所州立大学。

5　关于常青藤联盟的由来，我们在后面会讲到。

图 5.1 美国历史第二悠久的威廉 – 玛丽学院一度比肩哈佛大学，但在转为公立之后沦为了
二流大学

从此，美国的大学才有了多样性。

美国第二批著名的私立大学大多创立于 19 世纪下半叶，包括：

杜克大学，1838

西北大学，1851

华盛顿大学（圣路易斯），1853

麻省理工学院，1861

康奈尔大学，1865

约翰·霍普金斯大学，1876

斯坦福大学，1885

芝加哥大学，1890

加州理工学院，1891

卡内基 – 梅隆大学，1900

后面这一批私立大学在建校时就比较注重专业教育，并且逐步发展成为研究型大学。它们都拥有若干一流的研究生院，在办学上也各有各的特色。比如麻省理工、加州理工在理工科领域非常强，康奈尔大学和卡内基－梅隆大学在工程上比较出色，约翰·霍普金斯大学和华盛顿大学在医学上相当优秀，芝加哥大学和西北大学的经济学和商学在美国名列前茅，而其中的斯坦福大学更是发展成了各方面堪与哈佛比肩的全能型大学。这些大学和前面提到的 7 所常青藤大学一起，构成了今天美国一流大学的主体。而在这些大学建校的半个世纪，以及随后的二三十年里，哈佛、哥伦比亚和宾夕法尼亚等老牌大学也逐步向研究型大学转变。相比之下，达特茅斯学院和布朗大学的研究则比较弱，而耶鲁和普林斯顿的转型做得也不如哈佛等大学坚决，常青藤大学的差异也就从此形成。上述这些大学都非常好，一个高中生能进其中任何一所，都会比较满意，当然，要是所选大学的强项能与学生自己的特长相匹配，那就再好不过了。

图 5.2　普林斯顿大学早期只有这一栋不大的拿骚楼（Nassau Hall），全体师生的教学和生活都在这里进行，因此当时大学的管理也很简单

美国早期私立大学的管理很简单，教师基本上只给学生上课，不做研究，而且教授和专业都特别少。当时美国大学的经费也少得可怜，像约翰·哈佛（John Harvard，1607—1638）给美洲大陆第一所大学捐赠的几百英镑和 300 多本书，对当时的学校来讲就是一笔不得了的财富了，他因此获得了哈佛大学的冠名权。1718 年，商人耶鲁（Elihu Yale，1649—1721）给另一所大学捐赠了大约 800 英镑加上 400 多本书，也获得了耶鲁大学的冠名权。而就在几年前，牛顿炒股的损失便有两万英镑，也就是说，耶鲁大学当年所获得的捐款只有牛顿玩股票损失的 1/25，由此可见早期大学经费之拮据。大学经费紧张，带来了两个结果，首先大学的任何事情都只好由教授和学生自己去做了，直到今天，学校里也没有太多的专职管理人员和办事员。除大事以外，日常事务依然要由教授这个群体来管理和操办。所有准备在大学里担任教职的人，都必须做好思想准备，要花一些时间为学校尽教学和科研以外的义务。教授们管理大学，后来被称为教授治校，自然倾向于学校的事情越少越好，而不像中国的好些教授，动不动把"产学研"三个字挂在嘴边。其次，因为缺钱，美国大部分私立大学校长的首要任务就是去找钱，只有找到了钱，才能按照自己的理念去办学，这个传统沿袭至今。在美国的大学历史上，吉尔曼之所以非常成功，和他不需要太为钱操心有关。但是，多数校长都没有吉尔曼的福气，他们的大部分精力都花在了找钱上。今天，哈佛大学的校长福斯特（Drew Faust）最自豪的一件事就是她为哈佛拉到了许多捐赠，以至于可以给大部分学生发放奖学金，并且让低收入家庭的学生可以免费上哈佛。既然校长相当大的一部分精力要花在搞定办学经费上，那么教学管理工作则交给了另一个人——教务长（Provost）。打一个不太恰当的比方，校长相当于公司的 CEO，抓大事，而教务长相当于 COO，管学校的具体运作。今天，美国大学的教务长一般要统管课程的设置，负责抓教学和科研。在很多大学里，各个学院的院长都是向教务长而不是校长汇报工作，也有一部分大学，院长们同时汇报给教务长和校长两人。很多时候，著名大学的教务长会到另一个大学当校长，比如 1991—2001 年间哈佛的校长陆登庭（Neil L. Rudenstine）就担任过普林斯顿大学的教务长，约翰·霍普金斯大学的校长丹尼尔斯（Ronald Joel Daniels）原先是宾夕法尼亚大学的教务长。

美国早期的大学里，一所学校只有十几个教授，而且主要是教授拉丁文、文学、宗教和礼仪举止等上流社会必备的修养，并无明确的系和专业，甚至连文理也不分家。由于大学里就这么些人，这么点儿事，管理起来很容易。校长管大事，教务长管具体的事情，教授们做具体的事情。那时教授的工作除了教学，还要承担校务的义务（Academic Duty）。那时虽然没有终身教职这一说，但是教授治校实际上是全校范围的，而不像今天这样——"政不出系"。

到了 19 世纪，大学的规模越来越大，这就不得不分系和专业了，这个时候就不大可能每个教授凡事都去找教务长或者校长了，因此他们大部分时间都需要在系里解决所遇到的问题。当系作为一个独立的机构来运作时，就需要有人管理系里的日常杂事，并在需要共商大事时，召集教授们来开会，这就出现了系主任（Chair）一职。Chair 这个词本身是椅子的意思，可以引申为坐在椅子上的人，比如我们说的主席。系主任原本叫作 Chairman，不管谁担任都这么叫，因为早期很少有女性担任系主任。后来女性担任系主任多了，有时觉得叫人家"椅子上的男人"（Chairman）不够尊重，就把女性系主任称为 Chairwoman，可是这样一来女权主义者又不干了，说为什么要强调某个主任是女性，于是一度又出现过 Chairperson 一词。但是一来这样叫很别扭，二来女权主义者还是不干，说对于男性系主任，大家还是习惯叫 Chairman，而一旦说 Chairperson，八成是指女性系主任，还是强调了性别，最后干脆采用 Chair 专指系主任。

在中国的大学里，系主任常被看成是系里最大的官，一般教授是不敢得罪系主任的。另外，一旦学院的院长或者副院长职务出现空缺，很多系主任都会跃跃欲试，因为在中国的大学里，这是一个升官的机会。但是在美国，系主任只是管理系里日常事务和召集大家开会，与其他教授基本上是平等的。这不是什么手握大权的职位，因此大部分系主任都并不恋栈，干得好就干两届，干不好一届就走人。在美国大学，学院的院长往往不是从系主任中提拔的，而是面向全社会招聘，系主任恋栈也没有用。这也反映出在美国大学里教授（而不是官员）治校的传统。

早期美国的大学从专业上分出了系，从管理上看似乎是两级的结构，从一般教授到系主任，再到校长或者教务长，但是，系主任并非专职的行政职务，而教务长和校长却是。虽然很多教务长和校长原本是学者，但是一旦担任了教务长或者校长，就没有时间搞教学做科研了。系主任并没有多少人事权，若没有校长（现在是各个学院院长）的批准，就没有招人的指标，即使他所负责的系近几年经费足够多。同样，系主任也不能变相"解聘"教授，即使这个教授犯了天大的错误（比如性骚扰），也得由校长（或者院长）处置发落。如果校长犯了这一类错误，则由董事会处置校长。2002 年，洛克菲勒大学的校长、著名生物学家李文（Arnold Levine）博士因为和一位女生之间有着不检点的行为，被董事会勒令请辞。

19 世纪之后，随着规模的扩大，美国的大学结构变得复杂起来，首先是在大学和系之间多了学院这一层；其次是在向研究型大学转型的过程中，跨学科研究得到发展，大学里出现了大量的研究所（研究院）、中心和实验室；最后，随着大学的发展，隶属于它的医院、实验室、公司和其他资产越来越多，大学的管理也就变得越来越复杂了。

第三节 美国研究型大学的结构

1 复杂的现代大学管理结构

美国大学里最早出现的专业学院是医学院，毕竟早期大学很大程度上是靠慈善捐赠办起来的，因此大学本身也一直以济世救人为己任。1765 年，宾夕法尼亚大学成立了医学院，成为北美地区最早的医学院。1788 年，哈佛医学院成立，成为哈佛大学的第一个学院，在此之前，它的主要专业神学甚至都还没有成为独立的学院。不过，美国大学大量成立专业学院，则是在借鉴德国洪堡的教育理念并向研究型大学转型之后的事情。

今天，美国的研究型大学从行政管理上分为学院（School）和系，学院在管理上有很大的自主性。学院下面有系，但是如前所述，系主任并没有太大的行政权力。系里面并没有中国大学各系的教研组和课题组，因为各个教授都是独立的，彼此之间没有上下级关系。系里的教授，可能自己单独做科研，也可能和其他教授一起合作成立一个实验室（Lab），一起搞科研。有些大学（比如斯坦福大学）的实验室就是由系里一两个教授带着自己的学生组成的，有点像中国大学里的教研组。但是很多大学（比如麻省理工学院和约翰·霍普金斯）的实验室常常是跨了好几个系，甚至是跨了好几个学院，比如麻省理工学院著名的媒体实验室（Media Lab）。在有些大学，大一点的实验室被称为中心（Center），比如，约翰·霍普金斯大学的语言与语音处理中心（CLSP）。对于只有一两个教授的小实验室，可以认为它们和系有隶属关系，但那些大的跨学科的实验室，和系其实是一种交叉的关系。麻省理工学院的格兰德（Polina Golland）教授用了下面这张图来描述系和实验室的关系。

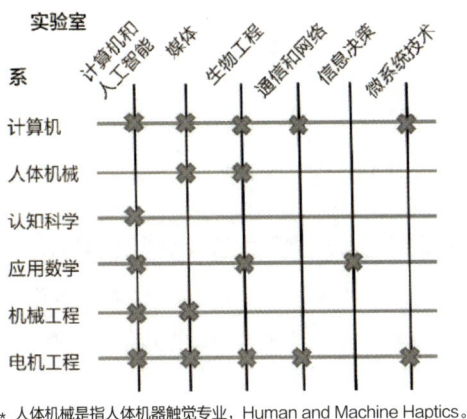

* 人体机械是指人体机器触觉专业，Human and Machine Haptics。

图 5.3　系和实验室关系的矩阵图，交叉点表示某个实验室与某个系有关联

图 5.3 是根据麻省理工学院现有的一些系和实验室（中心）绘制出来的，当然，篇幅有限，这里省略了很多实际的联系，比如著名的计算机和人工智能实验室（CSAIL）涉及十几个系，而计算机科学系也不只有这几个实验室。

这些大的实验室和中心，自有一套完整的管理机构。一般来讲，最上层有一个实验室主任（Director），他下面甚至可能有副主任，具体要看实验室的规模。像麻省理工的 CSAIL 实验室，拥有上百名教授和科学家（非终身教职职位的研究人员），几乎同样数量的博士后，500 名左右的研究生（主要是博士生），加上几百名本科生，再加上一些管理人员，总数超过 1000 人，规模比大部分与之关联的系都大。因此，CSAIL 的管理完全是按照一个独立的行政单位进行的，在主任下面有 4 个副主任，再下面有一些由大项目负责人组成的委员会，比如著名华裔教授舒维都（Victor Zue）就是委员会的成员，当然还要有不少人专司行政管理维持其运作。需要指出的是，这里的主任（或副主任）与实验室里的

教授们并没有很强的领导关系，也就是说，实验室的主任并不能给实验室哪怕是一个资历很浅的助理教授指定工作。

2　教学和科研管理的分离

研究型大学里存在的这种网格状的管理结构，容易让人产生两个疑问。首先，到底是系大，还是这些实验室（中心）大，两者之间有什么关系；其次，教授们（和学生）到底算是系里的人，还是中心的人，他们的主管行政单位是什么。

先谈谈第一个问题。美国整个社会的结构都是地方自治的，很多时候组织之间没有上下级的隶属关系，不存在谁比谁大的问题。系和实验室的关系可以大致这样理解：教学和人事管理在系里，科研在实验室。美国大学的课程都由系负责开设，课程都有一个由两组数字组成的代号，比如 600.201，第一组数字代表系或者专业，第二组数字代表课程。有些大学，不同的学院会分别单独招生，因此在数字前面还会有一个学院的代号或者字母缩写，比如 EN.600.201（不过课程是三位数字，专业未必都是三位，像麻省理工从 1—3 位均有可能）。虽然实验室的一些非终身教职的科学家也可以开课，但是这些课程都会被纳入某一个系的课程体系中，哪怕是那些只有两周的短期课程。教授们在做科研时，大部分时间都在所在的实验室和中心，需要的设备也是用所在实验室的项目经费购买的，这些财产不属于系里。

了解了系和实验室的关系，第二个问题就好回答了。终身教职通道内的教授在人事管理上属于系。当然，这里的人事管理主要不是指考勤（一个教授要去开会或休假，他不必告诉系主任，但是会和实验室的主任打声招呼，不过也仅此而已，因为教授的工作相当独立），而是指教授的升迁和薪酬的调整。在同一个系但在不同的实验室里做科研的教授，有时相互间见面和说话的时间都很少，而同一个实验室的教授之间关系则非常近，但是，能不能得到提升，却又是由系而不是实验室决定的。这里面有时就有矛盾之处，一个教授可能很有名气，科研做得很好，却很不关心系里的事情，在升迁时就可能会遇到麻烦。我所认识的一些斯坦福和约翰·霍普金斯很有名的教授，在从助理教授提升到副教授时，都因为系里一些与他们的工作毫不相干的教授的反对而差点没有得到提升。但是，如果一个教授经费很多，出成果又快，他也会客大欺店。因为在美国，经费是跟着教授走的，而不属于大学或者系里。关于科研经费，后面我们还会做专门的介绍。

不仅是教授的科研完全在实验室里，研究生的工作常常也会跟着实验室走，而和系里没多大关系。拿我本人来说，我虽然当时是约翰·霍普金斯大学计算机系的博士生，但是我的科研工作是在 CLSP 做的，我的奖学金也来自 CLSP，因此我和 CLSP 的关系自然而然地要比和计算机系更紧密。我在约翰·霍普金斯学习了 6 年，与计算机系的大部分教授及其他博士生接触有限，但是和 CLSP 里面那些非计算机系的教授及所有博士生关系都特别亲近。不过，等我要拿博士学位时，CLSP 并不给我发学位，而要到计算机系来拿。

在美国的大学里，成立一个跨系的实验室远比中国的大学容易。因为在美国，两个来自不同的系进行科研合作的教授，将同一份成果拿回到各自的系里，可以分别请功一次，将来提升时这份成果一共被认可了两次。而在中国，合作的一方将科研成果拿回自己单位时会被认为减少了一半，因此跨系合作比较难，这导致合作精神较差。举个例子，上海交通大学在做世界大学排名时，对于重要论文一项的得分是这样计算的：第一作者所在的学校给最大百分比的分数，第二作者所在的学校得到第二大的百分比，以此类推，所有的权重加起来是 1。先不论这种计算方式是否合理，但这至少反映出大学对于合作的态度——它觉得几方合作得来的成功应该是大家分，多一个人分，自己的成绩就少一分。这样一来，我们就不奇怪为什么国内很多系和研究所在重复研究同一个课题。比如我在清华时，研究语音识别、手写体识别、多媒体的有好几个课题组，相互之间不仅不合作、不交流，还相互竞争政府经费。在美国的大学里，如果几个单位合作取得成果，每一个参与单位都会把这个成果百分之百算成是自己的，这样一来不仅跨学科实验室会非常多，而且通过交流合作能产生出新思想。

图 5.4 麻省理工学院的林肯实验室，由政府资助，有 1700 多名科学家在里面工作

在美国的大学里有时还会有一级被称为研究所（Institute）的机构，有时译作学院，但又跟那些工学院、医学院之类的专业学院（Professional

School）不同。研究所可以看作是一个超级中心（或者超级实验室）。这些研究所隶属于一个专业学院，并且由一到两个核心的系给予支持，但不同的是，研究所有自己的专业，可以发自己的文凭。比如约翰·霍普金斯大学的信息安全研究所（Institute of Information Security），它本身隶属于工学院，里面的大部分教授来自于各个系，其核心的系是计算机科学系，但是它有自己专业的学生，有特殊的课程要求，毕业生的专业又有别于其他系。

在美国的一些研究型大学，还有超级规模的国家级实验室或者中心，比如加州理工学院的喷气推进实验室、芝加哥大学的费米实验室、麻省理工学院的林肯实验室和约翰·霍普金斯大学的应用物理实验室。它们名义上隶属于大学，但预算是独立的，且由政府直接支持。在这些实验室里，虽然有大学各个系的教授在里面兼职，但是大部分科研人员都是专职的科学家，很少有博士生在里面工作。研究所里的专职人员实际上与学校的关系并不紧密。由于研究所的经费十分充足，科研水平非常高，因此学校在做宣传时总是乐于将它们算成学校的下属单位。这类国家级实验室对学校最大的帮助，就是可以将一部分科研经费以合作的方式给到一些教授手里。

拥有一流医学院的大学，都会有附属医院，比如著名的约翰·霍普金斯大学医院和麻省总医院（对应于哈佛大学医学院），这些医院是自负盈亏的，它们的收入再高，也并不能把资金拨给学校做科研。不过，事实上由于美国健康保险制度存在缺陷，这些大牌医院通常都处于亏损状态。

今天，一所研究型大学的校长要管理所有这些部门和实体，实在不容易。校长的角色更像是一个公司的 CEO，而不是教育家。美国大学的教授们有时会感叹校长对他们不够关心，因为校长花了太多的精力去找钱和扮演公司老板的角色。第二次世界大战之后，艾森豪威尔在当选总统之前，一度担任哥伦比亚大学的校长，他经常不在大学里，而是到处演讲筹款，以至于哥伦比亚大学的教授们对他颇有微词，认为他更像一位政客而不是教育家（当然后来艾森豪威尔真的成了政客），但是大学的董事会却很喜欢他，因为他能搞来钱。今天，很多人感叹美国的教育界已经很难再出现吉尔曼、艾略特和伍德·威尔逊这样卓有远见的教育家了，因为在学校这个层面，现代研究型大学和一百多年前的纯学术中心已经是两回事了。

3　管理上的分权

为了让管理更加有效，校长会把大部分管理的权限分到学院一级，这和中国的大学差别很大。在美国的大学里，不同的部门各司其职，很少有层层上报的现象。学院有相当大的权力，它会决定学科发展方向和师资队伍建设，以及学生获得学位（和奖学金）的基本要求。在美国的大学里，系通常都比较小，往往没有足够的资源来建立起一个新的学科方向，它们如果有类似设想，需要和学院沟通，在得到学院支持后，可以获得相应的人员指标（比如新招一两个教授）并得到一笔启动资金。我在约翰·霍普金斯大学计算机系担任了多年的顾问，发现若没有学院的支持，系里只能维持现有的教学科研状况，几乎无法开展新的工作。一个系主任若看准了某个新的研究方向，他必须有本事说服院长给予资源。而几乎所有的系主任每年都会向院长兜售一些新观点，哪个系得到了院长的认可和支持，哪个系就会发展得好。我后来在约翰·霍普金斯大学工学院做董事时，发现学院并不需要大学的支持，可以自行解决几乎所有的问题，包括大型的建设项目（比如盖大楼）。从这个角度来看，学院院长反而更容易贯彻自己的教育理念。学院还会指定教授的薪酬标准和工作月份。美国的大部分学院只给教授们发 9 个月薪水，另外 3 个月教授们或者放假休息，或者从自己的科研经费中发放工资。也有些学院（主要是医学院）给教授们发放 12 个月的工资，这些都是由学院自己定。各大学各个系里不同资历的教授，薪酬结构如何，也是由学院确定。

在美国的很多大学里，学院是办公楼的拥有者，各系、各实验室实际上是要向学院支付实验室和办公室场地的费用。当然，出于扶持一些新学科和年轻教授的目的，学院有权减免场地费用。如果一个系学科老化，并且长期拿不到科研经费，它就不得不交回一些办公场地，这样学院就可以将这些场地分配给快速发展的学科。如前所述，美国的大学几乎无法解聘在科研上不再活跃的老教授，有时只能通过经济手段让他们吐出所占据的各种资源，包括场地等。当然，在有些研究型大学，有的系比一般大学的学院规模还要大，比如伯克利的电机工程和计算机系、斯坦福的电机工程系，都拥有专属的场地资源，不受学院调配。

概括来讲，美国的研究型大学是一个大的联合体。在这个联合体中，学院是最重要的教学与科研单位。学院下面设有系和实验室（大一点的实验室被称为中心或者研究所），前者是教学的主体，而后者是研究的主体。教授们的人事隶属关系，包括工资关系在系里，而日常的研究工作则在实验室里。实验室和系通常是不同维度的网格关系，而不像国内大学是隶属关系。

美国大学的管理，总的来讲是权力下放，各司其职。

- 学校一级管理者，他们的主要工作是：
1. 负责制订大学的长期发展方向，实现办学理念；

2. 管理庞大的机构，进行大型项目建设；

3. 在很多美国的大学里，本科生是统一招收，统一培养，因此学校要制订本科生培养原则和毕业要求。

- 学院一级管理者，他们的主要工作是：

1. 确定学科发展方向，尤其是科研方向，负责协调学院内各学科之间资源的配比；

2. 制订教授薪酬的标准；

3. 制订研究生培养原则和总体毕业要求。在某些大学里，本科生是分学院招收的，那么本科生的培养也落到了学院一级，学院便需要负责制订本科生培养原则和毕业要求。

- 系一级管理者，他们的主要工作是：

1. 负责监督教授们完成教学任务；

2. 负责招收研究生，并制订该系研究生的具体毕业要求；

3. 评议教授并且决定教授的晋升。

学校一级的管理部门无权干涉学院和系里的一些具体工作，比如校长不能决定某个教授能否晋升为终身教职，或不能干预某个系的研究生毕业标准。

第四节　美国私立大学的财务管理

1　私立大学收入的构成

与公立大学不同，美国私立大学没有各级政府税收的支持，办学经费全靠自己设法筹措。从经费来源上看，美国私立大学的经费筹措主要有四个渠道：学费、科研经费、对外培训费和捐赠。虽然大部分大学还有技术转让费以及在公司技术入股带来的收入，但是除了斯坦福大学，各大学这一块的收入所占经费比例都不高。即使是斯坦福大学，虽然它在历史上全部的技术转让和公司股权收入加起来有 10 亿美元左右，但是相比近几年来它每年获得的 10 亿美元左右的捐赠，这个比例也不算高。

美国私立大学的学费看上去很昂贵，比如前面所列举的最好的 15 所私立大学里，学费最贵的是地处纽约曼哈顿的哥伦比亚大学，每年（2014 年）的学费高达 51000 美元，学费最便宜的是地处新泽西乡村的普林斯顿大学，每年也要收 42000 美元。不过，这些大学都会对中低收入的家庭减免学费，甚至提供生活费，因此人均学费其实比州立大学还低。故而依靠收学费，远远无法支付学生们在大学里实际的花费。以约翰·霍普金斯大学为例，它标定的学费是每年 47000 美元，但实际上每个学生人均只收 20000 美元左右的学费，而它花在每个学生身上的费用每年超过 60000 美元，每个本科生亏空高达 40000 多美元，这样整个学校的本科教育每年要亏损两亿多美元，那么这笔亏空就要通过其他渠道补上来。

大学的第二块收入是科研经费。私立大学虽然没有来自政府的税收支持，但和公立大学一样有资格申请并获得政府的科研经费支持。对于研究型大学（不论是公立还是私立）而言，这一部分的收入甚至远远超过学费的收入。表 5.1 是部分大学从政府获得的研究经费：

表 5.1 美国研究型大学科研经费一览

（数据来源：《华盛顿邮报》[6]、http://247wallst.com/ 等）

大学	全美排名	经费 / 亿美元	说明
约翰·霍普金斯大学	1	21	如果不计入应用物理实验室（APL）的经费，则为 10 亿美元
密歇根大学	2	13	
杜克大学	7	10	
斯坦福大学	9	9	
哥伦比亚大学	10	9	
麻省理工学院	15	8.2	
康奈尔大学	16	8	
哈佛大学	17	8	
加州大学伯克利分校	20	7.3	不包括劳伦斯利物莫国家实验室（LLNL）
华盛顿大学（圣路易斯）	22	7.1	
耶鲁大学	27	6.7	
西北大北大学	28	6.3	
加州理工	62	3.7	不包括喷气推进实验室（JPL）
布朗大学	63	3.7	
普林斯顿	77	2.9	
达特茅斯学院	85	2.6	

从这份数据可以看出，一些私立大学一年的科研经费都在 5 亿美元甚至 10 亿美元以上。美国的大学会对教授带进来的研究经费收一笔管理费，各个学校收取比例不等，但一般都会在实际使用的科研经费之上加收 40%—60% 左右。举个例子，一个教授从外面拿到一笔 100 万美元的科研经费，那么他还要额外向提供经费的机构申请 40 万—60 万美元

6 http://www.washingtonpost.com/local/education/johns-hopkins-again-tops-in-university-research-spending/2013/12/09/6bc681ca-60eb-11e3-bf45-61f69f54fc5f_story.html

（共计 140 万—160 万美元），第二笔钱交给学校。无论是公司还是政府，在给大学教授提供科研经费时，都很清楚还需要额外支出这一笔钱，因为这是美国大学的规矩。这一笔不菲的管理费，被很多大学用于支付行政管理费用，甚至用来发放年轻教授的薪酬。

从表 5.1 中也可以看出，并非所有的私立名牌大学都有很多科研经费，即使是常青藤里的布朗大学、普林斯顿大学和达特茅斯学院，其科研经费在美国大学中排名也相当靠后。于是，这些大学就需要靠另一块收入来补贴教学和学校建设了，这就是捐赠。表 5.2 列出了 2014 年美国获得捐赠金额排名前 20 的大学，其中哈佛大学不仅创纪录地获得了近 12 亿美元的捐赠，而且重新从斯坦福手里夺回了丢失近 10 年的第一名宝座。这 20 所大学大多数是私立大学，在前 10 名中，除了守着得克萨斯油田的得克萨斯大学和守着微软、亚马逊和波音的华盛顿大学（西雅图）外，其他都是私立大学。如果把获得的捐赠和科研经费加在一起，私立大学就普遍超过公立大学了。不过，科研经费毕竟大部分都会用于科研，而捐赠则是净收入，因此几乎所有的大学都更喜欢捐赠。

表 5.2　2014 年美国获得捐赠排名前 20 的大学一览

大学	2014 年获得捐赠（亿美元）
1. 哈佛大学	11.6
2. 斯坦福大学	9.29
3. 南加州大学	7.32
4. 西北大学	6.16
5. 约翰·霍普金斯大学	6.15
6. 康奈尔大学	5.46
7. 得克萨斯大学奥斯丁分校	5.29
8. 宾夕法尼亚大学	4.84

大学	2014 年获得捐赠（亿美元）
9.（西雅图）华盛顿大学	4.78
10. 哥伦比亚大学	4.7
11. 纽约大学	4.56
12. 加州大学旧金山分校	4.45
13. 杜克大学	4.37
14. 密歇根大学	4.33
15. 耶鲁大学	4.30
16. 加州大学洛杉矶分校	4.3
17. 芝加哥大学	4.05
18. 加州大学伯克利分校	3.9
19. 麻省理工学院	3.75
20. 印第安纳大学	3.41

2　捐赠的重要性

为了有效地获得捐赠，各大学在学校和学院两级都设有专门的"发展建设办公室"，直接隶属于校长办公室和院长办公室，主要任务就是寻求捐赠。各大学不仅对捐赠者非常热情，而且对于冠名权或者其他能给出的荣誉，甚至是一些捐赠者的子女入学时的照顾，从不吝惜。我们不妨以筹建一栋大楼的过程，来说明美国的大学是如何通过捐赠建设学校的。

首先，学校的发展建设办公室会估算出建造一栋大楼所需的费用，由于最后的实际花费往往会比建筑商起初的预算高出一部分，学校在做预算时便会留出 20%—30% 的余量，比如盖一栋大楼需要 2000 万美元，通常则需要准备大约 2500 万美元，再加上学校有时还希望通过这个特殊的建设项目为今后学校的发展存一点经费，最终发展建设办公室可能会把筹款目标定为 3000 万美元左右。

在美国捐助一栋大楼，要取得大楼的冠名权，并不需要出全部的建筑费用，而只需捐助大楼总造价相当大比例的金额即可，比如上述这栋楼，冠名权可以卖到 1000 万美元，余下经费怎么办呢？还可以卖大楼里各个实验室和教室的冠名权，比如以每个冠名权 20 万美元的价钱卖掉 50 个，这样就又能筹集到 1000 万美元，其实，当钱筹集到大约一半时，建筑商就可以开工了。接下来学校还可以卖掉大楼里一些更小的冠名权，比如大楼里有一个 200 人的阶梯教室，学校可以以每个座位的冠名权为 2 万美元的价格卖得 400 万美元。如果钱还不够，甚至可以把走廊和大厅的冠名权也卖掉。如果一些愿意做慈善的人只能出几百块到几千块（但得不到任何冠名权），学校对这样的善款同样欢迎。顺利的话，学校便可以筹到大约 3000 万美元。当然，有些时候愿意出 1000 万美元的大慈善家并不好找，也会出现楼盖好了却无法冠名的情况。学校这时会给新的大楼临时取个名字，比如麻省理工学院的学生宿舍新大楼（New House）就是一个临时性的名字，哪天要是学校找到了愿意冠名赞助的人，这栋大楼就会以捐赠者的名字冠名。而麻省理工学院的这栋宿舍新大楼，至今还没找到捐赠者，而它的下一栋宿舍楼又已经开始修建了，于是新的宿舍楼只好临时叫做下一栋大楼（Next House）。有些时候，大楼落成很多年后，才出现愿意冠名的慈善家，比如约翰·霍普金斯大学以前的"新工程大楼"（New Engineering Building）建成 20 多年后才被冠名为克罗夫特（Croft）大楼。

3　科研经费和其他收入

美国私立大学的捐赠除了用来建设学校，还用于维持教学和科研。虽然科研经费大部分是从政府申请的，但是在申请经费时需要有一些初步的科研成果，而刚毕业的博士或刚刚完成几年博士后工作的年轻学者，通常无法靠很过硬的成果通过政府主管部门的评审，因此他们需要一些启动资金，先做两三年的前期研究，这笔钱就常常需要从院长基金（也是捐赠的）里出或者通过直接捐赠获得。在过去的十几年里，Google 每年都会支持几百名刚入职、没有经费的年轻教授做科研，每年给的经费大约可以让一个教授养活一个研究生（包括学费、生活费和实验费用等），其他一些公司只要盈利尚好，也会多少支出一些经费给大学，这些钱数额不大，捐赠者一般也不指望受赠者能做出什么成果，只是帮助年轻人开始他们的研究事业而已。自从奥巴马就任总统后，美国政府的研究经费大幅削减。据著名物理学家朱棣文教授和斯坦福另一位诺贝尔奖获得者 Brian Kobilka[7] 教授介绍，以前教授们向美国国家医学院（NIH，很多大学主要的经费来源）申请经费时，30% 的申请会被批准，近几年则降至 5%—6%。不仅如此，第一次作为项目负责人从 NIH 拿到经费的教授的平均年龄如今已上升至 40 岁，也就是说，在教授们最年富力强的时候，他们中的很多人是拿不到政府研究经费的。因此，为了保证学校的研究水平，大学里的各个学院都需要想尽办法获得捐赠，以维持学术水平的领先。通常私人和公司对学校科研的捐赠有两种，一种是设立一个讲习教授的职位，另一种是具体支持一项基础研究。前者通常会在学校设立一个基金，学校用基金的投资回报来补贴教授和供养一两个博士生；后者通常是捐给捐助者感兴趣的课题，比如拳王阿里因为自己患有帕金森综合征，他的基金会就给约翰·霍普金斯医学院的帕金森综合症研究项目捐赠了不少钱。

私立大学的奖学金基本上是靠捐赠而来的，这些奖学金通常是以捐赠者或者在学校历史上做过巨大贡献的教授、院长和校长的名字命名的。一

7　　2012 年诺贝尔化学奖得主。

所私立大学，能够为奖学金筹到的捐赠越多，就越容易招收到优秀的学生，从而逐步提高学校的声誉。正是因为捐赠如此重要，所以美国大学的校长和院长们要花很大精力去筹款，并且他们总是善待每一位捐赠者，不论捐款的数额多寡。

美国大学的第四项主要收入来自于各种收费培训，包括在职继续教育——这主要是针对在岗的本科毕业生，还有暑期对中小学生的培训，以及满足一些慕名而来的成功人士镀金的需求，诸如 EMBA 班。当然，美国各大学的硕士教育基本上是盈利的，故而都愿意大量招收硕士生。要想成为一所名校的校友，最容易的办法就是读它们的硕士课程。

当然，并非每一所大学都能从上述培训中挣到大钱，因为这取决于大学的名气和那些培训课程（Program）的名气。一些非常有名的培训课程，总是人满为患，比如斯坦福大学的 EMBA 培训，约翰·霍普金斯大学面向中学生的CTY[8]暑期培训和工程硕士班，哈佛的各种继续教育培训，等等。但是并非所有私立大学都有这样普遍受欢迎的培训班，总的来说，这类收入对某些大学来讲很有分量，对另一些大学来讲则不过是锦上添花而已。

除了上述收入之外，大学还会有些其他的收入，比如专利转让费，如我们前面所讲，这项收入其实特别少。另外一项就是大学附属医院的收入，但是这部分收入一来单独核算，无法用在教学和科研上，二来大部分医院收入虽然高，但是并不盈利，对大学来讲医院只是资源，却不是财源。

---

8 全称是 Center for Talented Youth，即天才少年中心的意思，至于什么是天才少年，则需要通过考试认定，在历史上 Google 的共同创始人布林、Facebook 的创始人扎克伯格和现任 COO 桑德伯格等人都是它的学员。

4 大学的财政支出

介绍完大学的收入来源，再来谈谈这么多钱都花到哪里去了。首先，科研经费中除了交给学校的那部分管理费，是没有结余的。美国的科研经费不仅要求专款专用，而且要按照项目的进展按时花完，即使真的有一点剩余，给经费的政府机构则会认为相应的研究本来就不需要这么多钱，会在今后的经费里扣除。因此，到了年终如有经费结余，教授们便都会用来购买设备，甚至给自己的学生更新一下计算机。交给学校（和学院）的那部分管理费，则由学院统一支配。

第一笔大的支出是人员开销，名牌私立大学师生比例都很高，我们在后面还会讲，像哈佛这样的大学一年要开很多门课，需要大量教授，他们的工资是一笔不小的开销。哈佛大约有 2400 名教授，但只有 6000 多名本科生。在 15000 名左右的研究生（包括专业学位的学生，比如法学博士和医学博士）中，有一半左右是全时做研究不听课的。如果把教授的工资摊到这些要听课的学生身上，每个学生的培养费用则会远远超过大学所收的学费（如前面提到的约翰·霍普金斯大学的例子）。再加上其他人员的开销，比如行政人员、保安人员（数量不少），以及实验室人员、IT 设备管理人员，等等，也是一笔不小的支出。美国大学不能随便解雇教职通道上的终身教授，遇到财务危机，往往就要压缩非终身教职通道的雇员数量。就连这些年来从没有为经费发过愁的斯坦福大学，在 2009 年金融危机时，还解雇了大约 500 名非终身教职人员 [9]。

第二笔支出是教学和科研本身的开销，在约翰·霍普金斯大学工学院，这部分费用占了预算的大约三分之二。虽然很多课程，比如微积分、文

---

9 http://www.nytimes.com/2009/09/03/education/03brfs-STANFORDPLAN_BRF.html?_r=0

学、历史，是不需要花什么钱的，但是很多课程，尤其是研究性的课程，比如生物课程、计算机的课程，则是需要花钱的，这些课程的教学开销有时候会比任课教授的工资更高。科研本身的花费，各个实验室基本上是有多少经费（不包括上交的管理费）花多少钱，这一点学院和大学是没法干预的，实际上科研经费只是在学校及学院的账户里过一下账而已。

第三笔开销是给学生的各种福利。虽然最大的支出是奖学金，但是实际上如果把学费的重复计算扣除掉（即学校以奖学金的形式替学生交了学费后，算作学费的收入，又算一次奖学金的支出），则两者相抵，不在收支中考虑。除此之外，学校还给了很多学生隐性的福利，私立大学在这方面的人均花费并不低。我们在后面会以约翰·霍普金斯大学作为例子，说明私立大学给学生们的免费福利有哪些。

第四笔开销是为了将来的发展，要做一些前瞻性工作，这笔钱相当于学校给教授的风险投资，当然学校的回报不是真的从市场上获利，而是冀望学校将来取得领先地位从而从其他基金来源获得大笔的经费。2015 年春我见到诺贝尔奖获得者朱棣文教授时，他告诉我正在从事基础生物研究。大家都知道他以前是著名的物理学家，并非生物学家，即使以他在学术界几乎无人能及的名气，尚且不能从 NIH 拿到基金（这在中国是无法想象的），最后他的研究经费只好由斯坦福出。

对于大学里的学院来讲，还有一笔钱需要细算，这就是学生在各个学院之间选课的学费结算。学费是学校统一收的，根据学生选课的情况再分配给各个学院。如果一个学院的学生总是选其他学院的课程，比如文理学院的学生常常跑到工学院读一个双学位，那么文理学院就必须把一部分学费转给工学院。这对学校来讲不过是左口袋掏到右口袋，没有关系，却会影响学院的现金流，进而影响了大学的办学宗旨。一些以培养学生为重的优秀大学，会不许学院和系算细账，这样学生才能做到自由选课。但是很多大学（尤其是其研究生院）在学生修外系课程时，系里和指导教师把得很严，当然他们嘴上不会说是舍不得钱，可是这些系和系里的教授做决定时，是要考虑费用的。

管理一所大学或其中一个学院的财务并不轻松。我在约翰·霍普金斯大学工学院董事会里开会，每次都要花三分之一的时间讨论财务问题，而院长们也要常常为学院账上的现金流操心。即使在财务状况非常好的斯坦福大学，院长们也常常要想办法通过各种渠道搞到一些经费，来做他们（包括教授们）想做的事情，如果只是有正常的财政收入，大部分学院就只能维持现状，难以发展。

一所大学和学院财务状况的好坏，与其学术排名以及办学水平的提升有直接关系。哈佛现任校长福斯特博士引以自豪的就是在她任期内募得了很多奖学金，让中低收入家庭的孩子可以免费上哈佛，让大部分中上收入家庭孩子的学费得以减免。当然，哈佛的这一努力是持续性的，并且从福斯特的前任萨默斯便开始加强了。斯坦福大学医学院在 21 世纪的前 10 年及之前很长一段时间里，排名一直在 8—10 名徘徊，并且在名气上一直落后于传统的医学名校哈佛、约翰·霍普金斯和加州大学旧金山分校。但是，在米纳博士担任院长后，斯坦福大学医学院的财务状况大有改观（包括获得了更多的 NIH 基金），以至于成为全美第一所对所有 Ph.D（不是医学博士 MD）学生发放 4 年全额奖学金的医学院，令其学术声誉、受申请者喜爱的程度、综合排名等在短短的几年里上升到第二位，而且除学术声誉之外的大部分指标都已经超过了排名第一的哈佛医学院。从这些事例中我们可以看到财务状况对大学的重要性。前面提到艾森豪威尔担任哥伦比亚大学校长时在校务上投入的时间和精力很少，以至于教授们意见很大，但是董事会对他相当认可，因为他改善了哥伦比亚大学的财务状况。

反过来，一所大学要是财务状况欠佳，其办学质量和学术声誉下滑的速度也是惊人的。在 20 世纪 60 年代，牛津大学无论在学术声誉，还是学生质量及教育质量等诸方面，与剑桥大学都不相上下，相比当时的美国一流大学可能还更好一些。但是，到了八九十年代后，由于经费不足，尤其是在接受捐赠方面缺乏灵活性，其学术声誉和研究水平急剧下降，今天它依然能够引以为自豪的是出了很多英国的首相和议员，却不再能培养出全世界各行各业的精英。20 世纪 80 年代，加州政府向州立大学提供的经费相当充裕，加州大学伯克利分校一度在美国大学中排名第一，伯克利的人当时甚至嘲笑哈佛是"烂船也有三两钉"。但是没过几年，随着加州政府不断削减对州立大学的财政支持，伯克利的排名一落千丈，如今它在本科排名和录取水平上，与哈佛等私立名校相比，已经不在一个层次上了，以至于今天哈佛的人也用同样的话反讽伯克利。

虽然所有致力于教育事业的人都希望把大学办得纯粹，大学教授和学生能够以追求真理和研习科学为目的，但是毕竟大学是我们世俗社会的一部分，没有了钱，教育是办不好的。在过去的几十年里，虽然很多人对中国的高等教育有各种不满的意见，都觉得大学变得市侩了，但是有一点进步是全世界都公认的，就是中国高等教育的水平在稳步提高，这里面经费的因素起了决定性的作用。很多美国非常知名的教授都愿意到中国大学里讲学或是做科研，是因为中国的大学提供的充足经费给了他们实现自己教育理念的机会。朱棣文博士在不久前预言，10 年后全世界会发现中国大学的研究水平迅速接近美国，而这其实不过是收获现今中国在大学科研上加大投入的红利。

我之所以花不少篇幅讨论大学的财务问题，是因为对于年轻人来讲，在选择大学时，一个大学是否有足够的物质条件保障高等教育，也是一个需要考虑的重要因素。

第五节　董事会

1996 年，我到约翰·霍普金斯大学读书时，对董事会（Board of Trustee）这个词还颇为陌生。偶尔看到一架大型直升飞机降落到校机关大楼前的草坪上，大家会说"布隆伯格来了"，因为他当时是学校董事会的主席，经常从纽约来学校。当时，我只知道他给学校捐了一大笔钱，并且他的公司招收了很多约翰·霍普金斯的毕业生。几年后，有一天一位从国内来美国访问的教授看到在大学的教授俱乐部（Faculty Club）前有两个专门的停车位，是留给 Trustee 的，他问我什么是 Trustee。我告诉他，Trustee 就是所谓的校董，他又问为什么叫 Trustee，而不像公司里的董事那样叫 Advisor 或者 Director，是因为校董是可以信任的人么？对于他的这番追问，我当时还真答不上来。后来对美国的信托制度有了了解后，才明白为什么大学的董事叫做 Trustee，后来当我自己在计算机系和工学院担任顾问和董事后，才明白董事在美国的高等教育中扮演着什么样的角色。

1　董事会的由来

先讲讲 Trustee 这个词，它源于信托（Trust）。在中国，过去把信托翻译成托拉斯，这个词总是和垄断联系在一起。而信托一词的真实含义，用律师的话来讲，就是一个大容器，把各种资产装进来。美国各级政府为了鼓励大家把资产留在美国，对建立在美国的信托，给予一些遗产税等方面的方便，因此大家族都喜欢把钱放在一个开设于美国的信托下，而不是放在个人账下。这样，信托才和大家族联系起来了。大家族的子孙可能是信托的受益人，但是他们未必像当年创造财富的祖先一样善于管理财富，因此信托总要委托给一些有资格和能力管理它的人来管理，这些人就是信托的受托人 Trustee。而私立大学（或者基金会、医院等）也是一样，它实际上是一个资产，为了让它不断地延续下去，创办人会把它委托给一些人来管理，这些人就是大学的 Trustee，或者称呼为校董。因此，学校的董事会（Board of Trustee）从名义上讲是美国私立大学的最高管理机构，校长的任命和重大事务的决策都要通过董事会。

美国大学不仅在学校一级有董事会，在院系两级也都设有董事会，虽然名称各式各样，但性质差不太多。院系两级的董事或者顾问不会叫 Trustee，因为在法律上院系不是独立法人，他们常常会被称为 Director、Advisor 或者沿用英国人的称呼 Regent（摄政）。另外，有些大学的董事会叫 Board，有的叫 Counsel，但做的事情没有差别。从用词上来讲，有一个细微的差别：Board 在美国的法律上是有法律义务的，而 Counsel 没有。也就是说，如果大学因为某件事（比如教授骚扰学生）被告了，则 Board 有失察的法律责任，Counsel 虽然同样有责任，但是不承担法律后果。和美国的大学各司其职类似，各级董事会的权利与责任也不尽相同，并非只是简单地给校长、院长和系主任做顾问。

我们先来看看学校的董事会，其成员的构成和作用其实也是随着时间而变化的。在 19 世纪初以前，美国大学的董事会常常由社会名流和行政官员构成，很像今天中国许多大学的董事会，他们在学校的管理上起的作用并不是很大，一来这些人没有时间，二来他们对高等教育不关心或者不是很懂，因此校董常常只是一种荣誉头衔。比如 19 世纪初之前的哈佛，学校的董事大多数是市长、州参议员、州长等人。在那个时期，学校受教会的影响比较大，因为哈佛、耶鲁等大学早期主要目的就是培养有知识的教士。

到了 19 世纪中期，随着美国经济的发展，特别是第二次工业革命的开始，企业家和商人（包括金融家）的地位开始上升，他们最希望大学能够为社会发展提供技术和人才，于是开始给大学提供一些捐赠，并逐步加入到董事会里。美国南北战争之后，这一批人已经取代了早期的所谓社会名流来影响大学教育了。正是在这样的大背景下，务实的艾略特才被任命为哈佛大学校长。当然，这批人一方面对学校的教育特别关心，并且在财力上给予了大学很大帮助，但是另一方面，他们中的一些人也喜欢干涉学校事务。比如，若大学的一个教授公开指责某些担任校董的资本家，给后者难堪，这些校董就会试图给校长压力，解聘这个教授。到了 1900 年以后，美国教育界开始强调教育的学术独立和办校自由，逐步限制校董的权力，并且建立了终身教职制度以保障学术自由。在此之后，校董们的影响力逐渐缩小，并且维持在一个既有影响力，又不会干涉学校管理的程度范围内。

2　各级董事会的作用

今天，大学校董的作用体现在对内和对外这样几个方面。首先，对内他们会帮助学校解决一些财务问题 —— 他们不仅自己会给学校提供一些资金，而且会介绍他们的朋友给学校捐钱，比如前面提到的布隆伯格，先后为约翰·霍普金斯捐了 11 亿美元，还动员了他的朋友、电信和传媒大王马隆（John Malone）为该校捐赠了马隆大楼和兴建新研究中心的马隆基金。除此之外，他们还会参与学校重大事务的决策，尤其是校长的选择和任命。在私立大学每一次更换校长时，董事会都会成立一个专门的委员会参与校长候选人的寻找和面试，然后他们会提出几个最终的候选人，交给董事会讨论，从中选出最后的优胜者。此外，他们还负责代表学校与校长候选人谈判薪酬和其他条件。学校其他重要官员的任命，一般由校务委员会讨论，由董事会批准，在这个过程中，董事会实际上只是走个形式。最后，作为校长的顾问和行业领袖（他们通常如此），董事们会参与制订大学的发展规划，比如是否应该新成立一个学院，是否应该在某地建设一个新校园，等等。

对外，校董们实际上扮演了大学的布道师角色，他们在自己能够影响的领域替大学做宣传并且帮助大学在各个地方建立合作，甚至开办分支机构。一些人误以为大学的校董是靠钱买位子，这其实是一个误解，合格的校董们会为大学的发展尽自己所能提供各种帮助，这也是美国私立大学办得好的重要原因之一。

学院董事会的构成和工作性质，与大学的董事会有很多相似之处，只是董事们更关注的是学院的发展。学院的专业方向明确，不像大学的方向那么发散，因此这些人会更多地讨论比较具体的行业发展和学校的专业建设。比如说，工学院的董事会很关注大数据和移动互联网给教育带来的机会和挑战，还会关注如何与医学院开展大数据医疗的合作，如何和工业界开展机器人的合作，等等。但是，工学院的董事们不会关注教育学院是否应该收购一所中小学进行新式教育的试点（这是校董或者教育学院董事们该关心的事情）。学院的董事们通常会建议院长在某个新领域设立一些教授职位，而在其他某个领域要做一些转型。由于每个系的系主任都会向院长提出要求增加人头数的要求，学院的董事会会和院长一起商量各个系、各个专业的人员平衡问题。今天，美国名牌私立大学每增加一名研究型终身教职通道的职位，需要事先准备好 100 万美元左右（包括教师在拿到科研经费前的工资，启动经费，一年招生一个博士生的费用等）经费，而一些大学还会更高些（比如斯坦福大学医学院大约需要 125 万美元），因此，院长在增加人头数时会很谨慎。

在人员构成上，系一级的董事会或顾问委员会和校、院两级的董事会有很大区别，前者的成员往往来自学术界，通常是各个大学的系主任和院长们。由于各个系的管理工作其实是由教授们承担的，很多重大问题的决策是由教授委员会决定的，因此这些系里的董事和顾问常常扮演的角色是替系主任做院长和校长的说客，来帮助系里获得更多的资源。比如在约翰·霍普金斯大学计算机系担任顾问的成员，包括麻省理工学院计算机系的系主任、马里兰大学工学院副院长、宾夕法尼亚大学计算机系主任等人，他们会向院长说，"在我们学校，这件事是这么办的"，等等。我在担任约翰·霍普金斯大学计算机系的顾问时，也常常扮演说客的角色。正是因为我经常找当时的工学院院长琼斯博士游说，才和他建立了私人关系，并且被他推荐给学院的董事会。

今天，对校长、院长和系主任来讲，各级董事会都不是一个婆婆，而是一种资源。当然，大学各级管理者能否与董事会合作好，关乎到学校的办学理念能否始终得到贯彻，学校能否健康发展。为了保证合作的通畅，校、院两级董事会在选择校长和院长时，会非常仔细地考察候选人能否贯彻他们的办学理念。2014 年，约翰·霍普金斯大学工学院的琼斯院长到其他大学高就后，就必须为工学院选择新的院长了。具体操办这件事的是学院董事会主席雷诺德（Joseph Reynolds），在整个学校，只有他面试了所有候选人。他会作为董事会（和学校）的代表，确认新的院长能否和院董事会很好地合作。而在这个过程中，董事会的一些资深董事也会对潜在候选人进行考察。对于校长和院长而言，他们在上任后则会逐步将自己的支持者推荐给董事会，填补那些退休的董事的位置，这样他们也就能更好地实现自己的教育理念。中国有句古话曰"一朝天子一朝臣"，这在某种程度上也反映着校长、院长和董事会的关系。

讲到这里，可能会有人问，什么人能够担任董事，是否需要捐很多钱，要有很高的社会地位，等等。学校和学院两级的董事确实需要在财务上帮助学校，他们有义务捐出一定数额的金钱。此外，他们大多是所谓的成功人士，但是最重要的是，他们必须关心教育并且懂教育。一个合格的董事需要愿意为学校的教育投入大量的时间和精力，而不仅仅是投入金钱。至于系一级的董事会，大部分成员是大学教授，因此没有捐赠的要求。大学各级的董事会一般每个学期都要开一次会，这些董事每年至少专程出差两次参加会议，此外通常还要承办几次当地的校友会，协助学生家长聚会和配合学校的宣传活动，这些都是要花时间的。对于那些繁忙的董事们来讲，这是不小的负担。个别董事经常不去开会，这样几年后董事会换届时，这样的人就不会再被选为董事了。

对董事的另一个要求是具有一定的道德水准，简而言之就是在社会上有争议的人不适合担任这个职务，毕竟这会影响学校的声誉。另外，为了避嫌，董事会一般不找在职的政府官员担任董事，这和美国早期的大学，以及今天的中国大学有很大的不同。一些地方政府官员可能会和当地某个大学保持较好的私人关系，并且支持那个学校的建设，比如纽约市市长很可能会支持哥伦比亚大学的建设，但是他不能进入董事会，因为这样一来他反而无法再公开支持这所学校了。因此学校、学院的董事会里的大多数人是其他大学的管理者、工业界（包括金融等行业）的精英、基金会的董事以及少量退休的政府官员。

美国非常强调多元文化，并在很多机会上比较照顾弱势群体，但是老牌私立大学的管理层和董事会依然是所谓的 WASP 男性的天下，即白人（White）、盎格鲁 - 撒克逊（Anglo Saxon）后裔和新教徒（Protestant）。不仅女性和其他族裔的人非常少，即使是在白人里，意大利、法国和东欧人的后代也几乎看不到。大部分时候，在那些一二十位董事参加的会议上，我是唯一的东方面孔。这里面除了有历史的原因外，还与亚裔很少有人愿意为大学做无偿的奉献有关。

董事会在美国私立大学中扮演着非常重要的角色，这些大学没有政府的背景和支持，在某种程度上有赖于社会精英们维系自身的地位。也正因如此，这些大学在招生时多少会偏向于精英阶层。

3. 监事会

在美国少数大学，比如哈佛大学，会将最高管理权力一分为二，除了董事会（在哈佛被称为 Harvard Corporation）之外，还有监事会（在哈佛被称为 Board of Overseers），这和中国的上市公司的权力结构有相似之处。顾名思义，监事会的作用是确保董事会的行为符合学校创立时的章程，并符合当地的法律，而最初它实际上是教会和当地政府向大学施加影响力的机构。但是，哈佛大学在随后的几百年里，实际上一直在不断削弱教会人员和政府官员在监事会中的比例，以让大学的管理越来越独立。

在殖民时期，哈佛监事会成员主要来自于殖民地政府官员（比如马萨诸塞殖民地的总督、议长）及当地的牧师，加上哈佛学院（当时还不叫哈佛大学）的院长。但是到了美国独立建国之后，随着政教分离程度的加深，神职人员在监事会中的比例也逐步下降。

1810 年，哈佛对监事会的章程作出了重要的修订，通过了《哈佛学院监事会章程修正案》（也称为 1810 法案），它规定教会的牧师在担任监事会成员时不能再担任牧师职务。另外，那些经常因为公务缠身而无法出席监事会会议的政府官员，不再适合担任监事，这样可以保证学校的独立运行，提高工作效率。由于 1810 法案明显削弱了当地政府对大学的影响，因此两年后，即 1812 年，马萨诸塞州议会废除了 1810 法案。

马萨诸塞州议会的决定引起了哈佛大学及社会各方的不满，哈佛大学认为自己作为一个独立法人团体，已被赋予的权力不能随意被剥夺，于是哈佛大学拒绝执行 1812 年法案的规定。当地立法机构随后于 1814 年重新通过了新的法案，认定了哈佛监事会 1810 年的章程的合法性。到了 1851 年，哈佛再次修改监事会法案，规定州议会的议员不再有资格担任哈佛的监事。1865 年，又进一步规定州长等主要政府官员不再像过去那样是监事会的当然成员。

今天，监事会的主要作用是维护教师团体的利益，成员主要是社会名流，监事会对学校日常管理的作用远没有董事会大。

在美国一些公立大学，比如加州大学，也有类似于哈佛监事会那样的董事会（Board of Regents），成员由州长任命，很多人本身就是政府官员。这种董事会的性质是代表州政府参与大学的管理决策，和私立大学的董事会的作用有所不同。关于公立大学的管理，我们在第 15 章还会做更详细的介绍，不过从加州大学董事会和哈佛大学监事会人员构成上的差异，也能说明美国的私立大学在管理上具有更高的独立性。

结束语

美国的私立大学是一些独立的学术和研究群体，从招生、教学，到科研和建设教授队伍等，它们在诸多方面皆不受政府影响，而是按照自己的办校理念行事，因此，它们比公立大学更灵活，也更有竞争力。在美国，一流大学大多是私立大学。私立大学的独立性，使得它的管理和政府部门的管理几乎毫无共性，这与中国的大学完全不同。在私立大学里，各级管理部门和董事会分工明确，各司其职。系一级的管理基本贯彻教授治校的原则；校、院两级的管理，则多少有点像私营公司，实行校长、院长负责制，以及董事会监督的管理机制。几乎所有好的私立大学都在管理中长期一贯地坚持它们的办学理念，并不断地与时俱进。可以说，在管理的有效性和灵活性上，美国一流私立大学是当今世界上所有大学里做得最好的。

参考文献

1. Daniel Gilman. 约翰·霍普金斯大学历史 1874—1889（*History of the Johns Hopkins University, 1874—1889*）. 1960.

2. SusanR.Pierce. 大学管理再思考（*Governance Reconsidered: How Boards, Presidents, Administrators and Faculty Can Help Their Colleges Thrive*）.Jossey-Bass，2014.

第六章　美国私立名校的申请和录取

并不公平的竞争

总体上，美国是一个强调公平和透明度的国家，但是名牌私立大学的本科生招生却绝对是一个非常不公平且完全不透明的过程。在这一点上，要给所有准备申请美国名牌大学的学生和家长先打一个预防针。但是，从另一方面讲，如果一件事必须做，那么也只能去做，不能因噎废食，申请美国的名牌大学就是这样。把眼光放长远一点，亚裔更应该主动去做一些事情，慢慢改变美国名牌大学招生的不公平现象。

名牌私立大学在录取上的不公平之处，主要体现在这样三个方面。首先，亚裔学生进入好学校的难度要远远大于白人、拉丁裔和非洲裔的学生；其次，和大学不沾亲不带故的家庭，他们的孩子进入名牌私立大学的机会，要远远低于校友的（尤其是家族中很多代都和学校有联系的家庭）孩子，当然也更低于大学里教授的孩子；最后，那些有特殊影响力的家庭的孩子进入私立名校的概率则非常大，并且占掉了很多名额。这三点是美国各大主流媒体都承认的事实，当然所有的私立名校都只认可第二条。

为了让录取的过程显得公平，各所大学采用的做法是维持录取的不透明性，这样未被录取的学生就无法得知自己到底存在哪一方面的不足，以至于入不了这些名校招生老师的法眼，而被录取的学生同样不知道自己成功的经验在哪里，因为假使第二年他们拿着同样的申请材料来，就可能被拒绝了。甚至连招生办也不清楚他们衡量学生的准则——很多大学招办的老师退休以后给高中生们做升学指导，但是家长和高中生们发现他们除了可以让申请者们避免犯一些非常愚蠢的错误外，并无必胜的策略。

近10年来，以所谓藤校为代表的美国私立名校在录取上的不公平（和不透明）之处，越来越成为社会上的热点话题。近几年，每年都有一些被藤校拒绝的优秀亚裔申请者将耶鲁、哈佛等大学告上法庭。虽然因为录取过程的不透明性，以及事先人为设定的很多奇怪的录取方式，这些学生胜诉的可能性为零，但是通过提起诉讼引起全社会的关注还是有意义的。一些有正义感的人士，比如曾经竞选加州州长的罗恩·昂茨（Ron Unz）就以《藤校录取有多么腐败》（*How corrupt are Ivy League admissions?* [1]）为标题撰写了长文，揭露美国私立名校在录取上的不公平之处。与此同时，普利策奖得主、《华尔街日报》调查记者丹尼尔·金（Daniel Golden）历时3年，通过对哈佛、耶鲁、普林斯顿、斯坦福、杜克、康奈尔等美国100多所高校的深入调查和追踪报道，写成了一本书——《大学潜规则：谁能优先进入美国顶尖大学》（*The Price of Admission*）。丹尼尔·金在书中讲述了美国副总统戈尔以及参议院多数党主席弗里斯特的儿子如何凭借显赫的家世，从排名最后的申请者被哈佛大学、普林斯顿大学优先录取的故事，还讲述了优秀的亚裔学生如何被哈佛、耶鲁、普林斯顿、哥伦比亚等常青藤名校一一拒绝等；他通过招生录取中一个个真实故事和录取中鲜为人知的细节，首次详细揭示了美国一流大学招生中存在的鲜为人知的双重录取标准。罗恩·昂茨的文章和丹尼尔·金的书，引发了美国社会各界的震

1　http://www.theamericanconservative.com/articles/the-myth-of-american-meritocracy/

动和反思。一些大学的董事，尤其是亚裔董事，也在给大学施加压力，呼吁美国名校的录取能够更加公平。但是，要想真正做到公平，路途还很长。在此之前，一方面所有准备申请美国名校的年轻学生还是只能在现有的条件下努力；另一方面，亚裔也需要检讨自身的很多做法，让自己进一步为美国社会所接受。

任何现象的产生都有其原因，我们先来分析一下美国私立大学录取的不公平之处产生的历史背景，这样大家就能够理解为什么美国私立大学不按照考试成绩录取学生，也会比较清楚面对现实可以采取的短期和长期对策。

第一节　对不公平现象的剖析

虽然所有的大学都宣称在录取学生时不分种族、性别、宗教信仰、收入情况等因素，一视同仁，但是，几乎所有人，即使是在录取上讨到很大便宜的非洲裔和拉丁裔学生，都说自己的族裔在大学本科生录取上吃了亏。当然，学校可以对此解释为自己遭外界误解，比如 2015 年哈佛大学面对 60 多个亚裔状告其本科生录取不公平时就是这么说的。可是，同样是美国的名牌私立大学，却没有一个族裔抱怨其研究生录取是不公平的，可见学校的解释（即所谓外界的误解）就站不住脚了。

1　为什么大学录取时要照顾校友的子女

先讲讲学校自己认可的不公平现象，即所谓的 Legacy Preference，翻译成中文，就是对"亲朋故旧的照顾"，主要是对校友孩子的照顾。在美国，有"一代藤校，代代藤校"的说法。当然，这里所说的藤校泛指私立名校，上一章提到的十几所大学都在其列。对于这种照顾，哈佛等大学给出了各种解释，其中很多学校共用的一个解释就是：因为校友们在招生的面试过程中帮了忙，而且是义务帮忙，如果不照顾一下他们的孩子，以后就没有人帮忙了[2]。果真是这样么，从学校和校友的角度来讲似乎确实如此，但是反对的意见则认为这种所谓的面试本身就是不必要的（它毕竟不是像剑桥和牛津那样由教授来面试），甚至就是校友们利用权力在推荐自己圈子里的孩子。对于照顾校友孩子的原因，讲真话的倒是哈佛大学前任校长、美国前财政部部长萨默斯。他公开讲："录取校友的孩子是私立大学建立自己社区的一部分[3]。"

实际上所有私立名校的毕业生不论自己后来事业如何，是否过得幸福，都多少有一点优越感。他们和学校一道，心照不宣地把自己圈定在一个他们自认为是精英的圈子里。相比而言，他们比圈子外的人更富有、更成功，他们希望通过接纳更优秀的人进来，把这个圈子搞得更加精英化，他们绝对不希望贫困家庭和社会底层家庭的孩子进来稀释这个圈子。对名校来说，它们在很大程度上要靠校友捐赠来维持日常开销，要靠校友的无偿服务来发展，因此也希望校友的圈子是一个精英的而非平民的圈子，如此，捐赠才会越来越多，校友对学校的发展也就更加关心。在学校看来，维持圈子质量的最佳方式，是把圈内人的下一代也纳入到圈子里来。

私立名校的校友孩子的录取率比平均的录取率高出多少，无人知晓，因为没有一所大学会泄露这一信息。据哈佛大学研究人员霍尔维茨（Michael Hurwitz）的统计结果表明，校友子女在顶级私立大学的录取率比非校友子女高出 45% 左右，对校友子女的照顾又要多于对校友其他亲属的关照。不同 SAT 成绩的校友子女，得到照顾的程度也不同，但

2　Harvard Inside 一书给出的解释。

3　Legacy admissions are integral to the kind of community that any private educational institution is.

是差别不是很大（见表 6.1）。对学校有重大贡献的校友子女得到的照顾会更多。在处理入学申请材料时，校友子女和一般的高中生会排在两个不同的系列里，由不同的人来审核入学申请材料。通常，校友子女的入学申请材料会由比较有经验的人来审核，而且会审核得比较仔细。

表 6.1　不同 SAT 成绩的校友子女进入名牌私立大学所增加的录取概率（%）
　　　　（数据来源：Michael Hurwitz，Economics of Education Review）

SAT 分数	父母校友	其他亲属校友	汇总
1600	43.2	21.0	29.8
1550—1590	49.1	16.1	30.2
1500—1540	47.5	19.0	29.1
1450—1490	50.3	16.4	28.6
1400—1440	44.2	16.6	25.7
1350—1390	41.2	13.3	21.1
1300—1340	41.8	13.5	21.4
1240—1290	33.7	12.3	17.5

受照顾的不仅有校友子女，还有教授们的子女，因为他们也是排在一个特殊的系列里，这个系列里的竞争度甚至比校友子女那个系列更低，这也算是美国大学为了稳定教授队伍而普遍实行的一项政策。美国的大学教授工资并不高，甚至比他们那些在工业界的学生低很多，但是教授有很多福利，其中子女优先上大学以及学校支付其子女大学学费就是一项。我在 Google 有位同事，他曾经在一所常青藤大学担任计算机系主任，虽然很早就有心来工业界工作，但是他一直等到自己的孩子上了那所藤校，才离开大学，到 Google 任职。当时 Google 主管研究的副总裁谈到这位技术专家时讲，"F 现在还不能来，因为他的孩子还要申请大学，我们再等他两年。"美国大学不仅对教授的孩子在录取上照顾，

而且凡是正式教职员工（不需要在终身通道里）的子女，上本校都免学费，上其他大学则免一半学费（不过，一些待遇较低的大学没有这项优惠）。我在约翰·霍普金斯大学读书时，该校医学院里有很多来自中国的非终身教职通道的研究人员，虽然工资很低，但他们多半会选择坚持到孩子从约翰·霍普金斯大学毕业，才离开学校另谋工资更高的职位[4]。

萨默斯等人之所以公开为照顾校友和教授的孩子辩护，是因为他们从心里认定校友和教授对学校的贡献，而且他们觉得这条理由可以堂而皇之地讲出来。当然，很多人并不认同这种理由，他们认为真正给大学做出贡献的只是少数人，而受益的却是整个校友群体，这种做法只不过是现代社会的一种傲慢与偏见而已。从宾夕法尼亚大学毕业的巴菲特就反对这种做法，他认为成功人士的孩子未必能成功，否则美国奥运代表队就让奥运冠军的孩子们去就好了。

2 美国著名大学的录取政策对各个族裔都公平吗

著名私立大学在录取上的第二项不公平之处，是根据种族把申请者划为三六九等。具体来说，就是对非洲裔、拉丁裔申请者过分照顾，相比之下对亚裔申请者就显得过分刁难了。普林斯顿大学的社会学家艾斯潘西德（Thomas J. Espenshade）教授[5]和他的同事根据统计发现，在美国著名的私立大学中，非洲裔申请者的 SAT 平均分数要比白人低 310 分（以数学和英文两项满分 1600 分为准）[6]，这个差距相当于什么概念呢？大约

4　在 2000 年之前，这些研究科学家的税前薪酬只有三四万美元，但是如果孩子在约翰·霍普金斯读书，每个孩子每年可以免除税后两万多美元的学费，折算回税前的收入，相当于三万多美元，如果家里有两个孩子在上大学，每年从学费上获得的收益比工资还高。

5　https://www.princeton.edu/~tje/publications.html

6　No Longer Separate, Not Yet Equal (2009) Thomas J. Espenshade and Alexandria Walton Radford

就相当于在一个 50 人的班里，第 10 名和第 30 名的差距。类似地，拉丁裔学生的 SAT 平均成绩要比白人学生低很多，而亚裔学生则要比白人还平均高出 140 分。另外，进入名校的亚裔学生在高中的平均成绩 GPA 也会比其他族裔高出非常多，而非洲裔学生和拉丁裔学生在高中的平均成绩 GPA 则要比学生的总体平均水平低得多。这就相当于是亚裔需要进入班级前五才能够进入某所名校，白人在前十名即可，而拉丁裔和非洲裔排在 30 名就可以了。当然，有人会猜测也许是因为亚裔孩子只是读书成绩好，在体育和其他方面不如其他族裔，但事实并非如此。在进入美国私立名校的学生中，即使在体育方面，亚裔也都比拉丁裔要好很多，甚至要好于非洲裔，仅比白人略逊。此外，在各种竞赛中，无论是智力还是艺术方面，亚裔子女的表现都远远好于其他族裔的子女，而他们进入美国名校的难度却是其他族裔难以想象的。

在美国，由于有巴奇告加州大学一案的先例[7]，各个大学无法明文规定各个族裔学生的比例，但是美国各大学私下里都给各个族裔设定了一个大致的比例，这样就限制了亚裔学生进入美国一流名校的数量。比如在前面所提到的私立名校中，非洲裔、拉丁裔和亚裔的比例分别在 10%—20%、10%—15%、10%—25%，白人则在 50% 左右。设定这类比例的大学以及支持这种做法的政客们的解释是，非洲裔和拉丁裔是弱势群体，需要照顾，甚至一些稀里糊涂的亚裔也认可这种说法。这个解释听起来有一定道理，但实质上是政客们为了拉选票而牺牲亚裔的利益。当然，

7　1974 年达到了录取标准，却被加州大学拒绝了的白人学生巴奇告加州大学为非洲裔学生设定最低录取比例有悖于宪法规定的人人平等的原则，这个案子最后打到了最高法院。虽然巴奇没有得到胜诉的裁决（九名大法官在一人弃权的情况下投票的结果是 4∶4，https://en.wikipedia.org/wiki/Regents_of_the_University_of_California_v._Bakke），但是各大学因此不好明确设定各个族裔学生的比例。1996 年，加州通过了209 号提案，明确表示在大学录取时对各个族裔的学生采用相同的标准。不过，为了维持所谓的生源多样性，各大学私下里都要招收足够数量的非洲裔和拉丁裔学生，也就是说明文规定的比例变成了暗地里的比例。

很多大学教授都不赞同这种做法，但是在美国，对非洲裔和拉丁裔（尤其是非洲裔）不利的言论，一般是没有人敢说的。出生在英国，对美国社会缺乏了解的诺贝尔奖获得者、晶体管的发明人肖克利曾经有过类似"亚裔和白人学生比较聪明"的言论，结果这为他自己和斯坦福大学招来了极大的麻烦。

造成上述这种不公平现象，有着多种原因，不过，对此亚裔自身也要负很大责任。长期以来，亚裔的文化在欧美社会里都有着非常大的缺陷，大部分亚裔既不关心政治，也不懂得政治，他们甚至在选举中把票投给那些损害自身利益的人。加州硅谷地区的州参议员方文忠（华裔）就支持限制亚裔学生在加州大学的录取比例，而他恰恰是被亚裔选上的[8]，这说明亚裔选民对方文忠的政治主张及所在政党的政治主张均没有深入的了解。亚裔在参政、游说政客，以及向全社会发出声音方面，是所有族裔中表现最差的，因此政客们为了获得非洲裔和拉丁裔数量庞大的选票，在很多政策的制定上就以牺牲亚裔为代价。亚裔需要检讨反思的地方相当多，对此我们将在本章最后来探讨。

与本科录取上亚裔学生受到严重歧视所不同的是，在研究生招生中族裔歧视现象非常少见。在美国各个私立名校里，亚裔研究生能够占到各种热门专业学生的一多半，甚至更多。有人可能会觉得美国名校的这些做法似乎自相矛盾，其实原因也很简单：本科招生时，降低录取标准大量招收非洲裔和拉丁裔学生是为了保证大学（教授们）政治上的正确性，但是等到招研究生时，大学要靠硕士生来送学费，靠博士生来做研究，要是总把排在班上 30 名开外的学生照顾进来，教授们就不用搞科研了，甚至连大学都要关门了。因此，招收大量的亚裔研究生，是为了学校的

8　在 2014 年的选举中，亚裔选民知道他居然投票赞成在加州大学中限制亚裔学生比例，又将他选下去了。

利益，这就如同限制亚裔本科生也是为了学校的利益一样。如此一来，对于那些有着名校情结的人来说，去哈佛或者斯坦福混一个硕士的难度恐怕是挤进其本科班的 1/10 都不到。2015 年，哥伦比亚大学应用数学和统计专业的硕士毕业生，90% 左右都是华裔，这说明亚裔在申请名校研究生时比本科阶段要容易得多。

3 为什么私立名牌大学都喜欢招特招生

美国私立名校本科招生的第三个不公平现象体现在各种特招生。注意，这里说的特招生并非体育特招生，像老虎伍兹进入斯坦福，乔丹进入杜克，没有人会说三道四。特招生是指那些有很强家庭背景的学生，比如联邦参议员或其他政要的孩子，很多外国国家领导人的孩子，一些国际组织高级官员（比如联合国正副秘书长）的孩子，影视界明星的孩子，以及一些商业巨子的孩子。比如克林顿和希拉里的女儿切尔西申请大学时，她申请的所有大学都给了她录取通知，布隆伯格的孩子申请大学时，各个大学都求着她去。可以说，肯尼迪家族的孩子无论成绩如何，永远可以去哈佛，布什家族的孩子永远可以到耶鲁读书，洛克菲勒的后裔，尽管家族影响力式微，但是他们的后代进入普林斯顿的难度并不大。当然，可能有人会讲，这样的人能有多少呢？其实还真不少。因为美国的私立名校是向全世界开放招生的，每个国家都有少数类似的特殊家庭或家族，加起来哈佛和耶鲁等名校每年就要留出不少特招生名额。美国所谓的"超级五强"大学，每年入学的本科生（五所加起来）一共才 6000 多名，而这种特招生名额便有上千人，可见所占比例不低。由于普林斯顿和麻省理工的课程较难，这些特招生并不太愿意去，因此这样的学生大多集中在哈佛、耶鲁、斯坦福和哥伦比亚这几所大学里。按照昂茨的说法，那些外国政要的孩子在自己的国家只能就读三流大学，到了美国却进入了最好的大学。

还有一种不公平的现象则是出现在美国著名的公立大学里。以往，由于本州生学费收得低，外州生（和外国人）学费收得高，自2009年后，很多著名的州立大学，比如加州大学的伯克利分校、密歇根大学（安阿伯分校）、（西雅图的）华盛顿大学和伊利诺斯大学（厄巴纳—香槟分校）等著名的州立大学都减少了本州生的比例，大量招收外州和外国的学生。当初各个州立大学对州内学生收较低的学费，是因为他们的家庭缴纳了州税，州税的很大一部分是给了州立大学。现在这些家庭给州立大学纳了税，却享受不到相应的福利了。当然，这和中国留学生关系不大，而且因为中国留学生要缴纳外州（外国）的学费，甚至还会提高录取的概率。

美国大学在招生中的不公平现象还有很多，这里不再一一列举。令很多亚裔学生（和家长们）烦恼的是，美国名牌私立大学的录取没有一个统一的标准，让人无可适从。其实，正是没有统一的标准，才使得录取明明存在不公平，却又不易一眼看清不公平之处。很多亚裔的孩子，除了读好书，还按照市面上流传的一些升学指南里讲的那样，搞音乐，学绘画，参加球队，办俱乐部，去扶贫做义工，但是一路辛苦下来，却发现高中三四年甚至更长时间内的辛苦都是白费，因为名牌私立大学的录取不是采用单项加分的方式，即并非每增加一个特长就会多一分把握。各所大学强调申请者的特长，不是为了给大家指出录取的捷径，而是要让录取因此而做得不透明。当然，这一点最初不是针对亚裔，而是针对犹太裔的。因此，想要理解美国名牌大学在招生中为何存在有这么多的不公平现象，需要了解此前的历史背景。

第二节　不公平现象的产生

1　早期针对犹太族裔的歧视现象

今天，很多人可能已经不知道，美国名牌私立大学的本科招生，曾经与今天的中国或英国大学很相似，主要是看入学考试成绩。到了 19 世纪末，哈佛大学校长艾略特在给予非洲裔学生一定照顾的同时，积极推动美国标准化入学考试，这就是今天 SAT 和 ACT 考试的前身。这样一来，犹太学生因为成绩好，开始大量进入美国名校。到了 20 世纪初第一次世界大战时，犹太裔学生在哈佛的比例增加了两倍多，从 7% 上升到 21%。而在更加自由的纽约，犹太裔学生更是一度占到了哥伦比亚大学学生人数的 40%。

应该讲，艾略特绝不是一个种族歧视者（虽然他是性别歧视者），但是他为了让少数族裔学生接受教育做的很多努力，到后来反而被利用成限制一些族裔学生入学的合理理由。艾略特当时为了帮助非洲裔学生入学，让招生过程从单纯的考查成绩，变为给予招生办公室的人一些权力，以便对某些族裔的学生予以照顾，也就是说，招生办公室的人开始有权招收那些入学成绩没达标的学生。到了艾略特的继任者洛威尔（Lawrence Lowell）担任哈佛校长后，他公开限制犹太裔学生的入学比例，并且制定了非常有争议的 15% 的上限，即每年招收的犹太裔学生不能超过哈佛招生人数的 15%。同时，他还限制非洲裔学生在校居住。虽然后来董事会否决了他的这两项动议，却也反映出当时美国私立名校对犹太裔学生的防范和排斥。如今，艾略特当初原本出自善意的做法，则演变成了一些美国私立名校排斥入学成绩好的亚裔学生的理由。

在未能强行限制犹太裔学生的入学比例之后，哈佛等大学实际上在录取

第六章　美国私立名校的申请和录取　一

189

时开始偷偷私下限定比例，当然，为了掩人耳目，它们设计了更为冠冕堂皇的说法，那就是所谓的综合考查学生素质。综合素质的考查自由度很高，主观性很强，没法像入学考试成绩那样钉是钉铆是铆，这样学校就可以拿具有某种特长为由，把成绩较差的白人学生招进来。从 1925 年起，犹太裔学生在美国顶级大学中的比例急剧下降。今天很多亚裔家长以为让孩子在各个方面具有一些特长（音乐、艺术或科技）就能在申请学校时加分，这其实是一种误解或一厢情愿。很多美国顶级大学考虑这些特长时，不是为了给亚裔学生加分，而是为了阻止亚裔学生入校。

到了 20 世纪 50 年代，也就是第二次世界大战过去了 10 年之后，美国私立名校才解除了对犹太裔学生的入学限制。解除限制并非是学校发善心，而是因为到了 20 世纪 50 年代，犹太人在美国的很多领域都取得了控制权，尤其是控制了传媒，包括美国当时的三大电视网（NBC、ABC 和 CBS），好莱坞 9 家影视公司中的 8 家，美国两家最有影响力的报纸——《纽约时报》和《华盛顿邮报》，这些媒体不断为犹太人的利益呐喊。另外，在 20 世纪 50 年代，由于原苏联在和美国的太空竞赛中一度占有优势，美国为此采取了一系列措施以夺回技术优势。在苏联人造卫星上天的当年，美国国会便通过了《国防教育法案》，并由艾森豪威尔总统立即签署生效。该法案授权的经费超过 10 亿美元，广泛用于改造大学、为优秀学生提供奖学金（和助学贷款）以帮助他们完成高等教育、发展职业教育、弥补国防工业的人力短缺等。据当时还是小学生的希拉里·克林顿女士 2008 年在 Google 演讲时回忆，那时整个美国天天宣传的都是要学习科学，发展科技，这是美国大学历史上短暂地根据学习成绩录取学生的年代。靠着这难得的机遇，犹太人争取到了作为白人的一部分来参加竞争的机会，很快他们在美国顶级大学里的人数就和其他白人学生相当了。今天，占美国人口不到 2% 的犹太裔学生大约占了这些顶级大学本科生的 20%—30%，而其他白人（占美国人口的 2/3）

也只占到 30% 左右 [9]。

2　歧视对象的改变及其原因

相比之下，亚裔在这一方面就不具备犹太人那样的优势。虽然从世界范围来看，日本和中国的经济都有长足进步，并且在美国的亚裔人数（占美国人口 4.7%）远超过犹太裔（占美国人口 1.6%），但是亚裔从未控制过犹太人所能控制的那些商业领域，更不用说亚裔和犹太裔在政府及议会中的人数差距了。

到了 20 世纪 60 年代，民权运动的兴起使得美国社会开始真正实行种族平等，并且在很多机会上开始向非洲裔和妇女倾斜。伯克利的政治学家卡拉比尔（Jerome Karabel）在他一份长达 700 页的报告中以详尽的资料表明，常青藤大学在 20 世纪 60 年代为了照顾非洲裔学生进校（以避免政治上的麻烦），逐渐降低学术因素在录取中的权重。尤其是耶鲁大学，因为地处非洲裔比例非常高（占当地人口 35%—40%）的纽黑文地区，必须招收相当数量的非洲裔学生，以避免可能的种族冲突。也就是从 20 世纪 60 年代起，亚洲移民在美国数量剧增。由于亚裔普遍重视教育，他们的子女在美国私立名校中的数量不断上升，因此被视为"新犹太人"。起初，美国名牌大学并没有针对亚裔设置招生障碍，因为当时亚裔的绝对人数还很少。当时虽然对亚裔没有什么照顾，但也没有什么歧视。然而，当亚裔学生在这些名校中的录取比例不断上升，开始明显影响到其他族裔学生的录取时，迫于政治和经济的双重压力，各名牌私校和一些好的公立大学开始悄悄地限制亚裔学生的录取比例。限制亚裔学生最简单也是最隐蔽的做法，就是降低学习成绩的重要性。2003

9　　关于这段历史，详见罗恩昂茨的文章《藤校录取有多么腐败》。

年，哈佛主管录取的资深官员休斯承认，在顶级私立大学（包括哈佛本身）里，单纯靠成绩进来的学生连 5% 都不到 [10]。

为什么要限制亚裔学生的录取呢？有人认为这是种族歧视，这是没有在美国生活过的人想当然的看法。其实，只要在美国生活一年以上，就能体会到如今在美国，显而易见的种族歧视已经基本消失。美国名校限制亚裔学生的背后有其深刻的政治和经济原因。

先说说经济的原因，这比较简单。亚裔对美国的大学基本上是只使用不建设。虽然亚裔已经占到了美国私立名校本科生人数的 15%—20%，研究生人数的 1/3 甚至更多，但是亚裔给这些大学提供的捐款却少得可怜，而且无论是亚裔的家长还是校友也很少为大学的建设出力。亚裔对于美国私立名校的要求是录取时不考虑人口的比例，放开录取，而到了应该奉献的时候，愿意回馈大学做出奉献的亚裔的比例，甚至比亚裔占美国人口的比例还要低。斯坦福大学有一个针对高中学生的暑期夏令营，每年在全美只招收 100 多人，只要进入这个夏令营基本上就可以锁定美国超级五强的大学。对于这个夏令营的学生，斯坦福大学的那些大教授们暑假要花很多精力培养，认真的程度甚至超过对他们自己本科生的培养，并且还会让一些诺贝尔奖获得者给这些高中生做报告，以开阔他们的视野。一位熟悉这种精英夏令营成本的朋友告诉我，这些孩子一个暑假光是实验材料费就要花一到两万美元（看做什么项目有所不同）。夏令营结束前照例会有成果展示会（Poster Session），在展示会上我发现，一半以上的高中生是东亚裔和印度裔面孔。夏令营结束后，会有一些学生家长给这个活动提供一些象征性的捐款（几百到几千美元），以便第二年斯坦福能够把这个活动办得更好，但是在提供捐款的人中，几乎没

10　详见参考书目：《进藤校的真实原因》。

有了东亚裔和印度裔的面孔，放眼望去都是白人，而从长相上（和他们胸牌的姓氏上）辨认，其中有不少犹太人。在约翰·霍普金斯大学的筹款会上，我很少能看到印度裔的面孔，只能看到少数华裔的面孔，但是这两个族裔的学生，占到了约翰·霍普金斯本科生的三成左右。

这些都不是个例，而是在美国大学中存在的普遍现象。斯坦福大学已经是亚裔捐款最多的大学了，这要感谢李嘉诚、杨致远和 NVIDIA 的创始人黄仁勋等一批慈善家，但是即便如此，亚裔捐款的比例也远达不到斯坦福捐款的 10%，而亚裔学生（连同研究生）在斯坦福的比例也接近三成。可以想象，如果一个族裔对于学校总是慷慨解囊，而另一个族裔却尽是守财奴，那么靠捐款过日子的名牌私立大学自然就要多招慷慨解囊的族裔的孩子，而多招了守财奴族裔的后代则意味着大学的善款会越来越少。当然，不少人会认为亚裔还不足够富有，无法提供更多的捐款，但其实在美国亚裔的平均收入高于白人（包括犹太人在内），而且先是日本人，后是中国人，在个人消费上给人的印象是大款，而在捐赠上却乏善可陈。不仅是捐款的数量少，参与程度也非常低，很多年薪超过 10 万美元的亚裔工程师甚至连每年 100 美元的意思都不愿意表达一下。相比之下，即使是不富裕的非洲裔，也常常会捐出几十块上百块的小钱。亚裔（包括印度裔）捐款人数的比例在受过良好教育的各族群中是最低的。

我在前面一章特意提到捐赠对于私立大学发展的重要性，尽管各大学都表示录取和捐赠无关，但是实际上大学对于捐款非常在意。有一次我有幸看到了某个顶级私立大学校友捐款的名单。让我想不到的是，在那所大学的数据库里，每一位校友的名字以及捐款的数量都赫然上榜，哪怕只捐了十几美元。这个数据库根据校友所在地进行了分类，然后对每一个地区的校友按照捐款的数量进行了排序。由于亚裔的姓名很容易辨认，因此他们捐款的情况一清二楚。无论是在美国还是在世界各地，捐款多的，排在前面的，鲜有亚裔。在亚洲一些地区，因为主要是亚裔，一个上百人的名单，除了前几名有些捐款外，后面长长的名单捐款数都是零。我想你如果是校长，对这样一个族裔的好感会顿时减少很多。

美国私立大学对捐赠的个人和族群都会给予适当的回报。哥伦比亚大学是常青藤大学中招收亚洲学生比例最高的，这在很大程度上要感谢Fu 基金会[11] 给予该校的巨额捐款。2014 年，香港慈善家陈乐宗（Gerald Chan）向哈佛大学捐赠了 3.5 亿美元（该校历史上最大的一笔捐款）[12]，2015 年硅谷地区被哈佛录取的华裔学生人数比前一年几乎翻了一番，而亚裔也占到了这一年被哈佛录取人数的 22%，到 2017 年，亚裔录取人数占了哈佛的 1/4 左右。虽然现在还不能确定二者有无直接关系，但是如果这个趋势得以维持，那么或许是陈乐宗的捐款起了作用。另外，虽然美国的大学都否认捐款和录取有直接关系，但是有一些成绩平平，也没有太多特长的学生被录取，恰巧几年前他的父母又给相应的大学捐赠了大笔款项，就不能不让人怀疑大学在录取时有无特殊照顾了。

丹尼尔·金（Daniel Golden）在他的《大学潜规则》一书中记载了他对一个叫做贾里德·库什纳（Jared Kushner）的富二代如何进入哈佛大学所进行的调查。这个名字可能有些读者未必熟悉，但是如果告诉大家他就是美国总统特朗普的女婿，大家就不陌生了。用库什纳高中老师的话讲，他的成绩并不优秀，能够被哈佛录取实在令人惊讶。而此不久之前，库什纳的父亲老库什纳给哈佛捐了 250 万美元。当然，老库什纳的公司的发言人讲，贾瑞德被哈佛大学录取时受到照顾是不成立的，贾瑞

11　Fu 基金会是有日籍华人傅在源先生于 1989 年创立，它资助了中国大陆优秀学生入读哥伦比亚大学。

12　详情参见：http://news.xinhuanet.com/2014-09/12/c_126978330.htm。

德成绩优异，被哈佛大学授予了优秀毕业生称号。事实上，那一年哈佛90%的学生都获得了优秀毕业生的称号。哈佛官方对此表示："我们不对个别招生现象加以评论。"

贾里德·库什纳的情况并不是个例。2015年黛博拉·弗里德（Deborah Friedell）在《伦敦书评》（London Review of Books）公开报道了维基解密公布的索尼副总裁为了将其子女送进常青藤大学而捐款的邮件。邮件是写给常青藤慈善联盟副总裁的，这位索尼副总裁写道："我希望捐赠一笔百万美元量级的匿名奖学金。"同时，在另外一封邮件中提到："我的女儿正在申请大学。"联盟工作人员给他女儿量身订制了一次"名校游"，并安排女儿和校长见面。校长在回信中告诉他，女儿的成绩非常接近我们的录取标准。后来，他女儿果真被录取。

类似地，2017年一位被哈佛录取的华裔学生，父母在3年前给哈佛和耶鲁各自捐赠了超过千万美元的奖学金。父母的捐款是否起了作用不得而知。不过，大家对此也不要觉得不公平，毕竟私立大学非常依赖捐赠来办好学校。获得足够的捐赠，也才有机会给贫家子弟发奖学金，帮助他们入学。

名校在录取学生时还要考虑政治的因素，这个因素稍微复杂一些。在早期殖民时期，美国的很多领土都是西班牙人的殖民地，而且每年还不断地从墨西哥和其他一些拉美国家涌入合法和非法的移民。这些人及其后裔被统称为拉丁裔（Latino and Hispanic），目前人数其实已经超过非洲裔，成为美国第一大少数族裔，约占人口的17%。这部分人几乎是民主党的票仓，在近几年的选举中，他们实际上左右了美国总统竞选的结果。在1992年、1996年的大选中，他们完全站到克林顿这一边。在2000年和2004年的大选中，拉丁裔基本上保持中立，因为虽然他们倾向于民主党，但是精英形象的戈尔和富商凯里（John Kerry）都与他们距离太远，倒是给人土老冒印象的小布什让他们感到很亲民，共和党因此得以获胜。在 2008 年和 2012 年的大选，拉丁裔一边倒地将选票投给了奥巴马，尤其是在 2012 年的大选中，共和党候选人罗姆尼和奥巴马的差距原本并不大，但是少了拉丁裔 17% 选民的支持就根本没有胜算了。2012 年拉丁裔的选票还直接导致了美国第一大州州长选举结果的翻盘，本来落后的民主党抛出了共和党候选人、eBay 前 CEO 惠特曼女士未能善待墨西哥裔女佣事件，使得本来形势大好的惠特曼功亏一篑。正是由于拉丁裔在美国政治中成为了拉选票的对象，因此政客们为了取悦这个选票数量多的族裔，又不愿意牺牲白人族裔的利益，常常就在教育升学等问题上做文章。在拉丁裔人口比例极高的加州，2014 年曾试图通过减少亚裔在加州大学比例的 SCA5 提案 [13]。虽然最后在亚裔联合共和党一同的努力下让这个提案在最终表决前被撤回，但是加州大学政治学系的教授们都认为，除非亚裔能找到一些有效的策略，否则这类提案被通过只是时间问题。

再回头看美国名牌大学对亚裔申请者的歧视现象。虽然所有的私立名校在官方语言中都否认这种现象的存在，而且都声称亚裔申请者的录取比例没有减少，但实际上一看一看美国随处可查到的统计数据就能够发现里面存在的问题。《藤校录取有多么腐败》一文的作者罗恩·昂茨在文章里指出，从 1993 年（正是民主党人克林顿担任总统的时间点），美国私立名校中亚裔学生的本科录取比例就开始停滞甚至下降。而在 1993 年之前，亚裔学生进入私立名校的比例是在上升的。当然，可能会有人讲，停滞是不是也还算公平，毕竟不能让亚裔学生的比例永远上升。但是要知道，从 1993 年到 2011 年，亚裔申请美国一流大学的人数大约从

13 更多详情参见：http://edu.163.com/14/0318/16/9NKO7T 2B00294M9O.html。

50 万人增加到了 90 万人，增长了近一倍，而亚裔申请者在美国一流大学中的录取比例如果没有变化，则说明录取的难度增加了一倍。

亚裔申请者的人数虽然增加了，但其平均成绩并没有下降甚至还变得更好了。昂茨在他的长文中指出，2010 年美国中学生总统奖（基本上只看学习成绩）被提名的 2000 名学生中，亚裔占了近 3/4，但是这 1500名学生中的大部分人却上不了哈佛、耶鲁和普林斯顿。其他与学术相关的奖项获得者，比如英特尔奖（以前叫做西屋电气奖）获得者、进入各种奥林匹克学习竞赛的半决赛者，亚裔占到 1/3 甚至一半以上，以往这样的学生可以进入美国任何一所一流大学，但是近几年来获得这些奖项对进入哈佛、耶鲁和普林斯顿的帮助也没那么大了。

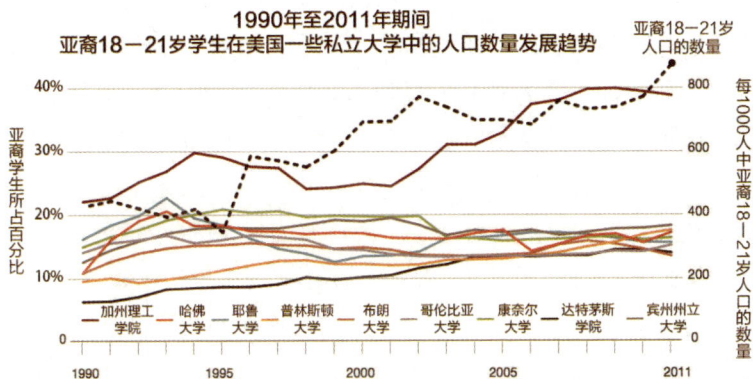

图 6.1 亚裔学生在一些美国私立大学本科生中的比例（黑色虚线代表亚裔 18—21 岁人口的数量，各条实线表示各个大学里亚裔学生所占的比例）

昂茨本人属于美国大学录取制度的受益群体——犹太人，他毕业于哈佛大学和剑桥大学，他之所以站出来批评美国顶级私立大学的录取制度，是因为他知道长此以往美国的高等教育基础就将被毁掉。

3 富人子弟在体育上更占便宜

美国私立名牌大学录取过程中对体育特招生的倾斜，部分原因是为了把优秀的运动员补充到大学校队里来，另外也是为了平衡亚裔学生的人数，因为过去亚裔学生通常不擅长体育。而亚洲人所擅长的如小型球类和体操等体育项目，美国各大名校很少开展，因此这方面有特长对录取没什么帮助。唯一一项既被美国名校看重，而亚裔又能取得好成绩的体育项目，是女子高尔夫球。通常，一个孩子如果能打进美国青年高尔夫球比赛的男子前 200 名或女子前 100 名，那么他 / 她进入藤校的概率将比进入英特尔奖半决赛者（前 300 名）要大得多。有位高尔夫比赛成绩达标的女高中生 2013 年暑假参观某所在美国排名前五的大学时，校方当即承诺录取她，她最终也如愿以偿进入了这所名校。正因如此，人数并不多的韩裔女生却占据了美国女子青年高尔夫球排名前 100 位的 1/3左右，而且美国的韩裔女生打高尔夫球已经成为一种风气。如今这些女孩子在世界女子职业高尔夫球前 50 名中，也占到了 1/3 左右。

说到高尔夫球，大家可能会讲，这并非一个普通家庭能够承受其练习成本的体育项目，而这恰恰是一些大学录取这些学生的目的所在。在美国大学的体育特招生中，很多人从事的体育项目都是富有家庭和私立中学才能开展的项目，比如马术、长曲棍球（Lacrosse）、曲棍球、赛艇和水球等。即使是网球、击剑和花样滑冰这样的项目，也要花大价钱请好的私人教练才行，费用也很高，而高尔夫球更是属于富人的运动。北加州著名的私立学校哈克（Harker）学校，校队成员（男子 8 人，女子 4人）的平均成绩在标准杆（72 杆）以下 [14]，而附近一所著名的、升学率非常高的公立学校，球队的水平居然在 92 杆到 100 杆之间，甚至不如

---

[14] 它历史上最好的高尔夫球运动员麦克尼利 2014 年进入斯坦福大学后，在训练中平了当年老虎伍兹 61 杆的纪录。

前面那所私立学校个别小学生的水平。这说明看似公平的体育项目，也无形中提高了有钱人的孩子进入私立名校的可能性。当然，对于田径、游泳、篮球和橄榄球等项目的体育特招生，大家都没有什么异议，在这些项目上取得成绩一靠天赋二靠努力，和家庭的收入没有什么关系。

综上所述，美国私立名校的录取过程看似公平，实则是完全不透明的黑箱操作。虽然这些大学声称不仅要考查学生的成绩，而且要考查他们的特长和综合能力，但后者没有一个公开的标准，这就给了各个大学以极大的灵活性，可以根据主观意愿来录取学生，尤其是照顾那些他们想照顾的学生。虽然从整体上讲，被录取的学生大多很优秀，但是许多才华更为出众的学生则因为种种说不清道不明的理由没有被录取，更糟糕的是，一些不合格的学生挤了进去。除非来自显贵，如总统克林顿和布什、肯尼迪这样的家庭或家族，否则，申请者哪怕各方面都十分优秀，但在接到录取通知以前，无论是他们自己还是他们的老师，对能否被他们申请的名校录取，都没有十足的把握。因此，他们在递交申请材料时都会说，一切要看运气。

第三节 大学录取的基本要求

虽然美国私立名校的录取并不公平，但是每年还是有不少努力向上、家庭条件一般的学生被这些学校录取。因此，亚裔高中生们切莫因噎废食，对申请这些名校彻底失望，而是要在了解了这么多的不公平之后，设法从众多申请者中脱颖而出。下面简要介绍美国私立名校的录取要求。在美国，凡是申请较好的大学，在课程和成绩上大致有以下三个要求。

1　高中的平均分 GPA

这是衡量一个高中生学习成绩最重要的指标。

一般中学的成绩是按照 A、B、C、D 几个级别给出，分别对应 4.0、3.0、2.0 和 1.0，满分为 4.0，这样的 GPA 被称为未加权的 GPA（Unweighted GPA，满分 4.0）。获得 GPA 满分的学生又称为全 A 学生。在 A 和 B 之间还有 A– 和 B+，对应着 3.7 和 3.3，类似地还有 B–、C+ 等。在 A 之上一般还有 A+，对应着 4.3。考虑 A+ 的因素，GPA 可能会超过 4.0，这样的 GPA 被称为加权的 GPA（Weighted GPA，满分 4.3）。如果一个 9 年级（美国高中第 1 年）学生学习了 10 年级的课程（跳了 1 级），GPA 还有 0.3 的额外加分，跳了两级加分更多。要是修了大学先修课程（AP 课程），加分会更多。在我的女儿梦华所在的高中，如果学生的全部成绩是 A+，并且最大限度地选修 AP 课，则理论上最高的 GPA 分数将高达 4.8 分。当然，为了了解学生在加分前的实际成绩，大学常常会要求提供未加权和加权的 GPA。

美国的高中生可以自由选课，一个学生要是选了一堆比较容易的课程，获得了 4.0 的 GPA 满分，并不会被认为学习成绩好。相反，如果他总是选修高年级甚至大学的课程（需要得到任课老师的许可），即使成绩单上有些是 B，也都比前一种学生更有竞争力。在高中提高成绩的关键不在于学一堆容易的课程拿 A，而在于选足够难的课程。

在高中的成绩单上拿到全 A 并不是难事，约翰·霍普金斯大学最热门的生物医疗工程专业招生的学生中值 GPA（Mean GPA）就是 4.0，也就是说，至少一半被录取的都是全 A 学生。不过，高中成绩有一两门 B 照样可以上哈佛。哈佛负责招生的人员在回答大家提问时这样评价 B：

"有一两门 B 并不可怕，关键是希望看到你的 GPA 在高中几年里逐年提高，而不是逐年下降。"一些升学顾问甚至认为，如果一个高中生能够在 9—11 年级的 6 个学期里，故意在第一个学期得两门 B，第二学期减到一门得 B，然后后面几学期得全 A，给大学的印象反而要好过高中各学期成绩一直都是 A 的学生。当然，现实中没有几个想上藤校的高中生敢真的这么做。

对大部分美国的高中生来讲，GPA 是进入名牌大学的必备条件。除非是特招生和有特殊家庭背景的学生，否则 GPA 差的学生进不了好大学。2015 年约翰霍·普金斯大学工学院录取的学生，平均 GPA 是 3.93，也就是说，平均 16 门课可以有一门 B，其余均为 A。但是，只是 GPA 高还远远不够，甚至可以说连进入私立名校条件的 1/3 都还没有具备，毕竟如今的高中生，尤其是亚裔，GPA 4.0 的学生太多了，以至于即使这些名校扩招一倍，也装不下这么多的学生。

各个高中的学生水平和教学水平都不同，因此 GPA 的含金量也不同，那么大学又如何校准各个高中的 GPA 呢。对此我专门请教了约翰·霍普金斯大学负责招生的人士，他们是这样回答我的。首先，这很困难，很难做到 100% 的公平。第二，大学会根据来自各个高中的学生历年来在该校的表现的历史数据，对各个高中 GPA 的含金量进行校准。当然，每个高中进入私立名校的学生人数有限，样本数很小，比如麻省理工每年录取约 1500 名学生，来自全世界 1000 多所高中，每一所高中平均只有一两个学生被录取，因此校准的误差很大。第三，对于不怎么知名的高中，这个误差就更大了。也就是说，一所二流高中突然出现了一位天才学生，他就有可能会被埋没。

那么为什么美国不学习日本、中国，或者欧洲一些国家，搞一些统一的资格考试呢？首先，美国也有这样的标准化考试，即 SAT 和 ACT，但是意义不大。其次，在艾略特担任哈佛校长时期，确实倡导过统一考试，并且在第二次世界大战后到 20 世纪 60 年代民权运动之前的这段时间里，犹太人倡导过加大在大学录取中学习成绩的权重，但是这些想法在美国的大学贯彻不下去。要是完全按照学习成绩来，美国私立名校就将是亚裔、犹太裔和欧洲移民的天下了。在麻省理工学院，大家私底下开玩笑说"如果完全按照成绩录取会是一个什么结果，其结果必然是麻省理工有 1/3 的华裔，1/3 的印度裔和 1/3 东欧裔犹太人"。出于这个原因，美国不能搞真正衡量学生学习水平的统一考试，只能暂时保留两个不大有用的标准化考试：SAT 和 ACT。

2 标准考试成绩

美国各大学都会要求学生提交 SAT 或者 ACT 成绩，并且在《美国新闻和世界导报》对大学的排名中，这项成绩是起作用的。

SAT 是 Scholastic Assessment Test 的首字母缩写，翻译成中文，意思是"学术能力评估考试"。2015 年之前，这项考试为三个部分，分别考查数学、英语阅读和写作，各占 800 分，满分是 2400 分。大部分大学只看前两部分，故满分为 1600 分。过去，一个学生获得 2400 分，即所谓的完美分数（Perfect Score），是一件了不起的事情，而今美国每年都有几千人获得这样的分数，因此这件事变得没什么意义。实际上，根据哈佛、耶鲁和普林斯顿给出的 SAT 满分学生的录取比例来看，也就在 10% 左右，大约是整体录取率的两倍而已。前几年有不明就里的中国媒体报道说某华裔学生获得"美国高考"满分（即 SAT 得分为 2400），却被哈佛拒绝了，好像很了不得。其实 SAT 并非所谓"美国的高考"，SAT 得满分的人每年有 90% 左右会被哈佛拒绝，可见那位华裔学生满分被拒毫不奇怪。ACT 的计分方法与 SAT 不同，但是意义类似。

SAT 考查的问题并不难，只要学生稍加努力做些准备，就能取得很好的分数，含金量很低。约翰·霍普金斯大学主管招生的院长山内曼教授跟我讲，SAT（和 ACT）的成绩对录取基本上没什么帮助，因为从中看不出学生的真实水平，之所以要看学生的 SAT 成绩，一来是为了校准各个高中的 GPA，二来是大学排名的需要，一个学生的 SAT 成绩只要不拖大学的后腿即可。今天，哈佛大学录取的学生，其 SAT 中值成绩只有 1500 左右，全美有 5 万名左右的高中生能达到这个成绩。事实上，由于《美国新闻和世界导报》只关心录取学生前 75% 的 SAT 成绩，因此美国私立名校尽可以招大约 25% SAT 很差的学生。我个人认为，很多亚裔学生花很多功夫提高 SAT 成绩，纯粹是浪费时间。

除了 SAT 和 ACT，很多顶级大学（无论州立还是私立）还要求提供两项 SAT 专项（SAT Subject）的成绩，即所谓的 SAT2 成绩。SAT2 考试内容包括数学、物理、化学、生物、历史和各种外语（包括中文，甚至包括希伯来语）。SAT2 的难度比 SAT 大，但是打分比较宽松（允许错误比较多），只要学过这些课程，得满分比 SAT 还容易。这样一来，SAT2 也只能筛选掉不合格的申请者，不可能让优秀学生浮出水面。

概括来讲，标准考试成绩是申请好大学的必备条件，没有它们肯定不行，但是考出好成绩也不要沾沾自喜，尤其是那些 SAT 考了 2400 分的学生需要明白，他们与比那些 SAT 考了 2200 分的申请者相比，没有任何优势，还需要继续努力。

第六章　美国私立名校的申请和录取 ——

3 AP 课程

很多人都觉得美国高中课程简单，一般高中也许如此，但美国名牌高中的课程可一点也不比中国任何一所高中容易。当然，大部分美国孩子都不会去学奥数之类的课程。但凡美国优秀的高中，尤其是私立高中，都会开设很多大学预科课程（Advanced Placement，简称 AP 课），即把大学的课程搬进高中的课堂。一些成绩好的美国高中生甚至能学完大学二年级的课程。我和几位哈佛 2018 届（2014 年入学）的学生聊他们在哈佛的学习，他们表示哈佛开设的一些课程高中时都学过，而且难度不及高中，当然，这几位学生就读的都是几所顶级私立高中。

同样是 AP 课程，有的简单有的难，比如 AP 物理 I 介于高中物理和大学物理之间；AP 物理 II 相当于一般的大学物理；AP 物理 C 则相当于大学物理专业第二学期的物理课，得 A 非常困难。因此，AP 物理 C 得个 B，比一般高中物理得个 A 要强得多。

AP 课的考试是统考，评分很粗糙，满分 6 分。在美国的优秀高中里，学了 AP 课的学生有一半都能拿到 6 分，如果拿不到 5 分，很多顶级大学就不考虑这一门 AP 课的成绩了。由于大家都能得 6 分，因此在一门课上分不出高低。事实上，美国私立名校考察学生成绩主要是看学生所选的 AP 课的数量和难度，甚至比对 GPA 更看重。一位学生家长带着孩子高中的成绩单到一所顶级私立大学托人询问自己孩子被录取的可能性，负责招生的人看到她的孩子只修了 8 门 AP 课程，便让朋友转告，说这样的学生被一般的专业录取尚有可能，但是被热门专业录取的可能性不大。进入美国私立名校，恐怕需要至少选修 10 门 AP 课程。梦华高中毕业时学了 14 门 AP 课程，把微分方程这一类的课程都学完了，后来在麻省理工学院她转了 8 门课的学分，说明她的高中 AP 课教学水平还不错，得到了麻省理工学院的认可。梦华高中一名低两级的同学是一位数学天才，数学课跳了四个年级，后来和梦华一起上数学课，这个同学在 9 年级时就学完了大学本科阶段的所有数学课，他后来上了哈佛。

然而，即便是这位数学天才，有如此优异的成绩，也没能被某些名牌大学录取。因此，成绩好只是进入私立名校的必要条件，远不充分。相比之下，顶级公立大学的录取对成绩更看重一些，像这位同学，如果想申请公立大学，任何一所都会录取他的。

申请者要想凭自己的本事（而不是依靠家长背景）进入美国私立名校，还需要具备以下几个条件。

4　特长

并非所有被美国私立名校录取的学生都有特长，但是大部分都有。过去一些亚裔家长和学生认为钢琴考过 10 级，或者绘画得过州一级的奖项就算有特长，其实这远远不够，甚至是毫无用处。事实上被哈佛等名校录取的学生恐怕一半钢琴都过了 10 级。

不同的大学看重不同的特长。比如加州理工对文艺体育的特长概不看重，但是看重学生在 STEM（Science，Technologies，Engineering 和 Maths 的缩写）的比赛成绩。如果申请者能够进入英特尔奖或者西门子奖（后者影响力比前者要差一些）的半决赛，或者进入美国数、理、化的奥林匹克训练营，那么被录取虽然不能说是板上钉钉，概率也是相当大。不过，大部分私立名校需要的不是这些特长，而是各种各样和学业无关的或者说是课程之外的能力。有这些特长的学生，常常会被放到一个特殊的队列中排队。比如有音乐特长的，可以提交自己的演奏作品，然后这些人在一起排队；类似地，有绘画艺术特长的人在一起排队。当然，这些队相互之间也要比较。

各个大学最容易接受的是体育特招生，而在体育（和一些其他项目）特长中，团队项目比个人项目更有用，因为团队项目特招生将决定学校派出比赛的代表队的整体水平，每一年都不能断档；而个人项目特招生今年招不到好的，还可以等明年。具体到体育项目，则美国全国大学体育联合会（NCAA）里的项目，比非 NCAA 的项目重要得多，球类项目又比非球类项目重要。NCAA 会根据各大学各个项目的水平，把不同的大学放到第一组（相当于甲级）、第二组和第三组，如果某个大学的某个项目在第一组中，他们通常会设立这个项目的体育奖学金，至少也会在招生中给予在这个项目上有突出专长的学生以特殊照顾。每个大学都有传统强项，比如杜克的篮球和（近两年兴起的）长曲棍球等，又如斯坦福的女子足球、约翰·霍普金斯和普林斯顿的长曲棍球，等等。这些名校即使在招体育特招生时，一般也会优先照顾那些符合自己传统强项的特招生。值得一提的是常青藤 8 所大学的橄榄球项目，虽然这 8 所藤校玩橄榄球的历史很长（在 19 世纪和 20 世纪初，人们还不玩橄榄球，尤其是非洲裔运动员加入这项比赛前，它们得了不少冠军），但是如今它们的橄榄球水平变得很差了。美国大学中橄榄球玩得好的是几所大型公立大学，如阿拉巴马大学、佛罗里达大学、俄亥俄州立大学等。但是，这 8 所常青藤大学今天仍保留有橄榄球传统，并且对橄榄球打得好的学生会特别照顾。除了球类项目，美国大学还很看重一些奥运项目和自己的传统项目，比如斯坦福的游泳和高尔夫球等。每个大学的体育特招生人数是可以估算出来的。如斯坦福大学，列入 NCAA 第一组里的项目非常多，体育特招生也很多，加上斯坦福整体招生人数少，因此体育特招生在斯坦福的学生中占比不小。

除了体育特长之外，各个大学对学生的特长也有自己的偏好，不过大致可以概括为这几个方面：文艺、创造力和领导力。在文艺方面，演奏和表演艺术（比如音乐、话剧，在美国统称为 Performing Arts）特长比视觉艺术（绘画、摄影和雕塑，在美国统称为 Visual Arts）特长重要，因为前者要代表学校出演，通常是集体活动，后者更多的是个人行为。在演奏艺术中，靠钢琴弹奏得好被录取的概率极低，除非是全国性比赛的前几名，因为钢琴弹奏得好的人有很多，而一个管弦乐团只需要一位钢琴手。相比之下，小提琴特长就显得重要多了，学校管弦乐团一般需要多位小提琴手。对于视觉艺术来讲，虽然这些特招生会被放到一个特殊的队列中排队，但除非是在全国性比赛中获得过大奖，并且真正有艺术造诣，否则这样的特长对录取的帮助并不大，尤其是在耶鲁大学，其绘画和其他视觉艺术在全美排名第一，提交自己作品的学生很多都是将来有可能成为专职艺术家的，一般艺术特招生的作品水平无法和这些人相比，因此向耶鲁这类的大学提交艺术作品对录取帮助不大。一位哈佛毕业生说，他当年申请本科入学，几乎"横扫"了美国各个名校，唯独被耶鲁拒绝了，可能是自己提交的视觉艺术作品帮了倒忙。

一些注重工程能力的大学很看重学生的创造力特长，比如有位学生读中学时就创办了一家公司，成绩单上有一大堆 B，最后还是被斯坦福录取了，但他很快又退学了。虽然他退学了，但斯坦福还是很希望能再录取这样的人。以前麻省理工比较看重英特尔中学生科技比赛（STS，即 Student Talent Search）的获奖成绩，不过这些年它已经转向寻找能直接做产品的学生，比如在中学制作了一个 APP 且有 100 万活跃用户的那些年轻人。总的趋势是，即使是注重理工的大学，也已经越来越不看重各种课程和科技比赛的成绩，而更看重学生的实际动手能力。

一些偏文科、商科和法律的大学如哈佛，则十分看重学生的演讲特长，格外重视学生的领导能力。有些功利心切的亚裔家长为了包装自己的孩子，自己搞个俱乐部或基金会，一共才三五个人，让自己的孩子当leader。这种"人造"的领导力是没有价值的，一来这种把戏很容易让人识破，二来有类似经历的人实在太多。真正能够在领导力上加分，需要学生在中学的学生会担任过主席并且完成了一些足以引人瞩目的任务。当然有人会说，每个高中这样的人不就一两个么，要知道哈佛大学每年录取的学生只有2000名左右，他们来自1000多所高中，每个高中平均也就一两名学生有机会被哈佛录取，因此被哈佛录取可能比在高中当学生会主席还难。反过来，如果一名亚裔学生能在其他族裔占多数的美国中学里当上学生会主席，他/她也一定会被负责大学招生的老师另眼相看。如果当不上高中学生会主席，能在演讲等方面体现出特长，也是非常抢眼的，毕竟美国的很多大学生将来是要当律师的，演讲或辩论特长带来的好口才自然是优秀律师所不可或缺的。当然，演讲或辩论特长也不能靠自己吹嘘，而需要申请者真正代表中学的演讲队或辩论队去参加过比赛并且获得过好成绩。

除了这些能够概括的特长外，还有很多林林总总的其他特长。每个孩子都有自己的特点，也要有自己的特长，而不是机械拷贝别人的特长。当一种特长被大部分申请者拥有时，它就已经不再特别。以前媒体有过报道，提到哈佛招收了一些（其实数量很少）热心做义工帮助穷困地区孩子的学生，于是近5年来华裔学生（中国的和美国的都有）到中国和亚洲其他国家贫困地区扶贫的孩子数量激增。事实证明这种功利性太强的做法是徒劳的。

美国私立名校在录取本科生时，并不是对申请人的特长进行加分，或者加权平均，而是根据自己大学的特点和传统，把每年一两千人的录取名额，分成了很多个小池子，比如需要50—100名体育特招生，20—30

名音乐特招生，30—50名工程发明方面的特招生，100—300名领导力突出的特招生，等等。如果再考虑对某些家庭、对校友和教授子女的特殊照顾，一两千个名额便所剩无几了。对大部分亚裔学生来讲，能够挤进去的池子就是剩下的这一小部分。而这一小部分名额，也不完全是按照成绩和特长分配，还需要照顾所谓的少数族裔，于是大量成绩合格且有一定特长的亚裔学生就被拒之门外了。就美国私立名校重视的学生特长而言，每个申请者最好能钩住大学的一个点。好几位在大学负责招生的老师在谈到申请者的特长时，都用了 hook 这个词（钩子的意思）来形容。也就是说，学生有某种特长，而大学正好需要这一特长，彼此钩住了，这样申请者就能跳上学校这条船。

有一次我和哈克学校（The Harker School）的前校长尼克诺夫（Christopher Nicknoff）博士讨论对孩子的培养。尼克诺夫博士是美国最好的中小学校长之一，他在担任校长期间把只有十几年历史的哈克学校（该校小学和初中有上百年历史）变成了全美在学习成绩和其他诸多方面堪称最好的高中（没有之一）。尼克诺夫博士认为孩子首先需要成长为一个好孩子，把书读好（这一点大部分亚裔子女都能做到），然后需要在很多方面都得到发展，同时一定要有一项专长。我用一个比喻来形容他的观点：一个能上美国私立名校的高中生应该像一个圆规，既能画一个圆，表明他 / 她的发展是全面的，同时还要有一项突出的特长，恰如圆规的尖，能够把纸戳穿，脱颖而出。我的一位朋友的孩子，因为高尔夫球成绩排进了美国前一百名，在一所常青藤名校参观时，对方就明确表示愿意录取她，后来她如愿以偿地进入了那所名校。

很多中国的家长问我，我们家孩子搞个什么特长将来到美国读大学可以加分。我总是告诉他们，首先，特长不是加分，因为美国大学的录取不是加权平均的结果，当然有特长是好事。其次，也是最根本的，特长应该是孩子的兴趣和爱好的自然延伸，课外活动的成绩应该是孩子自己用行动完善自身的过程和结果，而不是为了特长而特长。最后，任何兴趣爱好都应该有持久性，为了方便他人评估，应该有记录或成果佐证，当学生把自己的特长写入申请材料时，需要讲清楚在从事这些活动的过程中有哪些真正的收获。

5　书面申请材料

一名高中生经过三年多的努力，准备升入自己心仪的大学。如同足球运动员费了很多劲将球带入了禁区，能否进球就看临门一脚了，而准备大学申请材料就是临门一脚。这一脚踢不好，所有的努力都将付之东流。

美国绝大部分私立大学都需要很多申请材料，为了简化申请过程，各大学约定，一些不需要重复填写的基本信息，只让申请人填写一次，然后各大学共享。这些基本信息包括：学生和家庭的基本情况，以及一篇命题作文，由学生描述自己对未来的畅想。这些内容加在一起构成了"共同申请材料"（Common Application，通常简称 Common App）。在基本信息里，学生要提供GPA、成绩单、选修的AP课程和标准考试成绩，以及家庭情况、联系方式等。其中的命题作文每年或者每几年会改变一次，但中心思想都是要写自己对大学、对人生、对未来的认识。自 2012 年以来，命题作文的题目都是 ——

> Some students have a background, identity, interest, or talent that is so meaningful they believe their application would be incomplete without it. If this sounds like you, then please share your story.

大意是让学生写迄今为止影响了自己人生的一件事。

命题作文是申请材料中最重要的，也最有发挥余地，会送到学生所申请的所有大学里，并且作为各个大学了解学生个人想法最重要的材料。在申请材料中，那些客观的数据资料等是很难发挥的，但申请者自己写的文章发挥余地可就大了。除了华盛顿大学，所有的美国顶级私立大学都要求申请者另写几篇作文或者回答一些问题，且字数都有严格限制，均没有这篇长文的发挥余地大。虽然这篇命题作文是由申请者自己撰写的（代笔会被视为作弊，后果很严重。代笔作文常常语气不对，不像孩子的心声，容易被识破），但是申请者在此之前应该与大学的升学顾问、家长，以及被自己心仪的大学录取的学长多做几次头脑风暴式的讨论。很多升学顾问讲，亚裔的孩子们第一次跟他们谈想法时，不仅思路杂乱无章，而且漏掉了不少自己的闪光处。经过几次交流之后，学生的思路就变得清晰了，而且能够发现自己的独特之处。亚裔孩子常常不善于滔滔不绝地讲出自己的想法，尤其是在父母前面，因此学长或升学顾问也许更能够把他们的想法引导出来。在共同申请材料中，除了命题作文，还有一些可以自由发挥的地方，包括一些短文，以及对所获奖项的选择（如果获得的奖项太多）。

这里讲点题外话。有些国人在写论文时，生怕被别人看低了，喜欢谈一些看似大而全、水平高实则非常空洞的内容。不知道申请美国大学的中国高中生们是否也会有这样的毛病。要是交出这样一份作文，可以很负责任地讲，我在这本书里讨论的十几所顶级私立大学，就都不用考虑了。事实上，讲清楚一件具体的小事要比空谈理想有意义得多。具体到上面的命题作文，鲁迅先生的名篇《一件小事》就是极好的范文。

各个大学所需的第二份共同申请材料是推荐信，目前一般都要求有两封推荐信。美国的老师不可能像一些中国的大学教授那样，让被推荐人起草一封推荐信，自己只是签个名字，而是会比较客观地把被推荐人的优缺点全部写出来。我在约翰·霍普金斯大学帮助审理博士生申请材料时，读过很多美国大学教授给本科生们写的推荐信。首先，这些信都没有范文的风格和套路，很有针对性。其次，里面不完全是好话，比如会说学生不够主动、沟通能力欠缺，等等。一般来讲，老师不会说学生不努力，成绩不好等，但是即使存在前面所说的问题，对录取都将十分不利。另外，即使老师不说学生的缺点，但若是对其优点的描述比较中性和客套，则在众多被力荐的申请者中，被推荐人就根本无法浮出水面了。

因此，选择两个合适的推荐人很重要，他们不仅应该与学生保持良好的关系，是学生成绩比较好的课程的任课老师（这样他们对学生的印象才会深），并且有意愿和能力写一封很好的推荐信。斯坦福大学的一位教授和我闲聊时提到，他推荐的几个学生都被哈佛录取了，这样的教授就应该是学生们要找的推荐人。学校的两个推荐人最好不要全都是数理化课程的老师，而要有一个人文课程（比如英文或历史）的老师，这样可以让大学更全面地了解学生。有的大学甚至要求其中一位推荐人必须是文科课程的老师，但不会有哪个大学会反过来要求至少有一位推荐人来自理科课程。由于全部申请工作都得在 12 年级上学期进行，也就是每年的 9—12 月，写推荐信的老师时间精力有限，能够写的推荐信一般不会超过 20 封，这对于私立中学还不算是一个大问题，因为私立中学师生比例较高。在公立高中就读的学生，则需要尽早和写推荐信的老师打好招呼，以免他已经承诺得太多，没有时间写了。

大学还会要求每个高中的升学顾问对申请者做一个全面的评述。通常一个高中的几十名甚至上百名学生只能摊上一位升学顾问，如何让升学顾问给自己写出比较详尽的评述，就需要高中生自己付出努力。高中生们平时就要注意给自己的升学顾问留下好印象，而每一次与升学顾问进行交流，都将是展现自己的好机会。

上面这些共同申请材料是各大学都需要的，而美国的私立名校则还要求提供一些额外的补充材料，主要包括一些篇幅长短不一的作文和对一些问题的回答。让学生提供这些补充材料有两个好处。首先，是给学生一个全面展示自己的机会，既然一所大学决定不根据成绩来录取学生，那么就要给学生机会提供材料，否则已经变得有些随机的录取过程就会更加随机。像伯克利等州立大学以及华盛顿大学，基本上是按照成绩录取学生，也就没必要提供更多材料。（所有加州大学的分校会要求学生统一写一篇针对加州大学的作文，而后各个分校就不再有额外的要求了，申请其中的一所分校和申请全部 9 所分校，申请材料一模一样。）其次，是要让学校相信申请者和学校双方能相互"钩"上。每所私立名校都各有特点，有其独特的办学理念，申请者必须认可这些理念，否则会进一步降低本来就不高的录取可能性。每个私立名校的特定问题都不同，后面介绍各所大学时再具体说明。不过这里可以用一句话概括各个大学特定申请材料的重要性——前面提供的共同申请资料，或许能让一名高中生进入最后一轮的筛选，但是这些特定的申请材料则是最终进球的临门一脚。

那些有着音乐、表演和其他艺术特长的学生，还需要提供自己的作品。这些申请者需要提供更多材料，并且在另外一个队列中，申请截止日期通常会比其他申请者早一个月左右，艺术特招生们从暑假开始就要准备申请材料了。

第四节 申请过程

1 大学的选择

理论上，只要交得起报名费（一般是一所大学几十美元）就可以申请美国的大学，一名学生想申请多少所大学都可以，不过很多学校都要求提供一些独有的申请材料，主要是篇幅不一的作文。一般来说，一名学生只有精力去申请 10—15 所大学。那么，如何挑选这 10—15 所大学就大有讲究了。

与国内高考时申请大学类似，在美国申请大学也要分档次，若 10 所大学志愿都报得太低，回头自己会后悔；若都报得太高，又可能竹篮打水一场空。一般学生们会根据自己了解到的不完备信息，找出十几所甚至更多自己比较向往的大学，这些学校便会成为他们的第一轮候选申请对象。有些学生（和家长）会去了解以往各个大学的本科生录取率，估计被录取的可能性，但其实相当不靠谱。虽然哈佛大学的录取率是 5%—6%，但并非报 20 所类似的大学就会被其中一所录取，因为被这些大学录取并非随机抽签的独立事件，而是相关的，哈佛没录取，可能说明学生存在什么不足，有可能其他学校也不予录取，更何况如我们前面所说，在哈佛 5%—6% 的录取率中，有一半留给了提前申请的学生，与普通申请的学生可能无关（后者的录取率不到 3%）。因此，在确定申请的学校之前，学生有必要和升学顾问详细聊聊自身情况，有经验的升学顾问（一些升学顾问甚至在大学的录取委员会工作过）会根据该中学前几年的录取情况，以及这个学生的具体情况，对学生想申请的大学做一番评估，把它们划分出 5 档：根本没戏（Unlikely）、可以试试（Reachable）、有可能（Possible）、很有可能（Probably）和很有戏（Likely）。有一点是可以肯定的：升学顾问绝对不会对学生讲哪个大学是铁板钉钉的，正如前面提到的，录取与否，随机性很大。

对于根本没戏的那些大学，升学顾问会建议学生们不要浪费精力。比如一名来自普通高中、成绩中上等的学生，没什么家庭背景，也没什么特长，申请超级五强的大学就基本上没戏，也就没必要花精力去撞大运，不如省下时间和精力用心申请其他大学。一般来讲，学生可以在从Reachable 到 Likely 的学校中各选择两到三所。选定后再有的放矢地准备申请材料。

2 提前申请和正常申请

美国大学的录取分为提前申请和正常申请两种。提前申请又分为 Early Decision（简称 ED）和 Early Action（简称 EA）两种，第一种（ED）是绑定的协议，意味着只要录取就必须接受，同时撤回已向其他大学递交的申请材料。第二种（EA）是没有约束的，被录取人可以不接受录取，继续申请其他学校。从这两种提前申请来看，似乎后者更有利，但对于大部分申请者来讲则不然，因为只有超级五强以及很难进的加州理工和芝加哥大学才没有录取约束。申请 EA 大学除了难度更大一些外，大学需要考虑的另一个因素是，收到了录取通知的学生未必会来，因此这些大学提前录取的学生比例比正常录取高不了多少。而对于采纳 ED 方式的大学来讲，录取的学生一定会来，这样就可以保证大学的学生接受录取通知书的比例（这对大学的排名很重要），因此它们 ED 的录取率会比正常的申请高很多。超级五强之所以敢给予申请者自由，让他们去选择另一所大学，多少有点皇帝女儿不愁嫁的牛气，而其他私立名校则没这么大底气。

无论是 EA 还是 ED，一名申请者都只能报一所，只有一个例外，那就是麻省理工、加州理工和芝加哥大学组成的一个三校联盟，这三所大学相互承认，也就是说申请者可以同时申请这三所大学并被提前录取。对于喜欢理工科的学生，这或许是一个不错的选择。

无论是报 EA 还是 ED 的学校，都要非常慎重。如果选择的大学录取过难，则浪费了一个机会。录取太容易且又是 ED，则可能错失申请其他学校的机会。一般来讲，如果申请者知道自己进入超级五强肯定没戏，不如挑选自己最喜欢的大学，用 ED 的方式提前录取，这样录取希望可以提高两到三倍。而自认为有希望进超级五强的学生，一般都不会去挑选一所 ED 的大学，而是会从超级五强中挑选一所作为 EA。对于 EA 大学的选择，学生们常常又有两种策略。第一种是将自己最心仪的大学作为 EA 来选择，这样做的好处是增加申请这所大学的成功机会。但是这样也有一个风险，因为提前录取（无论是 EA 还是 ED）的截止日期都是 11 月 1 日左右，准备材料的时间未必充分，而且也不知道作文写作的风格和口气有无问题，有可能自己想得很好，但是内容完全不对路。因此，有人会将自己的二选、三选，或者超级五强中相对容易录取的一所作为 EA 的选择。如被录取，说明材料准备的对路子，而且有了颗定心丸。未被录取，也没有关系，只需重新准备自己最心仪的大学的申请材料，第一次的 EA 算是一次试验。

提前录取的结果一般会在圣诞节前通知，各个大学前后会相差一两天。而正常申请的截止日期一般是年底，如果提前申请未被录取，在此期间还有可能可以进一步修改和完善申请材料。但是，除非有特别的理由，否则随意改动申请材料，尤其是重新写作文，其实风险还是挺大的，毕竟早期的写作想法可能是从暑假就开始酝酿，而想改动的念头只是从圣诞节到年底这一周左右的时间琢磨出来的。从理论上讲每个申请者都可以修改两次申请材料，比如提前录取的申请材料交上去之后，对共同申请材料（Common Application）里的作文做一次有针对性的修改，提交给相应的四五所大学，然后再有针对性地修改一次，提交给余下的四五所大学。不过这样太随意地修改效果好不好，不得而知。大部分人实际上只是微调完善而已。

收到学生的申请材料之后，很多私立名校都会安排校友对部分（或全部）申请者进行一次面试。虽然所有名校都说面试不会影响录取结果，只是收集一些额外信息，但这个说法并不符合基本逻辑，否则就不需要这次面试了。面试其实是给了申请者一个推销自己的机会，但是大部分学生（尤其是华裔学生）常常会因不善表达而白白浪费了面试的机会。当然，这也不能怪孩子们，毕竟许多来自东亚的成年人也都不善于表达。相比之下，同是亚裔的印度人更善于自我推销。

做好上述准备工作之后，学生们就应该开始放松心情，不要再想申请大学的问题了。正常申请的结果一般会在 3 月底到 4 月初揭晓，但在此之前部分大学会以某种方式给出录取结果。

3　放榜和接受录取通知书

第一种方式是发出非正式的录取通知，即 Likely Letter。由于超级五强属于 EA，录取后并没有必须去读的约束，为了好学生它们会互相挖角。所采用的办法，是在 2 月份给经由普通路径申请该校但十分优秀的学生发出一封信，表示学校已考虑录取他们，尽管放心。EA 大学发出这样的信的目的，是让那些优秀学生提前关注该校，并且尽可能地对该校做一番研究。正常录取是 3 月底发录取通知书，而学生决定接受与否的截止日期是 5 月 1 日，因此很多人不愿意在一个月内做决定，而是倾向于选择更早收到录取通知的 EA 大学。为了给优秀学生更多的考虑时间，耶鲁、普林斯顿和斯坦福等大学会在 2 月份给少数学生（通常在 100 人左右）发出非正式的录取承诺信。虽然这封信不具有法律效力，但是迄今为止还没有听说过哪个学校说话不算数。

第二种方式是伯克利采用的，即针对少数学生（大约 700 人）发出他们已入围董事会（Regent）奖学金决赛的信函。在信函中，伯克利会告诉这些学生，他们已自动被伯克利录取。Regent 相当于私立大学的 Trustee，它的奖学金是伯克利的最高奖，最终会有一半学生（350 名左右）获得这种奖学金（伯克利一年录取近万名学生）。这些受到邀请的学生会被请来伯克利做一次面试，面试通过者即可获得此奖。为了吸引各地的学生，伯克利会给不在当地的学生支付差旅费。

第三种方式是麻省理工特有的：抢先发布录取消息。麻省理工总是在 3 月 14 日——"圆周率日"放榜，以显示它对科学的热爱。2015 年，麻省理工在 3 月 14 日上午 9 点 26 分发布录取信息，这样正好凑上 3.1415926[15]，而在其他年份则是在下午 15 点 9 分 26 秒发布。

据非权威调查统计，在两所学校条件差不多的情况下，申请者会优先选择先给他 / 她发录取通知书的那所大学。

大部分私立大学都会在 3 月的最后一周到 4 月 1 日之间发录取通知，这时学生们会既兴奋又紧张，每年都是几家欢喜几家愁。不过，我倒觉得到了这个时候就不必太在意录取结果了。一来在意也没什么用，二来人的品德和能力并不会因为录取结果的好坏而有所变化。对于能进入心仪大学的人来讲，他们在人生的长跑中又领先了一次，但这远不是长跑的

15 在美国这一天的日期是写成 3/14/15。

终点。而对于那些没有达成心愿的人来讲，不过是少了一次机会，但并非失去了所有的机会。因此，录取上失意的年轻人大可抱着"明朝太阳照样升起"的心态，从看似不理想的结果中反思检讨：或许是自己长期以来成长过程中存在的缺陷造成的，或许是准备申请材料时临门一脚没有踢好，也可能只是运气不佳。如果是因为自身存在明显不足或最后半年没有花够功夫而没能进入理想的大学，那么经过反思，这样的年轻人会明白种瓜得瓜，种豆得豆的道理，也会明白人在年轻时受一点挫折，或许是好事。如果主要是运气不佳，则年轻人这时通常会为此而懊恼，因为他们付出了却没有得到应有的收获。对于为运气而烦恼的年轻人，我倒觉得他们不妨读一读英国历史上曾经打败拿破仑的铁公爵惠灵顿的故事。惠灵顿既不善于在战场上临场发挥，运气也不太好，他知道自己的弱点，并且相信命运（而不是抱怨运气不好），每次都会尽自己最大努力在战前做好每一个细节。最终，在滑铁卢战役中，命运的天平倒向了他。

拿到好几封录取通知书的学生，接下来需要决定去哪一所大学了。尽管很多优秀的学生为了验证自己的水平，申报了很多大学（这么做对自己的同学其实是一种不友善 [16]），手里攥了一大把录取通知书，但最终他们需要选定一所大学，放弃其他顶级大学，这也是一个让人心生遗憾的过程。由于并非每个被录取的学生都会来就读，所以大学首先都会多发一定比例的录取通知书，比如一个大学预计招收 2000 名学生，根据往年的经验，Offer 的接受率是 80%，就会发出 2500 份录取通知。在决定去哪一所大学就读时，学生，而不是学校，第一次也是唯一的一次在申请的过程中掌握了主动权。现在，各个大学要想尽办法来吸引学生了。有些大学对学生非常热情，比如普林斯顿大学、耶鲁大学、麻省理工学院

---

[16] 很多中学的升学顾问会希望已经被理想中的大学录取的学生，撤回对其他大学的申请，以便给予同学们更多的机会。

和华盛顿大学（它甚至会支付学生来学校考察的差旅和住宿费），有些则不然。不过，各个大学都会在 4 月份的某个周末热情接待这些未来的新生，向他们介绍学校，并让他们体验课堂和宿舍。而在一年前，这些高中生在选择大学时可能也会去参观学校，但那时受到的礼遇远非这次能比。各个大学都希望那些拿了一堆录取通知书的学生选择自己，这样它们既能招到最好的学生，又能因为 Offer 接受率（Yield Rate）高而在大学排名中靠前。历史上哈佛的录取接受率是最高的，接下来是斯坦福 [17]，而超级五强中的另 3 所则紧随其后。

要是一所大学很不幸，录取的学生大部分（或比他们想象的更多）都没有接受 Offer，就将面临着今年招不满的局面。为了弥补这种情况导致的生源不足，大学会将未被录取但看上去还不错的学生放在候补队列中（并且会通知这些学生，告知他们被列入候补队列），然后从候补队列中挑选，补发通知书。候补队列是一个很大的池子，学生排名不分先后。对于进入候补队列的学生，我有一个忠告，即不要对从这个队列中获得录取机会抱太大希望。候补队列中每年被递补录取的人数非常有限，一般比例也不过是 2%—3%；而当这所学校当年的录取接受率很高时，候补队列会自动删除，学校对此不再做任何考虑，比如 2012 年和 2015 年的斯坦福大学便是如此。被列入候补队列里的申请者，命运不再取决于自己。对候补队列尚存希望的学生还需要明白的一点是，递补的原则并非对所有在名单上的人重新排队，而是按需递补。比如学校为乐队特招了一名小提琴手，如果这个人没有来，那么就从候补队列中递补一名小提琴手，而其他人不论有多优秀，均与这个名额无关。

然而，如果一所大学的录取接受率太高，看似好事，其实也会带来许多

17　2015 年斯坦福的录取接受率在全美最高。

麻烦。首先，学校会面临着新生无处可住的烦恼。2011 年，约翰·霍普金斯大学的录取接受率太高，学校不得不租下附近的酒店，将其改成宿舍。2015 年斯坦福大学则因为录取接受率过高，不得不让一些老生住到校外去，给新生腾出宿舍。除了住宿，教室和餐厅也都会出现人满为患的问题。因此，大学希望最终入学的学生人数在学校能够安排生活和教学的范围内。

如前所述，一般美国的大学都要求学生在 5 月 1 日前决定是否接受录取，大部分大学会要求学生缴纳一定的学费押金。如果某个学生因为被另一所大学从候补队列中录取了，决定不去已接受录取的大学，那么他可以通知这所大学自己不去就读了，押金当然也就拿不回来了。因此，不推荐答应了又反悔的做法，这么做既有损信誉，还折了钱财，除非两所大学排名相差很大。

正式接受一所大学的录取通知后，学生就需要开始考虑住宿、选课等实际问题。如果在 5 月 1 日之前还对某所大学的候补队列抱有一丝幻想（这真的多半只是幻想），那么此刻则需要安下心来开始规划新的生活了。

第五节　亚裔学生和家长所能做的努力

近年来，每年都有大量成绩优秀的亚裔学生难以进入美国的一流大学。前面介绍了其中的一个原因，即大学招生的不公平性，改变这种不公平需要全体亚裔的长期努力，不是短时间就能见效的。然而，亚裔学生还有很多地方可以改进，从而增加自己进入美国一流大学的可能性。

首先，亚裔学生需要从单纯追求工程和医科等专业，转变成对各种专业都抱有兴趣。在美国，学习工程、医学和法学的确挣钱比较快，工作比较稳定，而学习文科类、艺术类课程，则找工作往往比较困难，更不要说是挣大钱了。亚裔学生（和家长）常常急功近利，都一窝蜂挤到那些容易找工作、挣钱又多的专业里去，在大学的工学院、医学院的预科及法学院的预科，还有商学院里，可以说挤满了亚裔学生。即使在工学院内部，像化学工程、机械工程这些不是很热门的专业，亚裔学生也几乎都不屑一顾。但是另一方面，虽然美国的大部分大学都不限制专业选择，但也毕竟不能让学生们都挤到少数几个专业里去，否则，这些专业会因为学生太多而无法提供足够的资源，而另一些专业则生源不足，所以大学在招生时必须做一点专业上的平衡。将一所综合大学的专业分布看成是 360 度全方位的，则亚裔学生常常都挤在 90 度，或者只有 30 度的专业范围里，如此一来，无疑增加了录取难度。

为什么美国的这些私立名校需要让自己的学生专业平衡，除了我们前面讲到的通才教育的必要性外，也因为这些顶级大学的存在，是为了培养各个领域的精英，而不是培养一个个高收入的从业者。我们不妨看看下面这张图。

图 6.2 显示的是 2012 年美国各行各业的就业人口，总数为 1.45 亿，其中亚洲人喜欢从事的行业为信息技术、金融、医疗保健和教育（大学教授、中学老师），而这只占美国就业人口的 1/3 弱。如果一所大学的目标是培养全社会各行各业的领袖，那么就不能光培养学习工程、医学、法学和商学的人，而要想办法让自己所培养的学生将来能覆盖上面这张图的各个方向。美国的政治领袖与中国的不同，他们大部分本科是文科出身。美国历任总统除了里根是学习电机工程的，杰弗逊可以算是科学家，剩下的总统本科都是学文科的，可见那些亚裔看不上的专业对美国社会的重要性。

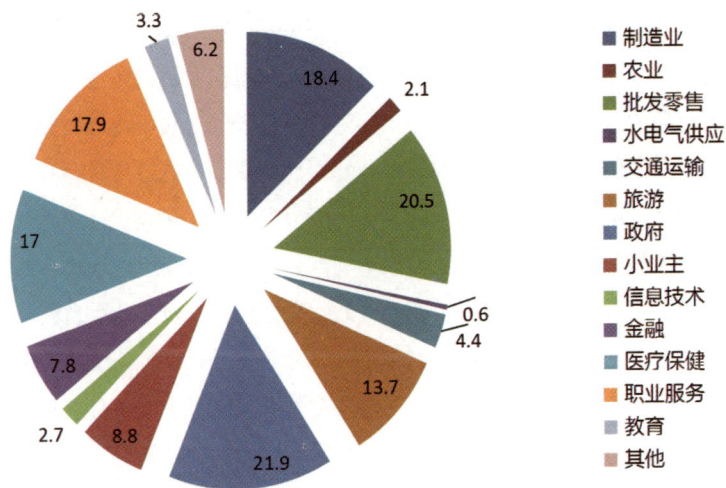

就业人口（百万）

制造业
农业
批发零售
水电气供应
交通运输
旅游
政府
小业主
信息技术
金融
医疗保健
职业服务
教育
其他

图 6.2　美国各行各业的就业人口（2012 年）

我曾经向斯坦福大学的一位教授讨教进入斯坦福是否有些技巧。他给出了两个观点，第一，录取在很大程度上看运气；第二，如果明确表示愿意学习一些冷门专业（申请斯坦福并不需要指明专业），比如心理学、历史，则录取可能相对容易一些，等进了大学再换专业。但是，因为学生的录取材料是一个完整的包（Package），如果在高中阶段都是按照将来进入大学后就读计算机科学专业而准备的，不可能到了申请阶段简单改为想要学习心理学和历史。如果对历史感兴趣，则从高中开始做大量与历史有关的准备，才会让大学感到可信。当然，是否有必要为了进名校而暂时委屈自己，就需要每个人自行决定了。

亚裔学生能够做的第二项努力，是减少一些无谓的竞赛，把时间花在寻找自己和学校的"钩子"上。10 年前，只要进入美国数理化、计算机、信息和生物等奥林匹克竞赛的训练营（成为美国奥林匹克代表队的前一步），几乎任何大学都可以随便挑。如今，这些比赛的成绩对于录取的作用远比申请者想象的要低。2015 年，一位获得国际奥林匹克计算机竞赛金牌、品学兼优的亚裔学生，未能进入斯坦福大学，而这在过去是不可想象的。以前，至少麻省理工学院还是很看重这些比赛成绩的，但是如今一个用户数超过百万的 APP，却要比竞赛成绩更容易受到麻省理工的青睐。虽然很多有识之士指出，当下很多名牌私立大学过少地考虑学习成绩的因素对美国的社会发展不利，并且呼吁改变这种现状，但是这种状况不可能在短时间里改变。对此，高中生们应该主动适当调整时间分配，不要再花时间提高已经很高的学习成绩了。很多与学业有关的比赛，比如各科的奥林匹克竞赛，难度非常大，除了个别很有天赋的学生外，其他人要想取得好成绩，得花大量时间参加课外辅导。在加州等亚裔聚集的地方，一些有经验的老师确实能够通过高强度训练，让优秀学生进入这些竞赛的半决赛、决赛甚至是进入美国队，但这是以付出大量时间为代价的。相比其他族裔的学生，亚裔学生的学业成绩已经足够好了，成绩单再漂亮一点点，对大学录取已经影响不大，需要强化的是能够把自己的经历编写成一个完整的故事来打动大学招生人员。与其花时间去参加那些得不偿失的竞赛，不如通过各种活动塑造自己的独特形象，以便从众多申请者中脱颖而出。如果有时间却找不到合适的事情做（这种情况并不多见，因为大部分高中生都是时间不够用），不如干脆花功夫训练好自己的面试能力，至少一个好的面试结果会实实在在地为录取加分。

亚裔学生要做的第三项努力，是在学校和各种场合勇于表现自己。正如亚裔学生在学业上都不愿意输给别人一样，在各种其他场合也应该表现出这种精神。在学校里，应该积极参与甚至组织各种活动，竞选各种职位。这些能力一旦培养成，即使没有直接帮助自己进入某所大学，也会受用终生。亚裔学生（尤其是印度裔学生）常常在分数上争强好胜，甚至会为了半分去找老师，一门课得了 B 就会很难过。但是如果没有担任学校某个球队的队长或者学生会主席，大部分亚裔会觉得反正这个职位就一两个人，我当不上很正常。这种心态不是一个未来领袖的心态，也不符合美国一流大学培养学生的标准。

最后，也是亚裔校友和亚裔家长们需要做的最重要的努力，是积极参与大学的各种活动，帮助大学与各地的工业界及政府进行合作，积极为大学捐款。这种努力在短期内不一定能够见效，但是长期一定会见效。如果亚裔的校友和家长们再不从全方位参与大学的建设，而仅仅把精力盯在自己孩子的成绩单上，把钱花在自己孩子的辅导课上，那么自己孩子的成绩再好，也难以进入美国一流大学。我想告诉那些想让孩子接受美国最好的高等教育的中国同胞，与其将钱花在购买豪宅、高尔夫球场和酒庄及一些奢侈品上，不如把钱捐给一些大学，在帮助大学搞好科研的同时，也影响大学招生政策的制定。只有当大量的亚裔都能进入到美国私立名校，并且日后成为美国各个领域（而不仅仅是工程和医学等少数几个领域）的精英和领袖之后，才能影响美国的政策和价值观。半个多世纪前，犹太人开始这样做，如今他们的后裔开始收获父辈们辛勤播种耕耘后的果实。如果亚裔今天也开始付出这样的努力，那么下一代亚裔在申请美国一流大学上就会比现在容易得多。

中国企业家潘石屹和张欣夫妇为哈佛大学和耶鲁大学捐款，陈天桥夫妇为加州理工学院捐款，专门帮助解决来自中国大陆的学生的奖学金问题，这对于这两所学校多招收中国大陆的学生将会有所帮助。很多人不理解潘石屹和张欣的善举，认为他们应该先捐给中国的大学，而不是并不缺钱的哈佛和耶鲁。但是这些人不知道，潘石屹张欣夫妇捐出的几千万美元，对提高全世界华裔的地位，对影响美国高等教育，为整个华裔群体提供更公平的教育机会的作用非常大，由此对美国社会形成的影响力，也远比在《纽约时报》或时代广场花几千万美元做广告，或在美国花几百亿美元购买房屋要大得多。

结束语

美国私立名校的申请过程相当复杂，甚至到了谁也说不清道不明的地步，而每个大学又有着各自不同的特点，因此一名高中生很难做到既按照自己的特长发展，又能够兼顾所有一流大学的喜好，这使得进入这些大学变得难上加难。但是，对学生学业的基本要求，对学生全面发展的要求，以及对学生特长的要求，则是大部分美国私立名校的共同特点。尽管这些私立名校的录取并不公平，但是每年依然有不少没有任何背景的优秀学生能够进入这些大学学习。一方面高中生和家长要了解进入美国私立名校的难度，不要单指望功课好就能被这些大学录取，另一方面又要针对这些大学的特点，从高中阶段便开始积极做准备，要相信一名品学兼优的学生，加上精心的准备，总会有机会得到一流大学的认可。同时，学生和家长们也需要保持"尽人事，听天命"的心态，能进入一流大学学习固然可喜，而在申请一流大学时遇到一点挫折，也未尝不是一种历练。

参考文献

1. Ron Unz. 美国任人唯贤的神话常青藤的录取有多么腐败 . http://www.theamericanconservative.com/articles/the-myth-of-american-meritocracy/, 2012.

2. 蔡美儿 . 虎妈战歌 . 张新华，译 . 中信出版社，2011.

3.　丹尼尔·金 . 大学潜规则：谁能优先进入美国顶尖大学 . 张丽华，张驰，译 . 商务印书馆，2013.

4.　Thomas J. Espenshade,Alexandria Walton Radford. 不再隔离，却不平等（*No Longer Separate, Not Yet Equal: Race and Class in Elite College Admission and Campus Life*）. Princeton University Press，2009.

5.　Michele A. Hern·ndez. A 是为了录取（*A Is for Admission: The Insider's Guide to Getting into the Ivy League and Other Top Colleges*）. Rev Upd edition Grand Central Publishing, Rev Upd edition2009.

6.　Staff of the Harvard Crimson. 他们怎么进哈佛的（*How They Got into Harvard: 50 Successful Applicants Share 8 Key Strategies for Getting into the College of Your Choice*）St. Martin's Griffin，2005.

7.　Dan A. Oren. 加入俱乐部：犹太人和耶鲁的历史（*Joining the Club: A History of Jews and Yale*）. Yale University Press，1986.

8.　Chuck Hughes. 进藤校的真实原因（*What It Really Takes to Get Into Ivy League and Other Highly Selective Colleges*）. McGraw-Hill Education，2003.

第七章　田园诗般的常青藤大学

普林斯顿大学和耶鲁大学

无论在美国还是在中国，一提到美国的好大学，就会听到常青藤联盟（Ivy League）这个词，它有时也被简称为藤校。常青藤联盟包括哈佛大学、耶鲁大学、普林斯顿大学、哥伦比亚大学、宾夕法尼亚大学、康奈尔大学、达特茅斯学院和布朗大学共8所学校。和美国的各种大学联盟一样，常青藤联盟原本是一个体育联盟，即50年代成立全国大学生体育协会NCAA时，美国东北部一些原本相互间经常进行体育比赛的大学组成的一个联盟。而这8所大学都是美国一等一的好大学，而且除了康奈尔以外的7所大学都是美国建国前成立的老牌大学，于是常青藤作为体育联盟的属性日渐淡去，反而成了美国名校的专属称呼。

当然，就如同人的五个指头不一样长，常青藤联盟的8所大学，水平也是高低不一。再加上它们各自特点非常突出，对一所学校的理解不能套到另一所学校上去。8所学校中，最出名的是哈佛、耶鲁和普林斯顿这3所，有人把它们称作HYP，或者"Big Three"，中国的家长喜欢称它们为"大藤"，另外5所大学有时被称为"Lesser Five"，对应地被称为"小藤"。谁家的孩子被大藤录取为本科生，在众人眼里会是很了不起的事情。

常青藤的声誉实际上是靠大藤的 3 所大学在维持，在小藤中，哥伦比亚大学和宾夕法尼亚大学也非常好，特点非常鲜明，有些专业很强，可以说不仅没有辱没常青藤的声望，而且给理想主义色彩浓厚的常青藤赋予了务实的特点。而其余 3 所大学（达特茅斯、布朗和康奈尔），虽然也都是一流大学，但是坦率地讲，与大藤的差距明显，它们从常青藤沾的光，比它们对常青藤的贡献要多得多。

在美国，还有一些不在常青藤联盟里，但是相比藤校也毫不逊色的大学，比如斯坦福大学、麻省理工学院、加州理工学院、芝加哥大学、杜克大学和约翰·霍普金斯大学（近年来甚至地处圣路易斯的华盛顿大学 [1] 也可以进入这个行列），它们常常被不正规地称为常青藤 + 的学校，甚至连英国的牛津和剑桥也被这么称呼过。但是这些大学谁都不愿意用常青藤 + 来描述自己，在它们看来，自己在很多方面都比常青藤大学要好很多。因此，千万不要在这些大学的师生和校友面前提"常青藤 +"这个词。

在美国，人们把大藤 3 所大学的首字母 HYP（哈佛、耶鲁和普林斯顿）与麻省理工和斯坦福的首字母 MS 放在一起，构成了一个新的词 HYPMS，表示这 5 所超一流的大学，它们也被称为超级 5 强。比如一些学生之间会这样开玩笑：

-Hey, what schools are you applying to?（嗨，你打算申请哪些学校？）
-Obviously HYPMS, and probably some public schools I might actually have a shot at.（当然是超级 5 强，也许还有一些我有把握的公立学校。）

1　美国的两所华盛顿大学（圣路易斯和西雅图）的详细介绍，参见：http://blog.sciencenet.cn/blog-563591-655048.html。

其实他真正有把握的是那些公立学校，而超级 5 强只是说着玩的。

常青藤 8 所大学各具特点，而且除了康奈尔之外都非常看重自己悠久而独特的历史。在申请这些大学时，要注意将自身特点与学校的特点相匹配，这对未来学生在大学里的学习和生活十分重要，切莫只是看它们名气大就要挤进去。

梦华根据她的喜好，先筛掉 3 所（即地点太偏的康奈尔、研究水准相对较弱的布朗和达特茅斯），然后我们利用 2014 年一周春假的时间，陪着她参观了其余 5 所常青藤大学，以及波士顿地区的麻省理工学院和卫斯理学院。

为了便于对比常青藤各大学的特点，我将这 5 所藤校按照它们的共性分为上、中、下三章介绍（而不是按照我们的行程路线来一一讲述）。在这一章我们首先介绍普林斯顿大学和耶鲁大学。至于为什么这样分类，相信大家读完这一章就明白了。

第一节　普林斯顿大学

1　乡村里的名校

普林斯顿是我们那次旅行的第二站。从费城出发往北，到这里大约是一个多小时的车程。普林斯顿是新泽西州的一个小镇，有铁路和州内高速公路经过，交通比较便利。普林斯顿校园的特点很像剑桥 —— 整个小镇主要就是普林斯顿大学一家独大，其他除了居民，就是些小饭馆小商店等服务性机构了。不过，在普林斯顿小镇周围半径 10 英里范围内有不少公司，可以说以普林斯顿大学为中心，有一个规模不算很小的科技园，这里既包括大公司的分部，比如辉瑞制药公司、西门子公司在美国的医疗仪器研发中心和飞利浦公司在北美的研发分部，也包括一些小公司。以科技园为中心，开车一小时，可以到达很多大公司和研究中心，其中包括著名的贝尔实验室、AT&T 香农实验室、默克制药公司，等等。再往远开车或者坐火车走上 3 个小时，便可抵达纽约或者华盛顿，因此在普林斯顿上学，将来在附近找工作相对比较容易。

我们到达普林斯顿是下午两点左右。在酒店放下行李，稍事休息，我们就赶赴学校下午 3 点开始的参观。普林斯顿的校园里除了摆渡车，是看不到汽车的，参观者都要把车停在校园周边的停车场（普林斯顿停车是免费的，不像斯坦福或者耶鲁，停车要收费），然后在那里坐上校园的摆渡车，去往学校的招生办公室。

普林斯顿的校园规模中等，占地 500 英亩（大约相当于中国的 3000 亩），坐摆渡车到校园中心不过三五分钟。普林斯顿的校园被称为美国 3 个最美丽的校园之一，另外两个是斯坦福大学和康奈尔大学。从摆渡车向外望去，道路两旁是一栋栋有着上百年历史的老建筑，古色古香。整个校园安宁静谧，虽然地处美国东北部工业集中的地区，然而普林斯顿校园却完全像是一个远离红尘喧嚣的世外桃源。大学的招生办公室设在校园北部一幢两层的罗马式建筑中，上到二楼，会看到招生办公室，这是个面积不小的会客厅，内部装饰古色古香，传统的痕迹处处可见，仿佛特意要告诉每一个人，这是一所历史悠久的大学。

普林斯顿和哈佛一样，原本是一所乡村教会学院，创办于殖民地时期（1746 年），主要教授拉丁文。当一个世纪之后艾略特对哈佛进行大刀阔斧的改革时，普林斯顿却没有什么变化。到了 19 世纪和 20 世纪交替之际，它的学术声誉已经在下降，远远落后于新起来的约翰·霍普金斯、加州大学、芝加哥大学等。所幸的是，这时候它迎来了自己的艾略特，这个人就是后来成为了美国总统的伍德罗·威尔逊（Woodrow Wilson，1856—1924）。

威尔逊于约翰·霍普金斯大学获得政治学博士，该校是美国第一所研究型大学。在此之前，美国没有像样的研究生教育，而威尔逊也是美国第一批自己培养的博士。博士毕业后，威尔逊在普林斯顿大学任教，并且逐渐成为政治学领域的权威。他的一些著作，例如《论国家》（*The State*），长期以来一直是美国大学政治学专业的教科书。

图 7.1　美国第 28 任总统、普林斯顿校长威尔逊

1902 年，46 岁的威尔逊担任了普林斯顿这所美国历史第四悠久的名校的校长，在任期间（1902—1910），他帮助这所近代私塾般的教会学院完成了向现代研究型大学的转变。近几年，一些极左翼的非洲裔群体试图以攻击威尔逊带有种族歧视倾向为名，在普林斯顿大学抹去他的痕

迹，但后来大家发现这件事根本无法做到，因为没有威尔逊的普林斯顿就什么也不是了。这就如同无法从中国历史中抹去毛泽东，无法从法国历史中抹去路易十四，或从美国历史中抹去杰弗逊一样。即便这些伟大人物未必完美，但恰恰是他们的努力和影响，将各自国家塑造成为了今天的模样。威尔逊也是一样，普林斯顿能有今天的辉煌，没有像当时与之名气相当的威廉·玛丽学院[2]那样一直走不出现代私塾的境况，或者没有像罗格斯大学那样跌入二流行列，很大程度上有赖于威尔逊的努力。

威尔逊对普林斯顿最大的贡献在于大手笔地建设学校。威尔逊担任普林斯顿校长时，该校的捐赠余款只有 400 万美元，但他还是花了 200 万美元改进教学，用 100 万美元成立了理学院，然后筹款 300 万美元进行大规模的校园建设和提高教授工资。威尔逊还学习他的母校约翰·霍普金斯大学，长期致力于研究生教育和工程教育，他花了 250 万美元成立研究生院，又花了 300 万美元成立工学院。在他 8 年的任期内，他将教授人数增加了 50%，并且聘用了第一位信仰天主教的教授和第一位犹太籍教授，而此前的普林斯顿则完全是一个新教徒主导的大学。今天，普林斯顿依然到处都是威尔逊的影子。

在学生教育上，威尔逊偏爱牛津和剑桥的住宿学院制（Residential College），强调学生们生活在一起的重要性。虽然在他的任内普林斯顿未能实现学院制管理，但是到了上个世纪 60 年代普林斯顿的师生开始实施学院制时，他们没有忘记老校长威尔逊，于是以他的名字命名了一所住宿学院。

2　美国仅次于哈佛大学历史第二悠久的大学，曾经出过杰弗逊等一批杰出人物，但是始终没有很好地完成从教会学院到现代研究型大学的转变，后来出现财务危机被弗吉尼亚州收为州立大学。

图 7.2 普林斯顿大学招生办公室，新古典主义风格的克里欧（Clio）大楼

在普林斯顿，招生办公室的接待人员每天会热情地接待世界各地前来学校参观的高中生及家长。参观者可以向他们询问各种有关招生的问题，不过获得的答案通常不会比在普林斯顿官方网站上能找到的更多。如果想参加正式的参观活动，需要在招生办公室登记。这样，招生办公室就不仅可以了解到当天的人数，而且可以根据这些学生的信息做一些统计，以便学校对外打招生广告。说到这里，读者可能会问，难道像普林斯顿这么有名的大学还要打广告？是的，它不仅希望好学生都来申请，也希望那些毫无录取希望的学生来申请，这样一来就可以将录取率拉得特别低，让录取显得十分困难，它在大学中的排名便会靠前。

新泽西州地处美国东北部，纬度大约位于北京和沈阳之间，到了 4 月份依然很冷，树梢也还是光秃秃的。我们去访问的那一天下着雨，所以下午参观的人并不多，一共只有 30 多名高中生。据说天气好的时候，来参观的高中生每半天都多达上百名。当天带领大家参观校园的是普林斯顿的两名本科生 —— 政治学专业的三年级男生史蒂文（Steven）和生物学专业的四年级女生茜茜莉亚（Cecilia）。我们随机地选择了跟随史蒂文参观。

史蒂文显然受过很好的训练，深谙应该如何带着初次来访的学生和家长参观。他没有浪费一分钟，在参观校园的路上他一直是倒着走，边走边讲解，并且回答大家的问题。（我瞟了茜茜利亚一眼，注意到她介绍的方式与史蒂文一模一样。）在回答问题时，史蒂文做得非常专业，比如他总是先大声给大家重复一遍问题，然后再回答，显然是受过专门的训练。后来我们参观其他大学时，那些领着我们参观的学生都做不到这一点。我平时考察人和事情有一个习惯，就是会去注意那些看似不起眼的细节。从史蒂文做事的细节可以看出，普林斯顿大学对人的培养可以用"有板有眼"和"中规中矩"两个词来形容。

2 住宿学院制

关于普林斯顿大学，史蒂文首先介绍了其住宿学院制（Residential College）。我们在前面介绍剑桥和牛津时介绍了英国的直属学院体制。普林斯顿的住宿学院制与剑桥牛津有很大的相似性，但也略有不同。

普林斯顿大学的本科学生分别住在 6 所住宿学院中，这 6 所住宿学院是洛克菲勒（Rockfeller，俗称 Rocky）学院、巴特勒（Bulter）学院、马修（Mathey）学院、威尔逊（Wilson）学院和福布斯（Forbes）学院。每个学院的历史和风格都有较大的差别。

威尔逊学院是普林斯顿大学最早的住宿学院，成立于 1957 年。当时，一些志同道合的学生为了身体力行前任校长（也曾经是美国总统）伍德·威尔逊所倡导的读书、生活与社会相结合的原则，自愿组合在一起，几年后加入这个团体的学生越来越多。不过当时这种结合还比较松散，因为这些学生还是分散在各个宿舍楼里。到了 1960 年，正好普林斯顿大学盖好了一批新宿舍，这些学生便按照牛津和剑桥直属学院的方式管理这些宿舍，并以威尔逊的名字命名了这第一所住宿学院。由此可以看出，普林斯顿等美国大学的住宿学院与牛津、剑桥的直属学院在起源上是不同的，前者是学生的自愿组合，后者是由教授学生团体演变而来。由于起源不同，加上英美两国高等教育体系和理念上的差异，演变到今天，这两种学院制已经有了很大的区别。当然，它们也必然有很多相似之处，后面我们会在具体介绍普林斯顿的住宿学院时再作比较。

史蒂文所在的洛克菲勒学院是 6 个住宿学院中最大的一个，它建于 1982年，那是整个普林斯顿大学将过去一栋栋孤立的宿舍变成内部紧耦合的学院的时代，普林斯顿大学的 6 个学院有 5 个都是在那时成立的。与威尔逊学院先有学生社区和团体，然后才有落脚的房子不同，洛克菲勒学院是先有房子，后有学院。这个学院的主要建筑，包括宿舍、饭厅、电影院、图书馆和自习室，至今都已有上百年的历史，只是原先在管理上相当松散，并非一个内在的整体。从洛克菲勒学院的名字，大家便能猜到它一定与洛克菲勒家族有关，具体来讲，是与约翰·洛克菲勒三世及他弟弟劳伦斯·洛克菲勒这兄弟俩有关。这位约翰·洛克菲勒是人们常提到的石油大王约翰·洛克菲勒（一世）的长孙，美国上个世纪六七十年代的政治家、副总统纳尔逊·洛克菲勒是他的弟弟。作为家族的长孙，约翰·洛克菲勒三世扮演了这个大家族家长的角色，而他一辈子主要的时间都花在打理洛克菲勒基金会的财富和做慈善方面了。

约翰·洛克菲勒三世自己是普林斯顿大学的校友，后来还担任过校董，陆陆续续给学校捐了不少钱。1982 年普林斯顿大学创建这个学院时，他已经去世了，这时他的另一个弟弟劳伦斯·洛克菲勒（Laurance S. Rockefeller，也是普林斯顿的校友和校董）捐赠了 500 万美元，获得了学院的冠名权，以纪念他的哥哥。后来，劳伦斯·洛克菲勒又向学院捐了 150 万美元以帮助学院的运作。和大哥类似，劳伦斯·洛克菲勒一辈子也没有做什么事情，在美国却颇有点小名气，他以对灵魂和 UFO 等稀奇古怪的事情感兴趣而出名。

图 7.3　洛克菲勒学院里古堡式的宿舍（4 月初的普林斯顿依然很冷，树梢尚无绿意）

言归正传，让我们回到普林斯顿学院制的话题。该校的 6 所学院又分为四年制和两年制两种，每种学制各 3 所。顾名思义，四年制的学院里包括一到四年级的学生；而两年制的学院里则只有低年级（一、二年级）的学生。在三年级之后，学生可以选择继续住在原先的住宿学院中，也可以申请转到另一所住宿学院，或者干脆自己住在学校的其他宿舍里。大约有一小半高年级学生会选择留在住宿学院中。为了维系那些选择自己单独住宿的学生与同一个学院的同学的关系（这一点在普林斯顿很重要），大学将两年制学院和四年制学院两两配对，比如洛克菲勒学院（两年制）和马修学院（四年制）是姊妹学院。洛克菲勒学院的学生在二年级以后就离开了该学院，他们中的一部分人会转到马修学院，另一部分不想再住在寄宿学院的人，会自己在学校里找宿舍，但仍可以参加马修学院的活动，因为很多洛克菲勒学院的伙伴们在马修学院里。事实上，在学院里建立起的同学之间的友谊会让大部分校友受用一辈子。一位普林斯顿学生的家长告诉我，她女儿毕业后去了华尔街，一直得到校友们的关照，而这正是普林斯顿大学所希望的。

普林斯顿的住宿学院里，各种设施一应俱全。理论上一名学生除了去教室上课外，不离开学院也可以好好生活一学期，从这一点上来讲，它们和剑桥、牛津的直属学院很相似。洛克菲勒学院是我们进去参观的唯一一所学院。史蒂文把我们带到了里面的公共大厅（Common Room），这间大厅能容纳五六百人，可以和很多欧洲城堡内装饰豪华的大厅相媲美。平时大家可以在里面看看书，聊聊天，做点吃的喝的，有时候可以在这里举办一场非正式的音乐表演，或者正式的酒会、舞会，等等。作为学院最大的聚会场所，如果学院要向学生们发布信息，或者做一些宣传，这里是最好的地方。我们在牛津和剑桥的学院里也能见到这么大的公共大厅，但是在麻省理工学院、斯坦福大学或者约翰·霍普金斯大学的宿舍里则没见到过。

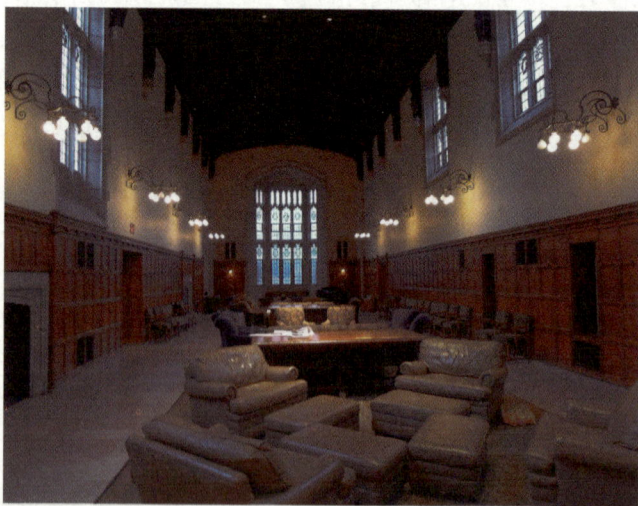

图 7.4　洛克菲勒学院的公共大厅（Common Room）

普林斯顿各所学院的宿舍，从外观上看很像欧洲的古堡，还真有点剑桥和牛津的味道，但是这两种学院其实有着很大的区别，前者无论在财务还是管理上，都不像后者那么独立。在入校前，普林斯顿会为每一位新生选择一所住宿学院，不会出现剑桥和牛津那种学生被大学录取了，却没有一个学院愿意接受的情况。至于一名新生具体进入哪一所学院，基本上是随机而定，学生自己没法选择，但是学生可以决定住什么样的房间，比如是希望单独住，或是希望有较多的室友，学院都会尽量满足。史蒂文并没有带我们实地参观宿舍，原因是"古堡"里的每一间宿舍从大小到布局都不具有可比性，最小的单元只能住一个人，最大的则是上下两层的小楼，有很多卧室，可以住 11 个人。即使今天你参观了一个样板宿舍，但等到入学前申请时，这类宿舍却可能没有空位。

如果一名新生入学后选择和同学同住，那么他 / 她的室友将会由学院根据学生特长互补性原则安排入住。比如学院会把一名有数学特长的学生、一名有音乐特长的学生和一名有表演特长的学生安排在同一个宿舍里，但是绝不会把三名具有数学特长的学生安排住在一起。让年轻人相互取长补短，是普林斯顿学院制的精髓。在普林斯顿，虽然学院制似乎不及剑桥和牛津实行的那么彻底，但是在融合不同学科、不同兴趣的学生方面，它做得比那两所英国名校更好些 —— 后者常常还是同一个专业的学生最终凑到了一起。一年以后，普林斯顿的学生们可以自行选择室友，不过一般都是在同年级之间搭配，很少有跨年级的学生成为室友的。

普林斯顿大学学生数量并不算多，又采用了学院制，学生们生活和学习都在一起，故而彼此都比较熟悉。史蒂文在带领我们参观时，一路上遇到不少认识的同学，其实很多同学和他都没有一起上过课，只是在同一个学院里生活。

史蒂文花了很长时间向我们介绍普林斯顿学院制的特点，并特别强调这是普林斯顿大学的优越性。申请者如果不认同这一点，并且在今后的普林斯顿求学生涯中利用好这一点，实际上不仅很难被普林斯顿大学录取，即使录取了，也难以最大限度地受益于这所本科教育经常在美国排名第一的高等学府。2014—2015 年度普林斯顿大学让申请者写的补充性作文，有一个段落就是让申请者谈谈自己能够为住宿学院贡献什么。

当史蒂文说到学生的吃住都在学院里时，一位家长马上就问："万一有学生不喜欢自己学院的伙食怎么办？"为了避免出现这类情形，学校允许学生到任意一个学院的饭厅吃饭。美国大学的伙食基本上是自助餐形式，交了食宿费的学生一周可以自由地吃 19—21 顿饭，依学校而定（麻省理工学院大部分宿舍是一周提供 14 顿饭，因为中午没有时间回去吃饭）。这样，贪嘴的学生就有可能到处找好吃的，最后吃成个大胖子。但是，我去过普林斯顿多次，还没有见到过大胖子。到了高年级，学生可以选择在学校的公共饭厅吃饭，或者在外面包伙。在学校周围有一些提供伙食的俱乐部，可以给学生们提供一些口味特别的饭菜，比如中餐。

3　无以伦比的本科教育

当然，到普林斯顿上学可不仅仅是为了吃、住和交朋友的，更重要的是学习知识，学到各种本领。从洛克菲勒学院出来，我们就转去参观学校最古老的拿骚大楼（Naussa Hall）。这座殖民时期风格的四层大楼建于 1756 年，虽然在今天看来它并不大，但在当时它不仅是整个新泽西也是整个北美殖民地学校中最大的建筑。建成之后，普林斯顿的全体师生都搬进了这栋楼，他们平时吃住、学习和研究都在这栋楼里。从这段历史来看，普林斯顿在办学理念上实际沿袭了早期欧洲大学，尤其是巴黎大学、牛津大学和剑桥大学的特点——师生同住，学习和生活不分家。后来随着美国的工业化程度加剧，这种做法被中断过。但是在上个世纪60年代之后，普林斯顿大学开始实行学院制，在某种程度上恢复了这种传统。

有着250多年历史的拿骚大楼自然少不了传奇故事。美国独立战争的很多次战斗（算不上战役）都发生在新泽西，而其中很大的一场战役就是在普林斯顿进行的。作为当时的制高点，拿骚大楼成为美英双方争夺的焦点，并被严重毁坏。战后，这栋大楼得到了重修，而且在战后很短的一段时间里，它曾经是美国政府的所在地。这栋大楼的另一个传奇，是它见证了200多年来普林斯顿的发展，每一个年级都会在这栋大楼的墙上留下一个铭牌。早期，每个年级在毕业的时候都会在这栋楼的墙根种下一株常青藤，代表着学生们虽然离开了学校，但是根依然深深地扎在这里。当然，这个传统如今不再延续，一来是大楼的墙根已经种满了常青藤，二来是过多的常青藤会对古建筑有破坏作用，然而普林斯顿校友的根依然留在了这里。今天，普林斯顿大学的管理部门，包括校长办公室，都安置在拿骚大楼里。

和美国不少综合性私立大学一样，普林斯顿的本科生不分专业。在普林斯顿，没有"工学院的学生"或"历史系的学生"这一说。所有的本科毕业生拿的都是同样的学位，每个人的差异只体现在他们最后关注的领域（Concentration）上。本科生们在三年级时开始确定自己的关注领域，当然他们还是可以随时改变自己的选择，比如史蒂文就改换了三次关注领域，这在中国的大学里是难以想象的。普林斯顿的每一名学生在完成学业后，学校会根据不同的关注领域授予学生文学学士（BA）或者理工学士（BSE）的学位。但是，无论想要获得哪一种学位，都需要修足够多的人文和社会科学课程，以及基本的理科课程。具体地说，攻读文学学士的学生，需要读至少一门认知科学（Cognition）课、一门数学课、两门工程课（其中至少一门工程课要有实验）。攻读理工学士的学生，则至少要读7门人文和社会科学的课程。每一个本科生，无论是攻读文学学士还是理工学士，都必须在前两年读完17门课程，平均一学期四门，不算很重，也并不轻松。

普林斯顿强调厚积薄发，强调学生在头两年要接受通才教育，打好基本功，而不要急于求成马上进入专业学习和研究。我一位朋友的孩子在普林斯顿上学，她想学习计算机科学，她和家长找到教授征求选课意见。教授听她讲完自己的想法，先是对她做了一番鼓励，说："学习计算机科学很好啊！"然后话锋一转说："那就多选点人文的课程吧！"这位学生和家长听的是一头雾水，问道："往计算机科学专业发展，不是应该多学计算机类的课程吗？怎么您建议学习人文的课程呢？"教授答道："既然你决定将来从事计算机行业的工作，有的是机会学习这方面的课程，但是人文的课程你可能今后学习的机会就不多了。普林斯顿的条件非常好，人文学科水平很高，你错过了这个机会实在可惜。"后来这位学生在普林斯顿选修了不少人文课程。

普林斯顿大学并不建议低年级学生将自己很快就绑定在某个专业方向上，也不鼓励低年级学生做科研，如果哪个学生一进大学就想钻进实验室，普林斯顿大学便不是他们最好的选择。另外在课程的难度上，普林斯顿在常青藤大学中算是讲得比较深的，这一点与中国顶尖的清华大学和北京大学相似，它强调基础要扎实。

普林斯顿（连同教授和学生一起）一共出了37名诺贝尔奖获得者，却没有出太多退学创业成功者，或许与这有一定关联。不过，我倒是认为普林斯顿能够坚持自己的办学特点，不失为一种明智的选择，它并不急于出一两个商业上的成功人士，从而让 5000 多名本科生变得浮躁。它向学生们传递的信息非常清晰，来到这里就是打好基础的，如果一个学生想把本科的基础打牢固，就到这里来。

与大部分美国私立名校一样，普林斯顿大学为学校实施小班教学而自豪。大部分课程的学生修课人数都不超过 20 人，这样一来教授就能认识和关注到班上的每一位同学。普林斯顿大学的大教授们都会认真地给本科生讲课，它的本科教学质量在美国大学中名列前茅，有口皆碑。另一方面，普林斯顿对学生的要求也非常严格，学生们学习很刻苦，但是最后也只有 30% 的学生能够拿到 A（包含 A−），这不仅比哈佛 70% 的得 A 率要低很多，也低于很多名牌大学的得 A 率（一般大约 50%），斯坦福、耶鲁、芝加哥和约翰·霍普金斯的得 A 率都在 40%—60% 之间。不过，麻省理工的得 A 率只有 25% 左右。好在美国各大学的大部分研究生院都知道普林斯顿的这一特点，因此在招收研究生时会对该校学生的分数有所调整。但是在公司招聘时，除非是连续十几年甚至更长时间一直从普林斯顿招人的大公司，否则很可能搞不清楚普林斯顿和哈佛的成绩哪个含金量高。

在普林斯顿读书，不仅平均成绩来得低，而且很难混日子。美国大学高年级的课程常常要做项目（Project），学习工程的课程更是如此。一些大学会鼓励同学们一起做项目，在做作业时互相帮助，这样每个组里总不免出现一两个南郭先生。但是，我听说普林斯顿大学不鼓励学生们在项目上合作，于是我专门向史蒂文确认这种说法的可信度。史蒂文告诉我，普林斯顿的作业和项目一般都是要求学生们独立完成，几个人共同完成的项目并不多，这就证实了那样的说法。普林斯顿大学这么做的原因可能是非常强调学生们的独立工作能力，并且要确定每一个学生都能够靠自己的努力（而不是同组人）达到学校的高标准严要求，因此要求他们单独完成课程里的项目。公平地讲，独自完成项目和几个人合作完成项目各有优缺点，普林斯顿在这一点上与其对本科生的严格要求是一致的。

在普林斯顿，教授们严格要求学生是希望每一位同学都能学好课程，而不是希望他们不及格。教授们愿意帮助每一位学生，特别是那些学习有困难的学生。在美国的大部分大学里，及格与否是学生自己的事情，教授不会刻意帮忙，但在普林斯顿，教授会安排助教或者高年级的学生对困难学生进行一对一的辅导。史蒂文自己就有这方面的体会，他的兴趣是政治学，理科较弱。对他来说，现代物理无疑是一门很难的课程，他自己学得非常吃力，于是教授找了个高年级的同学帮助他，最终让他弄懂了这门课的内容，并取得了不错的成绩。

和美国很多大学一样，普林斯顿大学会为每位学生指定一名教授作为课程导师，帮助学生根据自己的意愿决定每学期的选课，寻找今后的研究方向。在打好基础之后，普林斯顿的本科生从大三开始就要做研究了，在大三学生要完成一个类似于课程设计的研究项目，并且写一篇论文。据史蒂文介绍，论文的长度大约是50—100页。到了四年级，学生则要在研究导师指导下完成一篇毕业论文。美国绝大多数大学是不要求本科生写毕业论文的，像普林斯顿大学这样的毕业要求比较少见。普林斯顿这么做的目的是培养学生的研究能力，并且让学生在本科毕业前对某个专业领域有一定的研究经验，今后走出校门就可以直接从事这方面的工作。为了帮助学生做好毕业论文，普林斯顿的每个学生还要有一位研究导师，他和课程导师常常毫不相干，这种现象在美国很多大学都挺常见[3]。普林斯顿本科生的毕业论文要做一到两个学期，论文要写

3　在一些大学，比如在约翰·霍普金斯，学生可以要求将自己的课程导师换成研究导师，这样合二为一后，对导师和学生都方便。

100—200 页。

与清华的毕业设计不同，普林斯顿本科生的毕业论文题目大多是学生自己找的，不是老师的科研任务。因此这些课题都是学生兴趣的体现，指导老师只是提供研究和实验条件。这种做法有其明显的好处，也有同样明显的缺陷（尽管普林斯顿的人未必承认这种缺陷）。先来讲讲它的好处。这首先体现了普林斯顿的本科教学遵循一切围绕学生的原则，而不是把学生当廉价劳动力使唤，这是好的一面。事实上那些注重本科教学的大学，包括英国的牛津和剑桥，学生的研究常常都有类似特点。但是这种本科生自选题目的坏处是，由于没有正式的经费支持，大部分研究没有什么实际意义，既不能发表论文，也不能变成产品。因此，那些以研究为主的大学，比如斯坦福、麻省理工或约翰·霍普金斯，会觉得普林斯顿的本科生没什么科研水平。我住酒店时晚上闲着没事，读了读普林斯顿大学招生材料中介绍的几个本科毕业论文的题目和摘要，能大致了解到学生们的兴趣和科研水平。一名理工科学生选择的题目是"研究一种突变基因和结肠癌的关系以及这种癌症对化疗的抗药性"（Exploring a mutant gene linked to colorectal cancer and the cancer's ability to resist chemotherapy）。坦率地讲，这个题目非常大，一个本科生做一年的研究根本不足以发表论文。教授让他做这个题目，纯粹是让这名学生根据自己的喜好做些研究，为以后的科研打基础。如果我没有猜错，这名学生今后的目标将会是进入医学院。另一名学生的关注领域是建筑学，她的研究课题是"对巴西里约热内卢棚户区的研究"（An examination of favelas in Rio de Janeiro, Brazil），这是一个建筑规划相关的课题，也是一个实战模拟，而非实战。从课题来看，她将来可能会进入研究生院学习城市规划专业。

普林斯顿这种培养学生参与科研的方式，实际上体现了艾略特提倡的那种"以学为主"的教育理念。每个学生会为了自己的前途，选定自己的科研题目。不过一旦确定，一般是来不及换题目的，否则第四年就难以毕业了。

4 大学必须同时有大师和大楼

我在本书中一直强调，大学不仅要有大师，还要有大楼，一个世界一流大学必须具备良好的硬件条件。尽管普林斯顿的计算机条件很难与卡内基－梅隆大学相比，生物医学研究的条件也很难与约翰·霍普金斯大学或华盛顿大学（圣路易斯）相比，但是，普林斯顿的基础硬件条件堪与任何大学媲美，比如其图书馆的规模、藏书量和便利性。普林斯顿大学的学生很自豪他们有一个非常大的图书馆系统，它包括 10 个大大小小的图书馆，其中最大的是在大学主教堂旁边的火石（Firestone）图书馆，收藏有普林斯顿 90% 以上的藏书。从名字可以看出，它是由制造汽车轮胎的火石公司冠名赞助的。这座图书馆里藏有大约 1300 万本书 [4]，其中大约一半多一点是纸质书，其余均为缩微胶片。从图 7.5 显示的火石图书馆大楼规模来看，似乎怎么也放不下这么多书。史蒂文解释说，这座楼其实只是整个图书馆的冰山一角，图书馆的实际面积比这座楼的占地面积大 10 倍都不止，它在地下有 5 层，而且扩展到整个广场和旁边教堂的地下。整个火石图书馆所有书架排起来有 70 英里长（超过 100公里）。美国很多大学的图书馆似乎都有这样的特点，即充分利用地下空间，我去过的哈佛大学图书馆、约翰·霍普金斯大学图书馆和康奈尔大学图书馆都是如此，地下的空间要比地上大得多。

4　以 2015 年该图书馆的藏书量为准，http://library.princeton.edu/about/history。

图 7.5　普林斯顿大学的火石图书馆，前面广场下面是 5 层的地下藏书和阅览室

图书的使用率也是衡量大学硬件条件和学术活跃程度的重要指标，如果一个大学有很好的图书馆和设备，有很多藏书，却不向本科生开放，或在使用时有诸多的限制，那么再多的大楼、设备和图书，对学生的帮助也是有限的。火石图书馆的全部图书都是开架，向全校学生开放。不过，遗憾的是它并不对校外人员开放。

火石图书馆旁边是一个天主教大教堂，外观似一个缩小版的巴黎圣母院。有个未经证实的说法，这个教堂在美国大学中规模排第三。普林斯顿早期是个教会大学，不过从很早开始它就强调教会不参与学校的事务，如今这个教堂只是为学生和教职人员提供宗教服务。另外，这里也会举办一些免费的音乐会。普林斯顿大学的校友，无论是否信教，都可以在这个教堂里举行婚礼。每个住宿学院都有小教堂，很多信教的学生图方便，就在小教堂里做礼拜。

课外活动是所有名牌大学的重要组成部分，不仅让年轻人的生活丰富多彩，帮助学生们全面发展，而且成为学生之间建立起紧密关系的最佳途径，这比在一起上课更有效。一个不参加或者很少参加课外活动的学生，将失去上名牌大学一半的意义。普林斯顿大学的课外活动还算丰富，但比不上哈佛、耶鲁和哥伦比亚等其他藤校。这固然有其地处小镇远离大城市的缘故，更主要的原因是普林斯顿的课程学习任务相对较重。不过从学校层面来看，普林斯顿对学生们从事各种课外活动还算比较鼓励。如果几个学生想组织一个协会或俱乐部（比如一些亚洲学生组织了羽毛球俱乐部），学校和住宿学院往往会很支持。

普林斯顿大学相当重视文科，很多学生在表演艺术（音乐、舞台、电影等）和视觉艺术（绘画、雕塑、平面设计等）方面的才能非常突出，相关的俱乐部和活动也很多。不过公平地讲，普林斯顿大学的体育不是很好，其实所有藤校的体育水平都不是很高，这主要是因为它们没有设立体育奖学金去吸引超级体育明星。普林斯顿的学生所擅长的都是一些很小众的、有钱人玩的体育项目，比如长曲棍球（Lacrosse）、划船、击剑和高尔夫等。不过，普林斯顿大学的各种校队每年必须补充四分之一的新生，因此相关项目的体育特长生在申请普林斯顿时还是很有优势的。

在普林斯顿获得学位的另一个要求是必须精通一门外语，这对华裔学生不是什么问题，事实上普林斯顿的很多学生都精通三门语言。为了让学生具有国际化视野，普林斯顿有不少让学生在国外学习和实习的机会，学生可以在大三之后申请。

如果一名学生在普林斯顿生活四年，通过了基本的学业要求，那么恭喜他，他将获得一个含金量很高的普林斯顿大学的学位。在毕业的这一天，他将第二次走过普林斯顿大学的主校门。普林斯顿有一个迷信，那就是这个主校门每个学生只能走两次。第一次是入学，大家排着队从校门走进来，来到它正对着的拿骚大楼前，老生会夹道欢迎新生，表示新生加入到了普林斯顿的大家庭。第二次是毕业典礼后，学生从校门走出去，表示学业已成，走向社会。如果谁破了这个规矩，经常穿越大门，那么学业就会不顺利。我对这一"迷信"的解读是，从普林斯顿毕业不容易。

史蒂文带我们参观的最后一站是普林斯顿的教授俱乐部（Faculty Club），这在美国各大学都有，一般是教授们请客吃饭并举办一些正式活动的地方，不单独接待学生，除非学生是由教授带着去的。在普林斯顿，要是哪个学生被教授请到教授俱乐部去吃饭，将会是很高的荣誉，说明学生非常出色。史蒂文说至今还没有教授请他来过这里，他希望自己在毕业前能够来一次。

5 大学申请与奖学金

我们在普林斯顿第一天的参观到此就结束了，第二天早上我们又到学校参加了招生介绍会（Information Session）。主讲的是一位退休的副院长（Associate Dean），他并没怎么介绍学校网站上找得到的招生信息。这位副院长主要讲"为什么要选择普林斯顿"。他给出的第一个也几乎是最重要的理由就是"普林斯顿是一个大家庭，大部分学生从这里终身受益"。据他介绍，大部分普林斯顿的毕业生每年都会回母校团聚一次，即使过去了几十年，同学间也一直保持着往昔的友谊。据我了解他的说法应该属实。我一位朋友的女儿是从普林斯顿毕业的，朋友极力赞扬这所学校。据她讲，她女儿原本选择了学习生物，后来决定转成经济学。当她女儿毕业时，在华尔街的很多普林斯顿校友都非常帮忙，帮助她女儿找工作。当她女儿进入华尔街后，普林斯顿的校友也对她女儿关照有加。因此，我在前面讲到，选择了普林斯顿这样的大学，就要充分利用课外活动和住宿学院为自己今后的事业发展铺平道路。倘若不能和同学们融为一体，那么到普林斯顿上学的意义就减少了一半。副院长给出的第二个申请理由是普林斯顿的通才教育和重视学生全面发展，他着重讲了住宿学院如何安排不同特长的学生住在一起，让他们互相学习。最后，他介绍了奖学金的发放。

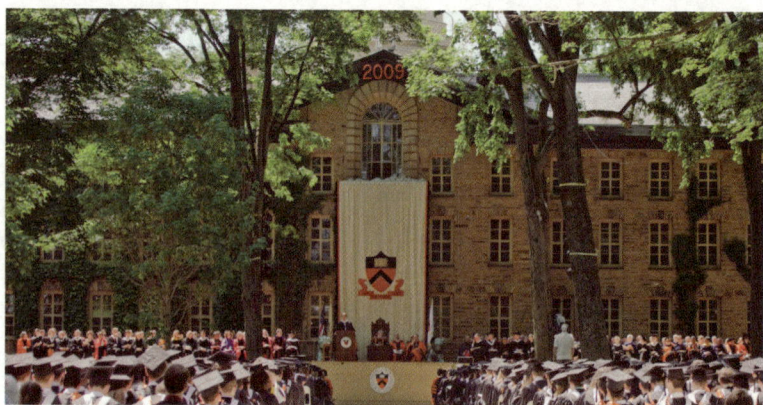

图 7.6　普林斯顿大学的毕业典礼在拿骚大楼前举行

普林斯顿大学 2014 年的学费是 41820 美元，9 个月的食宿费为 13620 美元，杂费零用大约合计 3500 美元，每年的总费用将近 6 万美元，不仅在常青藤大学中是最低的，而且在美国私立名校中也是最便宜的之一。尽管如此，对于大部分美国家庭而言，这笔钱不是一个小数目，略高于美国中等家庭（中值）的年收入（每年 5 万美元左右）。不过，贫困家庭不用为此担心，因为普林斯顿（和大部分美国私立名校）的奖学金完全是按照家庭收入而非成绩和特长来发放。对于年收入在 6 万美元以下的家庭，孩子上普林斯顿的费用全免（包括全部的学费和食宿费）。对于来自年收入在 6 万—8 万美元之间的家庭，大学免除孩子的全部学费，并且负担 70% 的食宿费。随着家庭收入的增高，大学给予的助学金则逐渐减少。当家庭的年收入超过 20 万美元时，除非需要同时供养两个大学生，否则一分钱助学金也拿不到。平均下来，普林斯顿每年大约有 60% 的学生多少都能获得一点奖学金或资助。将普林斯顿给本科生的全部资助摊到这 60% 学生的头上，平均每个学生每年获得的资助为 4 万美元。需要说明的是，由于通货膨胀和各个大学财务状况的变化，有关奖学金的各项具体数字，每年都在变化，准确信息需要到各大学的网站查阅其奖学金发放说明。

由此可见，对低收入家庭来讲，这些私立名校反而是最便宜的大学，而且几乎没有经济负担。但是对于其他家庭，尤其是年收入刚刚超过 20 万美元的家庭，这将是一笔非常大的负担，这些家庭交完税并且扣完退休金，年收入大约只剩下 10 万—13 万美元[5]了，一个孩子一年 6 万美元的费用，占到家庭可支配收入的一半甚至更多。很多人都觉得这种完全按照收入分配奖（助）学金的方式并不合理。更何况，美国各州的生活费用相差甚远，比如，在路易斯安娜州一个家庭 5 万美元的年收入，可以过得很不错，而在硅谷和纽约地区，那就是在贫困线以下了。在硅谷和纽约地区年收入 15 万美元的生活和一些州年收入 5 万美元的生活过得差不多，因此美国私立名校不考虑生活成本的"一刀切"做法，也被很多人诟病，或许今后奖（助）学金的发放会变得更合理。

以前，美国很多私立大学可以给学生贷款，但是如今补贴学生的经费大部分都给到了贫困学生手里，这些大学已经没有额外的资金提供学生贷款了。不过，它们美其名曰不让学生背着债务走出校门。事实上，它们在 4 年前就已经先将一些中产阶级家庭的孩子拒之校门外了。普林斯顿是美国第一个所谓保证学生毕业时零负债的大学，即不提供贷款。学校

5　根据所在州和所存退休金比例不同而略有差异。

的教授们和董事会实际上也了解这种做法的不合理性，但是面对社会上日益要求向弱势群体和低收入群体倾斜的呼声，也没有什么办法，毕竟这些相对贫困的群体拥有最多的投票人数，而政客们为了迎合他们，其实是在牺牲中产阶级的利益[6]。这是当前美国面临的一个很大的社会问题。

虽然普林斯顿大学欢迎外国学生，并且外国学生的比例不低，但是助学金是没有外国学生的份儿的，因为有限的奖学金已经被美国的穷人拿光了。一个外国学生即使再优秀，要是其家庭拿不出每年近 6 万美元的费用，也将与普林斯顿无缘。在这一点上，美国著名的私立大学还不如一些著名的私立中学，后者还会给优秀的海外学生提供奖学金。

普林斯顿和接下来要介绍的耶鲁大学多少有些相似之处，本章最后会一并总结并比较这两所大学的特点。

第二节　耶鲁大学

1　高危城市里的世界名校

历史上，耶鲁大学被认为是唯一一所可与哈佛大学打擂台的美国大学。最近几十年，普林斯顿在本科教育上的声誉已在耶鲁之上，而斯坦福更是全面超越耶鲁。但是，耶鲁大学的法学院和文科至今依然被认为是全美最好的，它的商学院和医学院在美国也属一流。

根据学校的官方信息，耶鲁大学正式成立于 1701 年，不过早在 17 世纪 40 年代，也就是哈佛大学成立前后，康涅狄克殖民地就有了成立一所

6　贷款会让很多中上产的家庭受益，但是完全按照收入发放助学金，则只有中低收入的家庭受益。

文理学院的打算。正如约翰·哈佛并非哈佛大学创始人一样，伊利胡·耶鲁（Elihu Yale）其实也不是耶鲁大学创始人。这位商人当年将出售货物所得（大约 800 英镑）捐给了学校，同时还赠予学校 400 多本书和一幅英国国王的肖像画。为了感激商人耶鲁对学校的贡献，1718 年学校以他的名字冠名。一些朋友读到这里可能会觉得，这位商人很合算啊，送了些钱财给学校，从此就名垂青史了。的确如此，美国大部分私立大学对捐赠者在名誉上的回报要比中国大学慷慨得多。耶鲁大学刚建校时，叫做耶鲁学院，而不是大学。美国早期的几所大学（比如哈佛、普林斯顿和哥伦比亚等）都是从学院改名为大学，这一点都不奇怪。如今耶鲁学院这个名称依然在使用，特指耶鲁大学的本科生教育。

耶鲁大学在历史上一直以文理科著名，而工科则比较薄弱。尽管近年来，耶鲁多方致力于加强工科，以便让整个学校在学科设置上变得平衡，但收效甚微。约翰·霍普金斯大学计算机系主任黑格教授曾经在耶鲁任职，另一名教授萨尔兹伯格本科毕业于耶鲁，他们一致认为耶鲁缺乏工科的基因。尽管学校层面的管理者深知工科的重要性，但是耶鲁很难吸引功成名就的高水平工科教授，而在本科生录取上耶鲁又不能向数学和理科（Science、Technology、Engineering、Mathematics，简称STEM）优秀的高中学生做出倾斜。梦华原本不打算考虑耶鲁，但是得知其艺术系排名全美第一后还是决定去看看。于是，我们临时增加了耶鲁这一站。

从纽约出发一路向北开，大约一个多小时就到达了耶鲁所在地康涅狄克州最大的城市纽黑文（New Haven）。康涅狄克州是美国最富有的州之一，但是全州贫富分化严重。根据美国联邦调查局（FBI）和其他一些机构提供的数据，纽黑文是美国最不安全的城市之一。到耶鲁之前，我们其实挺担心的。不过，到了耶鲁后我们发现，它周围的环境并不像想象得那么差。耶鲁位于纽黑文的南部，靠近海湾，远离治安差的地区。95 号州际公路和 91 号州际公路距离大学也只有两英里，交通便利。耶鲁给我们的第一印象还不错。

到达纽黑文大约是下午三点钟，天气非常晴朗，心情也随之十分舒畅。从酒店出门步行穿过不大的纽黑文绿地公园，就到了耶鲁大学。一路上能遇到少量行人，主要是大学生和提早下班的人。虽然当时已经是 4 月份了，但那里地处高纬度，还是有些早春寒，树梢依然光秃。但也正是由于高纬度，下午的太阳照在脸上很舒服，不像加州那样炙热。纽黑文（不知道是谁把它翻译成这样一个难听的名字）的天非常蓝，高高的树枝在蓝天的映照下构成北国特有的景致。

2　耶鲁的精神 —— 为什么要选择耶鲁

耶鲁大学没有校门，也没有围墙，却有着一个非常完整和独立的校园。它不像宾夕法尼亚大学和哈佛大学那样，学校的建筑和城市中的其他一些建筑混杂在一起。校园里的建筑虽修建于不同时期，风格仍较好地保持了一致。这些建筑大多有着 18 世纪殖民时期的风格，让整个学校显得颇有历史感和传统感。校园里和校园附近的红绿灯设计成有意照顾行人穿行十字路口，因为大部分学生都不开车，步行为主，加上天气寒冷，治安不佳，这里骑自行车的学生也不多。

耶鲁招生的介绍会和校园参观都安排在上午，我们需要等到第二天才能参加，第一天下午正好有时间漫步校园。耶鲁大学的校园非常大气，与普林斯顿大学一样，看上去古色古香，我个人非常喜欢。不过后来我了解到大部分校园建筑都远没有看上去那么古老。整个校园呈南北走向的细长状，南北长大约有两三公里，东西宽不到一公里，面积虽然不算很大，但是细长的形状让人走起来感觉很累。又因周边治安不算好，所以耶鲁的绝大部分大楼（尤其是宿舍楼、科研和教学楼）都不对外开放，校外人员要想进楼参观，需要学校人员陪同，这一点不如其他的大学。而我观察一所大学，常常喜欢进到它们的楼里看看学生们和教授们在做什么，怎么做，以增进对大学的感性认识。

好在耶鲁还是保留了一些可供外人参观的大楼。从招生办公室往南走，可以看到一幢很气派的 L 型建筑，它对外开放。这栋楼被称为两百年纪念大厦，顾名思义，它是为了纪念耶鲁大学建校 200 周年而修建的。这座建筑不仅见证了耶鲁从 20 世纪初至今 100 多年的历史，而且在这里发生过的事情体现了耶鲁人（尤其是耶鲁学生）的自由精神。至于在这里发生过什么事情，我们等会儿再讲，现在大家可以跟着我在这栋历史性建筑里转一转。

两百年纪念大厦其实是由三个相对独立的建筑连接而成，中央是一个硕大的拱顶大厅，非常空旷，不做任何用途，大厅的墙上刻着在从美国南北战争开始的历次战争中死亡的耶鲁毕业生的姓名及其所在班级。因此，这个大厅又被称为纪念大厅。在大理石的墙面上刻着密密麻麻的名字，这样的设计是受华盛顿越南战争纪念碑设计的启发，而越南战争纪念碑的设计者林璎女士（我国著名建筑大师林徽因先生的侄女）也恰好是耶鲁大学的毕业生。站在这个空旷的大厅里，看着这些死难的年轻人的姓名，令人思绪万千。这些人中的一部分，可能按照各种标准都可以算作是英雄，比如那些在第二次世界大战中献出了自己年轻生命的反法西斯战士们；而其他人能不能算作英雄，就要看从哪个角度来评价了，还有 168 人死于美国的内战，人们可能会说他们是为了统一国家，废除奴隶制而牺牲，但其中有 55 位是为南方军而战斗的，这些人又怎么算？耶鲁的标准非常简单：不论耶鲁大学的主流是否赞同这场战争中的某一方，这些死难的学生和校友都值得纪念，无论他们在战争中站在了哪一方，在当时都是在尽一个年轻人所应尽的社会义务。对死者的尊敬，对过去的反思是人类文明的标志。

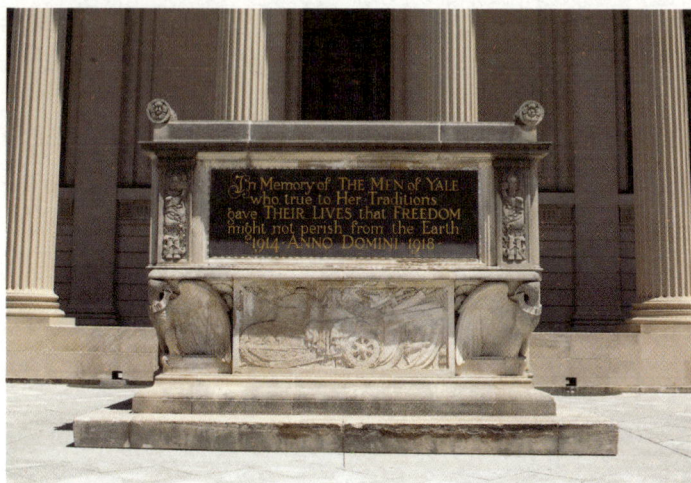

图 7.7　耶鲁的一战和平纪念碑

在耶鲁老校区面向学院路（College Street）的一边还有一个不很起眼的切尼－伊威斯（Cheney Ives）大门，这是 1901 年耶鲁大学在建校 200 年纪念活动中，为了纪念两位在美西战争中为国捐躯的耶鲁学生切尼和伊威斯（均为 1896 级）而命名的。1896 级的毕业生代表费舍尔（Henry Fisher）在命名仪式上讲到"他们两人对耶鲁所做的（指为国捐躯）不算是新的贡献了。放眼两个世纪来耶鲁的传统，他们只是在为耶鲁效劳的光荣行列中增添了两个名字罢了。他们为国效劳，也就是为耶鲁效劳了"[7]。

7　原文为：It is no new service these two have given to Yale. Looking back to-day through the heritage of two centuries, these names are but added to the roll of those who have served Yale because they have served their country.

在过去 3 个世纪里，耶鲁培养的就是像这样一些有社会责任感、有担当的人。费舍尔在一百年前这样总结耶鲁的精神 —— 刚毅而勇敢。"黄昏到来时，夕阳的余辉或许会偷偷地把它遮藏起来；但是当辛劳的白日来到，照在它上面的绚丽阳光，将使它发出一股股力量，使每个耶鲁人的心中汹涌着大无畏的精神。"如果说能够在耶鲁大学学到那些书本和课堂上学不到的东西，那就是耶鲁的精神。一个人对社会的责任感，是耶鲁教育的精髓所在。

3 培养未来的领袖

耶鲁大学是美国大学中最崇尚自由的学校，这可能与它的学生大部分是文科生有关。越南战争期间，很多年轻人因为反战而逃避兵役，美国政府要求各大学不收这些学生，但耶鲁大学以学术特权为名义，坚决抵制美国政府的要求，在招生时不在乎申请人是否逃过兵役。不仅如此，在越南战争期间，耶鲁还是新英格兰地区反战的自由派人士的大本营，这里面最有名的代表人物之一，是当时耶鲁的校友和牧师威廉·沙隆·科芬（William Sloane Coffin），这位老布什总统过去的朋友、曾经任职于中央情报局的天才，后来献身于宗教事业并终生反对各种战争。越南战争期间，他鼓动年轻人抗命并交回他们收到的征兵令。但是他反对采用过激的行为反战（比如烧毁征兵令）。1968年，科芬等人[8]被联邦法院以"阴谋教唆和协助反征兵"起诉且定罪，但是后来上诉法院宣布他们无罪。在这样的环境下，耶鲁走出了一位越南战争时逃避兵役的总统 —— 克林顿。

8　另外 3 人是斯波克（Benjamin Spock）博士、拉斯金（Marcus Raskin）和古德曼（Mitchell Goodman）。

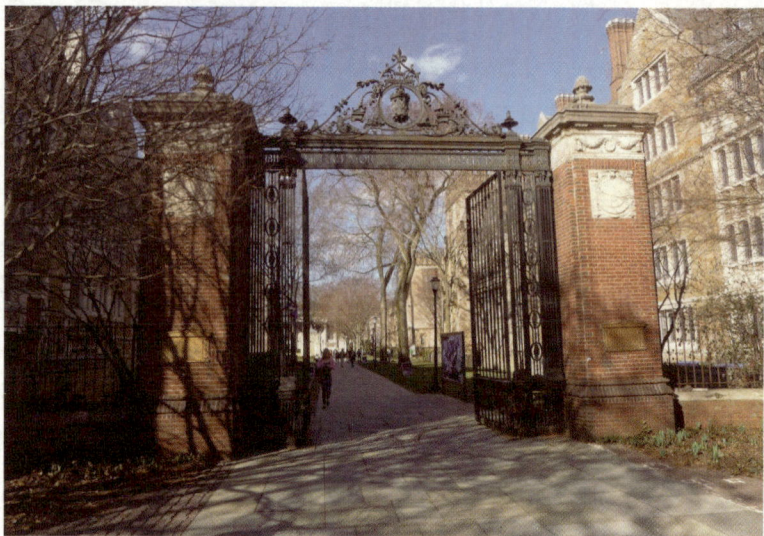

图 7.8　切尼－伊威斯大门

1992 年美国总统大选时，两党的候选人老布什和克林顿都是耶鲁的毕业生。不同的是，前者是第二次世界大战时的英雄，是耶鲁精神的代表，后者则在越南战争时逃了兵役。在两人唇枪舌剑的辩论中，老布什以自己在第二次世界大战时英勇的表现说明自己更爱这个国家，并且以克林顿逃兵役的行为质疑后者是否爱国。面对老布什的质疑，克林顿回答得非常巧妙，他说，在那个年代，逃兵役就是爱国。

在越南战争期间，耶鲁校方并没有在反战问题上表态，但是它实际上给予了学生选择的自由，并且保护了那些反战的学生。为什么自由意志在耶鲁看来那么重要，用毛泽东的话来讲，"世界是你们的，也是我们的，但是归根结底是你们的。你们青年人朝气蓬勃，正在兴旺时期，好像早晨八九点钟的太阳。希望寄托在你们身上。"按美国开国国父之一富兰克林的话讲，那就是要"相信未来，相信年轻人"。耶鲁虽然有着几百年的传统，但是在培养人才上一直向前看。它很清楚大学培养的是未来而非当下的领袖，耶鲁希望学生们能够按照自己的思考去把握未来，引领未来，而不希望用老人的观点禁锢年轻人的思想。因此，即使学校不同意年轻人的做法，它也要给他们自由并且保护他们。在这一点上，耶鲁的教育者和中国民国时期的教育家蔡元培、胡适和梅贻琦等人的做法十分相似。事实证明，耶鲁那位当年反战的学生克林顿真的在冷战结束后领导了世界，并且采用了与上世纪六七十年代美国领导人不同的思维方式来领导世界。

对于美国这些名校，如果不理解它们的精神，不仅很难被录取，即便进了大学，也未必能学到它们的精髓。要了解耶鲁，就必须懂得自由的精神对它多么重要。

现在我们还是回到这栋纪念大厦，它左右的两翼分别是伍尔希（Woolsey）音乐厅和一个多功能的大饭厅。伍尔希音乐厅可容纳 2600 多人，从装饰到音响效果都可以媲美纽约的卡内基音乐厅或华盛顿的肯尼迪中心音乐厅。它不仅是耶鲁大学交响乐团所在地，也是纽黑文市交响乐团演出的场所。耶鲁的音乐学院虽然没有纽约的茱莉亚音乐学院（The Juilliard School）那么有名，但在美国也是一流的，一般都排在前十名。我们后面还会专门讲，耶鲁与艺术有关的专业都非常好。

大厦的另一边是一个多功能大厅，和一般大饭店里那些简单实用的多功能厅不同的是，它完全像是一个欧洲城堡里的宴会大厅，精致而富于文化积淀。平时这里用作不隶属任何学院的餐厅，提供早餐和午餐，需要时可以举行酒会和宴会。耶鲁的所有餐厅每天都会把菜单公布在网上，以便学生选择到哪个餐厅就餐。

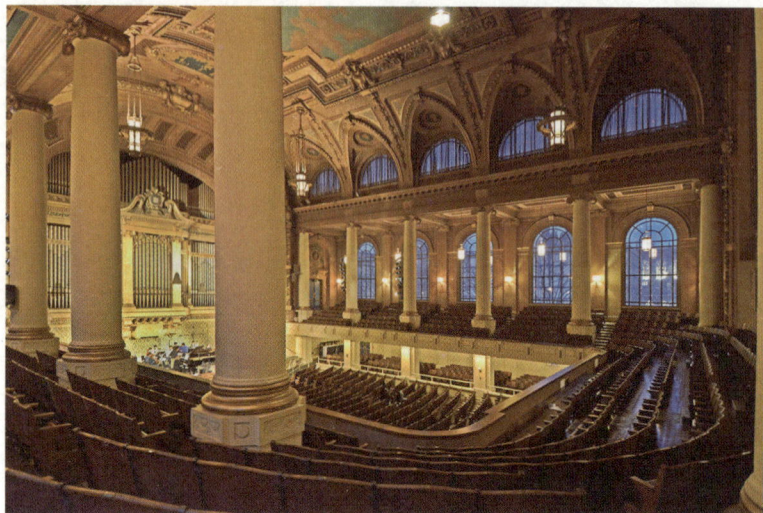

图 7.9　耶鲁大学伍尔希音乐厅

纪念大厦的后面是一片开阔的广场，大厦加上广场，以及周边的建筑被称为休伊特方庭（Hewitt Quad），对面正好是耶鲁的学校管理机构所在地，这里不仅在地理上是耶鲁的中心，而且在历史上也成了耶鲁人聚会和表达政治意愿的场所。这里举行过很多次的抗议活动，其中有些与耶鲁有关，比如一个耶鲁雇员的工会（成员一般是做杂务的工人和临时工，不是教授们）经常在此集会，要求得到更好的劳动待遇，但是大多数集会和抗议其实与耶鲁并无直接关系，比如反对越南战争、抗议南非的种族隔离政策、抗议资本家对劳工的压榨（那一次一度占领了广场16 天）。可以说，纪念大厦和休伊特方庭广场见证了耶鲁人对平等和自由精神的追求。顺带说一句，一名合格的耶鲁学生需要积极参与这些活动，而不是持事不关己的态度，否则上耶鲁大学的意义就减少了一半。要知道，耶鲁是培养 30 年后各行各业领袖的地方，一名合格的耶鲁学生需要主动融入未来 30 年后的精英（今日的同学）们的圈子。坦率地讲，历史上亚裔学生在这些方面做得不好，以至于毕业 20 年后耶鲁的亚裔学生发现，当年的好些同学已成为各行各业的领袖人物，而自己除了获得一个学位之外，并没有更多地得益于耶鲁的教育。

4　耶鲁的校园 —— 象牙塔和贫民窟

在休伊特方庭的西南角有一个与整个方庭建筑颇为不协调的正方形现代建筑，看上去有点怪异。第二天经耶鲁学生介绍，我们才知道这个现代建筑的用途，后面会提到。

与普林斯顿大学类似，耶鲁在刚成立不久时，无论是教授还是学生，生活、学习和研究都是集中在一起。所不同的是，耶鲁人不是集中在一栋大楼里，而是集中在几栋相邻的小楼中，这片红砖楼以及中间的方庭如今在耶鲁被称为"老校区"（Old Campus），坐落于休伊特方庭的东南角上。老校区各栋楼的正门对内都相向而开，大楼之间是石板铺就的人行道。整个老校区自成一体，风格简朴，与后来修建的各种古堡式建筑反差很大。耶鲁大学刚建校时没有多少钱，修建的都是当时殖民时期最实用的红砖房。后来它有了名气，得到很多优秀校友的捐赠，再修建的大楼就气派很多，但是为了避免给人以暴发户的感觉，新修的大楼采用了历史更久远的哥特式设计风格，结果后来修建的这些大楼反而看上去更古老。

离老校区不远处，是耶鲁大学的标志性建筑 —— 哈克尼斯塔（Harkness Tower）。这座哥特式塔楼坐落于纪念方庭（Memorial Quadrangle），高 66 米，共分 9 层。由富孀安娜·哈克尼斯捐赠，以纪念她去世的儿子、耶鲁大学校友查尔斯·威廉·哈克尼斯。一些耶鲁人喜欢说这曾经是美国用单纯石料修建的最高建筑，但实际上美国首都华盛顿的国家广场上的华盛顿纪念碑不仅比它高得多，而且修建的年代也早得多。和耶鲁很多建筑一样，这座看上去有三四百年历史的塔楼其实还不满一百岁。这座塔楼造型既有气势，又很古典，是耶鲁大学校园里一道靓丽的风景。

图 7.10　耶鲁大学的地标性建筑哈克尼斯塔

整个耶鲁大学环境幽雅，我们在校园里漫步时正逢下午学生下课时间，但是校园里除了少数背着书包往返于教室、图书馆和宿舍的年轻人外，一切都可以用"宁静"两个字来形容。在这样的环境里，年轻人应该比在喧嚣的都市中更容易静下心来读书学习。我们离开老校区，穿过几条街，就回到了酒店。酒店周围居然有一家中等规模的中国食品店，里头竟能找到北京风味的酸奶，看到一些大概是从国内来的研究生在这里采购蔬菜食品。耶鲁的校园外面也有一些亚洲风味的餐馆，我们找了一家餐馆吃晚餐，店面比较开阔干净，可惜厨艺水平不敢恭维。这里的亚洲餐饮可能无法与加州或者纽约相比，当然亚洲人来耶鲁是为了读书，并非为了享受美食。

如果说耶鲁的环境有什么美中不足，那就是耶鲁四周的社区还是让人感觉很不安全。当太阳一落山，即使是和耶鲁相隔只有两三个街区的地方，街上就已不再有行人，偶尔能见到的是一些无家可归者和流浪汉。整个街道给人感觉阴森森的，从中国食品店和亚洲餐馆走回校园不过 5 分钟路程，可一路上还是让人提心吊胆。因此，在耶鲁读书，需要有足够的人身安全意识。

5 耶鲁本科教育的特色

第二天一早我们回到招生办公室参加学校招生信息发布会。到场的学生和家长特别多，发布会不得不改到学校北面的一个大阶梯教室进行。从招生办公室（在学校的中央）走到这个教室，大约需要 10 分钟，说明耶鲁校园不小。会上介绍学校情况的是一名四年级的女同学詹妮弗（Jennifer），年纪不大，却颇为老成，讲得相当好，不仅给的信息量很大，而且非常生动。听众听她讲了一小时仍是聚精会神。按照我的理解，我把詹妮弗介绍的内容总结为下面几个要点。

首先，为什么要选择耶鲁，或说耶鲁有什么特点。与普林斯顿类似，耶鲁培养的是全才，强调的是综合能力。为了便于年轻人相互学习，取长补短，耶鲁也采用住宿学院制。与普林斯顿不同的是，耶鲁的学院要小很多，它一共有 12 个学院，每个学院的规模大约只有普林斯顿的一半大。从年头上讲，耶鲁的学院制要远远早于普林斯顿。早在 1933 年，慈善家爱德华·哈克尼斯（与前面提到的富孀哈克尼斯夫人的丈夫同属一个家族）推崇牛津和剑桥的学院制，向耶鲁捐了一笔钱，在耶鲁推行住宿学院制。或许是因为年头比较早，所以耶鲁的学院制比普林斯顿更接近英国的学院制。

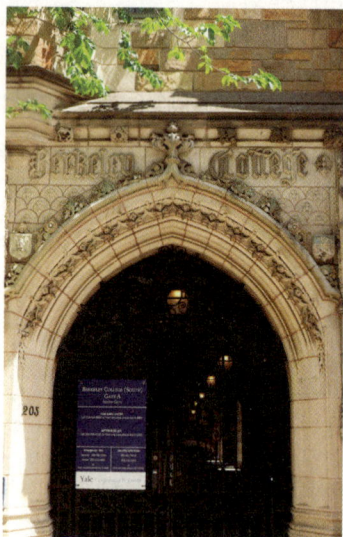

图 7.11　耶鲁著名的贝克莱学院正门，为了纪念英国哲学家贝克莱而命名

具体来讲，耶鲁的每个本科生都必须在学院里住四年，而不像普林斯顿那样学生可以选择只在学院住两年。一年级新生一进校就被安排进一所学院，而且在接下来的四年里固定不变。不过除了两所学院有一年级新生入住外，余下 10 所学院的新生在第一年都要一起住到学校中央的老校区里，而他们的日常活动则回到各自的学院里进行。与普林斯顿类似，除了第一年的室友是学校安排的，以后三年学生都可以自由选择室友。学校在安排同宿舍的学生时，会综合考虑每一个人的特长，相比普林斯顿大学，耶鲁学生的特长更加突出，他们可能是未来专业的艺术家（画家）和演员，或者是政治家、记者、医生和科学家，因此学生之间的互补性会更好一些。

在耶鲁，每个住宿学院都会有一个院长（Dean）、一个主任（Master），都要和学生一起吃住在学院里。每个学院还有一些挂钩的教授，但是他们并不住在学院里。院长负责管理与学生的学业（比如选课）有关的事务，如果学生觉得学习课程有困难，院长会给予协助，把教授和学生叫到一起想办法，通常是给学生找一个高年级学生做家教。主任是学院的日常事务管理者，他主要负责管理学生的生活以及课外活动，包括组织节日的庆祝活动，请一些名人来学院和大家见面，以帮助学生增长社会经验。

耶鲁每个学院的建筑格局都不同，但大多是哥特城堡式的，这是整个耶鲁统一的风格。每个学院都有自己的庭院、多功能厅、会客厅、教室和自习室、饭厅，有些还有小教堂、图书馆。由于耶鲁大学的视觉艺术（绘画、摄影等）专业在美国数一数二，因此有些学院还给学生配备了暗室，不过在数码时代的今天，暗室是越来越用不上了。

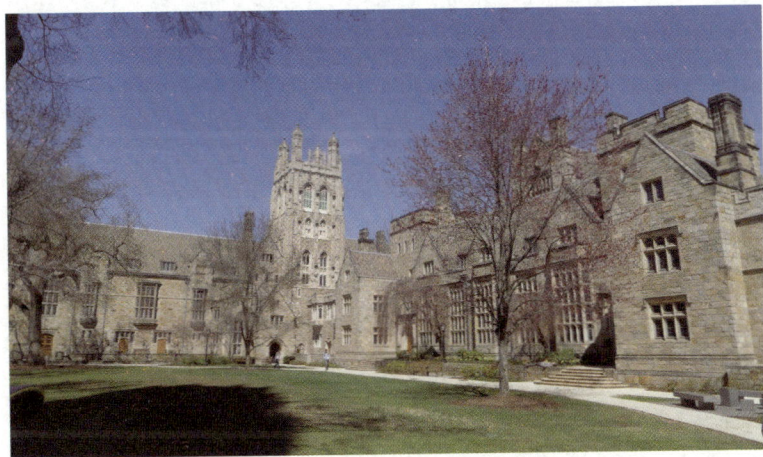

图7.12　耶鲁大学赛布鲁克学院（Saybrook College）内景

除了学院制，耶鲁大学的第二个特点是本科生的学科设置非常齐全。耶鲁开的课程相当多，虽然只有 5000 多名本科生，却开了 2000 多门本科生课程，而且和所有私立名校一样，大部分课程都是小班课，人数不超过 20 人。在耶鲁，每个本科生选课十分自由，和一些州立大学不同的是，这里的学生遇到的困难不是选不上课，而是这么多课程不知道怎么选。最管用的方法是问老生，另一个办法就是试听。为了方便大家试听，耶鲁专门设立了一个课程购物季，也就是每学期的前两周，学生们可以随意选课、听课、换课，两个星期后再确定是真的打算上这些课，还是换成其他的课程。为了保证在第二周的最后几天跑来选课的学生们不至于错过太多内容，教授们在前两周会讲得比较慢，留的作业也比较少。我在约翰·霍普金斯时也遇到过类似情景：每学期前几周本科生们在课堂间跑来跑去显得特别忙，几周之后每门课来上课的人可能就少了三分之一。

美国很多优秀的高中生，在高中时就学习了很多大学课程（AP），使用的教科书也和大学一样，因此有的大学允许这些高中生转部分学分到大学里，以便节省时间，或多学一些课程。但是耶鲁大学不允许从高中转学分，不过对于那些已经学过大学部分课程的学生，学校也不希望他们炒回锅饭，而是建议他们去学习更难更深的课程，但是毕业所需要的课程数量（学分）并不能因此而减少。

如前所述，与普林斯顿一样，耶鲁也强调通才教育，尤其强调文科和艺术对于学生一生的影响。耶鲁在录取学生时是不分专业的，学生们到了高年级（三年级以后）再选择自己的专业，并且根据专业的不同获得文学学士（BA）或理学学士（BS）学位。耶鲁授予学位的专业非常多，除了人文、理工各专业外，还包括经济学、建筑学、表演艺术类和视觉艺术类的各种专业。学生有足够的自由随时更换专业，不过到了大四再换专业可能会影响毕业。有些学生拿不准将来自己要做什么，就干脆同时选择两个专业。

与普林斯顿不同的是，耶鲁大学不需要做本科毕业论文，只要选够36门课就可以毕业，但每门课的成绩不能太差，得D或者F（不及格）的课就不能作数了。在美国上过学的学生都知道，这些课程可不好混，36门课并不算少。如果平均成绩达不到最低要求，可能学籍都保不住了。好在耶鲁大学的课程不像普林斯顿那么难，一半的学生都可以获得A（包含A-），只要认真学习，毕业并不难。

为什么耶鲁要求学生学习很多门功课，给成绩时却相对宽松呢？我想原因有两个。首先，耶鲁大学认为学生学习是为了自己，应该是主动的，即使没有考试，一个好学生也应该努力学好功课，如果哪个学生不愿太努力，学校也不会勉强，因为最后学到了多少知识，得意或倒霉的都是学生自己，学校并不希望通过卡成绩来强制学生学习。其次，耶鲁并不想让学生把全部时间都用在准备考试上，以至于耽误了他们的全面发展。我现在回想在清华读书时有的教授以"高标准，严要求"为自豪，因学生能做出很多难题而沾沾自喜，其实他们不知道这么做是剥夺了学生全面发展的时间，而那些强制学生必修的课程，学生往往一辈子也用不上。2001年，耶鲁的毕业生小布什总统在耶鲁毕业典礼演讲时说："对于那些优秀的毕业生，恭喜你们，干得好！对于那些得C的学生，没关系，你们能够成为美国总统。……对于那些退学的学生，你们有可能成为美国的副总统[9]。"小布什之所以开这样的玩笑，是因为他在耶鲁的成绩很差，乃勉强毕业。但他在耶鲁的收获却很多，远不是得几个A抵得上的。如果用一个词概括耶鲁的本科教学，那就是"广而不难"。

9　小布什的副总统切尼是从耶鲁退学的。

耶鲁大学在学术和专业上的特长，网上都能查到，耶鲁在介绍学校时并不强调哪个专业突出。不过值得一提的是，耶鲁大学的文科在美国数一数二，而法学和历史等专业更是无出其右。最近的四任美国总统，有三任（老布什、克林顿和小布什）都出自耶鲁，而多位总统候选人，如约翰·克里和希拉里·克林顿，以及近10位联邦大法官，也都出自耶鲁。在政治学和法学等专业领域唯一能和耶鲁全面抗衡的是哈佛大学，哈佛出了奥巴马、戈尔和罗姆尼。除了罗姆尼学的是商科外，这些政界要人学的都是文科。在美国，要想当官从政，最好学文科，而不是像在中国那样学理工科。在美国各行各业的精英里，校友的力量非常强大，想从政或者当律师，就要选择上耶鲁这样的大学。即便不想从政，耶鲁的文科教育对本科生也将是受益终生的，很多专业方面的知识可以到研究生院去进一步学习，而人文素养的培养很大程度上要靠本科教育。

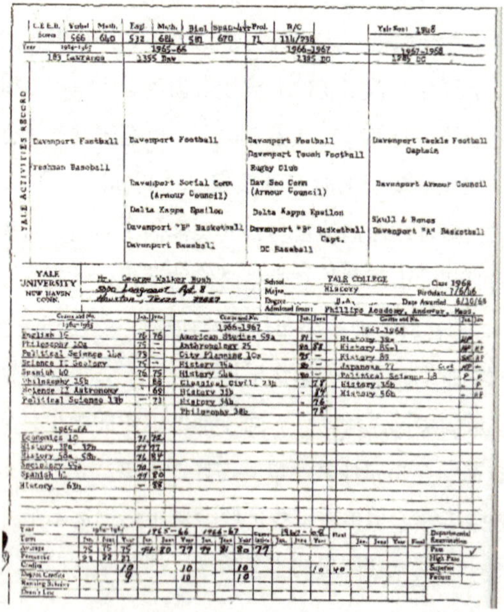

YALE ACTIVITIES RECORD

Davenport Football
Freshman Baseball

Davenport Football
Davenport Social Comm (Armour Council)
Delta Kappa Epsilon
Davenport "B" Basketball
Davenport Baseball

Davenport Football
Davenport Touch Football
Rugby Club
Dav Soc Comm (Armour Council)
Delta Kappa Epsilon
Davenport "B" Basketball Capt.
DC Baseball

Davenport Tackle Football Captain
Davenport Armour Council
Skull & Bones
Davenport "A" Basketball

YALE UNIVERSITY NEW HAVEN CONN.
Mr. George Walker Bush
School YALE COLLEGE
Major History
Class 1968
Admitted from: Phillips Academy, Andover, Mass.

1964-1965: English 15, Philosophy 10a, Political Science 13a, Science I: Geology, Spanish 40, Philosophy 15b, Science II Astronomy, Political Science 13b

1965-66: Economics 10, History 32a 32b, History 58a 58b, Sociology 55a, Spanish 42, History 63b

1966-1967: American Studies 59a, Anthropology 25, City Planning 10a, History 34a, History 56a, Classical Civil. 23b, History 31b, History 34b, Philosophy 38b

1967-1968: History 39a, History 85a, History 89, Japanese 77, Political Science 18, History 35b, History 56b

图7.13　小布什在耶鲁的成绩单，除了专业课历史成绩较好外，其余都是六七十分

耶鲁学院的艺术类学科在美国乃至世界上也是一流的。说起美国的美术和设计学院，一般人马上会想到罗德岛设计学院（Rhode Island School of Design），其实耶鲁大学的美术和设计专业才是排名第一的，它的建筑学专业也特别好。不过，梦华对耶鲁总体上兴趣不大，因为她的强项和耶鲁并不匹配，唯一令她感兴趣的地方就是耶鲁超级棒的美术和设计专业，若被耶鲁录取，她可能会选择艺术和工程的双学位。耶鲁的特点之一也是鼓励学生选读多个专业，只要学生有能力完成两个学位的基本要求，就可以获得双学位，不必经过特殊的批准。

耶鲁的表演艺术专业在美国非常有名，好莱坞将它列为世界一流。三届奥斯卡影后梅丽尔·斯特里普和奥斯卡影帝保罗·纽曼都是耶鲁戏剧专业的毕业生。著名影星朱迪·福斯特毕业于耶鲁文学院，《搏击俱乐部》（*Fight Club*）的主演爱德华·诺顿毕业于耶鲁历史系。

耶鲁大学的理科专业虽然不如文科和艺术专业那么突出，但是耶鲁教授和校友也有 30 多人获得了科学类的诺贝尔奖，这在世界上也能排进前十名。在本科教育中，耶鲁唯一比较弱的是工科，而且工科的系都比较小，很难开出较多的工科课程，这对于有志于学习工科的人来说非常不方便。不过，考虑到教育是一辈子的事情，本科教育其实是通才教育，而不是让学生在 22 岁之前就能够靠某个专业的技能挣钱工作，那么晚几年接触更多的专业课也未尝不可。当然，如果一个学生在本科阶段就已经明确要成为一名计算机专家或者电机工程师，或者在工业界领先，耶鲁也许并不适合他 / 她，更好的选择是去麻省理工或者斯坦福大学这样的学校。此外，由于耶鲁在理工学科的科研规模远没有超级五强中的另外四所大学大，也比不上哥伦比亚、伯克利、加州理工、卡耐基—梅隆或者密歇根大学等名校，因此如果去耶鲁读这些领域的研究生，特别是博士生，需要慎重考虑，毕竟耶鲁已被各个行业打上一个文科强、理工科弱的标签，大家对它的理工科，特别是工科博士生的水平没有那么认可。

招生信息介绍会结束后，詹妮弗把大家领回到招生办公室，在那里已经有 4 名引导参观的本科生在等候大家了。高中生和家长们被分为 4 组，分别由这 4 名同学带队参观。我们跟随一位名叫珊娜（Shana）的四年级女生参观。珊娜主修的是计算机科学，相比詹妮弗，她更为活跃，虽然她的介绍远没有普林斯顿大学的史蒂文那么专业，倒也是尽显她自己的本色。

6　知识的海洋

我们参观的第一站是耶鲁的主图书馆。耶鲁有大大小小 20 多个图书馆，藏书总量为 1270 万册[10]，超出普林斯顿大学很多[11]，其中最大的图书馆是斯特林纪念图书馆（Sterling Memorial Library），这栋 15 层高的建筑是为了纪念耶鲁大学的校友约翰·斯特林。这位耶鲁校友在 19 世纪末和 20 世纪初居然靠给公司当律师攒下了 1000 多万美元，他在 1918 年将这些钱（共 1700 万美元）捐给了耶鲁，用来盖一栋既实用又漂亮的大楼，于是校方就建起了这座图书馆。顺便说一句，这笔钱曾经是历史上金额最大的一笔现金捐赠。

耶鲁大学为了盖起这栋"漂亮的图书馆"，邀请了著名的建筑师，也是耶鲁大学校园的主要设计者詹姆斯·甘布尔·罗杰斯 (James Gamble Rogers) 来主持。这位著名建筑师在此之前已经为耶鲁大学和哥伦比亚大学设计了多所建筑，他一辈子的梦想是建一座不朽的教堂，一如历史上那些大教堂的建设者，如设计建造梵蒂冈圣彼得教堂的米开朗基罗、

10　以 2015 年的馆纸质书数量为准，http://www.ala.org/tools/libfactsheets/alalibraryfactsheet22 。
11　指对比纸质书的数量。

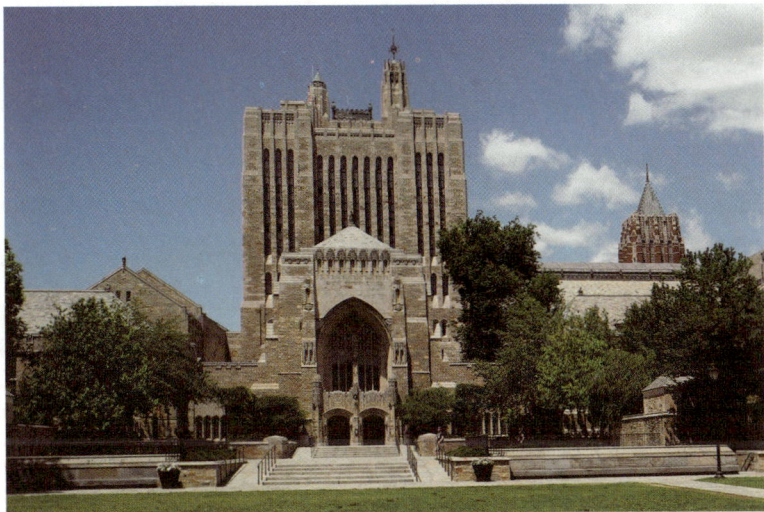

图 7.14　耶鲁大学主图书馆斯特林纪念图书馆

拉斐尔和贝尼尼，设计佛罗伦萨圣母百花大教堂的雅鲁内莱斯基等。因此，他决定把图书馆修建成教堂。为此，他的设计方案与校方的想法产生了不少矛盾，双方来来往往经过长时间的协商和磨合，最后建造出一座外观看上去像哥特式教堂，内部功能是图书馆的奇特建筑。不过，这栋建筑真的成了他的代表作。这个图书馆不仅有几百万册人文和社科藏书，而且有大量自习座位和各种服务设施。一名学生可以在图书馆里学习一整天而不用出门。

我们参观的第二站是前一天我和梦华参观过的纪念大厦，关于耶鲁的历史和精神，我在前面已经提到了，这里不再赘述。在纪念大厦里，珊娜介绍了耶鲁大学丰富多彩的课外活动。除了各种文艺、体育和社会活动外，耶鲁学生的很多课外活动都与将来可能从事的职业相关，比如办报纸、办杂志，做一些对外的经济和政治研究项目，也包括在实验室里做一些实验。我问珊娜每周花多少时间在课外活动上，她估计大约花了一半的时间。而耶鲁的学生一般都要花 1/3 到一半的时间在各种课外活动中，这是他们本科学习很重要的组成部分。有一位家长问她，这里的计算机系较小，在美国的排名也不是很靠前，她是否会觉得选课和专业发展受到限制。珊娜倒也不回避这个问题，不过她认为系小，学生较少，反而能够得到教授更多的关注，并且有更多做研究的机会。不过根据我的经验，太小的系或专业在选课上问题还是很多的，从这些学校毕业的学生专业基础相对会比较薄弱，这可以说是耶鲁选择工程专业的学生面临的一大问题。

参观的第三站就是我们前一天看到的休伊特方庭西南角那座外观有点怪异的现代建筑。这座立方体式的建筑在耶鲁的哥特式建筑群里显得有点不协调，但这样的建造有其特殊用途，因为这是耶鲁大学收藏珍本和孤本图书的图书馆。年代久远的图书和文件怕光照，这个特殊的图书馆没有任何窗户，而是采用了微微透光的大理石（厚约 3 厘米）作为外墙，这样里面既有些微光透入，又不至于让紫外线伤害到那些古老的图书。整个 5 层的图书馆是一个上下通透的大厅，中央是封闭的藏书室，书架一层层地摞着，有 5 层楼高，为便于取书，藏书室被分为了六层。这个藏书室有点像博物馆的展柜，外面的人只能看，不能进去，从藏书室取书必须由图书管理员操作（或许将来可以用机器人操作）。大厅的四周是分为五层的阅览空间，这些珍本都有微缩胶片或者电子扫描版，读者可以自己阅读。其中很多图书的电子版还对公众开放，大家可以在网上搜索并阅读。如同很多收藏家以他们收藏的宝贝而自豪一样，耶鲁以自己收藏的知识而自豪。用耶鲁的话讲就是 "We collect Knowledge"。

我们参观的第四站是一个住宿学院。珊娜带我们进入一个住宿学院，这个学院四周是连在一起的大楼，中间是一个开阔的方庭。学校如果不开门，外人是无法进入学院的，而耶鲁的学生则可以进入任何一个学院，

图 7.15　耶鲁大学的珍本和孤本图书馆内的大型藏书室

即使他不在那里生活。珊娜说她非常喜欢这里的住宿学院生活，提及年底过节前学院盛大的晚宴和晚会时，兴奋之情溢于言表。和普林斯顿大学的住宿学院类似，这里的新生第一年入校时会被学院安排一些与自己特长互补的室友，第二年以后学生们可以自由挑选室友。珊娜有两个室友，一个是学习音乐的，一个是学习文科的，她们之间差别很大，但是相处得非常好，互相都能从对方身上学到很多东西。

在参观的路上，我们还见到很多蓝色的灯柱，这是设在校园里的呼叫亭。在美国的很多大学校园，尤其是私立名校的校园里，都设有这样的呼叫亭，学生可以借此呼叫校警，寻求帮助，尤其是遇到可能的危险时。纽黑文的治安并不是很好（白天尚好），太阳下山后，耶鲁大学会为学生提供校园里和校园周边任意一处点到点的护送服务。比如一名学生晚上在图书馆自习到深夜，害怕走回住宿学院时路上不安全，便可以呼叫一名校警把自己护送回去。另外，全天 24 小时，校园附近都会有校警巡逻，这些安全措施保证了耶鲁大学校园及周边的相对安全。这么多年来，还没有听说多少耶鲁学生被抢劫或遭遇其他暴力行为的事件。

图 7.16　耶鲁的老校区，保持着殖民时代的风格

最后，珊娜把我们带到老校区参观，并简要介绍了耶鲁早期的历史。耶鲁大学早期是康涅狄克殖民地的寄宿学校，由公理会牧师詹姆斯·皮尔庞特（James Pierpont）担保，皮尔逊（Abraham Pierson，也是第一任校长）等人创办。这位詹姆斯·皮尔庞特可大有来头，他并非那个创作了著名流行歌曲《铃儿响叮当》的音乐家詹姆斯·皮尔庞特，而是这位音乐家的祖先。皮尔庞特有一个女婿名叫乔纳森·爱德华兹（Jonathan Edwards），他和几个人创办了另一所著名大学，就是普林斯顿。皮尔庞特家族还有一位很知名的后裔，就是金融家 JP·摩根 [12]。耶鲁大学刚成立时并不在纽黑文，中间几次搬家，直到 1718 年得到耶鲁的资助，改名为耶鲁学院后，才搬到今天纽黑文的老校区。珊娜把我们带到耶鲁创始人之一皮尔逊的铜像前，介绍道，听说和皮尔逊一起照一张相，就能

12　JP 摩根名字里那个 P，就是皮尔庞特的意思。

够获得好运，于是参观的学生和家长们纷纷跑去与之合影，希望能够被耶鲁录取。这些学生里，可能有不少人明年会重新踏进这个校园，但更多的学生将会与这所名校无缘，毕竟耶鲁的录取率很低。

图 7.17　耶鲁创始人之一皮尔逊的铜像

耶鲁的官方主页上列出了申请耶鲁的要求，与我们在前面介绍的私立名牌大学的一般要求大致相同。访问耶鲁官方网站，可以进一步了解申请的细节。不过，需要指出的是，耶鲁是超级五强中对成绩单相对不那么看重的学校，但会非常看重申请者的课外活动成果。这可以从三个方面去理解。首先，耶鲁的学生课外活动非常丰富，有各种社团和很多代表队。尽管其体育代表队成绩一般，但是毕竟数量不少。这些社团和代表队每年要补充 1/4 的新人，填补毕业生离开后留下的空白。其次，既然耶鲁强调它的目的是培养全才和通才，那么一名高中生是否具备学习之外的才能，有无特长，就显得很重要。最后，耶鲁是培养政治家的摇篮，很多申请人都来自政要家庭，并立志将来从政，而我们知道，在任何国家，从政的人都不能是书呆子。如果一名高中生学习成绩优秀却未被耶鲁录取，也许可以抱怨耶鲁过于轻视学习成绩，但是从学校的角度来看，那些政要的孩子将来从政成功的可能性比平民子弟高得多，这其实也是耶鲁看重但不愿说破的。

耶鲁的录取率通常只有 6%—7%。实际上，单纯比较常青藤大学以及一些顶级大学的录取率意义并不大，因为它们并不完全反映学校的申请难度。每一所美国私立名校每年录取的人数（分子）基本上是一个常数，它决定了录取的难度。如果某一年申请的人数（分母）增加了 20%，那么录取率也就相应降低了 16%，因此那些看重自己排名的大学都会鼓励所有学生申请自己，不论那些学生是否合格，其目的是降低录取率，以便在大学排名上能够更靠前。耶鲁虽是顶级名牌大学，却也在不遗余力地打广告，主要目的是为了拉低学校的录取率。

至于奖（助）学金，耶鲁和普林斯顿类似，完全是按照需要发放，低收入的家庭学费和生活费全免。随着家庭收入的上升，学生得到的奖学金数额逐步递减。当学生的家庭收入达到了一定的水平后，家长便要为学生支付全额费用。至于外国学生，反正一律拿不到奖学金，也就不必关心其奖学金发放。

结束语

普林斯顿大学和耶鲁大学是美国为数不多的学院制大学。正如我们在前面介绍两种大学以及剑桥和牛津时指出的那样，这样的学校至少有三点好处。

首先，学院制的安排便于学生们互相学习，其重要性前面已经讲了很多，就不再重复了。

其次，这样的大学非常强调"传道"。学生只要有心向学，不仅可以从教授们身上学到书本知识，而且可以从教授们那里学到很多治学与为人之道。这两所大学的教授讲课都非常认真，教学水平非一般大学可比。

最后，也是极为重要的一点，普林斯顿和耶鲁这样的大学实行的是通才教育，非常强调对学生基本素质的培养，在学业上给予学生充分的选择自由。在参观这两所大学时，给我们做介绍的学生或管理者都会刻意强调学校图书馆的设施有多么好。如果我们回顾一下约翰·纽曼所描述的理想大学的场景——让年轻人在知识的海洋里自由地遨游，那么普林斯顿和耶鲁这样在图书馆里存有上千万本图书的大学，真正无愧为知识的海洋。

结合前面对剑桥和牛津的介绍，我们也能看到普林斯顿和耶鲁的学院制，与英国大学的学院制还是有很大的不同。这两所大学的教学和科研都是以系为单位，这与中国的大学没有多大差别，只是在生活上采用了英国学院制的管理方式。不过，这两所大学的教学资源比剑桥和牛津都多，在通才教育上做得更好。

普林斯顿和耶鲁都相对远离发达的大都市[13]，校园环境优美宁静，是典型的置身于象牙塔内的大学，在这样的环境中，学生们可以心无旁骛地读书，健康地成长。

---

[13] 耶鲁所在的纽黑文虽然是个城市，但是耶鲁偏居纽黑文一隅，而且它对这个城市的依赖远不如哥伦比亚、斯坦福、芝加哥和约翰·霍普金斯等大学对所在地的依赖大。

尽管普林斯顿和耶鲁一再声称自己为研究型大学，但是与斯坦福、麻省理工学院或约翰·霍普金斯这些真正的研究型大学相比，普林斯顿和耶鲁更被大家看成是亚里士多德式本科教育的典范，并且是培养预科生（比如医学预科或者法学预科）最好的学校，而非获得专业知识的地方。这两所大学的课外活动非常丰富，但是与外部世界的联系则要远远少于斯坦福等大学。

这些便是普林斯顿和耶鲁的共同之处，也正因为如此，我把这两所名牌大学放在一起介绍。不过，这两所大学在对学生的要求上存在明显的差异。应该讲普林斯顿对学生要求更严格、更规范，它总是让我想起对学业要求同样严格的清华，而耶鲁相对要宽松一些，同时给予了学生更多自由支配的空间。

最后需要再次强调的是，无论是进入普林斯顿还是耶鲁，更多的学习，更大的收获，都是在课程之外。

参考文献

1.　Don Oberdorfer. 普林斯顿大学（*Princeton University*）. Princeton University Press，1995.

2.　饶晓红 . 名人演说集 . 北方妇女儿童出版社，2003.

3.　John Erlich and Susan Erlich. 学生的力量（*Student Power： Participation and Revolution*）. Association Press，1971.

4.　W. Barksdale Maynard，伍德罗·威尔逊（*Woodrow Wilson: Princeton to the Presidency*）. Yale University Press，2008.

第八章　大都市里的常青藤大学

宾夕法尼亚大学和哥伦比亚大学

常青藤的各所大学特点都非常鲜明，这里将宾夕法尼亚大学和哥伦比亚大学放在一起介绍，是因为两者都地处大都市，学生的生活与城市紧密相连，教育理念与前面介绍的普林斯顿和耶鲁大不相同，用中国话讲，就是——接地气。除了这两所大学，本章还会介绍学校所在的城市，以及它们能够发展成接地气大学的历史原因。

第一节　宾夕法尼亚大学

费城是美国的历史名城，美国独立战争时的很多重大事件，比如大陆会议、制宪会议都发生在这里。这里曾经是美国最早的首都，18 世纪时是美国最大的城市，在政治和社会影响力上远胜当时的纽约和波士顿。如今的费城，影响力和 18 世纪的有着天壤之别。相比美国其他城市，费城有着悠久的传统，这些传统给费城留下了很多有价值的东西，也留住了机会。这里有著名的费城交响乐团，有美国造币局总部，有美联储在中大西洋各州的总部，以及美国最大、最漂亮的公园之一 —— 长木公园（Longwood Gardens）[1]。当然，历史留给费城最有价值的是一所大

1　长木公园离费城不远，是曾经富甲一方的杜邦家族所修建的，后来捐赠给了当地社会。

学——宾夕法尼亚大学。在历史上，费城还成就了一个在美国家喻户晓的人物——美国国父之一的本杰明·富兰克林。而富兰克林和宾夕法尼亚大学之间又是紧密相连的，前者缔造了后者，后者是传承前者理念和价值观的载体。

1　富兰克林的背影

要想了解宾夕法尼亚大学，先要了解富兰克林，在宾夕法尼亚大学乃至整个费城，富兰克林的身影至今仍无处不在。大学校园里到处有他的铜像和肖像，而学校更是在精神上继承了富兰克林的很多思想和理念。富兰克林被誉为政治家、外交家、教育家、慈善家、科学家、发明家和社会活动家，同时也是一位非常成功的商人。总之，他在美国被认为是一个全才型人物，从政治法律到外交，到商业再到科学和发明，样样精通。用几句话简单概括富兰克林丰富多彩的一生，我想可以这样说：

> 富兰克林出身寒微，通过自身努力成为一个为社会、为美国甚至为人类做出了巨大贡献的人。不过对他来讲，商业、政治、外交、教育、科学研究和发明都是手段，并非目的，他一生致力于要建立一个公平而幸福的社会。富兰克林勤奋努力，谦虚务实，擅长交际。因此，他被视为美国精神的代表。

要想更多地了解富兰克林的生平事迹，读者朋友可以参看拙作《文明之光》第二册。现在我们回到富兰克林办学这件事情上来。富兰克林非常聪明，不过早年家境贫寒，只上了几年小学，就不得不工作养活自己了。他一生勤奋好学，并且希望未来年轻人（而不仅仅是自己的孩子）都能得到良好的教育，把社会（或者说社区）建设得更好。1743年，富兰克林 37 岁，因为商业上的成功，不必再为生计发愁了，于是他决定办一所高等学校，让年轻人有机会受教育，以服务社会，促进当地的工商业发展。从筹措开始，直到学校办成，一共用了近 8 年。学校一开始起名为"青年教育学院"，后来改名为宾夕法尼亚公共学院，最后更名为宾夕法尼亚大学。

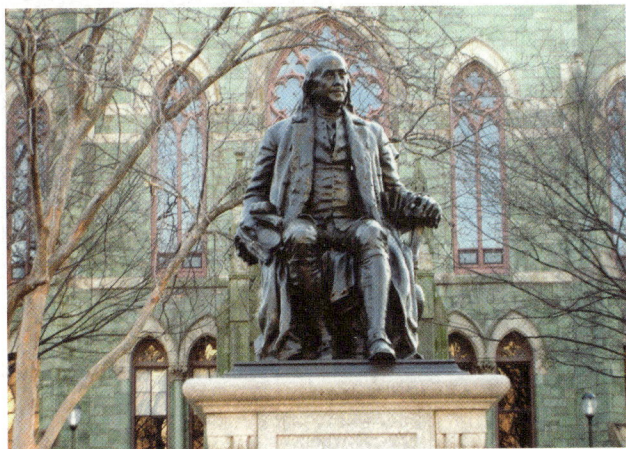

图 8.1　宾夕法尼亚大学校园里的富兰克林像

从宾夕法尼亚大学的创立过程可以看出，它与北美之前成立的三所大学（哈佛、威廉 – 玛丽学院和耶鲁）都不一样。那三所大学是为培养教士和贵族，为布道和传授真理，为比较高远的理想而创建的；而宾夕法尼亚大学则是为了让来自平民家庭的年轻人有机会接受高等教育，为了服务社会、促进工商业进步而成立的。简而言之，这所大学的创立无疑有着更为现实的目标。

富兰克林不仅亲手创立了宾夕法尼亚大学，还是大学的第一任校长，并且担任校董数十年。几十年来，他一直在积极贯彻他的高等教育理念。富兰克林认为，除了精英教育（包括拉丁文），大学还要教会学生最新的知识和专业技能，以帮助学生今后能够过上体面的生活。富兰克林的这些理念源自他的亲身经历，他出身贫寒，靠着不断学习新知识（他还有许多优秀品质）迅速致富并获得了社会地位。他相信，来自贫困家庭的年轻人要是能够接受到良好的教育，也可以获得成功。在当时的北美，许多精英人士虽然很富有，但是往往比较清高，耻于谈论利益。而身为商人的富兰克林非常实际，为了实现通过教育让年轻人获得财富的想法，他设计了很多实用性很强的课程，遗憾的是这些课程在宾夕法尼亚大学创立了很久以后才开设，因为第二任校长威廉·史密斯和其他校董都是传统的教育者，他们坚持在大学里重视拉丁文和文法教育，而不是开展谋生技能相关的教育。不过，如今情况已经不同，宾夕法尼亚大学是常青藤各大学中最务实的一所大学，它更多地继承了富兰克林崇尚简单务实的基因。

今天的宾夕法尼亚大学是一所典型的研究型大学，它的专业教育（Professional Education，主要通过各研究生院进行）在美国名列前茅。该校的沃顿商学院一直和哈佛、斯坦福的商学院齐名，长期名列商学院前三甲。不过，如果仔细分析一下这几所商学院之间的差别，就会发现哈佛、斯坦福甚至是芝加哥的商学院专业更全面，也更学术化，而沃顿则是"彻头彻尾为华尔街准备的"——

> 沃顿最杰出的校友是股神巴菲特和商人出身的总统特朗普。宾夕法尼亚大学的医学院和法学院水平也很高，在美国一直排在前 10 名。它的工学院稍弱，在过去的五年里一直排名在全美 15—20 名之间，与普林斯顿大学、威斯康星大学（麦迪逊分校）相当，在 8 所常青藤大学的工学院中排名第四 [2]。在学术方面，宾夕法尼亚大学的校友和教授共有 28 人获得诺贝尔奖，除了 7 位经济学奖获得者外，其余 21 位都是自然科学奖项的获得者。

2　在康奈尔、哥伦比亚和普林斯顿之后，哈佛等学校之前。

费城地处美国东北部经济发达地区的中央，往南驱车两个多小时是美国的政治中心华盛顿，往北驱车两个小时可以到达美国的金融中心纽约。如今费城的地位已非 18 世纪时那么重要，不过交通便利，宾夕法尼亚大学商学院和法学院的毕业生都能够有好的去处。费城今天依然是美国第五大城市，加上周边地区，有 600 万人口。众多的人口是一所大学能够拥有一个大规模、高水平医学院的前提。在常青藤大学中，那些地处人烟稀少的偏僻乡村的大学都出不了一个好的医学院（唯一的例外是康奈尔大学，不过其医学院是在纽约市，而不是乡村伊萨卡）。与普林斯顿大学或者达特茅斯学院坚持传统的传道授业不同，宾夕法尼亚大学天生是为了满足大都市的需求而创办的。

我对宾夕法尼亚大学的了解，是从它相对较弱的工学院开始的，因为我在约翰·霍普金斯认识的一些教授（布莱尔、雅让斯基和埃斯勒）以及与我在论文上有过合作的拉纳帕提（Adwait Ratnaparkhi）博士[3]和柯林斯（Michael Collins）教授[4]均毕业于该校。另外，工学院前后两任计算机系系主任马库斯（Mitch Marcus）和皮耶尔（Fernando Pereira）也算是我的同事。在我心目中，宾夕法尼亚大学一直顶着一个巨大的光环，所以梦华觉得一定要去那里看一看。虽然那一周正赶上该校接待被录取的新生，无法引导高中生参观，但我们还是决定自助参观这所与哈佛、耶鲁或普林斯顿完全不一样的藤校。

我们的整个行程是从南向北驱车一路看过去。在 8 所常青藤大学中，宾夕法尼亚大学地处最南边，是梦华和我美国东部大学行的第一站。大学的校园坐落于费城地区斯古吉尔河（Schuylkill River）西畔，距离费城国际机场只有十几分钟的车程。校园大致呈方形，东西向和南北向跨度

---

3 现为 Nuance 的科学家。

4 现为哥伦比亚大学教授。

都在 1.5 公里左右，这一片地区也被称为大学城。宾夕法尼亚大学和周围社区的关系很像牛津大学——以学校的建筑为主，但是混杂着不少民居和其他机构的办公楼。事实上，当初库普和斯提尔德森（Cope & Stewardson）建筑师事务所在设计宾夕法尼亚大学校园时，就是以牛津和剑桥为蓝本设计的。东西走向的斯普鲁斯（Spruce）大街从校园的中央穿过，将校园一分为二，南边是医学院和宾夕法尼亚大学医院，足足占据了半个校园，北边则是其他院系和学生宿舍。

在常青藤大学中，宾夕法尼亚大学的规模最大，一共有将近 25000 名学生。其中本科生有一万多人，每年招收 2500 人左右，在常青藤大学中仅次于康奈尔大学（1.5 万名本科生）。与申请超级五强不同的是，申请宾夕法尼亚大学时需要从 4 所学院中选择一所。这 4 所学院分别是文理学院（School of Arts and Sciences）、工学院（Engineering School）、商学院（Wharton School of Business）和护理学院。其中文理学院最大，每年入学的新生大约有 1600 人，占了招生人数的一大半；工学院要小很多，每年大约有 400 名新生；剩下的 500 多名新生主要是商学院的；护理学院非常小，人数可以忽略不计。各个学院单独招生，录取率和录取难度都不相同（我们后面会一一介绍），若只看《美国新闻与世界报道》上给出的数据，大家就可能会被误导。

2 沃顿商学院印象

我们参观宾夕法尼亚大学时正巧赶上学校接待已经录取的新生，招生信息宣讲会暂停了，不过招生办公室仍开门接待来访的高中生和家长，高中生们尽可以咨询任何与招生有关的问题。招生办公室的人很热情，会非常耐心地回答高中生们提出的每一个问题。之后，办公室的工作人员还会送给来访的高中生及家长一份十分详细的自助参观指南，包括旁听课程的时间表。

我们参观的第一站是著名的沃顿商学院，坐落于校园西边，沃顿的建筑风格比较现代，与老校区哥特式的风格差异较大，在校园里很显眼。与耶鲁大学不同，宾夕法尼亚大学大部分大楼都对外开放，可以尽情参观甚至旁听课程。我和梦华重点参观了商学院最新最大的亨茨曼（Jon Huntsman）大楼，这是一个综合性教学楼和学术活动中心。大楼内部的结构很有意思，向南的一面是 48 个半圆形阶梯教室，个个宽敞明亮。教室外有 57 个供学习和讨论用的小会议室，每个可容纳 6 人左右，配有两台大屏幕电脑，可用来分享笔记本上的内容，或者展示自己的想法。此外，大楼里还有报告厅、多功能厅和实验室，以及大量供校内人员使用的计算机。可以说，这栋大楼充分展示了沃顿商学院良好的硬件条件，该楼造价约 1.4 亿美元，其中三分之一（5000 万美元）是由沃顿商学院的校友、亿万富翁亨茨曼捐赠的。说起亨茨曼大家也许不熟悉，但是他的独生子大家一定不陌生，那就是曾经担任过犹他州州长和美国驻中国大使的洪博培。在我们参观过的所有英美大学中，亨茨曼大楼的设施是最好的。

图 8.2　沃顿商学院亨茨曼大楼里的小会议室，学生可以在里面讨论功课，面向走廊的一侧开了窗户，便于同学寻找空闲的房间

当然，一个好的商学院光有硬件条件是不够的，关键还在于要有好的老师和社会上的人脉。沃顿商学院引以为傲的是它有 4 名教授在 2000 年之后获得了诺贝尔经济学奖。此外，沃顿在美国各个商学院中的师资水平被公认数一数二。

相比哈佛或者斯坦福的商学院，沃顿商学院的强项在于它的金融专业，并且与华尔街渊源很深。哈佛和斯坦福的商学院毕业生走出校门后分布在各行各业，而沃顿的毕业生大多进入了华尔街，很多人将沃顿作为进入华尔街的跳板。根据学校给出的数据，沃顿的本科生有 60% 左右进了华尔街或者大的咨询公司。进入新的世纪之后，沃顿商学院在旧金山市又建立了一个校园。这一方面是为了吸引来自硅谷地区的高科技人才，并且让他们深造后为硅谷各大公司服务，另一方面也是为了让学生有机会向硅谷的明星公司学习新的管理经验和商业思维。沃顿的 MBA 学生可以在两个校园中选课，因此有些学生在两年的 MBA 学习过程中，会花半年到一年在旧金山校园学习。在那里，沃顿会经常请硅谷大公司的高管授课或者开讲座。我本人应邀在那里作过讲座。

在通才和专才教育上，相对大部分常青藤大学而言，宾夕法尼亚大学偏向于专才教育。首先，它的申请是按照学院进行的，而不是全校统一的。其次，具体到沃顿商学院，与金融、商业和管理相关的课程占了本科生课程的 60%，专业课的比例这么高，在常青藤大学中非常少见。不过，宾夕法尼亚大学又不像加州大学、卡内基 – 梅隆大学那样过于讲究实用，而是要求学生具备广泛的基础知识。仍以沃顿商学院为例，它要求毕业生得选够 17 门文理和工程方面的基础及专业课程，即使一个学期学习五门课（很重的负担），也要学三个半学期。另外，和其他常青藤大学一样，宾夕法尼亚大学鼓励学生跨学院选课，其中沃顿商学院的本科毕业生 30% 都拥有第二学位（即来自于其他学院的学位），一半的学生在商学院内主修两个以上的专业。

沃顿商学院非常讲究务实性，它的学生大部分将来都从事商业和金融，他们与斯坦福或哈佛那些以商业和金融为主修专业的学生有很大不同，因为后者本科毕业以后未必会从事商业和金融行业的工作，很多都还要进研究生院，今后的职业是进入研究生院后再慢慢选择的。而沃顿商学院的本科毕业生 88% 都直接工作了，只有 5% 进入研究生院（主要是进入医学院和法学院，而不是在商学院继续深造）[5]。毕业 5 年之后，直接工作的这批人中间又有 14% 进入研究生院（主要是回到商学院充电），比例并不高。但是，即使只有一个沃顿的本科学位，大多数时候对其今后职业的发展已经够用了。毕业 5 年后，这些本科生的收入中值是 10 万美元，是美国家庭收入中值的两倍。

为了帮助学生在本科 4 年既能打好基础，又能获得足够多的专业训练，学院提供了两种实战的机会 —— 与教授们一起做研究和本科创业。前者主要帮助学生找到自己感兴趣的领域，并能更深入地学习，目的还是为了通过学习掌握人类已有的知识，而不是发表论文或发明理论，从而创造出新知识。后者是为了启发学生们的创造性，并且提供条件帮助学生们实现自己的想法。依靠校友们的捐赠，宾夕法尼亚大学可以在经济上资助学生的创业。另外，学校地处费城这样的大都市，周边有很多非营利性机构，也非常乐意让沃顿的学生志愿者帮助处理各种生意上的事务（尤其是在财务方面），为学生提供实习机会。

沃顿商学院的课堂很多都对外开放，如果一个年轻人像乔布斯那样只想听课不拿学位，只要在沃顿拿到一张开放课程的课表，就可以一年到头

5　2014 年沃顿商学院招生简介上提供的数据。

地听下去。在宾夕法尼亚大学，透过点点滴滴的了解，不难体会到富兰克林当年强调的教育年轻人、传授实用知识、与社区相结合和服务社会的教育理念。参观完诸多英美名校后，我们发现宾夕法尼亚大学真的特别务实，才能体会"富兰克林在宾夕法尼亚大学无处不在"这句话的真正含义。

虽然宾夕法尼亚大学偏向于专才教育，但沃顿商学院的本科生在毕业时依然有着足够多的跨学科基础知识，加上专业知识的储备，良好的学习技能和学习习惯，以及与人沟通、打交道的初级本领，因此，大部分沃顿本科生毕业后，就已经有能力在社会上立足。相比先在文理学院，或者哈佛、耶鲁、普林斯顿读 4 年本科，然后再考虑进入研究生院花 2—5 年获得专业技能的培养方式，沃顿商学院对本科生的培养近乎是走捷径，而这也是整个宾夕法尼亚大学的特点，与强调基础教育的普林斯顿也形成了鲜明的对比。

3　丰富多彩的读书生涯

从沃顿商学院出来，我们参观了文理学院，这是宾夕法尼亚大学最早的学院，占据了学校最中心的位置。全校本科生的招生办公室就位于大学中央那栋最古老的"学院大楼"（College Hall）。这栋大楼建成于 1873 年，历史远没有大学那么长。大楼外立面为浅绿色，与整个大学校园的色调不同，格外显眼。为此，宾夕法尼亚大学的人们给它起了个绰号——学院绿楼（College Green）。绿楼前面是一片开阔的方庭，中间竖立着富兰克林的铜像。到宾夕法尼亚大学参观的人一定会到这里来瞻仰一番，就如同到哈佛参观的人一定会去瞻仰约翰·哈佛的铜像一样。这栋大楼也是校长办公室和历史系的所在地。

图 8.3　宾夕法尼亚大学最古老的学院绿楼（学院大楼的绰号）

文理学院不仅是宾夕法尼亚大学最大的本科生学院（规模堪比哈佛、耶鲁和普林斯顿整个学校的本科生部），学生也最具有多样性。文理学院共有 6400 名本科生，师生比例为 1：10，课堂大小为 25 人左右，这两项数据都高于大部分常青藤大学[6]。宾夕法尼亚大学的文理学院比其他常青藤大学对应的学院规模大不少，师生比例较低，但是开设的课程总数并不少，大约有 2000 多门课程，与耶鲁持平。单纯从本科教学质量来看，宾夕法尼亚大学低于常青藤大学的平均水平，不过它重在讲究实用，在教学与研究相结合上，独具特色。

在常青藤大学中，宾夕法尼亚大学的强项在于科研，即使是在文理学院，也有将近 3/4 的学生或多或少地参与科研。宾夕法尼亚大学有大大小小 900 多个实验室，从联邦政府获得的研究经费在美国的大学中一直名列前茅，在 2012 年排第四，不仅高居常青藤各大学之首，甚至高于斯坦福和麻省理工等研究经费非常充足的研究型大学（当然这两所大学

6　哈佛、耶鲁和普林斯顿的这两项指标都在 1：6~1：8 和 20 人以内，哥伦比亚、布朗和达特茅斯在这两项指标上也低于宾夕法尼亚大学。

从工业界获得的资助非常多）。与普林斯顿或耶鲁那种传道授业型的师生关系不同，宾夕法尼亚大学的教授对学生的指导更多地体现在研究课题上，具体来说就是教授拿到什么经费，学生就跟着做什么课题。对比上一章介绍普林斯顿大学学生的科研特点，就会发现这两所大学在这一点上做法完全不同。

宾夕法尼亚大学文理学院的第二个特点是，一半以上读研究生的学生毕业后会进入医学院和法学院。我们在前面讲过，美国的医生、律师和工程师是平均收入最高的职业，而医学院和法学院只招收研究生，不招收本科生，要进这两种研究生院，学生在获得本科学位的同时，就必须做好医学或法学预科的准备，包括学习相应的课程和通过 MCAT（Medicine College Admission Test，医学院入学考试）或 LSAT（Law School Admission Test，法学院入学考试）。大部分学生选择宾夕法尼亚的文理学院，并非为了学习文科和理科，而是看中了这所大学一流的医学院和法学院，为自己今后当医生或律师做准备。因此，文理学院的学生暑期实习选择最多的去处，是大学的医疗系统，包括医学院和医院，以及费城的儿童医院等。

宾夕法尼亚大学文理学院的本科生有 1/5 到 1/4 一毕业就进入本校或其他大学的各种研究生院学习，而余下的人很多会在工作一段时间后再进入研究生院，最终会有 3/4 的学生获得硕士以上的学位，而沃顿商学院只有不到 1/5 的学生有研究生学位。在这些进入研究生院的文理学院本科生中，进入本校、哥伦比亚大学和哈佛大学的人数最多，可见其毕业生竞争力之强。

那些不打算读研究生的文理学院毕业生，大部分去了金融和咨询公司，排在前几名的雇主包括高盛、德勤、大通银行和摩根斯坦利等，其次是进入政界、媒体和法务领域，选择 IT 行业的则不足 5%（该比例甚至低于哈佛大学），这与斯坦福、麻省理工本科毕业生的选择完全不同。如前所述，宾夕法尼亚大学地处大都市费城，而费城又毗邻纽约的华尔街和首都华盛顿，很多学生非常现实，他们读大学的目的常常就是谋一个好职业，这也是富兰克林教育理念与人生信条的体现。

宾夕法尼亚大学的校园虽与社区连成一片，但学习环境还是相当优越的。学院大楼（College Hall）对面是学校最大的范·佩尔特图书馆（The Charles Patterson Van Pelt Library），收藏有大约 250 万册图书和 150 万份微缩胶片，还有大量珍本和手卷。图书馆也是学生自习和做研究的地方，提供有 4 万种期刊，可随意翻阅。宾夕法尼亚大学的各个图书馆均对外开放，校外人员只要出示身份证件登记一下，就可以进馆读书看报。我带着梦华进到几个图书馆里仔仔细细地转了一遍，让她体会这所大学的学习环境。在查阅资料时，宾夕法尼亚大学提供的另一个便利是，读者可以通过学校图书馆从华盛顿的国会图书馆借书。理论上讲，在那里能够看到做研究所需的任何参考书。

学院大楼的东边是费舍尔艺术图书馆，曾是大学的主图书馆，虽然比范·佩尔特图书馆要小多了，但独具特色。这幢建筑建于1888—1891年，融合了哥特式和维多利亚式的特点。图书馆从外面看高达 5 层，内部中央是一个拱形大阅览室，有 4 层楼高，四周是一层层、一间间的藏书库和小阅览室。图书馆内部古色古香，仿佛欧洲中世纪的宫殿。这里主要收藏艺术和人文类的书籍与文献，包括十几万种文件，以及图书、建筑设计图、绘画、摄影作品等，另外还有 47 万张胶片和近 5 万张数字图片。在这里进行文学和艺术创造，仿佛会更有灵感，或许等我退休时，可以每天来这里写书。图书馆的阅览室也对外开放，校外人员甚至无需登记就能进入。

第八章　大都市里的常青藤大学

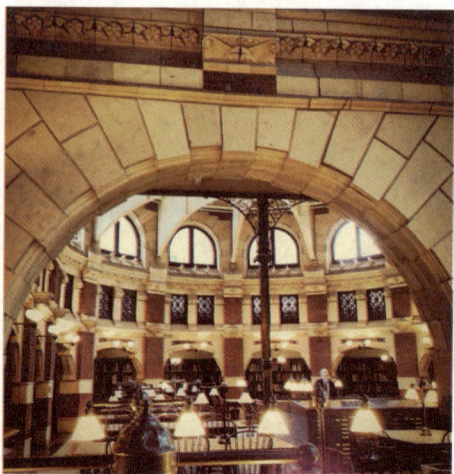

图 8.4　古色古香的费舍尔艺术图书馆

宾夕法尼亚大学的工程和应用科学学院（简称工学院）历史悠久，但规模比较小，只有 120 名正式的（Tenure Track）教授，相当于清华大一点的系而已，即使在美国私立名校中，这个工学院也算是小的，规模不及麻省理工的工学院的三分之一，也不到斯坦福工学院或者卡内基 – 梅隆的工学院（加上独立的计算机学院[7]）的一半大。但是，宾夕法尼亚大学工学院的质量不仅在同等规模的工学院（比如杜克、约翰·霍普金斯）中名列前茅，也强于很多规模大得多的工学院，比如西北大学工学院和（西雅图）华盛顿大学工学院，可以说它是小型工学院中质量最好的一所。

关于宾夕法尼亚大学工学院，最值得一提的有两件事，第一件是 1946年成功研制出世界上第一台电子计算机，不过后来两个发明人莫奇莱（John Mauchly，1907—1980）和埃克特（John Eckert，1918—1995）因

---

[7]　卡内基 – 梅隆大学因为计算机科学专业非常大，独立于工学院，不过本质上依然属于工程学科。

图 8.5　很像厂房的宾夕法尼亚大学工学院大楼

为发明专利问题与学校闹僵了，愤而离校并带走了一批工程师，宾夕法尼亚大学并没有从这个项目中得到什么好处，至今它在计算机专业上的水平仍远远落后于麻省理工、斯坦福、伯克利和卡内基－梅隆。第二件是该学院与沃顿商学院合办的管理和技术双学位特殊专业，这个专业有一个正式的名称——费舍尔管理和技术专业（The Jerome Fisher Program in Management and Technology）。这个专业的学生要同时学习沃顿商学院和工学院的课程，并且达到工学院某个专业的毕业要求，这样在毕业时也将获得两个学位。宾夕法尼亚大学 30 多年前设置这个专业的目的是培养工业界的领袖，每年招收 50—55 人，人数一直没有变化。对于这个特殊的专业，学校配有专人管理，并对学生的选课进行特别的指导。这个专业的学生可以说是工学院中的精英，它的毕业生也以从这个专业毕业而自豪。毕业后，除了宾夕法尼亚大学的校友，这些毕业生还会强调自己是费舍尔管理和技术专业的校友，今天这个专业在全球有 1900 名毕业生。若想申请这个专业，在申请工学院时要做特别说明；如果没有被这个专业录取，那么申请者会被当作工学院的一般申请者来对待。

近年来，工学院的毕业生大约有 1/4 会进入研究生院，这个比例比文理学院低得多，也就是说，有大约 3/4 的毕业生直接参加工作，而其中真正进入工业界的不到 4 成，另有 4 成左右进入了金融和咨询公司，余下的则进入政府或者研究机构。从工学院毕业生的去处依然可以看出，宾夕法尼亚大学的学生相当务实。

宾夕法尼亚大学的医学系统包括医学院、公共卫生学院和医院等，位于校园南部，占了几乎一半的面积。宾夕法尼亚大学医学院可谓历史悠久，在 19 世纪中后期，它不仅是美国最好的医学院，而且学生人数占了全美国所有医学院学生的一大半。今天，宾夕法尼亚大学医学院仍排名全美前十，而且长期以来，从美国国立卫生研究院获得的科研经费的数量仅次于约翰·霍普金斯，排在第二位。学校庞大的医疗系统为医学院的学生以及本科生提供了很多工作和实习的机会。

宾夕法尼亚大学的本科宿舍，既不同于一般只负责吃住的学生宿舍，也不同于普林斯顿和耶鲁的住宿学院，可以说介于两者之间。首先，宾夕法尼亚的每个宿舍楼里也住着一两名教授和其他教职人员，他们负责管理宿舍。宿舍楼里分成了若干个住宿团体（Residential Programs），这些团体是根据每个学生的兴趣爱好、生活习惯和专业逐步形成的，比如大众传媒团体就是根据专业形成的，犹太文化团体主要是犹太学生，而音乐和社会变革团体则是由非常喜欢音乐的学生组成，他们每天都要练习和排练。通过各个团体的名称，大致就能看出本科生平时关心的课内课外活动情况，比如科学女生、计算机女生、研究创新和企业家、政策政治和社会改革，等等。宾夕法尼亚大学有几十个这样的住宿团体，一般每个团体都不超过 100 人。同一住宿团体的学生都住在同一幢宿舍楼，这么一来，兴趣爱好相同的学生就可以一起合作，尤其是便于低年级的学生向高年级的学长学习、取经。当然，也利于毕业后校友之间相互提携。相比耶鲁和普林斯顿的住宿学院，这种安排更为实用，至少在学生入学和刚毕业的这两个时间段里作用比较明显。

大部分宿舍楼都提供单人间、双人套间和三人间，新生在入校前向学校申请希望住在哪个宿舍楼，是自己单独住，还是要找一个室友，如果要找一个室友，既可以自己找好后两人一同申请，也可以提出自己的要求由校方安排一位室友。如果想加入某个住宿团体中，则要向这个团体提交申请，说明自己的兴趣爱好以及加入该团体的缘由，团体中现有的学生有权拒绝新生的加入 —— 要是觉得这名新生难以与他们志同道合。申请住宿团体的过程，有点像在英国的剑桥和牛津申请住宿学院。因此，宾夕法尼亚大学虽然没有搞学院制，但是鼓励学生们相互学习的宗旨与学院制是相同的，只是做法上不同而已。

图 8.6　宾夕法尼亚大学的旧式宿舍

在宾夕法尼亚大学，学生的业余生活相当丰富，在这些方面该校创造了很多个美国第一。首先，它的学生社团是美国大学里第一个按照英国牛津和剑桥学生社团方式建立起来的团体。第二，该校是美国大学中第一个专门为学生活动而修建大楼的学校。建于1896年的休斯顿大楼，至今仍是学校各种学生社团的所在地，里面有很多专门为学生准备的活动室（可以排演节目）、一个规模不小的报告厅（演出厅）和一个在校内很有名的饭厅。平时学校的大型活动则在休斯顿大楼旁边的欧文礼堂（Irvine Auditorium）举行。这座礼堂的建筑年代、大小规模和内部布局都很像清华的大礼堂。不同的是，礼堂里放有一架大型管风琴，据说其规模在全世界排第22名。欧文礼堂长期都是学校各种社团、乐队的演出场所，也是学校重要的大型报告会的举办场所。当然，学生们要想看高水平的专业音乐演出也非常方便，世界著名的费城交响乐团距离学校只有两公里左右，音乐厅旁边则是费城歌剧院。

宾夕法尼亚大学的学生除了参加校内的各种活动，还经常利用暑期和课余时间在费城地区参加社会活动。很多学生从大学开始就锻炼自己的领导力，除了管理和运作俱乐部和学生团体外，还经常帮助校外的一些非营利组织管理财务和日常运营。针对很多学生将来要从商的特点，大学会每年举办两次为期三天的领导力培训班，每个学生都可以报名参加。

对比上一章介绍的耶鲁和普林斯顿，我们会发现宾夕法尼亚大学是完全不同类型的大学，虽然这三所都算是综合性大学。宾夕法尼亚大学从学生一入学就按照学院分开了，申请这所大学的学生最好清楚自己今后想做什么，以免浪费时间。宾夕法尼亚大学的本科教育在美国一直排名前十，对于那些希望通过四年学习就得到足够的专业知识和工作技能的年轻人来讲，这是一个走捷径的地方。尤其是对于那些毕业后希望进入华尔街或医学院和法学院的人来讲，就读宾夕法尼亚大学的成功率还是很高的。不过值得一提的是，虽然宾夕法尼亚大学显得比上面提到的学校更加实用，但是这决不意味着在这所大学里仅仅把课学好就足够了，许多人毕业后就直接工作了，必须在本科四年里尽快地通过互相学习、课外活动和社会生活等多种途径来锻炼与人打交道的本领，以便走出校门后能够快速适应社会。宾夕法尼亚大学秉承了创始人富兰克林务实和关注社会的特点，这也是该校的灵魂所在。

第二节　哥伦比亚大学

本章开头便说，之所以把哥伦比亚大学和宾夕法尼亚大学放在同一章里介绍，是因为两者都是大都市里的常青藤，都比较务实、接地气。不过，相比宾夕法尼亚大学，哥伦比亚大学也独具鲜明的特点，绝不可认为它是更好一点的宾夕法尼亚大学。事实上，一定要比较的话，我倒觉得说它是"东海岸的斯坦福"更合适一些。正如斯坦福是硅谷不可分割的一部分，哥伦比亚大学也与纽约紧密地结合在一起。同样，正如要真正读懂斯坦福就必须了解硅谷，要读懂哥伦比亚就必须深入了解纽约这个大都市。

1　大苹果纽约

纽约有着很多鲜明的标签：北美最早的殖民点之一，美国第一大城市，（纽约人心目中）世界的中心，也是美国东部唯一一个仍在快速发展的城市。美国东部的各大城市在上个世纪 70 年代起发展就开始停滞，甚至开始衰落，而纽约却是一个例外，至今依然充满活力。对于世界各国、各民族，乃至各行各业的人们来说，纽约都是可以实现他们梦想的地方，今天它依然是世界艺术中心之一，同时是一个时尚之都。整个纽约加上周边地区，人口近 3000 万，占到美国人口的 1/10，而纽约市的人口大约为 840 万。虽然纽约的人口绝对数量小于北京和上海等中国的大城市，但是要知道纽约市的面积只有 789 平方公里，大约为北京的 1/20，每平方公里一万多人的人口密度要比北京（大约为 1500 人／平方公里）高得多。纽约市分为曼哈顿、皇后区、布鲁克林、布朗克斯和斯塔腾岛 5 个区。许多人印象中摩天大楼林立的纽约其实是指曼哈顿，这个小岛只有 60 平方公里土地，而人口密度高达 27000 人／平方公里，而哥伦比亚大学就设在这样一个熙熙攘攘的闹市区中，具体来说，这所大学位于曼哈顿的晨畔高地，濒临哈德逊河，在中央公园北面。

哥伦比亚大学是梦华和我大学之旅的第三站。离开普林斯顿后，我们驱车向北行驶一个小时就进入了纽约市郊，但是从纽约市郊到我们预订的酒店所在的市中心，短短几英里的路程，我们也开了一个小时。在曼哈顿开车，一点不比在北京开车轻松，虽然少有人横穿马路，但车与车之间互不相让，而且在十字路口绿灯变红灯时，大家加速都非常快，需要打起十二分精神才行。另外，曼哈顿的街道比较窄，大部分都是单行道，在地图上看上去很近的两个点，因为经常要绕行，驾驶时间一点也不短。有鉴于此，几乎所有的纽约人平时都不开车，而是借助公共交通上班上学。

到哥伦比亚大学读书的人，必须喜欢纽约。为了让梦华体验纽约的生活，我们特意挑了纽约最热闹的 42 街中央火车站旁边的酒店，并预留充分的时间体验纽约。我们从中央火车站出发，往北步行 20 分钟到达纽约著名的现代艺术博物馆（Museum of Modern Arts，官方简称 MoMA）。梦华对哥伦比亚大学的兴趣很大程度上来自这所大学在艺术上的水平以及纽约市的艺术氛围，纽约的艺术博物馆自然不能错过。纽约有很多博物馆，其中著名的艺术博物馆有两个——纽约大都会博物馆和现代艺术博物馆，前者规模更大，藏品也更多，涵盖了不同的文明和历史时期，后者规模小一些，但不乏艺术精品。

现代艺术博物馆收藏了近一两个世纪里世界上诸多著名艺术家的作品，其中最著名的一幅作品是西班牙画家达利的《时间的记忆》。此外，毕加索的代表作《阿维尼翁的少女》以及印象派大师莫奈最大的一幅《睡莲图》（有 10 多米宽）也非常有名。在那里，除了这三幅绘画真迹，梦华还看到了高中上艺术课时老师讲过的许多作品的真迹，她非常兴奋。

从现代艺术博物馆到哥伦比亚大学，有地铁直达。地铁站的出口在大学的东面，南北向的曼哈顿大街和一座二三十米高的小山（晨畔山，Morningside Height）将哥伦比亚大学和东面破旧的市区分开，使得大学在喧嚣的纽约市区里相对独立。翻过晨畔山就看到了一所与普林斯顿或耶鲁完全不同的都市大学 —— 布局紧凑，高楼林立。

哥伦比亚大学的主校区面积只有 32 英亩，大约 200 市亩，与占地达 500 英亩的普林斯顿大学没法比。纽约地区寸土寸金，而且周围的土地都已被占据，即使哥伦比亚大学有财力，也有影响力，也无法要求周围市民拆迁。于是，大学的医学院只能建在更靠北的上城区，占地 20 英亩，和主校园不相连。后来学校从纽约市政府那里拿到了一些比较偏远的土地，但是即使把分散在各处的校区都加起来，总面积也不大。总之，在哥伦比亚读书，一定要习惯纽约的拥挤。

哥伦比亚大学的本科生招生办公室设在汉密尔顿大楼，这座混合了哥特式和维多利亚风格的红砖大楼已经有一百多年的历史，以哥伦比亚大学早期校友、美国国父之一的亚历山大·汉密尔顿的名字命名。在常青藤的每一所大学都能找到这样令校友引以为傲的美国早期杰出人物。本科生的介绍会和参观活动，其实倒不在这栋大楼里，而是在大楼斜对面的罗纪念图书馆（Low Memorial Library）[8]里。

罗纪念图书馆是哥伦比亚大学标志性的建筑，它采用了古罗马万神殿式的拱顶结构，外墙用白色石灰岩砌成，远远望去庄重而雄伟。图书馆的前方是以东西方向横穿大学的学院步行街（College Walk），它将校园一分为二，北面是教学和科研区，南面主要是生活和学习区。罗纪念图书馆对面是哥伦比亚大学的主图书馆——巴特勒图书馆（Butler Library），在这两个图书馆之间，有一个开阔的广场，这恐怕也是曼哈顿最大的广场了。哥伦比亚大学每年的毕业典礼都在这里举行，举办毕业典礼的那一天，靠近图书馆的地方坐着即将毕业的学生，身穿浅蓝色的学位服，后面是亲朋好友和围观的学生，从图书馆往下望去，前面是一片蓝色的海洋，远处是五颜六色的人山人海，非常壮观。

图 8.7　哥伦比亚大学罗纪念图书馆

8　图书馆以哥伦比亚前校长塞斯·罗（Seth Low，1850—1916）的名字命名。

我们穿过广场，来到罗纪念图书馆，入口处有一些参加勤工俭学的学生在接待来访者，向来访的高中生和家长们发放学校的各种介绍材料，通知第二天的介绍会和参观活动日程，并回答访客的简单提问。进入罗纪念图书馆后，你会发现这里其实并不是图书馆，而是校长办公室和校董们平时开会的地方，中间的圆拱大厅改作为报告厅。据哥伦比亚大学学生介绍，这座 19 世纪末建造的大厦当时在设计上存在缺陷，设计师考虑了大楼自身的重量，却忘了算上近万吨的图书、资料、课桌和书架的重量，随着图书收藏越来越多，后来便不得不"弃用"了，不过我倒觉得可能是后来图书太多了变得太拥挤，而不得不盖新馆。坦率地讲，这座漂亮的图书馆并不实用，中央那个 10 层楼高的圆拱大厅占掉了图书馆一大半的占地面积，真正可供藏书和阅读的空间并不多。新的巴特勒图书馆在罗纪念图书馆的对面，不仅面积大得多，而且布局更合理，可以容纳更多人阅读和学习。1934 年，罗纪念图书馆停止使用。将罗纪念图书馆里的上百万本书搬到对面 100 多米远的新图书馆，工作量不小。当时学校管理者想了一个办法，让上千名学生在两栋图书馆之间排成十几排，采用接力的方式，一本一本地将旧馆里的图书传到新馆。学校现在还保留有一些记录上千人接力搬书情景的老照片，成为向新生介绍学校历史的珍贵资料。

从罗纪念图书馆出来，四下看过去，广场上到处是三五成群的学生，或坐在台阶上聊天，或躺在草地上晒太阳。学校外不远处的大街上人来人往，喧闹非凡，这里却是一派轻松安宁的景象。广场上还有不少学生团体在向往来路过的同学发宣传材料，有些是通知大家近期活动或者筹款，有些是在招募新会员。看到此情此景，你可能会对哥伦比亚大学的学生有一个粗略的印象——活跃。的确，哥伦比亚大学的学生不仅比我们半天前在普林斯顿见到的学生们要活跃得多，即使和耶鲁或宾夕法尼亚大学的学生相比，其活跃度也更胜一筹。

图 8.8 哥伦比亚大学的毕业典礼（正前方是巴特勒图书馆，两旁的红砖楼是宿舍）

梦华和我在校园的教学区转悠了半小时，体会一下学校的氛围。孩子眼里的好大学和大人的常常不同，对她来讲，这样轻松而充满活力的哥伦比亚大学比起规矩而严谨的普林斯顿，似乎更是个好去处。两年后，我去拜访一位在哥伦比亚大学当教授的学弟，顺便又带小女儿参观校园，她对学校的印象和姐姐非常相似，也喜欢这个虽然过于紧凑，但是热闹非凡的校园。

从大学的西门出来，就是纽约著名的百老汇大街，这条大街从西北到东南斜着穿过整个曼哈顿，一路上有不少表演舞台剧的剧场，各种商店鳞次栉比，繁华异常。大学西门两边都是地铁站口，不远处还有几路汽车站，交通非常方便。从这里坐地铁，大约一刻钟便可到达著名的时代广场，那里也是纽约一个大的地铁中转站，再从那里坐两站地，就回到了中央火车站附近我们住的酒店。

在纽约，最方便的公共交通无疑是地铁。纽约有着世界上最庞大的地铁网络，四通八达。不过，纽约的地铁比较老旧，而且名声也不太好，很多初来乍到者会认为纽约的一些地铁站到了夜里不太安全。其实今天曼哈顿的地铁站并没有外界想象得那么可怕，一直到很晚了乘客还很多，乘车的大多是纽约的上班族。如今的纽约市，尤其是曼哈顿，比一般人想象的要安全得多。大部分人对它的印象还停留在 20 世纪 90 年代中期以前，那时纽约市区的确不是很安全，夜里路上有人拦路抢劫（其实常常不过是为了抢到 20 美元去喝酒），平时还有不少人朝民宅扔石头、涂墨汁。1996 年我第一次到纽约，从 42 街的巴士总站一走出来，便看到四处闪着脱衣舞广告的霓虹灯，一些皮条客会当街派发广告。当地人告诉我们晚上出门时要在上衣口袋里装好 20 美元，以打发拦路抢劫者。1999 年我第二次去纽约时，发现这些乱七八糟的现象都不见了。这要感谢纽约市的铁腕前市长朱利安尼，他下令关闭了纽约的全部色情场所，狠抓治安，严惩那些乱扔石头乱泼墨汁的害群之马，没过几年纽约市的面貌就焕然一新。以中央火车站为例，20 年前这个百年建筑内部又黑又脏，墙上是厚厚的一层烟灰，空气中弥漫着刺鼻难闻的烟味。今天，这里窗明几净，人们给这座高大而精致的古典建筑配上很多百年历史的吊灯和雕塑，看上去它更像是一个博物馆。朱利安尼之后的纽约市长布隆伯格不仅是亿万富翁，而且是大慈善家，自掏腰包在纽约搞了很多市政改造工程。经过这两任优秀市长的努力，从各个方面来看，纽约都堪称美国东部最好的城市。后来我多次到纽约出差，晚上独自走在大街上，从来没有什么不安全感。

回到酒店稍事休整，我和梦华很快又出门去体验纽约的夜晚。我们沿着42 街往西，穿过著名的第五大道，一路上尽是从高楼大厦里走出来的上班族。与硅谷人每天穿着休闲舒适的服装上下班不同，这里的行人因为职业的缘故一律穿着正装，而且总是行色匆匆，节奏很快。第五大道两旁林立着各种名牌精品店，是购物的好去处。42街和第五大道的西南角，坐落着纽约市立图书馆，藏书超过百万册，纽约市民可以来这里借书或阅读学习。图书馆的西面有一个散心公园，周围有很多大大小小的餐馆和咖啡店，是上班族和市民们休闲约会的好地方。从公园再往西走一个街区，就到了著名的时代广场。

我很纳闷 Times Square 为什么被翻译成了"时代广场"，其实英文原意是"时报广场"，当年因《纽约时报》进驻此地而得名。而称之为广场，也有点名不副实，它不过是百老汇大街和第七大道斜着交叉后形成的一块路面，面积较大，并不是长方形的广场，而面积恐怕连半个足球场大都不到。因此，梦华来到这里后难免有些失望，虽然我已提前告诉她时代广场实际上很小。但是时代广场却很有名，这至少有两个原因。首先是这里每年一度的新年夜庆祝活动非常有名，每年会有近百万人在新年的前夜聚集在这里。当纽约市长按下象征倒数一分钟的按钮后，纽约著名的大苹果（水晶球）从广场上23米（77英尺）的旗杆上缓缓坠落。在新年到来的第一刻，水晶球打开，写着全球人新年新希望的彩纸从空中洒落。那一刻，广场上的人们会高唱《一路平安》（Old Lang Syne）[9]，然后相互拥抱、亲吻、祝福。当然，那么小的时代广场实际上容纳不了上百万人，因此从12月31日的中午开始，大家就开始从四面八方涌向这里，每当一条街上聚满了迎接新年的人后，这条街也就开始封道。随后，美国各大电视网都会报道说："现在，50街已经被封上了"，一小时后会报道"现在，55街已经被封上了"[10]，等等。1999年12月31日，据估计有两百多万人聚集在这里迎接千禧年的到来。时代广场出名的另一

9　根据苏格兰民谣改编的歌曲，在中国因为作为了电影《魂断蓝桥》的主题曲而出名，在英美则作为庆祝新年的歌曲。

10　从42街以后，街的编号越大，越远离市中心。

个原因是它见证了纽约乃至美国的历史。1945 年 8 月 14 日 [11]，上百万人聚集在这里庆祝第二次世界大战胜利，摄影师们在这里记录下了很多感人的场景。但是，40 年后，日本财团收购了时代广场周边很多标志性建筑，日本公司的广告也完全占领了时代广场，美国人不禁要问，到底是谁赢得了战争？然而又过了 10 年，美国借助互联网革命开始复兴，收回了纽约市那些一度由日本资本控制的地产。2013 年，中国公司的广告又开始登陆时代广场。总之，这里发生的事情总是反映着世界格局的变迁。

图 8.9　第二次世界大战后，在纽约时代广场上演了著名的世纪之吻

今天的时代广场，来来往往的人群中，有穿着西装革履步履匆匆的专业精英，有打扮得花枝招展款款而行的社交名媛，也有衣着寒酸辛苦打拼的蓝领工人。大家互不相识，匆匆地从这里经过，奔向各自的目的地。每个人都用自己的方式追寻着一个梦想。这就是纽约。

11　日本是在 8 月 15 日正午宣布投降的，当时正是美国东部时间 8 月 14 日夜晚。

2 富有特色的通才教育

到达纽约的第二天，我们要坐地铁到哥伦比亚大学参加招生信息通报会。有了半天纽约生活的经历后，梦华似乎适应了这里的生活，这一天，我让她在前面带路，买票、乘车、中转，最后来到了大学。招生办公室的人让我们在罗纪念图书馆集合，然后带我们来到一间大阶梯教室，参加介绍会。

介绍会的主讲人是招生办公室的一位负责人，他首先介绍了哥伦比亚大学的历史。哥伦比亚大学是美国历史上的第五所大学，成立于1754年，原来叫做国王学院（King's College），对应的是一度被称为王后学院的罗格斯大学（Rutgers University），和被称为王子学院的普林斯顿大学。后来美国爆发了革命，革命的对象是英国，因此什么国王、王后之类的名称就统统弃用了，国王学院便改以美洲发现者哥伦布的名字命名，成为今天的哥伦比亚大学。哥伦比亚大学早期以文理教育和医学为主，而今它的文理科和医学院依然是美国顶尖的。在美国南北战争前后，美国的工业革命开始了，哥伦比亚大学适时创立了法学院和工学院（全名为工程和应用科学学院），到了19世纪末20世纪初，美国的经济超过了英国，成为全球第一，哥伦比亚大学又适时创立了商学院。至此，哥伦比亚大学便成为了常青藤大学中学科最全，各学科水平最均衡的大学。我们不妨看看哥伦比亚大学各主要学科的排名（2017—2018）：

工学院	第13名
商学院	第9名
法学院	第5名
医学院	第6名
艺术学院	第6名

另外，一半的人文和社会学科排在前 10 名，一半的理科排在第 10 名左右。相比三年前的排名（我在第一版中使用的数据），它们的差异在一两名之内，变化并不大。

美国很多一流大学并不强调学科的平衡，比如芝加哥大学和宾夕法尼亚大学拥有顶尖的商学院和经济学专业，约翰·霍普金斯和华盛顿大学（圣路易斯）的医学院非常强，但并非每一个专业都很突出。哥伦比亚大学则是少数各个学科都很平衡的大学，从这一点来讲，它有点像斯坦福大学，可谓是"东海岸的斯坦福"，当然斯坦福的各个学科会更强一些。

申请哥伦比亚大学的学生要在本科学院（Columbia College）和工学院之间做出选择，前者包括工程之外的全部学科。学生可以在两个学院之间自由选课，但是毕业时必须达到所在学院的基本要求。

哥伦比亚大学对自身学科的平衡性颇为自豪，它在教育上的最大特点是所谓的核心课程组（Core Curriculum），即一组无论哪个专业的学生都必须上的课程，这是通才教育的典型特征。这些课程大多属于人文领域，比如"现代文明""文学"等课程，加上一些基本素质相关的训练，比如"大学写作"。哥伦比亚大学强调，学习这些课程的目的是学会如何思考，而不只是接受具体的知识。从这里我们再一次看到，美国名牌大学的首要目的是培养人的思想和未来的学习工作能力，而不是为了取得好分数。哥伦比亚大学设置的核心课程已有近百年历史，今天已经有很多大学都在采用这种教育方法，但是哥伦比亚大学很自豪它是最早强调这种通才教育的重要性的，并且在一个世纪里严格实行。当然，核心课程的设置也会与时俱进，现在这组核心课程包括 9 门课，加上体育。这些课集中在以下 6 个方面：

当代文明（Contemporary Civilization）

文学人文（Literature Humanities）

大学写作（University Writing）

艺术人文（Art Humanities）

音乐人文（Music Humanities）

科学前沿（Frontiers of Science）

除了全校统一的核心课程，工学院的学生还要上一些工程方面的核心课程。略有不同的是，本科学院的毕业生都必须学会游泳，而对工学院的毕业生则没有这项要求。对于核心课程，哥伦比亚大学的毕业生有两点评价，第一是"臭名昭著"，因为它非常难，梦华的一些同学和朋友后来在哥伦比亚读书，他们也普遍反映该校前两年课程负担特别重。当然，学生们对这些课程的第二评价则是受益匪浅。

过去有一个玩笑式的说法，说是"哈佛的学生不会算，MIT 的学生不会写"，虽然这种说法有夸大的成分，却也说明写作的确是工科学生的弱项，我倒是很喜欢哥伦比亚大学这种强调学生综合能力的平衡做法。有一部分核心课程难度相当大，比如文学课，要求学生在很短的时间里读大量的经典文学书籍，比如一周布置下的阅读任务是 20 多部像《荷马史诗》这样的巨著，然后就这些书里面某些章节的内容报告。在美国读过书的人都知道，虽然美国人不如中国人会算，但是稍微好一点的学生都很能写，因为他们从中学就开始接受写作训练。哥伦比亚大学很多核心课程的报告可能一写就是 20 页，坚持练习一年下来，任何学生的人文素养都会有一个质的飞跃，这对学生们今后成为各行各业的精英将会大有好处。

核心课程大约会占去学生 1/3 的本科学习时间，而余下时间学生们就可以根据自己的兴趣爱好来选课了。通常每个学生会主修一到两个学科（Major，即所谓的双学位），比如经济学和政治科学，或者在一个学科里主修两个专业（Concentration），个别学生甚至会主修三个学科，从而获得三个学位。当然，每个主修的学位都会有一定的要求，选的太多，可能一时会毕不了业。只选修一个学位，则有可能这个专业对学生今后继续学习和工作未必有用，毕竟20岁左右的年轻人未必非常清楚自己今后要做什么，因此很多学生都会选择一个主专业加上一个副专业（Minor），这样不仅可以学得轻松点，也能给自己今后多留点选择的余地。对于打算多修几个学位的学生，哥伦比亚大学有一个相当"人道"的做法，就是允许在高中学了AP课程的学生将大约一个学期的学分转入大学，如此，学生便可以省出一个学期的时间，用来学习第二、第三个学位的课程。

为了帮助学生选择专业，促进他们的成长，哥伦比亚大学会给每一名学生指定一位课程的指导教师，负责指导学生的选课，并协调解决学生遇到的一般问题，包括暑假实习、个人成长，等等。指导教师的研究方向与学生的兴趣可能完全不同，角色类似中国大学里的班主任，当然美国的大学没有行政班，只有选课的教学班。中国大学的班主任或者选课指导教师常常会鼓动学生到高年级后选择自己所在的专业，学校会发生抢学生的情况，但是因为制度的原因在美国的大学里不会发生这种情况。一来学生有自己的独立性和想法，二来教授们也没有这样的习惯。等学生到了高年级，确定要学的专业后，学校会另外指定一名指导教师，负责在专业和研究方面给予指导。比如学生要学习计算机科学，学校就会安排一位来自计算机系的指导教师。当然，如果学生要修两个主科学位，那么就需要有两位专业指导教师。

哥伦比亚大学给本科生专业选择带来的唯一不便，是学生很难在本科学院和工学院之间换学院，虽然理论上保留了这种可能性。据后来带我们参观的女生讲，她的一位同学成功地换了一个学院，可简直要被剥掉一层皮，"难度就如同换学校"，她这样形容。当然，不换学院对大部分学生来讲并不是问题，但是这对梦华来讲就是一个现实问题。一方面，梦华既不想学习文科，也不想学习纯理科，因此如果申请哥伦比亚大学就只能选择工学院，可要是单纯学工程，美国还有更好的工学院，没必要选择哥伦比亚。选择哥伦比亚，则是想利用其人文和艺术学科的优势，尤其是该校在时尚设计等专业上有着独一无二的优势，加上身处纽约这个大都市，若想要在这方面发展，会有很多便利之处，因此她最关心的就是如何能得到这些好处，同时又不需要进入以文理为主的本科学院。对此，招生办负责人的回答是，学校在选课上给予学生充分的自由，她可以主修一个工程的学位，同时辅修本科学院人文艺术方面的学位。

作为一所研究型大学，哥伦比亚鼓励学生参加科研，同时也强调，学生自己应该积极主动地寻找研究机会，毕竟教授们肯定不会到学生宿舍寻找想做科研的学生，不过如果学生们主动询问教授能不能进实验室做科研，很多教授都是欢迎的。单从毕业生和教授获得诺贝尔奖的人数来衡量一所大学的科研水平，哥伦比亚大学仅次于哈佛，世界排名第二。截至 2013 年，哥伦比亚大学的毕业生和教授已经有 101 位获得诺贝尔奖，其中获奖最多的是物理学奖。

哥伦比亚大学的另一个特点是送学生到国外做交换学生，暑期短期学习和实习的机会也特别多，大大小小加起来有 300 多种。这些国际化的教育经历有助于培养学生的国际视野，帮助他们成为未来世界的领袖。比如，本科学院有一项与巴黎合作共同培养学生的计划，相当吸引人。参加这个计划的本科生先在哥伦比亚大学学习三年，然后在巴黎学习一年，回校后获得哥伦比亚大学的学位。这个计划的组织者多次给梦华来信，希望她申请，遗憾的是梦华对法国毫无兴趣。除了巴黎，哥伦比亚大学还在柏林、京都和北京等城市设有联合培养中心（在北京是与清华合作），学生们可以在那些有合作关系的国外大学里修一些课程，然后把学分带回来。为了帮助学生适应海外的学习，学校会为他们提前做好相应准备，比如让学生先修一年相关的语言课。

在很多大学，这种海外联合培养计划是要学生自己掏钱的，一些收入不高家庭的学生只能望而却步，但是哥伦比亚大学设有各种各样的奖学金帮助学生到海外学习。除了学校名气大、捐赠多以外，这也得益于它所在的大都市。相比偏远地区的大学，地处世界商业与文化中心纽约的哥伦比亚大学，有着非常便利的对外合作条件，很多国家和城市都希望能和哥伦比亚大学建立起各种类型的国际合作，并且愿意为此出资。这也是很多学生选择哥伦比亚大学的重要原因。当然，学生在申请时不能把这一条作为唯一的理由。

此外，招生办的负责人还介绍了录取的要求。与大部分私立大学一样，哥伦比亚大学要求学生提供高中成绩单、标准考试成绩、推荐信、作文、课外活动说明，等等。学校也接受额外的补充材料，比如申请美术专业的学生可以提交自己的作品集，但并不希望申请人提供太多的额外材料，毕竟，负责招生的老师精力有限，无法一一仔细评估。

从哥伦比亚大学毕业需要修满 124 个学分，平均每学期 15—16 个，大约相当于四门大课，或者两门大课四门小课。要想获得第二个学位，大约相当于要多学一年的课程。假如还是按照正常的速度学习，四年肯定是毕不了业的。如果一个学生的学习能力很强，每学期能多选一门课，同时从高中转一学期学分，四年拿到两个学位还是有可能的，只是这样会非常辛苦。

3　自由的大学

各种丰富多彩的课外活动也是哥伦比亚大学吸引学生申请的原因之一。哥伦比亚大学的各种俱乐部和协会[12]，大大小小至少有三四百个，具体数量连学校里的人也说不清，因为不断有新的学生组织出现。概括起来，这些俱乐部和协会分为以下 6 类。

1.　兄弟会（Fraternity），我在前面讲到，"兄弟会"这个词是历史上的称谓，今天有很多女生组成的"兄弟会"，我通常称之为"姐妹会"，在哥伦比亚大学有几十个这样的兄弟会或姐妹会。

2.　根据学生来自的国家或地区组织的，或是以文化和宗教为价值核心组成的团体，比如亚洲学生协会、亚洲美国学生协会。前者是来自亚洲的学生组成的俱乐部，后者是生于美国的亚裔组成的俱乐部，两类学生关心的问题截然不同。各种文化的和宗教的协会也非常多。这些俱乐部常常在各种节日期间搞活动，比如举办餐会和放电影。这些组织往往人数很多但是很松散，每次举办活动时到场人数连注册会员的两三成都不到，很多美国学生常常会因为喜欢某个国家的饮食就去参加活动。

3.　体育和特长俱乐部，比如高尔夫球俱乐部和国际象棋俱乐部，这些俱乐部的成员参加俱乐部的活动都比较认真。

4.　针对学业和未来职业发展而组织的协会，比如各种科学协会、表演艺术协会（不是以艺术欣赏为目的）、金融协会，等等。这类

12　在英美的大学里，俱乐部（Club）和协会（Association）基本上是同义词，在书中我们就不加区分了。

协会非常多，我的感觉是，哥伦比亚大学几乎每一个稍微热门一点的专业都有一个对应的协会。

5. 单纯因某种爱好或兴趣而形成的组织，比如巴赫协会，就是由一群喜欢巴赫音乐的学生组成的，他们的目的比较单纯。

6. 其他协会。

为什么这个只有 6000 名本科生的大学却成立了这么多的协会或俱乐部？除了前面所说的常青藤大学的学生必须花足够多的时间参加课外活动这一共同要求外，还有两个哥伦比亚大学特有的原因。

首先，哥伦比亚大学地处纽约，是纽约大都市的一个缩影，可以说每一个协会都对应着纽约的一个侧面，纽约有什么，大学里就有相应的组织；反之，若纽约没有什么，大学里也就没有对应的协会或俱乐部。也许大家会感到惊讶，这几百个协会中，连一个创业者协会或风险投资协会都没有，这在斯坦福大学是不可想象的，因为斯坦福大学的学生和教授天天想的就是创业和风险投资。斯坦福人想挣钱，他们需要把技术变成公司，然后再变成钱；纽约人也想挣钱，他们想的往往是直接用钱生钱。

其次，在竞争激烈的纽约，人人都想出人头地，学会做生意。协会多，创始人或负责人就多，担任过协会负责人的学生毕业时多少就有些管理经验了。但是，这么少的学生，这么多的协会，如何发展会员就成了问题。虽然每个协会都有学校的资金（很少）支持，但是几千名学生的时间就这么多，如果一个学生平均参加两个协会，掰着手指头都能算出每个协会平均能有多少人。因此，为了争夺学生资源，各个协会都得会做生意，善经营，协会的负责人要不断策划出吸引人的活动，还要能持续拉到赞助。做到这两点，是一个协会办得风生水起的必要条件。哥伦比亚大学得感谢纽约这个大都市，无论是搞活动，还是找赞助都很容易。换作普林斯顿或耶鲁，这两件事做起来就难了。另外，由于身处纽约大都市，学生们经常受到商业（和政治）上的熏陶，这些协会的负责人往往都很会做生意。

如果想听各国政要演讲，扩大国际视野，哥伦比亚大学是个好去处。据招生办负责人讲，由于联合国总部在纽约，因此每年都会有多位国家元首和政府首脑来哥伦比亚大学演讲，其中包括颇有争议的伊朗总统艾哈迈迪－内贾德。伊朗被许多美国人看成是"敌人"，而请内贾德来讲演这件事在美国，包括在纽约市都颇有争议，比如时任纽约市长的布隆伯格当时就不很高兴，学校里的犹太学生甚至集会提出抗议。但是，哥伦比亚大学依然在 2012 年邀请艾哈迈迪-内贾德在学校做了演讲。为此，哥伦比亚大学不惜得罪纽约市政府和美国政府，而学校坚持给予所谓的"敌人"以言论自由的做法，在学校里则获得了大部分师生很高的赞誉，并且被看成是自由派的胜利。大学为什么邀请这样一个有争议的人来"惹麻烦"呢？这不是为了标新立异，更不是为了上报纸电视的头条以吸引眼球，而是大学认为：为了把今天的学生培养成明日世界的领袖，它有责任让年轻人更全面地了解世界，倾听不同的声音。作为纽约城里的常青藤大学，哥伦比亚和耶鲁一样，以培养未来的领袖为己任。历史上，哥伦比亚大学走出了 4 位美国总统和 30 多位世界各国元首或政府首脑。在民国时期，有中国半个文化圈的名人都出自哥伦比亚大学的说法，蒋梦麟、胡适、马寅初、梁实秋、徐志摩、闻一多、宋子文和顾维钧等人都在那里读过书。

奖学金的话题自然是各个大学在招生介绍会上必谈的。与许多私立名校一样，哥伦比亚大学的奖学金完全是根据需求设立的，也就是说，再优秀的学生在入学时都不可能根据成绩来获得奖学金。这种按照需求而定的奖学金的性质和申请方法，我们在介绍普林斯顿大学和耶鲁大学时已提及，这里不再赘述。哥伦比亚大学地处纽约繁华市区，各种费用都不便宜，可以说在所有的美国私立名校中，哥伦比亚的费用是最高的。不过地处纽约也有好处，学生们进了大学以后，除了可以申请这样或那样的各种奖学金，还可以利用暑期在纽约实习挣钱，其他大学的学生则很难有这种机会。

招生信息介绍会结束之后，由4名本科学生分别带着大家参观了校园，同时介绍学校的情况。引导我们这一组的是哥伦比亚本科学院经济学专业三年级学生朱莉（Julie），她有点大大咧咧，不拘小节，与前一天我们在普林斯顿大学见到的一举一动规规矩矩的学生完全不同。她先把我们带到北面的教学科研区，一路上她独自径直往前走，与高中生或家长并没有多少交流，单纯看沟通的技巧，似乎远比不上普林斯顿的学生。但或许因为年轻人就该是这样，梦华倒觉得她十分可亲。

朱莉带着我们参观了著名的东亚研究所，以及走出了许多位诺贝尔奖获得者的物理大楼[13]。参观完北部的教学科研区，她继续带着我们穿过大学中央的广场，来到南边的学习和生活区。当时正值午饭时间，大学生们下了课匆匆赶往饭厅，广场上人来人往，比头天下午热闹了许多。很多协会趁此时宣传推广自己的活动，或者摆摊卖一些点心用于筹集资金。

学校的南部正面是巴特勒图书馆，我们没有时间进去参观，据朱莉介绍这是美国大学图书馆中最豪华的一个。图书馆后面和两侧都是高高的宿

---

13 李政道和吴健雄都在里面工作过。

舍楼。朱莉面对着巴特勒图书馆，站在汉密尔顿大楼前，介绍哥伦比亚的学生生活。看着对面巴特勒图书馆外墙上镌刻着的西方著名文豪们的名字，朱莉回忆了自己学习核心课程中那些文学课的情景，"那些作家的书我都读过"，朱莉感慨地说，"经常一下子指定一二十本书，而且要马上读完。"看来哥伦比亚大学的核心课程果然负担不轻。我查了一下那些名字，他们是：荷马、希罗多德、索福克勒斯、柏拉图、亚里士多德、德摩斯梯尼、西塞罗、维吉尔、贺拉斯、塔西佗、圣奥古斯丁、阿奎那、但丁、塞万提斯、莎士比亚、弥尔顿、伏尔泰和歌德。"但是，哥伦比亚的生活非常丰富多彩"，朱莉话锋一转，讲到了她喜欢的事情，立马神采飞扬，一边讲，一边将套头衫帽子上的带子在手上转着玩。她说，她最喜欢的是能在纽约这个大都市里上大学，在这里不仅能开眼界，而且有着无数的机会。"你知道，有一天我在街上遇到了某某（一个百老汇明星），哦，天哪，是她！还有一天，我在学校里见到了某国的国家元首，在这里见到这些人简直太容易了！"她说着说着很有些得意，越发滔滔不绝，"这里的课外活动特别多，你可以参加各种各样的俱乐部，可以拿到很多低价票和优惠券，花 5 美元就可以看一场百老汇演出（通常票价为上百美元），花 10 美元就可以听一场歌剧，纽约博物馆众多，经常有免费票。"这姑娘说得兴起时，开始手舞足蹈，更是迥异于普林斯顿大学循规蹈矩一板一眼的学生。我在一旁观察，发现年轻的梦华显然被热情洋溢的朱莉给感染了。两年后我带梦馨参观哥伦比亚大学时，她说，如果我到纽约读书，每周末会去听一场歌剧（她自己唱歌剧）。

当然，进入哥伦比亚大学首先不是为了玩，朱莉也介绍了一些对学业和职业有帮助的课外活动。在美国，学习文史专业的学生，找工作往往是个大难题，其他各国也都如此，但是在哥伦比亚大学，学生却有着无数的机会。不仅平时和暑假可以去《纽约时报》或《时代周刊》实习，暑假很多学生也会去联合国总部实习，还有很多学生会去华尔街。可以说，如果没有华尔街、联合国总部、美联社，没有百老汇，等等，就不可能有哥伦比亚大学的辉煌。

最后，朱莉讲到了大学的食宿。前面介绍过，纽约人口密度极高，房屋租金贵，平时也鲜有空房出租，在 2000 年美国股市泡沫年代，新来美国工作的人甚至只能看讣告来找房子。近几年纽约的住房不再像 2000 年那样紧张了，但是住宿成本依然很高。哥伦比亚大学以很低的价钱为本科生提供四年的住宿，每年只需要花费大约 7000—9000 美元，这与大学附近的公寓里一个单间 4000 美元 / 月的租金相比，可以说相当便宜，也算是大学向学生提供的一大福利。学生宿舍分为单人间、双人间和三人间。巴特勒图书馆后面的约翰·杰大楼提供有大量单人间，很多喜欢独居的学生选择住在那里，既方便，又自由。

图 8.10　约翰·杰大楼并不宽敞的单人宿舍

不过，不要指望同样的花费住得能和普林斯顿或者耶鲁一样好，相比其他常青藤大学，哥伦比亚大学的住宿条件算是较差的。1996 年我在该校医学院的研究生宿舍住过，每个单间都很小，只是为学生学习和睡觉准备的，里面只有一个很小的洗手池，没有卫生间，更别提做饭的地方。所有的卫生间和淋浴间都集中在楼道中，宿舍也是男女混用，因此卫生间和淋浴间都是谁先进去锁上门（只有两米高，上面是通透的）就是谁的。好在一层楼这种淋浴间有十几个，洗澡还不算特别拥挤。一些宿舍楼，比如前面提到的约翰·杰大楼，是男女分层的，淋浴间稍微隐秘一点，但是对个人隐私的保护肯定比不上套间。另外，哥伦比亚大学并非所有的宿舍楼都装有空调，好在纽约的纬度与中国的沈阳差不多，夏天只有六、七、八这三个月很热，而这三个月里大部分学生已经离校。如果暑假学生一定要呆在学校里，最好换到带空调的宿舍里，纽约的夏天虽然短，但气温也经常会到摄氏 40 度以上。

哥伦比亚大学的学生宿舍一部分建在校园内，这主要提供给低年级本科生使用；还有一部分提供给高年级本科生和研究生的宿舍大楼建在大学西面百老汇大街的对面，从宿舍走到校园要经过两个街区，距离不算太远，但是到了晚上就会有安全问题，因此学校为学生提供免费护送服务。在哥伦比亚大学周围的街道上，有很多蓝灯呼叫亭，一般只有在校园里才会看到，便于学生随时向校警寻求帮助，而校警的巡逻车也经常在校园附近巡视。

由于哥伦比亚地处拥挤而昂贵的纽约市，即便是教授也难以在学校周围买得起很像样的住房，因此大学购买了很多住房廉价租给自己的教授。住房的大小取决于职级的高低，这有点像过去国内的分房政策。教授在获得终身教职前后住房水平差异非常大。

如果说居住拥挤可能是哥伦比亚大学的短板，那么说到吃则是该校明显优于其他大学的亮点了。哥伦比亚大学的餐厅水准比较高，这可能依然与地处纽约有关。美国各大学的学生们评价各自学校的饭厅质量，2013

年哥伦比亚大学排在第 18 名，在有上千所大学的美国，这个排名应该算是比较高的。另外，在纽约想吃美食非常方便，世界各国的美味佳肴一应俱全，而且价钱也公道。要是不满意学校的伙食，周末可以去外面打牙祭。但若是在普林斯顿、耶鲁或者康奈尔，想去学校外面寻找美食，就没那么容易了。

4 相信年轻人，相信未来

介绍完哥伦比亚大学，大家可能有这么一个印象：这是一所很全面、很好的大学。那么它成功的秘诀到底在哪里呢？或者说为什么它的毕业生能够如此成功，在世界上所有的大学里，可能仅次于哈佛大学。我想，要回答这个问题，还得从纽约说起。纽约不仅给学校的教授和学生带来了各种机会，也赋予了学校生命力和创造力，使得哥伦比亚大学成为美国新文化新思想的发源地。

朱莉是站在汉密尔顿大楼前给我们做介绍的，这栋楼在 20 世纪 60 年代末经常出现在电视节目中，是当时哥伦比亚大学的学生争取民权和开展反战运动的大本营。在那个年代，哥伦比亚大学的学生们表现出了无与伦比的政治创造性，可以说他们决定了后来美国各地所有学生运动将要采取的形式。要了解哥伦比亚大学的自由主义，我觉得有必要在这里费点笔墨讲讲 1968 年 4 月底发生在这里的事情。

上个世纪 60 年代是美国左派自由人士崛起的时代，他们反对美国参加越南战争，反对全球军事对抗，积极争取民权。在这个大背景下，自由派老巢纽约，以及地处纽约的自由派大学哥伦比亚自然成为风暴的中心。1968 年 4 月发生的两件看似不起眼而且毫不相干的小事产生了蝴蝶效应，在美国社会乃至整个西方世界引发了狂潮。第一件事是哥伦比亚大学的一名学生菲尔德曼（Bob Feldman）在学校的图书馆里发现了一份文件，了解到大学成立了国防部资助经费的智库——防务分析研究所。美国学生特别讨厌军方在学校活动，因此这件事在学生中掀起了轩然大波，学生指责这个研究所的项目都是为了"压迫越南人民"和"对黑人运动进行压制"。大学里的一个学生团体——"争取民主协会"征集了1500人的签名，要求哥伦比亚大学退出防务分析研究所。第二件事的直接起因是校方打算用向市政府租得靠近晨畔高地公园的2.1英亩土地，建造一座价值1100多万美元的宏伟体育馆。这原本是件为学生着想的好事。但是，该计划一公布就遭到附近居民的反对，称之为土地掠夺。4月份，校方公布了建筑师的设计图，没想到引来了更猛烈的抨击：未来的体育馆面向学校的大门造价昂贵，美轮美奂，而面向哈莱姆平民区的门，则又小又简陋，社区领袖认为这是"不平等的隔离"，因此建馆计划遭到周围居民的强烈反对。而学生们又认为这块地应该用来盖校舍，改善学生居住环境，于是，由这件事作为导火索，学生和学校的矛盾开始浮出水面。4月20日，上百名示威者向体育馆工地进军，高呼"种族歧视的体育馆必须拆除"。随后他们就自己动手拆除了一段栅栏。参加示威的大多不是黑人，而是白人，其中包括"争取民主协会"的主席马克·拉德（Mark Rudd）。

哥伦比亚大学的校务行政机构设在汉密尔顿大楼，因此示威者马上占领了这里，并将（代理）教务长等人扣留了26小时，强迫校方答应他们的条件（退出防务分析研究所和停止体育馆工程）。但是学生内部的想法并不统一，黑人学生觉得争取民主协会"战斗性不足"，要求白人离开。拉德于是带领白人学生撤出汉密尔顿大楼，为了显示其战斗性，他们占领了设在罗纪念图书馆内的校长办公室，宣布那里为解放区。造反的学生们翻看了学校的信函和文件，并进行了拍照，然后把办公室砸乱。接下来，学生们占领了一栋栋大楼，建立了一个个解放区，并在解

图 8.11　1968 年 4 月，哥伦比亚大学的四年级学生马克·拉德在罗纪念图书馆前指挥学运

放区里设立指挥部，开始油印分发各种传单。大学董事会紧急召开会议，要求校长必须果断制止学生的行为。校长只得请来上千名警察，首先夺回了由黑人学生占领的汉密尔顿大楼，但是在夺回其他大楼时发生了武力冲突，12 名警察和 100 多名学生在冲突中受了伤，近 700 名学生被拘禁，拉德和其他 72 名学生被勒令停学一年。不过，从此之后，学生代表进入校委会和新成立的大学议会，开始参与学校的管理和一些事务的决策，晨畔公园体育馆最终也没有建成。这段历史后来成为很多文艺作品如电影《草莓宣言》（*The Strawberry Statement*）中的素材。

哥伦比亚大学学生运动的根源在于年轻人对越战和种族歧视的强烈不满。学生们扬言："我们斗争的目标，不仅是要争取一个革命化的哥伦比亚大学，还要争取一个革命化的美国。"哥伦比亚大学学生运动的做法后来成为了美国各大学同类运动的样板，占领教学楼、提出没有商量余地的要求、成立教员特别委员会，甚至戴上袖章在校园里刷大标语。

今天，哥伦比亚大学的气氛已经平和了很多，最热门的讨论也只是停留在堕胎权、奖学金分配以及校园种族关系这类温和议题上。不过，它仍是美国自由派的一个重要堡垒，而且是源源不断的新思想新文化发源地。

图 8.12　1968 年 4 月，哥伦比亚大学的学生占领了一栋楼后，宣布那里为第五解放区

我有一次和李开复谈到哥伦比亚大学与纽约的关系，到底是纽约造就了哥伦比亚，还是反过来。我认为是前一种，在我看来，是大环境决定了小环境，也就是说自由的纽约造就了自由的哥伦比亚大学，而李开复则认为哥伦比亚大学是纽约最有价值的实体，因为它不断地向纽约输出新思想新文化。他专门举了内贾德的例子，认为通过这件事不仅表现出哥伦比亚大学的包容性，而且说明哥伦比亚大学里的人们的很多思维方式领先于美国政坛。因此，哥伦比亚大学实际上在不断地向社会输出正能量。尽管我们的看法略有不同，但都认同倘若不了解哥伦比亚大学的民主氛围和崇尚自由的传统，在这里读大学的意义就会大打折扣。毕竟，在哥伦比亚大学的四年人生经历，比将要学习的课程更为重要。另外，

还是那句话，若选择来哥伦比亚大学读书，必须喜欢大苹果[14]。

哥伦比亚大学学生的活动和专业能力之强，对理想追求之执着，遐迩闻名。这所只有 6000 名本科生的大学[15]，培养出了无数杰出人物。除了前面提到的诺贝尔奖获得者、各国元首和政府首脑，它也为各行各业培养出了诸多数一数二的人物。在金融界和商业界有股神巴菲特和小沃尔顿（沃尔玛董事会主席），在文艺界有哈默斯坦（电影《音乐之声》《国王与我》等多部奥斯卡获奖影片的剧作家），以及著名大提琴演奏家马友友等。如果把校友中的诺贝尔奖、奥斯卡奖、普利策奖等获奖者一行行列出来，足足能写满几十页纸。也许有人会觉得这些一流人物和我们的距离还很遥远，但是，大家可能会对如下统计数字更感兴趣：每年的本科毕业班里 60% 以上的学生都能进研究生院，而且哥伦比亚大学的本科生在医学院、法学院和商学院的录取率更是一直高达 90% 以上。

要说哥伦比亚大学有什么不足，那就是受到环境限制，难以开展户外活动，同时体育设施有所欠缺。哥伦比亚大学地处寸土寸金的曼哈顿，主校区没有条件建造一个大型体育场（1968 年的学运使得体育馆没建成），学生们的体育锻炼就都只能在室内体育馆里开展。室内体育馆设施齐全，包括一个 25 米短池的恒温游泳馆，还有为篮球、排球和体操等项目准备的多功能馆，以及一些室内网球场。当然，为了方便大家跑步和健身，各种跑步机和健身器材一应俱全。不过如果要从事那些需要大型场地的运动，比如橄榄球、足球、田径，就需要坐校车到位于曼哈顿岛最北边的哥伦比亚运动中心了。从主校区坐校车到那里单程需要 15 分钟，加上等车时间，至少 20 分钟，来回就是 40 分钟，而在上下班高峰期回一趟需要一小时，对于那些只是想到操场上跑一小时步的人，这

14　纽约的昵称。

15　哥伦比亚学院 4500 名，Fu 工学院 1500 名。

多少有些不方便，经常去运动中心锻炼的，除了运动队的，就是对体育和健身积极性特别高的人。哥伦比亚大学在各行各业出了众多杰出人物，可就是不出杰出的运动员，他们的比赛成绩也让人不敢恭维。和很多大学以获得许多联赛冠军而自豪不同，哥伦比亚大学以橄榄球队遭遇时间最长的连续败局而著称。因此，对于酷爱体育，尤其是户外运动者来讲，哥伦比亚大学并不是一个好去处。

哥伦比亚大学的标志是一头狮子，在校园里有一座瘦骨嶙峋的雄狮铜像，朱莉解释那头狮子为什么没有被雕塑成身强力壮的样子，"因为学校希望学生像一头饥饿的狮子，对知识如饥似渴。"这和乔布斯强调的年轻人应该"保持饥饿感"是同样的道理。

图 8.13　哥伦比亚大学瘦骨嶙峋的"饥饿"狮子铜像

我们的校园参观，始于汉密尔顿大楼，也终于此。当梦华对着大楼前曾经充满了青春激情的广场望去最后一眼时，她说，这是她最喜欢的常青藤大学。我们告别了哥伦比亚大学，在回酒店的地铁上，遇到一名纽约大学的女生，她见我们从哥伦比亚地铁站上车，知道我们是来看学校的，便兴奋地讲起在纽约的大学生活，显然她很喜欢这个城市，虽然在这里生活很贵，很拥挤，有诸多的不足，但是它更有着活力，代表着明天，充满着希望。梦华和我都同意，如果不能喜欢上纽约，那么就不要来哥伦比亚大学读书。

我们从酒店出发，沿着拥堵而高低不平的路面缓缓驱车，驶出曼哈顿。再见了，大苹果纽约！前面还有更多大学在等着我们。

结束语

虽然都是藤校，然而普林斯顿大学和耶鲁大学，与宾夕法尼亚大学和哥伦比亚大学完全是不同类型的大学。如果分别用一个词组概括这4所大学的特点，我愿意用"学院制""责任感""务实"和"新思想"来分别形容它们。而这4个词，除了务实之外，余下的3个都与学术自由有关，这也是创办世界一流大学的必要条件。

我想说的第二点感想是，一方水土造就一种类型的大学。普林斯顿和耶鲁处在相对偏远的地方，能让学生静下心来读书，而宾夕法尼亚大学和哥伦比亚大学地处大都市，则充分利用了这一便利条件发展出自己的特点。

第三点感想就是，大学的基因其实在大学的早期就由它的创始人植入了，普林斯顿、耶鲁和哥伦比亚原本都是为了传教和传播真理而建立，因此如今它们特别看重的都是基础的通才教育。而宾夕法尼亚大学一开始就是为了服务社区，促进工商业发展而建，因此它倾向于专才教育。

梦华作为高中生，她的感受与我不同。我总结的几点都关乎这几所大学的教育理念，梦华则通过自己的观察，得出了一些实实在在的体会。在她看来，普林斯顿未免死板，耶鲁的工程又比较弱，与她的所长及期待都不匹配。而哥伦比亚最有活力，又地处纽约大都市，是她心仪的学校。至于宾夕法尼亚大学，她也非常满意。而我的看法恰恰和她相反，如果让我选择，我会先选普林斯顿和耶鲁，然后才是哥伦比亚，至于宾夕法尼亚大学，与这三所大学相比，在我看来稍有逊色。

这本书写到一半的时候，恰巧有机会与约翰·霍普金斯大学的埃斯勒教授谈到宾夕法尼亚大学和哈佛之间的对比及差距，他本人在哈佛读过本科，然后在宾夕法尼亚大学获得博士学位。按照埃斯勒的观点，宾夕法尼亚大学在专业培养上做得非常好，它的研究水平很高，但是对于那些并不急于找一份好工作立马挣到钱的人来讲，它又显得过于实用了，这是它与哈佛的差距所在。埃斯勒的师兄弟们如今在自然语言处理领域都是领军人物，不过他说，他们的本科教育都不是在宾夕法尼亚大学完成的。他和雅让斯基本科都是在哈佛读的，柯林斯则是在剑桥念的本科，拉纳帕提来自印度，而布莱尔毕业于一个州立大学。倒是本科毕业于宾夕法尼亚大学的自然语言处理专家似乎并不多见。埃斯勒的经历固然只是个例，但是他对这几所大学的评价或许有些道理。最后，埃斯勒又补充道，这几所大学中的任何一所都足够好了，其实差别未必有那么大。

参考文献

1. 富兰克林. 富兰克林自传. 蒲隆，译. 译林出版社，2009.

2. 哥伦比亚 1968. http://www.columbia1968.com/history/.

3. 给哥伦比亚校长的公开信. http://www.columbia1968.com/history/letter-to-columbia-president-lee-bollinger/.

大学之路

陪女儿在美国选大学

第二版　下册

吴军　著

人民邮电出版社
北京

目 录

第三节　纽曼加洪堡的教育模式

第四节　创业的孵化器

在中国知道女校卫斯理学院的人可能不比美国人少，因为从卫斯理学院走出了一位中国第一夫人 —— 宋美龄。卫斯理代表了美国一类优秀的大学，它们追求高质量的本科教育，而不强调科研。

第一节　卫斯理印象

第二节　为什么选择文理学院

第三节　充足的资源和良好的环境

杜克和华盛顿大学都是特色鲜明的名牌大学，它们后来居上迈入世界一流大学行列的历程值得很多大学借鉴。对于学生来讲，最重要的是找到最适合自己的大学，而不是名气最大的大学。这两所特色鲜明、一向对亚裔学生友好的大学，应该是很多中国优秀学子不错的选择。

551　**第十五章　教育改变命运 ——** 公立教育的典范加州大学

"教育改变命运" 和博雅教育这两句话， 今天已经成为了中国老师和家长们的共识， 并且让很多年轻的学子们从中收益。 但是， 更多的年轻人在走出校门时却依然找不到他们所学和将来所做之间的联系， 以至于有了被骗的感觉。 实际上， 对寒门子弟来讲， 首要任务是掌握一门技能， 这是改变命运的捷径， 那种希冀一下子从社会最底层上升到最顶层的想法， 多少有些脱离实际。 而出身于中产家庭的孩子要想进一步提升自己的社会地位， 不仅需要掌握技能， 还需要接受很好的通识教育。因此， 美国私立名校和公立大学在这两方面是各有侧重的。

第九章　标杆大学哈佛

很多行业都有一个标杆产品。汽车公司为了证明自己的技术先进，常常需要做一款极致的超级跑车，这些车性能卓越，产量很低，公司出品这款跑车，只是为了证明自己"能做到"而已。比如奔驰的 SL 系列跑车、尼桑的 GTR、丰田的 LFA，以及超级跑车公司兰博基尼、法拉利和莲花的各款跑车。当然，为了彰显自家汽车的综合性能，大家常常要找一辆标杆汽车进行比较，才能证明自己更好。有意思的是，各个汽车厂商找的标杆汽车都是同一款 —— 保时捷的 911 Turbo（或它的姊妹车）。尽管各个汽车厂商都在它身上证明了自家超级跑车的优越性能，但是大家彼此同样都心知肚明：最好的跑车，无疑是那辆被比下去的标杆汽车911 Turbo。这就是标杆原理。

同样，比较大学时也是如此，哈佛大学就是这样的标杆。麻省理工的人讲"哈佛人不会算"（当然哈佛的人也会回敬说"麻省理工的人不会写"），普林斯顿的人会说他们的本科教育比哈佛更认真（确实如此），哥伦比亚的人会讲它更加多元化、与当地经济结合得更紧密，耶鲁的人会说自己的法学院比哈佛好，约翰·霍普金斯说它是美国第一所研究型大学、科研经费最多，而斯坦福的人最牛气，它干脆说自己等于哈佛加上麻省理工，就连英国的剑桥和牛津也会跟哈佛相比，认为自己的历史沉淀比哈佛深厚。应该说，他们讲的都是事实，各所名校也并没有夸大，但是根据标杆原理，我们知道在大家心目中最好的大学还是哈佛。

哈佛就是这样一所大学，它的地位和水平毋庸置疑。它往那里一站，便是风姿独具，卓尔不群。2014 年，《纽约时报》在奥巴马总统授意下做了一次大学排名，哈佛（还有普林斯顿和耶鲁等）连前 10 名都没有排进去。读者们看了这个结果后评论道，这不是哈佛的耻辱，而是《纽约时报》和奥巴马的耻辱，虽然奥巴马自己就是哈佛的毕业生。

正因为哈佛在世界大学中有着这么特殊的地位，有必要用一整章加以介绍，来分析一下它到底有哪些特别之处。

第一节 从教会书院到现代大学

1 教会书院

哈佛大学成立于 1636 年，是由马萨诸塞殖民地立法机关授权创办的一所高等学府，是美国历史最为悠久的大学，最初只有 9 名学生。起初成立时因设校于纽敦（Newtowne）而得名纽敦学院，1638 年因学院所在地更名为剑桥而得名剑桥学院。1639 年易名为哈佛学院，但并非像一些人理解的那样由牧师约翰·哈佛所创办。该学院和后来的大学以哈佛的名字命名，是因为约翰·哈佛留下遗嘱，他把自己的藏书（大约 400本）和一半财产（779 英镑）捐给了学校。

哈佛学院的特许证（Granted Charter）是 1650 年由马萨诸塞殖民地授权的。到了 1780 年，约翰·亚当斯（John Adams，1735—1826，美国第二任总统）在主持制订麻省的州法时，在州法的第五章专门明确了哈佛的权利。在那部州法中，首次对哈佛使用了大学的提法，因此哈佛是从 1780 年开始被称为大学的。今天哈佛学院作为一个虚拟机构依然存在，特指哈佛大学的本科生院，就如同耶鲁学院是耶鲁大学的本科学院，哥伦比亚学院是哥伦比亚大学的本科学院一样。不过今天哈佛以外的人从来不说"哈佛学院"这个词，而且除非在正式的场合，大家也很少使用哈佛大学一词，平时只是说"哈佛"这两个字。当时的哈佛，除了神学，专业教育均不突出。在这一时期，由于专业水平不高，哈佛的入学人数也输给了老对手耶鲁和普林斯顿。

图 9.1　被误认为是哈佛大学创始人的约翰·哈佛铜像

殖民地时期，哈佛学院成立的原因有两个：一是为了增进学问以利子孙后代；二是担心从英国迁移来的牧师谢世后会给教会留下一批不学无术的牧师。哈佛早期实际上是一所神学院（耶鲁、普林斯顿也是神学院），主要目的是培养牧师和让牧师受教育，它最初的十几任校长也都是牧师。下表是哈佛早年毕业生从事不同职业的人数，可以看出牧师占了绝对的多数。

表 9.1　1642—1689 年哈佛毕业生不同职业的人数

职业	1642—1658	1659—1677	1678—1689	合计
牧师	76	62	42	180
医生	12	11	4	27
政府官员	13	17	12	42
教师	1	8	4	13
商人	3	6	1	10

哈佛的学生毕业后要出去传道，就必须能读懂拉丁原文的《圣经》，因此早期哈佛的教学内容都是围绕拉丁文展开的，比如修辞原则、拉丁句式，等等。哈佛也设立了数学和自然科学课程，目的却是为了让牧师们去探索上帝创造万物的奥秘。当时不仅哈佛如此，早期大学的神学院都是如此，这也就是为什么毕业于奥地利维也纳大学的神父孟德尔会莫名其妙地去研究豌豆的杂交，毕业于剑桥神学院的达尔文会研究物种的起源。早期的科学著作都是以拉丁文写作出版的，因此掌握拉丁文是做一切学问的基础。

早期哈佛的教学，基本上是教授在上面讲，学生在下面死记硬背（Rote Learning），很像中国古代的乡村私塾，如此持续了一个多世纪。1782年，哈佛成立了医学院，这也是美国历史上的第一个职业学院，不过相比欧洲后来那种带有专业研究性质的职业学院差别很大。哈佛的第一个职业学院之所以是医学院，也与它的教会性质有关，因为教会在传教的同时，另一个职责是给人看病。不过，在 19 世纪中期之前，哈佛的医学水平极为低下，学生们只要参加为期 16 周的课程讲座和实习，然后通过一门 10 分钟的考试，就可以获得医学学位。更糟糕的是，获得当时最高的医学博士学位也只要导师一个人出题考试通过即可，完全没有质量控制。至于那些导师，本身也没有做过多少研究和探索性的工作。对此，艾略特评价说哈佛的医学院是最差的。相比之下，哥伦比亚大学比哈佛晚成立了一个多世纪，却是美国第一所授予医学博士学位的大学，而到了 19 世纪中期，宾夕法尼亚大学的医学院水平在全美排到第一。

18 世纪，继医学院之后，哈佛还有法学和神学的"本科后"（当时还不能算是研究生）教育，但是这两个专业当时并没有扩展成单独的学院，因为在哈佛看来最重要的还是本科的人才素质教育。

可以说，直到 19 世纪中期，哈佛从本质上讲还只是一所文理学院，而不是现代综合性大学，除了神学水平很高之外，剩下的学科专业水平都很一般，甚至比较差。那时的哈佛，无论如何很难与今天人们心目中的世界第一名校联系起来。在这一时期，由于专业水平不高，哈佛的入学人数也输给了老对手耶鲁和普林斯顿。

2 艾略特的遗产

18 世纪末 19 世纪初，哈佛大学所处的政治、经济、科学、文化环境发生了巨大的变化。经过独立战争和南北战争的洗礼，美国不但独立建国，摆脱了宗主国英国的控制和束缚，而且走上了民主平等自由的发展道路，工业化进程相当迅速。同时，科学革命已结出累累硕果，科学技术被广泛应用于工农业生产和日常生活，在社会发展中的作用日益凸显出来。另外，本杰明·富兰克林等人倡导的实用主义哲学也从萌芽走向体系化，成为主导美国人思想的一种哲学思潮，一股新兴的美国精神逐渐形成。在这种情况下，带有明显英国传统和文化烙印的哈佛大学，已经难以适应时代的要求，根据美国社会和文化的现实基础重建哈佛大学，势在必行。哈佛大学开始与时俱进，向综合性研究型大学过渡。整个转变过程大约持续了半个多世纪，其中有几件事特别值得一提。

第一件事是从 19 世纪 40 年代起，哈佛开始有了比较像样的理科专业，并且于 1847 年创立了理科学院（Scientific School）。创立理科学院的做法起源于欧洲，这是近代科学兴起和工业发展直接导致的结果，后来从理科学院又进一步分离出工学院和其他各种各样的学院。但是，由于哈佛并没有培养专业人才的经验，因此这些学院的水平并不高。第二件事是 1851 年到 1865 年之间，哈佛对董事会和监事会进行了重要改革。我们在第五章讲到，哈佛早期监事会的主体以前都是马萨诸塞州的政要，如州长和州议员。经过几次改革后，议员不再担任监事，州长也不再像过去那样是监事会的当然成员。其实，哈佛董事会早期的人员构成也和监事会差不多，均以当地担任高级公职的人士为主。改革之后，校董主体变成了各行各业中成就突出的校友，对实用技术的需求更强烈，因此对学校事务也就更加关心和投入。

在这样的大前提下，需要有人来对哈佛大学实施变革。时势造英雄，一位把哈佛从旧式书院真正转变成现代综合性大学的杰出人物应运而生，他就是我们在第二章重点介绍过的美国近代著名教育家、哈佛大学校长艾略特。今天，简单地用"划时代"三个字来形容艾略特是远远不够的，因为他把哈佛的历史一分为二 —— 在他之前的哈佛，在他之后的哈佛。这就如同屋大维把古罗马的历史一分为二一样。艾略特在担任哈佛校长的 40 年间（1869—1909），呕心沥血，最终将哈佛办成了可与剑桥牛津比肩的世界一流大学。

艾略特出生于波士顿一个富有的家庭，家族里有多位哈佛毕业生，而且家族成员中有人担任过哈佛的管理者或教授。艾略特在哈佛主修数学和化学，1853 年毕业，并成为哈佛数学系的讲师（Tutor）和化学系的助理教授，但是他一直没有当上哈佛的化学教授。在哈佛期间，他还参与了哈佛工学院的改革，年轻的艾略特虽然学术上表现不太出众，但对交给他的校务和教务管理工作却总是能完成得利落漂亮，给大学管理层留下了深刻印象。几年后，艾略特离开了哈佛，当时大家以为他是嫌学校收入少，到工业界去挣钱了，但实际上他是利用家族的最后一笔遗产[1]（其家族财产大部分都在 1857 年的经济危机中打了水漂）去欧洲考察高等教育了。

从 1863 年到 1865 年，艾略特访问了欧洲多座城市，走访了很多所大学。艾略特考察大学的做法和后来日本、中国赴欧教育考察团的做法都不同，中日两国教育考察团重点考察的是学科设置、培养方法等，这些都属于"术"的层面，而艾略特在欧洲则重点考察教育在每个人一生中的作用，比如，教育背景对不同的人（如医生、商人、阔太太甚至是仆人）的生活的影响。当然，艾略特也没有放过考察欧洲大学的每一处细节，包括大学管理、课程设置、教学方法、课堂设备的布置、学校对学生的照顾，等等。在长达两年的考察中，艾略特体会最深的是欧洲高等教育与经济发展之间的关系。1869 年初，艾略特发表了两篇关于"新型教育"的文章，就美国大学应该如何发展表达了自己的观点。他在文章中讲到，欧洲的年轻人，不论是学文还是学商，都要学习一些理科知识，这就为欧洲的工业化提供了大批有文化的工匠、设计师和管理者，而我们（指美国）需要这样的大学，但我们现在还没有，不过我希望我们的大学能够是这样的。当时，美国不得不从欧洲进口工业品，艾略特指出这是可耻的，他认为作为美国经济最发达的麻省，应该有能力制造工业品，而这就要求首先改革高等教育，培养出适应社会发展需要的高级人才。

---

[1] 艾略特祖父直接传给他的那一小部分。

经过在欧洲的实地详细考察，艾略特比大部分美国教育家更早地懂得了高等教育与实业之间相互依赖的关系，他确信高等教育能够促进工商业和社会的全面发展，而美国当时亟须大力发展工商业。当时，美国最大的纺织公司梅里马克公司（The Merrimack Company）想聘请艾略特当厂长，报酬十分优厚，但是他推辞掉了。在他看来，当一名公司老板，只能影响这个公司，而去做一名教育家，则有可能影响整个社会。

艾略特非常推崇当时德国大学直接将实验室的发明用到工业界的做法，也认为德国和法国那种由政府支持工程学院的做法值得借鉴。但是他也深知在当时的美国，政府的权力很小，财力很弱，很难指望依靠政府帮助大学进行实用科学的研究。不过，在美国有很多私人支持办学，艾略特没有照抄欧洲的做法，而是结合美国社会的特点，将哈佛办成了具有美国特色的研究型大学。

1865 年，从欧洲回到美国的艾略特受邀进入麻省理工新成立的化学系，担任教授。同年，哈佛大学对董事会进行了重大改革。这个大背景为 4 年后艾略特担任哈佛大学校长创造了条件。如前所述，1869 年年初，艾略特发表了两篇关于"新型教育"的文章，表达了他对新时代大学的理念，他认为世界处于激烈竞争和变化之中，美国要想在这种竞争中胜出，高等教育必须培养出有能力参与世界竞争的人才，而不只是过去那种研修拉丁文的绅士。他明确指出："我们要培养实干家和能做出成就的人，他们成功的事业生涯可以大大增进公共福祉。我们不要培养世界的旁观者、生活的观众或对他人的劳动十分挑剔的批评家。"当时哈佛的董事会已经由以商人为主的校友控制，他们非常认同艾略特的办学理念，于是力排众议，任命这位非神职人员、年仅 35 岁的年轻人来担任美国历史最悠久的大学的校长。事实证明，哈佛董事会慧眼识英才，艾略特上任之后，为哈佛大学乃至美国做出了巨大的贡献。

艾略特在担任哈佛大学校长期间，进行了多项重大改革。

真正开始启动科学研究。在艾略特执掌哈佛以前，哈佛大学在自然科学和数学方面并未开展真正意义上的研究，学校只重视教习拉丁文的历史两百多年来没有什么改变。今天哈佛能成为世界上最好的理科大学，其基础正是艾略特奠定的。因此，大家才把哈佛划分成艾略特之前的哈佛和艾略特之后的哈佛，可以说哈佛在艾略特任上发生了翻天覆地的本质变化。

将大学由"以教为主"，改变成"以学为主"。以前哈佛大学的学生将大部分时间都花在听教授授课上，教授讲什么，学生就学什么，学校留给学生自主学习和思考的时间相对较少。20多年前我在清华大学上学时，接受的就是这种教育。艾略特担任哈佛校长后，坚定地改革了这种过时的学习方式。一方面学校给予学生更多时间自由支配，另一方面把"教授讲什么，学生就学什么"改成"学生想学什么，教授就教什么"。当然，这个过程相当漫长，艾略特在他的任期内并没有完全达成这一目标，最终由他的继任者劳伦斯·洛厄尔（Lawrence Lowell，1909—1934年担任哈佛校长）完成了这一目标。

为了配合上一条的改革，学校需要开设大量课程，才能满足每个学生的不同需求。鉴于此，艾略特将哈佛的课程数量增加了好几倍，尤其是在学校里推广有实际意义的新课程，包括很多科学的课程。如今，哈佛大学为本科生开设了3500多门课，而本科生只有6000多名，课程似乎"太多了"。但是，正是因为课程数量众多，学生们才有了自由选择的余地。从那时起哈佛大学力求对学生因材施教，每个学生的培养计划就如同量身定制的一样，各不相同。今天，哈佛大学对所有学生统一提出要求的课程只有一门，即写作课。

艾略特上任伊始，哈佛开始确立一直沿用至今的学业要求，即采用所谓集中与分散相结合的方式。具体来讲，就是所有的学生都要在学校规定的几个领域里选一部分课程，然后每个学生都可以在自己关注的学业方向上自由选择其他课程。这种集中与分散相结合的方式成为美国私立名校向往的模式，但这需要条件，我们在后面还会详细介绍。

哈佛的各个专业学院在艾略特任期内开始相对独立，并逐步从中心校区迁出，建立起一个个在地理位置和管理上都相对独立的园区。当然大规模的校园建设得到了包括 JP·摩根和约翰·洛克菲勒在内的很多慈善家的支持。对于专业教育，艾略特确定了高标准、严要求的培养方式。他规定进入医学院学习的学生必须先获得本科学位，这也成为了今天美国所有医学院的惯例。

国际化。在担任校长期间，艾略特致力于提高哈佛的教学质量，并大力倡导教育的公平性。为了做到招生公平，艾略特引进了入学考试，很多犹太学生和天主教学生（哈佛最早是新教徒创办的大学）也因此有机会进入哈佛深造。艾略特还开始大量从海外引进教授，并且在世界范围内招生，直到今天哈佛大学依然是世界上最欢迎外国学生的大学，这一点我在后面还会讲到。

帮助少数族裔（尤其是非洲裔）学生进入哈佛上学。在 1865 年之前，哈佛的学生都是白人，为了让非洲裔学生能够进入哈佛学习，艾略特说服董事会在录取时对部分学生予以照顾，这样就开始有少量的非洲裔学生能进入哈佛。不过直到 20 世纪初，非洲裔学生在哈佛的比例都一直低得可怜，并且很长时间内都不得和白人学生住在一起。

艾略特如此大刀阔斧的改革，必须依靠一些外来的新生力量，他任命了从欧洲留学回来的艾里斯（Calvin Ellis，1826—1883）担任医学院院长，并给艾里斯写了封著名的三页纸的信[2]（图9.2），讲明了他要规范医学院教育的想法。随后艾略特又任命刚刚到哈佛的年轻教授兰德尔（Christopher Langdell，1826—1906）担任法学院院长。此外，他还从欧洲引进了很多学者，并且承诺给予他们在德国那样的工作环境。这样必然就会触痛很多既得利益者，因此很多教授联合起来反对他。甚至在校外，艾略特也遭到了新英格兰地区八所大学校长们的集体声讨，为首的是当时耶鲁的校长。当时哈佛的监事会还想罢免他，只是实在选不出新校长才让艾略特继续当了下去。

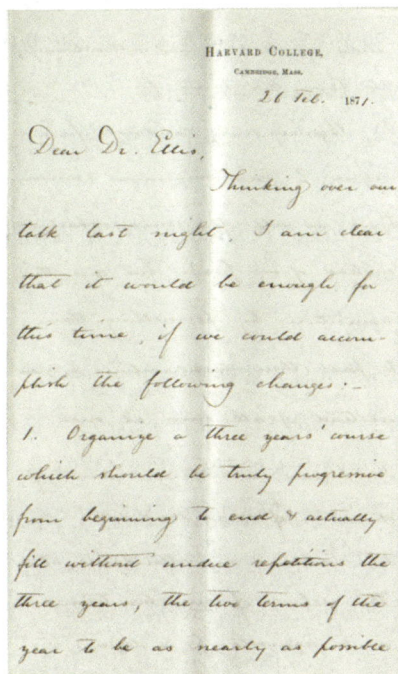

图9.2　艾略特致艾里斯关于医学院改革的信件

2　在这封信中，艾略特要求医学院学生必须先学 3 年各种课程，通过考试，然后接受两个学期的住院实习。这项改革从 1871 年起实施。

所幸的是，艾略特最终在哈佛当了 40 年的校长，让这些改革最终得以完成。哈佛在经历了一段阵痛之后，开始迅速发展，原来入学人数下降的趋势得到了遏制，并且很快开始大幅增长，不久学生人数再次超过了老对手普林斯顿和耶鲁³，学术声誉在美国高等教育界迅速提升。

艾略特不仅为哈佛留下了丰富的物质和文化遗产，而且为美国的高等教育改革提供了一个样板，因而他被认为是美国高等教育历史上最重要的教育家之一。曾任美国历史协会主席的哈佛大学校史专家萨缪尔·莫里森（Samuel Eliot Morison）这样评价艾略特："他的思想是罗马式的，而不是希腊或希伯莱式的。具体来说，他首先而且最重要的是一位实干家，而不是理论家和立法家。"莫里森还说："艾略特能够在任期内实现他在就职演讲里为哈佛描绘的发展蓝图的大部分，原因之一是他比自己的反对者们更有活力，活得更长（以高寿 92 岁过世）。"

不过，艾略特也有办不成的事情，那就是在哈佛他没有办起最好的工学院。

作为一位研究自然科学并且非常重视应用研究的学者，艾略特深知好的工学院对于现代大学的重要性，他在保留哈佛大学擅长文理科的优势的同时一直致力于创办一个最好的工学院。但是事实证明，这件事在波士顿很难做到，因为哈佛的旁边就是美国最好的工学院麻省理工，好的工程学教授和学生都倾向于去麻省理工而不是哈佛，这个问题哈佛至今都没有解决。艾略特的办法是设法吃掉邻居麻省理工，为此锲而不舍。麻省理工创立于 1861 年，在美国的大学中历史不算悠久，作为私立大学，它没有州政府的拨款，而当时美国联邦政府的科研经费也不多，麻省理工在前半个多世纪里，主要靠学费来维持，经济上非常拮据，几次都到

3 　在艾略特担任校长期间，哈佛本科生人数从 500 多人增长到 2000 多人。

了破产的边缘。每到这个时候艾略特就向曾经的老东家伸出橄榄枝，提出两校合并的建议，其中有一次麻省理工到了山穷水尽的地步，几乎要答应他的请求。但是，消息传出后，麻省理工的很多校友和工业界巨头都纷纷解囊相助，帮助麻省理工度过了难关。其中尤其值得一提的是柯达公司的创始人乔治·伊士曼，他向麻省理工提供了大量的捐助，很大程度上帮助了这所著名理工科大学的独立和扩张。

艾略特的继任者是劳伦斯·洛厄尔，他继承了艾略特的教育理念，一方面进一步扩大了学术自由，提升了哈佛职业教育的水平，但是另一方面他限制黑人学生住宿，并且限制犹太学生的入学比例，颇受争议。不过，在他的领导下，哈佛大学彻底完成了从传统旧式书院到现代研究型大学的转变，尤其在理科和医学上，哈佛大学的研究水平开始领先于世界。在劳伦斯·洛厄尔担任校长期间，哈佛大学的西奥多·威廉·理查兹（Theodore William Richards，1868—1928）成为哈佛历史上第一个诺贝尔奖（1914年化学奖）获得者，这也是美国获得的第一个诺贝尔化学奖。自此，哈佛大学的发展顺风顺水，学术成就和名气水涨船高。在第二次世界大战后的10年时间里，哈佛共有8人次获得诺贝尔奖，从此被认为在各方面全面超越了欧洲最负盛名的剑桥和牛津，成为世界第一学府。

第二节　校园和专业

1　美洲最古老的大学校园

哈佛的老校区坐落在波士顿北边的坎布里奇市（Cambridge），两个城市之间仅隔一条查尔斯河。Cambridge在中文里一般翻译成剑桥，但是美国的剑桥不是英国的剑桥，为了避免混淆，音译作坎布里奇。坎布里奇面积只有 18 平方公里，比北京原来最小的崇文区和宣武区（面积都是 17 平方公里左右）略大。在美国，城市常常是很小的行政单位，这与中国完全不同，换作中国，坎布里奇一定会被当作一个区并入波士顿市。

图 9.3　位于哈佛大学中央哈佛广场上的纪念大楼

坎布里奇有两所世界知名学府 —— 哈佛和麻省理工。波士顿地区是我们这次大学之行的最后一站，梦华在前一年夏天参观过哈佛，因此这次行程我们把重点放在了麻省理工，只给哈佛留了两个小时。从麻省理工出发，大约走 3 公里就到了哈佛，两校之间有地铁连接，比较方便。我们考虑到时间还早，也想看看大学周围的环境，便决定步行到哈佛。连接两所大学的大街，名字也叫做百老汇，大街两边是一些大约有上百年历史的两层民居，整条大街非常冷清，鲜有行人。坎布里奇是一座名副其实的大学城，除了几所大学和为数不多的小公司，余下的就是民居了。这里没有大都市的喧嚣，平日里总是给人以安静祥和的感觉。

图 9.4　哈佛大学和麻省理工学院的相对位置（查尔斯河北岸为坎布里奇，南岸为波士顿）

走到百老汇大街的尽头就是哈佛大学，由于哈佛世界闻名，来这里参观的人非常多，校园里人来人往的热闹场面和校园外冷清的大街形成了鲜明的对比。哈佛在历史上就是坎布里奇的中心，几条主要的大街——百老汇大街、坎布里奇大街和华盛顿大街都汇聚到这里。紧挨着百老汇大街的是学校的中心哈佛广场，这个近乎正方形的草坪广场边长大约700 米，广场上分布着教堂、图书馆、博物馆和教师俱乐部等。

哈佛校园的建筑以殖民时期的红砖建筑为主，早期的建筑早已不见踪影，现在能看到的那些古色古香的红砖楼，最早是 18 世纪初修建的，以广场西边的麻省大楼（Massachusetts Hall，建于 1720 年）最为古老。这栋殖民时期风格的 4 层红砖楼一直用作宿舍，住过许多名人，包括约翰·亚当斯等 5 位美国开国元勋。现在，除了大一学生宿舍，校长办公室也设在这栋楼里。

哈佛大学的另一栋早期建筑是建在麻省大楼南边的沃兹沃思楼（Wadsworth House，建于 1726 年），这栋外观十分简朴的三层小楼曾经是校长的住所，直到 1849 年时任校长决定搬出这栋楼。现在它是校

图 9.5　哈佛大学最古老的麻省大楼，这种红砖结构的建筑是哈佛校园的特色

友会等团体的所在地。

麻省大楼的北边是霍顿礼拜堂（Holden Chapel，建于 1744 年），这是一座窄小简易的新教礼拜堂，是美国大学中最古老的教堂之一，现在是学校合唱队练习的场所。

这三座哈佛最古老的建筑都建在广场的西边，1813—1815 年，哈佛在这三座老楼的对面、广场中央的位置建造了一栋风格迥异的白色花岗岩大楼，这栋楼被称为大学主楼（University Hall），楼前安放有约翰·哈佛的铜像。讲到这里，必须要提一下关于哈佛的三个误解，除了在本章开头提到的"约翰·哈佛并不是哈佛大学的创始人"外，另外两个误解都与这尊铜像有关。首先，铜像并非按照约翰·哈佛本人的形象创作，创作这尊铜像时约翰·哈佛已经去世两百多年了，没有人知道他长什么样。雕塑家凭着想象，从哈佛的学生中找了一个人做模特，以那个学生的外表为蓝本创作了这尊铜像。最后一个误解是关于哈佛的建校时间，在铜像基座上刻的时间是 1638 年，这其实是约翰·哈佛将书和一半财产捐给学校的时间，如前所述，哈佛建校的时间应当是 1636 年。

如同到了耶鲁一定要摸摸耶鲁创始人皮尔逊铜像的左脚一样，到哈佛与约翰·哈佛的铜像合影时，许多人也都跑去摸摸铜像的左脚，认为这样可以带来好运，因此铜像的左脚被摸得锃光发亮。

大学主楼的后面是主图书馆、主教堂和几栋学生宿舍楼。整个哈佛广场环境优美，红楼绿地，既显示出哈佛的悠久历史，又贴近自然。哈佛广场的南边穿过麻省大街是包括校医院（不是挂靠在哈佛医学院下面那家著名的麻省总医院）在内的校园综合服务中心，以及银行、商店、书店、戏院等诸多设施，以亚当斯家族命名的亚当斯宿舍也建在这里。相比老校区，这一片建筑比较新，相对较早的是亚当斯宿舍，由好几栋宿舍楼组成，始建于 20 世纪初，直到 30 年代才完全建好。有不少名人，包括罗斯福和基辛格，都在里面住过，这使得它成了一个"古迹"。整个宿舍内部相当豪华，两室一厅的套间十分宽敞，比哥伦比亚大学鸽笼式的宿舍强太多了。

图 9.6　春节期间，哈佛大学学生在亚当斯大楼的饭厅里举行联欢会

2　住宿生涯

说到这里，我们顺带讲讲哈佛大学的住宿情况。我在前面的章节里说过，住宿是大学生活的重要组成部分。哈佛的新生住在哈佛广场附近的宿舍里，那些宿舍也只有新生。新生宿舍的每个套间根据房间数量不同（从两室一厅到四室一厅），分别住三到六人，即每个卧室住一到二人。有些套间带有浴室，但大部分套间都不带浴室，得到公共浴室去洗澡。每年新生入学前，学校只负责将学生分配到套间里，至于谁睡哪个卧室，则由学生们自行协商。如果在一个套间里，每个学生的住宿条件相同倒也罢了，遗憾的是在一个套间里，有的学生可以独享一个卧室，而另外的学生则必须合住一个卧室，这就容易让学生们感到尴尬，并可能引起矛盾。将这样棘手的问题丢给新生自己协调，我认为并不妥当。当然，在每一个套间里，学生们最终肯定能达成协议。比如，在一些套间里，学生们轮流住单独的卧室，而在另外一些套间里，有的学生则在整个第一年都独占着单独的卧室。

从第二年开始，学生们便可以从大学的 12 栋宿舍中选择一栋作为自己今后几年里的住所，一旦选定了，接下来的三年就不能再更换了。至于上了二年级以后学生住在哪一个套间，与谁同屋，每一栋宿舍会自行安排。通常宿舍管理者会向学生发出问卷，尽量按每个人的要求协调安排，如无特别的要求，常常就是抽签决定。哈佛并未明确地采用住宿学院制，但是每栋宿舍楼在管理上均借鉴了不少住宿学院的特点，如比较齐全的基础设施，包括饭厅和图书馆，其中一些饭厅会供应夜宵。此外，各个宿舍楼都有教职人员（或称校监），新生宿舍的校监与其他年级宿舍校监的任务略有不同，前者是帮助新生适应哈佛和波士顿地区的生活，并且给新生一些简单的选课建议，后者则扮演了学生学业和人生导师的角色。在我看来，哈佛的宿舍与普林斯顿的住宿学院差别不是很大。

图 9.7 富兰克林·罗斯福总统当年住过的房间

哈佛大学现有 12 栋高年级宿舍，方便程度大不相同，个别宿舍就建在哈佛广场，有些宿舍离哈佛广场只有一街之隔，而有些宿舍则建在一公里以外校园的西北角。学生能申请到哪个宿舍有时就看运气了。一些耶鲁学生批评哈佛的住宿不如耶鲁好，理由之一就是这些宿舍散布在校园各处，像被分成了几个世界。当然，上哈佛不是为了炫耀宿舍的照片，而是要拿到那张烫金的文凭。不过，要是住的地方比较远，学生上自习上到太晚，回宿舍时最好申请学校提供的护送服务，毕竟哈佛周边并没有想象中那么安全。

除了对一年级新生有要求，哈佛并不强制学生都住在校内，但是绝大部分学生（96% 左右）会选择住在学校里。住在校内最大的好处是有更多的机会与不同背景、不同文化、不同特长的同学接触，便于相互学习。能够进入哈佛大学的学生都非常优秀，不少人将来会成为各行各业的精英或领袖人物，多与同学们接触，对自己未来的事业、前途必将大有裨益。当然，住在校内还有很多其他的好处，比如安全便捷，节省通勤时间，虽然坎布里奇的交通要比纽约好很多，但是每天乘坐通勤上课还是很辛苦的，尤其是冬天下雪以后。出于安全考虑，也应该住在校内，波士顿和坎布里奇的治安算不上好，据美国网站 http://www.neighborhoodscout.com/ 统计，这两个城市的犯罪率在美国城市中排在前 15% 和 13%，甚至高于纽约市（前 22%）。哈佛大学虽然有校园，但是离开校园不远处的地方，晚上就不太安全了。住在校外当然也有好处，除了能省些钱外（其实省不了太多），主要是可以享受波士顿市区的生活。不过，既然来到了哈佛，那么珍惜这几年的校园生活，显然比体验波士顿的生活更为重要。

哈佛的宿舍原则上不允许异性学生同住一个套间，但是从 2011 年起已经有 6 栋宿舍对此开了个很小的口子，经过特殊批准，允许异性同学做室友。对于已婚学生，学校会提供一些校园周边的住房，这些住房是哈佛的财产，但不像校内宿舍那样有统一的管理，而且其室内条件、与大学的空间距离以及周围的环境，都和学生宿舍差别很大，租金也不同。通常这些房子是租给研究生的。

每一栋宿舍楼都有特色饭厅，对大部分学生来讲，饭厅是非常重要的公共场所，也是交朋友的地方。很多饭厅内部装饰典雅高贵，除了在这里就餐，学生们还会聚在一起聊天，或者晚上在饭厅里的大长桌上看书学习、写作业。

3　全方位发展的学科

与前面介绍过的宾夕法尼亚大学类似，哈佛大学校园并没有明确的边界。由于校园是几百年间自然形成的，布局不免显得有些混乱，常常是宿舍、办公楼、教室、实验室都混在一起。对一些学生来讲，有些课程的上课地点距离宿舍非常远。但是，各个学院大致的区域划分还是十分清晰的。

以哈佛广场为中心，从东北往南逆时针方向，分别坐落着神学院、理工学院、法学院、教育学院，再往南，要越过查尔斯河，则是政府关系学院、商学院。哈佛著名的医学院位于波士顿市区，距主校区4公里左右，车程15分钟，两地之间有定期的通勤车。

世界上专业齐全且各专业都十分突出的大学少之又少，而哈佛大学就是其中之一，而且每个专业研究生院的规模都很大。在诸多专业学院中，最著名的当属哈佛的医学院，一直在全美医学院中排名第一，出过多名诺贝尔奖获得者。哈佛商学院则经常与斯坦福大学商学院和宾夕法尼亚大学的沃顿商学院并列第一。这三所大学的商学院可谓各有千秋，哈佛商学院规模最大，每年要招收900—1000名MBA学生，是斯坦福大学商学院的两倍多。哈佛的法学院也非常有名，在美国仅次于耶鲁，常常和斯坦福并列第二名，但规模要大得多，学生人数超过耶鲁和斯坦福两所大学法学院学生人数之和。哈佛的教育学院也不错，在美国排第三第四，略逊于约翰·霍普金斯大学。美国的大学一般不会把所有的文理科都放在一起评价，要是真这么比，哈佛大学在全美国（可能也是全世界）无疑会排第一。

在一般人印象中，哈佛唯一的短板是工学院，除了个别年头能排进前20名，大部分时候排名在20名开外。一般来说，一个工学院要排进前10名，至少要有200名全职教授（包括副教授和助理教授），但是如前所述，优秀的工程学教授如果打算来波士顿地区工作，首先会考虑麻省理工。哈佛工学院的教授只有70名左右，这样一来，工学院能开出的课程就很少，一名优秀的工科学生在选择学校时，一般不会选择那些较难选到合适课程的大学，如此一来便形成了恶性循环。不过，哈佛大学毕竟很有钱，名气也大，有时会通过高薪聘用少量声名显赫的工科教授，因此，哈佛大学的工学院虽然专业不是很完备，还是有个别水平很高的教授和很强的工科专业。除了一门心思想在某个工程学科上发展的本科生，哈佛大学在工科上的短板并不影响其本科生教育。

图 9.8　哈佛大学校友比尔·盖茨捐赠的计算机系大楼

如前所述，哈佛大学是一所典型的研究型大学，研究生数量是本科生的两倍，不仅各个学院的研究都开展得全面而深入，而且在科研与教学上的做法和特点跟一般人的想象完全不同。在中国的大学里，很多学生都希望找一名大教授做导师，一般来讲大教授经费多，科研开展得深入，我也常常讲博士生的水平高低取决于导师。但是在哈佛，搞科研的生力军却是大量的年轻教授和数量更多的博士后（或者非终身教职通道的研究员）。那些进入终身教职通道但未拿到终身教职的助理教授，非但辛苦，待遇还特别低，哈佛对待他们，基本上是"皇帝女儿不愁嫁"的心态——年轻的教授们做得好，留下，做不好，走人。他们必须没日没夜地搞科研，拿经费，发表论文，再到处开会，扩大自己的影响力。其中大部分人考虑的倒不是一定要在哈佛获得终身教职，而是利用哈佛的金字招牌拿到一大笔经费，然后就可以跳到其他大学直接升为终身教授了。我在约翰·霍普金斯大学的两个校友曾经在哈佛做助理教授，就抱怨哈佛给的工资比其他大学还要低，因为哈佛不愁找不到优秀的年轻教授。那他们为什么要去哈佛而不是其他大学？他们的回答是，有了哈佛的金字招牌，申请经费要容易很多，因此他们在事业起步时，宁可忍受几年的低待遇。事实上，最后他们都没有在哈佛留下去，当拿到足够的科研经费并且发表了一些高质量论文后，就跳到其他大学直接当上了终身教授。在哈佛待遇更低的是那些博士后，不仅收入低，而且通常被安排几个人各自独立地做同一件工作，谁做出成绩了谁就留下，其他人自然只能离开。在哈佛，那些进入终身教职通道的助理教授，做不出成果来，一两年后照样得离开。就这样，在哈佛金字招牌的光芒下，很多年轻学者加入进来，面临着巨大的压力相互竞争，最后优胜劣汰，其结果是保证了哈佛能不断地产出高水平的论文。

年轻教师的科研压力很大，很多人只好把教学放到第二位。这种现象在研究型大学里非常普遍。而对于那些在各个学术领域功成名就，或手上有大量经费的教授，哈佛大学常常以高薪从其他大学或研究所将他们挖过来，直接给予终身教职。有意思的是，被高薪挖来的好些人以前都在哈佛当过助理教授。一位获得过统计学最高奖的华裔教授刚拿到博士学位时，在哈佛颇受冷遇，后来去了斯坦福大学。经过几年努力成绩卓著，功成名就，哈佛又把他请回去做正教授。哈佛靠这种方式聚集了一大批知名学者，而这些教授因为哈佛的名气和待遇，也愿意再回到哈佛。这些早已成名的教授们，在拿经费、做科研上压力不太大，再加上很多人都对教学有兴趣，反而有时间教好课。年轻的学生们经常有机会与这些大师级教授在一起切磋交流，往往能体悟到很多课程之外的人生智慧，受用终生。

哈佛的这种做法一般大学学不了，因为它们没有哈佛的名气。只有哈佛才能同时吸引年轻学者和功成名就的教授。

第三节　奇特的录取原则

1　为什么进哈佛那么难

几年前看到过这样一则新闻，一名 SAT 考了满分的华裔高中生被哈佛大学拒绝了，于是很多中文媒体开始炒作，用了"高考满分被哈佛拒绝"等吸引眼球的标题。其实，SAT 只是一项标准化考试，和中国的高考完全是两回事。SAT 考题并不像中国高考那么难，过去每年得满分的有好几百人，近两年可能有上千人。再加上 SAT 得满分也有其偶然性，并不说明学生在学业上的表现就是无懈可击的。据非官方统计，每年SAT 获满分的学生，大部分都会被哈佛拒掉。不过，这也引出了一个大家都关心的话题，就是哈佛招生的标准到底是什么。而要想弄清楚这个问题，首先要看看哈佛的使命是什么。

根据哈佛大学 1650 年的建校宪章，可以看到哈佛建校的目的首先是"促进文学、艺术和科学的进步 [4]"，然后是"为了这些领域年轻人的进步和教育"。也就是说，哈佛认为建校的目的是要努力创造知识，然后让年轻人开放思想，接收那些知识，让他们从教育中获得最大收益。从这一使命来看，哈佛会招收那些学习好的学生，事实上它也是这么做的，不管一名学生的其他能力有多强，学习好依然是进哈佛的必要条件，但这

4　英文原文是 advancement of all good literature, arts, and sciences，虽然从字面上看是讲文学、艺术和科学，但其真实含义包括了全部的文理学科。

远非进入哈佛的充分条件。按照哈佛官方的说法，好的成绩，包括学生在高中的平均分 GPA、标准考试 SAT 或 ACT 的成绩。在所有美国大学中，普林斯顿、哈佛和耶鲁所录取的学生的标准考试成绩并列第一。对于高中的平均分数，哈佛不设 GPA 的最低线，毕竟各个中学的 GPA 含金量不同，但是它明确希望学生能够"表现出越来越好"的成绩。在哈佛等学校，教授们喜欢培养学习成绩好的学生，因此学习好是进入哈佛的基本要求。哈佛只可能招林书豪这样会读书、球也打得好的学生，不会招乔丹这样光会打球但学习成绩一般的人。

但是，申请哈佛的人非常多，只是学习好远远不够，再加上 SAT 成绩并不完全反映学生的学习水平，哈佛拒掉大多数 SAT 满分的学生也很正常。在招生介绍会上，学生和家长们最关心的就是哈佛到底想招什么样的人。按学校招生负责人的说法，他们心目中优秀的学生应该是"尊重知识且有志于发展科学，具有创造性合作的精神，对自己的行为负责任"，等等。对于这样的学生，哈佛要做的就是"让他们更好地开发自己的智力和潜力，通过教育解放学生，使之有能力去探索、去创造、去挑战和去领导。学校给学生打一个基础，以便他们终身学习，深刻领会和服务社会。"

这些官话都讲得抽象而空洞。乍一看，很多优秀的高中生都不缺乏这些素质，却被哈佛拒掉了。哈佛至今从不给出一个录取学生的准则，按照校方的说法去努力，跟撞大运没有什么两样。为了了解哈佛的办学理念以及哈佛招生的理念，我走访了几位哈佛的教授，听听他们对上面这几句话的解读。

一位不愿意透露姓名的商学院教授用投资打比方来说明哈佛的招生原则。他说，首先，哈佛培养学生是一种投资，需要看到一个结果，比如某个学生能够成为著名科学家，甚至获得诺贝尔奖。当然，学生们要做到这一条，光会考试显然不够，最重要的是要热爱学习，有非常强的学习动力和自觉性（而不是被家长逼迫学习），同时有志于成为各个学科的杰出人士。这就和上面的两句话一致起来了。当然哈佛投资的对象不仅是科技人才，或是靠学习成绩优秀来做出贡献的人才（医生、律师等），哈佛的野心比较大，看重的是具备全方位优秀素质的人才。比如马友友、林书豪、娜塔莉·波特曼（Natalie Portman）[5]、基辛格、里德斯通（Sumner Redstone）[6]和伯南克，等等，都是非同寻常的领域精英。哈佛的校友加上教授一起，共计有150多位诺贝尔奖获得者，但是《商业内幕》（Business Insider）评出的30位哈佛最杰出校友中，没有一位是科学家，只有比尔·盖茨和扎克伯格与科技有关[7]，由此可见哈佛培养的是各个领域的精英和领袖人物。对于一名高中生来说，无论其擅长的是哪个领域，如果真的是该领域的顶尖人物，那么恭喜他，哈佛肯定会录取他，只要他的学习成绩不是太差。不过这位教授也提到，到了这一步，有的人反而会犹豫要不要去哈佛了。比如学习音乐的，首选一定是茱莉亚音乐学院而不是哈佛。类似地，想创业的人多半更想去斯坦福。

既然教育是一种投资，就要讲究投资的效率。我和这位商学院教授比较熟悉，他也不兜什么圈子。他说，哈佛录取学生，不完全看过去的成绩如何，而是要看将来是否有出息。怎么才能看出学生以后有没有出息呢？哈佛主要是挑选两种人，第一种，目前虽然还是丑小鸭，但是很有潜力，比如一名来自普通公立高中但特别优秀的学生。而另一种，则是因为他们比其他孩子明显有着更多的资源。比如哈佛为什么会录取外国

5　因电影《黑天鹅》而获得2011年奥斯卡最佳女主角奖。

6　美国的传媒大王。

7　http://www.businessinsider.com/30-most-famous-harvard-students-of-all-time-2010-4?op=1

政要的孩子，而没有录取一名来自普通家庭的孩子，尽管后者成绩全是A，而且做了很多社会工作。哈佛认为，相比来自普通家庭的孩子，那些各国政要的孩子更有可能成功，或更能给哈佛带来好处和声誉。同理，哈佛会接受那些亿万富翁的孩子，而不是一般家庭的孩子，因为"那些富有的校友不是一代形成的"。这位教授开玩笑说，这不能怪哈佛，要怪就怪做父母的没本事。当然，一些从哈佛毕业的校友也批评哈佛的这种做法，因为从长远来看这么做会吃光哈佛的老本。

2 聚天下英才于一堂

来自一般家庭的学生要想申请哈佛，除了提交一份漂亮的高中成绩单、标准考试成绩单和推荐信，同时还要尽可能地在某个方面展示自己的超凡潜力，以从众多申请者中脱颖而出。至于是哪些方面的潜力，那真可以用"八仙过海，各显神通"来形容了。有些学生属于全能型的，用过去中国的讲法就是"全面发展"，这种学生其实很难找。大部分学生都是有特殊专长的，而每次被哈佛录取的学生特殊专长都不太一样，因为某个令申请人脱颖而出的专长，若渐渐被很多人掌握了，也就不成其为专长了。比如，在我接触的十几位哈佛本科生中，几乎所有学生都弹得一手好钢琴，一位学生告诉我，可能60%的哈佛学生都有钢琴10级水平。十几年前，钢琴能弹到这个水平并不容易，在简历上写上这么一条可能会很惹眼，而今这一条就算不上是特长了。又比如过去有位美国女生，当女童子军，卖掉了很多饼干，大约卖得几万美元，并且用很多钱拿来做了慈善，靠这一条她也进了哈佛，但是这个"经验"一旦被媒体发表出来，很多人（尤其是亚裔）就开始在申请材料里写自己在（男女）童子军的经历，于是，这个"经验"从此也就不灵了。还有一些学生，自己办基金会，靠做义工和卖自己做的艺术品筹集了一些钱，帮助社区，借此进了哈佛，但是很快这个做法就被很多亚裔学到了，而且很多经费的来源是父母们互相捐赠的，如今很多申请名牌大学的学生都有自己的基金会。毫无疑问，这个"秘诀"在申请哈佛时也不灵了。我这位教授朋友给的建议是，如果孩子没有特别的天赋，又想找一些能够让自己脱颖而出的特长，至少也要有原创性，至于能否入申请材料审阅者的法眼，就要看运气了。不过有一条，靠山寨别人的做法是进不了哈佛的。

最后，哈佛的录取还讲究学生之间的互补性，其中一个原则是寻找那些将来能够对同学的教育起到很大帮助的人。哈佛的一位计算机系教授给我打了一个形象的比方——"录取学生就像是给我的孩子找同屋室友"。从这个角度去思考哈佛的录取要求，似乎更容易找到问题的答案——一个家长希望自己的孩子与什么人交往，与什么人同住，那么这些人就是理想的大学生。哈佛招生办官方给出的描述是：有活力，有天分，对别人友好，相互之间有较好的互补性。至于什么样的学生达到了这些要求，大家可以根据自己的理解去解读。

招生办负责人强调，哈佛（和美国其他私立名校）的录取没有任何公式，更不是（像中国那样）根据各种特长加分，达到一定的分数线就能录取。任何特长（从学习到各种课外活动，包括社区服务、个人素质和领导力，等等）都会对录取有帮助，但它们既不是必要条件，更不构成充分条件。

招生办负责人还强调很多升学指导书给出的建议未必靠谱，比如一些书中建议想在众多申请者中显得与众不同，作文要写得惊艳以吸引眼球，但是这么做有可能适得其反。一些聪明的学生在讲述个人经历时，会通过讲述自己的特殊经历和成长环境，来说明自己如何形成超出一般同龄人的见识和看问题的特殊视角。因此，这篇自述便可能会写得合情合理，丝丝入扣。但是，一个不高明的拷贝者试图将别人的故事加在自己身上，结果往往会显得笨拙而滑稽。

学生要申请到一所好大学固然不容易，而一所好大学要保证所挑选的新生是最优秀的，同样不容易。哈佛会尽可能地从多种渠道了解申请者，除了通过学校老师、学校升学顾问推荐信中提供的信息，学校还试图通过面试获得一些额外的信息。有些大学会面试一部分候选人，有些则是根本不面试（比如斯坦福大学），但是哈佛（和麻省理工）要面试全部的候选人。关于面试的权重，众说不一，哈佛表示不会因为面试结果影响录取的决定，但从逻辑上又讲不通。以往，确实有过面试官（一般都是校友）力荐某个学生最终被录取的例子，但也有面试官力荐了，甚至认为是多年来见到的最佳申请者，可最终被拒的例子。两位为约翰·霍普金斯大学面试过申请者的校友告诉我，他们有时候一年推荐上去两三个申请者，最后统统被刷掉。不过，面试结果很差反而被录取的例子，我倒是还没有听说过。客观地讲，那些处在录取和不录取边缘的学生，面试结果对其录取应该是有影响的。

总结从几位教授那里了解到的信息，似乎倒过来看哈佛招收本科生的理念，就容易理解它在录取上的奇怪行为。我们一般认为，进入一所名牌私立大学首先要学习成绩优异，然后再有一两项专长，这种思路很平常，中国、英国甚至美国最好的公立学校都是按照这个原则招生的。但是哈佛（甚至是耶鲁、普林斯顿和哥伦比亚）正好相反，它首先留出了那些需要特别照顾的学生名额和不得不补充的代表队和社团成员的名额（更准确地说，则是进入这些位置的人需要单独排队），在剩下不多的名额中，它就尽可能要找到各个方面最优秀的学生。因此，这些被哈佛录取的人，一定有某一方面表现非常突出，以至于将来在这个方向发展下去，他们有希望成为该领域出类拔萃的人，只要他们成绩不太差

（大部分申请者成绩都不差），就会被哈佛录取。当然，我们说的各个领域，也包括科学和数学，不过这两者只是数不清的领域中的一两个领域而已。申请哈佛的学生学习成绩都很好，哪怕是闭着眼睛挑 6%（它近几年的录取率），录取的学生质量也不会比其他顶级大学的差。哈佛的几位学生还给我讲了这样一个笑话，某个审阅招生材料的老师头一天晚上把要录取和要淘汰的高中生材料摞成了两摞，结果第二天他来到办公室，分不清哪一摞是要录取的，哪一摞是要淘汰的了。这既说明哈佛的录取随意性很大，也说明申请者都很优秀，包括那些没有被录取的人。

用一句话概括哈佛的录取特点，那就是"哈佛的大门是为那些它认为出类拔萃的人敞开的"。在哈佛方庭（Harvard Yard）的一座小门上刻有引用自《圣经》的一句话，"Open ye the gates, that the righteous nation which keepeth the truth may enter in.（敞开城门，让守信的义民可以进入）"[8]，而谁是守信的义民，则由哈佛说了算。

最后介绍一下哈佛的奖学金。总体来讲，在奖学金方面，哈佛与其他美国私立名校没有什么太大不同，都是所谓按需发放，当然什么收入水平能够拿奖学金，拿多少，各个大学略有差别。与其他私立名校不同的是，哈佛同等对待美国学生和很多国家的国际学生，据我所知，哈佛是唯一能做到这一点的大学。这与哈佛每年收到大量捐赠有关，这也是前任校长萨默斯和现任校长福斯特博士的一项"政绩"。但是，在过去，学生有奖学金的国家并不包括中国，因为过去大部分去哈佛上学的国际学生都来自欧洲，欧洲的一些公司和个人在哈佛设立了奖学金，供欧洲的学生上哈佛使用。而中国大陆学生到哈佛上本科只是最近十几年的事情，而中国也没有人专门为大陆学生设立奖学金。2014 年，中国企业

8 以赛亚书 26：2。

家潘石屹张欣夫妇向哈佛捐赠了 1500 万美元，设立了这项奖学金，今后将大大有利于中国大陆的优秀学子进入哈佛学习。

具体到奖学金的发放方法，哈佛大学与常青藤其他大学也略有不同。学校会先计算一名学生在哈佛读一年书的全部费用，其中包括到学校的路费。然后根据学生的收入（比如平时勤工助学的收入，暑假实习的收入，等等），以及学生家庭的收入，计算出学校和个人支付费用的比例。2014 年，哈佛对于年收入低于 65000 美元的家庭，支付 100% 的费用，包括到哈佛的飞机票。对于外国学生，哈佛会支付国际航班的飞机票。

看完哈佛的录取要求，可能很多读者在想，这比登天也容易不了多少。于是，接下来就有一个问题了，这么费劲地争取进入哈佛，值不值得？

第四节　上哈佛的意义

1　奇特的培养要求

上哈佛（或其他名牌私立大学）与上其他大学有什么不同，我们不妨先看看哈佛是如何培养本科生的。

哈佛强调其本科教育是"非职业专科的"（Not Pre-professional），也就是说，一名本科生可以对商业和金融感兴趣并且修很多这方面的课，但是哈佛并不会授予一个所谓的商业或者金融的本科学位，这一点与宾夕法尼亚大学完全不同。由于不对本科生进行专才教育，哈佛也不会对未来准备上医科、法律、商业和新闻的学生提供专业的实习（说明：美国大部分大学都不对本科生提供专业的实习，这一点与欧洲的一些大学不同）。

从二年级开始，学生会渐渐确定自己发展的领域方向，不过有 1/3 的学生最后会改变想法，选择从其他领域方向毕业。与哥伦比亚大学的学生要学大量相同的课程不同，哈佛所有本科生的选课计划都是量身定做的。在哈佛，很难看到两个学生选的课程完全相同的情况，即使是同一个专业的学生，所选的课程差别也会非常大。不过所有的新生都必须上写作课，这是唯一一门对所有学生都有要求的课程。哈佛认为写作和表达能力对个人发展至关重要。哈佛的另一个特点是强调人文和基础科学的教育，所有的文理科学生必须从 8 个文理科领域中各选一门课（共 8 门），这就占了课程总数的 1/4 左右，开设这些课程的目的是为了拓展学生的视野。余下的 3/4 课程，大部分（大约一半）是专业课程，另外 1/4 则完全由学生自由选择。因此，哈佛的学生在校学习的课程只有一半与专业有关。

哈佛大学一共为本科生开出了 3500 门课，几乎是耶鲁或哥伦比亚大学的两倍，除此之外，对于那些哈佛没开设或讲得不够深入的课程，学生可以选择到麻省理工学院上课，然后把学分带回哈佛。由于课程数量多，学生人数又少，因此大部分课都是很小的班。一半以上的课，每个班的学生人数在 12 名以下，81% 的课程每个班的人数少于 20 人，这两个比例在美国所有大学中都是最高的。哈佛在选课上唯一不便之处是只有一周的试听时间，不是耶鲁的两周或约翰·霍普金斯的 8 周。

哈佛的师生比例平均为 1:7，比耶鲁略低，但总体来看这个比例算是很高了。按照埃斯勒教授的说法，哈佛学生和教授们的关系比较亲近，比剑桥更融洽。在剑桥，学生只和所在专业的教授打交道比较多，甚至有时只跟自己的导师打交道，和其他的教授则形同陌路。在哈佛，班级非常小，而且学生选课是没有专业限制的，教授对学生的印象都比较深。一些教授会在学生食堂用餐，如果学生们想找教授谈一些事情，这是很好的机会。

作为一所研究型大学，哈佛给本科生提供了很多做研究或者课外学习的机会。一般来讲，获得这种机会的途径有两种。第一种是通过学校提供的渠道。哈佛大学会帮助有兴趣参与研究和独立专题学习的学生找到指导教授和实验室。各个专业学院会提供一些给本科生做科研的机会，都有统一的申请流程。第二种途径常常更有效，就是学生自己找教授。一般是先上某教授的课，和教授搞熟关系，转而开始为教授做一些事情，还有些学生是直接约教授谈自己的想法。不论走哪一条渠道，学生的主动性都很重要。一些研究项目会以奖学金的形式付给学生一些工资，但是大部分本科学生跟着教授做研究都是无偿的，目的是获得一些研究经验，为自己将来申请研究生院或者找工作做准备。

和麻省理工、斯坦福或者约翰·霍普金斯相比，哈佛本科生做的科研深度不够，教授给本科生这种机会，基本上是让学生锻炼一下动手能力，并不指望他们做出什么东西。我看了一些哈佛本科生写的研究报告，水平不足以发表。而在麻省理工或斯坦福，很多本科生是实实在在、真刀实枪地参与到有经费支持的科研中。

在美国名牌大学中，哈佛大学的四年毕业率居中，不过淘汰率并不高，四年完成不了学业，可以在第五、第六年继续修，六年下来哈佛的毕业率可以高达 97%，这在各所大学中是非常高的。很多人评价哈佛是严进宽出，进校门难，出校门易，这是事实。在哈佛得 A 非常容易，大约 70% 的学生都能得 A，因此，与普林斯顿、麻省理工甚至斯坦福相比，哈佛的成绩被认为水分最大。不仅成绩给得松，课也讲得比较浅，几位从中国大陆来到美国上高中之后进入哈佛的学生告诉我，哈佛的基础课讲得比他们高中（都是很好的寄宿高中）的 AP 课还浅显。我就此向从硅谷到哈佛上学的孩子家长们求证，他们也基本认可这种说法，不过也提到哈佛的一些专业课讲得还是很深的，要想往深了学，还是有这样的课程的，这和那些课程讲得很浅的州立大学不同。大部分研究生院和公司都知道在哈佛拿全 A 的学生非常多，含金量不能和普林斯顿或麻省理工的全 A 学生相比，但是哈佛的金字招牌在找工作时还是很管用的。

哈佛大学为什么执行这样一种在成绩上放水，或毕业时宽出的政策呢？根据我和哈佛的教授以及本科生们的交流，理解到哈佛这么做有以下一些原因。

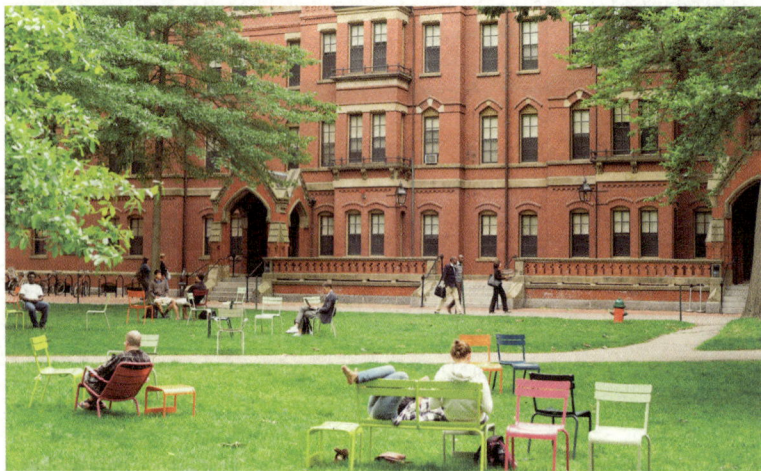

图 9.9　哈佛大学的校园里体现出一种宽松的氛围

首先，哈佛的学生都是原来各个中学的尖子，水平普遍高于其他大学，在哈佛排名在 70% 的学生，可能比很多大学排名前 10% 的学生还强。如果后者在学校里得了 A，前者花了同样的努力也应该得 A，因此哈佛大学得 A 的比例非常高。在给学生成绩的问题上，我一直认为像清华一些教授那种以把学生难倒为荣的做法是不正确的。大部分清华的学生，在高中都是名列前茅的，进入清华，班上只能有一个第一名。为了区分出学生的成绩高低，通过考试将每个人的成绩拉开，必然有很多好学生成绩要排到后面，很多年轻人因此对读书心生反感，而他们在清华接下来的日子里，就从当初的意气奋发，变成了混一张文凭而已。可是，读书又是一辈子的事情，大学教得再好，也不可能教会学生一辈子要学的东西。一个人要是在 20 岁时就对读书产生了反感，那么他这辈子最后的成就比他原本可以做出的少了很多。从这个角度来看，在尖子学生那么集中的哈佛大学，多给一些 A 无疑是个好举措。

其次，哈佛强调的是以学而非教为主体，学习是学生自己的事情，学校给每个学生提供了最好的教育条件，学生能学到什么东西，学成什么水平，完全靠自己。哈佛并不希望用分数来约束学生，学生不想学，那也没关系，毕竟吃亏的是学生自己。当然，这样做有一个前提，就是绝大多数学生要有很高的主动性，这在美国被称为 self-motivated（自我激励），这也是大学在录取学生时要考察的重要方面。说到这里，还必须讲一讲中美在教育理念上的一些不同。中国学生学习的动机是追求成功，他们注重按部就班取得好成绩，不管喜不喜欢都要做；而美国学生的学习动力很大程度上来自于兴趣，对自己喜欢的可以做得很好，对不感兴趣的可能表现很差。因此美国学生被淘汰得很快，而没有被淘汰的（进入哈佛的属于这一类），往往是对读书真有兴趣的，主动性非常高，取得好成绩并不是他们读书的唯一动力。在美国，一些成绩很好的学生甚至懒得去教授办公室门口的布告栏查看自己的考试成绩。

再次，和耶鲁等大学一样，哈佛强调学生要有开阔的视野、批判性思维，并不只是努力做一个成绩好的学生就行了。除了读书，哈佛的学生还要搞很多社会活动，懂得娱乐、运动，多去体验生命中不同的可能性，这些都需要给学生时间和自由，而不是把学生捆在课桌上。顺便提一句，个别在哈佛读过本科的中国学生对国内的媒体吹嘘，自己如何牺牲掉学习时间，参与社会活动，锻炼领导力，等等。其实所有的哈佛学生都需要做这些事情，谈不上牺牲掉学习时间，因为学校本来就没打算让学生们把全部时间都花在课程学习上。事实上，参加社会活动倒是哈佛的必修课。

如上所述，课外活动是哈佛大学的重要组成部分，甚至是必修课。哈佛的课外活动内容相当丰富。学校有 400 多个大大小小的俱乐部、几十种刊物、5 个乐队、40 个正规的运动队和很多非正式的体育协会。上哈佛的学生都有自己的特长，我和几个学生接触下来，发现他们几乎都是多才多艺，而他们的好些特长是追求功利的学生想象不到的。比如一位出生在中国大陆的学生，精通拉丁文，我问他为什么要研究拉丁文，他说就是感兴趣。雅让斯基教授进入哈佛时靠的是他在语言上的天赋，他懂得十几种语言。2015 年一位印度女生被哈佛录取，因为她非常多才多艺，比如居然会演奏很多中国的民乐器，更不用说各种西洋乐器了。没什么特长的话，很难进哈佛。有幸被哈佛录取了，要是和大家玩不到一起，也会挺别扭。

2　传播真理，服务社会

一名年轻学生，在哈佛接受了各种教育，有了上述各种成长经历之后，便会获得带有哈佛金字招牌的文凭了。也许大家会问，在哈佛受教育，对一个人今后的发展，对他 / 她一辈子的幸福和成就的确有用吗？首先，哈佛录取学生时有其功利的一面，即希望校友的成功能给哈佛带来更多的好处，但是哈佛也遵循创校以来就一直坚持的一个大原则，即传播真理、服务社会，哈佛看待自己的学生，也并不以成败论英雄。哈佛的教育绝不是急功近利的成功学教育，而如艾略特所说的，是要让学生受益一辈子的教育。其次，单从结果来看，除了体育，只要能对成就做量化统计的任何行业，从哈佛走出的成功人士都比其他大学多，或者相当。在这些人中，既有像比尔·盖茨和扎克伯格那样英雄出少年的，也有像伯南克这种努力了一辈子才攀上事业高峰的大器晚成者。

当然，稍微懂一点统计学的人都会立刻反驳这种以杰出校友人数证明来哈佛读书物有所值的说法。他们认为——

首先，这些杰出校友上其他大学可能照样会有成就，他们中的大多数是所谓的官二代或富二代，比如约翰·昆斯·亚当斯能当总统，是因为他父亲约翰·亚当斯是美国的国父之一，也是美国第二任总统；富兰克林·罗斯福能当总统源于他的家族（这个家族的上一辈还出了西奥多·罗斯福总统，并且与丘吉尔家族也有姻亲关系），上不上哈佛对他们来说根本不重要。在哈佛毕业的成功人士中，这类人非常多。相比之下，斯坦福的学生里可没有那么多官二代和富二代，它的毕业生取得成功很大程度上是靠自己，也靠斯坦福。

其次，进入哈佛的学生都是筛了又筛，选了又选的，先天条件要比其他学校的学生好很多，多出几个杰出人士，并不能证明哈佛的教育更有效。如果再进一步分析，那些进入一流州立大学，比如伯克利、伊利诺斯大学和密歇根大学，排在这些学校前 10% 的优秀学生，绝大多数都是被哈佛拒掉的，也就是说，如果哈佛的教育有效，那么哈佛最差的 1/4 学生也应该比州立大学前 10% 的学生更好才对，但事实远非如此。且不说拿哈佛较差的学生与和州立大学的好学生相比，前者肯定比不过后者，就算拿哈佛的好学生和伯克利最好的学生相比，也难分高下。好的学生如果今后得不到更好的发展，似乎反而说明教育无效。

表 9.2 所列的是在纳斯达克上市的前十大科技公司（以 2015 年 1 月的市值为准）的创始人和 CEO 本科毕业（就读）的学校和人次。由于美国私立大学在录取上竞争最激烈的是本科教育，而本书主要也是对比各个大学的本科教育特点，因此这里只比较这些人士本科就读的大学。

表 9.2　纳斯达克市值最高的科技公司的创始人和 CEO 本科就读的学校统计

毕业大学	人数	人名
宾夕法尼亚大学	3	波萨克（思科）、罗伯茨（Comcast）布罗德斯基（Julian A. Brodsky，Comcast 公司）
哈佛	2	盖茨（微软）、扎克伯格（Facebook）
麻省理工学院	2	贾克布斯（高通）、诺伊斯（英特尔）
密歇根大学	2	佩奇（Google）、丹尼尔·亚伦（Comcast 公司）
De Anza 学院	1	沃兹尼克（苹果）
华盛顿州立大学	1	艾伦（微软）
科罗拉多大学	1	沃兹尼克
伯克利	1	沃兹尼克（苹果）
里兹大学	1	乔布斯（苹果）
马里兰大学	1	布林（Google）
普林斯顿大学	1	贝罗兹（亚马逊）
南加州大学	1	维特比（高通）
加州理工学院	1	摩尔（英特尔）
加州州立大学（Chico 分校）	1	勒纳（思科）
约翰·霍普金斯大学	1	里奥丹（吉利德科学）
芝加哥大学	1	马丁（吉利德科学）
奥本大学	1	库克（苹果）
圣荷西州立大学	1	科兰尼希（英特尔）
弗吉尼亚理工	1	莫仑科夫（Steven Mollenkopf，高通）
西弗吉尼亚大学	1	钱伯斯（思科）

从上表中可以看出，这些工业界的精英来自各类大学，我们所说的私立名校毕业生在表中总数里占不到一半，反而是务实的宾夕法尼亚大学毕业生占得最多，当然这个样本数量太小，不能完全说明问题。哈佛出了盖茨和扎克伯格，还是不错的，但是这两个人都没有读完本科就退学了，很难说哈佛的教育对他们有多大的帮助。另外，很多成功人士因为各种原因，其实在本科阶段并没有上过好大学，一些人上的大学只相当于中国的二本甚至三本。苹果的共同创始人沃兹尼克最早读的 De Anza 学院，只是硅谷地区的一个大专而已。但是，这并没有影响他们取得成功。

有人可能会说，纳斯达克上市的公司大多是科技公司，不能反映整个工业界的水平，那么我们不妨看看科技公司之外的美国市值和营业额最高的公司现任 CEO（或者总裁）所毕业的学校。

表 9.3　美国市值最大的非科技公司 CEO 本科就读学校统计

大学	人数	人名
哈佛大学	2	科尔巴特（花旗集团）、布兰克·费恩（高盛）
塔夫脱大学	1	戴蒙（Jamie Dimon，JP·摩根）
圣克劳德大学 （St. Cloud State University）	1	斯腾普夫（John Stumpf，富国银行）
布朗大学	1	莫伊尼汉（Brian Moynihan，美洲银行）
图尔沙大学（Tusla）	1	麦克米伦（沃尔玛）
得克萨斯大学（奥斯丁）	1	蒂勒森（Rex W. Tillerson，埃克森美孚）
宾夕法尼亚大学	1	巴菲特（两年后转学到内布拉斯加大学）
内布拉斯加大学 （University of Nebraska）	1	巴菲特
得克萨斯 A&M 大学	1	加兰（Greg C. Garland，菲利普 66 康菲）
代顿大学	1	科勒斯（William Klesse，瓦罗莱石油）

大学	人数	人名
凯特林大学 （Kettering University）	1	芭拉（Mary Barra，通用汽车）
达特茅斯学院	1	伊美尔特（通用电气）
堪萨斯大学	1	穆拉利（Alan Mulally，福特汽车）

上表中，哈佛毕业的有两位（都是金融界的），比例最高，但也只有两人，而很多人从闻所未闻的大学毕业，事业上依然取得了成功。因此，美国人（尤其是草根阶层）并不像亚裔那样痴迷于哈佛，他们认为不上哈佛或者什么名校，也照样有成功的机会。

3　亚裔的误区

众所周知，亚裔学生和家长普遍具有名校情结，非常看重大学的名气，甚至只考虑申请《美国新闻和世界报道》每年排名前几的大学。进一所排名靠前的名牌大学，在很多亚裔看来足以光宗耀祖。但事实上，美国排名前 5 和第 15 的大学在教学质量上，对学生今后一辈子的影响差别很小。埃斯勒教授给我打了这样一个比方，来说明哈佛（的本科学生）和排名在第 10 名左右的宾夕法尼亚大学或约翰·霍普金斯大学的差异有多小：对比上述三个大学前 10% 的学生，哈佛明显优于后面这两所学校，对比最后 10% 的，哈佛也明显好于其他两所学校，但对比中间 80%的学生，大家都差不多。这是从学生质量上看，从日后学生取得的成就来看，也基本上符合埃斯勒的这个估计。与亚裔学生和家长不同，美国学生和家长更愿意根据兴趣去选择大学，大多以在哪里读书读得高兴为出发点。另外，再考虑到专业，对于申请者来说，一个排名第 15 但专业与自己更匹配的大学甚至比排名前5的大学更合适。

即使在名校之间，亚裔学生和家长也更看重哈佛。大部分亚裔学生要是同时被哈佛和另一所一流大学录取，几乎都会选择哈佛。在我的周围，见到过十几例同时被哈佛和斯坦福录取的华裔学生，尽管家都在斯坦福附近，却几乎无一例外地选择了哈佛。而在全美国，哈佛的接受率和斯坦福是不相上下的，同为80%左右（2015年斯坦福还略高）。我把这种现象称为亚裔的哈佛情结。

除了哈佛情结，亚裔学生（和很多其他族裔的学生）选择哈佛的另一个原因是从哈佛毕业相对容易。哈佛大学一直以它很高的六年毕业率而自豪，事实上在哈佛读书不仅要比在麻省理工、普林斯顿和加州理工轻松得多，甚至因为各种机会都多，内部的竞争远不如伯克利激烈。很多亚裔学生在虎妈虎爸的压力下读了12年书，现在总算有点自由了，很多孩子打心眼里不愿意在埋在书堆中，希望有自己的时间，而哈佛大学很好地满足了这一点。

在一般人的想象中，迈进哈佛就成功了一半。但是事实远非如此，我们从前面的数据中便可以看出，虽然哈佛大学的毕业生中成功人士从数量的比例上比其他大学都略高一些，但是相比它那么低的录取率，这一点点成功率上的差别其实并不明显。进入哈佛，学生能否受益，让这个金字招牌真正具有含金量，要看学生在哈佛的四年是怎么度过的。

我接触过很多哈佛毕业的华裔学生，他们都非常优秀，不仅学识渊博，而且成熟度之高，活动能力、领导力之强在同龄人当中都是少见的，至少比20岁前的我和我在清华的同学要好很多。我问他们打算学什么，80%的人回答要学计算机科学，这让我又惊讶又遗憾，如果有1/4哪怕是 1/3 的华裔学生这么想，我或许都不会那么惊讶和遗憾。我问他们为什么要选择计算机科学，他们的想法都是这个专业好找工作，而且挣钱比较多。我和他们讲这样未免太可惜了，如果只是为了一份安稳的工作，大可以不必吃那么多的苦考进哈佛，到旁边的麻省理工学院，或者卡内基－梅隆大学，甚至是（西雅图）华盛顿大学和加州大学伯克利分校上学，在计算机领域的前途可能都好过哈佛的毕业生。当然我并不是说计算机科学专业不好，而是认为作为哈佛的学生志向应该更远大。进入哈佛，应该做各行各业的领袖，世有 360 行，领袖也有 360 种。进入哈佛的美国人，学什么的都有，他们的目标是针对所有的领域，绝不仅仅是想挤进计算机科学这一个领域。在哈佛，学什么并不重要，在里面学四年，接受四年的熏陶，按照自己的兴趣自由地发展，尽可能多地参与各种活动，从其他年轻人身上学习优秀品质和特长，才是到哈佛受教育的目的。能够学习计算机科学的地方有很多，但是能把最优秀的年轻人聚集在一起，建立起受用终生的良好关系，在未来的人生道路上互相提携，这些只有在哈佛才能得到，也才是哈佛给它的学生最有价值的礼物。

从哈佛毕业能不能取得成功，也要看如何定义成功了。亚裔对成功的定义比较物质化，看待成功的路径较为单一，最典型的是印度人，几乎所有的印度精英最后都集中在各所大学的医学院和工学院，这一方面是因为在他们的观念里，医生和工程师不仅地位崇高，而且物质上成功的把握更大。而美国学生对成功的定义是多元化的，一些在亚裔眼里吃力不讨好的职业，比如新闻记者（美国大部分新闻记者收入很低）、低级地方官（收入也很低）、公共卫生、工会、中小学教育，在亚裔看来都不能算是成功，更不要说去参军了。事实上很多哈佛毕业生从事的恰恰是这些职业。一位哈佛毕业生的母亲在参加了哈佛的毕业典礼后感慨，为什么亚裔学生成绩那么优秀，进哈佛却那么困难。实际上哈佛各种各样的学生都有，有些学生毕业后甚至就没有打算从事挣钱多的工作，而是选择去帮助穷人。哈佛大学在招生时无形中把每年的两千个名额分成了很多个通道，而亚裔学生全部挤在"拼成绩"这一个通道里，无疑会非常拥挤。在很多亚裔父母看来，从哈佛毕业后去从事那些低收入的职业简直难以想象，他们对成功的理解就非常狭隘，机会也很小。哈佛在招生时，恨不能将未来各行各业有潜力的学生尽收入彀中，当然也就希望他们走出校门后，成为各个行业的精英，而不是集中在一两个行业里。事实也是如此，或许这也是哈佛不太喜欢招收亚裔学生的原因吧。

从上个世纪 90 年代至今，亚裔学生占了哈佛本科生人数的 15%—22% 左右（2015 年达到 22% 的历史高点），但是这些年来从哈佛走出去的有影响力的校友中，亚裔的比例远远达不到 15%。这说明，光有一块哈佛金字招牌是远远不够的，成功是长期努力的结果。从前面两张表我们可以看到，很多成功人士因为各种原因就读的大学都不是很好，但经过长期的努力，远远地超越了那些所谓的名校毕业生。为了进哈佛而进哈佛和因对知识的渴望而进哈佛是两回事，前者的人生高峰在离开哈佛的一瞬间就结束了，而后者的人生在离开哈佛后才刚刚开始。

我在书中多次提到的埃斯勒教授就是一个非常典型的哈佛毕业生，对知识充满了难以想象的热情。他从读本科到获得博士，用了 14 年，他的很多经历在不少中国人看来完全是多余的，而所学的东西甚至都是没有用的，因为这些只是他的兴趣所在。埃斯勒在哈佛学的专业是大部分亚裔都不会去碰的认知科学，从哈佛毕业后，他又跑到剑桥，又用两年时间拿了一个本科学位，这在亚裔看来纯粹是多此一举。我问他为什么要去剑桥，他说就是对英国的教育好奇而已，不过也就是在剑桥他开始转向计算机科学研究。1993 年，他进入宾夕法尼亚大学师从自然语言处理大师马库斯，同一年进入那个实验室的还有在哈佛比他低三届的学弟雅让斯基。在马库斯的实验室里，埃斯勒凭着自己的兴趣做了各种各样的课题，"浪费"了很多时间，三年后雅让斯基博士毕业了，而埃斯勒还没有找到题目，最后用了 8 年时间才拿到博士学位。等他进入约翰·霍普金斯做助理教授时，雅让斯基都快成正教授了。但是，埃斯勒依然不紧不慢地做着自己的研究，今天他被认为是自然语言处理和机器学习领域世界上最有成就的科学家之一，他的算法和开源软件被 Google 等知名公司广泛使用，而他依然对各种新技术保持着极大的兴趣和好奇心。根据我和他 10 多年的接触，我认为他的智力水平要远远高于我，要想快速获得一个博士学位并非难事，而他做事情的全过程只是兴趣使然而非利益驱动。在他身上可以看到一个典型的哈佛毕业生成功的历程。

能进入哈佛（或其他名校）的确可喜可贺，希望这些年轻人能够好好珍惜在哈佛求学的机会，像海绵吸水一般吸取各种知识，在各种社会活动中培养全面的能力，更重要的是锻炼独立思考的能力。年轻人需要学会

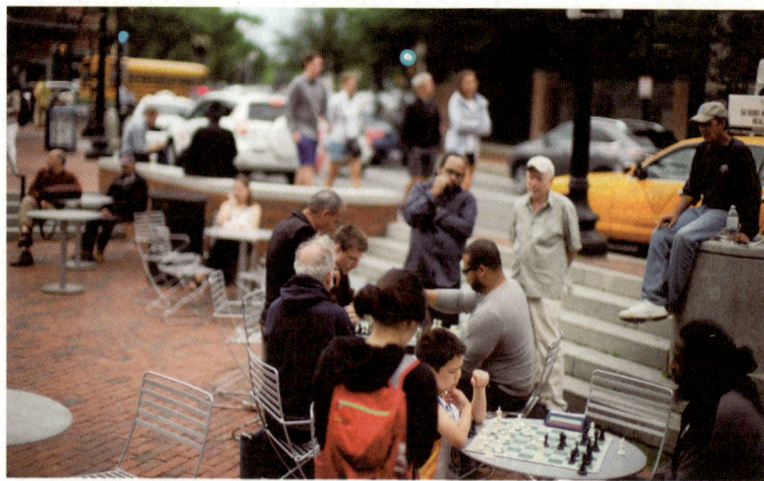

图 9.10　哈佛是一所没有围墙的大学，它和周边的社会融为一体，每天都有很多市民聚在哈佛周围休闲

应对各种问题，包括面对社会问题进行理性而符合逻辑的思考，不应该盲从权威、道听途说，同时必须善于从更广泛的渠道科学地吸收知识，然后做出正确的判断。这些都是各行各业精英和领袖必备的素质。一流的大学会在不经意间教给学生这样的能力，而三流的大学往往只是向学生灌输课程内容。

结束语

梦华短暂地参观过哈佛两次，而我倒因为工作原因去过多次。我一直认为，对于功利心不强的年轻人而言，哈佛是一所很好的学校。再加上我本人比较喜欢传统，每次独自漫步在哈佛，总能体会到哈佛深厚的文化底蕴。但是，我和梦华都清楚哈佛大学并不是太适合她。因为她在中学时并没有把一个特长发挥到了极致，而是采取了比较传统的亚裔学生的发展方式，即在读书之余凭着兴趣做一些事情而已，这也决定了她很难进入哈佛。梦华更不是一个喜欢传统的人，对她来讲明天比昨天更重要，尽管在我看来，了解昨天可以更好地放眼明天。

参观完五所常青藤大学后，梦华只挑出了一所半（哥伦比亚算一所，耶鲁因为有艺术系，算半所）自己想去的大学。但是也只有了解了这些大学，才能全面了解美国的高等教育。

对于学生来讲，美国高等教育最高的目标可以用艾略特对哈佛毕业生的要求来说明，简单地讲，包括这样三点：

1. 具有基本素质，包括语言（含外语）、数学和科学的素养。

2. 成为某个领域的专家、自由人，以及公民艺术家。艾略特所说的艺术家，不是指真正去搞艺术，而是说成为处理社会事务（包括人与人的关系）的能手。

3. 能够从案例和实践中学习。

这也是我在多次参观哈佛后的体会，希望对大家有借鉴意义。

参考文献

1. Eric Kester. 那本书讲哈佛（*That Book about Harvard: Surviving the World's Most Famous University, One Embarrassment at a Time*）. Sourcebooks，2012.

2. Crimson Key Society. 哈佛内幕（*Inside Harvard*）. Let's Go Publish,2012.

3. 关于哈佛的事实和统计 . http://colleges.niche.com/harvard-university/alumni--and--post--grads/.

4. 美国就业情况 . http://www.bls.gov/news.release/ecopro.t03.htm.

5. 丹尼尔 · 金 . 大学潜规则：谁能优先进入美国顶尖大学 . 张丽华，张驰，译 . 商务印书馆，2013.

6. Staff of the Harvard Crimson. 他们怎么进哈佛的（*How They Got into Harvard: 50 Successful Applicants Share 8 Key Strategies for Getting into the College of Your Choice*）St. Martin's Griffin，2005.

7. Chuck Hughes. 进藤校的真实原因（*What It Really Takes to Get Into Ivy League and Other Highly Selective Colleges*）. McGraw-Hill Education，2003.

第十章　世界上最好的工学院

麻省理工学院和加州理工学院

第一节　世界理工大学之最 —— 麻省理工学院

麻省理工学院（Massachusetts Institute of Technologies，简称 MIT）是我最早知道的美国大学之一。小时候，听父亲说，清华的老校长蒋南翔要将清华办成中国的"麻省工学院"。当时我并不知道这个名字很怪的美国学院是一所什么样的学校，想来应该水平很高。当年蒋南翔先生用的是"麻省工学院"，少了如今常见叫法"麻省理工学院"中的那个"理"字，按英语直接翻译，它确实应该叫工学院而没有"理"字，尽管麻省理工学院的理科其实非常强。

后来对麻省理工学院多了一些了解，是高中时到清华图书馆看杂志，看到一篇介绍麻省理工学院的文章，大体印象是麻省理工在科学和工程上都很强。记得文章中有这么几处细节，一处是当时的美国国防部长温伯格讲，"没有麻省理工就没有美国的国防工业"。另一处是讲麻省理工的学生喜欢用技术搞恶作剧。在一场哈佛与耶鲁的橄榄球比赛中，球场上突然出现了一个冒着烟的彩色大球，并不断膨胀，等它胀大后大家看到彩球上面写满了"MIT"，然后彩球继续膨胀到一人高时，突然爆开，从里面滚出麻省理工的标志。事后当地新闻媒体评论道，那场球赛的胜者既不是哈佛，也不是耶鲁，而是麻省理工。

图 10.1　麻省理工学生在哈佛 - 耶鲁橄榄球赛中搞的恶作剧

在清华上大学时，我才真正知道麻省理工有多好了 —— 专业课里学到的很多内容都是麻省理工的成果。麻省理工自然也成了清华这样的工科大学的学生们向往的目标。到美国后，我遇到了一些在麻省理工和斯坦福都上过学的学生，他们对麻省理工的评价是 —— "那里就是一个大工厂"，或者说"那是一个研究所"，而不说那是一所大学。不过，无论是夸它还是损它，人们对麻省理工那些富有创意的学生都是很佩服的。

当然，我没在麻省理工读过书，年轻时或许还觉得有点遗憾，但是后来由于我的事业开展得很顺利，我很清楚是约翰·霍普金斯给了我在任何其他大学都得不到的训练，也就不再觉得有任何遗憾。更何况我毕业于清华这样的工科大学，我觉得欠缺的是在一所文科优秀的综合性大学度过一段时间，而不是再进入另一所单纯的理工学院。

多年以后，到了女儿梦华开始准备申请学校的时候了，麻省理工不仅成为她，也再次成为我关注的对象。梦华 10 年级的暑假在华盛顿的美国国立卫生研究院（National Institute of Health，NIH）做实习，从那里到波士顿坐飞机只要一个小时。周末无事，她妈妈便带着她去哈佛参观，顺带去看看麻省理工。她们在坎布里奇住了一个周末，大部分时间都待在哈佛，只留下半天时间去麻省理工转了转。回来后，梦华对麻省理工评价非常高，对哈佛反倒没多少兴趣，这让我非常吃惊，在我看来，一所学科发展平衡的综合性大学应该比一所工科学校对女生的吸引力更强。不过，出于对她兴趣的尊重，我们于 2014 年春天再次来到坎布里奇参观大学时，把重点放在了她心目中的梦想——麻省理工上。

1 麻省理工学院的初步印象

为了方便参观，我们特意选择住在麻省理工学院旁边。一出酒店，就可以看见很多挂着麻省理工牌子的各式建筑，既有实验室和办公室，也有宿舍楼，麻省理工的校车也不时地从酒店后面的大街上穿过。哈佛大学的校园本来已经算不上漂亮，但好歹还有个以哈佛广场为中心相对集中的校园，麻省理工则连清晰的校园边界都没有，再加上一栋栋风格各异的大楼，或集中或零星地沿着查尔斯河北岸，分布在整个坎布里奇的东部。坦率地讲，麻省理工真不像是一所大学，难怪朋友们会说麻省理工就像一个大工厂。

我们沿着大路往东，向麻省理工的中心地带走去，路两旁排列着大大小小、形态各异、毫无关联且用途不同的建筑。虽说我们已经置身于麻省理工的"校园"了，却没有来到世界最高学府的感觉。当然，这样也可能会让学生们感觉环境比较宽松自由，至少梦华是这么认为的。

我们照例头一天先到校园"踩点儿"，了解周围的环境，体会一下校园生活，这样我们的直觉不至于受在校师生的描述影响，然后第二天再去了解和招生有关的具体信息。与漫步普林斯顿或耶鲁漫步不同的是，置身于麻省理工绝不会让你产生流连忘返的感觉，这或许是工学院的校园缺乏人文气息的缘故。于是我们干脆把时间花在体验波士顿地区的生活上，毕竟想要在这里生活四年，即使不喜欢这座城市，至少也不能讨厌那里的生活。

图 10.2 从麻省理工学院宿舍鸟瞰查尔斯河对岸的波士顿

波士顿是北美最早的殖民点之一，那一带在整个北美都被认为是最具有传统和文化的地区。由于时间有限，我们只能先体会一下这里的"吃文化"。新英格兰地区的美味佳肴是海鲜，在波士顿有一个非常有名的海鲜饭馆——Legal Seafood，翻译成中文应该叫法律海鲜或合法海鲜。当然，这并不意味着别人的海鲜店不合法，它只是强调，要是一家店的海鲜不新鲜，这家店就不应该算是合法的，这句话也因此成了它的招牌。Legal 海鲜至今已有半个世纪的历史，经历了两代人。它原本是波士顿地区一家卖新鲜鱼虾的水产店，当水产店传到 George Berkowitz 手上时，他开起了海鲜饭馆，把家族事业发扬光大了。今天，Legal 海鲜在美国东部的很多城市都有了分店，在哈佛和麻省理工附近也各开了一家店。Legal 海鲜店最出名的是海鲜蛤蜊汤，这可是美国总统就职典礼宴会和（橄榄球）超级碗宴会上必选的一道菜。我和梦华到麻省理工学院参观的第一天，最大的收获就是品尝了 Legal 海鲜店的美味佳肴，店里的蛤蜊汤和其他海鲜食品的味道还真是名不虚传。

从海鲜店出来，天色已晚，坎布里奇市没有河对岸波士顿的热闹，天一黑就显得非常冷清，不远处麻省理工的大楼里灯火通明，这是一天中年轻教授们和学生们最忙的时刻。望着这一片灯火，我在想，到底是什么原因让这所外表非常不起眼的大学有着如此高的学术声誉，以至于成为很多愿意献身于科学研究和发明创造的年轻人梦寐以求的地方？好在明天就可以揭晓部分答案了。

第二天一早，梦华和我步行去麻省理工的中央校区，沿途可以见到一些设计颇为独特、透着麻省理工风格的建筑，比如一栋像是由彩色积木搭起来的宿舍楼，它很能体现出麻省理工人敢想敢做、不因循传统和讲究实用的特点。

图 10.3　麻省理工学院风格独特的西门子大楼

从上图所示的这栋怪楼往东，穿过大片运动场和广场，再穿过南北向的马萨诸塞大街，就到了麻省理工的老校区。这里建有 19 世纪末新古典风格的大理石建筑，当时不仅在规模和气派上远胜邻校哈佛的那些老红砖楼，也是波士顿地区的一景。我们参观麻省理工学院的校园，便是从正对马萨诸塞大街的主楼开始的。

麻省理工学院的主楼一进门便是一个空旷的大厅，里头除了我们这些参观者，就是匆匆忙忙赶去上课的学生。不过在这个大厅里我们看到了一幅奇景：一名亚裔女生爬到将近两米高的大理石台子上，半躺在上面看书，脚翘得高高的。这番景象不仅在哈佛一定看不到 —— 哈佛每次接待我的学生穿的都是正装，在清华这样的工科大学恐怕也不会被允许。从这个小小的侧面可以一窥麻省理工的风格。

图 10.4　在麻省理工学院主楼的大厅里，
一个女生旁若无人地躺着看书

在大厅里等待参观的有近百人，包括一些从国外来的参观者。到了11点整，3位引导参观的学生准时出现[1]，并将参观的学生和家长们分为3组。带领我和梦华这一组的是一位在美国长大的印度裔女生米拉（Meera），她是一年级新生，以后打算主修计算机科学。我们在其他的大学里还没见过几个刚入学一个多学期就确定了专业方向的学生，但这在麻省理工并不奇怪，因为麻省理工的学生大多早就明确了自己的发展目标。

米拉首先带我们去了解校园生活，有意向我们展示麻省理工的学生不仅会读书，其实也是会生活的。从大学主楼的正门走出去，顺着我们来的路往回走，穿过马萨诸塞大街，就到了校园西边的学生生活区了。总的来说，麻省理工是一所面向未来的大学，如果必须在传统和未来之间做出选择，这里的大部分人会选择未来，这是米拉传达给我们的第一个信息。她指着远方那栋如用彩色积木搭起来的宿舍楼（图 10.3 的西门子楼），让大家猜猜它实际的楼层数，单看它表面上的那些不同颜色的方块，许多人会觉得它似乎有二三十层高，但是这栋楼显然从视觉上欺骗了不少人，大家普遍把楼层猜得过高。不过搞了一辈子工程的我根据大楼和周围树木的对比，还是准确地猜出了实际层数（10 层）。看到大部分人都猜错了，米拉有点得意，她说，所有住在这栋宿舍楼里的人都很高兴别人猜不出这楼有多高，很多学生觉得住在这栋外表独特的大楼里，会让自己更特别一些。在麻省理工，每个人都想让自己显得特别一些，而不是和别人一样，哪怕只是住在一栋别人猜不出高度的大楼里。看到这里，很多人也许会暗笑——"真是一群书呆子"，但这或许正是他们颇具创造性的原因之一。

米拉继续向我们介绍麻省理工学院的生活和住宿情况。关于住宿，等下

1　　麻省理工的参观是整点开始。

一节讲梦华的第三次麻省理工之行时再作介绍，因为那一次我们不仅进大部分宿舍内部仔细参观，而且梦华还在宿舍里住了一夜，可以提供给大家更具体的信息。

接着，米拉带我们参观了学生活动中心（Stratton Student Center），里面除了一些学生的活动室，还有不少快餐厅。不少学生在这里草草吃完午饭就去上下一节课了，个别学生甚至买一份赛百味拿着就走。这让人感觉麻省理工的学生非常忙（的确如此，后面还会讲到），这在普林斯顿或耶鲁难得一见，在我的印象中约翰霍·普金斯的本科生们也没有这么忙。活动中心的伙食实在很一般，不过开放时间很长，从早上 9 点到晚上 10 点左右都提供餐饮服务。

图 10.5　麻省理工的克雷斯吉大礼堂（Kresge Auditorium）是第二次世界大战后现代建筑的代表作之一

学生活动中心旁边是强生体育中心（Johnson Athletics Center），里面各种健身设施一应俱全，包括一个室内的短道田径场，若干其他运动的场地和种类齐全的运动器材，对于一般的健身锻炼是足够了。坎布里奇的冬天比较长，很多学生习惯在室内锻炼，天气转好时，大家还是会到室外去做运动。在强生体育中心外有一个高质量的室外塑胶运动场，周围是一大片网球场——如果想打网球，随时都有场地。此外，麻省理工校园和查尔斯河之间有开阔的绿地和自行车道，在阳光明媚的日子，很多年轻人会沿着查尔斯河骑车或者跑步。在我们参观的大学中，麻省理工是唯一一所要求学生必修体育课的大学，可能是学校怕学生们学习太辛苦，所以强制他们锻炼身体。

美国的很多大学，包括所有的常青藤大学、斯坦福大学、杜克大学等，都有很高大漂亮的教堂，麻省理工则是个例外。麻省理工的学生信教比例非常低，校园里没有一个像样的大教堂就一点也不奇怪了。不过，还是有一个很有特色的小教堂——这座看上去十分现代的圆形建筑，不加提醒的话，很难想象出它的用途。麻省理工人就是这样，凡事喜欢标新立异。

图 10.6　麻省理工学院只有一个很小的教堂（对比树的高度就能看出来）

马萨诸塞大街基本上把校园分成了教学区和生活区。参观完生活区，我们跟着米拉回到了教学科研区，也就是麻省理工的老校区。麻省理工的校园总体来讲可以用一个"乱"字来形容——不同时代不同风格的大楼交织在一起，与斯坦福、普林斯顿或者耶鲁那种建筑风格统一的校园完全是两回事，但是老校区依然比较好地保留了 100 年前新古典主义的建筑风格。在这些建筑中（1—8 号楼和 10 号楼），最具代表性的是面对查尔斯河的圆拱形主楼（10 号楼，正式的名称为麦克劳伦大楼，Maclaurin Building），这座被称为"大圆顶"（Great Dome）的罗马式大理石建筑，自 1916 年建成以来，就一直是麻省理工的标志。在今天看来这栋 10 层楼高的建筑在大城市里算不得什么，但是在 100 年前世界的各个大学里，它是最气派、最现代化的大楼。它和周围 8 栋同样风格的大楼组成的建筑群，不仅让旁边哈佛大学那些古老的殖民风格的红楼黯然失色，而且比起查尔斯河对岸波士顿市的那些灰暗老旧的建筑，也显得宏伟而庄严。可以想象，当那些怀抱理想，来自美国小镇和乡村

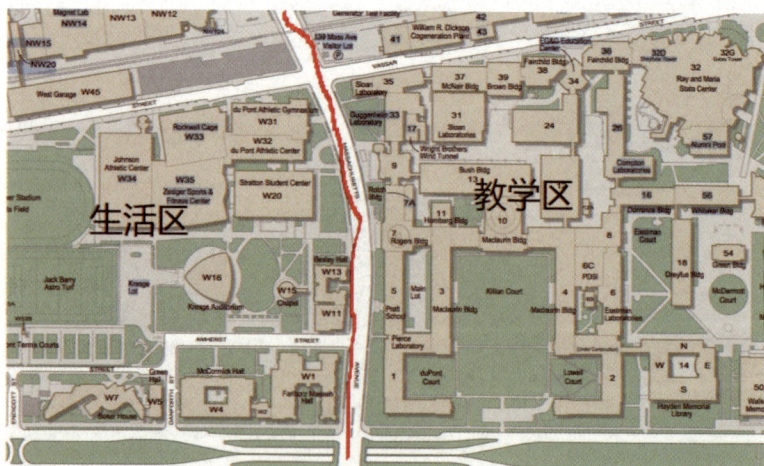

图 10.7　麻省理工中央校园的地图，马萨诸塞大街将校园一分为二，东边是教学区，西边是生活区

（今天美国一半以上的人生活在小镇和乡村里）的年轻人来到这个气度非凡的"现代化"校园，学习着当时世界最新的科学和技术时，一种豪情会从心底油然而生。这并非是我凭空想象，在20世纪80年代，几乎每一个来自北京、上海之外地区的大学生进入清华大学，看到清华高大的主楼时，都会有类似的感觉。

大圆顶原本打算用作麻省理工学院的大礼堂，但后来因经费缩减，最终建成的规模比原先设计的要小一些，于是改作为图书馆和教室，并使用至今。10号楼两侧是1—8号楼，基本上是对称的，单号楼在左边，双号楼在右边。这9栋楼不仅构成了当年麻省理工学院的主体校园，而且从城市规划、建筑设计到土木工程诸方面都堪称世界大学校园建筑的经典，不仅整体工程质量上乘，每一个细节也相当考究，充分体现了麻省理工师生思想先进、做事一丝不苟的特点。

图 10.8　麻省理工学院被称为大圆顶的 10 号楼

与大圆顶建筑风格相似的是哥伦比亚大学的罗纪念图书馆或清华大学的礼堂。不知道当年美国人在帮助清华建礼堂时是否参考了麻省理工校园的建筑风格，但其结果是，这两所在美国和中国堪称最好的理工科大学的老校园在建筑风格上十分相似。不过，同样有趣的是，这两所大学后来的建筑都没有保持老校园的风格，让人感觉学习工程的人，似乎更看重建筑的实用性，而不是美观与否，甚至缺少一种人文的情调。当然，麻省理工的学生的确更关心技术而非人文，而他们眼睛里看到的更多的是未来，而非历史。

在 10 号楼对面不远处就是著名的哈佛大桥，横跨在查尔斯河上，连接着坎布里奇和波士顿。这座桥在当地不仅地位重要，而且充满着各种各样的传说，其中最有名的是：为什么这座桥不叫"MIT 大桥"。麻省理工的学生们是这样解释的：当初市政府就这座大桥的名称同时询问了哈佛和麻省理工，前者当仁不让地表示"当然应该叫做哈佛大桥"，这非常符合哈佛人凡事要争第一的个性。但是当市政官员们问到麻省理工时，后者却没有马上发表意见，而是先对桥梁进行了一番仔细审查和计算，然后说"就叫它哈佛大桥吧，这座桥的设计和建造糟透了"，于是这座桥就被称为了哈佛大桥。后来果然像麻省理工师生预言的那样，这座糟透了的大桥三天两头出问题，成了豆腐渣工程的代表，在过去的 100 多年里大修和加固多次，依然摇摇晃晃，直到 20 世纪 80 年代因为它实在摇晃得太厉害了，最后不得不彻底重建，才稳固下来。当然，实际情况并不像麻省理工的学生们讲的那样。首先，这座建于 1887 年的大桥是以约翰·哈佛而非哈佛大学的名字命名的，并不涉及哈佛和麻省理工之争。事实上，麻省理工今天的主校园是在 20 世纪的第二个 10 年才搬到现在的位置，而那时这座桥已建成近 30 年。其次，麻省理工也没有对大桥做过任何评估和计算，并未那么神奇地预测出大桥后来的问题。实际上在麻省理工讲笑话的人是根据结论倒推出"这座大桥可能在设计上有问题"，因为在麻省理工搬到这里之前（1909 年），大桥就已经出现了严重的问题[2]。通过这个笑话我们可以看到麻省理工学生身上的两个鲜明特点：其一，他们有非常科学理性的一面，在做任何决定之前，都会先做一番科学的评估；其二，作为工程学科里的佼佼者，他们既然自己不喜欢豆腐渣的设计，在工作中对工程的要求也是精益求精。在过去的一个多世纪里，麻省理工总是力争在技术上做到世界第一。

在 10 号楼和查尔斯河之间的是克里安方庭（Killian Court），这里四季芳草如茵，是学校最大的广场，也是麻省理工举行毕业典礼的地方。与平日里哥伦比亚主楼前总是熙熙攘攘的广场不同，麻省理工的克里安方庭在大部分时间里显得非常安静，或许是麻省理工的学生平日里太忙，无暇享受阳光和绿草地的缘故吧。当然，更有可能的是，麻省理工学生对科学的兴趣远胜过在查尔斯河岸芳草地上晒太阳的兴致。10 号楼和两边的 3、4、7、8 号楼的走廊是贯通的，连在一起形成了一条 250 米长的走廊，这条走廊被大家称为无穷无尽的走廊（Infinite Corridor），据不完全统计，它应该是世界各大学里最长的走廊，比第二名加拿大莱斯布里奇大学（University of Lethbridge）的走廊长了大约 10 米。走廊两旁是教授们的办公室、实验室，以及各个系行政人员的办公室。与走廊外的绿草地上门可罗雀的景象不同的是，这个走廊从早到晚都是熙熙攘攘，人来人往。总的说来，麻省理工的教授和学生，对科学都有些痴迷，他们常常会在实验室里熬通宵，但是缺乏人文气质，很少躺到草坪上去读书。

2　主要是因为查尔斯河的河床满是很深的淤泥和沙子，不适合建造桥墩，在 19 世纪的土木工程技术条件下，在查尔斯河上建桥并非易事。

图 10.9 MIT 里 250 米长的无穷无尽的走廊

米拉一边带我们参观，一边介绍麻省理工的特点，她虽然是一年级的学生，但是介绍得非常专业，与普林斯顿的史蒂文不相上下。从这里也可以看出，对学生要求严谨和宽松的大学，造就出的学生做事方式就有所差别。米拉带我们参观的最后一站是瑞和玛利亚·斯塔塔中心（Ray and Maria Stata Center），被我和梦华笑称为"楼歪歪"。

瑞和玛利亚·斯塔塔中心形状非常怪异，是典型的"楼歪歪"。它歪歪的造型与周围老校区对称而庄重的新古典主义风格很不协调，却深受麻省理工的学生和年轻参观者的喜爱，或许是因为这样的风格与麻省理工的学生（以及想进入这所大学学习的年轻人）前卫而不拘小节的个性特点相吻合。事实上这栋楼也是梦华第一次参观麻省理工时被这所大学吸引的原因之一，她立马觉得麻省理工比隔壁到处都是中规中矩的红砖房的哈佛来得新潮。后来我问了一些梦华的同学和去过麻省理工的年轻人，他们都认为这栋楼放在麻省理工特别合适。或许我和他们的代沟真的很严重，我试图理解这些孩子们的想法，因此让他们给出一个喜欢

·图 10.10 "楼歪歪"——瑞和玛利亚·斯塔塔中心

这栋楼的理由。他们说，透过这栋楼能看到麻省理工是一所"向前看"而不是维持传统的大学，虽然它其实很有传统。顺便说一句，瑞和玛利亚·斯塔塔中心（在麻省理工被称为 32 号楼）是著名的后现代主义设计大师、世界建筑学大奖普利兹克建筑奖得主法兰克·盖瑞（Frank Owen Gehry）的代表作之一[3]。盖瑞善于打破对称美并采用违反物理学定律的失衡造形，运用特殊的建筑材料（比如航天飞机外舱的金属），营造出视觉冲突，设计出具有连贯动感的建筑。斯塔塔中心里面的实际面积远比外面看上去的大很多，每一层楼都有一个足球场大小，里面有教室、学生的实验室、饭厅、健身中心和教工的幼儿园。这个幼儿园据说非常好，而且留出 10% 的名额对外开放，校外的虎妈们为了将孩子送进去可以说挤破了头，但是大部分人连着排几年队，一直等到孩子上小学时，还没有机会排上。当然斯塔塔中心还有一个更重要的用途，我们后面再讲。

3　除了斯塔塔中心，他还设计了洛杉矶的迪斯尼音乐厅（Walt Disney Concert Hall）。

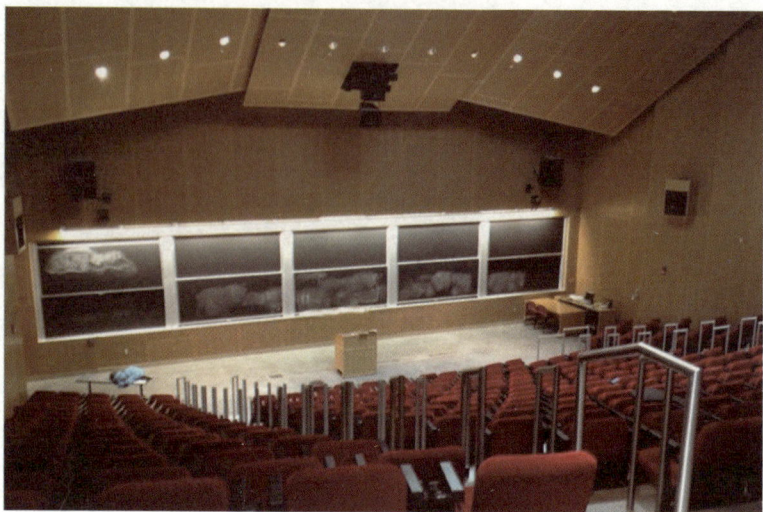

图 10.11　斯塔塔中心里的阶梯教室，是本科生们上大课的地方，麻省理工的教室常常有 10 块甚至更多的黑板

参观完斯塔塔中心，米拉就和大家道别分开了。我和梦华在参观时发现这个中心里有一个不错的饭厅，饭菜种类花样齐全，为了了解大学的伙食水平和价格，我们就干脆在那里吃午饭了。在众多口味的饭菜中，我们选了日式寿司，平均一个人一顿 10 美元多一点，如果选择美国饭或者中餐，价格会稍微便宜点。寿司的质量比外面食品店里批量生产的明显要好，比正宗的日本料理店要差些。总体来讲，这里饭菜的质量不错，价钱也还合理。餐厅的就餐环境很好，虽然人来人往很热闹，但是并不显得拥挤，即使是在 12 点多就餐的高峰期，排队买饭和找到座位也并不需要花很多时间。在这里就餐的人，大多是买一份饭菜匆匆吃过后就离开了，即使是几个同事或朋友一起来，也不会像好些公司里的同事那样边吃边聊耗上半天。坐在离我不远处的估计是一位研究生，他只要了两大块披萨饼，狼吞虎咽之后就匆匆离开了。按照现在科学养生的要求，他的饮食结构和吃法都极不健康，但或许是因为他实在太忙了，

以至于想在最短的时间里尽可能多地摄入能量。后来据麻省理工主管招生的老师介绍，有些同学甚至晚上只吃点冰淇淋，以至于他们的妈妈们要打电话来，督促他们吃点蔬菜。从就餐这点小事也可以看出麻省理工师生每天的忙碌，以及背后的工作学习压力。

米拉只是带领我们走马观花地转了一大圈，让大家初步感受一下麻省理工的氛围，要想真正揭开这所大学的神秘面纱，还要从多个渠道、多个角度来了解它。我的信息渠道来源包括这样几个：首先是在麻省理工当过教授、做过访问学者或者从那里毕业后在其他大学当过教授的人，比如舒维都、贾里尼克和柯林斯等，第二类是麻省理工的毕业生和在校学生，包括我在 Google 的很多同事，第三类是学生家长。他们从以下 5 个方面讲述了麻省理工的特点，在介绍这些特点时，我还会穿插介绍一些其他相关内容。

第一个特点是本科教学突出。在美国的大学中，可能没有第二所学校比得上麻省理工学院的本科教学。

我在前面讲到，一所大学的教学水平首先体现在课程设置上，麻省理工的课程设置可以说是全而新。微软研究院的邓力研究员在滑铁卢大学当教授时，曾经在麻省理工安排了一年学术休假。他回来后告诉我："在麻省理工你可以学到（工科方面）任何想学的东西，这是世界上任何其他大学都比不了的。"如果麻省理工的学生想学人文方面的课程，而学校并未开设怎么办？没有关系，他们可以到哈佛去学，然后把学分带回来。不过今天一些麻省理工学院的学生到哈佛选课是出于另一个目的，一些麻省理工的毕业生告诉我，哈佛的课程要比麻省理工学院容易得多，实在忙不过来的话，就去哈佛选两门课回来凑学分。

当然，课程的数量和覆盖面只是体现大学教学水平的一个方面，一所大型的州立大学，课程数量也非常多，教学质量却不敢恭维。麻省理工学院课程不仅数量多，而且几乎每一门都是精品课。首先，学校不开那些过时无用的课程，这和很多大学排一堆没有学生喜欢上的课完全不同。其次，对新的学科内容，麻省理工学院很快就能开出课来，很多人在工作后为了掌握新知识，会在麻省理工学院选一两门课或收看在线课程。

对于本科生来讲，课程的教学质量比课程的设置更重要，而这主要取决于三个因素：好的硬件（教学环境、实验条件等），教授的讲课水平和教学态度，以及助教的水平和所花的精力。

先说说教授们的讲课水平，我在 Google 有不少同事都毕业于麻省理工，他们普遍反映那里的教师非常会讲课，当然光听他们的一面之词或许不足以令人信服，毕竟大部分校友不会说母校的坏话，因此在麻省理工和其他大学都学习过的人评价或许更有说服力。Google 早期员工周红曾在麻省理工和斯坦福求学，在她看来，麻省理工的教授讲课要好得多。我的另一位朋友毕业于伯克利，他的女儿在麻省理工，也证实了类似的说法。他认为麻省理工的教学水平比斯坦福和伯克利要明显高出一个档次。在麻省理工，很多入门课程 [4] 经常由最好的教授（包括很多诺贝尔奖获得者）来讲授。这些课程的内容和讲授形式能兼顾各种水平的听众，一方面讲授得非常通俗，让外行都能听得懂，同时又把一些内容讲得非常深入，让已掌握精深专业知识的学生能够进一步获益。为了证实他的话，我去听了麻省理工著名生物学家兰德（Eric Lander，1957—）教授开设的生物导论课（Introduction-to-Biology，大家可以在线收看），听完第一堂课我就对当今生物学的三个分支（基因生物学、量化生物学

---

4 美国大学常常给这些课程一个最小的编号，101 或者 102。因此，后来在美国 101 就成了入门课程的代名词。

和分子生物学）之间的相互关系有了较多了解，并且对生物学形成了比较完整的概念。接下来他在一堂堂课中似乎毫不费力，就能把难懂的生物学理论讲得深入浅出，清清楚楚，让我能津津有味地轻松听完一学期的课程。

一所大学的教学质量光靠有讲课水平高的教授还不够，很多研究型大学拥有不少世界一流的教授，但是他们未必都能到一线上课，比如在斯坦福大学，经费充足或者在外面办公司的教授可以花钱把自己的课时买回来，只搞科研而不再教课。很多大学说起来有不少大教授，却与本科生无关。麻省理工学院不是这样，学校经常会请最好的教授来讲授大学一年级的大课。比如一年级的微积分课，麻省理工会根据新生的水平，将所有新生编入几个班，每个班几百人，全部由最好的数学教授授课。麻省理工学院的教授讲课很认真，而且大部分教授都乐于教学，愿意花时间给学生答疑，这可能与美国东部地区的教授们较少在公司兼职有关，相比之下，加州或南方各个大学的教授常常在外面给公司做顾问，甚至自己办公司，没有多少精力投入到教学中。

麻省理工的教授们不仅自己教学认真，而且对助教要求非常严格，他们会和助教一起仔细设计作业和实验环节，保证学生能最大限度地掌握课程内容。麻省理工学院的一位博士生助教告诉我，他的教授要求他每周花够 20 小时的规定辅导时间，而事实上他有时花的时间甚至要超过 20 小时，这对于自己还在上课的博士生来讲是不小的负担。虽然美国各大学给助教规定的每周工作时间都是法定的 20 小时，但是在大部分大学里助教实际花费的时间只有一半左右，即每周 10 小时。我在约翰·霍普金斯大学当一门大课的总助教时，会替教授出考题和改考卷，即使如此，每周也就花费十五六个小时而已，这已经是相当多的了。在麻省理工，助教们辅导本科生花的时间可能是全美国大学中最多的。

为什么教授和助教们要在本科生身上投入这么多时间和精力呢？除了课程比较难以外，学校还希望能兼顾好学生和有些吃力的学生，让他们都能有收获。对于好学生，麻省理工的教授会在作业或项目上提出一些额外的要求（有点像考试的加分题），完成这些任务的难度很大，因此总有一些好学生不断地找教授和助教答疑。对于学习吃力的学生，教授们会想尽办法让他们掌握好课程内容，而助教和同学们也乐于帮助他们。这样一来，教授们和助教们都需要花费大量的时间和精力。相比之下，哈佛和耶鲁在教学上是保证 95% 的学生能够学好，而加州理工则正相反，是为了保证 5% 的学生能学好，因此在教学上所花的精力都不如麻省理工。

为了保证教学效果，麻省理工的教室也设计得很有特点。即使是一个容纳 20 人的小教室，讲台后面也有很多黑板，这些黑板是两层甚至三层摞在一起的，如果全部展开，要比教室前面那堵墙的面积大得多。麻省理工的教授讲课有时给人的感觉是只写不擦，老的笔记挪到后面，从墙的上方再拉下来一块黑板继续写。根据梦华的观察，麻省理工黑板最多的一个教室有 12 块大黑板。虽然今天大学的教授们喜欢使用笔记本和投影仪讲课，但是麻省理工的教授依然坚持写黑板，好让同学们更好地跟随自己的思路思考。我曾经在斯坦福大学参加过一个数学国际会议，在那个会上，数学家们做报告也是不用事先准备好的胶片，而是当场在黑板上推导公式。

麻省理工的大课教室能容纳好几百人，那么就有一个问题，最后一排的学生能否看见前面黑板上的字。不过，当大家真的进到一个大教室，就会发现这种担心是多余的，黑板上每个字母都快有巴掌大，粉笔比大拇指还粗。这么大的字，即使有十几块黑板也不够写一节课的，快速擦掉十几个黑板便成了麻省理工教授必须练习的技巧，他们能使用一块像

32 开书一样大小的板擦，刷刷几下就擦干净一块黑板。为了便于学生课后复习，麻省理工学院的大部分教室里都会准备两台摄像机，将课程内容录制下来，并且放到网络上供大家回放。

麻省理工学院的功课负担相比其他大学重得多。那些在高中已经修过 AP 课程的新生，入校时并不能跳过基础课，而是要经过分班考试后学习程度更深入的基础课。那些在高中紧张了两三年后想到大学来放松一年的学生，恐怕要失望了。到了高年级，由于工程课程实验性强的特点，大部分课程都需要花大量时间做课程设计项目，工作量更大。在麻省理工，大部分课程设计（Project）都由两个同学（自由组合）一起完成，如果一个组有三个同学，那么在教授心目中，这个组就要多做 50% 的工作，以防止出现混学分的南郭先生。在美国有句形容大学特点的话——"哈佛难进，麻省理工难出"，讲的就是麻省理工功课之难。不过麻省理工的学生大多不是等闲之辈，大部分人对功课还是能应付的，不过对于那些不小心被录取进麻省理工，或者后来对理工课程没了兴趣的学生，这 4 年的生活可能会颇为辛苦。

别看在麻省理工功课负担这么重，功课给分却非常低，每门课大约只有 20%—30% 的学生能够得 A，比哈佛的 70% 得 A 率、斯坦福的 50% 得 A 率要低得多。由于成绩太低，麻省理工计算 GPA 的方式和其他大学完全不同。在美国一般的大学里 A=4.0，B=3.0，以此类推。而在麻省理工，A=5.0，B=4.0，等等，这样在成绩单上，就会显得好看一点。麻省理工大部分学生最后的平均分是 4.2 左右，也就是 B+ 的水平，而美国大部分一流大学，学生的平均分都在 3.7 左右，即 A- 的水平，而哈佛更是接近 4.0。Google 招人时要求学生的平均分是 3.7，但是对麻省理工的学生，要求也是 3.7，也就是说在 Google 看来，麻省理工的 B 等同于其他大学的 A。

既然麻省理工的功课这么难，那么到底什么人会喜欢上麻省理工呢，又为什么选择在麻省理工吃苦呢？首先，他们都是对数学和理工科课程颇为感兴趣的学生（如果一个学生感兴趣的是文科，尽管麻省理工也有文科专业，但是就不如邻校哈佛了）。其次，他们中的大多数人在进入大学之前就知道自己将来想做什么，因此来麻省理工学习主要是打好理工科的底子。这倒不是说进入麻省理工的学生今后一定要做科学家或者工程师，这里面相当一部分人后来成为了医生或者律师。我接触到的两位为 Google 工作的专利律师，本科都是在麻省理工学工程，他们后来又进入法学院学了法律。有工程学习背景的他们与 Google 的工程师们沟通起来非常容易。我曾经问过一些土生土长的美国同事，如果孩子将来要学习法律，本科应该选择文科还是理工科，他们几乎一致认为应该选择理工科专业，理由是法律和工程一样，是讲究逻辑的。分析问题的能力和逻辑思维水平，是从事法律工作必不可少的。麻省理工学院的本科生里还有相当一部分人将来是打算进医学院的，而历史上麻省理工的毕业生申请医学院的成功率在全美数一数二，因此也吸引到很多未来的医生选择到麻省理工读本科。当然，大部分进入麻省理工的学生还是为了将来搞工程或者从事科学研究，比如米拉就是抱着这样的想法来的。

麻省理工的第二个特点体现在它的科研上。这里我们不想说麻省理工的科研成果有多么先进，比如首次合成出盘尼西林和维生素 A，首次鉴定出人类的肿瘤基因，等等，而是想强调麻省理工在训练本科生从事科研上不同于一般大学的独到之处，那就是本科生一进校开始就有机会参与真正的科研。为什么要强调是真正的科研呢？因为在很多大学里本科生们做的不是真正的科研，他们做的那些课题只是教授们让学生练练手而已，说得不好听就是做着玩儿。在大学里当过老师的人可能会有这样的经历，某个本科生找到实验室来，希望参与做点事情，但是老师们觉得自己所从事的科研这个本科生做不了，但又没有精力手把手教他，因为这样可能得不偿失，于是就给这个学生提供一点科研条件，随便找点差事让他练练手算了。在美国的大学里，大部分本科生做的所谓科研都是这种性质的，即我所说的"非真正的科研"。但是，在实验室里还有另一种情况，那就是某个本科生特别能干，教授会让这个学生参与自己拿经费的科研项目，由这个学生承担其中一项工作，当然这时教授就要花时间指导学生，并且也承担风险，要是这个本科生能力有限或者没有责任心，就会影响教授的科研进度。这种科研便是我所说的真正的科研。而麻省理工学院的学生们参与的就是这一类真正的科研。相比之下，普林斯顿的本科生直到毕业写论文，所做的研究大部分都属于自己想出来的。普林斯顿和麻省理工的教学水平相差不大，但是在学生们做科研方面差距还是很大的。麻省理工学院本科生做的另一类真正的科研则直接来自于工业界。该校有很多所谓的"校企合作"项目和奖学金，学生们可以自由申请。获得这些奖学金的学生，相应的公司会支付他们一部分甚至是全部的学费，而学生则需要利用暑假为公司工作。AT&T公司在鼎盛时期就给一些麻省理工学院的学生赞助过学费，条件是那些学生每年要在AT&T工作3个月，4年下来正好是工作一年时间。现在，AT&T已今非昔比，不过仍有其他公司愿意为麻省理工学院的学生提供各种工作机会。经过这样的锻炼，麻省理工的本科毕业生们实际动手能力都很强。

麻省理工的第三个特点就是非常独特的"书呆子（Nerd）文化"和"黑客（Hacker）文化"。

麻省理工的很多学生都有点书呆子气，在美国专门有一个词用来形容这些人——Nerd，但是Nerd绝不是贬义词，它是指那些功课非常好但对人情世故了解较少的人。在麻省理工，书呆子Nerd是一个褒义词，它代表着一个学生对科学或者工程的执着与精通。书呆子们的行为常常体现在利用自己的学识搞恶作剧，比如当年乔布斯[5]就设法在电话线路上做手脚，偷打免费的长途电话[6]，这就是典型的恶作剧行为。

在麻省理工，还有一个用来形容书呆子"做坏事"这种行为的单词，即Hacker。现在，Hacker常常是指计算机的黑客，但是在麻省理工这个词的含义要广得多，指一切有趣、有创造力而且显示出高超智力水平的事情。除了前面提到麻省理工的学生在哈佛和耶鲁进行橄榄球赛时搞出了一个大气球，麻省理工历史上还有一个著名的恶作剧，是几个学生将汽车（的模型）搬到大楼圆拱顶上。全校的师生都为此自豪，并将这件事的过程放到校史的展厅里展示。米拉还专门带我们去看了介绍学生们如何完成这一壮举的展览橱窗，从这个介绍橱窗，我才了解到当时学生们搬到房顶的并不是一辆完整的轿车，而是一个1：1的模型（轮子和外壳是真的，但很多部件包括引擎已被拆除）。学生们在夜半无人时分，用自己搭的起重机将汽车的外壳、轮子等部件搬到几十米高的拱顶上，然后再组装成汽车的模样。至于他们是怎样爬上这个几十米高四周光秃秃的圆拱顶的，展览的橱窗里并没有说明，不过一年后梦华还是搞清楚了，这个我们后面再说。

麻省理工的学生们搞的恶作剧远不止这些。为了防止学生们利用自己的学识做出太出格的事情，学校还制定了专门的"恶作剧条例"，规定哪些事情不能做，比如伤害他人和自己的事情不能做。在麻省理工做Hacker，一定要做出新意，做出水平，简单的模仿和低水平的创作都不会被同学认可。麻省理工的学生是一些卓尔不群、执着甚至行为带点疯狂的人，谁要是能整出一些别人想不到的事情，那他就是英雄了。

5　苹果公司的共同创始人。

6　乔布斯年轻时，长途电话费还是比较贵的。

在美国的大学里，不服气麻省理工的通常是斯坦福的人，另外还有加州理工的师生。在 2005 年麻省理工的校园参观周，加州理工的一些学生万里奔袭来到坎布里奇，潜入麻省理工的校园，悄悄将主楼上校名的麻省理工学院中的麻省（Massachusetts）一词用横幅挡住，并且在横幅上改成了 The Other 两个词，连在一起（The Other Institute of Technologies）就是"另一所理工学院"的意思，言外之意，加州理工才是最棒的理工学院，而麻省理工不过是另外的一所同类大学而已。不过，麻省理工的几个学生马上又把横幅上的字改成 The Only，上下文（The Only Institute of Technologies）在一起的意思是"唯一的理工学院"，就把加州理工排除到理工学院之外了。

除了恶作剧，书呆子们还有很多别人看起来可笑，他们却沾沾自喜的行为，比如麻省理工对数字的执着就很有意思。在学校里很多东西或事情都是用数字来表示的，比如大楼和专业的编号。大学里的每一栋大楼都有一个编号，比如前面提到的 7 号楼和 10 号楼。如果你在麻省理工的校园里问路，可能会得到一个让你摸不着头脑的回答 —— "从这里往前走，穿过 2 号楼，见到 14 号楼左转，走 300 码，你会见到 16 号楼，然后右边的大楼就是你要找的地方。"对于专业（麻省理工和哈佛都称它们为课程组 Course，或者 Undergraduate Course），麻省理工也是以数字编号，比如机械工程是 2，电机工程和计算机是 6。麻省理工的学生相互介绍时会说，"我在课程组 6"，或者更简单地说"我是一个 6"（I'm a six），这就表示他是学电机工程和计算机的。在大的专业内，还有细分的专业，比如 6-1 代表电子和计算机工程，6-3 代表计算机和计算生物学，等等。外面的人自然是听不懂学校里的人讲的这些"黑话"，可能还在心里嘲笑这些书呆子，而学校里的人则很喜欢这样的交流方式，并认为这是他们与其他大学的学生不同的地方。

上面就是麻省理工的三个突出特点，至于它的另外两个特点，稍后再作介绍，在此之前，我们先来介绍一下麻省理工的录取要求。

2　录取要求

在参观的过程中，我问米拉为什么选择麻省理工，我猜她应该还被别的学校录取了。她回答得非常干脆，她颇为确定自己将来要搞理工，而不是从事人文学科或者经济学，"来麻省理工可以学到任何我想学的东西，并且有机会很早就开始做研究，将来我一定会选择进研究生院，如果运气好，我想做教授。"她的想法，和很多进入文理学院（比如威廉学院或者卫斯理学院）学习 4 年后再决定将来做什么的学生完全不同。米拉代表着麻省理工的一类学生，那就是今后要搞理工。但是麻省理工还有一半左右的学生今后会去学医、学法律和做管理，那么他们为什么会选择这所通才教育似乎比不上哈佛、耶鲁和普林斯顿的大学呢？这就要引出近代西方乃至全世界的一种主流观点了，即具有批判精神的理性是我们做好任何事情的基础。

我在美国接触过不少从工程转去做医疗、法律和商业金融的成功人士，他们并非因为做工程师太辛苦才改行，而是早就想从事这些非工程的专业，但在本科学习期间都选择了理工专业，至于为何这样选择，他们给我的回答基本上是一致的。在他们看来，以欧美为代表的近代文明之所以发展如此迅速，与人们具备了富有批判精神的理性是分不开的。比如搞现代医学，就需要用科学的方法穷其根本，而不能像古代巫医那样毫无根据地凭想象下结论；再比如做投资，也是要做科学的分析，用数据说话，而不是到处打听小道消息，更不是凭着"人有多大胆，地有多大产"的大无畏精神蛮干。而这样的思维方式离不开理工科的训练。这便是很多人将来并不从事理工科方面的工作仍选择麻省理工的主要原因。

每年想进麻省理工的学生要远远多于学校能够录取的人数。2014年秋天，麻省理工学院负责招生的几个老师到加州来做招生介绍。他们每年都会去当地的一些名牌高中直接给毕业班的学生开讲座，并在旧金山和圣荷西地区做两次面向全社会的讲座。梦华就在她的学校参加了讲座，而我则去参加了圣荷西的那场讲座。我担心听众太多，提前了很长时间赶往会场，结果离高速公路出口还有两公里时被堵住了，最后的两公里我开了半个多小时，等赶到会场，能容纳上千人的会议中心大厅已经挤满了人，我目测现场大约有1200—1300人，其中约一半是学生。其他私立名校的招生宣讲会都没有这么火爆，当然，这也有硅谷地区工程师家庭的孩子比较多的原因。这600多名学生中，最后能有10%被录取就很不错了。那么，什么样的人才能进入这所世界上最著名的理工学院呢？在20世纪50年代，学习成绩好就可以进麻省理工，如今这也不灵了。

根据那天招生讲座主讲老师的介绍，除了前面提到的私立名校都需要的那些材料外，麻省理工学院还要求申请人写5篇短作文，每年的题目都略有差别，但通过这些作文，学校希望看到申请者对数学、科学或者工程有浓厚兴趣。在申请其他大学时，如果学生过分强调自己是个书呆子，可能会有负面影响，但是申请麻省理工学院时，这倒可能会加分。在一个多小时的讲座中，主讲人没有介绍一句麻省理工在科研上的成就或者出了多少伟大人物，而是花了一半时间讲麻省理工的黑客文化。那么怎样才能体现出申请者对科学和工程的兴趣呢？最好是申请者能够证明自己在这方面的能力，比如在计算机奥林匹克竞赛中获得了奖项，或者做了一个手机APP，有上百万用户下载，或者办了一个游戏网站，每天能挣百十来块钱，等等。虽然考试成绩也很重要，但是麻省理工学院更看重的是申请者的实际动手能力。

很多顶级大学都会对申请人安排一次简单的面试，当然申请者可以自行决定参加与否，但是麻省理工强烈建议申请者参加面试，招生主讲人用了 5 个"强烈"来表达她的愿望，她的原话是 strongly, strongly, strongly, strongly, strongly recommend you take an interview。不参加面试的话，申请者被录取的机会可能会变小，虽然麻省理工学院官方没有这个说法。据参加过面试的学生反映，考官会给学生出一些智力题。

麻省理工一再强调，学校与申请者之间的选择实际上是双方寻找一个合适的匹配，它认为自己显然并不适合所有的学生，但是对那些喜欢科学和工程的年轻人来说是个好去处，而对于那些社会活动能力很强但学习能力一般的学生，或许去其他的好大学更合适，虽然那位主讲人并没有讲"否则，进了麻省理工也是一种受罪"。我和梦华在参观完麻省理工并参加了它的招生讲座后，接受了这样的观点。

与很多顶尖大学一样，麻省理工学院的申请也分为一般申请和提前行动（Early Action）。不过，它的提前申请和哈佛、耶鲁等大学非常不同。哈佛、耶鲁和大部分名牌大学都严格限制提前申请者只能申请一所大学，麻省理工则允许申请者同时申请与学校签有协议的好几所大学，其中包括著名的加州理工和芝加哥大学，这样一来申请者被提前录取的可能性就会有所增加。当然，这个协议是各方都认同的，因此心仪芝加哥大学和加州理工的，也可以顺便申请麻省理工。

麻省理工学院最突出的是工程专业，并被认为是工业界领袖的摇篮，不过学校也在寻求学生来源的多样性，对多才多艺的学生也会予以特殊考虑，在这一点上它和哈佛、斯坦福等大学没有什么不同。梦华在申请麻省理工时就提交了自己的艺术作品集（Portfolio）。

图 10.12　在接待新生的大厅里展示了部分被录取新生的艺术作品，左下角的两幅是梦华的作品

3　校园参观周（CPW）

梦华第三次参观麻省理工，是作为被录取的新生。美国几乎所有的好大学都会在每年的 4 月份接待被录取的新生参观校园和实验室，旁听一些课程，参加一些学生活动，甚至会安排未来的新生在宿舍里住一两天，以便吸引学生接受学校的录取。麻省理工学院每年的新生参观周（College Preview Week）办的是有名的热闹，各种活动非常丰富，排了满满的 4 天。2015 年 4 月，梦华和我再次踏进麻省理工学院的校园。

在校园参观周，我带着梦华见了几个我认识的学生，向他们了解麻省理工学院的学习和生活情况。我们得到的信息和以前从其他渠道得到的信息是一致的。首先，麻省理工学院的课程很难，学习很辛苦，实在学不下来，就只好到旁边的哈佛去选课了。其次，学校里的机会特别多，实验室向所有学生开放。我们一边聊一边走到斯塔塔中心吃午饭。在斯塔塔中心对面有一栋十几层的高楼，据麻省理工学院的学生介绍，有一年几个搞计算机的学生 Hack 了整栋楼每个房间的灯光，利用它玩俄罗斯方块。

图 10.13　麻省理工学院的学生 Hack 了一栋大楼的灯光

具体到我们就餐的斯塔塔中心，它最重要的用途其实是麻省理工学院著名的计算机和人工智能实验室的所在地。这个实验室（由过去的人工智能实验室和计算机科学实验室合并而成）在历史上发明了很多科技产品或其原型，比如 iRobot 的机器人（包括民用的扫地机器人 Romba 和用于海外战争的军品），以及 Google 眼镜的原型（我在 1999 年就听过计算机科学实验室主任介绍早期的那款可穿戴式计算机的报告）。麻省理工学院语音识别大师舒维都教授的实验室也在这里。今天，学校的一些实验室正在研究非常秘密的项目，与项目无关的人员是不允许进入的。在接下来的几天里，很多与计算机科学相关的参观和介绍会都在这栋楼里举行。

与几位麻省理工学院的学生见面和午餐，是我和梦华这次唯一在一起从事的活动，其他时候她都是独自与新朋老友一起，按照自己的喜好去参加各种活动，晚上就住到学生宿舍里了。我则去拜访一些教授和博士生，包括考察一些我有可能投资的项目。讲到这些项目，就要说说麻省理工学院的第四个特点了，那就是这里的人搞科研有一种理想主义情怀。

我在和麻省理工学院搞机器人的专家们交流时，他们向我展示了他们开发的那些能够多维度旋转的人形机器人，并且让机器人表演了端茶倒水和行走等基本操作。在我所见到的类似的机器人中，这是做得最好的，但是距离实用还非常遥远。麻省理工学院在机器人方面的研究已经持续了将近半个世纪，不过直到今天他们的研究方法还十分传统，做的工作非常扎实，但是进展缓慢。这件事要是在工业界做，尤其是由 Google 或者特斯拉公司来做，完全会是另一种做法，它们会利用大数据直接解决问题，就如同 Google 的无人驾驶汽车[7]一样，它们一定会比麻省理工学院实验室更快地做出各种各样有应用前景的机器人。我和麻省理工的专家们讲，从实用的角度来看，一个装有 4 个轮子的机器人和一个有两条腿的机器人没有差别，但是前者要简单得多，虽然显得不那么有技术含量。换作 Google 甚至是斯坦福来做，它们多半不会花精力在这种看似有技术含量却要耽误十几年时间的研究上。麻省理工学院的专家们同意我的看法，但很坦然，这些很难的科研总要有人做啊。的确，像

---

[7]　Google 的无人驾驶汽车可以看作是一个机器人，它背后最重要的技术是大数据和机器学习，不是所谓的机器智能。

Google 这样的公司可以利用各种已有的技术进一步发展，最终走到科技发展的最前沿，但是总要有人来做新技术的先驱，那些勇于探索的人们，要为最后的成功者当铺路石，否则 Google 等公司就成了无米之炊，而麻省理工的专家们在很大程度上就是在扮演铺路石的角色。不单机器人研究如此，麻省理工学院里的很多研究都有这个特点。拿语音识别来讲，舒维都教授能够读懂人的语音的语谱图，他一直试图"教会"计算机这个技巧。从结果来看，这是所有方法中最吃力不讨好的做法，除了麻省理工学院，世界上没有第二个研究机构会去做这种"傻"事，因为大家都在使用最简洁的方法追求最好的结果。但是，从另一方面讲，世界上确实需要有人去做声学方面最基础的研究。在半个多世纪的科研中，麻省理工学院为世界贡献了很多研究成果，但直接创办的公司并不多。

在学术界，有很多在科研上具有理想主义情怀的学者，对他们来讲，麻省理工学院最有吸引力。麻省理工学院的博士毕业生当教授的比例非常高，这和他们追求学术单纯性的想法也许不无关系。

我无法判断麻省理工学院的这个特点到底是优点还是缺点，但是无疑这让麻省理工在众多研究型大学中独树一帜。在这里需要强调的是，麻省理工学院的校名里看不到科学的字眼，但是麻省理工的基础研究其实非常强，与哈佛、斯坦福等综合性大学不分伯仲。麻省理工出了很多诺贝尔奖和其他奖项的获得者，并且拥有很多终生潜心于基础研究的学术大师。这种踏实做事的风格值得那些力争世界一流的中国大学学习。

回到麻省理工校园参观周的活动，因为麻省理工的学生刚入学时都没有特定的专业，所以他们学的课程都差不多。到了一年级末、二年级开始的时候，学生们才根据自己的兴趣爱好开始选专业，因此在校园参观周，各个实验室都开放接待学生和家长来参观，展示各自的成果，一方面吸引学生（在多个录取的大学里）选择麻省理工，另一方面则希望他们未来能选择自己的专业。在所有的实验室开放和介绍活动里，对计算机和人工智能实验室感兴趣的学生最多——虽然它把介绍会放在了斯塔塔楼里最大的会议室，但依然爆满，每一个角落都挤满了人。

在麻省理工学院有20多个一级学科专业，除了电机工程和计算机科学，机械工程是第二受欢迎的专业。有些专业则非常小，比如哲学。在麻省理工，学生可以随时换专业，大可不必为选错专业而担心，也不必担心某个热门专业爆满而挤不进去（这一点与卡内基－梅隆或者伯克利不同），对麻省理工学院的学生来讲机会总是有的。

将学生培养成工业界领袖，这是麻省理工和其他工学院的不同之处，也是我总结出的第五个特点。既然是培养工业界领袖，那么学生今后的管理能力就很重要，除了理工科非常优秀，麻省理工的商学院斯隆管理学院也很有名，是美国最早的工商管理学院之一，到2014年正好建院100周年。相比哈佛商学院或沃顿商学院，斯隆管理学院更侧重于工业企业的管理（不包括非营利机构、医院等），培养的对象是工业界的领袖，而哈佛和沃顿的覆盖面更宽一些。校园参观周的很多活动都是由麻省理工学院的斯隆管理学院举办的。在麻省理工，对企业管理有兴趣的工科学生，可以在工程和管理（包括商业）两个领域同步发展。我们前面提到在宾夕法尼亚大学也有横跨商学院和工学院的特殊培养计划，但是人数非常少。而在麻省理工，学生只要愿意，就都有这样的机会（即修一个工程专业，同时辅修经济学或者管理学专业）。在麻省理工，类似的机会还有很多，这也是很多学生选择麻省理工的理由之一。

在校园参观周，梦华不仅在宿舍里住了两天，而且她和我还各自分别参观了很多宿舍。麻省理工学院的住宿条件在美国私立名校里算中等的，好于哥伦比亚大学和宾夕法尼亚大学，不如普林斯顿和哈佛大学。麻省理工实行住宿制，全校有 10 栋左右的宿舍楼提供给本科生，并且保证本科生 4 年的住宿。学校规定，一年级新生必须住在校内，之后学生们可以申请住在大学的任何一栋本科宿舍里（当然如果太多人申请同一栋楼，可能会没有房间），这些宿舍楼也都在校园附近。学生一旦住进了某栋宿舍楼，可以选择住上 3 年，不用搬家，而不必像很多大学的学生那样年年搬家。当然学生如果不满意现在的宿舍，也可以申请调换。学生还可以选择住在校外。总的来讲麻省理工 70% 的本科生住在校内，这个比例远低于大部分私立名校。

图 10.14　麻省理工学院的单人宿舍

麻省理工每一栋宿舍楼的结构和管理方式都不相同，有些宿舍是五六个人住一个大套间，有些则是一人一个房间的筒子楼，有些宿舍有食堂包伙食，有些则要自己做饭（比较省钱）。要选择读麻省理工，最好自己到各种宿舍去看一看，或者至少找老同学问一问，毕竟每个人的生活习惯不同。麻省理工学院的学生比较忙，中午没有时间回宿舍吃饭，除了马希大楼（Maseeh Hall），麻省理工的每周包伙也至多管 14 顿饭，午饭不在其中。不过，据学生们反映，中午在外面吃平均每顿比宿舍里的早晚饭还便宜些。麻省理工学院的学生好些并非来自富有的家庭，每年如能节省一两千美元，他们还是很愿意的。

我认识的大部分学生家长认为，麻省理工学院的学生普遍比较友善，不像哈佛的学生个个都想当领袖，而且为此经常窝里斗，麻省理工的学生合作精神很好并且乐于相互帮助，在那里读书这一点尽可以放心。

在麻省理工参观和生活了 4 天后，梦华基本上决定要去这所学校了。她还告诉我一个有意思的细节，和她一起来参观的一名男生，有一天晚上直到凌晨三点钟才回到宿舍，身上的衣衫全都划破了。那天下午接待这位男生的麻省理工学生问他是否愿意晚上去爬大拱顶。这位高中生当即答应"好啊，好啊"，于是两个人夜里等到大楼里人走得差不多之后，进入了大楼的空调通风管道。两个人只带了两个小手电，沿着黑漆漆的管道一点点往上攀爬，管道内壁突出的金属毛刺把他们的衣衫刮坏了多处，最后终于爬上了拱顶，然后又艰难地爬下来。我听了这个男生的经历后，也就更明白了麻省理工里都是些什么样的学生，而且不出意外的话，我估计这位高中男生肯定会接受麻省理工的录取。

4　和麻省理工零距离接触后的感受

在梦华进入麻省理工学院学习之后，我和该校的接触不仅更频繁，而且交流也深入了很多。在过去的两年里，我交谈的对象主要是该校的教务长、院长们、教授们以及大量的校友们，话题从教育到科研，再到学生生活的很多方面。因此，在这里，我把所获得的麻省理工学院新的信息，以及我对它新的感受，分享给每一位读者。

首先要强调的是，我在几年前对麻省理工学院整体的认识还是准确的，最近几年对其进一步的了解更加确信了我在前几节中对它的判断。如果说对它整体印象上有什么不一样的感受，则主要是它在学科的广度上要超出我过去的想象。

麻省理工虽然英文名字中没有"理科"这个词，但是它的理科整体水平其实也是全美国最好的。在数学、物理、化学和生物四个学科，麻省理工学院一直排名第一，当然，每个学科都可能有并列第一，但是麻省理工是唯一一所所有这四个学科都排第一的大学。在 21 世纪，麻省理工已经获得了 6 个诺贝尔奖和 6 个沃尔夫奖[8]。2016 年，由麻省理工教授领衔的课题组证实了引力波的存在，轰动了世界。

麻省理工的文科专业规模不大，但水平很高，但凡是它设置的专业，在美国排名都非常靠前。在 2017—2018 年《美国新闻与世界导报》的排名中，它的经济学、政治学和心理学分别排在全美第一、第九和第八名。当然，大部分想学文科的人只要足够优秀，可能都会选择邻校哈佛大学。

对于新生，麻省理工学院会提供不少建议，帮助他们更好地适应大学生活，其中两条很有意思。第一条是不选够一年的学分不允许选择专业，因为它希望学生们能够尽可能多地接触各种专业知识，想清楚自己将来想做什么再决定选什么专业。当然这个规定也有少数例外，如果新生在高中选足了 AP 课程，并且能够把学分转到麻省理工，学校也允许一年级的新生选择专业，但是这种情况非常罕见。第二条建议就更有意思了，它建议新生最好从第二个学期开始认真谈恋爱。这倒不是怕谈恋

8　其中一位获奖者在得奖时已经离开了。

爱耽误学习，而是怕他们一旦失恋，在大学里没有了朋友。根据麻省理工学院的经验，大一新生最好一开始广交朋友。如果一入学就开始谈恋爱，就会忽略周围其他同学，恋爱谈得顺利还好，万一失恋了，再去找其他同学做朋友，其他同学可能已经形成小圈子了，这时这位失恋的同学可能就插不进去了。

当然，学生们选择麻省理工学院的主要目的，还是冲着它世界顶级的研究水平。麻省理工学院的研究常常都是跨学科的，它的很多实验室都是跨在各系之上的。这一点我们在第五章里已经介绍过了，其实不仅仅是麻省理工，很多研究型大学也都采用这种科研方式。不过，麻省理工和其他大学不同的是，它有一个非常特别的实验室 —— 媒体实验室。

麻省理工的媒体实验室其实不是研究传媒的，而是让一些科学家们能够充分发挥想象力，研究一般科研机构不会从事的研究，发明人们想象不到的科技产品。从成立至今 31 年以来，从媒体实验室诞生了很多改变世界的重大发明，比如：

- IoT
- 触摸屏，今天的平板电脑，手机，甚至是计算机都少不了它
- 电子墨水，这是亚马逊电子书阅读器 Kindle 的核心
- 小孩用的编程语言 Scratch，让小孩以写写画画的形式编程
- 机器人假体，具备人体四肢的灵活性
- 可穿戴式设备，这个就不用说了，它也是 Google 眼镜和三星、苹果手表的前身
- 车载 GPS，它让我们渐渐失去了认路的能力

然而，今天大部分人可能还不知道，这个成果卓著的媒体实验室在 30

多年前是由学校一群各个系都不欢迎，甚至想辞退的科学家凑到一起创建的。

我们知道，在一所大学里，每个系都会有一些教授研究的兴趣和系里大部分人不一致，他们可能既找不到合作者，也拿不到经费。这些人可能是水平不够高，当然也可能是思想太超前，脱离实际。前一种人其实麻省理工学院并不多，即使有，时间一长自己也会离开。但是后一种人，如果有人支持他们的研究并提供良好的环境，他们还真可能搞出一些异想天开的大发明。上个世纪 80 年代初，麻省理工的教授内格罗庞特（Nicholas Negroponte）和当时的校长韦斯内（Jerome Wiesner）建议给这些教授们一个更自由的环境，让他们做自己想做的事情，于是便创立了媒体实验室。想不到这些不受欢迎的教授们凑到一起，倒办出了全世界最富创新精神的实验室。媒体实验室最初放在学校的建筑学院内，后来由麻省理工的校友、著名建筑大师贝聿铭设计了媒体实验室的大楼韦斯内楼。当然，作为一个完全跨学科的实验室，媒体实验室现在其实和建筑学院没有关系。

图 10.15　媒体实验室的学生用乐高积木搭建的该实验室大楼，左边的是贝聿铭设计的韦斯内大楼

媒体实验室有两个最大的特点，除了跨学科之外，更重要的是它从不研究那些明确属于一个特定学科的项目，而是那些非常重要，但是任何公司都不愿意去研究，任何基金都不愿意直接支持的项目。正是因为媒体实验室的这个特点，它才能够发明其他地方发明不了的东西。另外，媒体实验室的主任有时也不来自于学术界，而是来自工业界甚至是投资领域，比如它的现任主任伊藤（Joi Ito）原来就是一位投资人。

我一共参观过 MIT 媒体实验室三次，第一次是作为家长在那里听教授们介绍实验室的历史和特色。第二次是因为梦华在那里做研究，带我去看里面做的一些有趣的项目。第三次是实验室的负责人陪着我和实验室的三位教授进行半天单独的交流，让我了解里面的一些项目以及他们做研究的细节方法。这里我们不妨来看一个它正在研究的具体项目。

今天，人工智能和自动驾驶汽车是一个热门课题，但是将来人和智能机器的关系应该是什么样的，却没有人去研究。这个研究题目听起来有点怪异——机器人是人造物，肯定是应该听从人的安排么，难道我们还要想对待人类那样对待它们么？从事这项研究的拉万教授（Iyad Rahwan）讲，还真不能简单地把它们当作机器来看。我们不妨设想一下，未来马路上 20% 的汽车是无人驾驶汽车，那么人类应该如何适应它们的开车习惯呢？另外，无人驾驶汽车本身是否也应该从人的开车习惯中学习呢，这是一个值得研究的问题。我在 Google 总部山景城遇到过几次 Google 的无人驾驶汽车，有一次它在只有一条车道的道路上，严格按照限速缓慢行驶，后面压了一长串的汽车。虽然它很守规矩，但是我估计大家都在骂它。在这种情况下如果是人会怎么做呢？他需要把车开到路旁停下，让后面的车通过。这其实就是人在处理和他人关系时的一种善意的表现，而这些至少是现在的机器人在设计时没有考虑到的，需要让机器学习人的行为习惯，调整它的行事方式。无人驾驶汽车还会遇到其他和人的习惯相矛盾的情况，它们需要自己学习和人相处。类似地，人可能也不得不学习如何与机器人相处。

像这一类问题，既不属于哪一个学科，可能也没有政府经费支持，却又很重要，于是麻省理工学院的媒体实验室就自己出钱支持教授们来研究这个课题。当然，大家可能会问，媒体实验室的经费从哪里来呢？答案很简单，靠捐赠。从这里也能看出捐赠对大学的重要性。

媒体实验室只是麻省理工学院成果辈出的实验室中具有代表性的一个，在麻省理工，像这样特点突出的实验室相当多。它们的共同之处，就是做前人没有做过，甚至不敢尝试的事情。从这里便可以看出，世界排名第一的理工科大学有着自己鲜明的特色。

第二节　天才的摇篮 —— 加州理工学院

在美国，名气与麻省理工相当的理工科大学就属加州理工学院了。美国人称它为 Caltech，而不是一些人想象的 CIT。

加州理工学院是一所袖珍大学，无论从人数、专业数量还是从校园面积上看都是如此，规模虽小对人类文明的贡献却非常大。加州理工最著名的是航空和航天专业，其次是化学工程和机械工程。另外，它在数学、物理、化学和地球物理等几个理科专业中的学科地位也是数一数二。有人戏称加州理工的专业是布尔值的，要么没有（0），要么第一（1）。

加州理工在科学上取得了很多成就，比如建立起地震学 [9]、分子生物

大学之路　第二版　下册 一

9　物理学家里查和数学家伽坦堡发明了里氏地震强度等级。

学 [10] 和分子遗传学 [11]。1929 年，加州理工的华裔留学生赵忠尧首先观察到正电子的一些物理现象，三年后，加州理工的物理学家卡尔·安德逊（Carl Anderson，1905—1991）[12] 发现了正电子。20 世纪 60 年代，盖尔曼提出夸克理论，完善了物质的基本模型，并获得 1969 年诺贝尔物理学奖。此外，加州理工的科学家们还估算出我们地球的年龄为 45.5 亿年，第一次勘测了整个星空并且绘制了完整的"天图"，发明了脱氧核糖核酸序列分析技术，今天全世界解析基因序列用的都是这种技术。可以说，加州理工学院的重大发明发现不胜枚举，按照人均贡献计算，在世界上更是无出其右。加州理工的教授每年在世界一流学术期刊上平均发表 3.36 篇论文，排名世界第一，远高于第二名斯坦福大学的 1.21 篇。加州理工学院的学生毕业后在科学领域的成就也遥遥领先于全世界 —— 平均不到一千名毕业生就出一名诺贝尔奖获得者（共 32 名）。在英国《泰晤士报》的世界大学排名中，加州理工多次排名全球第一名。

在加州理工的毕业生中，有很多中国人熟悉的名字，比如钱学森、周培源、谈家桢和赵忠尧等。当年钱学森、郭永怀和钱伟长（均为加州理工的校友）在加州理工时，感叹于该校水平之高，立志将来要在中国办一所比加州理工还要优秀的大学，但是半个多世纪过去了，这件事依然是遥遥无期。并非中国的大学进步慢，而是因为加州理工领先太多。

虽然加州理工在世界科技史上的地位没有几所大学能够望其项背，但是它在美国大学史上的地位并不高，因为一来学校历史毕竟还不够悠久，二来它在美国的几千所大学中是个特例，以至于它的经验任何大学都难

10　20 世纪 30 年代，鲍林有关化学键性质的研究奠定分子生物学的基础，并且开创了这门学科，他因此获得 1954 年的诺贝尔化学奖。

11　20 世纪 40 年代，物理学家戴尔布拉克创立了分子遗传学，并且获得 1969 年的诺贝尔生物和医学奖。

12　1936 年诺贝尔物理学奖获得者。

以借鉴。说到这里，就必须讲讲加州理工的历史了，让我们看看它是如何从一所很小的大学演变成世界顶尖理工学院的。

图 10.16　加州理工学院的正门

加州理工的雏形斯鲁普（Throop）大学是由帕萨蒂纳当时的市长、来自芝加哥的商人和政治家斯鲁普（Amos G. Throop，1811—1894，著名的废奴主义者）创办的一所技术学校。当时在美国这样的大学可以说比比皆是，而加州理工能有今天的成就，在很大程度上是靠一位名叫黑尔（George Ellery Hale，1868—1938）的天文学家，他当时是当地威尔逊山天文台的台长，并且在 1907 年被选为斯鲁普大学的校董。在那个年代，美国的科技刚刚起步，黑尔认为在经济正蓬勃发展的洛杉矶地区应该建一所专注于自然科学和工程学的高等教育和研究机构。他成功地吸引来一些私人的赞助，学校得以买下 22 英亩的土地建设校园，同时有资金来筹建当时最好的实验设施。然后黑尔说服了物理学家密立根[13]（Robert Millikan，1868—1953）等一批著名学者加入到新改建的加州理工学院，这三项举措（经费、大师和硬件条件）为后来加州理工成为世界一流科学技术中心奠定了基础。

从 20 世纪 20 年代起，在南加州经济繁荣的促进下，加州理工学院的声誉迅速提升。1923 年，密立根荣获诺贝尔物理学奖。1926 年，航空

13　1923 年诺贝尔物理学奖获得者，赵忠尧的老师。

技术研究生院成立，并且吸引到了冯·卡门（Theodore von Kármán，1881—1963）加盟，他后来创建了喷气推进实验室，奠定了加州理工作为美国火箭研究中心之一的地位。1928 年，著名生物学家、现代遗传学之父摩尔根（Thomas Hunt Morgan，1866—1945）[14] 创立了生物学院。同年，帕洛玛天文台开始建造。从 1921 年到 1945 年，密立根担任加州理工的"执行委员会主席"（相当于校长），他吸引了盖尔曼（Murray Gell-Mann，1929— ）[15] 和费曼（Richard Feynman，1918—1988）[16] 等著名科学家来到加州理工，盖尔曼和费曼等人后来都获得了诺贝尔奖。到了 20 世纪 60 年代，加州理工成为美国的科学圣坛之一。

加州理工目前每年只招收 200 多名本科生（和大约同样数量的研究生），从创立至今（2013 年），只有 2.2 万名毕业生，而这些人中却有 33 人 34 次获得诺贝尔奖。2000 年，加州理工在《美国新闻与世界报道》年度大学排行中名列全美大学第 1 名，虽然近年来排名在哈佛、耶鲁和普林斯顿之后，但是依然稳居全美大学前 10 名。

加州理工的小校园被誉为全世界智力最集中的地区，学校的办学理念就是出科学精英，这一点与大部分美国私立名校，甚至和麻省理工都不同。加州理工不仅到处是天才，而且是一个只为天才服务的地方。加州理工规模很小，教授人数也不多（不到 300 人），但水平很高，有近四成的教授是美国各个学院（科学院、工程学院和艺术科学院等）的院士，这个比例在美国大学中无出其右。2008 年，美国的《探索》杂志评选出当时美国 20 位 40 岁以下最杰出的科学家，加州理工占了 4 席。加州理工的学生大都不是等闲之辈，虽然他们各有特点，但是都有智商高这

14　著名生物学家，染色体的发现者之一，提出了遗传学上的摩尔根定律。

15　1969 年诺贝尔物理学奖获得者。

16　1965 年诺贝尔物理学奖获得者。

一共性。我在 Google 工作时，曾经和三位加州理工的毕业生共事，他们中的一位是世界谜题（Puzzle）比赛多次的个人冠军和美国队的队长，并且第一次参加世界数独比赛就获得了第二名；另一位毕业生在中学时跳了 4 级，19 岁便大学毕业进入微软了，22 岁进入 Google 时已经算是 IT 行业的资深人士；第三个人（纯粹的美国白人）在读书之余成为围棋六段选手。这些人在加州理工都是再普通不过的学生，平均成绩并不高，共同的特点是非常聪明。我所接触到的最聪明的加州理工毕业生是斯蒂芬·沃尔弗拉姆（Stephen Wolfram），他 17 岁进入牛津大学（不算很年轻），一年后就觉得那里没有什么可学的，便退学转入加州理工学习，两年后就从加州理工获得博士学位毕业。沃尔弗拉姆之后发明了数学工具软件 Mathematica，今天搞物理和工程的人在推导数学公式和处理数据时，都会用到这个软件。沃尔弗拉姆虽然并非专职搞研究的科学家，但他的论文 h- 指数却高达 58 [17]，这超过了美国顶级科学家的平均水平。

加州理工的办学目的非常明确，就是要培养天才的科学家。学校教授在讲课和培养学生上，会明显向个别的尖子学生倾斜，这与大部分大学重点照顾班上大多数（中等学生）完全不同。一位曾经在加州理工做客座教授的朋友告诉我，那里大多数教授只关注前 5% 的学生，至于为什么如此，教授们的回答是，反正其他人也得不了诺贝尔奖。约翰·霍普金斯大学工学院院长施乐辛格博士毕业于加州理工学院，他也向我证实了加州理工的教授们普遍持有这样的想法，他甚至补充道，在加州理工如果你经过很大的努力解决了一道难题后，还需要故意显出没有费吹灰之力，很轻易地解决了这个问题。在那所天才聚集的大学里，大家并不觉

17　h- 指数反映物理学家发表论文的质量，越高越好，美国大学的物理系正教授平均分数是 18，20 以上是美国物理学会资深会员（会士）的水平，45 以上是获得美国国家科学奖的物理学家的水平。

得勤能补拙是什么美德，这和很多大学所倡导的价值观完全不同。在那里，大家只崇拜聪明人，尤其是能够做出成绩的聪明人。从这一点也能看出美国各个大学所推崇的目标可谓是千差万别。

如果不是学习尖子并且智力超常，加州理工未必是好的选择，因为加州理工的淘汰率实在太高了——它的 4 年毕业率只有 82%（2013 年），而 6 年的毕业率也不过 93%，这两项指标在美国名牌大学里都是最低的。即使不被淘汰，走出加州理工也不容易。虽然加州理工为了让女生的比例不至于太低，鼓励女生报考，但是该校流传的笑话却是，女生在加州理工一定要有男朋友，否则没有人帮她们做作业，考试可能会不及格或者成绩单太难看。事实上，即使从加州理工毕业，大部分人的成绩单也并不漂亮。我前面提到的那个善于解谜题的同事，从加州理工毕业的平均分只有 3.5，介于 B+ 和 A- 之间，不仅比哈佛耶鲁这样宽松的大学给的成绩要低得多，而且比普林斯顿和斯坦福这样的大学给出的成绩也低很多。好在有经验的公司和研究生院都知道加州理工的这个特点，在招收它的毕业生时，常常会把平均分的线稍微降低一点。比如 Google 过去在录用员工时，要求平均分在 3.7 以上，但是对加州理工的学生可以降到 3.3—3.4。

加州理工有着其他大学没有的优势。首先，俗话说"大有大的难处，小有小的好处"，在加州理工这所教授和本科生的比例为 1∶3 的小学校里，一名学生如果有什么特长，被关注到的机会是非常大的。施乐辛格博士和我讲，他刚到加州理工（读博士）时非常吃惊，因为很多老师都叫得出他的名字，这在他以前就读的多伦多大学（有几万名本科生）简直无法想象。因此，在加州理工，如果学生真有什么天才，不容易被埋没。其次，加州理工花在每个学生身上的经费是全美最高的，尽管学费看上去并不便宜，但是学校在学生身上花的钱，远远高于那些学费，每个学生都有条件在科学和工程上发挥自己的特长，这不是那些超大规模的公立大学做得到的。加州理工可以保证每个年级的学生都有机会进入实验室做研究。

加州理工的研究项目并不多，但是每个研究项目往往非常大，并且具有长久的影响力，其中最著名的是在喷气推进实验室（JPL）[18] 开展的很多研究项目。这些项目大名鼎鼎，从来都属于高精尖范畴。比如在 20 世纪 60 年代之前，该中心设计和试验了人类最早的现代火箭，并且为探索者计划、水手计划和阿波罗计划设计和组装了各种飞行器和太空飞船。在 20 世纪 70 年代，它设计和发射了当时最著名的旅行者一号宇宙飞船，在经过 35 年的长途旅行后，这艘飞船终于在 2013 年飞出了太阳系，成为将地球文明讯息带向宇宙的第一个飞行器。此外，在过去的 20 多年里，喷气推进实验室还领导和参加了伽利略计划[19]、火星全球探勘者[20]、卡西尼–惠更斯号土星探测器[21]，以及斯皮策太空望远镜[22] 的设计、发射和检测工作。2011 年，喷气推进实验室研制的核动力火星探测机器人好奇号成功发射，并于第二年成功登陆火星，在之后的两年时间里不断传回火星上的各种信息。这些研究成果，很好地体现了加州理工学院的科研水平。可以说，没有加州理工，就没有美国的航天事业。

科学是加州理工学院的主题，它不仅成就了许多科学家，而且成为有志于从事科学研究的年轻人所向往的圣殿。虽然麻省理工的科学和工程水平非常高，但是进入麻省理工的学生很多只是为了打好科学的基础，未必要一辈子做科学研究或者工程，他们中的很多人后来成了律师、医

18　目前由加州理工学院和 NASA 合办。

19　欧洲的全球定位系统。

20　NASA 的火星探测卫星，开启了人类新一轮的火星探测计划。

21　人类迄今为止发射的规模最大、复杂程度最高的行星探测器。

22　人类送入太空的最大的红外望远镜。

图 10.17　群山环绕的喷气推进实验室

生、管理者甚至商人。而进入加州理工的学生则不同，他们几乎都是立志要成为世界一流的科学家或者工程师的。鉴于此，加州理工在招生时，标准和其他大学明显不同。

首先，加州理工不强调全面发展，而强调学生在数学、自然科学和工程上良好的教育背景和超乎寻常的天分，这是与哈佛、斯坦福甚至麻省理工都大不相同的地方。在这几所学校，学生聪明、书读得好只是入学的必要条件，远不是充分条件，一个合格的申请者还必须有读书之外的良好表现，比如表现出体育或者其他方面的特长，最好再有点领导能力。但是申请加州理工，有这些特长固然好，没有也没关系，加州理工明确表示高中生的 STEM 能力要强。什么是 STEM 呢，这是美国的学校造出来的一个词，即科学（Science）、技术（Technology）、工程（Engineering）和数学（Math）四个单词首字母的缩写。对于一些顶尖大学，有 STEM 方面的特长会有额外的加分，一名文科成绩很好，但数学和科学成绩平平的学生，照样有机会进哈佛或斯坦福。但是，对于加州理工的申请者而言，必须具备 STEM 方面的特长，否则，即使进入该校（概率极小），估计也很难毕业。

除了成绩单、推荐信、标准考试等所有大学都有的要求之外，加州理工也要求学生参加课外活动，并且通过课外活动有所收获。但是，对于有体育和艺术特长的学生，学校没有任何照顾。加州理工的官方网站上明确地说明，音乐和艺术特长无助于录取 —— 在美国如此明确地忽视艺术特长的大学还真不多见，这倒不是因为加州理工有什么偏见，而是学校办学的目的很明确，甚至是太明确了，即只培养那些未来在科学或工程领域能做出顶尖成就的大师级人物。加州理工的录取标准相对简单，说穿了就是拼成绩（尤其是理科成绩）、拼智力，从这一点上讲，它的录取标准有点像中国的大学。当然，如果一个学生能够获得英特尔奖或者进入各种奥林匹克竞赛的美国代表队，这对于录取来讲会是一项极大的加分。

对一些讨厌文科的学生来讲，上加州理工的一大好处是不用再上文科的课程了。当然，加州理工并不承认这一点，它对外讲学校也要求学生们学习足够多的文科课程。但是，如果你仔细看看它所谓的文科课程是什么，就不禁会笑出来，因为加州理工所谓的文科课程都是"运筹学""科技史""经济学"这样的课程，这些在很多大学都被归到理科课程中。加州理工给了一个生物工程专业有代表性的选课表，如表 10.1 所示，从这张表中可以看出，它的课程安排几乎全是理工科性质的，和哥伦比亚大学要求所有的学生都得学习一些人文科学课程完全不同。如果对理工科没有兴趣，4 年里苦读这些课程，实在是有点"受罪"。

表 10.1　加州理工生物工程专业的选课表

第一年	一年级数学（Freshman Mathematics） 一年级物理（Freshman Physics） 普通化学（General Chemistry） 实验化学的基本技能（a Fundamental Techniques of Experimental Chemistry） 生物学的伟大思想（The Great Ideas of Biology: An Introduction Through Experimentation） 生物工程的先驱（Frontiers in Bioengineering） 人文和社会科学导论（Introductory HSS courses） 体育（Physical education）
第二年	二年级数学（Sophomore Mathematics） 二年级物理（Sophomore Physics） 有机化学（Organic Chemistry） 生物物理化学导论（Introduction to Biophysical Chemistry） 分子生物学导论（Introduction to Molecular Biology） 细胞生物学（Cell Biology） 生物工程选修课（General and BE electives） 人文和社会科学选修课（HSS electives） 体育 （Physical education）

第三年	应用数学方法导论（Introductory Methods of Applied Mathematics） 设计和构造生物设备（Design and Construction of Biodevices） 生物化学导论（Introduction to Biochemistry） 生物分子工程导论（Introduction to Biomolecular Engineering） 计算方法限选课（Computational methods requirement） 生物工程选修课（General and BE electives） 生物科学家和工程师的沟通技巧（Technical Communication for Biological Scientists and Engineers） 人文和社会科学选修课（HSS electives） 体育（Physical education） 生物分子工程实验（Biomolecular Engineering Laboratory）
第四年	控制论导论（Introductory Control Theory） 化工系统的动力学和控制（Dynamics and Control of Chemical Systems） 细胞的物理生物学（Physical Biology of the Cell） 生物分子学计算方法（Biomolecular Computation） 系统生物学（Systems Biology） 真核细胞形态的信号传导和生物机理（Signal Transduction and Biomechanics in Eukaryotic Cell Morphogenesis） 生物工程选修课（General and BE Electives） 高级生物学和实验（Advanced biology and biology lab） 限选课（requirements） 人文和社会科学选修课（HSS electives） 体育（Physical education）

加州理工每年都会安排学生学一门人文和社会科学方面的课程，但是选择范围实在太小，更不可能获得偏文科的双学位了，从这一点来讲，加州理工远不如麻省理工可选择的余地大。

然而，加州理工并不是浓缩了的麻省理工，它在很大程度上与麻省理工互为补充。首先在地域上，一个位于美国的东北角，一年中有大半年都是冬天；另一个位于美国的西南端，四季如春。喜欢不同地域、不同气候的年轻人可以做出自己的选择。其次在专业上，麻省理工在计算机科学、电机工程、材料科学、机械工程等工程领域最为突出，而加州理工在理科上的名气比在工科上似乎更大一些。无论是教授还是学生，对基础研究的热情都远远高于其他大学里的师生。正是靠着师生们的这种热情（和天赋），加州理工才获得了巨大的成就和学术声誉。如果用一句话来概括加州理工，那就是 ——"它是适合它的人最合适的大学"。

结束语

麻省理工和加州理工都是顶级的理工科大学，但其实差异非常大。打个不太恰当的比喻，前者有点像清华，后者有点像中科大的少年班。这种差异也导致梦华对加州理工毫无兴趣，尽管她很想学习工程。另一方面，梦华多少还存有在艺术上继续发展的梦想，因此像麻省理工的传媒实验室对她就极具吸引力，而加州理工则完全没有这个选项。

我对这两所世界顶级理工科大学的看法是，要是天赋异禀且一门心思要得诺贝尔奖，就选择加州理工，如果只是对工程感兴趣，或者想训练自己理工科的思维方式，将来向法学、医学和商业方向发展，麻省理工不仅要比加州理工好，甚至比很多综合性大学都更合适。当然，想当总统的，应该去耶鲁学历史，或者去哈佛学政治。听麻省理工学院的一些学生讲话，总觉得他们条理清晰，但是感染力不足，可能都不是当总统的材料。或许那句话改一改更准确 ——"哈佛的人不会算，麻省理工的人不会讲"。

参考文献

1. T. F. Peterson and Eric Bender. 夜间作业（*Nightwork: A History of Hacks and Pranks at MIT*）. updated edition edition . The MIT Press，2011.

第十一章　美国第一所研究型大学

约翰·霍普金斯大学

约翰·霍普金斯大学（The Johns Hopkins University）不仅是我的母校，是我的美国梦开始的地方，而且它也改变了我一生的命运。1996年，我带着500美元、两个旅行箱来到这里求学，心中充满了忐忑、好奇和憧憬。6年后，我带着欢喜、满足和信心从那里走向了新的生活。去约翰·霍普金斯之前，我只是一个在学术上刚刚起步、默默无名的年轻人，离开约翰·霍普金斯时，我已经在自己所从事的领域做到了当时的世界最高水平，并且在学术圈子颇得赞誉。可以毫不夸张地讲，若没有在约翰·霍普金斯大学度过的2000多个日日夜夜，就没有我今天这点微末的成就。在其后的10多年里，我一直与母校保持着非常紧密的联系，自2005年起参与学校的管理工作，先后担任了计算机系顾问委员会的顾问和工学院董事会的董事。对于这所世界名校，我可能比绝大多数人更了解它的每一个细节，也有资格对它的特点（包括优点和缺点）做一番评述。

正如我在第三章里介绍的，我和约翰·霍普金斯大学的缘分纯属偶然，可是人生很多时候就是由这些偶然因素决定的。如果不是舒维都教授告诉我贾里尼克教授进入约翰·霍普金斯的消息，如果不是当时中国走向开放，允许大学毕业生出国留学，如果不是另一所名气更大的大学仅仅把我放在了候补队列中，我和约翰·霍普金斯大学的缘分便会擦肩而过。那样的话，我今天对它的认识也只会停留在"本科排名在 10—15 名，医学院非常有名，学术声誉很高"这样一个浅层面。但是，我在那里度过了 6 年时光，不仅对这所名校有了具体的了解，而且对美国的高等教育体制，尤其是对研究型大学有了深刻的认识。

图 11.1　约翰·霍普金斯大学历史最悠久的吉尔曼大楼

在我求学的时代，获取信息的难度是如今打算留学的学生无法想象的。从接到约翰·霍普金斯大学的录取通知书和奖学金包，到赴美读书，中间有四五个月左右的时间。换作今天，大家会有足够的时间把学校情况摸得一清二楚，并据此对自己今后的学习和生活简单做个规划。然而在 1996 年，不仅中国的互联网还很不发达，美国的大学也尚未将所有的信息和服务都搬上互联网，更没有社交网络这一类可以与学生们交流的工具。总之，在去美国之前，我对要去的约翰·霍普金斯大学知之甚少，只了解了一些当地的风土人情、气候和治安状况，比如巴尔的摩算得上是美国的名城，但业已衰落，治安很不好，等等。至于在那里读书要注意什么，科研是如何开展的，可以说一无所知。

我到了美国之后，先在斯坦福大学休整了十天。每天上午我会去斯坦福旁听一些课程，然后到图书馆上网进一步了解约翰·霍普金斯的情况，下午就去游泳，顺带看看那些参加过奥运会和世界锦标赛的选手训练。我对约翰·霍普金斯大学的历史和现状的全面了解便是这样开始的，当然，对它各个细节的深入了解则是通过在那里 6 年的读书生活慢慢积累的。

第一节　历史与现状

1　西半球第一所研究型大学

约翰·霍普金斯大学建立于 1876 年，在美国的大学中算不上古老，却在美国的大学史上创造出了很多个第一。

首先，它是美国第一所靠巨额捐赠办起来的大学。虽然之前的哈佛、耶鲁等大学也是靠捐赠办学，但是那些最初的捐赠数量少得可怜，因此这些大学要一边办学，一边筹款，一点点慢慢发展。而约翰·霍普金斯大学从一开始就没有为财务发过愁，它拥有从银行家兼铁路大王约翰斯·霍普金斯（Johns Hopkins，1795—1873）那里获得的 700 万美元的巨额遗产 [1] —— 这是当时美国历史上最大的一笔善款。700 万美元在当时是什么概念呢，要知道 20 世纪初杜克家族给杜克大学的第一笔捐款不到 10 万美元，那所大学（当时还不叫杜克大学）就高兴得不得了。

1　其中一半直接用于大学，另一半用于建立一个隶属于大学的医院。

建校之初约翰·霍普金斯大学就非常富有，不必经过几十年甚至上百年来慢慢建设，而是一开始起点就很高。

充足的资金带来了约翰·霍普金斯大学的另一项，也是更重要的一项第一名——美国第一所研究型大学。它的首任校长吉尔曼将德国的研究生教育模式搬到了美国，并且在约翰·霍普金斯大学开始培养博士生。直到 1900 年，在约翰·霍普金斯、伯克利、芝加哥、哈佛和哥伦比亚这 5 所大学的校长倡导下，当时美国的 14 所能够授予博士学位的大学才成立了全美大学联盟（Association of American Univerisities），约翰·霍普金斯是这个联盟的创始大学之一[2]。在此之前，美国的研究生教育根本不成规模。作为美国的第一所研究型大学，约翰·霍普金斯至今仍保持着另一项，也是决定大学研究水平至关重要的一项第一名，即每年的科研经费全美第一（可能也是全世界第一）。

要介绍约翰·霍普金斯大学，先要说说约翰斯·霍普金斯其人。首先要注意他的名字是约翰斯（Johns），不是约翰（John），这个名字在英语中很少见，很多人都把它搞错了，包括该校的中文译名。不过既然在中国大家都用约翰·霍普金斯大学这个称呼，我们也就将错就错了。霍普金斯先生是马里兰州巴尔的摩市的银行家、贵格会（Quakers）教徒，他建设和经营着从美国东部海港城市巴尔的摩到五大湖区的巴尔的摩 – 俄亥俄铁路网。这个铁路网是当时全美最大的铁路网之一，而且是将五大湖区的矿产品和工业品运输到美国东北部的重要交通网，因此他后来非常富有（关于这个铁路网的更多细节，读者可以阅读拙作《文明之光》第二册第十三章"缩短的距离"）。霍普金斯一生未婚，到 1873 年去世

2　　其他 13 所创始大学是：伯克利、美国天主教（The Catholic University of America）、芝加哥、卡拉克（Clark University）、哥伦比亚、康奈尔、哈佛、密歇根、宾夕法尼亚、普林斯顿、斯坦福、威斯康星（麦迪逊）和耶鲁。

时留下了 700 万美元的巨额财产，这个数字超过了当时美国 GDP 的千分之一，按购买力折算，相当于 2015 年的 21 亿美元。在去世之前，霍普金斯早就立下遗嘱，将这些钱平分捐赠给以他的名字命名的约翰·霍普金斯大学和约翰·霍普金斯医院。1875 年，其财产托管人在巴尔的摩市中心的霍华德大街购买了第一块地皮，以此作为未来的大学校园。

约翰·霍普金斯大学有幸成为美国第一所研究型大学，这在很大程度上要感谢教育家吉尔曼，这一点我们在前面已经提到了。应该说，约翰·霍普金斯大学非常幸运，除了一开始就遇到一个好校长，并且资金充足，起点很高外，它还赶上了美国工业革命的好时机。在这样的大背景下，吉尔曼领导的约翰·霍普金斯创造了美国大学史上的奇迹。到 1896 年这所大学刚满 20 岁时，它就成为了美国最优秀的大学之一（甚至有人认为在当时没有之一），并且成为美国整个高等教育的支柱。在当时全美 60 所主要的大学中，每所大学里至少有 3 名教授毕业于约翰·霍普金斯。其中哥伦比亚大学有 13 名教授、哈佛大学有 10 名教授，而威斯康星大学则多达 19 名教授，都是从约翰·霍普金斯毕业的。要知道，在那个年代，一所大学的教师总共也不会超过 100 名。

在很多人的想象中，一所一流的综合性大学必须专业齐全，然而美国很多一流大学并非如此，它们并不强调专业是否齐全，而是强调自己的特色，约翰·霍普金斯也是如此。经过了一个多世纪的发展，约翰·霍普金斯依然没有自己的法学院，仅仅在几年前才建立了一个规模非常小的商学院，用心经营自己的专业特色，而不是追求大而全，这一点与国内十几年前刮起的大学合并风的做法完全不同。如今，说起约翰·霍普金斯，大家首先想到的是它的医学院，以至于社会上对其毕业生的第一反应就是医生，我自己也时常被问到"是不是医生"。约翰·霍普金斯大学在医学上一直闻名于世，它的医学院在很长时间里与哈佛医学院一直不相上下，在 20 世纪 80 年代曾经排名第一，然后长期排在第二位，直到最近的三年（2015—2017 年）被斯坦福大学超过，屈居第三（我们在后面介绍斯坦福时会说明原因）。今天，到约翰·霍普金斯读书的本科生，有相当大一部分人是为了以后申请医学院的。

约翰·霍普金斯医学院的水平在很大程度上又得益于它的医院，当初霍普金斯先生一半的遗产用来创办了这所世界上最好的医院。自从美国开始有了对医院的评估以后，约翰·霍普金斯医院只有两次位居第二，其他时候一直都排名第一，堪称医学史上的奇迹。如今，霍普金斯医院是美国最大的单所医院之一，有近 2000 名医生、3300 多名护士以及 2600 名实习生（Interns）、住院医生（Residents）和博士后（Post Doctors）[3]。

约翰·霍普金斯的医疗系统非常庞大，它不仅有医学院和医院，还有独立的公众健康学院和护理学院。前者由著名企业家和慈善家洛克菲勒创办（最初叫做卫生与公众健康学院），在历史上以自来水消毒这一项发明树立了公众健康学院服务于社会的典范。护理学院则不仅仅是培养护士的护校，还是培养研究护理学的博士和硕士的研究机构。这两个学院在美国经常排名第一。约翰·霍普金斯的工学院院长施乐辛格博士刚到大学上任时感叹，在其他大学，谈到医学院就意味着和医疗有关的全部机构，而在约翰·霍普金斯，医学院仅仅表示医学院本身，不包括和它平行的诸多医疗相关机构，因为整个约翰·霍普金斯的医疗机构真是太大了。在校内，对这些医疗相关机构有个总称——约翰·霍普金斯医疗系统。

3　数据来源：霍普金斯医院网站 www.hopkinsmedicine.org。

正是由于约翰·霍普金斯医院的水平领先于世界，20 世纪初慈善家洛克菲勒在中国创办协和医院与协和医学院[4]时，才将建设中国协和医疗系统的任务交给约翰·霍普金斯大学来具体操作。今天在巴尔的摩市约翰·霍普金斯大学的霍姆伍德（Homewood）主校区旁也有一所同期创办的协和医院，当然名气没有中国的协和大。中国 20 世纪的很多名医，比如黄家驷、林巧稚和吴阶平等人，都是从协和获得的学位，接受过与约翰·霍普金斯医学院同等水平的教育。

图 11.2　洛克菲勒（右 3）和约翰·霍普金斯以及协和的教授们在一起

4　美国时代周刊记载：“从 1913 年 5 月开始的十年内，洛克菲勒基金会将近 8000 万美元捐赠中最大的一笔 1000 万美元给了中国的协和医学院，金额甚至超过它用于约翰·霍普金斯大学本身的 700 万美元。据 1956 年统计，最终，基金会为打造北京协和医学院及协和医院的总计投入超过了 4800 万美元。”
从成立开始，北京协和医学院及协和医院就复制了当时世界上医学最先进的约翰·霍普金斯大学的模式，得以站在前人的肩膀上，并从此在国内医学界独领风骚。

图 11.3　世界上最著名的医院 —— 约翰·霍普金斯医院

约翰·霍普金斯大学的教育学院（相当于中国的师范专业）虽然只有 20 多年的历史，却经常在美国排名第一。为了办好教育学院，约翰·霍普金斯大学收购了当地一所贫困学生比例很高的中学来做教育试点，并且将他们的教育成果直接向巴尔的摩市推广。在教育革新上，约翰·霍普金斯和巴尔的摩市的合作堪称典范，但是在其他方面双方的合作并不多。在中小学教育方面，约翰·霍普金斯的天才少年培养计划（Programs by Center for Talented Youth，简称 CTY）在全世界都非常出名，每年暑假都会在约翰·霍普金斯校园和美国各地（包括斯坦福大学、纽约、洛杉矶、西雅图等地），甚至是香港举办各种专业的夏令营。参加夏令营的学生来自世界各地，但是他们首先要在智力和学习成绩上证明自己超出了同龄人。很多商界杰出人士，比如布林、扎克伯格和桑德伯格等，十几岁时都参加过约翰·霍普金斯的夏令营。今天，很多来自中国大陆的学生会在暑假云集到斯坦福和洛杉矶等地，参加约翰·霍普金斯举办的各种夏令营。

约翰·霍普金斯另一个数一数二的专业是国际关系和外交，它的保罗·尼采高级国际研究学院（SAIS）为世界各国培养了大量政要，包括美国著名的国际关系问题专家布热津斯基、前国务卿奥尔布赖特、前财政部长盖特纳、世界银行前行长沃夫维茨，以及中国驻美大使崔天凯等。中国外交部每年都要送一批官员来这里进修。美国权威的国际时事刊物《外交政策》（*Foreign Policy*）一直将其排名为全美第 1 名或第 2 名，与之齐名的只有哈佛大学肯尼迪政府学院。尼采高级国际研究学院同时也是美国政府最重要的智库之一。不过，该学院地处华盛顿特区，而不是巴尔的摩，距离主校区有一小时车程。当然，正因地处华盛顿，它才能够对美国的外交政策产生更大的影响力，学院与世界著名的智库布鲁金斯学会、卡内基国际和平基金会仅隔一条马路，平时这些智库之间的交流相当频繁。

图 11.4　约翰·霍普金斯工学院

约翰·霍普金斯大学的工学专业创立于 1913 年，变成独立的工学院是在 1919 年。作为西半球的第一所研究型大学，约翰·霍普金斯的工学院曾经比肩麻省理工学院，是美国最好的工学院之一。在机械工程和流体力学等领域更是排在全美第一名，它研制出了世界上第一台超音速喷气发动机。在第二次世界大战期间，约翰·霍普金斯研制出靠感应引爆的高射炮炮弹，将地面火炮防空的效率提升了百倍，这是第二次世界大战中仅次于雷达的重大防空发明。遗憾的是，在20世纪60年代，约翰·霍普金斯做出了一个非常错误的决定：为了集中发展医学院，而将工学院并入文理学院。直到1987年，全球进入信息化时代，学校才恢复了工学院，但短时间内很难再与美国顶尖大学的工学院进行全面竞争了。长期以来，它的排名总是在20名开外，可见一个错误的决定对大学的发展会造成灾难性的影响。进入到21世纪后，靠着琼斯和施乐辛格两位院长的努力，工学院首先在经费上摆脱了过去的窘态，然后研究水平得以稳步上升，在《美国新闻与世界导报》2017—2018年的排名中，终于回到了前20名。

今天，约翰·霍普金斯工学院的全职教授只有120名左右，规模并不大，不过在很多领域它依然处于世界领先地位，其中最突出的是生物医疗工程系，这个专业自打有排名以来，一直都在美国排第一名，并且也被公认为是世界第一名，约翰·霍普金斯工学院大约三分之一的本科生都会选择这个专业。除此之外，工学院的语音和语言处理专业、医学图像处理专业、医疗机器人专业也在世界上执牛耳。特别值得一提的是我曾经在里面做科研的语音和语言处理中心，自1994年成立以后，很快就成为这个领域里世界上最重要的研究中心。2008年以后，它击败了卡内基 - 梅隆大学和麻省理工学院，赢得了为美国政府承办卓越中心（Center of Excellence）的合同，在人数规模、研究水平、师资力量和科研经费等多方面，都遥遥领先于世界。关于这个中心，后面还会详细介绍。

总的来说，约翰·霍普金斯工学院真实的水平远比它的排名要高，甚至简单地将它各个系的排名加权平均，也会在第 15 名左右。至于为什么被排在了 20 名开外，主要是排名方法的问题，比如在排名中有一项指标是看每个教授的博士生产量，由于约翰·霍普金斯博士生的毕业年限太长，因此每年的博士生产量就很低[5]，从而影响了排名。我和施乐辛格院长讲，其实这方面很容易改进，只要学院严格要求教授们执行博士生 5 年毕业的原则就可以了（现在博士生毕业的平均年限是 6 年）。另外，值得一提的是，约翰·霍普金斯工学院在继续教育（包括在线教育）上的影响力超过它本身的名气，在美国有 1/5 的在职研究生的工程硕士学位是从约翰·霍普金斯获得的。这些在职研究生来自约翰·霍普金斯的周边地区，以及美国各个州。

2　特色大学

约翰·霍普金斯大学的专业虽不齐全，这在某种程度上是它的短板，但是它并没有刻意要补上这些所谓的短板，将学科规划齐全，而是不断地注重发展自身特色。比如，它拥有一些很多大学都不设置的学院（或专业），其中就有皮博迪音乐学院。这所音乐学院最早是由著名的金融家 JP·摩根资助成立，是美国最早的，也是极负盛名的音乐学院之一，1977 年它被并入约翰·霍普金斯大学。皮博迪音乐学院位于霍姆伍德主校区和医学院校区之间，每半个小时有通勤车往返于这些校区。对音乐有兴趣的学生可以到音乐学院自由选课。当年，我每天路过霍姆伍德校车车站时，都能看到一些文理学院和工学院的学生拿着乐器坐上校车，去皮博迪上音乐课。当然，音乐学院的学生也可以选其他学院的课程，我当助教时，班上还真有音乐学院的学生。在约翰·霍普金斯，一名学生只要愿意，在音乐表演艺术上也可以走得很远。

5　通常一个教授只有精力带五六个博士生，如果博士生毕业的平均年限不到 5 年，这样每个教授每年能输出一个博士生，如果平均年限超过 5 年，那么教授每年人均输出的博士生就不到一个了，这会影响排名。

图 11.5　皮博迪音乐学院图书馆被誉为世界十大最美图书馆之一

约翰·霍普金斯大学另一个世界级的专业是天文学和天体物理。著名的哈勃空间望远镜和即将升空的詹姆斯·韦伯太空望远镜的地面控制中心都设在大学里，大学还领导和参与了这些太空望远镜的设计。在最近10年里，该中心出了两位诺贝尔奖获得者。

提到约翰·霍普金斯，除了会让人马上联想到医学院，还会联想到应用物理实验室（APL）。不过，该实验室虽然名称里有"物理"这个词，但其实并不是搞物理研究的，而是承接美国国防部和航天局的很多重大工程，比如研制各种航天器和潜艇，等等。应用物理实验室里的专职科学家，比大学本身的教授人数还要多，它每年的经费（大约10亿美元）占了整个大学的研究经费一半左右。正是靠着它带来的巨额经费，约翰·霍普金斯的科研经费才能一直排在全美大学之首（不过，即使扣除应用物理实验室的经费，约翰·霍普金斯的经费在全美也能排进前三名。详见第五章的表 5.1）。

与伯克利的劳伦斯国家实验室（LBNL）、加州理工的喷气推进实验室（JPL）类似，应用物理实验室属于半独立的专门研究机构，虽然它和大学的很多系都有合作，但是总体来讲它们的关系是松耦合的。不过，应用物理实验室的存在，使得很多喜欢搞科研的人有了一个不需要为经费发愁的去处。20 世纪 50 年代，戈登·摩尔[6] 就在里面做研究，他回忆说，当时（应用物理）实验室一篇论文花掉的科研经费相当于每个字好几美元，由此可见该实验室的经费之多。

与多数常青藤大学类似，约翰·霍普金斯大学的体育算不上突出。当年常青藤 8 所大学在成立联盟时曾经邀请约翰·霍普金斯加入，而它因为路途实在遥远而谢绝了，否则今天常青藤联盟里会有 9 所大学。不过霍普金斯在体育上也有其特色，其长曲棍球、水球和女子足球的水平在美国大学里名列前茅，其中以长曲棍球队的成绩最为出色。大学男子长曲棍球队（通常称为 Blue Jays）共夺得全国联赛 44 次冠军。它过去的老对手是邻居马里兰大学。在美国，两个相距很近的大学，比如斯坦福和伯克利、哈佛和耶鲁、南加州和加州大学洛杉矶分校，通常都是体育场上的冤家，而约翰·霍普金斯和马里兰大学也是这样一对冤家，它们在长达一个世纪的长曲棍球争霸中，共交锋上百次，约翰·霍普金斯略微占优。最近几年，它在这个项目上的对手变成了普林斯顿。约翰·霍普金斯的女子足球也不错，但是学校里却没有正式的男子足球队，只有一群从欧洲来的学生自己踢球。当人们问起美国男生为什么不踢足球，他们说足球是女孩子的运动项目，言外之意男生应该打橄榄球。这也从一个侧面反映了为什么美国女子足球在世界上很有名，而男子足球却如同鸡肋。

图 11.6　约翰·霍普金斯大学获得全美长曲棍球联赛冠军

总的来说，约翰·霍普金斯大学有着十分辉煌的过去，如今它是一所颇具特色的大学，依然有很多相当好的专业，但与哈佛、斯坦福和普林斯顿等超一流大学相比，整体上还有差距。所幸的是，最近几年它的整体水平在慢慢恢复。接下来，我就根据自己在学校里学习和生活的体会来介绍这所大学各方面的情况。

第二节　住宿和校园生活

1　费用低廉的住宿

之所以把住宿放在前面来讲，一是因为生活是上大学最重要的部分，二是因为我一到约翰·霍普金斯就面临着找房子的难题，印象特别深。

在前往约翰·霍普金斯大学之前，照理讲应该事先安排好住宿，以免到了那里人生地不熟，没有落脚之地（当时，留学生兜里那点钱是不够住旅馆的）。然而不幸的是，那一年正赶上大学里最大的宿舍霍姆伍德公寓在修缮翻新，学校不负责给研究生安排宿舍，而系里的师兄们也无法帮忙（后来才知道是因为私人房屋租赁合同均需要租户本人签字，很难代劳），这下子我（和其他几个被录取的大陆学生）就抓瞎了，只好到了那里先找个临时住处落脚，然后再找房子。幸好这时"中国学生和学者协会"（CSSA，我们简称学生会，在美国主要的大学里都有这个组织）联系了一位从大陆来的同学（杨兴）到机场接我，然后那一届学生会的主席宋见林把我安排到一对中国学生夫妇（穆家善和王琼）家里暂时住下。今日回想起来，还是非常感谢他们几位。

在接下来的几天里，我和几位来自北京的同学整天就是忙着找房子。学校的"老同学"首先给我们划定一个找房子的范围。据他们讲，这里晚上不是很安全，校园周围住的大部分是学生，而且时常有学校的保安人员开车巡逻，稍微好一些，找房子不能远离校园。但是从学校往东两条街以外，往南三条街以外，就不安全了，那里的房子不能找。除了离学校一两条街区以内，相对安全的是学校西面当地老居民的居住地，以及往北不远处白领和学校教授们的住地，因此我们能找的房子就被限定在不大的范围里。由于所有的新生都需要在校外找房子，难度可想而知。我第一天转了一大圈，到天黑一无所获，第二天、第三天、第四天依然如此。就在我几乎要绝望的时候，终于在只需要步行三五分钟就能到学校的地方找到了一个住处，是与两位中国学生合住一个三室一厅的半独立屋（Semi Detached House）。房子是新修缮过的，看上去条件还不错，我连价格都没考虑，马上就答应了下来，生怕没地方住而"流落街头"。

我住的是楼上的套间，除了一个客厅、一个小卧室和卫生间外，还有一个很宽敞的阁楼供我使用，遗憾的是因为学习繁忙，我住了一年也没什么机会享受阁楼的空间。当时的房租是每个月 350 美元，比周边同等房子的租金贵出 50 美元，也正因如此，在我搬进去之前才一直闲置没有租出去。不过，即使如此，仍比学校的宿舍便宜 100 多美元。巴尔的摩的消费水平并不高，房租只占掉了我奖学金的 1/4，而生活费每月只需要 200 美元左右就够了，再扣去所得税，交完水电费和电话费（当时的国际长途电话费很贵，是一笔不菲的开销），每个月还能结余 1/4 的奖学金。

图 11.7　我在约翰·霍普金斯读书期间第一个住所

在约翰·霍普金斯最初找房子的经历颇为痛苦，至今记忆犹新，从这个过程也可以看出我那个年代的大学生出国留学的艰辛。但是相对其他大学，约翰·霍普金斯的住宿条件算是相当便利的，而民房的数量也足够高年级本科生和研究生租用，只是我那一年正好赶上学校宿舍的翻新而已。如果一所大学地处纽约或者其他人口密度高的大城市，则每年开学之初新来的研究生们[7]可能都要遇上这种找房难的问题。

7　各大学一般会保证本科新生的住房，因此他们不需要找房子。

有了自己的住处，才有心思到大学里转转。约翰·霍普金斯大学的霍姆伍德校区并不是很大，原本是《独立宣言》签名人之一的查尔斯·卡罗尔（Charles Carroll，1737—1832）儿子的庄园，面积只有140英亩，加上后来学校购买的周边的民房，面积也只有180英亩（约合中国的1100亩），和斯坦福校园的8000多英亩相比，不值一提。但是小有小的好处，校园边上的民宅和社会上的公寓楼，最远的到学校也不过步行10分钟，而校内交通更是完全靠步行即可，上学和中间换教室都很方便。如果晚上回家觉得不安全，可以坐学校的校车，或者让保安护送回家（免费）。因此，大部分学生在这里住了四五年，不仅不用开车，甚至连自行车也用不上。正因为学校周围不是很安全，学校反而对保安工作非常重视，在校园外半径1.5英里（大约2.4公里）的范围内，学生从任何一处到另一处，都有校车或保安接送。正巧有几个超市就在这个范围之内（而且24小时开放），很多学生晚上10点多钟下自习后，就坐校车去超市买菜。

在约翰·霍普金斯接下来的几年里，我一共换过两个住处。在我妻子到来之后，我们在学校附近租了一套一室一厅的民房，面积大约有60平方米，外加一个地下室（也没有机会使用），每个月的房租（加上煤气费[8]）是415美元。在今天看起来当时这个家不算多大，但是相比我们在清华结婚后没有地方住的窘境，这个条件已经让我们感觉像是生活在天堂了。因此，虽然巴尔的摩几乎没有中餐馆，更别提中国人的娱乐场所（即使有，我们也不会有时间去），但是我们觉得在这里的生活要比在北京好很多。

约翰·霍普金斯只有一部分宿舍楼在校园之内，都是留给一、二年级学

---

8 冬天取暖的煤气费还是不便宜的。

生住的；另一部分宿舍楼则在校园的旁边（图 11.8 中圈线部分），巴尔的摩市的查尔斯大街（图中粗线部分）将这部分宿舍和校园沿东西向分开，住在这里的学生晚上从学校回宿舍要经过几十米的非校园地带，因此住在这里和住在学校附近的民房或社会上的公寓楼其实已经没有什么差别了，唯一的好处是不用自己做饭，而且整栋楼里都是同学，有利于同学之间建立联系。

图 11.8　约翰·霍普金斯大学的霍姆伍德校区

在约翰·霍普金斯 6 年，直到毕业的那一天我不仅没有住过学校的宿舍，甚至没有进去看过，一旦在校外住惯了价格相对低廉，更加宽敞和方便的民房，确实没必要再回到校内住宿舍了。不过，梦华倒是在霍普金斯大学的本科生宿舍里生活过一个月。2012 年暑假她参加了在约翰·霍普金斯举办的 CTY（Center for Talented Youth）夏令营，住在学校的二号宿舍楼里。这栋宿舍楼在校园的东北角，离校外主要的大街都隔着几栋楼或是运动场，非常安静。整栋宿舍楼是一座维多利亚式的红砖小楼——典型的约翰·霍普金斯风格，配上宿舍楼门前的梧桐树和青翠的草坪，宁静优美。

图 11.9　梦华住过的约翰·霍普金斯大学宿舍

楼里的宿舍是两室一厅带一个卫生间的套间，居住面积大约有 70—80 平方米，平时住 4 个本科学生，两个人一个卧室，宽敞明亮，不仅条件比纽约或波士顿地区大学的宿舍要好很多，比耶鲁和普林斯顿也不差。卧室里除了床和书桌外，还给每个学生配了一个不小的衣橱，而在客厅里，更是家具齐全。梦华说，在她所参观的各个大学的宿舍中，她那年暑假在约翰·霍普金斯住的算是非常好的。紧邻二号宿舍楼的是饭厅，据梦华介绍饭厅提供的都是典型的美国餐饮，可以尽管放开肚皮吃，但是对中国人来讲，大部分时候饭厅餐饮的口味不敢恭维。

我在学校时，原本以为约翰·霍普金斯的伙食不算很好，因为偶尔在学校的研究生和教师的饭厅吃饭，感觉价格虽然合理但是可选择的花样并不多。但是等我毕业后因为各种原因偶尔去其他大学的饭厅吃几顿饭，回头再横向对比，发现约翰·霍普金斯的伙食还不算差。不过，说句实话，伙食问题是几乎所有大学的本科生都会抱怨的，即使这个大学的伙食不错，学生们也会觉得还不够好。但是，当他们带着高中生参观自己的大学时，一般都会夸自己学校的伙食好，总之大学的伙食好坏不能听学校里的人说，需要自己去吃几次。

图 11.10　大学门口的约翰·霍普金斯像

约翰·霍普金斯规定本科生前两年都必须在学校吃住，这不仅是出于安全的考虑，更是为了让学生们彼此相互学习。但是到了三年级，很多学生还是更愿意到校外找房子自己住。原因有二，首先还是经济上的考虑，虽然约翰·霍普金斯的食宿在美国各大名牌大学中算便宜的，但是考虑到巴尔的摩消费水平很低，住在校外从经济上来讲要合算得多。巴尔的摩的房价很便宜，在我上学时校园周边一栋两层楼、面积 120—

150 平方米左右（外加地下室）的联排别墅只需要 3 万多美元，今天它也不过 10 多万美元左右。有些手里有点钱的学生在上学时便买下一套住房，然后分租出去一到两间，每月可以收入五六百美元，完全够自己吃饭穿衣的用度。等到了毕业时，再把房子卖掉，不仅省下来读书几年的生活费，还能从本金升值上小赚一笔[9]。我们系里一位高年级的俄罗斯同学就是这么做的。我想，这应该算是在约翰·霍普金斯读书的好处。

2 巴尔的摩的象牙塔

虽然约翰·霍普金斯的校园生活远不如斯坦福、哈佛和耶鲁丰富，但是比清华还是强不少。由于离华盛顿很近，学校又有免费的校车可以去华盛顿，因此我读书时去华府比在清华读书时进城还频繁。大部分学生平时不开车，但是每到放假或者周末大家都要租车出去游玩（在美国读书没有驾照是不行的），或者坐灰狗[10]去纽约等地。马里兰州周围可以玩的地方很多，它不仅临海，而且河流纵横，抓螃蟹、钓鱼都很方便，运气好的时候，我们三五个人一下午能钓几十条鱼。约翰·霍普金斯大学离巴尔的摩的内港不远，一些当地人会在那里玩帆船，我也是从那时开始学习驾驶帆船的。

约翰·霍普金斯有 200 多个各种各样的学生团体和协会，与大陆来的学生关系最密切的就是"中国学生和学者协会"了。我刚到约翰·霍普金斯时高年级的中国同学便帮助了我，后来我也在协会里为大家服务了一年。这个协会每年只有四五次像样的活动，比如 8 月底迎接新生（女生特别受欢迎），有车的同学和住房相对宽裕的同学都会为新生提供帮助，好在除了我入学的那一年，学校的宿舍并不紧张，不用担心没有地方

9 从我入学到毕业，约翰·霍普金斯附近的房价翻了一番。
10 美国一种廉价的长途汽车服务。

住。每年十一国庆节和中秋节前后，学校会举办一场欢迎中国新生的晚会，由于约翰·霍普金斯靠近华盛顿特区，中国驻美国大使馆的教育处会赞助给中国的学生会一些经费，并且派一些外交官来参加活动。到了春节，使馆也会赞助春节联欢活动，参加这些活动的不只是来自大陆的学生，也有不少来自其他国家和地区的学生。从台湾来的中国学生通常有自己的圈子，大陆的学生经常会去参加他们的活动，香港的学生则很少有自己的活动。而美国出生的亚裔学生也有单独的圈子，这个圈子与中国大陆、中国台湾或者中国香港学生的圈子鲜有交集。在约翰·霍普金斯，很多国家的留学生都有类似的学生组织，而每到自己国家或民族的节日都会有庆祝活动。我的一位同学比较爱美食，于是参加了不少这样的组织，把各种饮食都吃了个遍。

约翰·霍普金斯的学习负担在全美的大学中大约名列十几位（校友们比较得出的结果），不能算轻，不过到了周末，学生们还是会放下学习，或结伴去城里的酒吧宣泄一番，或举办派对，周末的校园外，到处是打扮得花枝招展的女生。在我的印象里，我们这批从大陆来的研究生每个月总要去参加两次派对，当然，我自己也办过很多次派对。因此，虽然我在约翰·霍普金斯呆的时间长达六年，却并不感到枯燥，不像我在清华读书时，总有一种受煎熬的感觉。

约翰·霍普金斯地处巴尔的摩市，该市在美国是出了名的乱，2015 年它再次因非洲裔的骚乱而上了世界各国的新闻头版。每当我讲起曾经在那里读了 6 年书，很多人就会很惊讶地看着我，仿佛是在讲"你在这么乱的地方居然生活了那么长时间"，这时我通常会告诉他们，其实没有那么可怕，只要你平时小心警惕。下面我介绍一下巴尔的摩。

图 11.11　霍姆伍德庄园内的查尔斯·卡罗尔之子的家，如今是一个小型博物馆

巴尔的摩是英国人的早期殖民点，最早的殖民者是塞西尔·卡尔弗特（Cecil Calvert）。当卡尔弗特来到这里之后，他将这一片殖民地宣布为当时英国女王玛丽的"领地"（Maryland），按照音译今天我们将其翻译成马里兰。而作为回报，玛丽女王封卡尔弗特为巴尔的摩男爵，这个城市也就因此而得名，并且成为马里兰州最大的城市。巴尔的摩是一个天然的良港，并且曾经是美国东部最大的海港，因此是早期最重要的殖民城市。即使到了独立战争前后，巴尔的摩也是和纽约比肩发展的。到了 19 世纪中期铁路大热时，霍普金斯先生修建了巴尔的摩 — 俄亥俄铁路网，使这里成为五大湖工业区的出口海港，当地经济相当繁荣。当时巴尔的摩的《太阳报》一度是世界上最有影响力的报纸，而且是美国新闻自由的象征。遗憾的是，这里没有像波士顿那样认认真真发展工业，并且在南北战争中站到了南方一边（虽然从地理上看它在北方首都华盛顿特区的北边），自美国工业革命之后，巴尔的摩就渐渐落伍了，并且慢慢失去了它作为海港的重要性。与巴尔的摩一同落伍的还有离它不远的费城。到了 20 世纪罗斯福担任总统期间，他创造了大量的政府部门工作机会，马里兰作为紧邻华盛顿特区的州，颇受益于罗斯福的新政，

并且成为当今美国中值家庭收入最高的州。但是，由于汽车开始普及，大家更愿意选择居住在环境优雅的巴尔的摩和华盛顿的郊区，而不是这两个城市的市区，因此巴尔的摩和华盛顿的市区进一步衰落。事实上从20世纪60年代起，美国东海岸所有的城市，包括纽约在内，都在渐渐衰落。虽然纽约作为美国第一大都市和金融中心最终得到复兴，但是巴尔的摩等一大批城市则没有纽约那么好的运气。美国为了复兴大城市的经济，还搞过一次城市复兴计划，巴尔的摩通过这个计划得到了一些恢复，尤其是其海港地区转型为当地的金融和贸易中心，但再也无法恢复昔日的荣光了。

过去人们谈到巴尔的摩，能够列举出很多此地的好处（港口、《太阳报》、金融中心和文化氛围），但是今天提到巴尔的摩，大家只会想到约翰·霍普金斯大学了。约翰·霍普金斯不仅是巴尔的摩规模最大的机构，也是马里兰州第二大雇主（第一大雇主是美国政府）。在马里兰，每14美元的GDP就有1美元是由约翰·霍普金斯直接或间接创造的，该大学对于当地的重要性甚至高过斯坦福对于硅谷，或者哈佛对于波士顿。不过，很多时候约翰·霍普金斯和巴尔的摩又显得毫不相干。选择斯坦福的学生，几乎可以肯定是喜欢硅谷的；选择哥伦比亚的学生，几乎100%喜欢纽约，甚至会对人讲"我在纽约读书"。但是，在约翰·霍普金斯读书的学生，几乎不会说"我在巴尔的摩上学"，而只会说"我在霍普金斯上学"，因为这座城市和学生们的关系真不大，他们甚至对不远处的华盛顿特区更感兴趣，而不关注眼皮子底下的巴尔的摩。（同理，在耶鲁读书的人未必关心纽黑文，在华盛顿大学读书的人不见得关心圣路易斯。）拿我来讲，虽然我算是比较努力融入当地社会的，但是在巴尔的摩6年，我一共只坐过一次公交车。

2015年4月，巴尔的摩发生了由种族冲突引起的骚乱，其实波及范围很小，只有一个足球场大小的两个街区，但是影响很坏，很多人担心这一年本来打算去约翰·霍普金斯的好些学生会选择别的学校，但是出人意外的是，约翰·霍普金斯这一年的录取接受率非常高，居然创了纪录。为什么呢？因为很多学生会认为自己是去约翰·霍普金斯的，又不是去巴尔的摩。的确，在那里，大学和当地社区的反差非常大，前者是一所大部分本科生来自于中上产阶级家庭的精英大学，后者则是一个失业率高、低收入人口多、非洲裔占大多数的老城市。在约翰·霍普金斯读书，其实多少有点身处在被汪洋大海包围的孤岛上的感觉。约翰·霍普金斯的霍姆伍德校区整洁漂亮，校园里都是 19 世纪维多利亚风格的红砖建筑，由四通八达的红砖小路把各幢大楼连成一片，再加上周围古树环抱，绿草如茵，整个校园宁静安谧，人文气息浓郁，素有马里兰的"精神首府"的雅称。但是，只要从校园往东或者往南步行 5 分钟，看到的就会是一副衰败的景象，2015 年巴尔的摩发生骚乱的地点距离大学只有 3 公里远。但是，学生们求学四年，几乎都不会去这些地区。而医学院周围的环境则更差，出于安全考虑，医学院的所有大楼，从医院到实验室，再到宿舍楼，都是通过地下通道连接的，平时甚至不需要走到大街上与社会接触，而音乐学院则干脆修有围墙（在美国的大学里围墙不多见）。再加上约翰·霍普金斯大学为学生提供了便捷而安全的免费交通，无论是在巴尔的摩生活，还是去华盛顿特区，都有校车服务，因此学生们更是没有必要和社会接触了。就连学生们的暑期实习，也很少有在巴尔的摩市内的，这样一来学生们自然而然便产生了自己并不生活在巴尔的摩的感觉。

公平地讲，这样一来有好有坏。好处是，约翰·霍普金斯大学变成了一个纯粹的象牙塔——学生们可以安心读书，教授们能认真做研究。坏处是师生们和当地社会不接触，当地也不会受益于约翰·霍普金斯的科研成果，就连约翰·霍普金斯校友们所办的公司，很多还跑到硅谷去了。时间一长，学生们就缺少了一个参加社会实践的大环境。在这一点上，它远比不过斯坦福和哥伦比亚，甚至也不如杜克大学或宾夕法尼亚大学。最近几年，约翰·霍普金斯现任校长丹尼尔斯投入了很多经费，并且投入大量精力致力于帮助巴尔的摩改善贫困社区的中小学教育问题。大学甚至在非洲裔聚集的地区购买了一所中学，作为大学下属教育学院的试验点，希望树立一个在贫困社区建立起优质初等教育的典范，并且将来在其他贫困的社区推广。但是这件事显然不是短时间内能够见效的。

不过相比耶鲁和华盛顿大学，在约翰·霍普金斯读书也有很多方便之处。除了校园是个象牙塔生活费用较低之外，它靠近美国首都华盛顿特区，这是一个非常大的优势。华盛顿不仅是美国的政治中心，而且从北弗吉尼亚一直到马里兰的南部和西部，也是美国经济最发达、高科技公司最密集的地区之一，那里不仅有很多的工作机会，而且文化繁荣。因此教授们（因为很容易拿到科研经费）和学生们（因为不需要为将来毕业找工作发愁）都很喜欢华盛顿周边地区，约翰·霍普金斯的本科生有1/3来自所谓的"当地"，即马里兰州、弗吉尼亚州和华盛顿特区，却有2/3的毕业生最后留在了这三个地区，在那些地区，约翰·霍普金斯的校友们影响力非常大。

在约翰·霍普金斯大学，不仅与教学科研相关的各种设施和服务都非常好，而且给学生提供的福利也特别多。我到了这里才体会到美国这些私立名校的福利有多好。很多服务，不仅学生可以享受，家属也可以免费享用。我夫人刚到美国时，身份还是陪读，约翰·霍普金斯给她办了一张特殊的身份卡，凭着这张卡，她不仅可以旁听任何课程，自由进出图书馆借阅图书，还可以使用图书馆的计算机，甚至免费乘坐校车到华盛顿。我们在约翰·霍普金斯时，每到樱花盛开的时节，都要搭乘校车去华盛顿赏樱花，每到美国的国庆节，都要去看烟火表演。此外，学校的行政人员，比如系里的秘书、外国学生办公室的工作人员，都非常友善，凡是遇到了麻烦去寻求帮助，他们总是很耐心地帮助大家解决问题。从约翰·霍普金斯毕业多年，回想起那时的读书生活，依然觉得过得很不错，完全没有在清华苦读那种度日如年的感觉。

第三节　高质量的本科教育

1　高度自由的选课制度

约翰·霍普金斯大学的本科一般排在美国的 10—15 名，跟常青藤大学比，大约会排在布朗大学和康奈尔大学之前，其他大学之后，这基本上反映了它在本科教学上的真实水平。约翰·霍普金斯学院众多，但是接收本科生的只有文理学院（Kreiger School of Arts Sciences）、工学院（Whiting School of Engineering）、护理学院（School of Nursing）、音乐学院（Peabody Conservatory）和教育学院（School of Education），而与高中生有关的主要就是文理学院和工学院，这两个学院构成了约翰·霍普金斯本科教育的主体。而那些专业性很强的学院（比如音乐学院）的要求则与一般大学相差很远。

文理学院和工学院都在霍姆伍德主校区，彼此的大楼混在一起，很多课也是在一起上的，在校内大家彼此难以区分谁是哪一所学院的。约翰·霍普金斯的专业，从名称就能猜出是属于哪一所学院的，比如英语系一定在文理学院，土木工程系一定在工学院，不过个别专业在两个学院都有，不过侧重点有所不同。比如，文理学院的数学是数学，而工学院的数学是应用数学，文理学院的地理是地理信息系统，而工学院的地理是地理和环境工程。

约翰·霍普金斯毕业采用学分制，一门课一周讲 3 小时，就是三学分。文理学院和工学院的毕业要求都是 120 学分，平均下来，每个学期 15 学分，即每天平均上课 3 小时左右。约翰·霍普金斯的大部分课程安排在周一到周三，每堂课一小时，连续上三天同一时间。比如我在做助教时，《计算机原理》课总是安排在周一到三的上午 8—9 点，《自然语言处理》课总是安排在周一到三的下午 2—3 点。周四、周五有少量的课程，每节课 1.5 小时，连续上两天，这样一周也是三学分。有些学生总是设法把课程选在周一到周三，这样从周四到周日连续四天不需要上课，时间自己安排。大部分学生会利用没课的时间做作业或者参加科研，当然也有少数学生会玩上四天，到了周日晚上再赶作业。不过，约翰·霍普金斯的作业量很重，这样的学生恐怕用不了一两个学期就得退学了。

图 11.12　约翰·霍普金斯大学本科高年级的经济学课程，更多的是交流而非单纯的讲述

本科生的课程在第一年里大多是基础课，没有多少区别，但是由于水平不一，特长不同，学生选课的难度可能会有所不同，比如没有学过微积分的学生要从《微积分 I》开始学，而学过微积分的就可以直接选《微

积分Ⅱ》。在中学里已经修了一些 AP 课的学生，在约翰·霍普金斯有希望提前毕业，因为他们不仅可以跳过一些基础课直接选修专业基础课，而且可以从中学 AP 课上转来不少学分，以满足毕业的基本要求。约翰·霍普金斯给出了一个清单（网址：https://apply.jhu.edu/apply/examcredit/），说明哪些 AP 课的学分可以转，并且给出了不同成绩可以转的学分值数。根据这个清单，一名学生最多可以转 8 门课的学分。和很多大学不同的是，约翰·霍普金斯承认的 AP 学分数取决于这门 AP 课的考试成绩，而不是"一刀切"。比如微积分 B 和微积分 C，如果考了 5 分，那么可以转 8 学分，只考了 3—4 分，则只能转 4 学分。对于一些非常优秀、选修了多门 AP 课而每门课又都得 5 分的学生，他们可以节省将近一年的时间。也就是说，只要 3 年半就能本科毕业，或者选择用 4 年多一点时间获得硕士学位。

本科生到了第二年，一般来讲仍是以基础课为主，当然那些从中学 AP 课里转了很多学分的学生除外。根据约翰·霍普金斯的要求，任何学生都必须学习足够多的数学课、自然科学课程、人文和社会科学课程以及与国际化有关的课程（包括外语、外国的政治、历史和文化），并在每个领域都能获得 12—15 以上的学分，这样一来，基础课便已经占到毕业总学分的大约 40%。从本科课程安排来看，约翰·霍普金斯非常强调通才教育，尽管它也是全美最早进行职业研究生教育的大学。

文理学院和工学院分别有 280 名和 120 名左右教授（Tenured 和 Tenure Tracked），不包括讲师、研究教授和兼职教授。本科生一、二年级的很多大课，比如数学课、物理课和经济学课，都是由文理学院的教授开设的。而专业基础课及专业课，则由各个学院、各系开设，其数量取决于教授人数。每个教授每学期最多会上两门课，最少一门，因此开设的课程数目基本上与教授的人数成比例。从上面的数字容易看出，文理学院开的课从数量上讲远比工学院要多，事实也是如此。

在约翰·霍普金斯，选课非常自由，甚至可以说自由到了难以想象的地步。首先，在不同专业之间相互选课是常态，这是我非常喜欢的。几乎每一门计算机专业的课程，来上课的一半都是外系的学生，而我本人所学的课程，听课的一半以上也是外系的。当一名学生学了足够多的某个外系课程后，他就可以自动申请那个系的学位，因此从大陆来的学生，不论自己是学什么专业的，大多都顺带拿了一个计算机科学的学位。2000 年前后，计算机专业的学生很容易找工作。从大陆来的好些研究生在拿到辅修的计算机专业学位后，便不再在本专业读博士了，马上去工业界找份工作。这样一来，很多系流失了大量的研究生，不过学校从未限制过这样的做法，这不仅体现出学校和教授们的胸怀，而且说明霍普金斯是真正把学生的利益和需求放在第一位的。这一点不是所有的大学都能够做到的。

除了一般的基础课程和专业课程，约翰·霍普金斯还有专门为满足学生们的兴趣爱好而开设的课程，比如钢琴课、摄影课、军事体育课、舞蹈课，等等。如果学生对国际关系感兴趣，甚至能每周到位于华盛顿的尼采国际关系学院去上课。在我的印象中，在约翰·霍普金斯只要学生想学，好像还没有什么学不到的。

选课的自由还体现在可以比较方便地加课和退课。耶鲁大学给了学生们两周时间自由加课和退课，这就拿来做招生广告了，还为此发明了一个名词——"购物季"（Shopping Season），意思是说每学期的前两周学生们可以随便加课和退课，就如同购物一样。约翰·霍普金斯在吸引本科生上显然没有耶鲁那么会做广告，但是它的"购物季"可比耶鲁长得多——6 周，要知道约翰·霍普金斯一学期不算期末考试，总共才 14

周。学生在规定的时间里退课之后，学校不仅会退回相应的学费[11]，并且允许学生将教科书退还给书店（当然前提是要保留发票，并且书本要保持得像新书，不能乱涂乱画，否则只能退款 50%）。在约翰·霍普金斯，几乎每一个人，包括我自己，都利用过这个便利条件换课或者干脆退掉自己可能学不好的课程（以免成绩单不好看）。由于加课只有两周时间，而退课却有长达 6 周的时间，因此大部分学生一开始都会多选一两门课，然后退掉不喜欢或觉得很难的课程。我在约翰·霍普金斯的第一年，曾经选了《并行计算》这门课，当时并不知道这是一门很难学的课程。学期开始时，有十几个学生选修，两周后剩下 6 人，6 周后只剩下包括我在内的 4 个人。当然，教授还是一如既往地认真讲课，并不因为人少而有丝毫的怠慢。上过这门课后，我不仅体会到小班上课的好处，也体会到学生们是如何合理地利用选课制度优化自己的选课的。

在约翰·霍普金斯，学生们还可以不花钱随便旁听课。我在读博士的第四年，已经不用选任何课程，但是又对一些数学课感兴趣，便去旁听，当然我不需要参加考试，也不需要做课程项目，如果没有时间，甚至不用交作业（当然交作业助教也会修改），在我的成绩单上会体现这门课，就是没有成绩和学分。

很多大学在试图提高教育质量时，通常只关注教师的讲课水平和课程内容的安排上，这是容易理解的。但是真正一流的教学还应该反映在选课制度上，比如课程的选择性，以及对于补选、退选和旁听的规定上，在这些方面需要以学生而非学校和老师为核心。建设一流大学不是一句停留在嘴上的口号，而需要采取具体的措施把教学的各个细节做得尽善尽美。当然，有人可能会说，"这样做多么浪费啊！"但这是没有办法的

11　在约翰·霍普金斯大学，本科生可以按照学分缴纳学费，因此如果退课，相应的学费也会退还，而研究生每学期的学费和学分无关，因此退课时不涉及学费的问题。

事情，世界上没有一所一流大学不是在钱的基础上堆出来的。一些教育管理者认为，二流国家出不了一流的大学，就是这个道理。

在约翰·霍普金斯，学生们不仅可以学得多、学得广，而且可以学得精深。作为一所综合性的研究型大学，约翰·霍普金斯大学有多达 240 个细分的专业，每个专业大约相当于中国大学里的一个系或者一个教研组，如果学生想学得很精深，尽可以找一个很窄的专业，把其中的课程都学一遍，要是觉得还不够，就可以跟着某个教授进行独立课题的学习，一般会由教授指定一些论文或者书籍阅读，然后一对一地讨论，或者做一些实验。

2　高质量的教学水平

前面我们讲到，大学课程的数量是保证教学质量的一个重要要素。约翰·霍普金斯大学一共开设了多少门课，我没有统计过，学校也没有公布，不过每年学校会发一份包括全部课程（包括本科生和研究生）的清单，包括简单的介绍，足足几百页，推算下来应该有几千门课，我大致估计了一下，可能在 2000—4000 门之间，其中一半是为本科生设置的。现在这份清单在网络上可以下载，有兴趣的读者可以下载后做下统计，看看学校到底开设了多少门课程。

当然，除了选课制度和课程的数量，课程的质量更重要。这首先要看教授们的讲课水平。我一般喜欢根据教授们讲课的水平把他们分成 4 类。讲课第一流的教授需要具备三项素质：首先是深刻理解课程的内容，其次可以用很浅显而清晰的语言把深奥的知识讲述清楚，第三得同时是这个领域的专家，这样他们可以将最新的相关内容融入课程中。第二流的教授和第一流的教授差别不大，只是他们讲述的内容常年不变，因为他们在这个领域可能已经不很活跃了，这样的教授讲述文学或者历史方面的课程或许没有多大问题，但是对理工科的课程来讲，尤其是计算机、生物和电机工程方面的课程，学生们从二流教授那里学到的可能是过时的内容。第三流的教授则是自己懂得所教的内容，却像在茶壶里煮饺子，心中有数就是倒不出来。末流教授呢，用一句俗话讲，就是以其昏昏，使人昭昭。

约翰·霍普金斯的教授，大约一半是第一流的，一半是第二流的。最近几年我在网上陆陆续续听了麻省理工的一些课程，我觉得麻省理工大约三分之二的教授是第一流的，比约翰·霍普金斯稍微强些。相比之下，国内教授的讲课水平要差很多，即使是在清华，大部分教授也只是处于二、三流之间，甚至有些只能排在最末一等。当然，二、三流也不能算太差，因为在国际会议上作报告的人，大部分的演讲水平也不过在二、三流之间。在大学里，并非有名的大教授就比年轻人讲得要好。在我修过的或旁听过的十几门课中，讲得最好的有三位老师，分别是应用数学系（当时叫数学科学系）的山内曼教授（讲授《图论》）、计算机系的古德里奇副教授（Michael Goodrich，讲授《计算机算法》）和计算机系的荷拉菡博士（Joanne Houlahan，讲授《Java 程序语言设计》，我是旁听她的课。她不是终身教职通道的教授），他们的资历相差甚远，但是课都讲得非常好。其中荷拉菡博士是在我入校的那年刚毕业，但是她被认为是本科生课程讲得最好的老师之一。荷拉菡博士不仅课讲得清晰而生动，而且她会跟踪那个领域（程序设计）最新进展，在课堂上会补充很多教科书以外的内容。不过最让学生们津津乐道的是，她每天的着装都不同，我回想起来，似乎真不记得她穿过相同的衣裳。有了讲课好的老师，上课和学习就轻松了很多。很多学生觉得上课辛苦，其实是老师讲得不好。我夫人反映她在清华上课时，课堂上常常睡倒一片，但是她回忆在约翰·霍普金斯上课时，没见过在课堂上睡觉的。

决定教学质量的第二个因素是教授们教学的愿望和认真的态度。从中小学老师到大学教授，很多人热爱教育，喜欢讲课，看到学生们能把课程学好，是他们人生最大的乐趣，能遇到这样的老师，当然是学生的福气。总的来说，在美国东部的名牌大学里，教授们讲课的热情要比加州名牌大学里的同行们高得多，其中尤其以达特茅斯学院、布朗大学和很多优秀的文理学院为最。约翰·霍普金斯大学教授们的教学热情和大部分常青藤大学不相上下，虽然不能和上述完全专注于教学的大学相比，却要远远高于加州的各个大学。在约翰·霍普金斯的一些系里，比如数学系、物理学甚至是土木工程系，教学任务占到教授工作量的70%，教学水平则是决定一名年轻教授能否获得终身教职的重要条件，所以教授们相当重视教学；而在另一些系里，尤其是科研经费很多的系，比如计算机系和生物医学工程系，教学只占到工作量的30%左右，教授对教学的重视程度也就稍微弱一些。总的说来，在约翰·霍普金斯，大部分教授都热衷于在课堂上与学生交流，并且记得住学生的姓名和特点，就如同在中国的中学里一样。日后，如果某个学生要找教授写推荐信，不必费力自我介绍一番，因为大部分教授都对几年内教过的学生多少有些印象。

和美国大部分一流大学一样，约翰·霍普金斯在每学期结束时都会让学生对教授（和助教们）的教学做一个评估，作为他们晋升的依据之一。但是，这种做法常常只能把讲课最好的教授挑出来，却对鞭策教学水平差的教授作用不大，因为教授们只要愿意，便可以在某种程度上操控学生对自己的打分，比如放宽学生的成绩。据南加州大学的一位朋友讲，他们那里的一些教授还给学生带零食，以换取学生的好评。约翰·霍普金斯有一位科研成果卓著的教授，根本不花精力在教学上，学生们听课时都颇有怨言，但是，到学期结束时，他给70%学生的成绩都是A（包括A–和A+），而其他教授只给30%—40%的学生以A，这位教授就这样在教学上混了很多年。不过最后，学生们对他的意见还是被反映到系里和学院里了，因为工学院的董事会和计算机系的顾问委员会每学期都会找几个本科生来座谈，谈谈他们对学校的意见，时间一长，在教学上混事的教授就很难蒙混过关了。在这种情况下，董事会就会给系里施加压力，要求改进教学。

接下来，我们来看看小班上课的好处。在中国的大学里，大班、小班上课效果的差别不是很明显，但是在美国差别就比较大。在中国，师生往往课堂上的交流很少，讲课基本上是灌输知识，而在美国，大班上课也是灌输为主，毕竟不可能所有人都参加讨论，下了课教授和学生各走各的路，教授未必能认识班上所有的学生。而小班上课则不同，学生有条件随时打断教授的讲话，提出自己的观点和疑问，这样就不至于一堂课听下来，有很多不懂的地方需要课后看书来补救。另外，教授和学生比较熟悉，将来学生找教授做研究或者写推荐信都很方便。当然，只有那些真正对课程感兴趣的学生才会得到这些好处，对于那些混学分的人来说，大班小班都一样。约翰·霍普金斯的大部分课程都是不到 20 人的小班课，尤其是专业课，一些好的教授会非常鼓励学生参与课堂互动，甚至规定课堂表现占最终成绩的 5% 左右。

约翰·霍普金斯在学生培养上最值得称道的，是所有教授一律向学生敞开大门。在美国，无论是在公司还是在学校，下级要见上级一般都需要预约，但是在约翰·霍普金斯，至少从理论上讲，任何学生（包括本科生）都可以随时敲开教授办公室的门，这一点恐怕很少有大学能够做到，且不说师生比例较低的公立大学，就是很多名牌私立大学，学生也不可能随时跑去找教授，至少我熟知的斯坦福大学就做不到这一点。约翰·霍普金斯对教授的这个要求在我看来有点过分，也让很多听说这个情况的人吃惊，但是教授们基本上做到了这一点，而当时作为在读博士生，我发现这个规定对学生真方便。我经常看到很多本科生敲教授办公室的门，如果教授正在忙，他们会让学生们过一会儿再来，有些学生就坐在教授办公室门口做作业，下午课相对较少的时候，教授们办公室的门口时不时会有坐在地上的学生。很多美国学生似乎并不怕冷，大冬天的能在地上坐半小时。由于白天经常有学生来打扰，很多教授，尤其是还没有获得终身教职的教授们，常常晚上都泡在办公室或者实验室里。我在约翰·霍普金斯读书时，雅让斯基教授还没有获得终身教职，他很少在夜里 12 点之前离开办公室。我有时去找他，一般选择在晚上 10 点之后。顺带说一句，异性学生找教授（包括男学生找女教授）时，教授是要将办公室的门敞开的，以免有性骚扰嫌疑。

决定教学质量的最后一个重要的因素是助教。在约翰·霍普金斯，助教的来源主要是一二年级的博士生。在我的印象中，工学院是给所有的博士生至少一年全奖的，如果一个博士生没有教授资助，那么系里会以助教的方式予以资助。在工学院，一般博士生在三年级之后会有科研经费资助，便不再做助教了，而在文理学院，很多专业没有什么科研经费，而本科教学的任务又很重，比如数学系和经济学系，博士生可以一直做助教，直到毕业。由于博士生的来源不同，入学时水平也不同，加上一半以上博士生的母语并非英语[12]，因此第一年的外籍助教必须接受英语和讲课的培训，以保证助教的水平。我在约翰·霍普金斯选了十几门课，对助教们的印象都不错，当然，我自己在做助教时，也是兢兢业业。总得来讲，约翰·霍普金斯的助教是可以信赖的。

和耶鲁、宾夕法尼亚大学等一些著名的私立大学类似，约翰·霍普金斯为那些将来准备进入医学院和法学院的本科生安排了很好的医科预科（Pre-Med）和法学预科（Pre-Law）课程，以及有针对性的培养计划。

12　今天，在美国的著名大学中，大部分研究生来自于海外，而非美国本土。

这些学生从二年级开始在选课上就会有所侧重了，并根据医学预科或者法学预科的要求，准备相应的资格考试 MCAT 和 LSAT，参加对今后申请有帮助的科研或者社会实践活动（比如在医院做义工等）。对这些学生，约翰·霍普金斯会派专门的医学院和法学院升学咨询顾问，为他们进行专门的职业规划和辅导。学校还会为想当医生的学生寻找附近的实习机会。如果说斯坦福大学为学生创业提供了很多方便，那么约翰·霍普金斯则为学生当医生尽可能地提供各种方便。

总的来讲，约翰·霍普金斯很注重教学质量，教学的效果也非常好，虽然比麻省理工学院略逊，但与其他一流大学相比毫不逊色。从教学的角度来讲，到约翰·霍普金斯读书是一个很好的选择。

第四节　科研经费最多的大学

1　世界一流大学是如何做科研的

作为美国乃至西半球的第一所研究型大学，约翰·霍普金斯对科研一直高度重视。和大部分名牌私立学校一样，这种对科研的重视程度要超过教学，很多数据也体现出了这一点。比如，2013 年约翰·霍普金斯有大约 6000 名本科生在读，却有将近 15000 名研究生，而学校的教职人员（不包括 APL）数量超过了 3000 名。大约 1∶6 的师生比例不仅在全美国是少有的高，而且为约翰·霍普金斯跻身世界顶级研究型大学奠定了基础。

在众多数据中，约翰·霍普金斯大学一直以科研经费最多而自豪，而且已经连续几十年（到 2014 年连续 36 年）排名第一了。2014 年，它的科研经费高达 21 亿美元，不仅远远超过第二名密歇根大学的 13 亿美元，而且超过著名的研究型大学斯坦福和麻省理工的总和（分别为9亿美元和8亿美元），也超过美国第9名到第15名大学的总和。经费虽不能完全代表科研水平，却是保障高水平科研的必要条件。当然，约翰·霍普金斯各学院之间的经费并不平衡，应用物理实验室和医学院占去了大头，两者的研究水平也最高。

约翰·霍普金斯在科研上的另一个特点是，跨学科的研究中心非常多，而且大多数都是行业里的佼佼者。约翰·霍普金斯的规模不大，很难在一个领域聘用很多教授，甚至一个系里的教授也没有多少。在工学院，除了生物医学工程系比较大，一个系也只有10—20名教授而已。这些教授们要搞科研，为了保证研究水平，肯定不能关起门来单干，横向联合几乎是他们唯一的选择，我过去所在的语言和语音处理研究中心（CLSP），就是这样一个跨系甚至跨学院的大型研究实验室。我们不妨以这个中心为例，看看约翰·霍普金斯的科研是如何开展的。

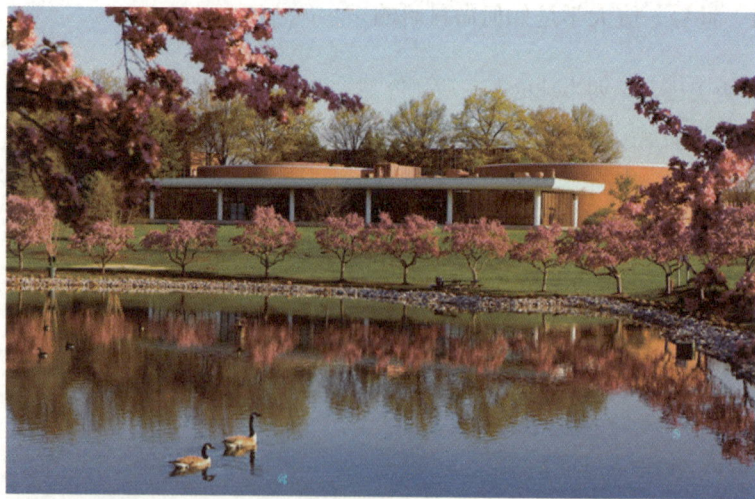

图 11.13　著名的应用物理实验室成立于第二次世界大战期间，是美国政府资助的主要私营实验室之一

CLSP 是自然科学基金会、DARPA 和国防部（Department of Defense，通常简称 DoD）为了发展自然语言处理技术而建立的，当时，除了约翰·霍普金斯，还有很多大学在竞争这个中心的归属权。而约翰·霍普金斯之所以能够赢得政府这几项基金的支持，主要有三个原因。首先，它作为研究型大学有很高的学术声誉，每年有许多拿得出手的科研成果。其次，它占了地理上的便宜，距离华盛顿特区开车只需要 1 小时，这样政府基金的官员们想看看科研成果或者听听学术报告很容易。事实上，他们后来每周都到 CLSP 听报告，并且会派一些技术人员来受训。最后，也是非常关键的一个原因，就是约翰·霍普金斯承诺如果 CLSP 能够落户学校，它可以请到贾里尼克担任主任。这三条，尤其是最后一条，打动了政府。至于为什么贾里尼克博士愿意来，主要是因为他在美国东部生活习惯了，并且出于拿经费的目的，也愿意在离华盛顿不远的地方就职。当时，贾里尼克博士已经离开 IBM，在加州理工做访问学者，他正在考虑是否正式加入加州理工，最后经过权衡利弊，他选择了约翰·霍普金斯。

图 11.14　2000 年，应用物理实验室成功地实现了人类第一个安全降落在小行星上的飞行器（项目代号 NEAR）

在贾里尼克担任了 CLSP 的主任（他同时也是电机与计算机工程系教授）后，计算机系聘用了两个后来颇有成就的年轻教授布莱尔和雅让斯基，电机与计算机工程系聘用了两个研究教授（当时还不是终身教职系列）库旦普和拜尔恩（Bill Byrne），这 5 个人成为了 CLSP 早期的核心。美国政府的研究经费也根据合同很快到位了。当然，要建立一个世界级的实验室，光靠这 5 个人是远远不够的，而只有百十来人的工学院不可能再为这一个实验室给出更多的名额了。事实上，各个系主任每年都会向院长要求招聘教授的名额，而这些要求的数目加起来，远比院长能够拿出来得多，即使院长支持发展某个专业，也必须平衡其他系，不能让系主任们觉得厚此薄彼。同时，美国名牌大学聘用教授的原则从来是宁缺勿滥，因此也不可能一下子招到很多教授。在这种情况下，贾里尼克能做的就是在现有的教授队伍中发展兼职教授，他从认知科学系（属于文理学院）、生物医学工程系和电机与计算机工程系又找来 5 名兼职教授，这样算起来 CLSP 就有 10 名各种职级的教授了。

CLSP 的专职教授的教学和科研都在中心里，而这些兼职的教授，大部分经费还是放在自己的账上，但是他们参加 CLSP 的教学和科研，尤其是辅导博士生，而他们的学生也参加 CLSP 的活动，尤其是每周一次的报告和讲座。对外教授们常常一同申请经费，然后根据分工，部分经费留在 CLSP，部分放到这些教授自己的账上。就这样，CLSP 经过一年多的时间就搞得风生水起，并且在世界上颇有名望了。当然这在很大程度上是靠贾里尼克已有的名气，同时 CLSP 在每年夏天举办研讨会也是取得成功的重要原因之一。关于这些细节，第三章已作介绍，就不再赘述了。

在我进入约翰·霍普金斯时，CLSP 刚刚成立两年。同年，计算机系成立了另一个高水平的研究中心——医疗手术机器人中心。这个中心成立的过程与 CLSP 非常相似。首先，约翰·霍普金斯招到了一位世界知名的学者——罗素·泰勒博士（Russual Taylor），然后他利用约翰·霍普金斯现有的师资力量，建立了一个跨工学院和医学院的中心，经过一段时间便成为了世界上这个领域最具权威的中心。这个中心发明了世界上第一个手术机器人——达·芬奇。到了 1998 年，电机与计算机工程系又成立了医学图像处理中心，之后工学院每两三年就会诞生一个世界一流的中心，比如信息安全研究所、机器人中心、计算生物学中心，等等。而这些中心的成立过程，基本上都是同一个套路，先有一个著名的学者来到约翰·霍普金斯，然后获得一大笔政府的科研经费，最后和现有的教授跨系甚至跨学院合作，短时间内达到很高的水平。这些中心还有一个特点，就是跨学科。这也导致了霍普金斯在科研上的一个特点：跨学科的研究水平非常之高。2015 年，约翰·霍普金斯的校友、主要捐赠人布隆伯格为了进一步加强大学各个学院之间的跨学科合作，捐赠了一大笔钱，设置了上百个讲席教授和讲席青年教授的职务，给予那些同时在两个以上学院任职的教授工资和研究经费的补贴，进一步提高了学校跨学科的研究水平。大学的工学院和公众健康学院还设立了一个特殊的本科生培养计划，以让学生们在大数据时代能够同时受益于工学院高水平的科学训练和公众健康学院大量医疗数据带来的研究便利。类似跨学院的合作在约翰·霍普金斯还有很多。因此，如果有学生希望同时获得多个学科（比如在工程上和医学上）的经验，约翰·霍普金斯无疑是一个非常好的选择。

2　科研从本科开始

那么这些研究中心和本科生有什么关系呢？首先他们在求学期间可以参与各个研究中心的工作，而暑期可以参加诸如 CLSP 夏季研讨会（CLSP Summer Workshop）等研究工作，当然，具体到参加夏季研讨会的研究工作，还需要和外校的学生竞争。在约翰·霍普金斯，很少有学生只读书不参加科研的。本科生参加科研，根据其水平的高低，教授可能付钱，也可能不付钱，这一点学生要事先和教授谈好，以免日后产生误会。我在约翰·霍普金斯有一位同学就是因为没有事先和教授说好，白白为教授工作了一暑假。在美国，谈钱并不可耻，整个社会的习俗是丑话说在前面，以免日后产生纠纷。很多科研工作，即使教授不付钱，但是研究和实验并非没有成本，更不用说教授们花在辅导学生上的时间，因此教授们也不会随便寻找免费的劳动力。在一些专业（比如和生物有关的专业）领域，一个人做实验每月花掉的材料费就有几千到上万美元不等，在提供这样的研究机会时，教授们往往都会比较慎重。而另一些专业，比如计算机专业，做研究的成本相对要低一些，如果有学生希望做研究，教授通常会尽可能地满足他们的要求。在很多系或者研究中心，以往的校友还可能会捐一些钱，帮助本科生尽早进入实验室。比如在计算机系，系主任黑格教授一直热衷于辅导本科生建造各种机器人，并且组队参加比赛，这些费用很多是他找校友们"化缘"得到的。

虽然美国的很多大学都声称自己是研究型大学，但是在开放本科生搞科研上做得比约翰·霍普金斯好的大学可谓凤毛麟角。约翰·霍普金斯要求本科生最晚从三年级起必须选定课题并且开始从事研究工作。这个要求不仅针对理工科学生如此，对文科和商科学生也是如此。一般来讲，大部分学生是在自己所在的院系参加科研，但还是有很多人是去医学院和医院。

医学院不招收本科生，却有不少学生在帮助做实验，参与科研和开发。这些工作根据其性质大致可分为三类：第一类是和医学院的科研直接相关的，这些研究不仅集中在生物和医学本身，还包括利用工程技术解决医学问题，比如新的核磁共振机（MRI）的研制，以及公共医学方面的

图 11.15　工学院的早期大楼马里兰楼

经济学、法律和政策研究，比如通过统计研究吸烟对人体的害处。第二类是利用理工科的知识，在医学院和医院做一些 IT 支持方面的工作，比如为医院建立数据库或者信息检索系统。第三类是做医学院和医院一些新技术的测试者，比如医学院开发了一种核磁共振机新的图像处理算法，要收集数据，会找一些学生作为核磁共振扫描的对象，学生除了获得一些报酬外，还可以免费做一次检查。当然，大部分学生都希望参与前两种。

对学生来讲，约翰·霍普金斯大学的科研有什么不足之处的话，那就是科研和工业界结合得不是很紧密。由于约翰·霍普金斯的科研经费大多来自于各个政府部门，而且金额也比较充足，因此约翰·霍普金斯和工业界的关系一般，不仅不像斯坦福与工业界结合得那么紧密，甚至很少有麻省理工那样校企互惠的合作。约翰·霍普金斯所做的研究一般都不是直接用于产品的，而是学术性很强的偏基础的研究。如果要求毕业生一毕业不经辅导就能在公司里独当一面地工作，约翰·霍普金斯的毕业生要稍逊于工科很强的斯坦福或者麻省理工的毕业生，不过三五年后再回头看毕业生的表现，约翰·霍普金斯的学生也并不逊于其他顶级大学的毕业生。霍普金斯的本科生大多是要进研究生院继续深造的，而博士生毕业后许多人进入到研究所或者大学做研究，这两类学生到工业界做产品的并不多，因此他们在学校里参与工业界工作的意愿并不是很强，这明显不同于斯坦福的学生。事实上，我是 CLSP 有史以来第一个来到小公司（当时 Google 还很小）工作的，在我前面三届大约有 10 名博士毕业生，除了去大学任教外，其他人都到了 IBM、微软、贝尔实验室或者 AT&T（香农）实验室中。这种现象在霍普金斯的毕业生中非常普遍。当然，在我加入 Google 之后，Google 逐渐成了 CLSP 毕业生最大的雇主，同时也是约翰·霍普金斯工学院毕业生最大的雇主之一，不过这时的 Google 已经不是小公司了。约翰·霍普金斯直接进入工业界的主要是硕士毕业生，博士毕业生走这条路的人不多。

在约翰·霍普金斯做科研的最大好处是可以及早地接触自己所喜欢的研究领域，为将来读博士选专业做准备。对于美国招收博士生的导师来说，他们无疑更喜欢有一定研究经验的本科生，而不是只会读书的学生。约翰·霍普金斯的大部分本科生，只要愿意，大多都能找到自己比较满意的大学，继续深造攻读博士，甚至是他们心仪的著名实验室。在约翰·霍普金斯，大约 80% 的本科生在校四年期间至少从事过一项独立研究，并且很多时候都是由该领域最好的教授指导。对于那些已经明白自己今后要做什么的学生来说，这样的经历可以让这些人将来在和同行们竞争时处于有利的位置，而对于那些尚不清楚今后要做什么的年轻人来讲，及早排除自己将来不打算从事的职业也是同样重要的，以免等学到博士阶段，还得艰难地改行。

大学之路 第二版 下册 ——

468

为了确保学生有机会参与不同学科的研究项目，约翰·霍普金斯采取了两条有力的措施。首先是把各学科的班级（相当于国内大学每一个系的一个年级）人数控制在 50 人以内，以便于师生交流。其次是充分利用约翰·霍普金斯大学的学术威望和校友关系，为学生争取在著名实验室、医院、公司和政府机构的科研和实习机会，使他们尽早了解现实世界对他们的期望所在，同时又为学生们发挥潜能创造理想的条件。

如果要用一句话概括约翰·霍普金斯的本科教育相比其他一流大学长处的特点，那就是：非常多真正的科研机会。

第五节　录取要求

在约翰·霍普金斯，各个学院的录取都是独立进行的，申请者必须说明自己要申请的是哪个学院，而不能笼统地说申请约翰·霍普金斯大学。不过在录取之后，学生还可以更换学院，在工学院和文理学院之间，这种交换相对容易。2015 年，一些被文理学院录取的新生居然在入校前就跳到了工学院，我也无法判断这些申请人是否在占文理学院录取上稍微容易的便宜。不过，要从这两个学院想换到音乐学院，或者反过来，其难度则等同于重新申请大学。即使在工学院内也有区别，工学院的生物医学工程专业在美国一直排名第一，申请的人数众多，这个专业的录取是单独进行的（或者说是优先进行的），也是全校最难申请的。据该系系主任麦克维（Elliot McVeigh）教授介绍，从 2011 年起，他们录取的学生 GPA 中值一直就是 4.0，SAT 数学中值则为 800 分，也就是说有一半以上的学生平时成绩是全 A，而 SAT 的数学是满分，单纯从成绩上讲，这就超过了所有的名牌大学。如果申请者没有被生物医学工程专业录取也没关系，他们会自动地被工学院考虑，并不会错过任何机会。

在工学院的董事会上，我们每年会花大约一小时讨论这一年的录取情况，对录取工作的成绩进行评估，并提出改进的建议。根据我的观察，在过去的四五年里，约翰·霍普金斯工学院所录取的学生，SAT 和平时成绩一直在提高，而且幅度远远大于排名前 20 名的大学的平均速度。这可能是由于这些年来申请约翰·霍普金斯的人数在不断上升，尤其是 2014 年相比 2013 年申请人数增加了 16%（从 20613 人增加到 23875人），在接下来的三年里，虽然申请人数没有如此大的跳跃增长，但是三年累计增长下来，到了 2017 年，申请人数已经达到 27095 人，这使得录取学生的水平水涨船高，也让录取率降到了 12% 以下 [13]，以至于很多家长抱怨家里的老大几年前被约翰·霍普金斯录取了，现在老二成绩好多了，却被拒绝，感到不公平。近几年，约翰·霍普金斯申请者增加最快的地区是美国西部的加州和海外，约翰·霍普金斯附近的中大西洋地区（马里兰、弗吉尼亚、宾夕法尼亚、特拉华、新泽西和纽约州）的申请人数一直保持稳定。大学并不对外公布各个族裔申请人的数量，以免被人指责在录取率上有差异。不过，有三点信息我可以透露。首先，从 2014 年起，约翰·霍普金斯录取的女生比男生还略微多一点，到了2017 年女生占到了被录取总人数的 52%，而 2008 年之前这个比例不到40%。第二，从 2013 年开始，在所有录取的人中，少数族裔（包括亚裔）的占比非常高，而在工学院，这个比例甚至超过了 50%。第三，在少数族裔中，中国人和印度人占大多数。虽然约翰·霍普金斯没有说明在录取时是否对这两个族裔的学生有更高的成绩要求，但是工学院院长施乐辛格博士明确表示，约翰·霍普金斯在录取时没有给各个族裔设定比例，而不是像加州大学等州立大学或者某些名牌私立大学那样。因此，大家先权且相信约翰·霍普金斯在这方面是比较公平的。

13　2017 年录取了 3,122 人，录取率 11.6%。

约翰·霍普金斯的录取要求与其他名牌大学没有本质的差别，这里不再重复，不过需要强调的一点是，和哈佛、耶鲁（甚至斯坦福）过分要求学生的特长所不同的是，约翰·霍普金斯对学习成绩的要求要高一些。原因主要有两条，首先这是研究型大学的普遍特点，包括麻省理工、加州理工或者卡内基-梅隆，都是如此。其次，约翰·霍普金斯的本科生很多将来是要读医科预科的，并且打算申请医学院，在美国要想进入医学院，成绩要很好，为了保证本科生进入医学院的成功率，约翰·霍普金斯也不太敢招太多成绩平平的学生。约翰·霍普金斯大学的校训是 Veritas vos liberabit（拉丁文），其含义是"知识使你自由"，而学校重视知识的传统即使在今天商业化非常发达的时代，依然得以很好的保留。

美国著名私立大学在考察申请者时总要问高中生们为什么选择该校，当然它们常常会给一些暗示，把学校的特点讲出来，看看申请人是否认可，比如普林斯顿会让学生们谈学院制，麻省理工会让学生们谈动手能力，而约翰·霍普金斯则以美国第一所研究型大学而自豪，因此一个申请者在申请约翰·霍普金斯时，若表示他在高中就一直做科研（不一定非得是理科的科研，也可以是历史、地理和经济学等方面的研究），即使不能加分，也一定没有坏处。

另外，约翰·霍普金斯是靠霍普金斯先生的善款建立起来的，而它能一直在美国的大学里名列前茅，在很大程度上也是靠校友的不断帮助，因此，约翰·霍普金斯还希望看到申请者能够对学校、对同学以及对社区有所帮助和贡献。当然，这些帮助并非是指帮忙做事情，而是可以有更广泛的含义。举例来说，约翰·霍普金斯非常重视校友关系，当一个学生选择了约翰·霍普金斯，他也就选择了自己的校友圈子。约翰·霍普金斯有专职的人员定期飞往美国各地联系校友，维持学校与校友的关系。为了进一步提升约翰·霍普金斯大学在世界范围内的整体品牌知名度，以更好地吸引全球顶尖人才，约翰·霍普金斯于 2013 年发起了约翰·霍普金斯身份倡议（Johns Hopkins Identity Initiative），主旨是：统一与更强大的约翰·霍普金斯有益于所有校友。

校友对母校的直接贡献是捐赠。近年来，约翰·霍普金斯获得的捐赠在美国的大学中名列前茅，这主要得益于布隆伯格和马隆等毕业于约翰·霍普金斯乐于做善事的亿万富翁们。布隆伯格曾经谈到自己给母校捐出巨款的原因，他说，自己是一个订牛奶登记员的孩子，靠家庭收入根本交不起私立大学的学费，如果不是靠贷款和霍普金斯提供的勤工俭学机会[14]，他无法受到一流的教育，因此当他后来成为亿万富翁后，便希望更多的贫困学生能够接受最好的教育，同时也希望母校办得更好。约翰·霍普金斯大学负责校友关系的校长助理史皮勒是我多年的朋友，他曾经和我讲起学校希望录取有潜力同时也愿意回报社会的学生，在他们读书时，学校教给他们本领并给予必要的资助，帮助他们日后成功。在他们成功之后，大学当然希望校友们能以自己最擅长的方式回馈学校。如果申请人能够站在这个高度来回答约翰·霍普金斯作文的题目，效果应该不错。

约翰·霍普金斯大学的录取比超级五强要容易一些，成绩优秀的学生经过努力是很有希望被录取的，而不需要像哈佛和斯坦福那样非要有过人的专长，当然最后能否被录取也还要看运气。

和很多名牌私立学校奖学金完全是根据需求而来略有不同的是，约翰·霍普金斯有一项根据学业表现授予的奖学金 —— 霍德森奖学金（Hodson Scholarship）。学校每年会从被录取的新生中选出成绩最好的

14　当时他为学校开校车和看护停车场，每周报酬只有 35 美元，但是已经够生活费了。

20 人成为获奖者，高中生们在申请该校时无需特殊说明。2014 年该奖学金额度是每年 3 万美元左右，基本上能支付一大半的学费和生活费。获得该奖学金的录取者同时还被另一所更好的大学录取，而那所大学没有给他奖学金，他很可能会为了这笔奖学金而放弃那所更好的大学。据我所知，在历史上，不少拿到该奖学金的学生确实有放弃掉超级五强的机会，对中产家庭来说，每年税后的 3 万美元毕竟不是小钱。

结束语

虽然约翰·霍普金斯以医学闻名，但是它的好专业远不止是医学。作为美国最早的研究型大学，它一直看重学术和研究水平。按照约翰·霍普金斯毕业生们的评价，这不是一个可以轻易得到 A 的大学 —— 你必须在学校努力学习，同时，它也不是一个业余生活非常丰富的地方，因为在那里，学生们都在努力学习，并充分利用它良好的科研条件为自己今后的发展打好基础。这里可能会让一些希望度过浪漫大学生活并轻松在成绩单上获得 4.0 平均分的学生失望，但是对于那些追求知识面宽广，专业技能娴熟，甚至学术上有所成就的学生来说，约翰·霍普金斯是个好地方。对我来说，这所大学是帮助我从优秀走向卓越的起点。

参考文献

1. Daniel Gilman. 约翰·霍普金斯大学历史 1874—1889（*History of the Johns Hopkins University, 1874—1889*）. 1960.

2. John Roberts. 洪堡和德国自由主义（*Wilhelm von Humboldt and German Liberalism: A Reassessment*），Mosaic Press，2015.

3. Neil A. Grauer. 领路（*Leading the Way: A History of Johns Hopkins Medicine*）. Johns Hopkins University Press，2012.

第十二章　硅谷的摇篮

斯坦福大学

斯坦福大学是世界上最优秀的大学之一，充满传奇，屡创奇迹。首先，斯坦福的创立本身就充满了传奇色彩，而在早期建校时，又遇到了许多坎坷。到了第二次世界大战后，斯坦福由一所地区性大学一跃成为了世界一流大学，用短短二三十年就走完了牛津、剑桥或者哈佛几个世纪走过的路程，并且帮助学校所在的旧金山湾区成为世界高科技中心——硅谷。今天，我们来讨论这所大学，首先不是考察其卓越的科研成就（几百名包括诺贝尔奖获得者在内的各领域的大师），而是来看看从它派生出来的改变世界的各大公司——思科、太阳、雅虎、Google 等等，以及由学校毕业生创办的大量高科技公司——惠普、英伟达（nVidia）、Instagram、Snapchat，等等。虽然很多世界一流大学都各有千秋，很难说哪一所大学是绝对的世界第一，但是斯坦福有两点是世界上任何大学都比不了的，即它是世界上那些伟大的科技公司的摇篮，以及拥有最均衡的一流学科分布。

斯坦福也是我留美生涯的第一站。这不是因为我在那里读过书或者访问过，事实上当年斯坦福大学也录取过我，但没有提供奖学金，于是我毫不犹豫就将它放弃掉了。真正的原因是我的弟弟当时在斯坦福读书，而我则借着斯坦福了解一下美国的生活。当年，弟弟拿到过斯坦福和耶鲁等 10 多所美国一流大学的奖学金，在纠结是选择斯坦福还是耶鲁等美国东部名校时，一位在斯坦福做过访问学者的老师告诉他，没有什么好选的，当然是去斯坦福，那里不仅能获得最好的教育，而且有无限的机会。他接受了这个建议，后来也证明斯坦福是非常正确的选择。我并非想说明斯坦福就一定比美国东部老牌名校要好，只是觉得对于那些希望通过自身努力开创精彩人生的年轻学子来讲，斯坦福也许能比其他大学给予他们更多的机会。

我到斯坦福的那一天，是 1996 年 8 月 10 日。当天斯坦福就给我留下了三个很深的印象。第一是关于校园，弟弟开车从学校正面的棕榈大道进入校园，漂亮而大气，这是我当时见过的最美丽的校园。第二是斯坦福的艺术气息，在去弟弟的宿舍的路上，我们还经过了罗丹雕塑公园，看到了罗丹的著名雕塑"思想者"以及几十件大大小小罗丹的原作品，一所大学能有这样的艺术收藏，让人感叹，后来我了解到斯坦福是一所人文气息很浓的大学。第三个印象是感觉好像还在亚洲，一路上看到大概有三分之一都是亚洲面孔。

图 12.1　斯坦福大学的中心，中央是利兰·斯坦福纪念教堂

接下来的 10 天我都是在斯坦福度过的，除了在学校及周边熟悉美国生活，到图书馆看书，还旁听了一些课程。在这之后（尤其是近年来改做投资之后），我通过与斯坦福的学生、教授以及校友的接触，对这所大学有了更深刻和全面的了解。现在市面上介绍斯坦福的书非常多，也很全面，关于学校的一般信息大家可以去看其他的参考书。在这一章里我只对斯坦福最特别的地方，尤其是通过与教授们接触了解到的信息，做一些深入的剖析。

第一节　充满传奇的大学

1　关于斯坦福大学的谎言

关于斯坦福大学的各种传奇故事在互联网上广为流传，有些是真的，有些是杜撰的。其中传播最广的杜撰是这样的——

> 有两个乡巴佬夫妇，找到哈佛大学，提出为哈佛捐一栋大楼。哈佛大学的校长很傲慢地说，捐一栋楼要一百万美元，然后三言两语便把这对老夫妇打发走了。这对老夫妇一边走一边唠叨，才一百万美元，才一百万美元。他们有一亿美元要捐，于是干脆自己捐了所大学，就是今天的斯坦福大学。

这一讹传被翻译成各种文字，人人争说，以至于斯坦福大学不得不在官方网站上公开辟谣。其实，这个故事漏洞很多。首先，老利兰·斯坦福（Leland Stanford Sr.，1824—1893）可不是一般的人物，他在当时虽然算不上是家喻户晓，却也是在全美国鼎鼎大名。他不仅是加州的铁路大王，担任过加州州长、美国联邦参议员，属于精英阶层（Elite Class），还是当年林肯总统在西部重要的政治盟友，与乡巴佬沾不上半点边。而他的夫人简也是一位了不起的女性。第二，在 19 世纪，一亿美元是一个天文数字，即使 100 万美元也已经是一笔不得了的财富。20 世纪初，杜克家族捐出了 8 万 5 千美元就解决了北卡一所大学（即今天的杜克大学）的财务危机。在 20 世纪 30 年代，美国最大的银行花旗银行的存款才达到几千万美元。在斯坦福大学创办之前，美国最大的一笔捐赠不过 700 万美元，用来创办了约翰·霍普金斯大学和霍普金斯医院。第三，我们在前面介绍哈佛时讲过，哈佛和美国所有的大学对捐助者从来都是非常殷勤的，而无论是哈佛先生还是耶鲁先生，他们都不是大学的创办人，而是早期的捐助者，可见大学对捐助者给予的认可是多么高。所以，哈佛大学不可能傲慢地对待肯出 100 万美元的捐助者。

如果大家到斯坦福大学参加校方组织的参观活动，便会听到关于斯坦福大学创立的真实故事。长话短说，老利兰·斯坦福夫妇只有一个儿子小利兰·斯坦福（Leland Stanford Jr.）。这个孩子完全是含着金钥匙出生的"富二代"加"官二代"，从小深得父母宠爱。在斯坦福 8000 英亩的庄园里，有一条铁路是专门用来给小斯坦福开火车玩的。当时美国的教育水平远不如欧洲，斯坦福夫妇就想把孩子送到欧洲读书，而在此之前，他们决定带孩子到欧洲旅行。不幸的是，小斯坦福在雅典染上了疾病，还没来得及回到美国，就在意大利去世了。斯坦福夫妇很伤心，想了很多方法来纪念孩子，最后决定用自己全部的财富（大约几千万美元，相当于今天的 10 亿美元）为全加州的孩子（Children of California，而不是传说中的全美国或全世界的孩子）创建一所大学，作为对自己孩子最好的纪念。这所大学被命名为小利兰·斯坦福大学（Leland Stanford Junior University），简称斯坦福大学。

既然斯坦福大学是这样成立的，那么上面的讹传又是如何产生的呢？据说这是当时哈佛大学校长艾略特的儿子杜撰的。不过根据艾略特本人

图 12.2　斯坦福夫妇和他们的独子

在 1919 年给斯坦福首任校长乔丹的信[1]中的描述，真实的故事是这样的：小斯坦福去世后，老斯坦福原本没有想好以什么形式纪念自己的孩子，他曾经考虑过建大学，建医院，甚至建博物馆。在从欧洲返回加州的路上，老斯坦福拜访了美国当时主要的 4 所研究型大学，即约翰·霍普金斯、麻省理工、康奈尔和哈佛。在哈佛老斯坦福见到了艾略特，并且询问他的建议，艾略特说，还是建一所大学吧。于是老斯坦福就创立了今天的斯坦福大学。

大学之路　第二版　下册　一

1　http://www.thecrimson.com/article/2014/10/ 30/stanford-vs-harvard/

2　一波三折的办学过程

斯坦福大学的创办过程可谓一波三折。首先寻找校长就不顺利。1885年，斯坦福大学注册成立，两年后举行了奠基仪式，但是校长人选并未落实。利兰·斯坦福为了给大学找一位好校长，遍访美国很多大学。最后，斯坦福觉得当时在康奈尔和它的校长安德鲁·怀特谈得非常好，于是斯坦福就直接给怀特发了邀请信，请他来当校长。但是怀特不想到当时还很落后的加州，婉言谢绝了。不过他向斯坦福推荐了自己年轻的学生、印第安纳大学的校长戴维·乔丹（David Jordan，1851—1931），后者成为斯坦福大学的第一任校长。那一年，即1891年，乔丹刚刚40岁。

图12.3　斯坦福大学标志性建筑胡佛塔，以纪念该校校友，美国前总统胡佛。它其实是胡佛研究所的办公楼

斯坦福正式招收学生也是在1891年，第一批共有学生500名左右，这些学生不都是一年级新生，很多是从其他大学转过来的高年级学生。在首批斯坦福的学生中，走出了一位美国总统胡佛（Herbert Clark Hoover，就是那位被评为最差的、把美国带进1929—1933年大萧条的总统。但

是斯坦福仍然很为他感到自豪，为他建立了著名的胡佛研究中心）。斯坦福大学最早只有 15 名教授，其中一半是从康奈尔挖角挖来的。

斯坦福大学遇到的第二个麻烦就是财务危机。1893 年，老斯坦福与世长辞了，经营和管理大学的任务就落到了他的遗孀简·斯坦福（Jane Stanford）身上。当时整个美国的经济情况都不好，斯坦福夫妇的财产被冻结了。乔丹校长和学校的董事们建议简·斯坦福先关掉斯坦福大学，至少等危机过去了再说。这时，简·斯坦福才想到她丈夫生前买了一笔人寿保险，她可以从中每年获得一万美元的年金。这一万美元大抵相当于她以前贵族式生活的开销。简·斯坦福立即开始省吃俭用，将家里原来的 17 个管家和仆人减少到 3 个，每年的开销减至 350 美元，相当于一个普通大学教授一家的年生活费。她将剩余的近万美元全部交给了校长乔丹，用于维持学校的运转。从斯坦福夫人身上我们看到了一位真正的慈善家的美德。

靠斯坦福夫人的年金补贴学校，毕竟不是长久之计。于是她亲自前往首都华盛顿，向时任美国总统的克里夫兰寻求帮助。最终，美国最高法院解冻了斯坦福夫妇在他们铁路公司的资产。斯坦福夫人当即卖掉这些资产，将卖得的全部 1100 万美元交给了学校的董事会。斯坦福大学早期最艰难的 6 年终于熬过去了。乔丹校长赞扬道："这一时期，整个学校的命运完全靠一个善良妇女的爱心来维系。"今天，不仅是几十万斯坦福校友，我们所有人都应该感谢斯坦福夫人。她用她的爱心，以及她坚韧不拔的毅力开创出了一所世界一流大学。

非常遗憾的是，斯坦福夫妇没有看到他们的大学后来改变世界的那一天。虽然学校有了一笔数量不小的资金，但是由于斯坦福夫妇在遗嘱中要求学校不收学费，这笔钱花得很快，到了 20 世纪 30 年代，正赶上美国经济大萧条，大学又快要维持不下去了，不得不违背斯坦福夫妇的遗嘱，开始收一点点学费了。

到了第二次世界大战期间，斯坦福大学在在电机工程等一些新学科上已跻身美国一流，但是，在美国众多大学中，只有半个世纪历史的斯坦福大学且不说没法与有着将近三个世纪历史的哈佛大学相比，就是和邻校加州大学伯克利分校比，水平也差着一大截呢。第二次世界大战时期，伯克利的教授奥本海默和劳伦斯等人领导了曼哈顿计划，这个计划有很多伯克利的教授和学生参与，可以说没有伯克利，美国就无法在 1945 年制造出原子弹。彼时，斯坦福大学对此的贡献可以说微乎其微。管中窥豹，略见一斑，当时斯坦福和伯克利的差距就是这么大。当然，在第二次世界大战期间斯坦福也参与了一些军方的项目，尤其是无线电通信方面的项目，不过对战争的影响并不显著。

第二次世界大战之后，美国缩减军费，斯坦福再次陷入（或者说就不曾走出）财务危机。前面介绍美国私立大学的管理时提到，私立大学的主要经济来源就三个：学费、科研经费和捐赠，而光靠学费是不够的。当时斯坦福大学这三项收入都不足，学校似乎又到了山穷水尽的地步。好在斯坦福大学有一大笔财富一直闲置着，那就是斯坦福夫妇留下的8000 多英亩（33 平方公里，相当于两个澳门大小）土地，而即使今天大学的中心校园占地也仍不到其 1/10。20 世纪 50 年代初，美国西海岸的航空工业和电子工业发展迅速，很多公司都有意从斯坦福大学购买土地，但是斯坦福夫妇的遗嘱规定学校永远不得出售土地。于是，斯坦福大学眼睁睁地看着大片土地荒着，而无法发挥作用帮助学校渡过难关。

让斯坦福大学柳暗花明的是工学院院长弗雷德里克·特曼（Frederick Terman，1900—1982）教授，他也是世界一流的电机工程专家，后来

图 12.4 "硅谷之父"特曼教授

担任了斯坦福的教务长，但是全世界记住他是因为他在日后被称为"硅谷之父"，而非他在学术上的贡献。特曼仔细研究了斯坦福夫妇的遗嘱，发现并未限制大学出租土地，于是他建议学校建立斯坦福科技园，通过科技园对外出租土地 99 年，并且还可以续租。消息一传出，马上就有很多公司表示了兴趣，并很快和学校签署了租约。1953 年，第一批公司，包括大名鼎鼎的柯达公司、通用电气、肖克利晶体管公司（后来诞生出集成电路的先驱仙童公司）、洛克希德公司（美国最大的军火商）和惠普公司先后进驻了斯坦福科技园。对斯坦福乃至对全世界科技工业而言，此举影响非常深远，不仅解决了斯坦福的财政问题，并最终让斯坦福跨入了世界一流大学的行列，而且促进了硅谷的形成。也就是从 20 世纪 50 年代末、60 年代初开始，斯坦福大学终于走出了自成立半个多世纪以来风雨飘摇的困境，并且成为历史上进步最快的大学。今天，斯坦福是美国最难被录取的主要大学，因为报名的学生太多。虽然最近十几年《美国新闻与世界报道》将它的本科名次排在三所"大藤"之后，但是斯坦福的录取比例比哈佛还低，也就是说在高中生心目中，它最受欢迎。

有人说斯坦福是西部的哈佛，但是斯坦福人并不这么认为，在他们看来，斯坦福等于哈佛加麻省理工学院。这种说法让人感觉有些狂傲，但是确实有一定道理。

首先，斯坦福大学在专业设置上覆盖了哈佛大学和麻省理工学院的合集，尤其是在美国最热门的医学、法律、工程和商业方面，斯坦福都特别强——它是美国唯一一所在这四大热门专业领域都名列三甲的学校。斯坦福的商学院和哈佛商学院长期以来并列美国第一；它的法学院仅次于耶鲁大学，排名第二；它的工学院仅次于麻省理工，排名第二；斯坦福医学院也刚刚超越了约翰·霍普金斯，上升到第二位，按这个速度发展下去，十年内它一定可以超过哈佛的医学院（其中的原因后面再讲）。和斯坦福相比，美国其他大学都显得有些缺胳膊少腿：哈佛和耶鲁的工科很弱，普林斯顿和麻省理工没有医学院和法学院。

斯坦福的诺贝尔奖、菲尔兹奖、沃尔夫奖等各大奖项的获得者多达数十人，各种院士更是多得数不清，总之，斯坦福的学术成就不可小觑。

其次，在办学理念上，斯坦福集哈佛大学和麻省理工学院的特长于一身。斯坦福既强调素质教育和通才教育，又强调专业教育。人们常说"麻省理工的人不会写，哈佛的人不会算"，而斯坦福的人却是既会写，又会算，而且还特别能挣钱。

不过，对于所有这些特点，斯坦福在介绍学校时都懒得讲，只强调一点，那就是学校的教授、学生和校友所创办的公司，以及对硅谷的影响。

第二节　硅谷的支柱

很难讲到底是斯坦福成就了硅谷，还是硅谷成就了斯坦福。毫无疑问，如果没有硅谷，今天的斯坦福最多不过是一所二流偏上的大学。但是，没有斯坦福，硅谷恐怕也难维持它长达半个世纪的繁荣。

1　从工业界获益

早期，斯坦福对硅谷兴起的帮助主要在于提供了土地，办起了斯坦福科技园，但是对硅谷的技术和产业发展其实没有起到太大的作用。斯坦福对硅谷最大的帮助是在 20 世纪 70 年代之后，从那时开始它对硅谷的进一步发展和不断转型起到了关键的支持作用。从 20 世纪 80 年代起，斯坦福的学生、教授和员工成功地创办了许多著名的跨国科技公司，比如思科、太阳、SGI、MIPS、雅虎、Google 等。这一点是斯坦福在向高中生介绍学校时唯一强调的要点。很多人认为，硅谷正是靠着这些从斯坦福走出来的公司，才得以常青（关于硅谷的故事，参见拙作《文明之光》第三册以及《硅谷之谜》）。近年来，斯坦福的毕业生又成功地创办了在移动互联网时代炙手可热的 Instagram 和 Snapchat 公司。

与斯坦福和硅谷相互提携所不同的是，在波士顿附近，虽然有着哈佛大学和麻省理工学院，也曾经有过一些像数字设备公司（Digital Equipment Company，简称 DEC）[2]那样的大公司和不少颇具发展潜力的

2　这家公司曾经是全球第二大的计算机公司，后被康柏公司收购，并且在康柏被惠普收购后，大部分部门被关闭，资产被出售。

公司，但是随着老的公司走向衰退，新的公司始终不能形成规模。在美国财富 500 强的公司中，诞生于波士顿地区的科技公司只有三家，而这三家中最年轻的也是 1979 年成立的。很难想象从 20 世纪 80 年代的信息革命开始以来，拥有哈佛和麻省理工的波士顿地区不仅没有引领信息革命的大潮，而且还相当落伍。那么是什么造成了斯坦福与哈佛和麻省理工的不同呢？这要从斯坦福自身及其所在的硅谷地区的特点说起。

斯坦福大学的办学方法和美国东部名校有很大的不同。斯坦福并非简单地把哈佛大学和麻省理工学院的专业叠加，从波士顿搬到了加州，而是根据加州的特点和第二次世界大战后的世界经济格局创办了一所全新的学校。只要在斯坦福大学和一所美国东部名校都学习或工作过，就能体会到它们在时间和空间上的巨大差异。

先讲讲空间上的差异。斯坦福在地域上远离美国的政治中心，这导致了它从政府获得的研究经费占整个学校经费的比例远远落后于东部的著名大学。同为著名的研究型大学，斯坦福大学的学术声誉更高，研究经费却不及约翰·霍普金斯的一半，后者即使扣除应用物理实验室的经费，也比前者多，原因就是后者守在华盛顿边上。在美国，一所大学来自联邦政府的研究经费往往与其到华盛顿特区的距离成反比，因为在美国申请政府经费和在中国一样，人际关系很重要，离政府部门近的大学自然就近水楼台先得月。斯坦福远在 4000 公里之外的加州，当然就很吃亏。斯坦福大学的诺贝尔奖获得者科比尔卡（Brian Kobilka）教授讲，他获得诺贝尔奖的课题就没有得到美国政府的资助，而是斯坦福大学用院长基金资助其开展研究的。鉴于此，斯坦福一些已经提升为终身教职并且不缺经费的教授到后来甚至懒得申请政府资助了。

不仅是约翰·霍普金斯，美国东部大多数大学里的教授，都喜欢从政府而非工业界拿研究经费，相比从工业界拿经费，拿政府的钱有很多好处。首先，政府的资助一般更充足，在这一点上各国政府都一样，无需说明。其次，大部分政府的经费支持的都是纯学术研究，容易发表高水平的论文。而做工业界支持的研究项目，往往要花大量时间开发产品原型，并且无法发表高质量的论文。在美国东部那些从政府获得了很多科研经费的大学里，很多教授甚至不屑于和工业界打交道。约翰·霍普金斯应用物理实验室的副主任兼CTO克里尔（Jerry Krill）博士曾经和我讨论过，如何让这个著名实验室里的技术能够产生实际的经济效益，我们讨论了多种可能性，但是最终都因为研究人员缺乏和工业界合作的动力而行不通，最后克里尔感叹，"或许是因为我们拿钱太容易了"。

斯坦福大学远离联邦政府，从政府得到的经费比东部名校少得多，这就逼着教授和学生们从工业界（和捐赠上）找出路。从带博士生的角度来讲，应该说工业界的钱不如政府的钱好拿，但可能会对学生的培养起到一些特殊的效果。对比我们兄弟二人在美国求学的经历，就能看出斯坦福和东部名校因为经费来源不同而带来的不同结果。我从进入约翰·霍普金斯的第一天到离开学校前的最后一天，都没有为奖学金发过愁，研究中心的主任贾里尼克也很自豪地讲，CLSP会保障每一位博士生从第一天到最后一天的生活费。当然，能做到这一点是因为从政府获得的经费充足。在这样的环境下，我也就多年都一心一意地做政府的项目，即使是暑假也留在CLSP工作，因为教授们（和大部分博士生）普遍的观点都是，既然有足够的政府经费支持做研究，为什么要去给工业界打工（实习）。但是，我在斯坦福大学的弟弟（和他的导师查菲教授）却为他的奖学金操过几次心，有时候经费青黄不接，查菲教授就自己到硅谷的一些公司去做几小时的顾问，拿挣得的顾问费给博士生们发工资。查菲教授每小时顾问费的标准是博士生们奖学金标准的几十倍，一般去公司半天，就可以给两个博士生发两个月工资了。当然，大家可能会问，像查菲这样的斯坦福教授是不是什么时候想去公司里做顾问就能做？对于很多斯坦福大学的教授来讲，答案是肯定的，通常是这些教授们没有时间，而不是公司没有需要。当然，斯坦福和工业界更常见的合作方式是由公司直接在斯坦福设立奖学金，其次是给予大学一些研究项目。到了暑假，我弟弟总是去硅谷的公司实习，因为大学没有提供暑期奖学金，而他的同学也大多如此。

2　接地气的科研方式

斯坦福和美国东部名校的这种差异，导致了各自的师生在做事情上有着完全不同的方法论。美国东部名校的教授相当清高，以传道授业为乐（这当然是好事），喜欢我行我素，不管自己做的东西有无实用价值，只要学术水平高就可以了。我和麻省理工学院一些研究机器人的教授接触后就发现了这个特点，明明可以使用一些现有的技术，绕过一些困难，更快地产生实用性的成果，他们却喜欢啃硬骨头，并以此为乐。斯坦福的教授做事也强调理论水平，但是要实际得多。为了形象地说明二者在研究方法和做事方法上的差异，我们来看一个具体的例子 —— 图形工作站的发明、应用和产业化。

在 20 世纪 80 年代前后，采用图形界面、联网的小型计算机技术开始成熟，最早在概念上证明这种新型计算机产品可行性的是施乐公司（它也是今天很多被广泛利用的技术的最早发明者）。受到施乐（Alto 项目）的启发，在斯坦福校园网项目（Stanford University Network）中，师生们 [3] 开始研制一种实用的图形工作站，除了具有当时所需要的图形界面和联网功能，他们还定义了 3 个非常实用的指标：100 万像素的图形显示功能、每秒 100 万次运算、100 万字节的内存容量，即后来第一款工

3　主要包括教授巴斯克特（Forest Baskett）和博士生贝托谢姆（Andy Bechtolsheim）。

作站的"三个一百万"。这 3 个指标其实和技术都没有太大关系，而是工程上的指标。为了保证它在商业上的成功，他们还努力将成本控制在一万美元以内。在整个工作站的研发过程中，师生们大量使用现有的技术，比如摩托罗拉 68000 处理器和伯克利版的 UNIX BSD（这个版本主要的作者比尔·乔伊后来加入了 SUN 的项目）。1981 年斯坦福研制出了图形工作站样机，取名为 SUN，即斯坦福校园网的三个首字母。之后，几个斯坦福商学院的学生加入进来，一起创办了太阳（SUN）公司，专门生产和销售这种工作站，并开创出一个巨大的产业。巅峰时期的太阳公司，市值一度高达 2000 多亿美元。图形工作站的发明还带动了斯坦福大学的很多研究，比如 RISC（精简指令集）处理器和计算机图形学技术的研发，并又催生了另外两家斯坦福人办的公司——MIPS和 SGI。可以说在这件事情上斯坦福名利双收，尤其是从这些公司带来的捐赠（最大收益）、股权收益（相对较少）和项目基金及顾问费（相对最少），为斯坦福计算机科学乃至整个学校的发展提供了保障。

图 12.5　太阳公司的几个创始人（从左到右分别为科斯塔、乔伊、贝克托森和马可尼利，《纽约时报》报道）

几乎与此同时，麻省理工学院为 UNIX 的小型机系统研制了图形视窗 X Window，它不仅在技术相当先进，而且在计算机软件系统的设计理念上是全新的，并因此成为后来很多计算机系统软件设计的蓝本。但是，麻省理工学院一直让该项目停留在原型的水平。虽然很多公司和大学在此基础上开发出了很多产品，尤其是它后来成为图形工作站的必选，但是直到今天，麻省理工也没有从中获利。一项技术从被发明出来，到变成可用的产品并且产生商业效益，中间还有相当长的路要走，而在这个过程中，很多工作是必须要做的，却没有多少技术含量（关于这一点，可参见拙作《文明之光》第四册第二十九章"从 1 到 N 的创新"）。教授和他们的学生都面临着一个选择：是否要做这样的事情。对于美国东部很多名校的教授们来讲，只要研究工作被社会认可，他们就能发表论文，就比较容易从政府那里获得下一轮甚至是更多的经费，于是，他们目的就已经达到了。但是对于斯坦福的教授来说，距离的差异导致他们较难获得政府经费，因此他们有时需要把那些没有多少技术含量的工作一并做完，直到技术转换成利润，当然，他们最终获得了更大的收益。

3　技术直接变成利润

教授们的心态也会影响到他们的学生。对比斯坦福和麻省理工，两者在学术水平上差异不大，但是前者的学生进入工业界相对更多，而后者的学生更喜欢选择进入学术界。有兴趣的读者不妨看看各大学工学院网站上的教授主页，就会发现大量的教授都毕业于麻省理工。

斯坦福和美国东部名校的差异不仅仅是空间造成的，还和它们发展的时代有关，即存在时间上的差异。这一时间上的差异导致它们在将科研成果转换为利润时采取了完全不同的做法。

先谈谈美国东部名校。在 19 世纪后期，约翰·霍普金斯和哈佛都看到了工业化的发展需要大学提供技术这一趋势，都在积极发展自然科学，并且通过科学进步努力推动社会进步。直到今天，哈佛的办学理念中依然有这样一条，就是用人文和科学的教育来改变世界，这一条比较抽象。所有这些东部的名校都没有直接说"改变世界"这件事情由谁来做，历史上，这件事情是由获得了大学研究成果的公司来完成。吉尔曼和艾略特的模式基本上是这样的：大学开发技术，转让给公司，公司付给大学报酬，因此美国大学的校企合作就源于那个年代。在这样的校企合作中，教授们只负责研究，企业负责挣钱，然后回馈一部分利润给大学。在 19 世纪后期的美国工业革命中，这种合作方式堪称完美，并且让美国东北部的经济和社会都得到了长足的发展，著名的 GE、IBM 和 AT&T 等公司都受益于这种模式。这也是中国大学在 2010 年之前与工业界合作的主要模式。

美国东部名校采用这种与工业界合作的模式，除了因为拿经费容易以至于大学不需要做非技术的事情，还因为当时将技术转换成产品，投资高，周期长，不适合大学来进行，因此第二步由工业界来完成合情合理。

但是，斯坦福的腾飞，距离 19 世纪的美国工业革命，已经过去了将近100 年，人们的思维方式也随着时代的变迁发生了根本性的变化。与哈佛或麻省理工的教授转让技术给公司，间接地获得利润不同，斯坦福大学的教授们选择了卷起袖子自己干的方式，他们和学生自己创办公司，将技术直接变成利润。切莫小看这点变化，这既涉及教授们价值观的变化，也有赖于技术条件的成熟以及资本市场的完善。先说说思维方式的变化，这件事说起来容易做起来难，因为很多大学教授素以创造知识为荣，即使有个别教授愿意花时间去办公司，将技术变成产品，他们的同事也未必乐意。在约翰·霍普金斯工学院的一次董事会上，我们讨论如何将技术变成产品，我提出是否可以给教授们两年保留职位的时间，让他们全时去办公司，但是大部分董事和系主任们都认为不可行，因为如果有的教授利用了这个条件，而其他教授还一直拿政府的基金，不打算利用这个机会，那么后者就会认为不公平。另外，系里如果每年有两三个教授暂时离职，系主任们则需要多储备 10%—20% 的教授，否则一些课程会开不出来，而扩大师资队伍的压力最后会再转嫁到学院头上。另外，各个系之间和工业界的联系差别很大，院长也不太好厚此薄彼，比如不方便给那些容易办公司的系更多的教授名额。这一看似简单的问题，真正要落实起来，就牵扯到诸多利益，难以平衡。通常，校长和院长们都有足够的远见才能看清楚这种做法带来的长期好处，但也未必能够在短时间里完全改变整个学校的教职人员长期以来形成的思维方式。

一个世纪以前，教授们不愿意自己动手将发明变成产品的另一个原因是，在那个年代这么做的成本非常高，需要很多钱，而且那个时代的资本家也非常强势。因此，卖专利对科学家和发明家来讲常常是更好的选择，比如爱迪生和特斯拉都从专利上赚了很多钱。直到 20 世纪 50 年代末，仙童公司成立时，投资人费尔柴尔德依然保留有回购全部股份的权利，事实上他也是这么做的，这也使得 8 个技术出身的创始人"不名一股"，导致这 8 个人后来陆续离职。但是到了 20 世纪 60 年代，情况开始改变，风险投资开始在硅谷兴起，这些投资人愿意直接投资那些领先的技术，并且帮助掌握着新技术的人创办公司，而不是让新技术被现有的公司收购掉。握有技术的教授们（和他们的学生）可以占新公司相当大一部分股份，甚至是大头，这极大地调动了他们自己办公司的积极性（关于风险投资在硅谷的作用，读者朋友可以参考拙作《浪潮之巅》或者《文明之光》第三册，以及《硅谷之谜》）。可以说，如今斯坦福的教授要是没有办过公司，自己都会觉得不好意思，就连斯坦福的现任校长亨尼西教授也办过公司（MIPS 公司）。

教授们的成功也鼓励了学生们，他们甚至开始退学办公司，久而久之就形成了一种风气。正是在这样的风气里，源于斯坦福的公司开始不断地在硅谷诞生。和很多大学限制教授拿职务发明办公司不同，斯坦福不仅不限制，而且非常鼓励。虽然从理论上讲，教授们只能拿到职务专利的1/3 左右，学校要拿 2/3，但是在办公司时，职务专利占公司股份多少，则由专利发明人和风险投资人共同商定。事实上，斯坦福也没有打算通过专利本身挣钱，有史以来，斯坦福在专利上获得的转让费和股权的收益一共是 10 亿美元，虽然这看起来不少，但与学校近年来每年获得的10 亿美元捐赠相比，不过是九牛一毛，可以说斯坦福真正的获利方式是帮助教授和学生们成功，然后获得捐赠。今天很多大学看到了斯坦福这种宽容的做法所带来的好处，便纷纷效仿斯坦福大学，鼓励学生办公司，但在鼓励教授办公司上还是非常谨慎的。

硅谷的很多公司都是由斯坦福人创办的，或者是有斯坦福教授在里面担任顾问，因此学校和工业界的联系非常紧密。这样一来，无论是教授还是他们的学生都可以通过承接工业界的项目，锻炼解决实际问题的本领，这在客观上促使斯坦福培养和锻炼了很多技术上的全才，他们从设计并实现一种产品到项目管理都得到了锻炼。硅谷很多公司都反映，单纯从技术开发的角度来讲，斯坦福的毕业生未必就比伯克利和麻省理工的强，但是他们当主管的意愿特别强，无论是做技术主管还是行政主管，并且很多人逐渐成长为工业界的领袖。就连伯克利的校长也讲过这样的笑话："同学们，你们知道我们伯克利的毕业生是怎样称呼斯坦福的毕业生么？我的老板。当然，这种情况在出了施密特后才终止。"施密特是伯克利的杰出毕业生，他曾经担任了 Google 的 CEO，并且当时Google 的两个创始人（斯坦福的退学生）都是他的下属。但是，这是个案，而这位校长前面讲的却是普遍现象。久而久之，在硅谷的年轻人甚至产生了这样一个印象，要当好的工程师，就到伯克利去念书，想当老板，就去斯坦福。并非斯坦福培养的人就比伯克利更好，而是因为在硅谷的工业界，很多主管的位置都被斯坦福人把持着，他们互相提携，时间一长，斯坦福毕业生的发展空间就会更大。

斯坦福在从硅谷获得巨大收益的同时，也一直在主动地帮助硅谷的发展。斯坦福不仅源源不断地为硅谷地区提供技术和毕业生，还承担了硅谷人才的继续教育任务。硅谷公司多数的工程师并没有硕士以上的学位，不少人在工作中发现自己的专业水平需要提升，斯坦福大学则为这些人提供了便利的进修计划，他们可以每学期在大学修一两门研究生的课程，这样三五年就能拿到一个硕士学位，有的人甚至一边在公司全职上班，一边利用业余时间在斯坦福读博士。虽然有时候一个博士学位要读七八年，但毕竟是能在全职工作条件下获得博士学位的好办法。这些有一定工作经验的学生进入斯坦福的课堂后，给那些全日制的年轻学生带去了工业界的思维。

为了方便硅谷员工修课，斯坦福大学还有很好的远程教育网络。学生不必到课堂上听课，可以在家里的电视机前上课。斯坦福几乎所有的课程都通过有线电视向校园和硅谷实时转播，它自己的学生也没有必要到教室去。很多人一学期都没有踏进过教室，照样学得很好。万一上课的时间和上班有冲突，在职的学生可以课后到图书馆借出课程录像补习。

在斯坦福读在职博士的硅谷员工通常比刚刚本科毕业的学生更容易找到有意义的研究课题，一方面他们有工业界的经历，知道哪些课题今后对自己帮助大；另一方面，他们有一定的经济基础，不需要靠教授的奖学金生活，他们更看重教授的研究方向和水平，而不是教授手上的钱（而刚毕业的学生手上没钱，常常要为了争取奖学金而牺牲自己的兴趣）。世界各国的博士生都面临着同样的问题：花了四五年甚至更长时间研究的课题，毕业后可能没有用途，因为博士生不一定能自由选择课题，有时也不太了解学校以外的社会。那些在硅谷工作过的博士生一般没有这些问题，这使得斯坦福培养高级人才的效果特别好。

斯坦福大学也为硅谷和工业界培养了很多管理人才。有 8 名诺贝尔奖获得者的斯坦福商学院在美国和哈佛商学院齐名。硅谷很多优秀的年轻人在公司工作了一段时间后会去商学院充电。为了方便日理万机的公司负责人也能到商学院进修 MBA 的学位，除了一般的 MBA 课程，斯坦福还提供有专为公司执行官们开设的 EMBA 课程，只要每年夏天封闭培训六周即可毕业。

应该说，斯坦福在帮助当地社区发展方面堪称是大学的典范，整个硅谷地区能够在半个多世纪里长盛不衰，并且每次都能赶上技术革命的浪潮，斯坦福功不可没。

第三节　纽曼加洪堡的教育模式

有句俗话：哈佛难进，麻省难出。而斯坦福大学则是既难进又难出。难进就不用说了，近年来它的录取率比哈佛还低，更何况它还会留出名额给克林顿的女儿或者硅谷某个大公司创始人的儿子。比哈佛更要命的是，从斯坦福拿一个学位也相当不容易。根据斯坦福大学官方网站[4]公布的数据，本科生的四年毕业率只有 75% 左右，即使到第六年，毕业率也只有 95%，这两个数据都比哈佛低。斯坦福博士生的淘汰率就更

[4]　http://ucomm.stanford.edu/cds/

高了，很多人读了几年书，因为无法通过博士资格考试（Qualification Exam），不得不拿个硕士学位走人。以斯坦福电机工程系为例，每年大约有一半的学生无法通过资格考试，当然每个人都有两次机会，不过最终只有大约 2/3 的学生能获得博士候选人资格。

当然，斯坦福最大的特点还不是难录取难毕业，而是它在通才教育和专长教育上保持得相当平衡，可谓是同时贯彻纽曼和洪堡的教育模式的典范。

1　多元化的优势

斯坦福和美国东部名校的不同，不仅体现在上一节谈到的研究上，也体现在本科和研究生教育上。我们在前面介绍普林斯顿和耶鲁等常青藤大学时讲过，它们不仅比较传统，热衷于传道、授业和解惑，而且对教授和学生都管得比较死板。不仅对教授办公司不太支持，而且对学生在学业上也管得非常严格。因此，很多学生和家长都知道在东部名校更能"学"到知识。的确，单从知识的传播来看，斯坦福不仅赶不上东部名校，甚至可能比不上邻校伯克利。但是斯坦福更倾向于让学生自由发展，并且给予学生的自由度很大，这种做法和纽曼的教育理念非常一致。那些做事主动的学生在斯坦福可能是如鱼得水，而那些缺乏内在驱动的学生可能就会荒废了时日，这也是斯坦福大学毕业率偏低的原因。

教育家纽曼认为，学生们之间的相互学习甚至比书本知识的学习更重要。在斯坦福，教育者们非常认同这种观点。2015 年年初，我在和斯坦福大学医学院的赫斯莱格（Daniel Herschlag）教授谈项目合作时，无意中聊起了大学的教育，身为医学院副院长的赫斯莱格教授在斯坦福已任教 20 多年了，对学校的教育理念颇有发言权。他非常认同我建议的通过人和人接触的方式来学习，据他介绍，在医学院，他们实施了一系列让高年级学生在学习之余帮助低年级学生的计划，包括高中生的、本科生的和研究生的。他问我还有什么建议，我建议他还可以进一步扩展到对未来就业选择的帮助上。一位 2014 年同时被普林斯顿和斯坦福录取的学生告诉我，当初她在这两所名牌大学中做选择时比较纠结。一方面她很喜欢普林斯顿的住宿学院，在这一点上，似乎普林斯顿更有利于学生之间取长补短。但是，斯坦福则更鼓励学生们一起做项目，她觉得还是这一条来得更实在，并最终选择了斯坦福。入学一年后，她介绍，虽然斯坦福没有住宿学院，但是高年级对低年级学生的帮助非常大，说明赫斯莱格教授所言非虚。另外，大家生活在一起，平时同吃同住，放假由学校组织到世界各地一起玩一玩，这就足够了。而在学习上的合作，则是更加有用的同学关系。

纽曼教育理念成功的第二个关键因素是学生来源和文化的多样性。大学要想让学生们掌握大行之道，必须让他们有各种特长可以取长补短，相互学习。大家可能有这样的体会，学习计算机的同学聚在一起常常谈论一些和计算机或科技有关的话题，学习金融的在一起常常谈论对经济的看法。如果一所大学都是由同一类年轻人构成，他们取长补短的结果不过是补充了专业知识，而不是习得大行之道。这也是很多大学教授认为英国的牛津和剑桥在通才教育上已经落后于美国的一个原因，因为它们过短的学制让学生们过快地进入专业领域，并且在日常生活中是与同一个专业的人扎堆儿。

在美国，麻省理工学院、加州理工或者卡内基 – 梅隆大学等优秀大学，在工程上不比斯坦福差，但是生源相对单一（耶鲁等文科和纯理科比较强的大学也有类似的问题）。斯坦福大学则不同，它的学生来源不仅多样化，而且多元化。从文理、工程、医科、商业到法律，什么样的学生都有。本科学生进入斯坦福后，并不急于确定专业，即使在选定专业之后，很多人也不会把自己限定在一个专业上。事实上，计算机专业的学生经常接触的同学可能来自经济学科、医学或者法学预科，因此，他们对其他行业对技术的要求就会理解得比较深入，无意之中就培养了计算机专业人员的产品意识和商业意识。另外，斯坦福大学的学生来自世界多个国家和地区，加上硅谷地区多元文化的影响，他们的社会知识一般要好于美国东部名校象牙塔中的学生们。在 Google，从斯坦福毕业的计算机科学博士很多并不是做工程师，而是当产品经理，这种情况在麻省理工、伯克利或者卡内基 – 梅隆的毕业生中并不多见。

斯坦福的很多学生不仅在学业上出类拔萃，而且有着各种各样的特长。斯坦福大学设有专门的体育奖学金，这在美国名牌大学中非常少见。斯坦福不仅在美国流行的篮球和橄榄球方面出类拔萃，更是聚集了许多体育巨星，并培养了很多奥运会冠军和世界冠军。斯坦福历史上最有名的运动员可能当属网球巨星约翰·麦肯罗、高尔夫球巨星老虎伍兹和获得过 4 枚奥运会游泳金牌[5]的埃文斯。斯坦福大学的游泳队经常是半支美国奥运游泳队，它的教练常常就是美国奥运代表队的游泳教练。从 1912 年起，斯坦福大学在历届奥运会上至少会获得一枚金牌，最多的一次多达 17 枚。在 2008 年北京奥运会和 2012 年伦敦奥运会上，斯坦福大学的学生分别获得了 8 枚和 12 枚金牌。要是算作一个独立的国家，它的排名分别为第 10 名和第 6 名。这些运动员很多并非只是靠体育成绩受照顾进的斯坦福大学，他们大都在学业上同样优秀。2014 年凭借高尔夫球特长进入斯坦福的哈克高中（Harker School）毕业生麦克尼利（Maverick McNealy），已经开始参加高尔夫球的职业公开赛，学习成绩也很好。这些优秀的运动员平时就和大家住在同一栋楼里，一起上课。

---

5 在 1988 年的汉城奥运会上埃文斯独得 3 枚游泳金牌，1992 年她在巴塞罗那奥运会上再夺一枚金牌。

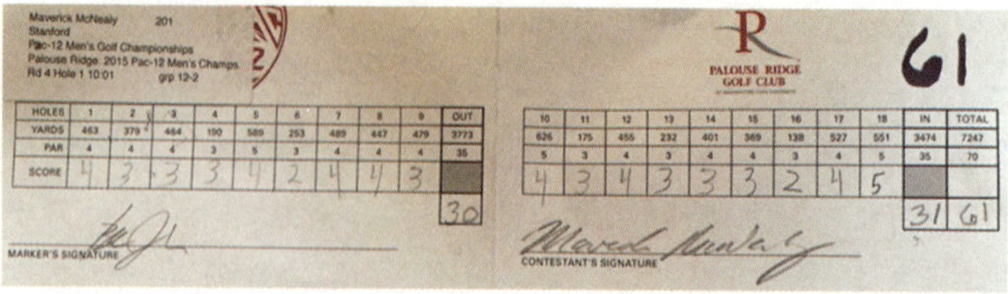

图 12.6　斯坦福学生麦克尼利在 2015 年平了当年老虎·伍兹 61 杆的高尔夫球纪录

斯坦福大学没有音乐学院，只有一个不大的音乐系，却是已故的著名钢琴家斯坦恩（Issac Stern）和当今最知名的小提琴家朱克曼以及著名大提琴家马友友经常演出的地方。在艺术收藏上，斯坦福大学有全世界最多的罗丹雕塑收藏，包括他最著名的作品《思想者》[6]。此外，斯坦福的博物馆还收藏有很多亚洲的文物，比如宋代的瓷器。这对培养年轻学生的审美和艺术修养都大有益处。

图 12.7　斯坦福的主校园依然保持着中世纪修道院的建筑风格（实际上是新古典主义和托斯卡纳风格的结合），让人感觉置身于象牙塔中

[6]　罗丹的每一件雕塑作品一般有不止一件但不到十件真品，原始的模具在这几个真品浇筑完毕后毁掉。他的"思想者"在法国和美国有几件真品，相互之间没有区别。

当然，相比本科生教育，斯坦福更出名的是它的研究生培养和科研水平。

斯坦福大学诞生时，美国的大学已经完成了从只重视教授拉丁文的旧式书院向现代大学的转型。当时，吉尔曼创办的约翰·霍普金斯已经快20岁了，回顾我们在前面介绍约翰·霍普金斯时提到的一个事实，那就是在当时的美国大学里，大量的教授都毕业于约翰·霍普金斯，他们不再以单纯的教书为主，而是同时也做研究。事实上，斯坦福的第一任校长乔丹也算是吉尔曼隔代相传的弟子，他领导下的斯坦福，从一开始就避免了哈佛和耶鲁走过的弯路，直接成为研究型大学。如今，斯坦福的学术成就和学术声誉在世界上已毋庸置疑处于领先水平。根据《美国新闻和世界报道》2015年的数据，在美国大学研究生院的细分专业中，斯坦福有99个专业排进前10名，超过哈佛大学的93个，和伯克利持平，与伯克利在美国大学中并列第一。当然这些细分专业的权重不同，比如计算机科学的权重显然高于东方哲学史，因此单纯看专业数量未必能准确衡量科研的绝对水平，但是，斯坦福能在整体上都处于很高的水准，至少说明它在专才教育上比任何大学都不差。

图 12.8　斯坦福校园里的罗丹雕塑

2 大胆的科研改革

值得一提的是，斯坦福在专才教育上融入了通才教育的很多特点，这主要体现在让学生自由发展上。2008 年，我在《浪潮之巅》系列博客中首次介绍斯坦福大学时，它的医学院还排在第 8 到第 10 名之间，并且在这个名次上停留了 20 多年，但是在最近的两三年里，斯坦福医学院突然蹿升至前三名。一所大型学院在短时间内获得这么大的进步通常是不大可能的。这里面的原因很值得研究。从表面上看，斯坦福医学院换了院长，聘请了约翰·霍普金斯医学院的一位系主任米纳教授，他对于帮助斯坦福获得更多的政府经费确实起到了很大作用，这一点外界都看得见也看得懂。但是，美国政府的医学研究经费毕竟总数有限，在短时间里要想把那些传统的医学名校，比如哈佛、约翰·霍普金斯和加州大学旧金山分校的经费挤得更少是很难的，而且这不是斯坦福可控的。因此，斯坦福医学院排名得到急速提升肯定还有别的原因。2015 年年初我拜访了斯坦福医学院的两位院长（米纳教授和赫斯莱格教授），才了解到其实是他们在内部做的另一件事情，一件院长自己可控的事情，真正帮助了医学院排名的提升。简单地讲，就是将原来由院长控制的、给予教授的一部分经费直接给到了博士生（仅限于做研究的 Ph.D.，而不是将来当医生的医学博士 MD[7]）头上。这样，做研究的博士生在修完课程后的 4 年里不再需要由教授提供研究薪金（RA），就可以按自己的研究兴趣专心做 4 年课题[8]。这在美国大学的医学院中是绝无仅有的。这项措施使得斯坦福医学院的录取接受率一下子从过去多年来的 50% 左右提高到 65% 左右，并拉开了和所有大学的差距。这是它的排名急速上升的根本原因。

---

7   后者被认为今后可以挣到大钱，因此各大学都不给奖学金。

8   最近几年斯坦福医学院的博士生获得哲学博士（Ph.D）通常需要五六年时间，前一到两年他们需要学课，大多数通过助教薪金（TA）解决学费和生活费的问题。

当然，有人马上会说，如果只是这样简单地把左口袋的钱掏到右口袋，就能将一个研究生院的排名提高这么多，那么其他大学为什么不做。原因很简单，这件事情其实很难做，首先院长手上要有一大笔钱可以运作，更重要的是，这要动几乎所有教授的"蛋糕"！我们先来看看这笔钱从哪里来。这就不得不说回到美国私立大学的管理和斯坦福的特点了。首先，美国私立名校的教授们从政府申请到的科研经费都是专款专用的，院长是无法拿来直接分给学生的。像哈佛、麻省理工和约翰·霍普金斯这种科研经费占大学预算比较多的大学，做这件事情就更难一些。斯坦福相对容易些，是因为它的预算中很大的一块是来自捐赠。但是在美国绝大部分捐赠也是专款专用的，比如说盖茨基金会给一些大学用于研究艾滋病的捐赠，（拳王）阿里基金会给医学院用于研究帕金森综合症的捐赠，是不能用作其他用途的，只能给到相应的教授手上，不能随便给博士生。因此，学校的管理者就要说服捐赠者同意将原本给教授的钱给到学生手上。要说服这些捐赠者也并不容易，很多大学的校长们和医学院的院长们懒得花精力去这么做。除此以外，他们还要说服教授放弃掉对科研的一些控制权。因此，学院的这种做法，不仅仅是简单地从教授的口袋里拿走一点钱，而是要让他们丧失一部分对研究生的控制权。本来，在研究生院，哪个教授有科研经费（无论是从外面申请到的经费，还是院长从自己控制的经费中给予的），就可以招收研究生帮自己做事。系里那些还没有找到教授资助的研究生，就要"求"某个教授来资助自己。在这种情况下，教授很主动，可以要求研究生做他希望做的事情。但是，一旦博士生们手里都有了钱，有了自己的想法，反过来找教授说，我希望做这项研究，您是否愿意来指导我。如果某个教授不愿意，博士生就可以找别的教授，反正他有经费和奖学金。这样一来，为了维持自己实验室的规模并且不断地出科研成果，教授们就不得不和博士生们在研究课题上进行妥协。这件事情，可不是牵动一两个教授的利益，而是要求所有的教授都变换思路，它对于研究生教育的影响，不亚于当年艾略特把哈佛从"以教为主"改为"以学为主"。

我第一次听到米纳教授讲这个思路时，觉得很有道理，开始考虑是否要把这些做法讲给约翰·霍普金斯工学院院长施乐辛格教授参考。但是，随后我就有了上面这一大堆问题，而这些问题的解决办法倘若不搞清楚，这个想法就实行不下去。而这种讨论业绝非半个小时或一个小时就能结束的。米纳教授听说我要给约翰·霍普金斯提这个建议，作为从那里出来的教授，他也很愿意帮忙，但是身为院长，他实在太忙，于是请副院长赫斯莱格教授花了半天时间与我探讨这些问题，而后者为了能够解答我的问题，还专门找了两个受益于此的博士生一起跟我探讨。赫斯莱格教授讲，这首先要给好多人换脑筋，首先是让捐赠者转换思路，这一点相对容易，在硅谷，大部分人的思维都比较开放，不过据他所知，在一些比较传统的地区，很多捐赠者的捐赠，尤其是给医学院的捐赠，目标特别明确，就是为了研究与其家族有关的疾病。总的来说，在其他地方做起来比在加州难。其次，要说服教授们改变思维方式，尤其是本来指望从学院拿到一笔启动基金的年轻教授们，非常困难。有些学生一旦有了自己的经费（包括学费、生活费和实验经费），大部分时间甚至会找外系的教授一起工作了。（这种情况在美国并不少见，我本人拿的是计算机系的学位，工作却是在电机与计算机工程系做的。）因此，就要让年轻的教授们接受一个事实，那就是只有关心博士生的成长，才能在学院获得研究的资源。当然，在斯坦福医学院有一些便利条件，那就是可以通过那些诺贝尔奖获得者来帮助学院现身说法。比如朱棣文教授当年得诺贝尔奖的课题（把原子停下来），就是美国自然科学基金会以奖学金的形式让他不限制课题内容做研究的，否则他这种看似没有用途的研究在系里是不会得到支持的。类似的情况还有科比尔卡教授的工作。这些诺贝尔奖获得者对推动这个转变起了很大的作用。

和赫斯莱格教授等人交流了半天，我发现这件事做起来真的很难。斯坦福能做到这一点，首先说明它在教育理念是真正以培养好的学生为出发点的。很多大学都宣称自己如何重视培养学生，它们的领导每一次讲话时都要在这个问题上说一两句，但是真正到了师生产生利益冲突时，才能看得出一个学校是否真正更多地考虑学生的培养和学生的利益。其次，斯坦福拥有其他大学很难具备的条件，它是硅谷崛起最大的受益者，硅谷的公司和成功人士为斯坦福提供了巨额的研究经费和捐赠。没有这些捐赠，校长和院长们也难为无米之炊。在中国，虽然每年都有很多人捐助大学修建大楼，但捐助搞科研的却并不多。还有一点必须要指出，斯坦福受益于硅谷的地方远不止是财政方面，仰赖硅谷非常开放而自由、年轻人比较有发言权的文化，才真正影响了斯坦福大学在一些科研政策上向博士生们倾斜。

国内一些大学的负责人和我谈到教育时，我常常建议他们根据学校自身情况，在专才教育和通才教育中有所侧重，但是大部分人都不以为然，认为他们既可以保留优势，做好专才教育，又可以开展通才教育。通过斯坦福的例子大家可能已经看出，兼顾好这两方面是非常难的，不是简单地强调一下科研，再多开几门人文学科或者工程领域的入门课程就可以的。这里面首先涉及到如何给予学生自由的问题，哈佛和耶鲁是通过降低课程要求，给予学生时间，达到给予学生自由的目的。斯坦福并没有简单学习哈佛或者耶鲁，而是通过平衡学生和教授的关系做到给予学生自由。反观国内的很多大学，什么都不想有所牺牲，也必然难以有所得。

第四节　创业的孵化器

我们继续来看看：什么人会选择上斯坦福大学，或者说什么人适合到斯坦福读书。这一节我们还要继续围绕硅谷、创业和自由的空间等几个话题展开。

如果单纯为了学习课程，尤其是将来进入医学院或者当教授，在美国可以替代斯坦福的大学非常多，一些大学甚至更好，比如麻省理工学院。如果想成为政治家，那么远离华盛顿的斯坦福肯定不是一个好去处。历史上，斯坦福出了很多伟人，但是政治家并不多，只出过一位总统胡佛，还每次都被评为最差的总统[9]。虽然近几年斯坦福还出了一位国务卿（赖斯博士），但是相比哈佛、耶鲁和哥伦比亚，数量少得可怜。

但是，要想成为未来工业界的领袖，或者通过发明创造来改变世界，在美国还真没有比斯坦福更合适的地方。我们不妨从以下 4 个方面来看看斯坦福在这些方面的独到之处。

1　提供创业的目标

创业首先要明白做什么。中国有一句俗话：万事开头难。对于创业者来讲，找到一个好的项目，是成功的开始。在一般的大学教授和研究生创业者看来，他们的特长应该是自己的专业。很多大学办的公司都是如此，比如麻省理工学院的人早年办的计算机公司 DEC，就是林肯实验室的计算机专家根据自己的特长办的，后来麻省理工的学生和教授先后办的语音识别公司 SpeechWorks（后来为 Nuance 公司的一部分）、著名的机器人公司 iRobot，都是计算机科学实验室 LCS 和人工智能实验室 LAI（今天二者合并为 CSAIL）的项目。伯克利的毕业生也办了很多公司，尤其是集成电路设计公司（比如美满半导体 Marvell），也是同样的思路。这当然是大学办公司的正道。但是有些时候大学研制的技术太超前，以至于它们和当时的商业环境没有结合点。比如麻省理工学院的

9　因为他正好赶上了 1929—1933 年的世界经济大萧条。

计算机实验室（LCS）早在十几年前就发明了 Google 眼镜的原型，但是当时还没有移动互联网，用这种技术办公司显然不可能。斯坦福人在创业上与其他著名工科大学略有不同，一方面他们也办了一些纯技术公司，比如亨尼西的半导体公司 MIPS 和著名的思科公司。但是同时，斯坦福人还办了很多针对当下需要的应用的公司，这些公司利用现有的甚至是多年前的技术，包括来自于其他人、其他大学的技术，综合成一种新的产品和服务，比如雅虎、图片共享和处理公司 Instagram，以及多媒体移动社交网络 Snapchat。

除了在技术上有特长，斯坦福的学生们还能找到好的创业题材，这主要得益于他们在硅谷培养的开阔视野。硅谷地区有很多与创业相关的俱乐部和论坛，其中一些就在斯坦福大学内部或者经常在斯坦福大学里举行。比如斯坦福企业家之角（Stanford Entrepreneurship Corner）就是这样一个俱乐部性质的、负责连接学生和工业界高管的组织。经常来这里作报告的人包括很多著名的风险投资家，比如凯鹏华盈（KPCB）的约翰·多尔，以及工业界的领袖，比如 Google 前 CEO 施密特和创始人佩奇、Facebook 的创始人扎克伯格，以及美国各个著名商学院的教授。这样，斯坦福的师生们就有机会不断接触到世界级的投资人和工业界领袖。大家不仅有机会找到投资渠道，还能从著名投资人和工业界领袖那里了解到当前科技产业和商业的发展趋势，并且顺应这种趋势，创办公司。

2　为创业开绿灯

斯坦福在帮助教授和学生创业方面做的第二件事情，就是为教授和学生的创业行动大开绿灯。前面讲过，在很多研究型大学里，一个教授要求离开学校很长时间去创办公司，其他教授会觉得不公平，院长们如果予以特别照顾，则显得厚此薄彼。但是在斯坦福，学校对教授暂时离校办公司非常宽容。斯坦福大学甚至允许教授们在上缴给学校一些公司收入后，免去教课的任务，专心搞科研和办公司。这对于教授创业自然是好事，却是以牺牲教学为代价的，因为那些课程就不得不由临时外聘的讲师来讲授了。比如《计算机系统结构》这门课在 20 世纪 80 年代是由亨尼西自己讲授，但是到了 20 世纪 90 年代他去办公司后，就由一名讲师代讲了。有些课即使还是由全职教授讲，他们也会经常让助教代课。梦华在斯坦福暑期实习时旁听了一些课程，发现部分课程常常是研究生助教在上。

斯坦福大学对创业的鼓励还体现在对利用职务发明创业的宽容。斯坦福人创办的公司，大部分靠的是和工作相关的职务发明，比如太阳（Sun Microsystems）、思科、雅虎和 Google 等公司。过去，很多大学和实验室，作为专利的所有者严禁个人利用职务发明来创办公司，但是斯坦福大学在这方面相对比较开明，它在这些公司中占的股权一般都少得可怜，甚至不占股权。就如同低税率可以刺激经济一样，从长远来讲，斯坦福这种少占股份的做法是双赢的，因为可以鼓励创业。作为对母校的感激，几乎所有创业成功的人都非常慷慨地向斯坦福提供巨额捐赠。

3　对学生扶一把

在扶持学生创业方面斯坦福大学无疑做得非常好。它对创业的教授和学生直接的帮助就是为他们搭建和工业界之间的桥梁。斯坦福专门设有一个办公室，用来帮助准备创业的在校学生与在硅谷成功的校友或跟斯坦福有来往的企业家、投资家之间建立联系，寻找投资。

Google 的佩奇和布林就是通过这种方式找到第一笔投资的。1998 年，在开发 Google 搜索引擎后不多久，两人很快就用光了自己不多的现金和信用卡的全部额度。他们自己也曾努力寻找过天使投资，不过当时还只是两名普普通通的博士生，在硅谷多如牛毛的创业者中并不引人注意，开始找钱并不顺利。这时他们想到了找学校帮忙，学校通过帮助学生创业的这个办公室，联系上了斯坦福的校友、太阳公司的创始人安迪·贝托谢姆。贝托谢姆虽然是计算机技术出身，但是对搜索引擎技术并不熟悉，不过因为是母校介绍的，他还是在百忙中约见了这两位只有二十五六岁的小伙子。贝托谢姆当场搜索了一些东西，对结果非常满意，当即给他们开了一张 10 万美元的支票。这就是 Google 作为一家公司的开始。这笔钱没多久就用完了，但是其他投资人听说太阳公司的创始人给 Google 投资了，也纷纷注资 Google，这样才有了今天这样一家大型跨国公司。可以想象，如果佩奇和布林不是在斯坦福而是在其他学校，估计很难有机会直接向一位工业界领袖推销自己的发明。

清华校友金学诚博士在硅谷第一次办公司的经历，则从另一个角度反映了斯坦福给予一名普通学生的创业帮助。为了偿还新加坡政府的奖学金（本金加罚款近百万美元），金学诚不得不去办公司。但是作为国际学生，他遇到了一个美国学生平时不会遇到的难题，就是自己在美国的合法身份问题。他在美国拿的是学生签证，一旦退学创业，学生签证便不再有效，按照规定他应该在一年内离开美国。金学诚找学校帮忙，大学研究之后告诉他，他只要交一学分的学费，学校即可为他维持学生签证，而当时在斯坦福像高尔夫球这样的课程是一学分，于是金学诚就打了几年的高尔夫球，利用这个时间创业并最终卖掉公司。今天，很多大学（比如哈佛、普林斯顿、康奈尔和约翰·霍普金斯）都会设法帮助学生创业者联系投资，甚至学校自身就有一小笔天使投资投给自己的学生，但是为了帮助外国学生创业而打法律擦边球的事情，恐怕也只有斯坦福愿意干。

对于学生创业而言，最关键的是需要学校扶持一把。已故的美国肯尼迪总统和美国导弹之父冯·卡门（Theodore von Kármán，钱学森的导师）之间曾经有过这样一个故事。1963 年，冯·卡门被授予美国第一个国家科学奖（1962 年度），在美国人心目中这是比诺贝尔奖更高的荣誉，每次均由美国总统授予。当冯·卡门在肯尼迪总统的陪同下走下白宫的楼梯时，这位 81 岁高龄的科学家一个趔趄差点摔倒，肯尼迪总统立刻上前搀扶。这时，冯·卡门说了一句意味深长的话："年轻人，当一个人往下走的时候是不需要扶的，当他往上走时恰恰需要你扶他一把。"

4 营造创业氛围

斯坦福能培养出大量企业家的另一个重要原因就是营造了创业的气氛和传统。人们做事情容易受外界环境的影响。周围的人都热衷于创业，自己难免也会心里痒痒。周围的人都在读书做学问，自己多半也会静下心来读书。麻省理工学院一直以培养工程界领袖为己任，并且成功地培养了大量的工业界主管，但是自主创业的学生远不如斯坦福的多。不少风险投资家也一直在麻省理工学院校园里转悠，希望能找到好的项目投资，但是效果一般——麻省理工的学生更愿意当教授或者去大公司上班。斯坦福的邻校伯克利同样学科齐全、出类拔萃，但是因为缺乏创业的气氛，很多毕业生最终选择到斯坦福学生创办的公司里去找工作。哈佛本身也鼓励学生创业，并且还出了比尔·盖茨和扎克伯格，靠着哈佛的金字招牌，学生创业其实不缺经费，今天很多风险投资（包括我自己的基金）都会向哈佛的学生承诺，一旦退学创业，定会予以支持。但是真到了要退学放弃哈佛学位时，他们就打退堂鼓了。很多哈佛的学生其实已经准备好了商业计划书，甚至进入了一些创新大赛的半决赛和决赛，但就是迈不出这最后的一步，这与其说是缺乏勇气，不如说是受氛围的影响。前面提到从 1979 年至今，信息革命蓬勃开展的 30 多年里，波士顿地区居然没有出一个像样的大科技公司（进入美国《财富》500强），究其原因，只能说那里缺乏创业的氛围。

虽然并非每一个斯坦福人都能创业，也不是每一个人都能成为领导者，但是他们中的很多人依然可以成为很好的合作者和追随者（Follower）。佩奇有一次在斯坦福的创业论坛上提到，创业的关键之一是找到志同道合的伙伴。在斯坦福找到一起创业的追随者相对容易。首先，进入斯坦福的学生大多愿意到刚成立的小公司工作，而很多东部名牌大学的毕业生并不愿意去小公司。其次，很多学生舍得放弃学位，作为共同创始人和同学一起办公司，这需要更大的勇气。我们曾经投资了一个斯坦福机械工程系的研究生，帮助他把自己发明的机械手变成用手机遥控的开门装置。这位学生并不懂密码学——手机遥控装置的核心技术之一，于是他找到同一届入学的一位为韩国政府做过密码项目的同学，劝说一同创业，后者几乎没有犹豫就和他一起退了学，这就是斯坦福特殊氛围带来的结果。在美国东部的很多名校里，即使一个学生有心创业，他去找同学一起干时，得到的回复往往是，"喔，我还要读书呢。"

在美国的大学里，斯坦福算是后起之秀，在短短半个世纪里就能比肩美国老牌名校哈佛，原因有很多。其中最重要的一条是，斯坦福与工业界联系紧密，并成功孵化出大量公司，特别是如今引领世界科技潮流的跨国公司。今天很多大学学习斯坦福的经验，办起了自己的加速器或者孵化器，促进研究成果向产品转化，而斯坦福反而没有这样的加速器，因为它把整个硅谷作为了自己的加速器。

当然，并非有心创业的年轻人都有机会进入斯坦福大学，事实上它是美国主要大学中录取率最低的学校，甚至低于哈佛大学（2013—2014年

度 [10]5.7% vs 5.8%，2014—2015 年度 5.1% vs 5.9%）。要想上斯坦福，成绩好是必要条件，但是这还远远不够。在录取要求上，斯坦福和哈佛颇为相似，可以说，哈佛有什么样的"不合理要求"，斯坦福也有。比如说，斯坦福非常强调特长。如果一个申请人在体育、艺术和音乐等方面达到了一个绝对的高度，只要学业上能达到斯坦福的最低要求，就能进斯坦福。反过来，如果只是学习突出，几乎没有机会。近几年来，一些获得了计算机奥林匹克竞赛金奖或者进入英特尔奖决赛的申请者也被斯坦福大学拒绝了。至于个中原因，其实和哈佛大学不录取那些成绩优秀者类似，因为在斯坦福，并不缺读书读得好的人，它的目标是网罗各个领域的精英。

斯坦福对本科生主要实行通才教育，要求学生必须完成 9 个领域的必修课，其中包括文化与思想、自然科学、科技与实用科学、文学和艺术、哲学、社会科学和宗教思想。除此之外，学生的写作和外语也必须达到一定标准。在申请斯坦福大学时，填不填专业志愿，差别不大，学生们大多在入学一年后才会真正确定自己的专业，并且将来还有机会修改。不过，要是到了三年级下学期再换专业，仍想四年毕业几乎是不可能的。

斯坦福采用一年三学期的学制，相比那些采用两学期学制的大学，学生们要学习更多的课程，压力也比其他一流大学要大一些。据我弟弟介绍，一般是开学 4 周，就开始期中考试了。不过在斯坦福获得 A 并不是难事，因为教授们不以难为学生为目的。到了暑假，大部分学生都会到硅谷找一家公司实习，为将来进入工业界或者创业积累经验。在斯坦福 4 年下来，如果能尝试创业一次，也不枉青春年少一回。

10　指 2013 年提交录取申请，2014 年进入斯坦福的学生。

结束语

世界上各个学科水平都很高，本科教育、研究生教育和科研水平十分均衡的大学屈指可数，而斯坦福大学就是其中之一，而它和工业界之间的无缝连接，以及对地区性经济做出的极大贡献，更是其他名牌大学无法比拟的。如果说，哈佛大学与耶鲁大学代表着美国传统的人文精神，那么，斯坦福大学则是 21 世纪科学精神的象征。虽然斯坦福的腾飞只有半个多世纪，但是斯坦福人（包括学校的毕业生和教授）已经为人类文明、科学技术进步和现代商业发展做出了卓越的贡献。

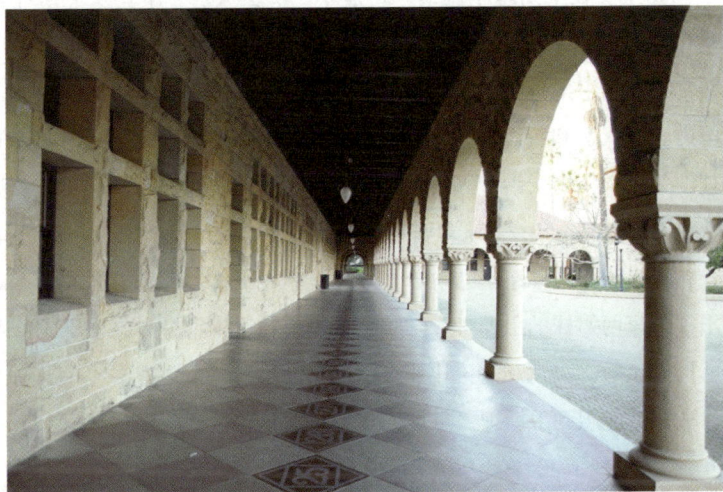

图 12.9　斯坦福纪念大教堂门口的地板上，每一年都会刻上毕业班的数字

参考文献

1.　斯坦福简史 . https://www.stanford.edu/about/history/.
2.　阿伦·拉奥，皮埃罗·斯加鲁菲 . 硅谷百年史：伟大的科技创新与创业历程 (1900—2013). 闫景立，侯爱华，译 . 人民邮电出版社，2014.

第十三章 象牙塔般的文理学院

卫斯理学院（Wellesley College）

在中国知道女校卫斯理学院的人可能不比美国人少，毕竟从卫斯理学院走出了一位曾经的中国第一夫人——宋美龄。不少人误以为宋氏三姐妹都毕业于卫斯理，无意中把卫斯理的传奇色彩进一步放大了。很多中国的有钱人都和我讲，希望将来能把女儿送到"宋氏三姐妹的母校卫斯理"去，其实宋庆龄和宋霭龄都毕业于佐治亚州梅肯的卫斯理安学院（Wesleyan College）。卫斯理安和卫斯理一字之差，在地理上可是差了8个州，在水平和声誉上也差出十万八千里。不仅大部分中国人都不知道出了宋家两姐妹的卫斯理安学院，甚至不知道宋家另一位重要成员宋子文毕业于哈佛大学和哥伦比亚大学。不过从另一个角度讲，一提到宋家，大家就能想到卫斯理，也可见其名气之大。

卫斯理其实代表了美国的一类大学，即专注于本科教育的文理学院。这些学院的教育宗旨和研究型大学完全不同，甚至是相对立的。文理学院强调传授广义上的知识，培养学生的整体智力水平和综合素质，而不强调工作必备的专业技能。这种学院授予的学位包括文科学士和理科学士两种，获得这些学位后，毕业生要想学习专业技能，通常会再进入其他大学的研究生院进一步深造。

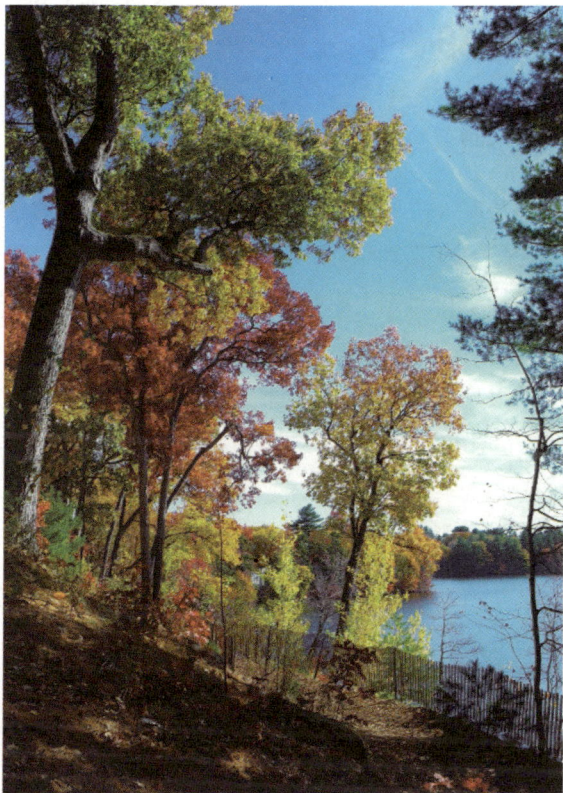

图 13.1　卫斯理校园一侧的瓦班湖
20 世纪初宋美龄在卫斯理读书时期，库尼维尔花园和学院隔湖相望

我们决定去参观卫斯理学院，主要是出于好奇，其实梦华 99% 不会选择这样的学校。但是哪怕只有 1% 的可能性选择文理学院，她也会首选卫斯理，我们觉得还是有必要去了解一下，至少应该知道为什么在美国会有很多人热衷于去这些只提供本科教育的文理学院，它们是否像很多中国人传说的那样是专门为富家子弟而开办的。在从耶鲁到麻省理工学院的路上，我们抽出半天时间参观了卫斯理学院，看看这所传说中的女子学院是什么样的。

第一节　卫斯理印象

1　最美丽的校园

卫斯理学院位于波士顿西北部，距哈佛和麻省理工所在的坎布里奇大约 40 分钟车程。在卫斯理学院附近有一个面积不大，名气却不小的湖泊——瓦尔登湖。19 世纪上半叶，美国作家梭罗在湖畔独居两年多，写出了著名散文集《瓦尔登湖》，提倡在物质越来越丰富的社会崇尚简朴生活，热爱大自然的风光。这本书文笔优美，意境深远，近两百年来，一直为全世界书虫们所喜爱。

我们下午两点抵达卫斯理学院，车外阳光明媚，但由于地处内陆，比海边的坎布里奇要冷一些，到了四月初还是能感受到一丝凉意。来到卫斯理的校园，第一感觉就是开阔而宁静，从校门到学校访客中心，大概要走 15 分钟，但是一路上遇不到几个学生，与忙忙碌碌的哥伦比亚或耶鲁校园完全不同。

图 13.2　卫斯理学院的主楼

在访客中心，我们受到招生办职员的热情接待，学校安排二年级女生索菲亚（Sophia）带我们参观校园。当时参观者并不多，加上我们一共有6个家庭，其中还有一位是梦华的高中同学。从参观学校的几个女生的穿着和谈吐，不难看出她们和参观哥伦比亚或耶鲁的学生之间的差异——她们（包括索菲亚）穿着比较正式，甚至有些保守，举止之间没有太多十六七岁女孩子的随心所欲，而她们使用的小饰物或照相机，也比一般高中生要考究一些。应该讲，来卫斯理读书的大多是中上产家庭的孩子，生活压力不是太大，上大学并不急于找到一份养家糊口的职业，只是想要接受高等教育而已。

索菲亚来自一个非洲小国，但是讲得一口地道的英语。她介绍起学校来，条理清晰，而且每一个细节都做得很好，和耶鲁或者哥伦比亚那种大大咧咧的"自由派"学生完全不同。索菲亚先带着我们在校园里闲逛。卫斯理的校园大约有500多英亩，与北大主校区的面积差不多，整个学校建在一片缓坡上。校园里有山有湖，所有的建筑均依山而建，错落有

图 13.3　卫斯理校园的秋色，大楼掩映在橡树和松树林中，隐约可见

致。当时还是早春，草地仍一片枯黄，覆盖着积雪，但掩饰不住校园景致的美丽。梦华说："卫斯理的校园真漂亮。"这是她一路看下来唯一一次称赞校园的景色。后来有人问她，"你不觉得普林斯顿的校园也很漂亮吗？"她说，"普林斯顿的校园完全是另一种风格，它总体上还是由楼群构成的。从面积上看，普林斯顿和卫斯理差不多大，但是前者的师生人数是后者的10倍，必然显得拥挤一些。卫斯理的校园非常开阔，给人的感觉是田间点缀着几栋楼而已，好似电影《音乐之声》里那种旷野草地。"

卫斯理的校园毗邻美丽的瓦班湖（Lake Waban），拥有常青的树林（在波士顿地区很难得）和开阔的青草地，被美国旅游杂志评为全美最美的田园式校园，当然，另一方面学生们的生活也是田园诗一般的。今天的校园是20世纪初定型的，当时的设计理念是漂亮而独特。由于学校里学生密度不高，也没有大量做研究的人员，因此校园里只有为数不多的古典风格的红砖建筑，点缀在相对开阔的校园里，不仅能保持自然景色，而且都起到了点睛的作用。

图 13.4　卫斯理的科学中心图书馆，学习环境非常好，但是人很少

索菲亚一边带路，一边介绍卫斯理的历史。卫斯理成立于 1870 年，原来是女子神学院，1873 年更名为卫斯理学院。卫斯理成立的背景是 19 世纪末妇女高等教育的开始，这个时期在美国东北部先后成立了 7 所女子学院，今天它们被称为七姐妹（Seven Sisters）。除了卫斯理，其余 6 所是蒙特霍利约克学院（Mount Holyoke College，1837）、瓦萨学院（Vassar College，1861）、史密斯学院（Smith College，1871）、拉德克利夫学院（Radcliffe College，1879）、布莱恩默尔学院（Bryn Mawr College，1885）和巴纳德学院（Barnard College，1889）。这些大学为早期的女子高等教育做出了很大贡献。

七姐妹各个学院成立之初，规模有限，甚至难以开出足够多的课程，于是分别和一所或几所大学结成姊妹大学，比如卫斯理的姊妹大学为哈佛和麻省理工。卫斯理的学生可以到这些大学自由选课，然后把学分带回学校。索菲亚就在麻省理工学院上课，从卫斯理到麻省理工每小时都有班车。麻省理工和哈佛这种过去以男生为主的大学，也非常欢迎卫斯理的学生。麻省理工学院的男生见到一位衣着漂亮得体的女生，往往会问，"你是不是卫斯理的？"凭着与哈佛、麻省理工这样的姊妹关系，卫斯理学院一直保持着较高的教育水准。

直到第二次世界大战结束，卫斯理学院的目标都是把学生培养成为上流社会的专职太太。它当时并不强调专业技能教育，甚至忽视心理教育。茱莉亚·罗伯茨主演的电影《蒙娜丽莎的微笑》从某个侧面反映出 20 世纪初卫斯理学院的状况。上世纪 50 年代的美国，虽然女性的地位渐渐受到重视，但在上层社会封建思想仍旧非常严重。在卫斯理这所著名的女子大学，学生们大都有着良好的家庭背景，从小接受过很好的教育。但学院对学生的教育不是教她们如何获得自己感兴趣的学科知识，也不重视心理教育，而是把学生的成功与否定义为今后的婚姻是否美满，她们学习的目的无非是嫁一个好丈夫。茱莉亚·罗伯茨扮演的艺术史老师凯瑟琳没有像其他老师那样沿袭学校一贯的教学做法和风格，她不仅挑战学校的一些做法、规矩，而且鼓励学生发掘自己的兴趣，并且大胆去实践她们的想法。最终她以率直的作风、丰富的艺术史知识以及风趣热情的授课风格，赢得了学生们的尊敬和爱戴，被女学生称为"蒙娜丽莎"。在董事会的压力下，凯瑟琳最后不得不离开学校，但是为学校吹进了一缕清风，吹皱了学校里的一湖绿水。

今天的卫斯理在培养学生的目标上，与当年迥异，学校仍只是强调素质教育，但也鼓励学生发掘自己的兴趣，并且大胆去实践自己的想法，而教授们会尽可能在这些方面帮助学生们。

2　优越的学习生活条件

在卫斯理的瓦班湖畔，有一栋非常现代（也是目前校园里唯一现代）的建筑，看上去像是一个化学或生物实验室，顶部有一排高高的烟囱，其实这是卫斯理最大的图书馆。走进图书馆，你会看到宽敞的阅览室、舒适的自习环境和各种一流设施。图书馆里非常宁静，甚至显得冷清。这也难怪，因为卫斯理学院一共只有 2000 多名学生，相比之下图书馆显得太大了。出了图书馆，我们参观了各种教学楼、实验室，然后来到学生宿舍。卫斯理无论是教室还是宿舍都宽敞明亮，这方面的条件明显优于它在坎布里奇的两所姊妹名校，舒适的环境可以说是卫斯理的亮点。

卫斯理的绝大部分学生都会住在校内，毕竟学校会在 4 年里提供条件优越的校内住宿，而卫斯理周围也没什么可供出租的公寓。极个别的高年级学生会住到校外，是因为喜欢波士顿的城市生活或在校外有男朋友。卫斯理早期住宿条件甚至可以用奢华来形容，一些宿舍楼里每个房间都

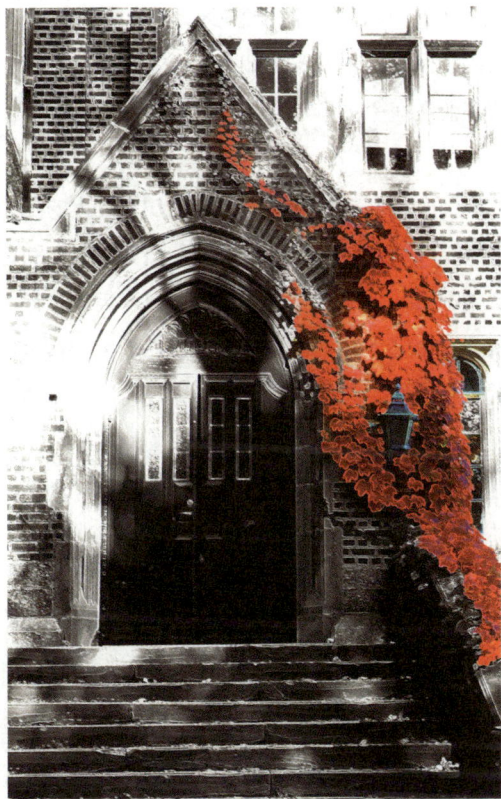

图 13.5　卫斯理宿舍楼的外景

装了呼叫器，可以呼叫清洁工来打扫卫生。如今卫斯理的女生已经不再是享受别人伺候的富家小姐了，但在各方面仍受到学校很好的照顾。卫斯理的宿舍不像普林斯顿和耶鲁那样被称作住宿学院，在管理上其实颇为相似。卫斯理人称呼自己的宿舍是 Res Hall，即 Residential Hall 的缩写，除了没有教堂，其他的每个宿舍楼里应有尽有。学校的口号是回到宿舍就回到了家，然后休息、睡觉和享受。虽然卫斯理的教室和阅览室都特别宽敞，但不少学生还是选择在宿舍里学习。因为宿舍同样宽敞、舒适和安静，加上这里的冬天比较长，卫斯理校园又太大，在冬天的寒风中往返于宿舍和图书馆之间并非享受。在参观的路上，一位家长问道，为什么校园和图书馆里看不到几个人，索菲亚解释道，因为天气还有点冷，大家都留在宿舍里了。

卫斯理有十几栋宿舍楼和一些非常小、只能住十几人的独立屋。每一栋宿舍楼的学生都各有特点，新生可以根据自己的特长和爱好来挑选宿舍。很多宿舍楼都有几十年甚至近百年的历史，但维护得很好，近乎完美无缺。全校有 5 个餐厅，其中一些就设在比较大的宿舍楼里。卫斯理的食宿费包括一日三餐，学生们可以选择在任何餐厅就餐。在这里不用为吃发愁，卫斯理的伙食被认为是全美大学中最好的之一，而且一天从早到晚什么时候都能找到吃的。2015 年，卫斯理被评为美国住宿条件最好、学生最满意的大学之一。

卫斯理的课程排得还是比较满的，不过学生的课余生活仍相当丰富。因为学生人数少，大部分活动都是小组学生来参加的，做的事情也是小而精，比如说要办一份杂志，介绍第三世界国家的人文、地理和历史，这件事一共只有十几个人参加，每个人分工明确，都有机会深度参与，当然这份杂志的影响力也很小，出品后一般会放到一些公共场合，供大家随意取用。卫斯理类似的小型活动非常多。卫斯理一共只有 2000 多学生，学生组织却有 160 个，不难想象每一个组织都很小，因此，在卫斯理很难看到上百学生一起做什么事情。我们和索菲亚聊到卫斯理到底有什么好处，她觉得其中一个好处是学生人数少，每个学生都有机会表现自己的才能，不像那些大型的州立大学，只有最好的 10% 的学生才有机会展示自我。卫斯理并非没有体育运动，不过水平实在不值一提。

如今卫斯理的学生来源很是多元化，而学校也注意尊重每一个学生的宗教习惯和生活方式。卫斯理可以为那些因宗教习惯而需要特殊伙食的学

图 13.6　卫斯理校园的秋色

生准备饭菜。更有意思的是，学校里有两栋小独立屋，里面的学生平时分别说法语（French House）和西班牙语（Casa Cervantes），而不是说英语。说法语的宿舍，过去是给一些来自欧洲的学生准备的，但是这个传统延续下来了。留出说西班牙语的小楼，是因为这是美国第二大语种，这样可以给这个族裔更多家的感觉。

参观到最后，几位女生及其家长向索菲亚索要联系方式，因为她们随后还有会很多问题想要咨询，索菲亚大方地提供了自己的联系方式，还真诚地表示关于学校的任何问题，都可以找她，如果她解答不了，她会转给其他人。从这个细节也反映出卫斯理的学生热情而友善，非常认可自己的学校，并且愿意帮助那些未来的同学。索菲亚的努力没有白费，梦华的那个高中同学真的申请了卫斯理学院，被录取后最终去了卫斯理。

第二节　为什么选择文理学院

为什么会有不少美国学生选择这种几乎只教学不做科研的文理学院呢？这样的学院必定有其过人之处。我们不妨通过卫斯理看看这类学院的优势。

首先，卫斯理充分发挥了"小型"大学的优势，注重教学质量，重视挖掘学生的潜力和培养学生的学习能力。

卫斯理采用小班上课，每个班只有十几人到 20 多人，60% 的课程人数在 20 以下。教授们讲课都非常认真，还负责一般大学里由 TA（助教）完成的习题课和课外辅导，一些教授甚至会在上课时间上凑学生的时间。卫斯理虽小，却有 32 个系（平均每个系只有 60 个学生），学生们一般会根据自己的兴趣爱好，毕业前从 20 多个专业中选择一个，当然，一名学生也可以根据自己的喜好搭配出特定的专业来。

卫斯理学院本身并不搞科研，但只要学生愿意做研究，教授也可以帮忙。因为人少，做实验和研究的资源并不缺，与在大型研究型州立大学相比，学生们在卫斯理获得实践的机会更多。当然，如同前面介绍普林斯顿时所说的那样，卫斯理的科研也并不是拿了经费的真正科研。

除了教学，教授们平时乐于帮助学生，和学生的关系很好。前面提到，本科生的一个普遍问题，是对未来的茫然——这既包括在将来专业上的困惑，也包括对人生道路的困惑。一些名牌大学，比如剑桥、牛津、普林斯顿和耶鲁，采用学院制等各种措施来办学，就是为了解决学生的这个需求。卫斯理这方面做得很好，学校的教授和学生比例相对较高。除了教学，教师不用费心做科研、搞经费，有足够的时间在学业之外的各个方面指导学生。

其次，在卫斯理便于结交（同性）朋友。在卫斯理的毕业生中，最具代表性的是希拉里·克林顿，她从卫斯理毕业后，进入耶鲁大学法学院学习。据她回忆，在卫斯理最大的收获是交朋友，也得到了展开自己的翅膀与心灵、不断去获得自我确定与认同的机会。大家在寝室里聊天，或在全玻璃的餐厅里边吃饭边交换听来的消息，从中借鉴学习。在卫斯理的四年里她和五名同学结成了一辈子的好友。

卫斯理的学生大部分来自富裕的家庭，但也并非娇生惯养，大多好学上进。在卫斯理的学生看来，她们是未来的独立女性（而不再是半个多世纪前待在家里的太太们），其中很多人未来会寻求进一步的深造。

早期卫斯理的学生大多来自美国东北部的传统家庭，随着名气越来越大，很多外国学生慕名而来。现在卫斯理的学生来自美国乃至世界各地，这大大地增加了校园文化的多样性，也和当年宋美龄上卫斯理时完全不同了。今天，一些学生选择卫斯理的一个重要原因是，在这种地方容易交到很好的朋友。有别于很多大学里学生的家庭千差万别、自身素质参差不齐，卫斯理的学生家庭背景普遍都比较好，她们学业优秀，各种素养也比较高，在待人接物上很有教养。因此，在卫斯理除了学习知识，广交能促使自己上进的朋友，也是在这里读书的目的之一。

卫斯理的女生在波士顿的各所大学（尤其是麻省理工）非常受欢迎，一些女生便把进卫斯理读书作为将来钓得金龟婿的途径。

第三节　充足的资源和良好的环境

卫斯理规模不大，但收到的捐赠相对学生人数还是足够多的，每年大约有3000万到5000万美元的捐款。单从金额来看，卫斯理的几千万美元与斯坦福或哈佛每年动辄10亿多美元的捐款完全不是一个数量级。但是，一来卫斯理的学生人数少，二来（也是更重要的）这些钱不需要用来做科研（做科研很花钱的），花到每个学生身上，还是相当富余的（人均每年超过一万美元）。由于资金充足，学校的环境、实施等各种硬件条件非常好，在这样的环境下，学生都能舒心地学习、做研究，培养自己的兴趣。

如前所述，学校规模小，落到每一个人身上的机会就比较多。比如在卫斯理，很多学生都有机会到国外学习一段时间，以开阔视野。

正因为上述种种原因，一些高中生会认为如果为了读好书，上卫斯理这样的私立文理学院也不错。

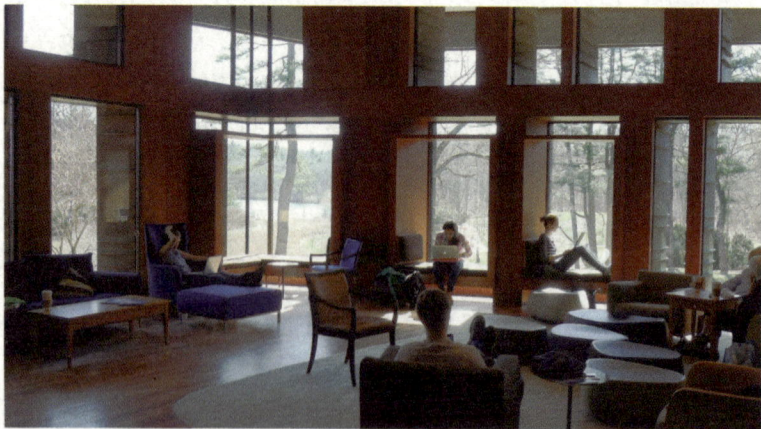

图 13.7　卫斯理舒适的自习环境

最后，卫斯理吸引一些学生（不是所有的学生）的另一个亮点是它与麻省理工学院有一个 5 年的双学位项目。也就是说，在这个通道里的学生可以同时获得这两所大学的本科学位，而成为这两所大学的校友。不过，能否进入这个项目，并不取决于卫斯理，而是由麻省理工学院来定。想进入这个通道的学生，必须先在卫斯理选一门工程课和一些理科课程，同时到麻省理工学院学一门课程。然后，在第二学年秋季，学生向麻省理工提出申请，转年的春天就会知道录取结果。如被录取，则需要在第三学年为将来在麻省理工的学习做一年的准备。在第四年、第五年，学生转至麻省理工学院学习两年。等到第五年修够学分，就可以获得这两个学校的学位了（而且有资格参加麻省理工学院的毕业典礼）。

当然，只有本科教育没有研究生院的卫斯理也存在先天的不足。没有很像样的科研，就无法掌握最新的科技发展动态，很难锻炼动手能力和实际工作能力，同时也会缺少与工业界、政府和金融界的联系。这些限制不仅有可能让学生的所学脱离实际，而且由于学生们缺乏和研究生们交流的机会，将来找工作时也会缺少与外界的联系。在用人单位（无论是华尔街还是硅谷的明星科技公司）看来，卫斯理既缺乏哈佛和普林斯顿这样的名气，又缺乏麻省理工和斯坦福这样的专业训练，卫斯理的毕业生如果不继续读研究生，则受欢迎的程度远不如从那些综合性、研究型私立大学毕业的学生，甚至也不如从伯克利或密歇根等公立名校毕业的学生。

卫斯理等文理学院的另一个问题是，学生的课程负担并不轻。虽如图书馆或自习教室里学生并不多，但这不代表学生们学习不用功，而是因为宿舍条件太好，大多数人都留在宿舍里学习。相比那些大型的研究型大学，卫斯理的生活比较单调，学生们常常会感觉是寄宿私立高中的延续（事实上很多人也是从那样的私立高中进入卫斯理的）。有些人以为卫斯理的学生都来自中上产家庭，是一些娇小姐，学习的负担或许不重，学校里经常办派对，实际并非如此。卫斯理这样的文理学院恰恰是相对枯燥、单纯学习的地方，与南加州那些被称为纨绔子弟乐园的派对大学正好相反。

1965 年，希拉里进入卫斯理读书。据她回忆，父母开车送她去学校是在波士顿迷了路，开到哈佛广场，她父亲看到来来往往的"垮掉派"，对他们非常厌恶，不过在卫斯理见不到任何"垮掉派"，这让她父亲安心不少。在美国 20 世纪 60 年代民权运动席卷整个美国校园时，卫斯理居然没有受到那种思潮的影响，可谓大学中的异数，也说明这是一所给乖乖女准备的大学。

据希拉里回忆，她刚进大学时，就感觉"所选的课程应付起来颇为不易，数学与地质学让我叫苦连天，自此彻底断了当医生或科学家的美梦。法文课上，教授客气地跟我说：'小姐，你的天分在别的地方。'开学一个月，我打电话回家，告诉父母自己似乎差人一截，不够资格做卫斯理的学生。"希拉里的父亲甚至劝她回去，好在她母亲不希望她半途而废。最终，希拉里得以逐渐进入状态，恢复了自信。她后来感叹道，在卫斯理她认识到绝不可以跑回家，所以必须全力冲刺。这可能培养了希拉里日后极为强硬的作风。

那么什么样的人适合选择卫斯理这样的学校呢？首先她们大多是来自中上产家庭的孩子，学业优秀，没有一毕业马上就要挣钱的压力。从希拉里回忆录的内容来看，来自中西部、直到高中毕业都没有出过远门的她，并不是典型的卫斯理女生。其次，选择卫斯理的学生大多很好学，但是暂时还不清楚自己将来想做什么。她们希望先打好坚实的学业基础，系统地接受高等教育，然后在成长的过程中，慢慢找到自己的兴趣点，将来或者到研究生院继续深造，或者在工作中去学习专业技能。用索菲亚的话来讲，就是"既然我不知道将来要做什么，为什么不先等等看，等到大学毕业再决定。"的确，如果一个高中毕业生并不清楚自己将来要干什么，那么与其到大学毕业时发现所学专业并非自己所喜爱的，还不如先到卫斯理这样的学校去打好基础，将来再做选择。

应该说，卫斯理的生活环境其实和社会真实环境多少有点脱节，而里面的大部分女生和社会上的同龄人也有较大的距离，她们大多来自中上层家庭，和美国一般大学的生源结构完全不同。这样的一些女孩子聚集在一个象牙塔里，对未来的发展是否最有利，也是一个未知数。

结束语

世间任何一件事情都有其对立的一面，当美国的高等教育从 19 世纪下半叶开始，向着研究型、专业教育方向转变时，另一种寻找过去那种重视基础教育的需求也同时产生，很多优秀的文理学院便在这种力量下诞生了。它们在当今极度商业化、非常重视科技进步的年代，依然坚持传道授业的教育古训，强调基础扎实、全面发展的通才教育。正是因为迥异于那些大牌名校，它们才能吸引到那些认可其教育理念的年轻人，百年以来长盛不衰。

再具体到卫斯理的办学理念，可以用它过去的校训"Non Ministrarised, Ministrare"来说明。这句话的原意是宁照顾人，勿被照顾。在过去，这被认为是做好太太的原则，今天，它的毕业生更愿意将它解释成，女性应该更多地致力于自己塑造自己的生活，并影响周围的社会。

参考文献

1.　Jennifer A. Jovin and Wellesley Historical Society. 卫斯理（Wellesley），Arcadia Publishing，2008.

2.　卡尔·伯恩斯坦．希拉里传．张岩，魏平，刘宁，译．中信出版社，2008.

第十四章　不在藤校里的藤校

杜克大学和华盛顿大学（圣路易斯）

有些不属于常青藤联盟的美国私立大学，质量并不比某些常青藤大学差，更何况在美国学生看来，选择就读的大学是很个人的事情，因此他们会首选某些非藤校的名牌大学，比如前面几章里介绍过的斯坦福、约翰·霍普金斯等。除此之外，杜克大学、芝加哥大学、西北大学和华盛顿大学也常常成为他们的首选。

先来看看杜克大学。在美国，有三所大学颇具可比性——哥伦比亚、斯坦福和杜克。它们虽然彼此相距很远（在美国的地图上构成一个巨大的三角形），所处的地理环境以及周边社会环境差别巨大，但都有这样几个共同之处。

首先，都是公认的全美最好的大学之一。其次，学科发展都十分均衡，具体来说，它们的文、理、医、工、商和法律等专业都很好，而且教学与科研、本科教育和研究生教育都能保持高水准。最后，都对当地的政治、文化和经济具有巨大的影响力。

在这三所学校中，只有哥伦比亚在常青藤联盟中，斯坦福有点瞧不起这个联盟，而杜克则远离这个联盟。不过，从各个方面来衡量，杜克都好过藤校中的一半大学，它的本科排名也一直在全美的前十名，因此说它是不在藤校中的藤校，并不过分。

另一所值得关注的大学是这些年来进步很快的圣路易斯华盛顿大学。在美国有好几所华盛顿大学，一所是在华盛顿州的，英文名称是 University of Washington，这是一所公立大学；另一所是我们要讲的位于美国中西部的密苏里州的华盛顿大学，英文名字是 Washington University，这是一所私立名校。为了避免混淆，后者在正式场合常常被称为"华盛顿大学（圣路易斯）"，注意这里括号中的圣路易斯只是表明大学所在的地点，并非圣路易斯分校的意思。有时它又简称为 WashU，这样就不会和西雅图的华盛顿大学相混淆了。在本书中我们只介绍圣路易斯的这所私立名校，书中凡是提到华盛顿大学指的都是这所大学。

华盛顿大学比约翰·霍普金斯大学成立更早，但它有时被认为是一所缩版或翻版的约翰·霍普金斯，因为两所学校排名相差不太多，而且专业学院中最出名的也是医学院，本科教育水平也比较高。当然，华盛顿大学也有比约翰·霍普金斯强的地方，比如它的法学院和商学院也很好，而约翰·霍普金斯这些方面近乎空白。大家之所以对华盛顿大学刮目相看，是因为这所地处相对落后的密苏里州（相当于中国的西部地区）的大学，近 10 年来进步神速，已经全面超越了部分常青藤大学，因此一些高中的升学顾问像对待藤校一样重视华盛顿大学。

另外两所值得称道的大学是芝加哥地区的芝加哥大学和西北大学，尤其是芝加哥大学，它的商学院和物理学专业曾经在世界上无出其右。不过梦华对这些专业不感兴趣，也不喜欢芝加哥这个城市，甚至连了解它们的好奇心都没有，我也就没对它们做专门的研究。

言归正传，还是让我们来看看杜克大学和华盛顿大学的特点。

第一节　杜克大学

2015 年，杜克大学由名帅老 K 教练沙舍夫斯基（Mike Krzyzewski，他也是美国男篮"梦八队"的主帅）率领，重夺全美大学生篮球联赛（NCAA）冠军，这也是杜克时隔 5 年再次夺得这项殊荣，所有杜克的学生、家长和校友都为此欢腾，就连杜克这一年录取的接受率都因此而有所提高。篮球在杜克有着特殊的重要性，杜克是 ESPN 全美最佳篮球名校，不仅拥有伟大的传奇教练老 K（科比曾经说过，当年要不是直接加入 NBA，一定会去杜克大学接受老 K 教练的培养），而且杜克人也通过篮球和其他体育比赛的成绩向世人展示，他们可不是书虫，他们既有头脑，又有肌肉。

1　超级校园

大部分创建于 19 世纪的美国私立大学，都是由某位十分富有的工业巨子捐助而成，比如约翰·霍普金斯、范德比尔特、斯坦福和卡内基 – 梅隆，杜克大学创办的过程也是类似的。早在 1838 年，杜克大学就以神学院的形式存在了，但是发展并不快，如果顺其自然，今天也许就没有几个人知道杜克大学了。1892 年，在两位工业巨子（也是慈善家）卡尔（Julian S Carr）和老杜克（Washington Duke）的帮助下，该校搬到了今天的杜汉姆（Dunham）地区。当时，卡尔捐赠了大片的土地，而老杜克出了一些钱（不是很多，8.5 万美元，但是解决了当时大学的财政问题。此后，老杜克又分别于 1896 年、1899 年和 1900 年各捐赠了 10 万美元，用于学校的学术研究）。到了 1924 年，老杜克的儿子小杜克捐赠了 4000 万美元，成立杜克基金，其中大部分用于大学的建设。这在当时是一笔巨款，从此学校改名为杜克大学。注入大笔资金后，杜克大学得到了迅速发展，特别是在医学、工程和商业领域的发展尤为迅猛。杜克家族对学校的影响不仅体现在巨额捐赠上，老杜克做的一件意义重大的举措，就是迫使学校的大门向女性敞开。虽然早期进入杜克大学读书的女生很多都是教授们和杜克家族成员们的女儿，但这在当时已经是了不起的进步。

图 14.1　杜克大学的东校区（维多利亚式建筑群）

杜克大学面积很大，占地约 8000 英亩，与斯坦福大学不相上下。在全美的大学中，若论校园面积，杜克和斯坦福应该稳居前两位[1]。这么大的面积杜克自己是用不完的，校园里真正使用的面积按照地点和功能被分为东、西、中和医学院四个校区，彼此相隔达数公里之远。在这四个校区之间往返不仅无法靠步行，甚至不能靠骑自行车，而需要乘坐校园里的摆渡车。

杜克的东校区是老校区，自从大学搬到杜汉姆来以后就存在了。最早这里都是为了本科生和基础教学的几个系所修建[2]，因此今天成了所有本科

1　达特茅斯学院后面有一大片上万英亩的保留地，但是通常不被算作校园。

2　杜克早期的本科生是在一起教育，不太明确地分为系。系的概念是和科研相联系的，数学、物理等基础课程的系因为和本科教育关系比较大，因此放到了一起。

生的所在地。校园的建筑多采用美国东部常见的维多利亚红砖式风格。西校区的建筑大多是哥特式的，磅礴大气，也被称为"哥特式的仙境"。仅从外观上看，这些建筑与普林斯顿的那些古老建筑颇为相似，人们有时会误以为自己到了普林斯顿。事实上，当年老杜克的确希望杜克能采用与普林斯顿大学完全一样的石料修建这些建筑，但后来为了省钱，选用了便宜一点的石料。如今杜克那些巨大的体育场馆、大教堂、以研究为主的院系都在西校区。中央校区地处学校核心，包括新建的宿舍、商店，等等，这其实是杜克不断发展壮大后，为了解决学校师生的日常生活问题而修建起来的。就重要性而言，中央校区却远不及东西两个校区。和美国很多大学一样，杜克大学的医学院很大，有独立的校区，在学校的北边。

图 14.2　位于杜克大学西校区的大教堂（新哥特式建筑）

讲到杜克的校园，需要介绍一下它在中国还有一个校园，即它和武汉大学在昆山联合创办的昆山杜克大学（Duke Kunshan University，简称 DKU）。杜克在中国合作办学目的有两个，一个是作为杜克大学在中国的合作学校，招收中国学生，它所发的本科文凭是中国教育部认可的"昆山杜克大学"文凭，并不是杜克大学的文凭，而录取也是和美国的杜克大学完全分开的。不过，对于研究生，它授予的却是杜克大学的文凭。该校的第二个目的是为美国杜克的学生提供一个国际化的学习经验，通常来自美国的学生会在这里学习一学期，然后把学分带回到杜克。这样，在昆山杜克大学里，班上的学生既有从中国招收的学生，也有来自美国杜克短期学习的学生，而教授也是中国、美国的都有。

杜克大学作为美国南部最著名的私立大学，自然有着美国私立名校都拥有的共性，但是和东北部大学或加州大学有着不一样的特点或特长，正是靠着这样一些特长，它才能不断地吸引到大量优秀学生。

2　特色鲜明的本科教育

先来讲讲杜克的本科教育。

杜克大学可谓大而全，这点与斯坦福很相似，我有时甚至认为它是"大西洋沿岸的斯坦福"。在常青藤大学中，真正做到了"大而全"的大学只有哈佛和哥伦比亚。正是因为大而全，杜克才能够给予学生大量的选择。虽然 85% 的杜克本科生会选择进入文理学院，只有 15% 本科生选择工学院，但是在文理学院里，学生不仅可以选择工程方面的双学位专业（Minor），而且还可以自行设计专业（被称为 Program II）。在工学院里，学生也可以做类似的事情，比如设计自己的工程方向（被称为 IDEAS）。美国的大学普遍强调本科阶段的通才教育，但是并非所有大学都有条件能让学生自行设计专业。大型的州立大学比如伯克利和密歇根，虽有足够的专业供学生随意组合，但由于缺乏教育资源、师生比例过低、教室和实验室容量有限，没有条件向几万学生同时开放所有的教育资源。而私立大学大多小而精，各个院系的规模有限，师生比例高，但每个系的教授绝对人数太少，有时一个系只有不到十个教授。比如，前面提到的卫斯理学院，还有常青藤联盟中的布朗大学，理论上也允许学生设计专业，但是提供不了那么多的课程、那么广的专业，可以让学生自由组合。打个不恰当的比方，如果一所大学只有两个主要的专业 A 和 B，即使开放给学生自由选择，那么也只有三个选择：A，B 或者 A+B。杜克应该说是美国私立大学中最有条件，并且真正放手让学生自己搭配专业的大学。全美真正有条件这么做的只有斯坦福、哈佛、哥伦比亚和杜克等少数几所大学，而斯坦福、哈佛[3]和哥伦比亚又恰恰没有这么做（因为它们的专业已经太多了），因此杜克的本科生培养方式就显得格外独特。

杜克的文理学院在 2000 年以后进一步优化了教学要求，强调每一个学生课程学习多样化的重要性，强调教育的目的在于培养学生的判断力、获取知识的能力、沟通能力和综合（Synthesize）技巧。学校通过各种课程，对人类在历史长河中以及当下所掌握的知识内容进行总结和研究，让学生能够放眼未来。为了方便学生们对所学课程的内容有更深入的了解，杜克的大一新生可以选择参加 FOCUS 课程计划，即以小组学习的方式对一些课题进行比较深入的探讨和研究。工学院的课程数量比文理学院要少许多，但是因为杜克文理学院的课程完全对工学院的学生开放，很多人就利用这个便利条件攻读双学位，尤其以一个工程学位加上一个文理学院学位的搭配居多。另外，不少工学院本科生的职业目标并不是当工程师，而是做律师，因此他们会选很多法律相关的课程。

3　哈佛可以做到每个学生选课都不同，但是没有让学生们设计自己的专业。

杜克本科教育的另一个特色是学生们有条件搞科研或者参加实习活动。杜克是一个规模相当大的研究型大学，几千名本科生相对其规模来讲真不多。因此，每一个想参与做一些科研或实习的学生，都有很多机会。事实上，杜克学生参与科研的程度非常高，而且从事的是那些有经费支持的真正意义上的科研。我对在 Google 工作的几十名美国名校毕业的学生做过访谈和调查，根据我的不全面统计，杜克本科生在科研上的活跃程度仅次于麻省理工、斯坦福、哈佛和哥伦比亚，优于哈佛和哥伦比亚除外的所有常青藤大学。

另外，杜克大约一半的文理学院学生和超过 1/4 的工学院学生都有机会在国外学习一段时间，而美国各大学中工学院学生有国外学习机会的平均比例只有 3%。

杜克大学可能是美国私立大学中各种设施最齐全的大学之一，它的图书馆规模在全美大学中排前 10 名，同时还拥有一个很大的博物馆，主要收藏了美国艺术家，比如当代著名艺术家安迪·沃霍尔（Andy Warhol, 1928—1987）的作品。杜克大学的文化相当多元，有着各种文化背景的俱乐部，比如亚洲文化的、犹太文化的、非洲裔文化的和拉丁裔文化的。值得一提的是，杜克是对亚裔学生比较友好的大学之一，亚裔在本科生中的比例达到了 21%，高于常青藤大学的平均水平（见图 6.1 中的数据）。

杜克学生的课外活动相当多。如果按照课外活动的丰富和精彩程度，对美国本科排名前 25 的大学进行重新排序，那么杜克应该能排进前三。杜克有数不清的学生组织和体育代表队，不论你有什么爱好，都能找到志同道合者，加入到一些学生团体中去。那么，杜克又是如何管理这么多学生组织的呢？在杜克，有一个学生组成的"政府"（Duke Student

Government），模拟现实社会中的政府，管理着各种学生组织，并且发放经费。在这个"政府"中工作，学生们得到了不少锻炼。

图 14.3　可容纳 35000 人的杜克橄榄球场

在各种课外活动中，体育无疑是杜克的一大亮点。杜克、斯坦福和南加州大学，可能是美国仅有的三所在体育上可以与超大规模的州立大学全面抗衡的私立大学。除了篮球之外，杜克的高尔夫球可以比肩斯坦福大学，并且多次赢得高尔夫球的男女团体冠军。近年来，杜克在男子长曲棍球上超过了老牌劲旅约翰·霍普金斯，多次夺得全美冠军。特别是当杜克进入 NCAA 篮球决赛后，整个杜克都像是在开奥运会或迎接世界杯一样热气腾腾。高水平的体育比赛，不仅为这些有运动天赋的学生提供了课外活动的机会，也给全体学生带来了数不清的娱乐 —— 在杜克，看比赛也是一件大事。

杜克学生还自己办报纸、电台和电视台，拍电影。各所大学都有校报，但是杜克学生办的报纸却能销售到全社会，它有大约 7 万读者，是我所知道的大学生办的销量最大的报纸。杜克学生办的电台 WXDU-FM 在美国大学生中颇有名气。学生们在办这些媒体时，除了招聘自己的同学，还招募了不少当地的专业人士作为志愿者参与，因而能够把媒体办得比较专业。

总之，杜克是一所非常好玩的大学（Lots of Fun），住在校外的学生周末常常办派对搞到很晚，以至于吵得四邻不安，不得不叫警察来干预。学校为了杜绝这种现象，干脆买下了一些民房租给学生，让他们去折腾，省得打扰到周边居民。

图 14.4　杜克大学的莎拉·杜克公园，每年吸引 30 万的游客

杜克大学旁边是美国东部著名的莎拉·杜克公园。这是在大学医学院教授汉尼斯的倡导下，在杜克的遗孀莎拉·杜克和女儿玛丽·杜克·比德尔（Mary Duke Biddle）两代人的资助下建成的公园，旨在为杜克人以及当地居民创造一个良好的生活环境。公园长宽各一公里多，是北美最

大、最漂亮的园林之一。公园南边是大学的高尔夫球场，也是大学校队的训练场地。在美国具有同样规模高尔夫球场的著名大学也就只有斯坦福了。

图 14.5　杜克的高尔夫球场和酒店

3　服务于社区

杜克的第三大特点是与当地社区结合得非常紧密，或者说融入了当地社区中，这一点与斯坦福非常相似。杜克所在的杜汉姆市是美国比较穷、比较乱的城市，但是杜克没有把自己办成一座与世隔绝的象牙塔，而是积极参与社区环境的改善。杜克有 3/4 的学生参与了被称为"边学边服务于社区"的活动，当然这里的社区不仅包括大学所在的杜汉姆市，也包括世界各地。杜克办学的理念之一就是获得"服务于社区的学问（Knowledge of Service in Society）"。杜克的学生们成立了 30 多个社区服务社团，每年暑假都有很多学生全时在为当地政府、非营利组织和其他机构工作。杜克学生还和全球 6 大洲 75 个国家建立了联系，为那里的社区提供服务。这些学生提供服务的项目绝非仅限于所谓的"出苦力"，而更多的是利用自己所学的知识来帮助社会。比如针对北卡罗来纳州社会问题比较突出的情况，学生们会为当地人普及性知识，告知他们如何采取预防被强奸的措施，如何杜绝酗酒和吸毒，等等。学生们还会帮助当地的非洲裔（主要是针对女性）提高领导能力，改善当地的生存环境（这个项目称为 CHANGE）。杜克的这些社区活动项目通常都有一个代号，比如 BUILD 项目就是指学生们为当地的穷人和无家可归者建造房屋，提供基本的食品等。很多项目都需要经费，这些经费都是学生们游说大公司出资的。为了鼓励学生们积极参与社会活动，学校会给那些为社区服务投入大量时间的积极分子发放一些奖学金。

然而，杜克对当地最大的贡献，是与北卡罗来纳州的另外两所大学（北卡大学和北卡州立大学）一道，打造了一个北卡研究金三角（NC Research Triangle）。很多美国公司或跨国公司在北美大陆东南地区的总部和研发中心都设在这个金三角里。这里最出名的产业包括生物科技产业、航空航天工业和 IT 工业。这些公司既保证了当地人和杜克毕业生的就业，也让北卡成为全球科技产业发展最快的地区之一。

图 14.6　北卡研究金三角

大部分选择杜克的学生看重的都是该校在本科教育、课外生活和社区结合等方面的特长，不过也有人是看中了学校在住宿（和学生关系）或专业方面的优势。

杜克大学规模很大，住宿条件非常好。大学要求本科生前三年都住在校内（最近几年学校允许部分大二以上的学生住在校外），另有一半左右的四年级学生也选择住在校内，住校学生比例高达 85%。学校要求大一新生一律住在东校区，以方便学习基础课。那些参加 FOCUS 项目的学生，需要根据自己选择的项目住到一起，以利于相互学习和交流。从大二开始，学生们要住到中央校区和西校区，这些校区里的宿舍虽然大小不一，但一般都会按照约 80 个套间为单位组成一个小社区。每个社区里的学生都有一些共性，比如有特定的兴趣爱好，或者是同一个兄弟会的成员，或者都在从事一项特定的当地社会活动。当然，他们也可以来自同一族群，或者是将来有相同职业发展方向（比如法律界、企业界）。一位家里有两个杜克学生的家长极力推荐梦华去杜克，据她介绍，杜克的校园生活丰富多彩，学生十分友善，彼此相处融洽，这和它特殊的住宿制度多少有些关系。

杜克的科研水平很高，医学院、法学院和商学院在美国都名列前茅，工学院稍微弱一点，不过其中的生物医疗工程专业在全美排名第四（这一点类似约翰·霍普金斯）。杜克每年的各种科研经费（包括捐赠中用于科研的部分）总和高达 10 亿美元，这是维持高水平科研的基本条件，而杜克教授们在科研上的活跃程度仅次于哈佛、麻省理工和斯坦福，在美国排第四位，这是不断做出高水平科研成果的保障。就资产而论，杜克是全美第七富有的大学，这也有力地保障了学校的科研和教学水平。

我有些同事和同学的孩子都在杜克上学，对杜克评价很高，认为杜克是美国最值得去的私立大学之一。虽然杜克的名气没有耶鲁或普林斯顿那么大，历史也没那么悠久，但是从学生学习知识、培养兴趣、相互学习、在社会上得到锻炼这种种方面来看，相比老牌私立名校，杜克丝毫不弱。无论是按照纽曼重视通才教育、强调传给学生大行之道的标准来衡量，还是从洪堡倡导培养专业人才的角度来看，杜克都无愧为世界一流大学。

那么怎样才能进入杜克呢？除了前面提到的那些进入美国私立名校的一般要求外，杜克非常看重体育特长。杜克大学的体育代表队非常多，有各种体育特长的申请者都容易有机会。此外，杜克也很看重社区服务，如果一名高中生在过去几年里在社区服务方面有突出表现，不妨在申请材料中讲明。杜克的录取难度在美国排前10名，90%的杜克学生高中学习成绩排在前10%，相比同等水平的藤校，杜克的录取难度略低。如果认定杜克是自己心仪的大学，不妨提前申请，因为在杜克，提前申请者的录取率要比普通申请者高很多（是后者的3倍左右）。

图 14.7　杜克获得 2015 年美国大学生篮球联赛（NCAA）冠军

至于奖学金，与大部分私立名校一样，杜克也是根据需求支付的，每年大约有 60% 的学生有机会获得数额不等的奖学金，但是不包括外国学生，因此中国学生申请杜克时，不需要过多考虑奖学金因素。

第二节　华盛顿大学

圣路易斯在美国的位置相当于中国西北地区的一个省会城市，在 19 世纪中叶美国西部大开发时，地处美国重要水域密苏里河畔的圣路易斯得以发展成西北部一个相对重要的城市。但是无论是在历史上还是在今天，圣路易斯从来就不曾是美国一线城市，今天甚至只能算是三线城市，周围还都是大农田。在那么偏僻的地方能出一所世界一流大学着实不易，但是当地还真就出了这么一所 —— 华盛顿大学。

1　另一种康普顿效应

与很多常青藤大学相似，华盛顿大学也是由神学院演变而来。1853 年，当地社会贤达觉得需要创办一所高水平的大学，就成立了一所神学院 —— 以创办者艾略特（William Eliot，不是哈佛大学校长的那个 Eliot）名字命名的"艾略特神学院"。但是艾略特并不喜欢这个校名，他既不喜欢把自己的名字放在里面，也不喜欢神学院的称呼。最终董事会以美国国父华盛顿的名字将学校命名为华盛顿学院，后来更名为华盛顿大学。不过，大学的名字虽然改了，性质还是神学院，当时也只有神学专业。

1867 年，华盛顿大学创办了法学院，从此不再只是神学院了。此后，大学慢慢建立起各种非神学专业。1891 年，华盛顿大学收编了当地的一家医学院，从此不仅有了法学院，还有了医学院，一步步成为综合性大学。正因如此，医学院和学校其他学院的地理位置也相对独立。

在19世纪的最后10年，华盛顿大学校董事会主席布鲁金斯（Robert Somers Brookings，1850—1932）掌控着学校的财政，他为学校筹集到了很多钱，开始大规模建设校园。1899年，学校就新校园建设方案向全国招标，当时颇为有名的建筑师工作室 Cope & Stewardson 竞标成功，并按照牛津和剑桥的风格设计了现在的华盛顿大学主校区。华盛顿大学的标志性建筑布鲁金斯大楼与剑桥大学圣约翰学院的主楼非常相似。

图 14.8　华盛顿大学的标志性建筑布鲁金斯大楼

华盛顿大学的成名得益于两件事。第一件事是1904年召开的圣路易斯奥运会和同年举办的圣路易斯世博会，让人们知道在美国偏远的中西部还有一所以华盛顿的名字命名的大学。不过，光靠几次大型活动出名，这个名气是难以维持的。真正让华盛顿大学在学术上出名还是靠一个人——阿瑟·康普顿（Arthur Holly Compton，1892—1962）。

1922 年，阿瑟·康普顿到华盛顿大学当教授时还是一个毛头小伙子，但是 5 年后他就因为发现"康普顿效应"而获得了诺贝尔物理奖。当时美国还不像现在这样每年获得至少三分之一的诺贝尔奖，而是每几年才能有一个获奖者，这次阿瑟·康普顿的获奖令华盛顿大学名声大噪。康普顿是第二次世界大战期间美国核计划（曼哈顿计划）的负责人之一，虽然他在第二次世界大战期间主要时间是在芝加哥大学，但是依然促使华盛顿大学成为该计划主要参与的大学之一。在曼哈顿计划中，华盛顿大学建立了一个生核材料钚元素的加速器，然后将得到的钚送到康普顿在芝加哥大学的冶金实验室进一步提纯。通过曼哈顿计划，华盛顿大学的研究水平和知名度都得到了质的提升，并与一些著名的大学，比如芝加哥大学、哥伦比亚大学和伯克利建立了合作关系。第二次世界大战后康普顿回到华盛顿大学当了校长（Chancellor）[4]，在此期间，学校规模增长很快。因此，"康普顿效应"在华盛顿大学另有一层含义，即由康普顿给大学所带来的效应。

华盛顿大学的发展缓慢，但是比较稳健，对整个学校的发展起到关键作用的重要人物，除了建校的艾略特外，当属布鲁金斯和康普顿。布鲁金斯构筑了大学的规模，康普顿则是提升了大学的学术声誉。至今，华盛顿大学的教授和校友中已经出了 22 位诺贝尔奖获得者，其中有 9 位获奖者的主要工作是在华盛顿大学完成的。该大学的医学院一直在美国名列前茅，其中"社会工作"专业是全美大学里最早设置的，在美国也一直排名第一。总体来讲，华盛顿大学的本科教育比研究生教育更出色，近十几年来，它的本科排名一直在前 20 名，并且还在稳步上升。

4　Chancellor 在英国是校长，在美国有时是名誉校长，并不掌握实权，而是作为大学的大使宣传大学的办学理念和融资，康普顿担任的很可能是这种角色。

2　中西部的奇迹

到了 20 世纪 60 年代末 70 年代初，美国陷入了一场内外交困的危机，对外深陷越南战争的泥潭，对内则因为反战风潮和民权运动的兴起，导致社会出现动荡。作为地处穷困人口和非洲裔占多数的圣路易斯的私立精英大学，当时的华盛顿大学与当地居民的矛盾很深，面临着社会和财政的双重困境。这时候，新任校长丹佛斯（William Henry Danforth）发挥了巨大作用，他四处筹款，稳定了学校的教授队伍，并重点发展医学院，使华盛顿大学成为一所特色突出的大学。如今，华盛顿大学是美国最富有的 10 所大学之一，丹佛斯功不可没。到 1995 年他离任时，华盛顿大学已经步入了美国一流大学行列。其后的校长怀顿（Wrighton）来自麻省理工学院（曾是麻省理工的教务长），他在招生上基本采用麻省理工的方式：看重申请者学习成绩，不考察那么多花里胡哨的课外活动。这也使得华盛顿大学招进来的本科生的成绩越来越好，本科教育水平在美国大学中的排名不断上升。总的来说，申请华盛顿大学相对简单，除了 Common Application，都不需要提交额外的申请材料。

图 14.9　华盛顿大学医学院，大部分建筑兴建于 20 世纪 70 年代后，与老校区风格迥异

华盛顿大学的医学院非常出名，很多人是冲着医学预科去的。为了更好地吸引优秀学生，华盛顿大学专门设立了一项本科加医学院8年连读计划。在美国的大学里，想学医的学生本科毕业后往往要重新申请医学院，而录取率则非常低（好的医学院录取率不到5%），能不能读上医学院谁也没有把握。另外，大部分医学院并不喜欢招收本校的本科生，以免近亲繁殖，这一点与中国的大学很不相同，比如哈佛的本科生基本上不可能留在哈佛读医学院。华盛顿大学的8年连读计划给真正想读医学院的学生提供了极大的方便，学校的招生质量也得到了很好的保证。

相比前面介绍过的很多大学，总体来说，华盛顿大学课外活动不是很多，也不是很有趣。相对而言，它的体育活动还算有特色。当年康普顿做校长时制定了不特招专业运动员的政策，所以大学运动队的水平普遍不高，不过学生们参与的程度比较高。华盛顿大学最出名的活动可能要数举办美国的总统（和副总统）竞选前的辩论了。虽然，每次美国大选时的总统候选人辩论会地点并不是固定的，但华盛顿大学举办的次数比任何大学都多很多。不过，华盛顿大学的毕业生中并没有因此而大量地涌现了不起的政治家和商人，倒是出了不少优秀的科学家，尤其是在生物医学领域的知名学者。华盛顿大学没有试图与那些超级五强的大学进行全方位竞争，而是非常注重发挥自身特长，办好特色专业。华盛顿大学的这种发展模式，非常值得那些地处偏远地区的大学借鉴。

经过多次扩建，华盛顿大学校园里的住宿条件越来越好。有大约一半本科生住在校内，其他学生则住在校外属于大学的公寓楼里。从这些公寓楼到校园只需步行几分钟，但是考虑到圣路易斯治安不佳，住在校外的公寓还是需要特别小心。当梦华申请这所大学时，我特意向一位老同学（出国后从华盛顿大学毕业）打听那里是否安全。他的回答很有意思："如果你非常警惕，那就是安全的；如果你认为没有事情，那就不安全。"大家可以仔细体会这句话的含义。

很多大学都喜欢与水平接近的邻校较劲，比如斯坦福和伯克利是一对冤家，耶鲁和麻省理工都会跟哈佛较劲，南加州大学与加州大学洛杉矶分校（UCLA）相互间谁也不服谁。华盛顿大学周围没有什么旗鼓相当的大学，它就选择与远在华盛顿州的那所名字差不多的华盛顿大学互相较劲。其实两者虽然名字相似，但论规模、特长和性质则完全不同。应该说，除了医学院外，西雅图的华盛顿大学研究生院，要胜过圣路易斯的，但是在本科教育上，圣路易斯华盛顿大学更出色些。

或许是因为没有大藤那几所学校的雄厚本钱，因此华盛顿大学做不到放开招收特长生，而是在招生上更看重成绩好的亚裔学生，这使得它的亚裔学生比例超过了25%，在著名的私立大学中仅次于哥伦比亚大学，排第二。这是它和大部分常青藤大学不同的地方。

华盛顿大学招生的另一个特点，是希望招到那些真正对它感兴趣的学生。每年的招生季，学校会不停地给他们看重的学生发信，发电子邮件，如果一名学生经常回复信或邮件，则他／她被录取的可能性就会大很多。如果一名学生从来都不搭理学校发来的信息，那么即使成绩再好，可能学校也不会考虑这样的申请者，因为它没有大藤学校那样的底气（录取的学生多半会来），所以宁可把录取的机会留给更愿意与之交流的学生。

华盛顿大学源于神学院，然后逐步发展自然科学和应用科学，靠着一些富有远见卓识的教育家长期坚持学校的办学理念，最终办出自己的特色，并在一流大学中占据了一席之地。这样的过程在美国著名私立大学中颇具典型性。在一次次成功的转型和不断开拓新专业的过程中，一方面需要资金，财力的作用不容低估，另一方面需要有几个划时代的精英来促使大学的学术水平和名气实现质的飞跃。在哈佛有艾略特，在约翰·霍普金斯和伯克利有吉尔特，在康奈尔有怀特，而具体到华盛顿大学，这样的精英就是布鲁金斯、康普顿和丹佛斯等。

结束语

在美国不仅有常青藤大学，有所谓的超级五强，还有很多极具特色的一流大学，比如杜克大学和华盛顿大学。对于学生来讲，最重要的是找到最适合自己的大学，而不是名气最大的大学。对于不少学生，尤其是亚裔学生来说，这两所大学均是不错的选择。

从办学的角度来看，华盛顿大学的成长过程尤其值得发展中的中国借鉴。在它的发展过程中，大师和"大楼"（善款）都起到了决定性的作用。如果没有康普顿，华盛顿大学的发展还会慢一些。但另一方面，华盛顿大学和杜克大学的校长们都很擅长筹款，这是保证大学长期稳定发展的物质基础。要办好一所大学，不仅要有大师，也要有大楼。

附录

杜克大学学生的族群分布

数据来源：http://admissions.duke.edu/images/uploads/process/ClassProfile2020web.pdf

非洲裔	12%
印第安后裔	1%
亚裔	28%
白人	49%
拉丁裔	10%

华盛顿大学学生的族群分布 [5]
数据来源：http://t.cn/RoHQpB6

白人	54.4%
亚裔	30.2%
未知	7.8%
非洲裔	8.7%
拉丁裔	7.1%
印第安、阿拉斯加和夏威夷等地原住民	1.0%

参考文献

1. Robert F. Durden. 杜克大学的诞生 1924—1949（*Robert F. Durden，The Launching of Duke University, 1924-1949*）.Duke University Press Books，1993．

2. Candace O'Connor. 开始伟大的工作：华盛顿大学（圣路易斯）1853—2003（*Beginning a Great Work: Washington University in St. Louis, 1853-2003*）. Washington University in St. Louis，2003.

5 一名学生可选多个族裔，总数加起来超过 100%。

第十五章　教育改变命运

公立教育的典范加州大学

"教育改变命运"如今已经成为全世界的共识，联合国、世界银行等国际组织也因此投入了大量资源和精力致力于发展落后地区的教育。在我们很多人的印象中，中国应该是最早认识到教育重要性的国家，理由主要有两点。首先，中国从汉朝开始，历代统治者都出资办学、择优取士。到了隋代以后，以考试为衡量方法的相对公平的科举制度被正式确立，并且沿用了上千年。其次，亚洲人普遍重视教育，中国人更是如此。不过，我们今天所讲的能够改变命运的教育与中国古代为了"取士"而进行的精英教育其实并不是一回事。

先来看看中国的科举。明朝万历年间，当利玛窦（Matteo Ricci，1552—1610）来到中国时，这位意大利传教士不仅惊讶于这个东方古国物质之丰富，更对其优越的政治制度称颂不已。在他看来，中国简直就是柏拉图所描述的"理想国"。的确，相比当时欧洲各国和日本的世袭统治制度，中国是由选拔出的知识阶层来管理的。而得益于科举制度，寒门子弟通过教育改变命运成为了可能。不过，尽管中国古代几乎历代统治者都非常重视并维持了一个不算很宽却通畅的上升通道，尽管统治者一直以"天子重英豪，文章教尔曹。万般皆下品，唯有读书高"和"书中自有千钟粟，书中自有黄金屋，书中自有颜如玉"这样的诗句鼓励年轻的学子们，尽管每过几年就会涌现一批登上"天子堂"的田舍郎，给全天下的人做榜样，但是中国古代教育的普及水平并不高。以识字率为例，日本在明治维新前，大部分男性能识字，女性也有很多人识字，乡村里的学校非常普及。但是中国同时期的识字率却只有5%—20%[1]。而在欧洲，英格兰从16世纪的爱德华六世时期开始，就致力于推广免费的普及教育。

一方面古代中国有着凭借考试晋升的通道，另一方面教育的普及率却又极低，原因是什么？主要原因是古代中国教育的投入产出比并不高。古代中国真正能中进士的人少之又少，科举从隋朝开始历经1300多年，一共只产生了11万名进士，摊到每年不足百人。从心理学的角度来讲，一个大奖远不如一百个小奖对参与者更有吸引力。中进士虽是大奖，毕竟太难了。对于过去并不富裕的农家来讲，读书考科举可谓投资巨大而成功率极低，远不如务农来得实在。也就是说，光有培养精英的科举而没有让普罗大众看到近期好处的普及教育，并不能让全社会普遍意识到教育能够改变命运。

至于说中国人重视教育，也并非历来如此。从古代到近代，这种现象只是在精英阶层如此，全民重视教育只是最近半个世纪的事情。如果大家对比一下上一代人和当下这一代人对待教育的态度，就会发现现在的人对教育要重视得多。而在民国时期，中国的教育普及程度并不比明清更高。中国近几十年来之所以全民都体会到了教育的重要性，是因为"教育改变命运"这件事在广大国民身上都得到了体现，这种榜样效应要比出一两个进士强得多。然而，正是因为中国全民重视教育的时间并不长，所以大家对教育的理解在很大程度上还停留在过去封建取士的教育

1　中国人的识字率在清代最高的估计是男性30%，女性不足10%，故上限为20%左右。而据参考文献［1］介绍，清末中国人的识字率不到5%。

上，具体讲，就是把考上大学与过去考上功名做类比。在过去作为学子，一旦中了进士，不出意外马上就可以飞黄腾达了。也正是因为如此，唐朝的孟郊才会写出下面的诗句。

> 昔日龌龊不足夸，
> 今朝放荡思无涯。
> 春风得意马蹄疾，
> 一日看尽长安花。

在唐朝，更有甚者出现过考生威胁朝中大臣的情况。考生说：别看你我现在地位相差悬殊，一旦我高中，将来要同朝位列的，因此请您做事留点余地。

今天中国的高考，和当年的科举考试完全不同，但是很多人的思维方式依然停留在科举考试上。这些人认为，孩子们（或者自己）一旦进入一个好大学，就如同过去中了进士，似乎一切荣华富贵就会随之而来。因此，在进了大学后，许多学生并不把入学当作一个新的开始，到毕业时还觉得国家欠他们一份好工作。这完全是科举思想在作怪。

教育确实能够改变命运，但是不能保证你一步登天。毕竟，在任何国家、任何社会里，金字塔的顶尖都小得可怜，站不下几个人。所谓改变命运，务实的看法当是：受过教育比未受教育生活过得好一点，人生成就大一些，对社会更有用一些。当然，作为回报，受过教育的人通常有着更强的幸福感，同时也能为下一代占据一个更高的起点。如果从国家到个人都能把"教育改变命运"定位在这样的起点，那么教育改变命运就不再是一句空话。而这就需要一种容易普及、成本可以接受、效果可以预期的大众教育。最早倡导这样的教育的并不是中国古代的人，而是欧洲人。

第一节　公立教育的必要性

英国公立教育的历史非常悠久，可以追溯到公元 6 世纪。早期英国的基础教育被称为"公学"（Public School），是由慈善机构创办的。这些公学并不是今天由政府出资兴办的公立学校，而更像是前几章所介绍的美国的私立学校。今天，英国最好的高中依然是那些历史悠久的公学，比如英国最古老的温彻斯特公学（Winchester College）²、培养了许多英国首相的伊顿公学（Eton College），等等。

到了 16 世纪，英王爱德华六世（Edward Ⅵ）开始在英国兴办免费教育，任何交不起学费的贫家子弟都可以到"官办"的学校读书。大科学家牛顿就是靠这种免费的公立教育完成中学学业，而后进入剑桥大学的。但是很多贫家子弟并没有因此去上学，因为他们看不到教育与改变自己命运的关系。对于他们来讲，最重要的是学手艺。到了 1559 年，伊丽莎白一世登基，她统治的时期在英国历史上被称为"黄金时代"，涌现出了诸如莎士比亚、弗朗西斯·培根这样的著名人物。1563 年，伊丽莎白一世颁布了《人工法》（Statute of Artificers 1563），一方面限制了工匠的流动，以保证大家都有饭吃；另一方面规范了学徒制度，这实际上是规范化技能教育的开始。38 年后，英国又通过了《救济穷人法》（Act for the Relief of the Poor 1601），法律规定由国家通过学徒制度帮助贫家子弟学习谋生的技能。从英国的发展可以看出，改变命运的教育，第一步是掌握一种谋生的技能。

到了 18 世纪工业革命前期，英国已经开始步入近代社会了，以学徒方式为主的技能教育不再适应当时社会的发展，英国开始普及阅读

2　温彻斯特公学创立于 1323 年，最初是一所教会学校，今天是一所专门培养精英后代的贵族学校。

图 15.1　英国最古老的公学——温彻斯特公学

（Reading）、写作（Writing）和算数（Arithmetic）的教育，这也被称为"三个 R"的教育。由于贫家子弟要谋生，没有时间上课，因此，在教育家雷克斯（Robert Raikes，1736—1811）的倡导下，从 1781 年开始，英国政府开办了很多"星期天学校"，以解决贫家子弟的读书问题。仅仅 4 年后（1785 年），英国就有 25 万儿童进入"星期天学校"学习。到后来，这类专为穷人兴办的学校非常普及，研制出世界上第一辆蒸汽机车的著名发明家史蒂芬森就是在这样的"星期天学校"中学会读和写的。到了 1831 年，英国已经有 120 多万名孩子在这样的学校里学习了，这些学校最终发展成了今天英国的公立中小学。而所谓的"公学"，如今的性质则是私立的。

相比中国古代统治者经常把重视教育挂在嘴边而实际上并未让教育惠及劳苦大众，英国政府是从近代开始一直在扎扎实实地普及教育。这不仅让英国率先开始了工业革命，而且让这样一个小小的岛国在 19 世纪建成了"日不落帝国"。相比之下，当时欧洲大陆上其他国家的大众教育还相当不普及。

当英国的清教徒为了躲避宗教迫害而移民北美大陆时，他们把为贫家子弟办学的习惯也带到了美国，像英国那样的"星期天学校"在北美殖民地颇为普及。学校不仅为移民的孩子授课，有时也教授印第安人文化课程。

图 15.2　俄克拉荷马州的星期天学校（1900 年）

当然，要让贫家子弟的社会地位提升一层，就需要让他们有机会接受高等教育。然而，正如之前的章节中介绍的，无论是欧洲早期的大学，还是美国殖民地时期所创办的哈佛和耶鲁等学校，实行的都是精英教育。这些学校教授给学生的都是希腊文、拉丁文这样一些并不实用的课程，很少会传授一些具体的技能，这样的教育对大众来讲其实帮助不大。

如果大众不接受高等教育，就无法在社会的阶层中往上走，这对大众来讲是不公平的。另一方面，对于国家而言，如果没有人员的垂直流动，就难以让民间的俊杰更好地涌现出来为国家服务。因此，普及大众高等教育的必要性是不容置疑的。但是，在殖民地时期的美国，没人知道该怎么解决这个问题，因为完全没有可参照的对象。当然，大家可以坐下来讨论它十几二十年，也可以要求那些精英大学对弱势群体降低一些门槛，就如同今天哈佛和斯坦福等大学所做的事情一样。但是，一来不过是杯水车薪，二来依然缓解不了中低阶层的人们所最急需缓解的谋生压力。

美国和英国一样，是一个保守主义盛行的国家。早期移民到北美大陆的殖民者们，没有法国人那种对未来社会接近幻想式的宏大理想，他们总是习惯于把事情先做起来再说。用中国人的话来讲，就是摸着石头过河。而保守主义的代表人物本杰明·富兰克林就是这样一个人，当他在30多岁挣够了一辈子要花的钱后，就开始致力于办学，解决普通民众的高等教育问题。1751年，45岁的富兰克林和当地一些贤哲一起，创办了专门培养年轻人的费城学院（The Academy and College of Philadelphia），这就是我们在前面介绍过的宾夕法尼亚大学的前身。

富兰克林自己起于贫困，深知掌握一项重要技能对年轻人谋生的重要性，以及对于一个地区发展的重要性。因此，他在办学之初就重视技能的教育，这样的理念也促使该校创立了美国最早的医学院。直到今天，宾夕法尼亚大学在常青藤八所大学里依然是风格最为务实的一所。这所大学的校园里到处都有富兰克林的影子，它的基因里依然有这位国父办学的理念。不过，当时美国还没有建国，州政府听命于英国国王，因此不可能有真正公立的学校，宾夕法尼亚大学终究还是办成一所为精英服务的私立大学。

美国建国后最早建立的州立大学是佐治亚大学、北卡罗来纳大学和弗吉尼亚大学。其中弗吉尼亚大学最具有代表性，它的创办人是起草《独立宣言》的杰弗逊总统。

杰弗逊出生在富有之家，但是他一向尊重民权，被誉为"人民的总统"。在参加总统就职典礼时，不同于前任总统华盛顿和亚当斯的做法，杰弗逊没有乘坐豪华的专用马车前往会场，而是和大家一起步行前往。道路两旁挤满了欢呼的人群，所有的人都在迎接"我们的总统"。担任总统后，杰弗逊经常在白宫接待随时来访的民众，甚至亲自为他们开门，而不麻烦仆人。杰弗逊担任 8 年总统之后，有无数民众挽留他连任，但是他仿照华盛顿的做法，两任之后坚决离职，从此确立了美国的民主传统。

杰弗逊被认为是美国历史上最聪明的总统，他不仅是政治家，也是科学家，同时是英国月光社的通信会员，与社里的瓦特、博尔顿、老达尔文、韦奇伍德、拉瓦锡和普里斯特都是朋友。杰弗逊一生信奉"知识就是力量"（Knowledge is power），从总统位置上离职后，他回到家乡潜心创办了一所公立大学 —— 弗吉尼亚大学（University of Virginia），以解决当地贫家子弟接受高等教育的难题。这所大学是美国第一所州立大学。

1817 年，弗吉尼亚大学奠基，校址选在了杰弗逊的老朋友、当时的美国总统门罗（James Monroe，1758—1831）以前的一个农庄。因为要去白宫就职，所以负债累累的门罗卖掉了这块土地。1819 年，在杰弗逊的努力下，弗吉尼亚大学拿到了办学许可证，州议会决定每年拿出 15000 美元资助办学。不过，这些钱远远不够用，更何况还缺少最初建设教学楼和图书馆的资金。创办大学时最初的三个董事除了杰弗逊，还有杰弗逊之后的总统麦迪逊以及时任总统门罗。用时下的话说，这应该是"史上最强"的大学董事会了。在今天很多人看来，三代美国总统要办的事情，而且是利国利民的好事，有关部门应该一路开绿灯，或者直接由门罗总统利用职权行方便就行了。但是，在成立不久的美国，这件事情办得还真是很不顺利。杰弗逊的一些政敌本着"凡是杰弗逊赞成的事情就一定要反对"的原则，故意从中阻挠。杰弗逊本人又从来不屑于利用职权谋取哪怕一点私利，他在担任公职期间因为无暇管理田庄，已经负债累累；他办学时只好求助还在担任公职的朋友们捐钱，并四处借贷。就这样，经过 8 年的努力，直到 1825 年，弗吉尼亚大学才正式开课。

图 15.3　杰弗逊设计的弗吉尼亚大学校园

弗吉尼亚大学的创办是杰弗逊一生最引以为豪的成就之一，他通过办学来实现他的民主理想，这里面包括人人能够接受良好教育的理想。具体到大学教育，杰弗逊认为要激发学生了解自然界、探索未知领域的热情，以此丰富人类的思想，这和当时美国大学里所倡导的精英教育理念大不相同。杰弗逊还亲自参与设计了大学的校园和一些主要建筑，那些建筑如今已被列为世界文化遗产。杰弗逊在去世前，让别人在他的墓碑上写下《独立宣言》起草人和弗吉尼亚大学创办者"，只字不提他当过美国总统，由此可见他对弗吉尼亚大学的感情。今天，弗吉尼亚大学依然是美国最好的州立大学之一，在 2016 年《美国新闻与世界报道》（*U.S. News & World Report*）给出的大学排名中，它在所有公立大学中排名第二，仅次于伯克利。

与弗吉尼亚大学类似,佐治亚大学和北卡罗来纳大学的创立也非常艰难。前者从建校到招生历经 16 年之久,而后者从议会批准到建校经历了 13 年时间,再到招生又过去了 6 年。我们常常讲"十年树木,百年树人",办学需要极大的耐心,不可能一蹴而就。

就在杰弗逊致力于公立教育的同时,德国的威廉·冯·洪堡也在大西洋对岸创立了普鲁士的大学教育体制,关于这方面的情况我们已经在前面介绍过了。需要再次强调的是,洪堡的教育体制和英美的精英教育不同,前者完全是技能优先的教育。今天,洪堡的教育理念对底层需要摆脱生存困境的人来说,依然有着实际的指导意义。

为什么对大众的高等教育要首先强调技能教育而不是素质教育呢?因为这是让他们在社会阶层中进阶见效最快的。社会分层,这是在任何国家、任何社会中都存在的客观现象,没有人能够否认它的存在,也不会因为什么人试图拉平它,它就会消失。一个重视公平的社会,唯一能做的就是为每一个人提供公平的机会,维持一个垂直的通道,让人们能够在各个阶层中自由流动。虽然有极少数人能够一步登天,但是这些人不具有普遍意义。对普罗大众来说,比较现实的做法是,通过接受教育,尽可能在社会阶层中往上走一走;而能否做到这一点,就得看一个人最终能对社会产生多大的影响了。

接受教育、掌握实用技能,对处于中低阶层的人来说,帮助是非常明显的。当一个人掌握了一项对社会真正有用的技能,特别是社会稀缺的那些技能时,他就会比同龄人获得更多的回报,而且这种回报随着人的技能的提高,会成倍增长,因此它对改变一个人的社会地位来讲可谓立竿见影。技能的培养不同于素质的培养,它与家庭出身、所在的地域都关系不大。只要一个人天赋不是太差,遵循一定的方法,就有可能培养出来。对于大众教育，以技能培养为主是非常务实的做法。亚当斯曾经说："我必须研究政治和战争，就是为了让我的孩子们能研究数学和哲学。我的孩子们应当研究数学、哲学、地理、自然、历史、造船学、航海、商业和农业，目的是让他们的孩子们能够研究绘画、诗歌、音乐、建筑、雕塑、编织和陶艺。"

心理学家亚伯拉罕·马斯洛（Abraham Harold Maslow，1908—1970）站在理论的高度诠释了亚当斯的观点，他提出了人类需求层次的理论，即人类必须首先满足温饱等生理需求，免于贫困和恐惧的安全需求，继而是被人接纳、爱护、关注等需求，然后才能谈得到受到尊重和自我成就的需求（如下图所示）。在没有解决物质生活提升问题之前，空谈精神上的满足和自我实现是没有意义的。这也从心理学上说明了素质教育需要在掌握谋生技能之后实行。

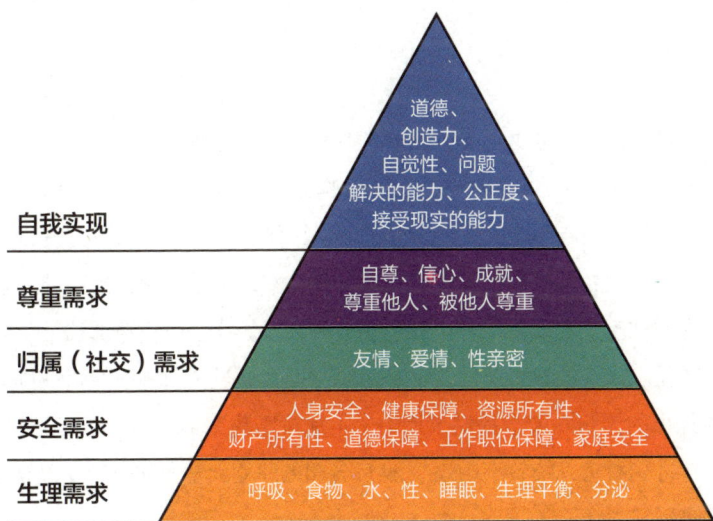

自我实现	道德、创造力、自觉性、问题解决的能力、公正度、接受现实的能力
尊重需求	自尊、信心、成就、尊重他人、被他人尊重
归属（社交）需求	友情、爱情、性亲密
安全需求	人身安全、健康保障、资源所有性、财产所有性、道德保障、工作职位保障、家庭安全
生理需求	呼吸、食物、水、性、睡眠、生理平衡、分泌

图15.4　马斯洛关于人类需求的五个层次

19 世纪中后期，以技能教育为目标的美国州立（公立）大学迅速发展。当时有三大动力推动了这一利国利民的事业：工业化、西部大开发和师范教育的需求。

第二节　美国州立大学系统的典范 —— 加州大学

到了 19 世纪 20 年代，美国逐渐开始步入工业化时代。1827 年，美国发明家亨利发现了电磁感应现象，人类开始步入电的时代。1837 年，莫尔斯发明了电报，现代通信开始起步。与此同时，美国也和英国一样开始大规模兴建铁路，到 1850 年，美国铁路总长达到 16000 公里，已经超过了英国。10 年后，美国南北战争期间，铁路总长接近 5 万公里。经济的快速发展，使得社会对专业人士的需求量大大增加，这让美国各个州都认识到为大众提供高等教育的重要性。不过当时美国是"小政府"，各个州政府的办学经费都不多，因此在美国南北战争爆发之前，最初加入美国的 13 个州中只有一半左右创办了州立大学。

真正帮助美国各州创办起公立大学的是《莫里尔土地拨赠法案》（Justin Smith Morrill Act 1962 或 Morrill Land-Grant Colleges Act，简称《土地拨赠法案》）给予的支持。19 世纪中期，伴随着美国西部大开发，大量人口涌入教育不发达的西部。西部各州与东部的早期殖民地不同，之前没有类似哈佛和耶鲁那种由教会建立的大学。为了解决西部移民（当时主要是农民）的教育问题，1857 年美国国会通过了由佛蒙特州议员莫里尔提出的为州立大学提供土地的《土地拨赠法案》。不过该法案直到 1862 年才由林肯总统签字生效[3]，此后各州的州立大学便如雨后春笋般大量涌现。

3　1859 年，该法案提交给总统布坎南签字时，被他否决了。两年后布坎南卸任，法案再次被提交到新任总统林肯手中，后者签署了该法案。

《土地拨赠法案》规定，联邦政府依照每个州国会议员的人数，按照每个议员 3 万英亩拨发土地，然后将这些土地所得的收益用于各州开办至少一所公立的农工学院（又称"赠地学院"），主要传授农业和机械技术方面的知识，为工农业的发展培养专门人才。联邦政府最终一共拨发了多达 1743 万英亩（约 7 万平方千米，约相当于两个中国台湾省的面积）的土地，用以帮助创办州立大学。依靠这些土地，有 28 个州创立了包括农工学院的州立大学；其余的州将土地拨给了已经建立的州立大学，添设农工学院。最终，美国创办了 69 所赠地学院，它们构成了今天美国各州州立大学系统的主体。从那时开始，大量的农工子弟逐渐进入大学校门，他们接受了良好的技能教育，毕业后成为美国工农业现代化建设的主力军，同时也促进了全社会中产阶级的形成。

美国州立大学的第三个主要来源是早期的师范学院。19 世纪，为了普及大众基础教育，美国的慈善机构和慈善家创办了很多师范学院，用来培养中小学老师。这些师范学院中的相当一部分后来逐渐发展成为州立大学，其中最有名的是今天的加州大学洛杉矶分校。

如今，美国每个州都有一个主要的州立大学系统，比较有代表性的是加州的大学系统。在这个系统中的许多大学，比如伯克利、洛杉矶分校和圣地亚哥分校，它们不仅是美国最好的公立大学和研究型大学，而且颇受中国学生的青睐。下面就以加州的大学系统为样本，介绍一下美国的州立大学系统。

在介绍加利福尼亚大学之前，首先要说明一下加州其实有两个公立的大学系统。除了包括 10 所彼此独立的大学的加利福尼亚大学系统（University of California，简称 UC 或"加州大学"）外，加州还有一个加州州立大学（State University of California），它拥有 33 所独立的大学。不过，加州州立大学的水平普遍不如加州大学高，它们更像是地区性大学。

如今，整个加州大学系统拥有 23 万 8 千名学生、19 万教职和工作人员，其中大部分是在国家实验室和医疗系统。加州大学在全世界有着巨大的影响力，这首先要归功于它多达 170 万还健在的校友，他们在美国和全世界的各个行业中都发挥了巨大的作用。其次，要归功于加州大学很高的教学和科研水平，特别是科研水平。加州大学的教授中产生过上百名诺贝尔奖获得者，今天它的教授中有 357 名美国科学院院士，也就是说每六名美国科学院院士（包括外籍院士）中就有一名在加州大学任职。根据《美国新闻与世界报道》对全世界学术水平的评估，加州大学系统中的伯克利分校、洛杉矶分校、圣地亚哥分校和旧金山分校，分别名列第 4、10、15 和第 16 名。相比之下，常青藤大学中的耶鲁大学、宾夕法尼亚大学、康奈尔大学、布朗大学和达特茅斯学院分别排在第 14、17、22、85 和第 198 名。表 15.1 是 2016 年《美国新闻与世界报道》世界大学排名前 20 的名单，其中蓝色的为美国私立大学，红色的为美国公立大学，黑色的是英国的大学。

表 15.1　2016 年《美国新闻与世界报道》世界大学排名

名次	大学
1	哈佛大学
2	麻省理工学院
3	斯坦福大学
4	伯克利
5	加州理工大学
6	牛津大学

名次	大学
7	剑桥大学
8	普林斯顿大学
9	哥伦比亚大学
10	加州大学洛杉矶分校
11	约翰·霍普金斯大学
11	（西雅图的）华盛顿大学
13	芝加哥大学
14	耶鲁大学
15	加州大学圣地亚哥分校
16	加州大学旧金山分校
17	密歇根大学
17	宾夕法尼亚大学
19	杜克大学
20	伦敦帝国学院

加州大学于 1869 年正式成立，早于今天加州最知名的斯坦福大学（1891年），也早于美国第一所研究型大学约翰·霍普金斯大学，可以说历史相当悠久。而加州一些人更将它的历史往前推到了 1853 年，那一年，耶鲁大学的校友、神职人员亨利·杜兰特（Henry Durant，1802—1875）在旧金山东部的奥克兰市（那里如今也被称为"东湾"）创办了一所私立学院。1855 年，该学院改名为加利福尼亚学院，并在今天的伯克利地区买下一片土地。到了 1866 年，加州议会批准创立一所以农业、农业机械和采矿业为核心的州立大学。加州议会根据《土地拨赠法案》，拨给了这所未来大学办学经费，但却没有土地；而之前成立的加利福尼亚学院虽有土地，但是缺少办学资金。于是，即将成立的这所加州大学

的董事会就建议合并加利福尼亚学院，联合办学。后者当时非常不情愿，但是因为缺少经费，也想不出更好的办法来渡过难关，于是勉强答应了。不过，加利福尼亚学院提出了一个附加条件，即未来的大学要办成一所综合性大学，而不只是农业和机械大学。未来的加州大学的董事会接受了这个建议，但是这样一来就需要加州议会重新授予一所大学成立文理学院（当时叫作 College of Letters and Science）的许可。1868 年3 月，加州议会给予了加州大学这个许可。于是，第二年加州大学正式成立。然而，最终成立的加州大学并非两所大学的简单合并，而是在接受各自的人员和课程之后成立的全新大学。加州大学在 1869 年正式开课时只有 10 名教授和 38 名学生。这几十个人可能想不到今天加州大学能够发展到如此大的规模。

1873 年，加州大学的第二任校长上任了，他就是本书前面提到的大名鼎鼎的吉尔曼。吉尔曼在原来的加利福尼亚学院伯克利的校址上建起加州大学的第一个正式校园，它后来演变成了我们今天所说的"加州大学伯克利分校"，通常简称为"伯克利"。

在正式介绍这所世界名校之前，我们必须就它的中文名称做一些说明。该大学自己的人，包括教职人员、学生和校友，称它为 Cal（图 15.5 是今天伯克利的标志），即加利福尼亚大学（University of California）的简称。在他们看来，伯克利是加州大学系统的正溯，其他分校则是后来加州政府为了解决更多学生的入学问题而新建的（或者改建的）独立的大学而已。在美国，伯克利以外的人称它为 UC Berkeley，意思是地点在伯克利的那所加利福尼亚大学，或者直接称呼它为"伯克利"（Berkeley）。但是伯克利是不允许被称为 UCB 的，甚至不能写成University of California at Berkeley（而要把中间的 at 改为逗号），这在伯克利的校友看来有点侮辱。在美国的州立大学中，也只有伯克利享受

图 15.5　伯克利的标志 Cal

了以所在地作为大学代名词的殊荣，它的网站地址也是 berkeley.edu，而不是 ucxxx.edu。其他著名的州立大学，比如密歇根大学（的安阿伯分校）[4]、伊利诺伊大学（厄巴纳－香槟分校）[5]，没有人称呼它们为"安阿伯"或"厄巴纳－香槟"。

关于伯克利的中文译法，中国台湾地区翻译成"柏克莱加大"比较准确，而大陆出版物翻译成"加利福尼亚大学伯克利分校"则是不对的，因为它从来就不是一所分校。我在写《浪潮之巅》初稿时最初采用了伯克利加大的称呼，电子工业出版社的编辑们一定要我改成"加利福尼亚大学伯克利分校"，我开始还和他们解释不应该那么翻译，但是据说在中国大陆出版书籍要按照所谓的标准译法翻译，弄得我哭笑不得，最后我也没有精力来回写邮件讨论这个问题，只好将错就错。但是，等我的书一出版，伯克利的很多校友就不干了。他们不仅直接指出我的译法不对，甚至还讲如果中国国内的人搞不清楚他们的校名该怎么翻译可以原谅，我在美国生活多年，还这么翻译则是耻辱，这让我非常为难。因此，在本书中只要不引起混淆，我就直接称呼它为伯克利了，就如同大家平时称呼斯坦福大学为斯坦福、称呼哈佛大学为哈佛一样。

4　英文全名为 University of Michigan, Ann Arbor，性质和伯克利一样，是密歇根州第一所州立大学。

5　英文全名为 University of Illinois Urbana-Champaign。

另外，伯克利的校方和校友还经常强调，该校和波士顿地区的音乐学院 Berklee College of Music（歌手王力宏获得学位的地方），以及耶鲁大学的贝克莱学院（Berkeley College，耶鲁的一所住宿学院）没有任何关系。

图 15.6　伯克利的标志性建筑 —— 塔楼

和伯克利的情况类似，其他的加州大学（UC）其实也都不是分校，它们的名称都是 University of California（UC ＋地点，中间以逗号隔开，比如 University of California, Los Angeles，不能使用"at"替代中间的逗号，这表示相应的加州大学是建立在某地的独立的大学，而不是分校性质）。它们在管理上完全独立，与伯克利没有任何关系。在随后的章节中，为了不引起混淆，我们干脆在书中采用它们常用的英文缩写，比如 UCLA。

这里用不少篇幅讲述这些学校名称的翻译问题，并不是想发牢骚，而是想说明它们的校友非常为自己的学校自豪，也非常在意我们对他们母校校名的称呼，毕竟全世界还活跃着上百万名加州大学的校友。

加州大学建校后不久，吉尔曼和加州政府指定的董事会便在如何办学方面产生了分歧。根据《土地拨赠法案》的规定，州立大学是要以农学和相应的农机等专业为主的，学校董事会坚持这个办学原则，毕竟当时的加州还是一个农业州，除了淘金，几乎没有工业和贸易。但是，吉尔曼眼光很超前，预见到未来美国需要大量的研究型人才，以满足工业发展的需要，因此大学需要大力发展科学。这一分歧使得吉尔曼离开伯克利，前往巴尔的摩新成立的约翰·霍普金斯大学当校长去了。在那里，吉尔曼实现了自己的理想。

伯克利在随后的近半个世纪里，坚持以农业和机械专业为主。那时每个学生每周都必须从事两小时的农活、勘探、钻井或与公共建筑相关的劳动。到了 20 世纪初，伯克利甚至为了研究农学，在今天的沙加缅度（Sancremento）附近自建农庄。这个农庄后来发展壮大，成为一所独立的大学——今天的加州大学戴维斯分校（UC Davis）。从作为农庄诞生至今，那里都有着全美最好的农学专业。如今加州的那些大农场和酒庄的传人们，大都在加州大学戴维斯分校学习过与农业相关的技术。对农学和农机的研究，后来帮助伯克利在生物领域和工程领域成为全世界最好的大学之一。

虽然加州大学早期的主体专业是农业和农机，但它还是很早就建立起医学、法学等诸多学科。今天看来，它应该为此感到幸运，因为这一举措对后来加州大学的发展起到了至关重要的作用，而这在很大程度上又要感谢吉尔曼。吉尔曼深知医学研究在未来大学中的重要性，因此在 1873 年他就说服了位于旧金山市的一所规模不大的医学院"多兰得医学院"（Toland Medical College）并入加州大学，成为它的医学系。后来，加州大学又在此基础上创建了医学研究机构。医学系和相应的研究所发展很快，成为加州规模最大、水平最高的医学院。再往后，加州大学又在此基础上创办了品质和规模在全球都堪称顶尖的独立的医疗系统。到了1964年，加州大学的医疗系统正式命名为"加州大学旧金山医学中心"。1970年，加州大学董事会决定将它独立出来，成为与伯克利、加州大学洛杉矶分校等并列的一所大学，这就是今天的加州大学旧金山分校。与另外九所加州大学不同的是，旧金山分校没有本科生，只有研究生。在美国，必须拿到本科学位后才能正式学医。

在美国大学中，加州大学的发展算是非常顺利的，不仅在各州的公立大学系统中发展最快，相比美国东北部的私立名校，其进步的速度也相当惊人，这让它在20世纪初成为美国新型大学的典范。能取得这样的成就，除了早期得到政府《土地拨赠法案》的支持，并在学科建设上受益于吉尔曼的远见卓识之外，还有两个重要的原因——早期获得的巨额捐款以及与政府保持了密切的关系。

虽然光靠砸钱是办不成一流大学的，但是美国任何一所一流大学的背后都有着足够的资金支持，加州大学当然也一样。它早期的发展得益于一些巨额捐赠。在19世纪美国的淘金热中，有大量的美国人涌入当时还是蛮荒之地的加州淘金。其中有一位冒险家名叫赫斯特（George Hearst，1820—1891），他在加州没有发现黄金，却意外地发现了白银，从此成为美国的巨富。他的儿子威廉·赫斯特（William Randolph Hearst，1863—1951）后来成为美国的报业大王，电影《公民凯恩》讲的就是他的故事。威廉·赫斯特很年轻就跟随父母到欧洲游历了很长时间，他对欧洲精致的建筑产生了强烈的兴趣，斥巨资从欧洲买下很多教堂和古建筑的部分结构[6]，运到美国建成了著名的赫氏堡。由于其家族对建筑情有独钟，威廉·赫斯特的母亲冯艾比（Phoebe Apperson Hearst）便向加

6　欧洲很多古建筑的部分结构，包括大梁、大理石支柱、建筑材料等被拆掉出售；赫斯特将它们买下后运回美国，以便用古色古香的材料建造赫氏堡。

州大学捐了好几笔巨款，以资助建筑学专业的发展，并建设大楼。今天，伯克利从街道、大楼到博物馆，很多地方都以赫斯特的名字命名。在淘金热中靠卖牛仔裤发财的李维·施特劳斯（Levi Strauss，1829—1902），也就是今天牛仔服装品牌"李维斯"（Levi's）的创始人，也给加州大学提供了巨额捐款。他的企业的继承人 Haas 家族后来也给伯克利捐助了巨款（1.11 亿美元），帮助伯克利成立了商学院；今天伯克利的商学院就是以 Haas 的名字命名的。此外，20 世纪初加州大学的校长维勒（Benjamin Wheeler，1854—1927，于 1899—1919 任加州大学校长）非常积极地为大学筹款，伯克利校园中心区的主要建筑都是在维勒的领导下建成的。当然，维勒关心的不仅仅是学校大楼的建设，他筹钱更重要的目的是吸引好的教授（发工资）和好的学生（给奖学金）。正是在维勒领导时期，远在美国西部边陲的加州大学迈入美国一流大学行列。

除了早期资金充足，伯克利的快速发展也得益于与政府的紧密联系，而这种联系则是从军事训练上的合作开始的。

加州很早就有后备军官训练营，以备将来打起仗来可以随时征召有军事经验的青年服役。参加这种军事训练的年轻人被授予后备役少尉军衔。20 世纪初，加州大学也开始举办这种训练营，希望将来使军队中拥有高素质的军官。第一次世界大战结束后，著名的海军司令尼米兹将军在加州大学创建了海军后备军官训练营。第二次世界大战期间，共有 12 名大小军舰的舰长和 150 名船员来自尼米兹的训练营。训练营的创建，更大的意义是拉近了加州大学与美国军方的关系。后来加州大学参与了包括曼哈顿计划在内的许多重大军事研究项目，这对加州大学科研水平的提高帮助巨大。

1931 年，著名科学家、诺贝尔奖获得者劳伦斯创建了伯克利的放射性实验室，它在后来演变成为第二次世界大战中美国最重要的三个国家级实验室之一（另外两个是约翰·霍普金斯的应用物理实验室和麻省理工学院的放射性实验室）。战后，劳伦斯依然与美国政府以及军方保持着密切的合作关系，仅他的研究小组就先后出了四位诺贝尔奖获得者——麦克米连（Ewin McMillian，1907—1991，1951 年诺贝尔化学奖）、希伯格（Glenn Seaborg，1912—1999，1951 年诺贝尔化学奖）、塞格雷（Emilio Segre，1905—1989，1959 年诺贝尔物理学奖）和阿尔瓦雷斯（Luis Alvarez，1911—1988，1968 年诺贝尔物理学奖）。1958 年劳伦斯去世后，该实验室改名为"劳伦斯放射性实验室"，后来又更名数次，今天称为"劳伦斯伯克利实验室"。该实验室于 1952 年又在大学旁边的利物莫尔市（Livermore）建立了一个分支实验室，它后来成为今天的劳伦斯—利物莫尔国家实验室。该实验室虽然隶属于能源部（下属的一个管理机构），但是也和伯克利保持着一定的合作关系。

加州大学虽然早期集中在北加州，但是随着大学的发展壮大，以及为了向更多的加州学生提供良好的教育，20 世纪初学校董事会决定在南加州地区建立一个校园。于是在 1919 年，它将当时的圣荷西师范学校（今天的圣荷西州立大学）在南加州的分校买了下来，变成了加州大学在洛杉矶的分校。当时这所学校确实是分校，其名称是 University of California at Los Angeles，两个词中间用 at 连接；而在伯克利的加州大学的官方名称仍然是"加州大学"，而不是今天的"UC, Berkeley"。后来，由于洛杉矶地区扩展的速度要远远高于旧金山地区，1951 年加州大学董事会决定将洛杉矶分校提升到与伯克利同等的地位，并从此开始有了自己的校长；而它的名称也做了一个非常小但却很关键的改动，将 at 改成了逗号"，"，表示"在洛杉矶（独立）的加州大学"，而不再是分校了。需要指出的是，UCLA 的母校——现在的圣荷西州立大学今天反而只是美国的一所三流大学。

在接下来的半个多世纪里，随着人口的不断增加，加州又先后创办了6
所独立的大学，加上已有的4所（伯克利、旧金山、戴维斯和洛杉矶），
形成了由10所大学组成的加州大学系统。作为一个州立大学系统，加
州大学的管理和我们前面介绍的私立大学不同，它的最高权力机构是一
个由加州州长指定的董事会（Board of Regents）。虽然也叫董事会，但
是其成员的头衔其实是"摄政"（Regents），即他们的身份是代表州政
府管理学校，目前每个人的任期是12年。这些成员大部分是政客，由
州长任命，他们的政治倾向颇为明显，这和私立大学的董事多为来自教
育界和工商界的精英不同。加州大学名义上有一个校长（President），
但是没有什么实权，大学管理的实权掌握在10所大学各自校长的手中。
这10个校长被称为Chancellor，采用的是英国大学校长的称呼方式。
之所以用了这样的称呼，仅仅是为了区别于大学系统的校长President。

加州大学系统中的10所大学，除了10多年前成立的梅赛德（Merced）
分校水平比较差以外，其余的水平都不错，其中以伯克利、洛杉矶、旧
金山、圣地亚哥和圣塔巴巴拉这五所水平最高。截至2016年，整个加
州大学系统的毕业生和教授（包括已经离职的教授）一共有150多人次
获得诺贝尔奖，当然大多数和伯克利有关。

表 15.2　加州大学系统中各大学的建校时间和获得诺贝尔奖的人数

校名	建校时间	获诺贝尔奖人数	获诺贝尔奖世界排名
UC Berkeley	1868	92	4
UC San Diego	1960	20	29
UC Los Angeles	1919	16	36
UC Santa Barbara	1944	10	57

校名	建校时间	获诺贝尔奖人数	获诺贝尔奖世界排名
UC San Francisco	1873	6	>57
UC Irvine	1965	4	>57
UC Davis	1959	1	>57
UC Santa Cruz	1965	1	>57
UC Riverside	1944	1	>57
UC Merced	2005	0	>57

加州大学能够成功地从早期的农业和农机学校，变成世界一流的大学，有三点经验值得今天的教育者借鉴。

首先，虽然加州大学被要求办成农学和农机大学，但是从一开始它在专业的设置上就比较全面，较早就设立了医学、建筑学和法学专业。

其次，政府的支持对加州大学的发展起了非常大的作用，这个支持不仅体现在开始的时候州政府根据《土地拨赠法案》在财力上提供的支持，也体现在第二次世界大战期间联邦政府在大型研究项目上与加州大学的合作。在一所研究型大学里，教授的水平决定了学术水平，而教授水平的发挥以及教授本身的成长，主要靠做科研项目。他们和项目的关系常常是鸡和蛋的关系，一方面可以说因为有了某个著名学者，某个项目才取得了重大的成果；另一方面，正是因为将某个项目交给了某个人，才成就了这个人的英名。在加州大学的历史上，起到关键性作用的学者包括劳伦斯和奥本海默（原子弹之父）等人。

最后，办学是需要花钱的。虽然光有钱未必能办好大学，但是办得好的大学都有足够的经费。像哈佛、威廉 - 玛丽学院、耶鲁、普林斯顿和罗格斯等在殖民地时期办起来的大学，由于办学初期缺乏经费，在前面几十年甚至上百年中都发展缓慢，一些大学如威廉-玛丽学院和罗格斯大学最后不得不由州政府收归公有。所幸，伯克利从一开始资金就比较充足，特别是有大笔的捐赠资金。在美国，科研经费专款专用，只能用来做研究。要建设校园，想高薪聘请名师，想用奖学金吸引好的学生，就要靠捐赠。因此，美国很多大学的校长和其他高级官员每年要花很多时间募集捐款。加州大学在第二次世界大战之前成功地吸引了很多捐赠，就连劳伦斯自己也以擅长募集捐款而著称。大量的捐款帮助加州大学在很长的时间里一直都是美国密西西比河以西最好的大学。

不过，加州大学从一开始就不是以培养精英为目的，因此它的各个分校直到今天依然以技能教育为主，学生从一入校就划分专业。在学生的构成上，以常青藤八所大学为代表的美国私立名校的很多学生都是世家子弟，而加州大学的学生主要是中产阶级的子女。在加州有一句半开玩笑的话"有脑有钱的进斯坦福，有脑无钱的进伯克利，有钱无脑的进南加州大学，无钱无脑的进 UCLA"。这话虽然有点极端，但多少反映了这四所一流大学生源的特点。

由于是平民的大学，所以加州大学从创办之初就以多元化著称。当 1873 年加州大学搬到今天在伯克利的校园时，女生人数已经超过了 10%，这一比例在当时男女不平等的美国是相当高的。1990 年，出生于中国武汉的田长霖教授担任了伯克利的校长（1990—1997），成为美国主要大学中第一位华裔校长，这再次说明了伯克利对多元文化的认同。今天（2010—2016 年），加州大学的本科生有 40% 左右是亚裔学生（2016 年，华裔占新生人数的 19.4%[7]），超过 1/4 是非洲裔和西班牙裔学生，1/3 是白人学生。而来自低收入家庭的学生更是占了总人数的 40%。

加州大学的历史折射出美国公立教育的发展历程，它从给予贫家子弟最基本的识字教育，到开展技能教育，再到今天全方位的高水平的科学研究，这条路走了很长时间。从 1857 年美国国会批准《土地拨赠法案》算起，到 20 世纪 20 年代加州大学可以比肩美国私立名校，经过了将近70 年的时间。因此，办学要本着"十年树木、百年树人"的耐心慢慢办，着急不得。今天中国的一些富豪热衷办学，这当然是好事。很多人找我来共同办学，他们在讲到自己想投资教育时都颇为动容；但是我都谢绝了他们的邀请，同时建议他们三思而行，因为办好学校是需要几代人坚持努力的，不是有钱了头脑一时发热就能办成的。加州大学创办的过程算是非常顺利了，尚且用了 70 年时间才办成一流大学；很多人在商业上取得了快速的成功，便试图把这种快速成功复制到办学上，但这是不会成功的。对于这些人，我通常建议他们直接把钱捐给一所好大学，这样既满足了自己投资教育的愿望，又可以对大学产生一些影响。但是几乎没有人愿意这么做，因为他们觉得没有拥有感。办学不是为了图名，虽然很多办学者如斯坦福和霍普金斯都留下了名，但是如果只盯在名利上，心境达不到平静如水，是办不好学的。

第三节　全世界最好的公立大学伯克利

很多时候，总有好心人劝我不要用"最"这个字，"咱们留点余地，加上'之一'吧"。我常对这些朋友讲，我们写文章写书是要表达自己的观点，不是为了正确。世界上没有绝对正确的东西，但是有独立的思想。不过，说伯克利是最好的公立大学，朋友们可能不会有什么异议，因为世界上其他任何一所公立大学只要不服气，尽可以把自己的成就拿出来和伯克利比一比，一比就会发现与伯克利的差距了。接下来，我们不妨近距离看一看伯克利在科研、教学、文化等各方面的特点。

从成立开始，加州大学一直发展顺利。20 世纪 20 年代以后，很多一流的科学家来到了该校，包括后来大名鼎鼎的物理学家劳伦斯（Ernest Orlando Lawrence，1901—1958）和奥本海默（Robert Oppenheimer，1904—1967）等人。因此，到了 20 世纪 40 年代，加州大学各个专业的综合排名已经仅次于哈佛大学，排到了美国的第二位[8]。第二次世界大战期间，加州大学为美国的军事科技做出了巨大的贡献。当然，其科研水平也随之突飞猛进地提高，伯克利所获大部分诺贝尔奖都是在第二次世界大战后获得的。

从第二次世界大战后直到今天，70 多年的时间里，无论是按照同行心目中对各大学学术地位的主观评价，还是根据《美国新闻与世界报道》等大学评估机构做出的量化评估，伯克利在全世界大学中都一直名列前茅。按照《美国新闻与世界报道》基于研究水平对全世界大学的评估[9]，伯克利在最近十几年里一直排在前五名。在 2016 年的排名中，伯克利仅次于哈佛、麻省理工和斯坦福，名列第四，超过了著名的剑桥大学和牛津大学。在几十个细分领域里，伯克利更是位居美国各大学之首。

一所大学的研究水平，除了看同行和专业机构的评估外，也要看它在发明创造上为世界做出的贡献。历史上有很多改变人类命运的重要发明都来自伯克利，或者主要负责人来自该校。比如：

维生素 E 的提炼
回旋加速器

8　University of California History Digital Archives. Retrieved November 30, 2008.
9　关于这项评估的方法，在本书第 16 章里有详细的介绍。

原子弹和氢弹

流感疫苗

分子钟

癌症基因学

UNIX 操作系统（BSD）

精简指令计算机系统结构（RISC）（它是今天智能手机处理器的基础）

免疫疗法

暗能量

端粒酶

（CRISPR）基因编辑

科研水平的高低在很大程度上取决于教授水平的高低与科研经费的多少。由于没有了医学院，伯克利的科研经费并不算多，在美国大学里仅排在第 20 名，而且在加州大学系统中仅排在第四名——排在旧金山分校、圣地亚哥分校和洛杉矶分校之后。因此，它能够维持极高的研究水平，主要靠教授的高水平。

伯克利的全职教授（包括助理教授和副教授）中，有四分之一以上是美国科学院、文理学院或工学院的院士，其中有大量学者是诺贝尔奖、菲尔兹奖、沃尔夫奖和普利策奖的获得者。由于伯克利中心地区面积狭小，停车非常困难，即便是一位世界级的大师也拿不到一个停车位，因为大师太多了。在伯克利能拥有停车位是最高荣誉，因为只有诺贝尔奖获得者才有专属的停车位。一位来自伯克利的诺贝尔奖获得者在领奖时的感言就是"我可以有一个停车位了"。我有一次去伯克利讲课，对方给了我一张一天的停车证，这简直就是一项荣誉了。伯克利的大师如此之多，如果想找一位名师当导师读研究生，伯克利无疑是一个非常好的选择。

在伯克利，学什么专业是一个很实际的问题，因为和很多强调基础素质教育的私立大学不同，公立大学不可能让每个学生经常换专业。大的专业范围是一入学或者入学后不久就选定的，因此到伯克利读研究生更是如此。对于已经选择好专业方向的人，也可以从另一个角度提这个问题——伯克利是否适合我？

伯克利专业设置齐全，而且几乎没有什么短板。对研究生来讲，不论是什么专业的学生，只要能被伯克利录取，都是相当不错的选择。伯克利的数、理、化和生物等专业在美国都是名列前茅的。当然，今天大部分人并不愿意学习那些学起来既辛苦、毕业后收入又低的理科专业，不过没有关系，它的工程专业（包括计算机科学）也非常好，名气和水平仅次于麻省理工和斯坦福。在硅谷著名的计算机公司中，伯克利毕业生的人数和斯坦福的不相上下。伯克利的文科也非常突出，它在文学、经济学、历史学、政治学和社会学等各个领域都能排进美国大学的前五名，第二次世界大战后很多新的文化思潮都源于伯克利。在专业学院方面，虽然伯克利没有医学院，但是它的商学院和法学院都很好。前者一直名列美国前十名，后者虽然没有耶鲁、斯坦福和哈佛的法学院有名，但是水平还是不错的，一般排在 10—20 名。在美国乃至全世界，只有极少数大学的专业设置能像伯克利这么齐全，而且水平都非常高。

对于本科生来说，由于不是很清楚将来希望读什么专业，在伯克利如果选错了专业，将来换起来会有些麻烦。关于这一点，我们后面在介绍本科生申请和入学时还会详细介绍。

伯克利吸引很多年轻人的地方，在于它是美国乃至全世界很多新思想、新思潮的发祥地。说起伯克利，很多人会想到嬉皮士文化。的确，在 20 世纪 60 年代席卷了整个西方的这种反主流、非理性、慵懒中透着颓废的文化不仅源于伯克利，而且在那里达到高潮。

1964 年，数以千计的学生涌入伯克利校园，发起了民权运动。他们反对主流文化观念，反对种族隔离和越战，积极参加政治理论和东方哲学的培训。事情很快就起了变化。长发披肩的年轻人占据了校园的每个角落，挤满每条大街。这些在街头厮混的人并不是没有工作的来自贫民社区的青年，他们大多是来自中产阶级家庭的白人青年。他们没衣服可换，几乎不吃东西，有点钱就先去吸毒、看电影，之后才轮到吃饭。另外，一群又一群不过初中年龄的女孩子穿着印有米老鼠图案的 T 恤露宿街头。男学生们对她们说：“你们根本不用读书，在街头就能学到生活所需的一切。”

年轻人开始印刷出版自己的读物。有一本叫作《开火》（*Fire!*）的读物从整体上开始讽刺传统的高等教育理念：

> “大学不过是生活在城里的男男女女的幻想。他们想着：我们努力工作，一生枯燥无味，但孩子将来能拥有我们买不起的一切。在那里，好孩子边嘲笑他人，边手挽手攀上成功的高梯。他们年轻的脑袋浸淫在教授们炮制的温文尔雅的课堂里，但那些教授正埋首实验室，研究怎么改良催泪瓦斯来对付学生们，大学校长则高高在上，掌控一切。”[10]

受到新思潮的影响，年轻人开始愤怒，却越来越不知道到底为何而怒。他们反对一切建设性的意见，大谈新时代精神和政治激进主义。但是，这些年轻人其实对政治一无所知，他们关心的除了毒品还是毒品，最终，嬉皮士们并没有能够推进自己口口声声传颂的平等与博爱，反而过

10　参考文献［3］。

着充斥着性与毒品，以致每日昏昏欲睡的懒散生活。因此，到了20世纪70年代，嬉皮士运动就已经死去。他们中的一些人最终回归传统，组建家庭，照顾妻儿，在中产阶级中找回了一席之地。然而，仍有很多无家可归者四处游荡。

20世纪60年代，《大西洋月刊》上那篇文章的作者马克·哈里斯也持相同的观点。他对当年那些年轻的激进主义者抱有高度同情，但不认为嬉皮士为社会带来了多少正面意义。"毒品妨碍了他们的情感发展，他们只能沉浸在幻觉、非理性、魔鬼理论、缺乏生活经验以及对世界的失败认知之中。他们只想占用公共空间，破坏公共环境，并且搅得那些努力工作的人不得安宁"。

在大多数人看来，嬉皮士运动不仅成为了历史，而且以失败告终。尽管如此，嬉皮士还是对美国文化产生了持久的影响，尽管这种影响并非他们有意为之。它反映出人们对和平与社会公正的强烈渴望。当今美国社会对非主流文化的宽容和认可，一定程度上与嬉皮士运动有关。当然，更具有积极意义的，是嬉皮士运动对硅谷地区的科技革命和生态意识产生的影响。

嬉皮士们在一定程度上扭转了20世纪50年代西方世界的享乐主义。我们今天所提倡的简约生活、环保意识，其实就源于这些嬉皮士的思想。这些人特别看重回收物资和废物利用，他们甚至喜欢用废铜烂铁制作装饰物。为了宣传回收利用，当时22岁的嬉皮士学生安德森设计了下图所示的环保符号。可以说，今天人们的环保意识多少和当时的嬉皮士运动有关系。

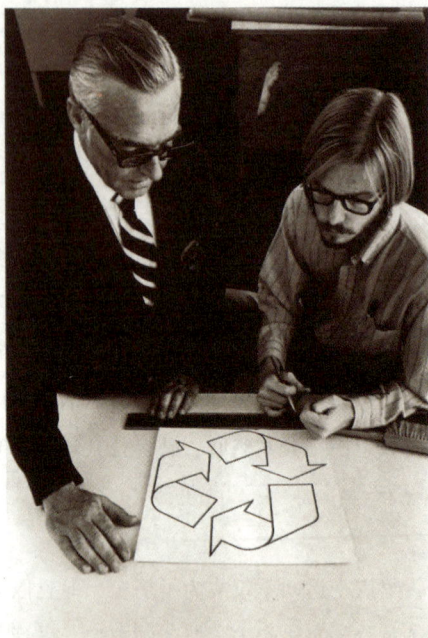

图 15.7　嬉皮士学生安德森（Gary Anderson，右）
设计了回收符号

《硅谷百年史》的作者之一皮埃罗·斯加鲁菲当时就是一位嬉皮士。他
把硅谷的成功归功于叛逆文化。我在《硅谷之谜》一书中也讲到了叛逆
文化对硅谷取得成功的作用，比如全世界半导体公司之母仙童公司就是
由八个"叛徒"创办的，而英特尔公司则是从仙童公司"叛变"出来的
人创办的，等等。但是，斯加鲁菲所讲的叛逆和我讲的不一样，按照他
的意思，在硅谷还没有诞生之前，全美国（后来是世界）的叛逆者们都
喜欢往硅谷地区跑，因为那里远离美国东部的政治、文化和金融中心，
更远离欧洲。这些反传统文化的人就跑到旧金山湾区（当时还不叫硅
谷）来，或者通过文艺的形式（嬉皮士），或者通过政治的形式（抗议）
来实现他们改造世界的梦想。当然，这些人的怪想法都没有见效，不过
他们中的一些人是搞技术的，天天琢磨着颠覆现有的产业，最终在仙童

公司之后，成功地创办了一个又一个小公司。按照斯加鲁菲的说法，科技实际上只是这些想改变世界的叛逆者们的工具而已。

如果我们看看乔布斯和甲壳虫乐队（The Beatles，也称为"披头士"）成员年轻时的行事方式，就能看到他们和嬉皮士的一致性。实际上，青年乔布斯在思想和行为上都深受甲壳虫主要成员约翰·列侬的影响。他们两人的个性也非常相似，都我行我素，都反传统、不合作，并且从结果来看，他们都解构了各自所在的时代，都很有颠覆性。乔布斯很喜欢"颠覆"这个词，而列侬也是如此。直到晚年，乔布斯依然在各个方面不受约束，挑战人们的传统认知。按照斯加鲁菲的观点，正是这种不受约束的思想，让乔布斯和其他硅谷人能够做出许多超出大家想象的发明创造。

图 15.8　（左上）捷克的嬉皮士，（左下）甲壳虫乐队，（右）乔布斯

斯加鲁菲的看法当然只是一家之言，但是这种看法在硅谷地区却得到广泛的认可。叛逆精神一直被认为是硅谷能长盛不衰的根本原因，而伯克利一直是叛逆者的大本营。因此，如果说斯坦福是在产品上支持着硅谷的迭代，那么伯克利就是在精神上维持着硅谷不断创新。

与这些叛逆者相对应的是所谓的"精致的利己主义者"，希拉里就是这一类人的代表。当年轻人在哈佛广场反潮流时，她正在卫斯理和一些乖乖女们仰望星空憧憬未来，于是她父母就放心了。在 2016 年美国总统大选中，希拉里既不代表左派，也不代表右派，而是代表所谓的建制派（Establishment），即既得利益者。这些人所关注的不是创新，而是维护现有的秩序。

伯克利在第二次世界大战后被公认为美国最好的大学之一，不过当时并没有大学排名一说，其名气主要来自学术声誉和毕业生的成就。1983年《美国新闻与世界报道》开始对大学进行排名时，伯克利在第一次的排名中仅次于斯坦福、哈佛、耶鲁和普林斯顿，名列第五[11]，这也是它在这个名单上最好的名次。当然这次的排名很不全，因为一小半美国名校，如加州理工学院、杜克大学、宾夕法尼亚大学、约翰·霍普金斯大学和华盛顿大学都没有参加排名。在 20 世纪 80 年代之后，各州政府对州立大学的投入逐步减少，它们的办学越来越艰难，而小型私立大学反而通过捐赠获得了大量的资金支持，办学越来越容易。十多年后，所有的公立大学都被挤出了排名榜的前十位。伯克利也不例外，它在过去的十多年里排名一直在 20 名左右，不过依然是所有公立大学中排名最高的。而且大家在列举世界名校时，未必会想到布朗大学、达特茅斯学院等常青藤大学，却能说出伯克利，这说明它的学术声誉依然很好。

11　见附录。

第四节　伯克利的招生和录取

公立大学的申请方法和录取方式与私立名校有所不同，下面以加州大学为例来说明这两点。

加州大学系统有 10 所大学，申请时只需提供一份申请材料，然后在申请表上勾出自己想申请的大学即可。如果一个学生对伯克利、UCLA 和 UCSD 感兴趣，只需在这三所大学上打钩，然后再交少量的申请费，其申请材料就会被送达这三所学校。

与私立名牌大学不同的是，加州大学录取学生的标准主要是看成绩。课外活动对录取会有帮助，但不会像申请私立名牌大学那样必不可少。打个不太恰当的比方，如果说光靠会读书、成绩好而进入哈佛大学的人在新生中占的比例不到 10%，那么在伯克利，这样的人会占到新生的一半以上。一个学生要是没有精力，或者家里没有条件参加各种各样的课外活动，申请私立名牌大学也没有什么希望，不如干脆把书念好，申请一流的公立大学。当然，大家可能会有个疑问，既然完全靠成绩被录取的学生只占到一多半，剩下的一小半学生是如何进来的呢？和美国所有的好大学一样，这些学生中相当大一部分是特长生。此外，作为一所州立大学，加州大学必须拿出很多名额来照顾某些少数族裔以及比较差的学区中成绩相对好的学生。美国私立大学虽然在招生时会按照族裔分配名额，但是至少不敢明确表明这一点。而州立大学常常公开地按照族裔分配名额。伯克利每年招生时有相当比例的名额要分配给拉丁裔和非洲裔的学生。此外，加州还明确规定，任何人不论在多么差的公立高中就读，只要学习成绩能排到年级前 5%，都可以进入加州大学读书。美国学区的好坏差异相当大，一些差学区里最好的学生也不如好学区里中等的学生。因此，这种招生制度会让大量好学校里中上等的学生被拒之加州大学门外。但是从另一个角度来讲，适当向贫困地区、差学区予以政策倾斜也合情合理。当然，这不意味着那些学校前 5% 的学生都能进入伯克利，毕竟想进伯克利的学生实在太多了。

公立大学办学的经费很多来自各州的税收，因此它们有义务为州内居民提供比较便宜的教育。不同于私立大学只有一个学费标准，州立大学有两种学费：一种是针对本州学生的，非常低廉；另一种是针对外州（包括外国）学生的，接近私立大学的收费标准。以伯克利为例，2016 年它的两种学费分别为 1.4 万美元和 4.2 万美元，相差很大，而后者已经接近斯坦福 4.8 万美元的学费了。近年来伯克利和其他加州大学因为经费紧张，有时故意减少本州学生的录取，转而录取外州和外国学生。来自中国的学生在和加州本州的学生竞争时是有一定优势的，毕竟前者交了三倍的学费。通常我们总是希望教育资源能够公平地分配，但是提供优质的教育离不开钱，很多时候政策不得不向有能力多出钱的人做出一些倾斜。

虽然美国大部分大学的本科都实行通才教育，但是伯克利本科生人数众多，不可能让每一个学生都选到热门专业，因此申请伯克利需要事先挑选专业。在伯克利，比较热门的是工程专业，以及排名非常靠前的化学专业等，而文科专业则比较容易申请。但是进入伯克利后，从热门专业往冷门专业转是可以的，反之则非常困难。因此，一旦选择了文科专业，几乎不可能转到电机工程或者计算机这样的热门专业。不过，由于伯克利非常大，类似的专业比较多，即使无法进那些最热门的专业，也能找到类似的专业。比如具体到计算机专业，在伯克利其实有两个选择：一个是其著名的电机工程和计算机科学系（EECS）这样热门的专业，另一个则是文理学院的计算机科学（CS）专业。这两个专业在校内并不相同，课程和培训体系也不同，但是将来毕业找工作时，其实很多公司是分不清的。因此，那些想学习计算机科学的人，如果无法被热门的电机工程和计算机科学系录取，不如选择比较容易录取的文理学院，然后再挑选计算机专业。

伯克利和其他加州大学的录取基本上是在不同的队列中根据学生的成绩进行排队，因此它的申请材料相对比较简单，就是列出自己的各种成绩和奖项，学生准备起来也比较容易。申请伯克利的截止日期是每年的 11 月 30 日，早于私立名牌大学年底的截止日期。同样，它的发榜日期是 3 月中旬，也早于大部分大学。在正式发榜前，伯克利会通知那些被确定为董事会奖学金（Regents' Scholarship）候选人的申请学生，告诉他们：你们已经被非正式地录取了。这些学生会在随后的某一天来到伯克利面试。面试他们的教授一般来自学生所申请的专业。比如我的女儿梦华申请的是工程学院，面试她的就是一位电机工程系的老教授。

董事会奖学金是伯克利级别最高的奖学金，每年的获得者只有 100 名左右。此外，伯克利还有校长奖学金（Chancellor's Scholarship），名额也是 100 名左右。这些获得者在选课竞争激烈的伯克利有绝对多的有限选课权。虽然伯克利无法像私立大学那样照顾好全部学生，但是对这批优秀学生还是照顾有加。董事会奖学金是完全根据学生的成绩和面试表现决定的，那些成绩优秀但对学费又比较敏感的学生，在获得董事会奖学金后通常就选择了伯克利。这些人保证了伯克利拥有一个成绩非常好的学生群体。

由于录取的人数较多，因此伯克利的录取率比美国私立名牌大学要高得多，通常在 15% 以上。不过即便如此，伯克利的竞争也颇为激烈。以新生在中学的成绩为例，他们的 GPA 是 3.87，根据 AP 课加权后，为 4.41。也就是说，大部分学生都修了很多门的 AP 课程。在 2002 年以前，美国有根据学习成绩给予的全国奖学金，伯克利的新生获得这项奖学金的人数在全美国排第三位。不过在 2002 年后，美国终止了这项奖学金。从这里也可以看出，伯克利新生中好学生的人数相当多。

第五节　伯克利的本科教育和学校生活

很多人在决定是选择伯克利这样的一流公立大学，还是选择布朗大学或达特茅斯这样排名靠前的私立名校时，都会问这样的问题——伯克利的条件怎么样？当然，这个条件既包括各种硬件条件，也包括教授的水平等软实力指标。我们不妨将美国最好的 20 多所私立大学和一流的公立大学做一个对比，前者的优势主要在于这两方面：人均资源多（包括教授学生比例高）、同学圈子环境好。当然，拿私立名校中的超级五强和伯克利做对比，前者各方面的优势都比较明显；但是，若拿排名在 10—20 名的私立大学，包括布朗和达特茅斯这样的常青藤大学与伯克利做比较，可以说各有千秋。

在资源的绝对数量上，伯克利的各个方面在美国大学中都名列前茅。图书馆（包括藏书量）是一个通常被用来衡量大学资源多少的指标。伯克利共有大大小小 32 个图书馆，占地面积加起来有 5 公顷之大。它那 1100 多万册图书的馆藏规模，在美国大学中仅次于哈佛、耶鲁、伊利诺伊大学，名列第四，甚至超过了斯坦福大学和哥伦比亚大学，而且其馆藏的增速要远远高于哈佛和耶鲁。此外，伯克利的珍藏图书馆（Bancroft Library）收藏了 40 万卷珍稀图书和手卷，7000 多万份文件。即使按照每一个本科生平均拥有的图书数量来衡量，伯克利在美国大学中的排名也很靠前，不仅比那些精致的文理学院（诸如威廉学院、卫斯理学院）好得多，甚至远超个别常青藤大学（如达特茅斯学院）。

作为一所世界顶尖的研究型大学，伯克利从来不缺科研资源。博士生们的研究环境比很多排名在伯克利之前的私立大学还要好。但是，这些良好的硬件条件远不能满足大量本科生的需要。在伯克利，大部分本科生是享受不到这些设施的，至于谁能享受得到，主要看学生的主动性，这方面的内容我们留到后面再讲。

伯克利的体育设施比任何一所常青藤大学都要多，但是考虑到学生众多，其人均占有的设施数量就不如小型私立大学了。

如果把上述条件比喻成梅贻琦先生所讲的"大楼"，那么接下来看看伯克利的"大师"。在上一节中我们介绍了伯克利的师资水平不亚于世界上任何一所大学。但关键问题是，这些大师们有多少时间，又愿意花多少精力用于本科生的教育，这才是每一个学生应该关心的问题。伯克利教授们的讲课水平和课程质量绝不比哈佛或斯坦福的教授差。斯坦福大学的著名教授、"DSL 之父"查菲（John Cioffi）院士自己就认为，斯坦福的教学水平可能还比不上伯克利！在斯坦福，很多著名教授忙于办公司，教课并不十分认真。在其他一些私立大学，不少教授在外面担任顾问。而伯克利的教授以及绝大部分一流州立大学的教授，花在本科生身上的时间比很多私立大学的教授要多，因为完成教学任务是州立大学最重要的工作。

但是，教授花够了时间，并不等于每个学生都得到了教授足够的关注和帮助。伯克利毕竟学生人数众多，课堂规模很大，教授很难记得清他所教过的学生，更不要说能够和学生建立比较深的个人关系了。学生们有了问题，未必能够轮得上找教授答疑，很多时候只好找助教（TA）了。等到学生们找教授写推荐信时，一些教授已经记不清学生的具体情况了。因此，在伯克利要想受到教授的关注，学生需要有主动性。相比之下，在小型私立大学以及文理学院，即便教授的水平不如伯克利，但是教授和学生的关系非常近，学生容易直接得到教授的指导，将来写推荐信也容易得多。这种利益的权衡取决于学生个人。

在课程的数量和多样性方面，伯克利无疑比小型私立大学好很多。但是和哈佛不同的是，不是学校开的每一门课程你都能排队选得上。相反，在小型私立大学，教授人数少，课程的选择性有限，但不会有选不上课的情况，因此，很难比较哪类学校的本科教育效果更好。我的一位朋友的孩子同时被伯克利和加州理工录取，最后考虑到选课的多样性，还是选择了伯克利。当然，考虑到很多本科生缺乏主动性，或者对自己将来做什么不清楚，这样的学生在小型私立大学会受到更多的关注和培养。

伯克利的毕业生最后成为顶尖人才的数量，并不输给美国最好的私立大学。如果考虑到伯克利的平均生源质量明显不如后者，应该说它在人才产出上还是非常有效的。我们不妨对比一下哈佛大学和伯克利的新生水平。在录取时，那些能够被伯克利录取并获得董事会奖学金的学生（只占录取人数的 1% 左右），他们中有很多人会被哈佛大学拒绝；至于被伯克利录取的前 10% 的学生，更是大部分都拿不到哈佛的录取通知书。但是反过来，被哈佛录取的学生几乎 100% 都会被伯克利录取，也就是说，这两所大学的学生在入学时的水平还是有明显差距的。但是毕业以后，伯克利前 1% 的毕业生并不比哈佛顶尖的学生差；前 10% 的毕业生和哈佛毕业生的平均水平相比，可能还要高一点。例如，伯克利的校友和教授（其中大部分是校友）获得诺贝尔奖的人数在全世界名列第五，超过美国绝大部分私立大学。在工业界，伯克利校友近年来所创办的大公司在数量上仅次于斯坦福和哈佛，在美国排在第三位。美国很多教育家会用这一类对比数字质疑哈佛等私立大学在培养人才上的有效性。

其实这种现象也很容易解释。首先，一个人高中毕业时的水平未必能准确反映大学毕业多年后的水平。人最终能走多远，很大程度上取决于他在毕业后能够坚持学习多长时间，能够在工作中多么尽责，以及有多好的运气。其次，按照我在 Google 的老板、伯克利校友诺威格博士的观点，在伯克利这样一所有两万多本科生的大学里，要想做到前 1% 是很不容易的，尤其是在教育资源有限的条件下，这个难度要比在哈佛做到前 10% 大得多。既然一个学生在大学四年里做到了这一点，足以说明其有过人之处。而能够经受住那么激烈的竞争，并且最终脱颖而出，将有助于他们日后职业生涯的发展。

私立名校和优秀公立大学的一个本质差别在于同学环境。很多教育家认为，将哈佛大学某一年入学的全部 1500 名学生，送到一个二流大学接受封闭的教育（不要和那所大学本身的学生混在一起），他们最后成才的比例依然会很高。因此，在美国有一种比较普遍的观点，即认为一流大学的生源和环境是造就学生日后能够成才的主要原因，而一流大学和二流大学在课程教学上的差别反而不是很明显。一流大学的学生水平比较整齐，几乎每一个学生都很容易从周围的同学那里学习成长。而二流大学的学生就良莠不齐了，很多学生不善于交友，在一个水平参差不齐的圈子里，受到的影响是好是坏就难说了。

所幸的是，在伯克利基本上是物以类聚，人以群分；近朱者赤，近墨者黑。我走访了很多伯克利的校友和家长（即子女在伯克利上学的人），发现这样一个现象：虽然它的新生水平相差很大，但是一年之后就自然分化了，然后形成了各种各样的圈子。那些比较优秀的学生平时会互相来往，彼此既相互竞争，又互相鼓励，互相学习。伯克利的各种资源整体上并不少，很多都用在了这些优秀学生的身上，这些人最后和哈佛或斯坦福的学生差距很小，甚至没有差距。由于伯克利每年的入学人数大致是哈佛或斯坦福的三到四倍，因此优秀学生的绝对数量并不比后者少多少。

当然，任何一流的州立大学排在最后的大约四分之一甚至三分之一的学生，处境就不是很美妙了。一年之后他们可能因为跟不上班，只能去修那些相对容易又没有什么人学的课程，或者留级和新生们一起上课了。伯克利的一些毕业生告诉我，不少一起入学的同学在一个学期后就见不到了，甚至有的到二、三年级后就退学或者转学了。日后无论是伯克利还是外界，通常只会提到它的优秀毕业生，至于那些没能按时毕业或者根本毕不了业的人，也没有太多人关注。于是，大家就得到一个印象，一流公立大学的毕业生水平和顶尖私立名校没有太明显的差别。

由于伯克利就在我们家门口，平时接触他们的教授和学生很多，录取也相对容易。梦华在申请大学之前并未参观校园或者参加学校的招生宣讲。对于伯克利的学生生活，我们更多地是从校友和家长那里了解情况。不过，在梦华获得董事会奖学金提名后去参加面试时，我们顺带参观了学校和相应的院系，获得了一些有关伯克利的学生生活的一手资料。对伯克利的学生生活，我用这三个词来形容：竞争激烈，全靠自觉，丰富多彩。

先说说竞争激烈。如果说哈佛是严进宽出，那么伯克利则是典型的宽进严出。伯克利四年的毕业率只有 72%，六年毕业率也只有 91%。也就是说，如果你按时毕业，在毕业典礼上每十个一起入学的同学你只能见到七个。为什么它的毕业率不高呢？主要有两个原因，一是当初为了照顾各方，招收了一批成绩不大好的学生，他们进来后退学和"留级"的比例很高，而且这种退学的风气会传染。另一个原因是选不上课，不得不延迟毕业。从 20 世纪 90 年代起，加州将越来越多的税收用于穷困人口及非法移民的福利，大幅减少了对大学教育的经费支持。这样一来，伯克利就无法聘用更多的教授。而随着加州人口的增长，加州大学每年又需要按照比例录取足够多的本科生，学生人数增加后，师生比例变得很低，最终课堂上就人满为患了，很多学生选不上自己想学的课程也就毫不奇怪了。

在伯克利，决定谁能选上课，谁不能，谁的优先级高，谁的优先级低，靠的是一套十分复杂的选课排队系统。在这个系统中，选课的优先级由很多因素决定，以至于谁也搞不懂它的机制。除了前面提到的董事会奖学金和校长奖学金的学生有选课优先权外，下面三个因素对选课优先级也起着很重要的作用。

1. 年级。为了尽快送走高年级学生，高年级的学生比低年级的有优先选课权。
2. 专业。本专业的学生比外专业的在选课上有优先权也是理所应当的。
3. 成绩。成绩好的学生比成绩差的有优先权。

当然，这些因素中哪个先起作用、哪个后起作用并没有一定之规。整个选课系统要优化全校的资源，优化每一个学生的毕业时间，这几乎难以兼顾各方的最优化任务，甚至可能无解。不管怎样，如果成绩差就会在选课上吃亏，甚至连课都选不上。那些好学生进了伯克利之后，为了能正常毕业，就必须努力学习，这样一来，竞争就不免比私立大学更为激烈。近年来，伯克利为了解决一些学生的选课问题，甚至允许他们去学校认可的其他大学选课，然后将学分带回来。那些大学的水平显然不如伯克利，因此那些在校外选课的学生虽然最后凑够了学分从伯克利毕业了，但是，他们和那些优秀毕业生的水平差距其实非常大。

选课只不过是在伯克利竞争的一个方面，大家为了将来能够申请到好大学去读研究生，也需要在名次上竞争。作为一所世界顶尖的研究型大学，伯克利从来不缺科研条件。由于教授学生比例低，本科生人数众多，只有很少的本科生有机会享受得到那些世界一流的科研条件，至于谁能享受到，也是靠竞争。另外，伯克利并不因为学生人数众多，各类团体的数量就能成比例增加。在学生会和其他团体中，每一个位置都有很多竞争者，想在这些地方脱颖而出，也不得不靠竞争。而在这样激烈的竞争中走出来的顶尖毕业生，到了社会上立足反而有了优势，即便他们中的很多人在高中时并非学校里最优秀的。有时候，一个有自觉性的学生是在哈佛还是在伯克利更容易成才，还真不好说。

图 15.9　伯克利的大课

如果说私立名牌大学毕业生的水平差距从 60 分到 95 分不等（人无完人，永远有提升的空间，故假定没有 100 分的学生），那么一流公立大学的学生差距可能在 20 分到 95 分之间。在伯克利，一方面有最好的学生，另一方面也有大量学生仅仅满足于平时上上课（甚至课也不好好上），课外时间都到外面去玩了，最后勉强混够学分毕业。至于很多学生退学甚至吸毒，也不要大惊小怪。那么，优秀学生和普通学生的主要差别在什么地方呢？其实既不是在学习成绩上的差异，也不完全是在竞争中的胜败，而是体现在主动性上。

伯克利的优秀学生比较清楚自己将来的生活是什么，因而对课程以外的事情非常上心，有比较强烈的领导欲。伯克利拥有最好的资源，但又相对紧缺。以研究资源为例，为什么有的学生获得了那些资源，有的却得不到？这并非完全是根据学习成绩排序的结果，而要看学生本身的主动性。为了了解伯克利本科生参与研究的情况，我和七八位校友或家长交谈过，他们对学校的看法差异非常大，有人觉得学校提供了很好的机会，有人觉得伯克利竞争太激烈，机会不多。后来我发现这主要看学生本人的主动性，当然也和具体的专业甚至运气有关。但是，由于教授和本科生比例较低，大部分本科生是没有机会做研究的。在那些研究经费不多的冷门专业，研究生尚且不能有足够的保障，更何况本科生呢！然而，有些学生非常主动，能找到愿意接收他们做研究的教授，最大限度地利用伯克利的研究环境。可是，只要学生稍微有一点惰性，就不会获得任何机会。另外，我发现在伯克利，本科生即便能够进入实验室做点事情，也几乎都是打杂的工作，但即使是打杂的工作，也能获得一些实际经验，至少以后让教授帮助写一封好的推荐信是不成问题的。还有一些主动性强的高年级学生则是设法到硅谷的小公司去实习，以便能够在大学期间多少获得一些课外的经验（不过近年来硅谷很多公司不喜欢招本科实习生，除非是非洲裔和拉丁裔[12]，因此这条路也不容易走通）。

进入伯克利的学生，有不少都是亚裔学生，他们是完全凭借高中学习成绩被录取的，但他们除了学习、考试之外，在其他方面主动性不是很高。在伯克利，学校和教授也不可能照顾得过来每一个学生。大学里虽然专业齐全，但是专业之间的壁垒相对较高，人只要稍微被动一些，就

12　由于政治正确的压力，一些硅谷公司不得不招一些非洲裔和拉丁裔实习生，以显示自己在招人方面的公平之处。

会陷入"选容易的课—上课—考试—毕业"这样一个简单的循环中。在顶级私立大学里,获得双学位甚至三学位的学生比例非常高,而这个比例在伯克利很低。即使一些获得双学位的学生,也是在学校设计好的特殊的跨学科领域,而不是学生根据自己的兴趣爱好选择出来的,在这一点上伯克利的学生和顶级私立大学的学生有很大差别。

因此,在伯克利上学的第二个特点可以总结为"凡事全靠自觉"。自己付出多少努力、交什么朋友决定了最后成为什么样的人。

伯克利校园生活的第三个特点是丰富多彩。在美国的一流大学中,伯克利算是最多元化、最活跃,甚至是最反传统的大学了。

伯克利的规模很大,学生很多,相应的学生组织众多,已经复杂到需要有一个组织来管理所有的学生组织了,这个学生组织的管理者就是加州大学学生会(The Associated Students of the University of California,简称 ASUC)。请注意,这里所说的加州大学并不是指全部 10 所大学,而是特指伯克利。学生会有点像是一个自治政府,每年从学校获得 170 万美元的预算。有趣的是在伯克利,学生也有两个党派,分别是"学生行动"(Student Action)和"加州服务"(CalSERVE),他们有点像美国的民主党和共和党。在伯克利还有一个学生参议院,它们会通过很多学生行动的政治纲领。比如在 2013 年,这个参议院通过了在校园抵制和制裁那些直接或者间接帮助了以色列的"非法占领和侵犯人权"行为的公司。在伯克利,不参加点校园活动甚至从一回政,实在可惜。

如前所述,伯克利是美国自由派的大本营,在那里甚至有帮助学生树立民主思想的非学分培训,各种培训项目、课程和讲座有 150 多种。它们通常是由一些职业团体提供的,由学生们来组织,讲述的内容五花八门，包括金融危机、核武器，甚至有关于詹姆士·邦德、蝙蝠侠、冥想等的课程。但是，在自由派的汪洋大海里，伯克利也保留着微弱的保守派的声音，比如共和党参议员保罗（Rand Paul）、企业家彼得·蒂尔[13]等。

在伯克利，文体活动更是到处蓬勃开展。各种乐团、表演艺术团体多得数不清，而在体育方面，伯克利也像斯坦福一样获得过很多奥运会项目的冠军。其中著名的游泳运动员比昂迪（Matt Biondi）获得过8枚奥运金牌，女运动员考芙琳（Natalie Coughlin）在2008年北京奥运会上成为历史上第一位在一届奥运会上独得6枚奖牌的女选手。此外，伯克利还出了美国橄榄球历史上最优秀的四分卫之一的史蒂夫·杨（Steve Young），以及获得过31个网球大满贯的女选手海伦·穆迪（Helen Wills Moody）。在美国大学生的各种体育比赛中，伯克利更是获得了许多全国冠军。

伯克利在体育上有个对头，就是它的邻居斯坦福大学。每年两校都要举办一次被称为"大比赛"（Big Game）的橄榄球对抗赛，至今已举办了119届，其中伯克利获胜46次，斯坦福获胜62次，双方战平11次。这个比赛有点像牛津和剑桥每年举办的赛艇比赛，不仅是两校的传统，比赛当天也是学生们的节日。伯克利校友最津津乐道的是1982年的那场富有戏剧性的比赛，直到最后一秒还落后的伯克利在终场之前实现达阵[14]，赢得比赛。从此，这场比赛在美国橄榄球历史上有了一个特别的名称——The Play，意思是绝无仅有的一场比赛（学英语的朋友可以细细体会 the play，a play 和 plays 的区别）。

---

13 著名企业家和投资人，畅销书《从0到1》的作者，特朗普的坚定支持者。
14 根据橄榄球比赛的规则，进攻的一方带球或者接到传球抵达对方的底线被称为达阵，将获得6分以及一次罚球的机会，或者再次前场进攻的机会。

在伯克利读书的另一个便利之处，来自它所在的旧金山湾区特殊的地理位置。从伯克利出发，往西跨过海湾大桥就到了旧金山市，往南一个小时的车程就到了硅谷的中心圣荷西市。随着硅谷的崛起，整个旧金山湾区发展得很快，除了科技之外，它渐渐成为美国的一个金融、文化和医疗中心，这其实给伯克利的学生从生活到工作都带来了很多方便，而这一优势是那些远离大都市、位于乡村的象牙塔大学所不具备的。作为与太平洋沿岸各国来往最多的地区之一，在旧金山湾区能接触到的人非常多元化，除了有来自世界各地的移民，还有来自世界各国的科技、商业和政治精英，这就给年轻人提供了许多参与国际化合作的机会。在美国的大部分大学，包括很多名校，学生平时所接触到的都是当地人，范围不超过方圆 50 英里；在那些学校里求学，虽然从接受知识上讲可能并不差，但是在开阔视野方面没法和伯克利相比。即使在全球范围内，拥有这般优势的地区或许两只手就数得过来。

大学是一个学生要生活四年的家，学校的住宿条件和同学之间的关系是不能忽略的选校因素。伯克利（包括劳伦斯国家实验室）的校园面积并不小，但是中心校园不大，属于大学的学生宿舍实际上都在中心校区周边的伯克利市内。伯克利学生人数众多，大学只能保证两年的校园内住宿，而且居住条件并不算好，有时候需要 3 个人挤在一个很小的房间（17 平方米），这虽然相比中国大学的住宿条件不算差，但是在美国的大学中却远低于平均水平。在这些宿舍楼中，有些是所谓的"主题宿舍"，比如非洲裔学生宿舍楼，或者美国土著学生（Native America）宿舍楼，但大部分宿舍并没有这样的主题。此外，伯克利还有一栋"国际楼"，里面住的主要是外国学生。值得一提的是这栋楼的位置很好，有些房间能看到著名的海湾大桥（连接奥克兰和旧金山）。

学生们在两年之后，大多住在校园周围的公寓或者民宅中，其中伯克利学生合作社（Berkeley Student Cooperative）是一个专门为伯克利学生提供住宿的非营利性组织，成立于 1933 年，当时的宗旨是为学生提供廉价的食宿，拥有十几栋宿舍楼，租金在当地相对便宜，但这些楼本身并不属于大学。此外，校外还有 60 多栋兄弟会的小楼，可供兄弟会的学生居住。由于伯克利靠近硅谷地区，加上本身学生众多，导致当地的租赁市场是一个卖方市场，那里的房屋租金并不便宜。另外，虽然伯克利的学生彼此关系不错，但是要想建立起类似学院制大学那样十分紧密的同学关系并不容易，毕竟学校太大了，住宿条件又不算太好。

如果将伯克利和以威廉学院、卫斯理学院为代表的"现代私塾"做一个对比，它们正好卡在美国大学的两端。伯克利的长处，常常是后者的短处，反之亦然。年轻人选择哪一类大学，就要看它是否适合自己的特点了。对于那些自觉性很高、善于竞争的人来讲，伯克利那种没有别人管束的环境可以给他们带来巨大的发展空间。但是，自由本身也会带来另一个结果，当学校里没有人会管年轻人做什么事情之后，距离放纵也就不远了。而在小型文理学院里，虽然每一个学生都能够得到很好的照顾，但又缺乏一个能给那些学生领袖和精英们施展才干的广阔天地。因此，选择什么样的环境还得看个人。

几乎所有的教育界人士、学生和家长都承认，今天美国大学的本科排名方法对伯克利来说并不公平，也就是说它被低估了。但是，和最顶级的私立名校相比，伯克利到底应该被对标到什么位置呢？其实在这个方面，学生的选择比评估机构的数据更有说服力。如果一个学生同时被伯克利和斯坦福或哈佛这样超级五强的大学录取，绝大部分人（80%—90%）会选择后者，除非是对学费比较敏感的本州学生。这说明在学生们眼里，伯克利依然比不上超级五强。但是，如果同时被伯克利和那些排名靠后的常青藤大学（或者像西北大学、加州理工学院这样的小型顶

第十五章　教育改变命运

599

尖私立大学）录取，这时学生和家长就会纠结。事实上他们选择二者的比例基本上是一半对一半。这说明在学生们的心目中，伯克利的位置和这些学校差不多。其实，到底是该选择伯克利这样一流的综合性州立大学，还是选择那些排名更靠前的小型私立大学，这完全因人而异。对于那些明确自己想要什么，又有足够高的主动性、不惧怕竞争的学生来讲，伯克利可能是更好的选择。如果这些条件都不具备，不妨先在那些小型私立大学中学习一段时间，弄清楚自己今后想走的道路再说。

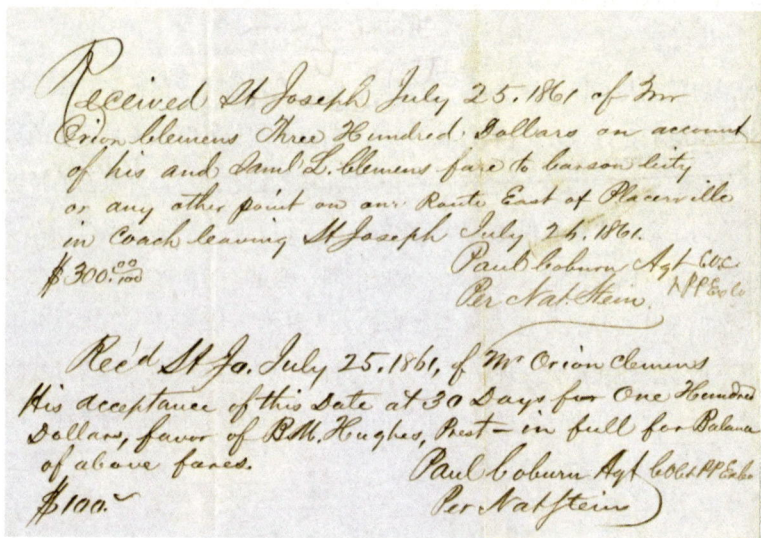

图 15.10　伯克利收藏的马克·吐温手稿

结束语

美国建立州立大学的初衷是为中下等家庭提供职业教育，一方面为美国的发展提供专业人才，另一方面让这些家庭的子女得以改变命运；在专业的设置上都特别务实。今天，虽然美国的州立大学依然保留了这样的教育功能，但是其中的一流州立大学至少在科研上跟顶级私立大学并无太大的差别。这种变化需要我们重新认识这些大学，而它们成功转型的过程也能给中国的教育家们以启迪。

当今中国的大学无论水平高低，大多有些相似性，大家都是在追求"补短"，要办综合性大学，要科研和教学并重。相比之下，美国的大学彼此差异非常大，大学之间强调的是"取长"。资源有限的大学常常有明确的取舍，它们要么做好教学，要么开展好科研；在专业上它们也只突出自己的特长，而不是追求面面俱到。

美国一流的州立大学，通常都是人数众多、专业齐全的综合性大学，同时也都是研究型大学。它们在科研上的跨学科研究能力要比那些小型私立大学强得多，在研究生教育方面它们要明显优于那些小型私立大学。对于本科生而言，由于教授们的科研水平较高，因此他们能够获得最新的知识视野，而不仅仅是基本的技能。这些一流州立大学的学生，大都来自中产阶级家庭，他们读完四年大学后，不少要进入专业的学院继续学习，另外一些人则要直接开始工作。这两类人无论是哪一种，都会努力掌握一项得以安身立命的技能。

然而，由于学生人数多，教授与学生比例较低，它们不可能像顶级私立大学那样对每一位本科生都给予精心的照顾。在这些州立大学里，本科生的成长在很大程度上要靠自己的自觉性，毕业时学生的水平可谓良莠不齐，这还不包括那些毕不了业的学生。对于中国学生来说，一流公立大学和小型私立大学的学费其实相差不多，选择哪一类大学，完全因人而异，而不能简单地看排名。

中国人对美国大学的认识普遍存在三个误区。

首先，过分看重大学的排名，尤其是看重中大西洋和新英格兰地区的藤校（和其他名牌大学）而忽视西海岸的优秀大学。前一个地区是美国传统的发达地区，那里历史悠久，工商业和教育发达。但是，第二次世界大战之后，那些地区的发展速度明显落后于西海岸。在西海岸，无论是私立的斯坦福大学、加州理工学院，还是公立的加州大学的主要分校，以及（西雅图的）华盛顿大学，在整体水平上都达到甚至超过了很多常青藤大学和东部名校的水平，而且它们以更快的速度在进步。

其次是重私立名校而忽视一流的州立大学。今天美国大学本科的排名方式其实有利于小型的私立大学，而不利于大型的公立大学，像伯克利这样一流的大学排名实则被低估了。换作我，我倒宁可选择伯克利，而不是名次看似更靠前的埃默里大学（Emory University）或范德比尔特这样的学校。

最后是看重大学的综合排名而忽视各大学的特色，尤其是专业上的强项。举个例子，耶鲁大学比较强的是人文专业和法学专业，这些专业在很大程度上提升了耶鲁的整体名气；但是在科学研究领域以及工程等专业上，耶鲁大学则存在很多不足。

避免误区，找到适合自己的大学，受到最好的教育，才应该是目的，获得一个金字招牌的学位最多只是手段而已。

附录 1983 年《美国新闻与世界报道》进行的第一次美国大学排名

名次	大学名称
1	斯坦福
2	哈佛
3	耶鲁
4	普林斯顿
5	伯克利
6	芝加哥
7	密歇根
8	康奈尔
8	伊利诺伊
10	达特茅斯
10	麻省理工
12	加州理工
13	卡内基—梅隆
13	威斯康星
15	布朗
15	哥伦比亚
15	印第安纳
15	北卡教堂山
15	里斯

参考文献

1. 师永刚，何谦，东亚 . 有图有真相 —— 大清朝的最后时光（1900~1910）. 中华书局 ,.2015.

2. Harvey Helfand. 大学指南：伯克利 (*The Campus Guides: University of California Berkeley*) .Princeton Architectural Press，2001.

3. Jennie Rothenberge Gritz. 嬉皮士的死亡，大西洋月刊，2015 年 7 月 8 日 . https://www.theatlantic.com/entertainment/archive/2015/07/the-death-of-the-hippies/397739/.

第十六章　关于美国大学排名

我在前面的章节里多处提到，美国的名校都强调自身的特色，因此很难用几个指标打出一个分数、排出先后次序。更何况哪所学校好哪所差是主观的感受，对张三来说最好的学校，对李四而言就未必如此。不过，中国的学生和家长依然喜欢根据大学排名来选择学校，常常觉得被第一名录取了总比被第二名录取好。即便在美国，虽然很多人都有条件在申请大学前或在录取后亲身走访体验每一所学校的差异，但是仍有大约1/3的学生会根据排名选定大学。因此，我们不得不承认大学排名有其参考价值，而各所大学也因为高中生们对排名的看重而不敢掉以轻心。

美国有各种各样、门类繁多的大学排名，采用的标准不一，结果差别很大。即便是同一家媒体的不同榜单给出的排名，也难免相互矛盾。《美国新闻与世界报道》杂志每年会公布两个榜单，一个是美国大学的排名，另一个是全球大学的排名。照理说美国大学在第二个榜单中的次序，和它们在第一个榜单中的次序理应一致，但事实并非如此。下面是对该杂志2017年评出的美国前十名的大学以及在全球大学排行榜中美国排名前十的大学所做的比较。表中第3和第6列是某大学在两个列表中的差异，负数表示该大学在美国大学中的排名低于它在全球大学中的相对排名，正数则正好相反。在全球大学的排名中，牛津和剑桥分别为第 6 和第 7 名，因此美国大学会从第 5 名直接跳到第 8 名。

表 16.1 《美国新闻与世界报道》2017 年评出的
美国排名前十的大学，以及美国大学在全球大学排名中的前十名

美国大学名次	大学	差别	全球大学名次	大学	差别
1	普林斯顿	−4	1	哈佛	1
2	哈佛	1	2	麻省理工	5
3	耶鲁	−12	3	斯坦福	2
3	芝加哥	−10	4	伯克利分校	17
5	斯坦福	2	5	加州理工	6
5	哥伦比亚	2	8	普林斯顿	−4
7	麻省理工	5	9	哥伦比亚	−2
8	杜克	−11	10	加州大学洛杉矶分校	16
9	宾夕法尼亚	−8	11	约翰·霍普金斯	1
10	约翰·霍普金斯	1	11	华盛顿大学（西雅图）	44

从表 16.1 中可以看出如下几个现象。

1. 两个表的差异还是比较大的，只有普林斯顿、哈佛、斯坦福、哥伦比亚、麻省理工和约翰·霍普金斯同时出现在两个表中。其中，哈佛、斯坦福、哥伦比亚和约翰·霍普金斯在两个表中的名次差别较小（两名以内），普林斯顿和麻省理工的差别比较明显。如果将这个表扩展到美国排名前 20 的大学，差异性也大致如此。

2. 在左边美国大学排行榜前十名中的耶鲁、芝加哥、杜克和宾夕法尼亚没有出现在右边的全球大学排行榜的美国前十名之中。当然，它们在后一个榜单上的名次分别是第 14、13、19 和 17 名，并

不算差，不过，这和它们在美国大学排行榜中的位置差异还是比较明显的。在右边全球大学排行榜单上有 4 所大学，即著名的加州理工和三所一流的州立大学伯克利、UCLA、华盛顿大学（西雅图），但在左边的榜单上却找不到这 4 所大学，它们分别列在第 11、21、24 和 54 名，也就是说，这 4 所大学在美国大学排行榜单上的位置大幅落后于它们在全球大学榜单上的位置。而华盛顿大学（西雅图）在两个榜单上的排名竟然相差了 44 名，差距之大实在要让人怀疑这两个排名榜单的准确性。

3. 在美国大学排名中，常青藤大学似乎被高估了，而优秀的州立大学显然被低估了。此外，专业水平较高的研究型大学也被低估了。

造成同一家排名机构的两个不同榜单排名差距很大的原因，在于它们使用了不同的衡量标准。如果单独看两个榜单的排名指标，似乎都很合理，但是彼此之间有明显的差异。其中最大的差异，在于美国大学的排名榜单中学生的生源情况和毕业率占了很大权重（大约四成多）。而在世界大学的排名中，由于各国大学录取时的标准不同，生源质量不可比，因此直接衡量生源和毕业率的指标被拿掉了，代之以一些与科研相关的指标。由于采用不同的指标进行衡量，这就造成了两种排名的极大差距。因此，所使用的指标是评判大学好坏的视角；同一所大学从不同的视角来看，感觉也是不一样的，这也合情合理。也就是说，如果你看重大学的某一方面，却迷信用另一种指标得出的排名，就会被排名误导。

《美国新闻与世界报道》还会对美国大学的各个学院和学科（主要是文理学科）进行排名，但是这些排名和它对美国大学本科教育进行的整体排名的差距也不小。照理说，如果一个大学的各个学院和学科排名都很靠前，那么在大学综合排名上也应该有所反映才对，但事实并非如此。比如斯坦福大学在《美国新闻与世界报道》给出的各学院的排名中，其主要学院都位居前三名（哈佛大学也做不到这一点），但是在各校本科排名中，斯坦福除了在1983年第一次有大学排名时是第一名之外，以后一直排不进前三名，这就有些矛盾了。当然有些人会猜想是否斯坦福的本科生源不够好。其实不然，斯坦福新生的考分和高中成绩并不弱，录取率还是主要大学中最低的，甚至比哈佛还低。给这些本科生上课的教授和指导研究生做研究的教授是同一批人。在这种情况下它还排不进本科前三名，恐怕就不是斯坦福的问题，而是排名的问题了。类似的，在几乎所有人的印象中，哈佛大学是世界第一学府，从生源到教授水平，再到大学条件，都比普林斯顿好，但是它在《美国新闻与世界报道》的本科排名榜单中很少能排到普林斯顿之前，常常屈居第二，偶尔排在第一也是和普林斯顿并列。这是说明普林斯顿比哈佛好，还是说明排名本身有问题呢？为了理解这些现象，我们需要仔细剖析一下《美国新闻与世界报道》的排名方法。

下表是该杂志给出的排名依据。

表 16.2　《美国新闻与世界报道》评估大学的指标和各项权重

排名依据	衡量方法	权重（百分比）	细分权重
校友捐赠	参加捐赠的校友比例	5	5
教授和教学水准		20	
	小班（＜20人）比例		6
	大班（＞49人）比例（倒扣分）		2
	教授人均工资和奖金		7
	全职教授有博士学位的比例		3
	全职教授占教授总数的比例		1

排名依据	衡量方法	权重（百分比）	细分权重
	学生、教授人数比		1
资金	每个学生人均教学经费	10	10
毕业率		22.5	
	四年和六年内毕业率		18
	大一年级学生留存率		4.5
毕业率执行情况	真实毕业率和预计毕业率的比例	7.5	7.5
生源情况		12.5	
	排名在 25% 的学生 SAT 成绩		4.1
	排名在 25% 的学生 SAT 成绩		4.1
	学生在高中时前 10% 的比例		3.1
	录取率		1.3
本科教学声誉		22.5	
	高中升学顾问打分		15
	同行打分		7.5
总分		100	100

从排名的依据（第一列）来看，似乎也还合理，既考虑了教授的水准和教学水平，又考虑了学生培养（毕业率），还有生源情况和外界对学校声誉的认可。然而，仔细看一下衡量方法，就会发现有很多不合理之处。

首先，我们发现毕业率这一项占的比重太大，实际上毕业率和毕业率执行情况这两项基本上是重复的，两项加起来权重高达 30%。"毕业率执行情况"这一项是什么意思呢？我来打个比方大家就明白了。假定一所大学在新生入校时预期毕业率为 95%，实际毕业率为 96%，这项指标就加分；只有 94% 就减分。这实际上和毕业率本身是重复计算。在排名中，毕业率这一项占这么高的权重比例，原本是希望大学好好培养学生，让他们都能毕业，但是各所大学把握分数的尺度不同，结果给学生放水的大学反而占了便宜。比如哈佛和耶鲁的绝大部分学生都能得到A，毕业率非常高；而像斯坦福这样的大学，有些学生退学办公司去了，在毕业率上就吃亏了。再看看对学生要求严格因而毕业率低的加州理工，就更是吃了大亏。

这个排名方法的第二个问题是，有些指标过去可能有意义，但如今却已过时了。比如教授拥有博士学位的比例这一项，如今美国大学的教授基本上 100% 都有博士学位。另外，学生在高中时前 10% 的比例，这在排在前 20 名的大学中也接近 100%。既然这样的指标根本比不出差距，那么纳入指标体系就毫无意义。在斯坦福大学，有 17 名在职的诺贝尔奖获得者，三分之一左右的教授（包括副教授和助理教授）都是美国各院院士；师资这么强，在大学排名上却得不到加分，这显然有问题。事实上，《美国新闻与世界报道》对教授质量的评估，比如评估一个刚刚获得博士学位的助理教授，和评估一个院士甚至诺贝尔奖获得者是没有什么区别的。

第三，这个排名的设计明显有利于小型私立大学，而不利于像伯克利这样非常优秀但是学生人数众多的大学。比如小班上课比例这一项占了6%，大班（倒扣分）上课比例又占了 2%。在美国任何一所公立大学，由于学生太多，难以做到小班上课。而大部分私立大学总共也没多少学生，想凑出 20 人同时听课都难，自然很多课都是小班教学。虽然小班上课给了学生更多参与的机会，但是课程的教学质量主要靠教授。在上面这个评估体系中，一个讲课一流的著名教授，如果教授 21 个学生，得分却低于一个三流教授教一个 15 人的小班。由此可见，采用班级大小这一指标来衡量大学的教学水平显然是以偏概全。由于私立大学和公立大学存在的这种天然差异，这种排名方法便使得排在前 19 名的大学都是私立大学，最好的公立大学伯克利只能排在第 20 名。事实上，没有人会觉得排在第 15 名的圣母大学或范德比尔特大学比伯克利更好，这仅仅是因为前者的规模小而已。类似的，排名第 27 的北卡罗来纳州的威客森林大学（私立），大家可能都没有听说过，而名气很大的佐治亚理工学院（公立）仅仅排在第 31 名。

《美国新闻与世界报道》的大学本科排名的第四个问题，可能也是最能引发争议的问题，在于每一项分数具体的计算方法。虽然表 16.2 中的大部分指标乍一看是用百分率来量化衡量的，但实际上只是先用百分比排出每个学校在这个项目上的排名，再按照名次来计算最后的分数。比如"参加捐赠的校友的比例"，假定 A 大学的该比例是 75%，B 大学是 74%，照理说这样两所学校在这个项目上的得分应该非常接近才对，但事实并非如此，因为最后的得分是按照排名计算的，若这项数据相差 1%，名次则可能相差几十名，最终得分相差甚远。类似的，毕业率等指标也不是比绝对百分比，而是比排名。普林斯顿的这两项一直在名校中排第一（比它排名更高的多是一些小型文理学院）。

另一个颇有争议的分数计算方法是在教授的工资方面。它存在两个不太合理之处。首先，它不是计算大学里所有教授的平均工资，而是只计算那些有本科生的学院里的教授的工资。美国大学的医学院没有本科生，它们的教授虽然工资高，但是并不计入平均工资，于是拥有最好医学院的大学，像哈佛、斯坦福、约翰·霍普金斯和华盛顿大学在这一项上的得分就吃亏了（医学院教授一般工资较高）。同时，那些拥有音乐学院、新闻学院等学院的大学也吃了亏，因为那些学院的教授工资低，而又招收本科生，在计算平均工资时被计入了。相反，那些有着顶级商学院的大学就比较合算了，商学院招收本科生，此外教授工资也高。另外，拥有商学院的大学，其经济专业教授的工资也会被相应拔高。很多人不理解宾夕法尼亚大学为什么排名这么靠前，因为它似乎除了商学院特别好之外，其他专业并无多少特色。但是按照《美国新闻与世界报道》的排名方式，拥有一所好的商学院，可以让教授平均工资这一项增加很多得分。

教授平均工资在计算上的第二个不合理之处，在于它过度考虑了各地区的物价水平。考虑物价水平的初衷当然很好，但是这反而使得物价水平低的地区教授工资显得很高。美国大学教授的工资虽然会受到当地生活指数的影响，但是同一档次的大学之间教授的工资水平相差并不大。如此一来，地处纽约和硅谷的大学就吃亏了，虽然它们的教授绝对工资很高，但是除以物价指数后就偏低了。而像耶鲁、普林斯顿、杜克、宾夕法尼亚大学和约翰·霍普金斯就相对占便宜，因为它们周边的生活指数较低。

当然，不可能每一所大学都只占便宜不吃亏，也不可能完全反过来。总体来讲，排名靠前的大学都不错，只是并非好大学都能够排到前面去。因此，《美国新闻与世界报道》的排名并不是对大学教学、科研绝对水平的评估，而是一些间接的度量。各所大学排名的高低，就看它有多么契合这个排名体系；如果它的那些指标正好吃亏少、占便宜多，那么排名相对就靠前，反之则靠后。

了解《美国新闻与世界报道》的评估体系后，就很容易理解为什么普林斯顿总是排在名气更大的哈佛和斯坦福之前，一直位居第一。首先，应该说普林斯顿是非常棒的大学，但是它能排到第一，很大程度上还是因为在这个排名体系中吃亏少、占便宜多。我按照表 16.2 中的几项，对普林斯顿大致做如下分析。

先看毕业率，这一项对排名的影响权重最大。虽然普林斯顿给外人的感觉是得 A 比哈佛难，这也是事实，但是其毕业率却比哈佛还高，四年毕业率为 90%，哈佛则为 86%；比斯坦福（75%）更是高多了。而这一项占了排名打分的 30%，由此普林斯顿就确立了大大的优势。

再看校友捐赠这一项，普林斯顿一直做得非常好，虽然获得捐赠的总数远不如哈佛和斯坦福，但是捐款的比例高；而排名只看比例，不看总数，它自然就占了便宜。这也就解释了为什么普林斯顿大学在招生介绍会上非常强调校友关系以及校友捐赠的比例，因为它的排名在很大程度上受益于此。

在表 16.2 的第二大类——教授和教学水准上，普林斯顿的得分也非常高。然而，这并不代表它的课讲得真的比哈佛或斯坦福好，而是因为学校小（只有 5000 名本科生），小班上课的比例自然就高。再加上地处郊区，物价水平低，在教授人均工资这一项上也占了便宜。虽然哈佛和斯坦福大师云集，但是在排名时却用不上这一优势。

在评估的各项因素中，相比普林斯顿，哈佛和斯坦福的明显优势在于录取难，但录取率只占排名的 1.3%，这一优势对排名帮助不大。

此外，在生源及外界对学校本科教育声誉的评估上，哈佛和斯坦福与普林斯顿差不多。

综上，经过一番对比就会发现，在这个排名评估体系中，普林斯顿确实能压哈佛一头，更是领先斯坦福很多。

当然，如果同时被哈佛（或斯坦福）和普林斯顿录取，绝大多数学生仍会选择前者而不是后者，这说明大家心里有数，明白排名第一的并非实至名归。

任何一个已知的评估体系都可以被人为操纵。《美国新闻和世界报道》的这一评估体系也是如此。如果一所大学想要在短期内提高排名，通常可以在三个方面加以努力。

首先是招收成绩优异的学生，这样在 SAT 和高中成绩上的排名便可以靠前，过去杜克、哥伦比亚和华盛顿大学（西雅图）就是这么做的。它们通过多招收亚裔学生，迅速提高新生质量的排名。但长远来看，这么做也有副作用，那就是亚裔校友不爱捐赠，很多人甚至连每年 100 美元左右的校友会员费都不交。同样的成绩下，美国私立大学肯定是优先录取其他族裔的学生，因为那样可以获得更多的捐赠。

第二个方法是提高教授的工资，可以立竿见影。但是提高工资可不能只提高几个人的，要提高就得普调，成本很高。大学得钱最快的方法就是靠捐赠。约翰·霍普金斯在丹尼尔斯当校长期间，排名上升不少，很大程度上在于他善于吸纳捐赠，设置了不少讲席教授（工资都很高）。因此，这个方法的本质是拉捐赠。

第三个方法是直接在学生身上多花钱，以提高本科生的人均教育资金水平，但是这也得花钱。

除此之外，还有一个更直接的方法，就是拔高学生的毕业率。这种做法在短期内是有效的，但要是学校的生源质量没有提高，从长远来讲就会对学校的声誉不利，毕竟这些名牌大学不能为了排名去卖文凭。过去十几年里，各所名校的毕业率一直相当稳定。至于斯坦福这种鼓励学生创业的大学，想提高毕业率也难。

至于其他的排名因素，比如高中升学顾问的打分和同行打分，靠的是一所大学几十年甚至上百年积累下来的声誉，不太容易被操纵，短期内也很难改变。至于能否小班上课，则是由学校的性质决定的。

说一千道一万，你可能恍然大悟了，原来提高排名的方法都和花钱有关，而这些钱大部分得靠捐赠。于是，你可能会更加理解为什么不爱捐赠的亚裔成绩虽好，但在录取时却受到歧视了。大学不仅在发展上需要钱，就连优化排名也离不开钱。

至于《美国新闻与世界报道》对全球大学所做的排名，因为要对比全世界的大学，那些是有美国特色的排名标准，诸如校友的捐助比例、教授的平均工资或小班上课比例等等，都不能使用了，只能看学术声誉、研究成果等比较客观的因素。相对而言，我倒觉得全球大学排名这个榜单更准确地反映了大学的水准。

对于选择学校的学生来说，只要理解了排名不过是一所大学在某个评估体系中的契合度，或许就不那么看重排名了。毕竟，找到一所适合自己的大学比找到一所排名靠前的大学更实惠。

除了《美国新闻与世界报道》给出的大学排名，世界上还有各种各样的大学排名。同一所大学，或者一所大学中的同一个学院，在不同机构的排名中的差别有时候大得惊人。在有的排名中，哈佛等常青藤大学甚至没有一所能排进前十。像这样的排名，不管其宣称的指标多么合理，从结果来看根本就是一个笑话。相比之下，《美国新闻与世界报道》的排名还算靠谱，一来它给出的大学排名与大家公认的大学学术声誉比较一致，二来每年的排名比较稳定，不会出现哪所名校两年之间排名差出十几名的情况。而这两点也应该是一个合理的排名所必备的。

《美国新闻与世界报道》也会对大学里的各个学院和各个专业进行排名，前几名的结果可参看本章附录。访问该杂志网站 **www.usnews.com** 可查看完整的名单和排名方法。

附录《美国新闻与世界报道》2017—2018 年的大学排名资料

（该排名采用的是 2015 年的数据，给出的整个学校排名是 2017 年的，而给出的研究生院或者专业则是第二年即 2018 年的。资料来源：《美国新闻与世界报道》）

1 美国大学本科排名

名次	大学	SAT/ACT 中值成绩	录取率
1	普林斯顿	1390-1590 SAT 32-35 ACT	7%
2	哈佛	1400-1600 SAT 32-35 ACT	6%
3	芝加哥	1440-1600 SAT 32-35 ACT	8%
3	耶鲁	1430-1600 SAT 31-35 ACT	7%
5	哥伦比亚	1400-1590 SAT 32-35 ACT	6%
5	斯坦福	1390-1580 SAT 31-35 ACT	5%
7	麻省理工	1430-1580 SAT 33-35 ACT	8%
8	杜克	1360-1550 SAT 31-34 ACT	12%

名次	大学	SAT/ACT 中值成绩	录取率
8	宾夕法尼亚	1380-1550 SAT 31-34 ACT	10%
10	约翰·霍普金斯	1400-1550 SAT 32-34 ACT	13%
11	达特茅斯	1330-1560 SAT 30-34 ACT	11%
12	加州理工	1500-1600 SAT 34-35 ACT	9%
12	西北	1400-1560 SAT 31-34 ACT	13%
14	布朗	1370-1560 SAT 31-34 ACT	9%
15	康奈尔	1330-1530 SAT 30-34 ACT	15%
15	里斯	1390-1560 SAT 32-35 ACT	16%
15	圣母	1350-1530 SAT 32-34 ACT	20%
15	范德比尔特	1430-1590 SAT 32-35 ACT	12%
19	华盛顿（西雅图）	1400-1550 SAT 32-34 ACT	17%
20	艾默利	1270-1490 SAT 29-33 ACT	24%
20	乔治城	1320-1500 SAT 30-34 ACT	17%
20	伯克利	1250-1500 SAT 29-34 ACT	15%
23	南加州	1270-1500 SAT 30-33 ACT	18%
24	卡耐基—梅隆	1360-1540 SAT 31-34 ACT	24%
24	洛杉矶分校	1190-1470 SAT 25-33 ACT	17%
24	弗吉尼亚	1250-1460 SAT 28-33 ACT	30%

2 世界大学排名

名次	大学
1	哈佛
2	麻省理工
3	斯坦福
4	伯克利
5	加州理工
6	牛津
7	剑桥
8	普林斯顿
9	哥伦比亚
10	加州大学洛杉矶分校
11	约翰·霍普金斯
11	华盛顿（西雅图）
13	芝加哥
14	耶鲁
15	加州大学圣地亚哥分校
16	加州大学旧金山分校
17	密歇根大学
17	宾夕法尼亚
19	杜克
19	伦敦帝国学院

3 专业学院排名

医学院

名次	大学	MCAT 考分	GPA	录取率
1	哈佛	35	3.91	3.3%
2	斯坦福	36	3.90	2.5%
3	约翰·霍普金斯	36	3.90	5.8%
4	加州大学旧金山分校	34	3.84	3.4%
5	宾夕法尼亚	38	3.86	4.7%
6	哥伦比亚	37	3.87	4.1%
7	杜克	35	3.80	3.5%
7	华盛顿（圣路易斯）	37	3.85	8.8%
9	密歇根大学	34	3.82	6.3%
9	耶鲁	36	3.82	5.9%
11	加州大学洛杉矶分校	33	3.72	2.7%
12	纽约大学	37	3.91	5.4%
12	华盛顿（西雅图）	31	3.69	3.7%
14	范德比尔特	37	3.87	4.1%
15	芝加哥	37	3.88	4.1%
15	匹茨堡	33	3.82	6.1%
17	西北	36	3.87	6.7%
18	康奈尔	35	3.84	5.1%
18	加州大学圣地亚哥分校	34	3.82	3%
20	梅奥诊所	33	3.80	1.8%
21	巴洛尔医学院	35	3.86	4.1%
22	伊坎	35	3.77	7.2%
23	艾默利	34	3.70	5.4%
24	北卡大学（教堂山）	31	3.76	3.8%
25	西部保留地	36	3.76	8.3%

名次	大学	GMAT 成绩	录取率	毕业时就业率
1	哈佛	729	10.7%	79.3%
1	宾夕法尼亚大学	730	19.6%	85.8%
3	芝加哥大学	726	23.6%	84.9%
4	麻省理工学院	724	11.7%	81.2%
4	西北大学	728	20.1%	82.8%
4	斯坦福	737	6%	62.8%
7	伯克利	717	12%	68.6%
8	达特矛斯学院	717	22.4%	86.8%
9	哥伦比亚	720	14.1%	77.3%
9	耶鲁	725	19%	76%
11	密歇根大学	708	26.3%	85.6%
12	杜克大学	695	22.1%	83.1%
12	纽约大学	710	23.1%	82.1%
14	弗吉尼亚大学	712	26.5%	80.7%
15	加州大学洛杉矶分校	715	20.7%	73.8%
16	康奈尔大学	700	27.6%	79.8%
17	得克萨斯大学	699	28%	77.5%
18	北卡罗来纳大学	700	36.4%	75.1%
19	卡耐基—梅隆大学	686	30.3%	76%
20	埃默里	683	33.1%	84%
21	乔治城大学	692	44.6%	69.1%
21	印第安纳大学	670	31.4%	83.9%
21	（圣路易斯）华盛顿大学	688	29.7%	78.5%
24	南加州大学	692	33.3%	75.2%
25	亚利桑那州立大学	682	14.3%	78.7%

工学院

名次	大学	GRE 数学	科研经费	录取率
1	麻省理工	166	$448,324,000	13.4%
2	斯坦福	167	$201,159,834	15.4%
3	伯克利	165	$208,862,000	17%
4	加州理工	169	$105,985,025	9.1%
5	卡耐基－梅隆大学	166	$195,765,115	19.7%
5	密歇根大学	166	$295,646,000	26.6%
7	佐治亚理工	164	$223,060,000	32.7%
8	普渡大学	164	$259,111,348	30.6%
9	伊利诺伊大学	166	$227,584,892	30.2%
9	得克萨斯大学	165	$204,333,510	16.1%
11	得克萨斯农工大学	164	$282,798,000	22.6%
11	南加州大学	166	$192,117,384	20.1%
13	哥伦比亚大学	167	$146,963,000	23.7%
13	康奈尔大学	165	$118,254,750	26.8%
13	加州大学圣地亚哥分校	166	$168,012,410	26.2%
16	加州大学洛杉矶分校	166	$96,988,104	26.5%
17	普林斯顿	167	$62,990,633	13.3%
18	威斯康星	164	$141,939,724	20.1%
19	约翰·霍普金斯	166	$121,140,156	35.3%
19	西北大学	166	$114,089,862	23.3%
19	加州大学圣塔芭芭拉分校	165	$106,551,188	14.3%
19	宾夕法尼亚大学	165	$103,539,325	23.4%
23	哈佛	166	$50,054,491	11.2%
24	马里兰大学	164	$161,868,022	33.8%
25	北卡州立大学	164	$188,960,115	15.2%

法学院

排名	学校	LSAT 分数	录取率	毕业生就业率
1	耶鲁	170-175	9.5%	84.5%
2	斯坦福	168-173	10.7%	89.2%
3	哈佛	170-175	16.6%	91%
4	芝加哥	166-172	20.7%	90.8%
5	哥伦比亚	168-174	20.3%	89.6%
6	纽约大学	166-171	29.8%	90.3%
7	宾夕法尼亚大学	163-170	17%	93.9%
8	密歇根大学	164-169	23.7%	87.6%
8	弗吉尼亚大学	164-170	19.9%	87.2%
10	杜克大学	167-170	20.2%	92.3%
10	西北大学	163-170	17.8%	88.5%
12	伯克利	163-169	23%	87.1%
13	康奈尔	163-168	24.1%	91.3%
14	得克萨斯大学	162-168	27.1%	81.4%
15	乔治城大学	162-168	26.4%	75.4%
15	加州大学洛杉矶分校	163-168	28%	81.2%
17	范德比尔特大学	162-168	32.3%	83.2%
18	（圣路易斯）华盛顿大学	160-169	31.9%	85.6%
19	南加州大学	162-166	30%	77%
20	艾奥瓦大学	157-163	45.7%	84.9%
20	圣母大学	158-165	30.3%	79.3%
22	埃默里大学	157-166	36.9%	81.8%
23	波士顿大学	161-165	29.4%	78.4%
23	明尼苏达大学	159-166	44.5%	72.5%
25	亚利桑那大学	158-163	41.9%	85.2%

教育学院

名次	大学	GRE 语言	GRE 数学	录取率
1	哈佛	163	159	4.5%
2	斯坦福	162	160	6.1%
3	加州大学洛杉矶分校	156	152	29.1%
3	宾夕法尼亚大学	163	157	5%
3	威斯康星大学	155	153	26.1%
6	约翰·霍普金斯大学	164	162	27.4%
7	哥伦比亚大学	159	156	11.4%
7	范德比尔特大学	162	159	4.9%
9	华盛顿大学（西雅图）	155	152	23.7%
10	西北大学	162	158	8.3%

护理学院（博士专业）

名次	大学	同行评定	录取率	GPA
1	杜克	4.3	42.2%	3.5
2	约翰·霍普金斯	4.4	62.2%	3.3
3	华盛顿（西雅图）		54.5%	3.7
4	拉什	4.2	60.4%	3.4
5	哥伦比亚	4.3	51.4%	3.7
5	俄亥俄		91.2%	3.3
7	匹茨堡		53.4%	3.7
8	西部保留地	4.1	87.3%	3.5
8	耶鲁	4.2	62.9%	3.5
10	马里兰	4.1	35.1%	3.4

公众卫生学院

名次	大学	评分
1	约翰·霍普金斯	4.8
2	哈佛	4.7
2	北卡	4.7
4	密歇根大学	4.5
5	哥伦比亚	4.4
6	华盛顿（西雅图）	4.2
7	艾默利	4.1
8	明尼苏达	4.0
9	伯克利	3.9
10	波士顿	3.6
10	加州大学洛杉矶分校	3.6

4 理科

数学

名次	大学
1	麻省理工
1	普林斯顿
3	哈佛
3	伯克利
5	斯坦福
5	芝加哥

物理

名次	大学
1	麻省理工
2	哈佛
2	普林斯顿
2	斯坦福
2	伯克利

生物

名次	大学
1	哈佛
1	麻省理工
1	斯坦福
4	伯克利
5	加州理工
5	约翰·霍普金斯

化学

名次	大学
1	加州理工
1	麻省理工
1	伯克利
4	哈佛
4	斯坦福

5 人文学科

经济学

名次	大学
1	哈佛
1	麻省理工
1	普林斯顿
1	斯坦福
1	伯克利
1	耶鲁

英语文学

名次	大学
1	伯克利
1	芝加哥
3	哥伦比亚
3	斯坦福
3	宾夕法尼亚

历史学

名次	大学
1	普林斯顿
1	斯坦福
3	耶鲁
4	哈佛
4	伯克利

心理学

名次	大学
1	斯坦福
1	伯克利
3	哈佛
3	加州大学洛杉矶分校
3	密歇根大学
3	伊利诺伊大学

政治学

名次	大学
1	哈佛
1	斯坦福
3	普林斯顿
4	伯克利
4	密歇根大学
4	耶鲁

参考文献

1. 美国新闻与世界报道．usnews.com

第二版后记

1996 年，我初到美国，曾感叹美国和中国在高等教育上的巨大差别。可以说，在过去 100 多年里，美国之所以能够稳定发展并保持全球领先地位，根本原因之一是它先进的高等教育制度，这样的制度不仅为美国培养了各行各业的优秀人才，而且吸引了全世界最优秀的人才到美国读大学，这些学生在大学毕业后大部分又留在了美国。通过这种方式，美国才得以从全世界不断地补充新鲜血液，并且能够在各方面具有竞争力。2015 年，在 JUSTPUB 的周筠老师和人民邮电出版社的帮助之下，我终于得以实现著书介绍美国高等教育情况这个愿望，出版了《大学之路》的第一版，将美国高等教育，特别是美国私立名牌大学的特色介绍给中国的读者。这本书出版后，受到很多教育工作者、年轻学生和家长的好评。在之后两年的时间里，我根据读者朋友们的反馈，认识到对中国大多数家庭来讲，或许技能教育依然是头等重要的，因此在第二版中增加了与之相应的内容。不过，我依然坚持强调教育的个性化，即针对不同的学生教授不同的内容、采用不同的方法，以及不同的大学要有各自的特色，要走不同的道路。这两条是本书想要强调的教育理念和方法中最重要的部分。

单纯论述教育的理念和方法是很枯燥的，因此在写作本书时，我选择通过讲述十几所具体大学的特色，来介绍美国的高等教育。与亚洲一些国家，如中国和日本在办学上（相对地）喜欢按照一个标准的模式（心目中理想的大学）进行努力所不同的是，美国的名牌大学，尤其是有较长历史的名牌私立大学，比较强调自身的特色和优势，并且会尽可能地把这种特色放大，或最大程度地强化自己的优势。比如斯坦福大学强调创业的特色，麻省理工强调学以致用和动手能力，普林斯顿和耶鲁强调学院制以及学生们之间的相互学习，哥伦比亚和耶鲁强调在学生培养上宽容和自由的一面，杜克强调对本科生的个性化培养以及大学生活的丰富多彩，等等。正是因为具有了这些鲜明的个性，各所大学才能让（并非所有的）那些与自己的特色相吻合的优秀学生将自身专长发挥到极致。美国的每一所私立名牌大学都不追求在各个方面一定要压倒其他的大学，而是比较强调差异化。它们中既有侧重于研究的现代大学，也有专注于本科教育的经典学院。因此，本书对于那些名牌大学偏共性的地方介绍得较少，对于它们的差异和各自的特点则着墨较多。读者朋友可以通过每一所大学的特色，还原出美国高等教育的全貌。

美国大学的教育理念与亚洲父母的教育理念之间有着很大的差异，甚至可以说他们之间的价值观都有所不同。很多亚裔父母和学习习惯于单向思维，一厢情愿地"梦想"美国名牌私立大学接受按照亚洲教育理念培养的学生。这种"单相思"被证明是徒劳的。美国名牌私立大学在录取上固然有着不公正之处，但亚裔自身的价值观（财富观）、对成功的认知、对美国社会的认识，也在很大程度上制约和妨碍了亚裔学生进入美国名牌大学。在本书中，我并非要强调哪一种价值观更好，但是，如果不能认同美国私立大学的教育理念，难以被其录取也就是很正常的事了。写作本书时，我也试图站在美国大学的角度来讲述它们所希望的优秀学生是什么样的，以及它们打算把一个年轻人培养成什么样的人。这样或许可以给大家一个新的视角来看待美国大学的录取问题。

最后再回到教育的理念上。从结果来看，美国私立大学的教育理念总体上是好的，但是，这也只是好的教育理念中的一种。世界上的很多问题往往不存在正确和不正确的答案，只有好的和相对不好的答案，而好的答案也常常不止一种。既然多样性是我们这个世界的本质之一，好的教育理念也并非唯一的，并非哈佛或者斯坦福的办学理念，中国的大学就一定要仿效，也并非所有的人都需要接受哈佛或者斯坦福那样的教育。中国未来的世界一流大学一定会有自己的特点，而且一定是将这个优势极大化了的。对于一名学生来说，他所受的最好的高等教育一定来自对他帮助最大的大学，而未必来自一个名气很大的学校。因此，我介绍美国私立大学的教育理念的目的，只是给大家做一个参考，每个大学、每个人自己的大学之路，都需要自己去走。在大学之路上，一个人不在于走得快，而在于走得长；一所大学不在于每条路都不肯放弃，而在于能够认准一条路（自己的办学特色）之后，几十年、上百年地坚持走下去。这样，每个人都将能一辈子受益于教育，而大学也能越办越好。

最后，请让我以约翰·霍普金斯大学的校训"知识使人自由（Veritas des Liberty）"结束本书。

吴军

2017 年 9 月于硅谷

索引